SÁNDOR FERENCZI

SCHRIFTEN ZUR PSYCHOANALYSE

II

Conditio humana

Ergebnisse aus den Wissenschaften
vom Menschen

Herausgegeben von Thure von Uexküll
und Ilse Grubrich-Simitis

Berater:
Johannes Cremerius · Hans J. Eggers
Thomas Luckmann

SÁNDOR FERENCZI

Schriften zur Psychoanalyse

II

Einleitung von Judith Dupont

Auswahl in zwei Bänden
Herausgegeben von Michael Balint

S. FISCHER VERLAG

Für diese Ausgabe
© S. Fischer Verlag GmbH, Frankfurt am Main 1972

Satz und Druck: Union Druckerei GmbH Stuttgart
Bindearbeiten: G. Lachenmaier, Reutlingen
Printed in Germany 1972
ISBN 3 10 820602 8

Zu diesem Buch

Bevor er die Arbeit am vorliegenden zweiten Band der Auswahl aus dem Werk Sándor Ferenczis abschließen konnte, starb unerwartet der Herausgeber Michael Balint, Ferenczis großer Schüler. Vor seinem Tode hatte er jedoch die Auswahl bestimmt und die editorischen Anmerkungen verfaßt; für die Einleitung waren immerhin die Richtlinien festgesetzt worden. Diesen Richtlinien folgt nun die Psychoanalytikerin Judith Dupont, Übersetzerin der französischen Ferenczi-Ausgabe, seit Jahren mit Balints Ansichten über Person und Werk Ferenczis vertraut.

Der zweite Band enthält die wichtigsten Arbeiten, die Ferenczi von 1919 bis zu seinem Tode im Jahre 1933 veröffentlicht hat. Im Zentrum des I. Teils stehen aufsehenerregende behandlungstechnische Experimente, die Ferenczi in diesem Zeitraum unternahm und theoretisch verarbeitete. Als engagierter Arzt war er zeitlebens vor allem an den Heilungsaussichten der psychoanalytischen Kur interessiert. Undogmatisch und einfallsreich hat er immer wieder Änderungen an der Behandlungstechnik vorgenommen, die zuletzt auf eine Verletzung der klassischen Abstinenzregel, also des Prinzips der strikten Neutralität des Analytikers gegenüber dem Patienten, hinausliefen und ihm in der psychoanalytischen Welt den Ruf eines »enfant terrible« eintrugen. Sie brachten auch in seine bis dahin freundschaftliche Beziehung zu Sigmund Freud einen Mißklang. Die damals ausgelöste, bis heute fortdauernde Abwehrreaktion hat bewirkt, daß viele der bedeutenden wissenschaftlichen Funde Ferenczis noch nicht adäquat rezipiert worden sind. Es ist ein Ziel dieser Ausgabe, die Auseinandersetzung mit dem Werk Ferenczis, und zwar nicht nur im Rahmen der Psychoanalyse, sondern z. B. auch in Pädagogik, Soziologie und Psychiatrie, zu fördern.

Neben der Gruppe der behandlungstechnischen Arbeiten präsentiert der vorliegende Band auch wissenschaftsgeschichtliche Studien, u. a. über Sigmund Freud, Georg Groddeck, Franz Alexander. Er führt ferner einige bereits im ersten Band aufgetauchte Fragestellungen fort, darunter das Thema der Symbolik oder auch das Problem, ob und inwieweit soziale Faktoren bei der Auslösung von Neurosen eine Rolle spielen. Ferenczis intensives Interesse an Anwendungen der Psychoanalyse auf die Pädagogik ist im vorliegenden Band in Arbeiten wie ›Die Anpassung der Familie an das Kind‹ und ›Sprachverwirrung zwischen den Erwachsenen und dem Kind‹ dokumentiert. In der lebendigen, immer wieder durch Fallgeschichten aufgelockerten Darstellungsweise des Autors finden viele Alltagsphänomene, z. B. das Lampenfieber, eine neue und oft verblüffende Interpretation.

Als Teil II wird – dies war eine Entscheidung, die Michael Balint kurz vor seinem Tode getroffen hat – Ferenczis berühmter, aber seit langem nicht mehr greifbarer ›Versuch einer Genitaltheorie‹ wieder zugänglich gemacht. Es handelt sich dabei um eine spekulative Studie, in der der Autor psychoanalytische Gesichtspunkte auf die Biologie der Sexualvorgänge wie des organischen Lebens überhaupt überträgt. Freud nannte diese von seinen ›Drei Abhandlungen zur Sexualtheorie‹ angeregte Studie Ferenczis »glänzendste, gedankenreichste Leistung«, »vielleicht die kühnste Anwendung der Analyse, die jemals versucht worden ist«. Und er fährt fort: »Als Leitgedanke wird die konservative Natur der Triebe betont, die jeden durch äußere Störung aufgegebenen Zustand wiederherstellen wollen; die Symbole werden als Zeugen alter Zusammenhänge erkannt; an eindrucksvollen Beispielen wird gezeigt, wie die Eigentümlichkeiten des Psychischen die Spuren uralter Veränderungen der körperlichen Substanz bewahren. Wenn man diese Schrift gelesen, glaubt man zahlreiche Besonderheiten des Geschlechtslebens zu verstehen, die man vorher niemals im Zusammenhang hatte überblicken können, und man findet sich um Ahnungen bereichert, die tiefgehende Einsichten auf weiten Gebieten der Biologie versprechen. Vergebens, daß man schon heute zu scheiden versucht, was als glaubhafte Erkenntnis angenommen werden kann und was nach Art einer wissenschaftlichen Phantasie zukünftige Erkenntnis zu erraten sucht. Man legt die kleine Schrift mit dem Urteil beiseite: das ist beinahe zuviel für einmal, ich werde sie nach einer Weile wieder lesen. Aber nicht mir allein geht es so; wahrscheinlich wird es wirklich einmal eine ›Bioanalyse‹ geben, wie Ferenczi sie angekündigt hat, und die wird auf den ›Versuch einer Genitaltheorie‹ zurückgreifen müssen.«[1]

Im Anhang des Bandes findet sich eine völlig neu bearbeitete Gesamtbibliographie der Werke Sándor Ferenczis.

[1] Freud, ›Sándor Ferenczi †‹, *Gesammelte Werke*, Bd. 16, S. 268 f. (S. Fischer Verlag, Frankfurt am Main ²·1961).

Inhalt

Einleitung von Judith Dupont IX

TEIL I

Technische Schwierigkeiten einer Hysterieanalyse (1919) 3
Hysterische Materialisationsphänomene (1919) 11
Erklärungsversuch einiger hysterischer Stigmata (1919) 25
Die Psychoanalyse eines Falles von hysterischer Hypochondrie (1919) 33
Psychoanalytische Betrachtungen über den Tic (1921) 39
Die Symbolik der Brücke (1921) 70
Weiterer Ausbau der ›aktiven Technik‹ in der Psychoanalyse (1921) 74
Beitrag zur ›Tic-Diskussion‹ (1921) 92
Georg Groddeck: *Der Seelensucher* (1921) 94
Zur Psychoanalyse der paralytischen Geistesstörung (1922) 99
Die Brückensymbolik und die Don Juan-Legende (1922) 116
Die Psyche ein Hemmungsorgan (1922) 118
Freuds ›Massenpsychologie und Ich-Analyse‹ (1922) 122
Soziale Gesichtspunkte bei Psychoanalysen (1922) 127
Erfahrungen und Beispiele aus der analytischen Praxis (1923) ... 132
   Die Söhne der ›Schneider‹ 132
   Die ›Materialisation‹ beim Globus hystericus 132
   Aufmerken bei der Traumerzählung 133
   Das Grausen beim Kratzen an Glas usw. 133
   Zur Symbolik des Medusenhauptes 134
   Lampenfieber und narzißtische Selbstbeobachtung 134
   Ein ›analer Hohlpenis‹ bei der Frau 135
   Waschzwang und Masturbation 135
Der Traum vom ›gelehrten Säugling‹ (1923) 137
Über forcierte Phantasien (1924) 138
Zur Psychoanalyse von Sexualgewohnheiten (1925) 147
Kontraindikationen der aktiven Psychoanalytischen Technik (1926) 182

Inhalt

Zum 70. Geburtstage Sigmund Freuds. Eine Begrüßung (1926) .. 194
Das Problem der Unlustbejahung (1926) 200
Die Anpassung der Familie an das Kind (1928) 212
Das Problem der Beendigung der Analysen (1928) 227
Die Elastizität der psychoanalytischen Technik (1928) 237
Das unwillkommene Kind und sein Todestrieb (1929) 251
Relaxationsprinzip und Neokatharsis (1930) 257
Kinderanalysen mit Erwachsenen (1931) 274
Freuds Einfluß auf die Medizin (1933) 290
Sprachverwirrung zwischen den Erwachsenen und dem Kind (1933) 303

TEIL II

Versuch einer Genitaltheorie (1924) 317
    Einleitung 317
A. Ontogenetisches
    I. *Die Amphimixis der Erotismen im Ejakulationsakt* 321
    II. *Der Begattungsakt als amphimiktischer Vorgang* 330
    III. *Entwicklungsstufen des erotischen Realitätssinnes* 335
    IV. *Deutung einzelner Vorgänge beim Geschlechtsakt* 342
    V. *Die individuelle Genitalfunktion* 350
B. Phylogenetisches
    VI. *Die phylogenetische Parallele* 357
    VII. *Material zum »thalassalen Regressionszug«* 363
    VIII. *Begattung und Befruchtung* 370
C. Anhang und Ausblicke
    IX. *Coitus und Schlaf* 381
    X. *Bioanalytische Konsequenzen* 388

Anhang

Liste der Abkürzungen 403
Literaturverzeichnis 405
Bibliographie der wissenschaftlichen Veröffentlichungen Sándor
    Ferenczis 411
Namen- und Sachregister 448
Inhalt des ersten Bandes der ›Schriften zur Psychoanalyse‹ von
    Sándor Ferenczi 487
Notiz über den Herausgeber 489

Einleitung

von Judith Dupont

Diese Einführung in den zweiten Band der ›Schriften zur Psychoanalyse‹ Sándor Ferenczis hätte eigentlich von Michael Balint, Ferenczis Schüler, Freund und schließlich Testamentsvollstrecker, geschrieben werden sollen, dessen eigene Arbeiten am Anfang sicherlich einen starken Impuls vom Werk Ferenczis empfangen hatten. Balint hat den Grundplan und die Form der Einführung, die an die für den ersten Band dieser Ausgabe geschriebene anknüpfen sollte, noch selbst entworfen. Wir haben es daher für richtig gehalten, weitgehend auf die Gedanken zurückzugreifen, die Balint in mehreren Arbeiten zur Person und zum Werk Ferenczis niedergelegt hat, speziell auf seine Äußerungen zu der hochwichtigen Periode, aus der die Arbeiten dieses zweiten Bandes stammen. Selbstverständlich trägt gleichwohl der jetzige Verfasser die volle Verantwortung für den vorliegenden Text.
Die Periode, die wir hier betrachten, ist arm an äußeren, um so reicher an »inneren« Ereignissen. Sie erstreckt sich von 1919 bis 1933, dem Todesjahr Ferenczis, und ist durch die wachsende Spannung gekennzeichnet, die sich zwischen Ferenczi und Freud, man kann sogar sagen, zwischen Ferenczi und fast der gesamten analytischen Welt entwickelte und die dazu führte, daß Ferenczi am Ende seines Lebens praktisch allein dastand.
Ferenczis wissenschaftliche Neugier, seine Redlichkeit und auch sein starkes Bedürfnis, allen zu helfen, die sich um Hilfe an ihn wandten, veranlaßten ihn zu immer neuen technischen Experimenten. Es soll jedoch sogleich betont werden, daß seine technischen Vorschläge stets theoretisch untermauert waren, wie er es auch niemals unterließ, alle theoretischen Folgerungen, die sich aus seinen technischen Experimenten ergaben, gründlich zu durchdenken. Es sei in diesem Zusammenhang an das Buch erinnert, das er zusammen mit Rank über das von

Freud vorgeschlagene Wettbewerbsthema ›Beziehung zwischen der analytischen Technik und analytischer Theorie‹ schrieb.[1]
Ferenczi hat es niemals hinnehmen wollen, daß eine Theorie zum Dogma erhoben wird oder daß eine technische Maßnahme als unveränderlich gelten soll. Er war jederzeit bereit, alles, was bisher als sicher galt, umzustoßen, falls klinische Beobachtungen zeigen sollten, daß ein Phänomen mit den vorhandenen Hypothesen nicht erklärt werden könnte. Es ist jedoch festzuhalten, daß seine Forschungen ihn niemals veranlaßt haben, auch nur eine einzige der Grundannahmen der Psychoanalyse zu verwerfen. Er wollte vielmehr das Äußerste aus der psychoanalytischen Theorie herausholen, um die therapeutischen Möglichkeiten der Psychoanalyse zu verbessern und zu steigern. Ferenczi war immer vor allen Dingen Arzt.
Es ist hier nicht der Ort, die tieferen Gründe für Ferenczis starkes Heilbedürfnis zu erforschen, obwohl diese Motive gewiß dazu beigetragen haben, das Unbehagen, das sich zwischen ihm und seinen Kollegen ausbreitete, zu verstärken. Wer sich für dieses Thema interessiert, sei auf das achte Kapitel von Balints Buch *Therapeutische Aspekte der Regression; Die Theorie der Grundstörung*[2] verwiesen, wo Balint die Unstimmigkeiten zwischen Freud und Ferenczi erörtert.
Freilich war Ferenczi ein gefühlsstarker Mensch, der auf alles und alle sehr stark reagierte. Unter dem Ansturm der lebhaften Eindrücke, die er empfing, gab er seinen Beobachtungen und Gedanken sofort spontanen Ausdruck und legte sie sozusagen noch frisch zugleich sich und den Kollegen zur Beurteilung vor. Daher fand er sich oft in der Situation, die eine oder andere seiner Schlußfolgerungen abschwächen oder gar zurücknehmen zu müssen. Immerhin waren auch seine Irrtümer selten ganz fruchtlos.
Es ist jedenfalls gewiß nicht verwunderlich, daß die Entdeckungen, die Ferenczi der analytischen Welt (wenigstens eine Zeitlang) mit naiver Freude vortrug, von seinen Kollegen als eine Form von Aggressivität, zumindest als Schock erlebt wurden. So kam es, daß Ferenczi sich nach und nach mit einer wachsenden Zahl seiner Fachkollegen und schließlich sogar mit seinem Meister und Freund, Freud selbst, in Schwierigkeiten befand. Dieser sich verstärkende Mißklang zwischen Freud und Ferenczi ist das einschneidende Ereignis der vierzehn Jah-

---

[1] Sándor Ferenczi und Otto Rank, *Entwicklungsziele der Psychoanalyse; Zur Wechselbeziehung von Theorie und Praxis;* Wien – Leipzig – Zürich 1924.
[2] Stuttgart 1970.

re, die der vorliegende Band umspannt. In den letzten Lebensjahren Ferenczis, in denen er mit der Relaxationstechnik, mit Toleranz und Nachgiebigkeit, ja Verwöhnung experimentierte, wurde der Mißklang immer deutlicher. Und obgleich der Ton niemals gehässig wurde, war er für beide doch äußerst schmerzhaft, es ist sogar die Ansicht geäußert worden, Ferenczi sei vielleicht daran gestorben, daß er für diesen Konflikt keine Lösung wußte.

In jenen vierzehn Jahren konzentrierte sich Ferenczis Interesse hauptsächlich auf technische Probleme. Seine Forschungen und Experimente sind so reich und in ihren Folgen und Implikationen so bedeutend und umfassend, daß sie auch heute noch weder von der Psychoanalyse noch von der Psychiatrie, der praktischen Medizin, der Pädagogik, der Soziologie und anderen Wissenschaften vom Menschen voll ausgeschöpft sind.
Im großen und ganzen können wir diesen Zeitraum in zwei Teile teilen: (1) die Periode der sogenannten »aktiven« Technik und (2) die Periode der Relaxations-, Toleranz- und Verwöhnungstechnik.
Die erste Periode reicht von 1919, dem Jahr, in dem der Artikel ›Technische Schwierigkeiten einer Hysterieanalyse‹ erschien, bis 1926, dem Publikationsjahr seiner 1925 vor dem Psychoanalytiker-Kongreß in Bad Homburg vorgetragenen Mitteilung ›Kontraindikationen der aktiven Psychoanalytischen Technik‹. In diesem Artikel, dem letzten, den er der aktiven Technik widmete, hat Ferenczi sich veranlaßt gesehen, einige seiner vorher vertretenen technischen Maßnahmen zu kritisieren und zuzugeben, daß er auch eine Reihe von Mißerfolgen zu verzeichnen gehabt habe. Freud, der eine Zeitlang Ferenczis Experimente gutgeheißen und sogar die Vaterschaft für die ihnen zugrunde liegende Idee beansprucht hatte, da es sich um eine Fortführung der Abstinenz- und Versagungsregel handele, hatte seine Zustimmung inzwischen bereits zurückgezogen, und man findet sie in seinen nach 1919 veröffentlichten Schriften nicht mehr erwähnt.
Worin besteht nun die aktive Technik? Schon der Name ist irreführend. Entgegen dem, was er zu besagen scheint, und entgegen dem, was vielfach geglaubt wird, ist es keineswegs der Analytiker, der aufgefordert wird, Aktivität zu entfalten, sondern der Patient. Wenn die Behandlung stagniert und die Assoziationen aufhören zu fließen, veranlaßt der Analytiker mit Hilfe von Geboten oder Verboten den Patienten, sich aktiv zu verhalten, d. h. etwas zu tun oder zu unterlas-

sen. So wird etwa ein Phobiker ermutigt, sich der von ihm gefürchteten Situation zu stellen, oder ein anderer Patient wird aufgefordert, eine bestimmte sexuelle Praktik aufzugeben usw.
Michael Balint beschreibt das Vorgehen bei der aktiven Technik in seinem Artikel über ›Die technischen Experimente Sándor Ferenczis‹[3] folgendermaßen:
»Der zugrunde liegende Gedankengang war, daß in vielen Fällen, in denen der freie Fluß der Assoziationen stagniert und unergiebig wird, die Ursache im Schwinden der Libido aus der analytischen Arbeit und ihr Aufgehen in unbewußten Phantasien und unbewußten körperlichen Triebbefriedigungen liege; natürlich war diese Verschiebung von einer Krise in der Übertragungsbeziehung provoziert worden und repräsentierte diese Krise. Die analytische Aufgabe bestand nun darin, den Bereich ausfindig zu machen, auf welchen die Libido verschoben worden war, und sie zu mobilisieren, damit sie für die produktive Arbeit wieder verfügbar wurde. Das bedeutete, daß der Analytiker nach den entsprechenden Zeichen Ausschau halten mußte, besonders im Verhalten des Patienten in der analytischen Situation, um zu erkennen, in welchem Bereich der analytische Prozeß einen unbewußten Konflikt aufgerührt hatte, der die Libido von der analytischen Arbeit abzog; das führte dann zu erhöhter libidinöser Besetzung, die die Triebrepräsentanzen bis nahe ans Bewußtsein brachte; im letzten Moment aber erzwang die Verdrängung einen Kompromiß, und eine bis dahin ruhende oder latente Verhaltensgewohnheit machte sich bemerkbar. Diese Verhaltensweise war determiniert 1. durch die Übertragungskrise, 2. durch die ursprüngliche Triebrepräsentanz, 3. durch die Kräfte der Verdrängung.
Der Analytiker könnte nun auf zweierlei Weise aktiv werden. Er könnte vorschlagen, daß der Patient von dieser betreffenden Verhaltensgewohnheit abläßt, also die dahinter verborgene Befriedigung seiner verdrängten Wünsche aufgibt; oder aber er könnte den Patienten ermutigen, sich diese Befriedigung offen und frei zu gestatten. Eine erfolgreiche Intervention des Analytikers würde dann im Patienten zu einem erheblichen Spannungsanstieg führen, wodurch zweierlei erreicht werden könnte: Durchbruch einer bis dahin verdrängten Triebregung ins Bewußtsein, was ein unlustvolles

---

[3] ›Die technischen Experimente Sándor Ferenczis‹, in: *Psyche*, Bd. XX, 1966, S. 904 bis 925, und *Psychoanalytic Techniques*, New York 1967.

Einleitung von Judith Dupont

Symptom in lustvolle Befriedigung verwandeln und die Ich-Herrschaft des Patienten stärken und ausweiten würde; ferner würden durch die Aufhebung des Widerstandes die versiegten oder stagnierenden Assoziationen des Patienten wieder zu fließen beginnen.«[4]
Im vorliegenden Band wird die aktive Technik in fünf wichtigen Artikeln behandelt. Außer den beiden bereits genannten sind es die Arbeiten ›Weiterer Ausbau der »aktiven Technik« in der Psychoanalyse‹ (1921), ›Über forcierte Phantasien‹ (1924) und ›Zur Psychoanalyse von Sexualgewohnheiten‹ (1925); diese letztere Arbeit ist vielleicht die bedeutendste.
Seine Forschungen über die Formen der aktiven Technik veranlaßten Ferenczi, sich seiner eigenen Rolle in der analytischen Situation zunehmend bewußter zu werden. So begann er, sich lebhaft für die Probleme der Übertragung und Gegenübertragung (im weiteren Sinne des Begriffs) zu interessieren, überhaupt für alle Aspekte der Beziehung zwischen Patient und Analytiker. Er war wohl der erste, der die Notwendigkeit einer vertieften Lehranalyse befürwortete, die den Analytiker in den Stand setzen sollte, seine eigenen Übertragungsreaktionen besser unter Kontrolle zu haben. Es sei hinzugefügt, daß ohne Zweifel noch ein weiterer Faktor dazu beigetragen hat, seine Aufmerksamkeit auf die überragende Bedeutung einer besseren Kontrolle der Übertragungserscheinungen zu lenken: das starke Erlebnis seiner eigenen Analyse bei Freud.
Die vier im Jahre 1919 veröffentlichten Artikel, die im vorliegenden Band enthalten sind, handeln allesamt von der Hysterie. Wir haben die Arbeit ›Technische Schwierigkeiten einer Hysterieanalyse‹, die erste wichtige Mitteilung über die aktive Technik, bereits erwähnt. Es sei ferner der Beitrag ›Hysterische Materialisationsphänomene‹ genannt, in dem Ferenczi vorschlägt, den hysterischen Mechanismus, »den rätselhaften Sprung aus dem Seelischen ins Körperliche«, als eine Regression zur »Protopsyche«, einen Rückschritt auf die Stufe der Reflexe, in die Zeit der autoplastischen Anpassung zu betrachten. Die bewegende Kraft am Grunde der Konversion entspringe einer genitalen Triebquelle. In diesem Artikel entwirft Ferenczi einige seiner Ideen über Ursprung und Evolution der Genitalität, die wir, weiterentwickelt, in seiner spekulativen »bio-analytischen« Schrift von 1924, dem ›Versuch einer Genitaltheorie‹, wiederfinden.
Die Arbeiten ›Erklärungsversuch einiger hysterischer Stigmata‹ und

[4] A.a.O., S. 912/13.

›Die Psychoanalyse eines Falles von hysterischer Hypochondrie‹ enthalten detaillierte Darstellungen klinischer Fälle, deren sich Ferenczi bedient, um die von der Hysterie mobilisierten Mechanismen näher zu betrachten.

Das Jahr 1921 bringt den zweiten wichtigen, der aktiven Technik gewidmeten Artikel, ›Weiterer Ausbau der »aktiven Technik« in der Psychoanalyse‹, der als Vortrag vor dem 6. Internationalen Psychoanalytischen Kongreß im September 1920 in Den Haag gehalten wurde. Dieser Artikel beginnt mit einer Mahnung zur Vorsicht: Nur eine längere Stockung im Fluß der Assoziationen könne Abweichungen von der Grundregel rechtfertigen; so sei auch die Verwendung der aktiven Technik streng auf diese Ausnahmefälle zu beschränken. Aber diese Einleitung enthält auch ein Plädoyer zugunsten der aktiven Technik: Bei näherem Zusehen, und wenn man sich nicht scheue, die Dinge beim Namen zu nennen, müsse man zugeben, daß Aktivität in der Psychoanalyse etwas Altbekanntes sei, das niemals völlig aus ihr verbannt war, zumal der Analytiker die Aktivität seines Patienten schon allein durch seine Deutungen lenke, die unbestreitbar einen Anreiz enthielten, in einer bestimmten Richtung weiterzuassoziieren.

Die Arbeit ist in fünf Teile eingeteilt: Im ersten Teil zitiert Ferenczi die beiden Fälle, in denen Freud selbst den Rat gibt, dem Patienten Aktivität aufzuerlegen. Es handelt sich einmal um die allgemeine Abstinenz- und Versagungsregel, ferner um phobische Patienten, bei denen es in einem bestimmten Moment ihrer Behandlung angezeigt sein könnte, sie dazu aufzufordern, sich der gefürchteten Situation zu stellen. – Der zweite Teil bringt eine klinische Falldarstellung und beschreibt die Anwendung der aktiven Technik: Die betreffende Patientin wird zunächst aufgefordert, gewisse Dinge im Sinne eines freieren Umgangs mit ihren Trieben zu tun; danach wird ihr aufgegeben, auf eine Reihe sexueller Befriedigungen wieder zu verzichten. – Im dritten Teil nennt Ferenczi noch einmal alle Bedingungen, die vorliegen müssen, um die Anwendung der Aktivitätstechnik zu rechtfertigen, und führt die große Zahl der Kontraindikationen für diese Technik auf. – In den letzten beiden Teilen schließlich wird der durch die aktive Technik in Gang gebrachte Prozeß beschrieben. Er wurde weiter oben mit den Worten Michael Balints bereits skizziert. In seiner Schlußfolgerung streift Ferenczi einige seiner Lieblingsideen: den kindlichen Charakter des Neurotikers und die von ihm in der analytischen Situation eingenommene infantile Position; die absolute Aufrichtigkeit, die vom Analytiker gefordert werden müsse: niemals dürfe er im Patienten Erwartungen erwecken, die er nicht halten könne, um nicht Traumatisierungen auszulösen, die den ursprünglich vom Patienten erlittenen Traumen ganz ähnlich seien und die gleichen Folgen haben müßten.

In der Produktion des Jahres 1921 finden wir ferner einen wichtigen Artikel über das Problem der Tics. Ausgehend von seiner eigenen klinischen Erfahrung sowie den zahlreichen Fällen, die in einer französischen Arbeit von Meige und Feindel minuziös beschrieben und untersucht wurden, stellt Ferenczi eine enge Beziehung zwischen Tics und narzißtischen Neurosen fest. Danach kommt ein Tic auf folgende Weise zustande: Ein Körperteil, der eine Verletzung erlitten hat oder einer Reizerregung ausgesetzt war, erfährt eine starke Libidobesetzung, die dem Hauptreservoir der Libido, der genitalen Sexualität, entnommen ist. Dadurch kommt es zur Genitalisierung der vom Tic affizierten Körperpartien, wodurch der Tic zu einem echten Masturbations-Äquivalent wird.

Dieser Artikel erörtert eine so große Anzahl von Problemen (die Beziehungen zwischen Tic und Zwangsneurose, hysterische Konversion, Katatonie, traumatische Neurose, diagnostische Differenzierung zwischen diesen Zuständen usw.), daß er einer im selben Jahr am Berliner Psychoanalytischen Institut über das Problem des Tics veranstalteten Diskussion als Grundlage diente. Zahlreiche Psychoanalytiker nahmen daran teil, darunter Abraham und van Ophuijsen, während Ferenczi selbst sich brieflich dazu äußerte; der betreffende Brief ist in den vorliegenden Band (S. 92 f.) mit aufgenommen worden.

Fünf Arbeiten wurden ausgewählt, um die Produktion des Jahres 1922 zu repräsentieren. Die Arbeit ›Zur Psychoanalyse der paralytischen Geistesstörung‹ ist auch vom Standpunkt der heutigen sogenannten psychosomatischen Medizin aus gesehen sicherlich nicht überholt. Ferenczi unternimmt hier den Versuch, *bestimmte* psychische Symptome der Paralyse als *zerebrale Pathoneurose* zu interpretieren, d. h. (unabhängig von den direkten Folgen der Verletzung) als neurotische Reaktion auf die Gehirnläsion, als Versuch, mit den durch die Läsion mobilisierten Libidomengen zu einem Kompromiß zu kommen. Ferenczi beweist, daß die psychischen Symptome der Paralyse insgesamt einen regressiv-defensiven Prozeß anzeigen. Dieser Prozeß wird durch die Depression ausgelöst, in die der Kranke wegen der Herabsetzung seiner Fähigkeiten fällt und mit der er sich auseinandersetzen muß. Am Schluß dieses Artikels bemerkt Ferenczi, der bekanntlich immer einen gewissen psychoanalytischen Imperialismus vertreten hat, mit Genugtuung, daß die Psychoanalyse damit Zutritt zur Organpsychiatrie gewonnen habe und nun nicht mehr allein auf die Erforschung »funktioneller« Psychosen beschränkt sei.

In seiner Studie ›Freuds »Massenpsychologie und Ich-Analyse«‹ preist Ferenczi die Vorteile der sogenannten »utraquistischen« Methode; sie besteht darin, die in einem bestimmten wissenschaftlichen Bereich gewonnenen Kenntnisse zu benutzen, um in einem anderen Wissenschaftszweig zu besseren Einsichten zu gelangen. Von dieser Methode macht er in seinem Buch *Versuch einer Genitaltheorie* ausgiebig Gebrauch.

Die Produktion des Jahres 1923 ist in diesem Band durch eine ganze Reihe scharfsichtiger klinischer Beobachtungen vertreten, deren jede zahlreiche erwägenswerte Perspektiven eröffnet. Es sei besonders ›Der Traum vom »gelehrten Säugling«‹ erwähnt, in dem man das Thema einer Lieblingsphantasie Ferenczis entdeckt, auf die er in mündlichen und schriftlichen Mitteilungen oft Bezug nahm. Der Traum handelt von dem Säugling, der plötzlich zu reden anfängt und die Erwachsenen durch sein Wissen und seine Klugheit verblüfft. Der in dieser Phantasie sich bekundende Vorwitz war seinem Wesen wohl nicht ganz fremd und ist gewiß von demjenigen seiner Kritiker erkannt worden, der ihn das »enfant terrible« der Psychoanalyse nannte – ein Beiname, über den er sich mindestens ebensoviel amüsiert wie geärgert hat.

Diese Periode wird von drei großen Artikeln abgeschlossen, die alle der aktiven Technik gewidmet sind. Zwei davon, ›Über forcierte Phantasien‹ und ›Zur Psychoanalyse von Sexualgewohnheiten‹, haben Indikation und Anwendungsformen der aktiven Technik zum Thema und versuchen, die metapsychologischen und technischen Aspekte herauszuarbeiten.

In der Schrift ›Über forcierte Phantasien‹ (1924) weist Ferenczi noch einmal darauf hin, daß er mit seiner aktiven Technik nur eine Maßnahme benutzt und bis an ihre Grenzen erprobt habe, die immer ein integraler Bestandteil der klassischen Technik gewesen sei: Jede Deutung wirke sich in der Weise aus, daß bestimmte Vorstellungen und Affekte vorgezogen und dadurch in der gleichen bevorzugten Richtung Phantasien ausgelöst würden. Ferenczi empfiehlt daher lediglich, etwas, das ohnehin implizit durch jede Deutung hervorgerufen wird, nun bewußt und explizit zu bewirken.

Einleitung von Judith Dupont

›Zur Psychoanalyse von Sexualgewohnheiten‹ ist vielleicht der wichtigste Artikel über die aktive Technik, denn inzwischen hatte Ferenczi die Experimente mit seiner Aktivitätstechnik auch auf das Gebiet der prägenitalen Aktivitäten und prägenitalen Charakterzüge ausgedehnt. Er entwickelt in dieser Arbeit die theoretischen Grundlagen der aktiven Technik und unterbreitet einen Entwurf zur Metapsychologie der Gewohnheiten: Eine Gewohnheit bildet sich dadurch, daß die Steuerung einer Handlung vom Ich zum Es übergeht, und eine Gewohnheit wird aufgegeben, wenn das Ich angesichts neuer Anpassungsaufgaben die Herrschaft wieder übernimmt. Ferenczi erörtert auch das Verhältnis zwischen Trieb und Gewohnheit und stellt die interessante Hypothese auf, daß die Gewohnheit vielleicht ein Übergang zwischen den Wahlhandlungen und den eigentlichen Trieben sei. Es sei angemerkt, daß diese Hypothese vollkommen mit den heutigen, auf Beobachtungen an verschiedenen Entenarten gestützten Vorstellungen des Verhaltensforschers Konrad Lorenz übereinstimmt.[5]

Schließlich präzisiert Ferenczi in dieser Arbeit zwei wichtige Punkte der Aktivitäts-Technik: (1) Die Aktivität betrifft den Patienten; der Analytiker beschränkt sich darauf, sie durch seine Interventionen in Gang zu bringen; (2) bei der Form der Interventionen des Analytikers handelt es sich nicht mehr um die Auferlegung von Geboten oder Verboten, sondern nur noch um freundschaftliche Ratschläge und Empfehlungen. Das bedeutet natürlich eine wichtige Milderung gegenüber den vorher befürworteten autoritativen Maßnahmen.

Die Arbeit ›Kontraindikationen der aktiven Psychoanalytischen Technik‹ (1926) schließt diese Periode der technischen Forschungen Ferenczis ab. Sie enthält, wie erwähnt, außer einer Kritik der aktiven Methode, einer Abschwächung ihrer Anwendungsmodalitäten und dem Eingeständnis ihres teilweisen Scheiterns doch auch ein Plädoyer zugunsten dieser Technik trotz aller Einschränkungen, die man machen müsse. Offenbar verzichtete Ferenczi nur ungern auf eine Methode, die ihm so reiches, fruchtbares Material eingetragen hatte.

In den gleichen Zeitraum fällt eine Arbeit, die im Werk Ferenczis einen Sonderplatz einnimmt und deshalb im vorliegenden Band als Teil II erscheint, nämlich der *Versuch einer Genitaltheorie* (1924)[6]. Unter dem nachhaltigen Eindruck von Freuds *Drei Abhandlungen zur Sexualtheorie*, die er in der beschäftigungslosen Zeit während sei-

---

[5] Konrad Lorenz, *Das sogenannte Böse; Zur Naturgeschichte der Aggression*, Wien 1963.
[6] [Titel der französischen und der englischen Ausgabe: *Thalassa*. D. Übers.]

nes Militärdienstes im Ersten Weltkrieg ins Ungarische übersetzte, versucht Ferenczi, bestimmte psychoanalytische Modellvorstellungen auch auf das Studium der Physiologie der Tiere, der Physiologie der Organe, ja Organteile, z. B. der Gewebe, anzuwenden. Umgekehrt unternimmt er es, Erkenntnisse der Biologie zur Erklärung psychischer Erscheinungen heranzuziehen. Er nennt dieses Vorgehen »utraquistisch«. Es handelt sich um jene »bio-analytische« Spekulation, in der Ferenczi in großen Linien eine Theorie der Genitalität entwirft. Nachdem er die erotischen Elemente betrachtet hat, die durch Verschmelzung oder »Amphimixis«, wie Ferenczi mit einem selbstgeprägten Ausdruck sagt, im sexuellen Akt kulminieren, beschreibt er die verschiedenen Entwicklungsstufen der Sexualität, analysiert die einzelnen Phasen des Sexualaktes im Sinne von neurotischen Symptomen und versucht, sie zu deuten. Er bemüht sich, die Bedeutung des Sexualaktes für das Individuum zu begreifen, und grenzt sie gegen die Funktion der Arterhaltung ab. Da ihm ontogenetische Studien für die Erhellung dieser Probleme nicht ausreichend erscheinen, nimmt er zu phylogenetischen Parallelen Zuflucht. Er findet am Grunde sowohl der ontogenetischen Entwicklung als auch der phylogenetischen Evolution eine mächtige regressive Tendenz beziehungsweise den Wunsch, ins Meer, in den Mutterleib zurückzukehren.

Bevor Ferenczi, nach fast einjährigem Schweigen, in seine letzte Periode eintritt, erscheint noch eine sehr wichtige Arbeit. Es handelt sich um den Artikel ›Das Problem der Unlustbejahung‹. Er greift darin Gedanken wieder auf, die er schon 1913 in der Abhandlung ›Entwicklungsstufen des Wirklichkeitssinnes‹ zu bearbeiten begonnen hatte. Jetzt unterzieht er, unter dem Eindruck des kurz zuvor erschienenen Artikels von Freud ›Die Verneinung‹ (1925), das Gesamtproblem einer abermaligen Prüfung. Es gelingt ihm, die vorhandenen Kenntnisse über die Entstehung des Wirklichkeitssinnes zu vertiefen und zu ergänzen. So betrachtet er die Rolle von Liebe und Haß (der Lebens- und der Todestriebe) beim objektiven Erkennen der Dinge, d. h. in der Entwicklung des wissenschaftlichen Denkens als eine Vorbedingung wahrer Anpassung.

Im Jahre 1927 veröffentlicht Ferenczi keine einzige Arbeit. Wie alle solche Zäsuren in seiner Produktivität, kündet auch dieses Schweigen von großen Veränderungen in seiner Art zu fühlen, zu denken und zu arbeiten. Die Unannehmlichkeiten, die ihm seine Forschungen und Experimente der vorigen Periode bei den Kollegen eingetragen hatten, veranlaßten Ferenczi zu größerer Reserve in der Mitteilung seiner Ideen und Beobachtungen: von nun an vermißt man in seinen Veröffentlichungen jene klinischen Notizen oder kurzen Mitteilungen, in denen er seine frisch gefaßten Ideen seinen Kollegen zu Diskussion und Kritik unterbreitet hatte. Das Material hierfür fand sich in Gestalt zahlreicher Notizen und Fragmente erst in seinem Nachlaß.

Zwischen 1928 und 1933 veröffentlichte Ferenczi noch neun wichtige Artikel, von denen acht in den vorliegenden Band aufgenommen wurden. In diesen Schriften finden sich viele Durchbrüche zu ganz neuen, unerforschten Gebieten unserer Wissenschaft. Ferenczi trägt darin Erwägungen vor, die seither periodisch wiederentdeckt werden, wenn die im wissenschaftlichen Denken gerade herrschende Richtung dafür günstig erscheint, und die noch heute für revolutionär gelten.

Wenn auch Ferenczi sich gezwungen sah, seine aktive Technik aufzugeben, braucht man die Serie seiner Experimente nicht als eine Sackgasse zu betrachten. Ferenczi lernte sehr viel aus ihnen, vor allem hinsichtlich der Zustände und des Prozesses der Regression.

Balint schildert in seinem schon zitierten Artikel den Schritt, der Ferenczi von der aktiven Technik zum nächsten Stadium führte, folgendermaßen:

»Ferenczi ... war von der Primitivität der Reaktionen seiner Patienten in dieser Phase so beeindruckt, daß er weiter zu experimentieren beschloß. Er wußte aus früherer Erfahrung, vor allem wenn er versuchte, die formalen Elemente dieses Verhaltens in der analytischen Situation zu verstehen, daß jedes Ereignis in dieser Situation als ein Wechselspiel zwischen der Übertragung des Patienten, d. h. seinem Wiederholungszwang, und der Gegenübertragung des Analytikers, d. h. seiner Technik aufgefaßt werden mußte. Da die erstere als eine Konstante betrachtet werden mußte, die zumindest zum gegenwärtigen Zeitpunkt fast unveränderlich war, mußte der Analytiker, um aus diesem Engpaß herauszukommen, die Aufgabe auf sich nehmen, den anderen Faktor zu ändern, nämlich seine Technik. So bestand sein erster Versuch darin, das Gewicht der aktiven Intervention zu vermindern; statt Befehlen oder Verboten gab er Rat und Vorschläge. Der nächste Schritt bestand darin, selbst die mindeste Form aktiver Intervention ganz aufzugeben, seine Aufmerksamkeit auf das zu konzentrieren, was der Patient vom Analytiker erwartete, und seine Technik so elastisch zu machen, daß er dem Patienten keine unnötigen Versagungen bereitete.

Das kennzeichnet den Beginn seiner kritischen Prüfung des Abstinenz- und Versagungsprinzips in der analytischen Technik. Er erreichte diesen Punkt 1927–28 und veröffentlichte seine Ergebnisse in drei Arbeiten; außer... ›Die Anpassung der Familie an das Kind‹ sind es ›Das Problem der Beendigung der Analysen‹ und ›Die Elastizität der psychoanalytischen Technik‹.«[7]

Da Ferenczi glaubte, daß man bei Patienten, die unter den Bedingungen der klassischen, passiv-sympathisierenden Methode, also der Technik wohlwollender Neutralität, nicht vorankommen können, die Technik ihren besonderen Bedürfnissen anpassen müßte und könnte, ging er daran, den Grad und die Art der Elastizität ausfindig zu machen, die man seiner Meinung nach der analytischen Technik verleihen müßte.

Aber auch nachdem er die Gebote und Verbote in Ratschläge und Empfehlungen, schließlich in Elastizität umgewandelt hatte, ging Ferenczi noch weiter und versuchte, im Gegensatz zu seiner früheren Einstellung, die beim Patienten entstehende Spannung zu vermindern und mittels Toleranz und sogar Verwöhnung ein Maximum an »Relaxation« zu erreichen. Drei Artikel zeugen von den technischen Versuchen jener Zeit und ihren Ergebnissen: ›Das unwillkommene Kind und sein Todestrieb‹ (1929), ›Relaxationsprinzip und Neokatharsis‹ (1930) und ›Kinderanalysen mit Erwachsenen‹ (1931).

Die regressiven Erscheinungen, die bei allen Patienten im Laufe der analytischen Behandlung regelmäßig zu beobachten sind, veranlaßten Ferenczi, die Stellung des Patienten zum Analytiker mit der Stellung des Kindes zum Erwachsenen zu vergleichen, und er versuchte, die Übertragungsbeziehung im Lichte dessen zu verstehen und zu deuten, was er über die Beziehungen zwischen Kind und Erwachsenen wußte. So lagen für ihn die Grenzen der Toleranz und Nachgiebigkeit des Analytikers auf dem Niveau jener Toleranz und Nachgiebigkeit, die ein Erwachsener einem geliebten Kind gegenüber bezeugt.

In dieser Beziehung zwischen dem Kind und den Erwachsenen (Erwachsenen im Plural, denn die Umwelt des Kindes prägen mehrere Erwachsene, vor allem die beiden wichtigsten, Vater und Mutter, und der Analytiker kann in der Übertragung sowohl in der einen wie in der anderen Rolle erscheinen) sind jedoch spezifische Schwierigkeiten enthalten. In seiner Arbeit ›Sprachverwirrung zwischen den Erwachsenen und dem Kind‹ (1933) untersucht Ferenczi die vielen Mißver-

[7] A.a.O., S. 917f.

ständnisse und Leiden, die dem Kinde durch die Unaufrichtigkeit der Erwachsenen bereitet werden können, wenn diese, nachdem sie versucht haben, ihre eigenen Triebbedürfnisse mittels des Kindes zu befriedigen, unter dem Druck ihrer Schuldgefühle ihre Handlungen und Haltungen, insbesondere das Verführerische an ihren Haltungen, ableugnen. Anders gesagt, es handelt sich um Mißverständnisse, die aus der Heuchelei der Erwachsenen entstehen, wenn sie vorgeben, die Sprache der Zärtlichkeit zu sprechen, während sie in Wirklichkeit die Sprache der Leidenschaft benutzen. Ferenczi zieht eine Parallele zwischen dieser Heuchelei der Erwachsenen gegenüber dem Kind und der beruflichen Heuchelei des Arztes (und des Analytikers), deren Wirkungen er für nicht minder katastrophal hält.

Um die in der analytischen Situation entstehende Spannung für den Patienten, der sich im Zustand der Regression befindet, auf erträglichem Niveau zu halten, entschloß sich Ferenczi, positiv auf die Strebungen, Wünsche und Bedürfnisse des Patienten einzugehen, womit er nun allerdings die von Freud empfohlene Abstinenz- und Versagungsregel unbestreitbar verletzte.

Ferenczi wußte genau, was die Forderungen des Kindes (oder des regredierten Patienten) beim Erwachsenen (oder beim Analytiker) alles erwecken können. Er kannte die Bedeutung der Gegenübertragungseffekte und war von der absoluten Notwendigkeit, sie unter Kontrolle zu halten, überzeugt. Er wußte aber auch, daß die strenge Beachtung der Regeln der klassischen Technik ihrerseits eine Manifestation der Gegenübertragung sein kann, in diesem Fall eine sadistische.

Seine hinterlassenen Notizen und Fragmente bezeugen, wie Ferenczi noch bis in seine letzten Lebenstage mit seinem für Übertragung und Gegenübertragung geschärften Blick versucht hat, die Formen der Kommunikation zwischen Patient und Analytiker in den Zeiten tiefer Regression so aufrichtig wie irgend möglich zu gestalten – Zeiten, die jede analytische Behandlung mehr oder weniger schnell und mehr oder weniger leicht durchlaufen muß.

Es ist nicht erstaunlich, daß bei einem Untersuchungsgegenstand, bei dem die tiefsten Schichten zugleich die kompliziertesten sind, sich bei den einzelnen Forschern Meinungsverschiedenheiten ergeben, die dann als besonders schmerzlich und unerträglich erlebt werden. Weder ihre gegenseitige Zuneigung noch beider intellektuelle Redlichkeit konnten Freud und Ferenczi dieses Leiden ersparen. Jeder, der sich für die Psychoanalyse interessiert, kann diese Gefühle nachempfinden, wenn er sieht, wie schwer es auch heute noch für die psychoanalytische Welt ist, die Gedanken Ferenczis in ihrer ganzen Bedeutung zu erfassen und sie einer wirklich freimütigen, offenen Prüfung zu unterziehen. Auch heute noch steht Ferenczi im Geruch der Ketzerei. Möge diese Edition dazu beitragen, daß der Reichtum seines Lebenswerkes dem gemeinsamen Fundus der Psychoanalyse wieder eingegliedert wird.

(Übersetzt von Käte Hügel)

Teil I

Technische Schwierigkeiten einer Hysterieanalyse
Zugleich Beobachtungen
über larvierte Onanie und ›Onanie-Äquivalente‹

(1919)

Eine Patientin, die mit großer Intelligenz und viel Eifer den Vorschriften der psychoanalytischen Kur zu entsprechen bestrebt war und es an theoretischer Einsicht nicht mangeln ließ, machte nichtsdestoweniger nach einer gewissen, wohl der ersten Übertragung zuzurechnenden Besserung ihrer Hysterie lange Zeit hindurch keine Fortschritte.
Als die Arbeit überhaupt nicht von statten ging, griff ich zum äußersten Mittel und bestimmte einen Termin, bis zu dem ich sie noch behandeln will, in der Erwartung, daß ich hierdurch in ihr ein zureichendes Motiv zum Arbeiten schaffe. Auch dies half nur vorübergehend; bald fiel sie in die bisherige Untätigkeit zurück, die sie hinter der Übertragungsliebe versteckte. Die Stunden vergingen mit leidenschaftlichen Liebeserklärungen und Beschwörungen ihrer- und mit fruchtlosen Anstrengungen meinerseits, ihr die Übertragungsnatur ihrer Gefühle beizubringen und sie zu den realen, aber unbewußten Objekten ihrer Affekte zurückzuführen. Nach Ablauf des angesagten Termines entließ ich sie ungeheilt. Sie selbst war mit ihrer Besserung ganz zufrieden.
Viele Monate später kam sie in ganz desolatem Zustande wieder; ihre früheren Beschwerden rezidivierten mit der alten Heftigkeit. Ich gab ihrer Bitte nach und nahm die Kur wieder auf. Schon nach kurzer Zeit, sobald der bereits erreicht gewesene Grad der Besserung hergestellt war, begann sie das alte Spiel wieder. Diesmal waren äußere Umstände die

[*Editorische Hinweise:* Die Jahreszahlen in Klammern unter jedem Titel bezeichnen jeweils das Jahr der Erstpublikation, das in den meisten Fällen dem der Entstehung entspricht. Wo die Jahreszahlen der Entstehung und der Erstpublikation differieren, ist dies angegeben. – Alle in eckige Klammern gesetzten Angaben im Text oder in den Fußnoten sind Ergänzungen bzw. Erläuterungen des Herausgebers. – Die genauen bibliographischen Daten zu den von Ferenczi in diesem Band zitierten Werken anderer Autoren enthält das Literaturverzeichnis im Anhang des Bandes. Für die Arbeiten Ferenczis vgl. die Bibliographie ebenfalls im Anhang. – Alle Schriften Sigmund Freuds werden einheitlich nach den *Gesammelten Werken* (G. W.) zitiert.]

Ursache des Abbrechens der Kur, die also auch diesmal unbeendigt blieb.

Eine neuerliche Verschlimmerung und die Beseitigung jener Hindernisse führten sie zum drittenmal zu mir. Auch dieses Mal kamen wir lange Zeit hindurch nicht vorwärts.

Im Laufe ihrer unermüdlich wiederholten Liebesphantasien, die sich immer mit dem Arzt beschäftigten, macht sie öfters, wie beiläufig, die Bemerkung, daß sie dabei »unten fühlt«, d. h. erotische Genitalempfindungen hat. Doch erst nach so langer Zeit überzeugte mich ein zufälliger Blick auf die Art, in der sie auf dem Sofa liegt, daß sie die ganze Stunde über die Beine gekreuzt hält. Dies führte uns – nicht zum erstenmal – zum Thema der Onanie, die ja von Mädchen und Frauen mit Vorliebe in der Weise ausgeführt wird, daß sie die Beine aneinander pressen. Sie negierte, wie auch schon früher, aufs entschiedenste, jemals derartige Praktiken getrieben zu haben.

Ich muß gestehen – und das ist bezeichnend für die Langsamkeit, mit der eine sich schon regende neue Einsicht zum Bewußtsein durchdringt –, daß es immer noch längere Zeit dauerte, bis ich auf den Einfall kam, der Patientin diese Körperhaltung zu verbieten. Ich erklärte ihr, daß es sich dabei um eine larvierte Art der Onanie handelt, die die unbewußten Regungen unbemerkt abführt und nur unbrauchbare Brocken ins Material der Einfälle gelangen läßt.

Den Effekt dieser Maßnahme kann ich nicht anders als *foudroyant* bezeichnen. Die Patientin, der die gewohnte Abfuhr zur Genitalität verwehrt blieb, war in den Stunden von einer fast unerträglichen körperlichen und psychischen Rastlosigkeit geplagt; sie konnte nicht mehr ruhig daliegen, sondern mußte die Lage fortwährend wechseln. Ihre Phantasien glichen Fieberdelirien, in denen längstvergrabene Erinnerungsbrocken auftauchten, die sich allmählich um gewisse Ereignisse der Kindheit gruppierten und die wichtigsten traumatischen Anlässe der Erkrankung erraten ließen.

Der hierauf folgende Besserungsschub brachte zwar einen entschiedenen Fortschritt, aber die Patientin – obzwar sie jene Maßregel gewissenhaft befolgte – schien sich mit dieser Art Abstinenz abzufinden und machte es sich auf dieser Stufe der Erkenntnis bequem. Mit anderen Worten: Sie hörte wieder auf zu arbeiten und flüchtete sich auf die Rettungsinsel der Übertragungsliebe.

Durch die vorhergegangenen Erfahrungen gewitzigt, konnte ich aber nun die Verstecke aufstöbern, in die sie ihre autoerotische Befriedigung rettete. Es kam heraus, daß sie zwar *in der Analysenstunde* die Vorschrift befolgt, sie aber in den übrigen Stunden des Tages fortwährend verletzt. Wir erfuhren, daß sie die meisten Betätigungen der Hausfrau und Mutter zu *erotisieren* verstand, indem sie dabei die Beine unmerklich und ihr selbst unbewußt aneinander preßte; natürlich erging sie sich dabei in unbewußten Phantasien, die sie so vor dem Entlarvtwerden schützte. Nachdem das Verbot auf den ganzen Tag ausgedehnt wurde, kam es zu einem neueren, aber immer noch nicht definitiven Besserungsschub.

Der lateinische Satz: Naturam expellas furca, tamen ista recurret, schien sich hier zu bewahrheiten. Ich bemerkte an ihr im Laufe der Analyse oft gewisse ›Symptomhandlungen‹, spielerisches Drücken und Zerren an den verschiedensten Körperstellen. Nach dem allgemeinen und ausnahmslosen Verbot der larvierten Onanie wurden diese Symptomhandlungen zu *Onanieäquivalenten*. Ich verstehe darunter harmlos scheinende Reizungen indifferenter Körperteile, die aber die Erogeneität des Genitales qualitativ und quantitativ ersetzen. In unserem Falle war die Absperrung der Libido von jeder anderen Abfuhr eine so totale, daß sie sich zeitweise an jenen harmlosen Körperstellen, die von Natur aus durchaus keine hervorragenden erogenen Zonen sind, zu förmlichem *Orgasmus* steigerte.

Erst der Eindruck, den diese Erfahrung auf sie machte, konnte die Patientin dazu bringen, meiner Behauptung, daß sie in jenen kleinen ›Unarten‹ ihre ganze Sexualität vergeudet, Glauben zu schenken und darauf einzugehen, der Kur zuliebe auch auf diese seit Kindheit geübten Befriedigungen zu verzichten. Die Plage, die sie so auf sich nahm, war groß, aber sie lohnte die Mühe. Die Sexualität, der alle abnormen Abflußwege versperrt waren, fand von selbst, ohne hierzu der geringsten Anweisung zu bedürfen, den Rückweg zu der ihr normal zugewiesenen Genitalzone, von der sie in einer bestimmten Zeit ihrer Entwicklung verdrängt, gleichsam aus der Heimat in fremde Länder verwiesen wurde.

Dieser Repatriierung stellte sich noch als Hindernis die vorübergehende Wiederkehr einer in der Kindheit durchgemachten Zwangsneurose in den Weg, die aber schon leicht zu übersetzen war und ihr auch ohne weiteres verständlich wurde.

Die letzte Etappe war das Auftreten eines unmotivierten und zu Unzeiten auftretenden *Harndranges,* dem nachzugeben ihr gleichfalls untersagt wurde. Eines Tages überraschte sie mich dann mit der Mitteilung, am Genitale einen so heftigen Reiz verspürt zu haben, daß sie sich nicht enthalten konnte, sich durch heftigstes Reiben der Vaginalschleimhaut etwas Befriedigung zu verschaffen. Meine Erklärung, sie habe hierdurch die Bestätigung meiner Behauptung erbracht, daß sie eine infantile *aktive Masturbationsperiode* durchmachte, konnte sie zwar nicht unmittelbar annehmen, sie brachte aber bald Einfälle und Träume, die sie überzeugen konnten. Diese Masturbationsrezidive währte dann nicht mehr lange. Parallel mit der Rekonstruktion ihres infantilen Abwehrkampfes erlangte sie nach so vielen Mühsalen die Fähigkeit, im normalen Sexualverkehr Befriedigung zu finden, was ihr – obzwar ihr Mann ungewöhnlich potent war und mit ihr schon viele Kinder zeugte – bis dahin versagt blieb. Zugleich fanden mehrere der noch ungelösten hysterischen Symptome in den nunmehr manifest gewordenen Genitalphantasien und -erinnerungen ihre Erklärung.

Ich war bestrebt, aus der höchst komplizierten Analyse nur das technisch Interessante hervorzuheben und den Weg zu beschreiben, auf dem ich zur Aufstellung einer neuen analytischen Regel gekommen bin.

Diese lautet: Man muß während der Kur auch an die Möglichkeit der larvierten Onanie und der Onanieäquivalente denken, und wo man deren Anzeichen bemerkt, sie abstellen. Diese scheinbar harmlosen Betätigungen können nämlich sehr gut zu Verstecken der aus ihren unbewußten Besetzungen durch die Analyse aufgescheuchten Libido werden und in extremen Fällen die ganze Sexualbetätigung einer Person ersetzen. Merkt dann der Patient, daß diese Befriedigungsmöglichkeiten dem Analytiker entgehen, so heftet er alle pathogenen Phantasien an diese, verschafft ihnen auf kurzem Wege immer wieder die Abfuhr in die Motilität und erspart sich die mühe- und unlustvolle Arbeit, sie zum Bewußtsein zu bringen.

Diese technische Regel bewährte sich mir seither in mehreren Fällen. Langdauernden Widerständen gegen die Fortsetzung der Arbeit wurde durch ihre Berücksichtigung ein Ende bereitet.

Aufmerksame Leser der psychoanalytischen Literatur werden vielleicht einen Widerspruch zwischen dieser technischen Maßnahme und den Urteilen vieler Psychoanalytiker über die Onanie[1] konstruieren.

Auch die Patienten, bei denen ich diese Technik anwenden mußte, versäumten es nicht, ihn mir vorzuhalten. – »Sie behaupteten doch«, sagten sie, »daß die Onanie ungefährlich ist, und jetzt verbieten Sie sie mir.«

---

[1] *Über Onanie.* Diskussion in der Wiener Psychoanalytischen Vereinigung (1912).

Es ist nicht schwer, diesen Widerspruch zu lösen. Wir brauchen an unserer Meinung von der relativen Harmlosigkeit z. B. der Not-Onanie nichts zu ändern und können doch auf der Forderung dieser Art Abstinenz bestehen. Es handelt sich hier nämlich nicht um eine generelle Verurteilung der Selbstbefriedigung, sondern um eine provisorische Maßnahme für die Zwecke und die Dauer der psychoanalytischen Kur. Die günstig beendigte Behandlung macht übrigens diese infantile oder juvenile Befriedigungsart sehr vielen Patienten entbehrlich.
Allerdings nicht allen. Es gibt sogar Fälle, in denen die Patienten während der Kur – wie sie angeben, zum erstenmal in ihrem Leben – dem Drange nach masturbatorischer Befriedigung nachgeben und mit dieser »mutigen Tat« die beginnende günstige Wandlung in ihrer libidinösen Einstellung markieren.
Letzteres kann aber nur von der manifesten Onanie mit bewußtem erotischem Phantasietext gelten, nicht aber von den so verschiedenartigen Formen der ›larvierten‹ Onanie und ihrer Äquivalente. Diese sind von vornherein als pathologisch zu betrachten und bedürfen jedenfalls der analytischen Aufklärung. Diese ist aber, wie wir sehen, nicht anders zu haben als um den Preis der zumindest vorübergehenden Auflassung der Betätigung selbst, wodurch ihre Erregung auf rein psychische Bahnen und schließlich zum Bewußtseinssystem gelenkt wird. Hat der Patient erst das Bewußtsein seiner Onaniephantasien zu ertragen gelernt, so darf man ihm die Freiheit, darüber zu verfügen, wiedergeben. In den meisten Fällen wird er davon nur im Notfall Gebrauch machen.
Ich benütze diesen Anlaß, um von den larvierten und vikariierenden Onaniebetätigungen noch einiges mitzuteilen. Es gibt viele sonst nicht neurotische Menschen, besonders aber viele Neurastheniker, die sozusagen ihr ganzes Leben lang fast ohne Unterlaß unbewußt onanieren. Sind sie Männer, so halten sie ihre Hände den ganzen Tag in der Hosentasche und man merkt an den Bewegungen der Hände und Finger, daß sie dabei an ihrem Penis zupfen, drücken oder reiben. Sie denken sich dabei eigentlich »nichts Schlimmes«, im Gegenteil, sie sind vielleicht in tiefsinnige mathematische, philosophische oder geschäftliche Spekulationen vertieft. Ich meine aber, mit der ›Tiefe‹ ist es nicht so weit her. Jene Probleme fesseln allerdings die ganze Aufmerksamkeit, aber die eigentlichen Tiefen des Seelenlebens (die unbewußten) sind inzwischen mit primitiv-erotischen Phantasien beschäftigt und verschaffen sich auf kurzem, gleichsam somnambulem Wege die gewünschte Befriedigung.

Das Herumbohren in den Hosentaschen ersetzen andere durch ein für die Mitmenschen oft sehr lästiges klonisches Zitternlassen der Wadenmuskulatur, während Frauen, denen die Art ihrer Kleidung wie auch die Wohlanständigkeit solche auffälligen Bewegungen verbieten, die Beine aneinanderpressen oder übereinanderschlagen. Besonders während den die Aufmerksamkeit ablenkenden Handarbeiten verschaffen sie sich gern solchen unbewußten ›Lustnebengewinn‹.
Doch auch abgesehen von den psychischen Folgen kann man dieses unbewußte Onanieren nicht für ganz harmlos erklären. Obzwar oder gerade weil es hier nie zum vollen Orgasmus kommt, sondern immer nur zu frustranen Erregungen, können sie sich am Hervorbringen angstneurotischer Zustände beteiligen. Ich kenne aber auch Fälle, in denen diese kontinuierliche Reizung durch sehr häufige, wenn auch minimale Orgasmen (die bei Männern auch von Prostatorrhoe begleitet sein können) diese Leute am Ende neurasthenisch macht und ihre Potenz beeinträchtigt. Die normale Potenz besitzt nämlich nur derjenige, der die libidinösen Regungen längere Zeit hindurch in Latenz erhalten und anhäufen, bei Vorhandensein entsprechender Sexualziele und Objekte aber kraftvoll zum Genitale abströmen zu lassen versteht. Dieser Fähigkeit tut das fortwährende Vergeuden kleiner Libidoquantitäten Abbruch. (Von der bewußt gewollten periodischen Masturbation gilt dies nicht in dem Maße.)

Ein zweites Moment, das in unserer Betrachtungsweise früher geäußerten Ansichten zu widersprechen scheint, ist die Auffassung der *Symptomhandlungen*. Wir lernten von Freud, daß diese Äußerungen der Alltagspsychopathologie als Zeichen verdrängter Phantasien in der Kur verwertbar, also bedeutungsvoll, sonst aber vollkommen harmlos sind. Nun sehen wir, daß auch sie von der aus anderen Positionen verdrängten Libido intensiv besetzt und zu nicht mehr harmlosen Onanieäquivalenten werden können. Es ergeben sich hier Übergänge von den Symptomhandlungen zu gewissen Formen des *Tic convulsif*, über den wir bisher allerdings keine psychoanalytischen Aufklärungen besitzen. Meine Erwartung geht dahin, daß sich bei der Analyse vieler dieser Tics als stereotypisierte Onanieäquivalente entpuppen werden. Die merkwürdige Verknüpfung der *Tics* mit der *Koprolalie* (z. B. bei Unterdrückung der motorischen Äußerungen) wäre dann nichts anderes als der Einbruch der von den Tics symbolisierten erotischen – meist sadistisch-analen – Phantasien ins Vorbewußte mit krampfhafter Besetzung der ihnen adäquaten Worterinnerungsreste. Die Koprolalie verdankte

Technische Schwierigkeiten einer Hysterieanalyse

so einem ähnlichen Mechanismus ihr Entstehen, wie der, mittels dessen die von uns versuchte Technik gewisse bis dahin in Onanieäquivalenten abgeführte Regungen zum Bewußtsein durchdringen läßt.

Doch kehren wir nach dieser Abschweifung ins Hygienische und Nosologische zu den viel interessanteren technischen und psychologischen Überlegungen zurück, zu denen uns der eingangs mitgeteilte Fall anregen kann.

Ich war in diesem Fall gezwungen, die passive Rolle, die der Psychoanalytiker bei der Kur zu spielen pflegt und die sich auf das Anhören und Deuten der Einfälle des Patienten beschränkt, aufzugeben und durch aktives Eingreifen in das psychische Getriebe des Patienten über tote Punkte der analytischen Arbeit hinwegzuhelfen.

Das Vorbild dieser ›aktiven Technik‹ verdanken wir Freud selbst. In der Analyse von Angsthysterien griff er – wenn es zu ähnlicher Stagnation kam – zum Auskunftsmittel, die Patienten aufzufordern, gerade jene kritischen Situationen aufzusuchen, die bei ihnen Angst auszulösen geeignet sind, nicht etwa, um sie an die ängstlichen Dinge zu ›gewöhnen‹, sondern um falsch verankerte Affekte aus ihren Verbindungen zu lösen. Man erwartet dabei, daß die zunächst ungesättigten Valenzen dieser zum freien Flottieren gebrachten Affekte vor allem die ihnen qualitativ adäquaten und historisch entsprechenden Vorstellungen an sich reißen werden. Auch hier also, wie in unserem Fall, das Unterbinden angewöhnter, unbewußter Ablaufwege der Erregung und das Erzwingen der vorbewußten Besetzung und bewußten Übersetzung des Verdrängten.

Seit der Kenntnis der Übertragung und der ›aktiven Technik‹ können wir sagen, daß der Psychoanalyse außer der Beobachtung und der logischen Folgerung (Deutung) auch das Mittel des Experiments zu Gebote steht. Wie man etwa beim Tierexperiment durch Unterbinden großer arterieller Gefäßbezirke den Blutdruck in entfernten Gebieten heben kann, so können und müssen wir in geeigneten Fällen die unbewußten Abflußwege vor der psychischen Erregung absperren, um durch die so erzielte ›Druckerhöhung‹ der Energie das Überwinden des Zensurwiderstandes und die ›ruhende Besetzung‹ durch höhere psychische Systeme zu erzwingen.

Zum Unterschied von der Suggestion nehmen wir aber dabei auf die neue Stromrichtung keinen Einfluß und lassen uns von unerwarteten Wendungen, die dabei die Analyse nimmt, gern überraschen.

Diese Art ›Experimentalpsychologie‹ ist wie nichts geeignet, uns von der Richtigkeit der Freudschen psychoanalytischen Neurosenlehre und von der Stichhaltigkeit der auf sie (und auf die Traumdeutung) gegründeten Psychologie zu überzeugen. Insbesondere lernen wir dabei den Wert der Freudschen Annahme von den einander übergeordneten *psychischen Instanzen* schätzen und gewöhnen uns daran, mit *psychischen Quantitäten* wie mit anderen Energiemengen zu rechnen.

Ein Beispiel wie das hier Mitgeteilte zeigt uns aber von neuem, daß bei der Hysterie nicht banale ›psychische Energien‹, sondern libidinöse, genauer: genitale Triebkräfte am Werke sind und daß die Symptombildung nachläßt, wenn es gelingt, die abnorm verwendete Libido wieder dem Genitale zuzuführen.

Hysterische Materialisationsphänomene
Gedanken zur Auffassung der hysterischen Konversion und Symbolik
(1919)

»Ihr habt den Weg vom Wurme zum Menschen gemacht und vieles ist in euch noch Wurm.«
(Nietzsche, Also sprach Zarathustra)

Die psychoanalytischen Forschungen Freuds entlarvten die konversionshysterischen Symptome als *Darstellungen* unbewußter Phantasien mit körperlichen Mitteln. Eine hysterische Armlähmung z. B. kann – in negativer Darstellung – eine aggressive Betätigungsabsicht, ein Krampf das Ringen einander widersprechender Gefühlsregungen, eine lokalisierte Anästhesie oder Hyperästhesie die unbewußt festgehaltene und ausgesponnene Erinnerung an eine sexuelle Berührung an jener Stelle bedeuten. Auch über die Natur der bei der hysterischen Symptombildung tätigen Kräfte hat uns die Psychoanalyse unerwartete Aufklärungen gegeben; sie zeigt uns in jedem einzelnen Fall, daß in der Symptomatik dieser Neurose abwechselnd oder zumeist in Kompromißbildungen erotische und egoistische Triebregungen zum Ausdruck gelangen. Schließlich entdecken die letzten entscheidenden Untersuchungen Freuds über die Neurosenwahl auch die genetische Fixierungsstelle in der Entwicklungsgeschichte der Libido, die die Disposition zur Hysterie bedingt. Das disponierende Moment fand er in einer Störung der normalen Genitalentwicklung bei schon vollkräftigem Primat der Genitalzone. Der dieserart Disponierte reagiert auf einen erotischen Konflikt, der das psychische Trauma abgibt, mit der Verdrängung der Genitalregungen, eventuell mit der Verschiebung dieser Regungen auf scheinbar harmlose Körperstellen. Ich möchte das so ausdrücken, daß die Konversionshysterie jene Körperstellen, an denen die Symptome sich äußern, *genitalisiert*. In einem Versuch, die Entwicklungsstufen des Ichs zu rekonstruieren, konnte ich auch darauf hinweisen, daß die Disposition zur

Hysterogenese auch die Fixierung an eine bestimmte Entwicklungsperiode des Wirklichkeitssinnes zur Voraussetzung hat, in der sich der Organismus noch nicht mit der Veränderung der Außenwelt, sondern mit denen des eigenen Körpers – mit magischen Gesten – der Realität anzupassen versucht; und einen Rückfall auf diese Stufe mag die hysterische Gebärdensprache bedeuten.

Kein Einsichtiger wird leugnen, daß diese Sätze eine Fülle von Erkenntnissen über die hysterische Neurose mitteilen, von der die präanalytische Neurologie nicht die entfernteste Ahnung hatte. Trotzdem glaube ich, daß es bei aller Befriedigung über das Erreichte zweckmäßig ist, auf die Lücken unseres Wissens auf diesem Gebiete hinzuweisen. Der »rätselhafte Sprung aus dem Seelischen ins Körperliche« (Freud) im konversionshysterischen Symptom z. B. ist immer noch ein Rätsel.

Versucht man diesem Rätsel an den Leib zu rücken, so kann man verschiedene Angriffspunkte wählen, so u. a. die eigenartigen Innervationsverhältnisse, die die Bildung manchen Konversionssymptoms bedingen.

Bei hysterischer Paralyse, Konvulsion, Anästhesie und Parästhesie zeigt sich die Fähigkeit der Hysterischen, die normale Zuleitung der sensiblen und Ableitung der motorischen Innervation vom resp. zum Bewußtsein zu unterbrechen oder zu stören. Aber auch abgesehen von diesen schon im Bereich des Psychischen stattfindenden Änderungen des Erregungsablaufs, kennen wir hysterische Symptome, deren Erzeugung eine entschiedene *Mehrleistung* an Innervation erfordert, Leistungen, zu denen der normale neuropsychische Apparat unfähig ist. Der unbewußte Wille des Hysterischen bringt Bewegungserscheinungen, Veränderungen der Blutzirkulation, der Drüsenfunktion und der Gewebsernährung zustande, wie sie der bewußte Wille eines Nichthysterischen zu leisten nicht vermag. Die glatten Muskelfasern des Magendarmtraktes, der Bronchien, die Tränen- und Schweißdrüsen, die Schwellkörper der Nase etc. stehen dem Unbewußten des Hysterischen zur Verfügung; er kann Einzel-Innervationen, z. B. im Bereich der Augen- und Kehlkopfmuskeln, produzieren, die dem Gesunden unmöglich sind; allgemein bekannt ist auch seine, allerdings seltenere Fähigkeit, lokale Blutungen, Blasenbildungen, Haut- und Schleimhautschwellungen zu erzeugen.

Wir wollen nicht vergessen, daß nicht die Hysterie allein zu solchen Leistungen befähigt. Hypnose und Suggestion, denen auch der Normalmensch mehr oder minder zugänglich ist, vermögen ähnliche Erscheinungen hervorzurufen. Auch gibt es sonst normale Menschen, die sich in der Kindheit einzelne solcher Überleistungen ›angewöhnen‹, so z. B. die isolierte Innervation sonst nur symmetrisch beweglicher Muskeln, die gewollte Beeinflussung der Herz-, Magen- und Darmfunktion, der Irismuskeln etc., die sie dann eventuell als ›Künstler‹ produzieren. Ein großer Teil der Erziehungsarbeit beim Kinde besteht in der Abgewöhnung ähnlicher Kunststücke und in der Angewöhnung anderer. Jedenfalls hat aber die Kindererziehung die psychische Beeinflußbarkeit auch solcher Organbetätigungen zur Voraussetzung, die später scheinbar ›automatisch‹ oder ›reflektorisch‹ einsetzen, in Wirklichkeit aber seit Kindheit fortwirkende Befehlsautomatismen sind. Ich denke z. B. an das regelrechte Funktionieren der Schließ- und Entleerungsmuskeln des Darms und der Blase, an das Einschlafen und Erwachen in regelmäßigen Zeitabständen usw. – Nicht gering ist bekanntlich auch die Mehrleistungsfähigkeit der *Affekte*, die die verschiedensten Kreislaufs- und Ausscheidungsvorgänge beeinflussen können.

Wenn wir uns zunächst auf die Mehrleistungen beschränken, die bei der hysterischen Symptombildung zur Verwendung kommen, so wird es zweckmäßig sein, aus der fast unübersehbaren Mannigfaltigkeit der hier gegebenen Möglichkeiten eine umschriebene Gruppe hervorzuheben. Ich wähle hierzu hysterische Symptome am Magendarmtrakt, die uns in ziemlich lückenloser Serie zur Verfügung stehen.
Eine der gewöhnlichsten hysterischen Erscheinungen ist das Symptom des *globus hystericus,* jenes eigenartigen Krampfzustandes der Schlundmuskulatur, der nebst einem andern Schlundsymptom, dem Fehlen des Würgreflexes, vielfach zu den Stigmen dieser Neurose gezählt wird. In einer speziellen Untersuchung mußte ich diese Anästhesie des Rachens und der Schlundgegend als die Reaktion auf unbewußte fellatorische, cunnilinguistische, koprophagische etc. Phantasien zurückführen, die der *Genitalisierung* jener Schleimhautstellen ihr Entstehen verdanken. Während nun diese Phantasien in der Anästhesie ihren negativen Ausdruck finden, stellt der globus hystericus, wie man sich in allen der Psychoanalyse unterzogenen Fällen überzeugen kann, dieselben Phantasien im positiven Sinne dar. Die Kranken selbst reden von einem *Knödel,* der ihnen im Hals steckte, und wir haben allen Grund zu glauben, daß durch entsprechende Kontraktionen der Ring- und Längsmuskulatur des Schlundes nicht nur die Parästhesie eines Fremdkörpers, sondern eine Art Fremdkörper, ein Knödel, wirklich zustande gebracht

wird. Nach der Analyse erscheint allerdings jener Knödel als ein ganz besonderer, nicht harmloser, sondern erotisch gemeinter Fremdkörper. In nicht wenigen Fällen bewegt sich dieser ›Knödel‹ rhythmisch nach oben und unten und entspricht diese Bewegung unbewußt vorgestellten Genitalvorgängen.
Einem großen Teil der an neurotischer Eßunlust, Brechneigung und sonstigen Magenstörungen leidenden Kranken bedeutet das Essen, das Hinabgleiten eines Fremdkörpers durch den engen muskulösen Schlauch der Speiseröhre, unbewußterweise ähnliche genitale Insulte, wie sie von dem mit globus Behafteten auch ohne äußeren Reiz phantasiert werden. Seit den Untersuchungen Pawlows über die psychische Beeinflussung der Magensaftsekretion wird wohl niemand darüber staunen, daß solche Phantasien auch alle Grade von Magensaftverminderung oder Vermehrung, von Hyper- und Anacidität * zur Folge haben können.
Auf Grund »infantiler Sexualtheorien« (Freud), die das Kinderkriegen auf die Einverleibung einer Substanz durch den Mund zurückführen, kann das Unbewußte mittels entsprechender Kunststücke der Magen-, Darm- und Bauchmuskulatur, eventuell mit Zuhilfenahme von Luftschlucken, eine eingebildete Schwangerschaft produzieren.
Noch verständlicher ist dem Psychoanalytiker das Auftreten unstillbaren Erbrechens bei wirklicher Schwangerschaft (vomitus gravidarum), das schon so verschiedentliche toxikologische Erklärung gefunden hat. Die psychoanalytische Erfahrung zwang mich zu einer andersartigen Deutung dieses Symptoms. Es handelt sich hier um eine Abwehr- oder Ausstoßungstendenz, die sich gegen den im Uterus unbewußt verspürten Fremdkörper – die Leibesfrucht – richtet, aber nach bewährtem Muster ›von unten nach oben‹ verschoben und am Mageninhalt zur Ausführung gebracht wird. Erst in der zweiten Hälfte der Schwangerschaft, wo die Kindsbewegungen die genitale Lokalisation der Veränderungen und Sensationen auch die Hysterischen nicht mehr ableugnen lassen, hört die Brechneigung auf, das heißt, das Ich des Hysterischen resigniert, es bequemt sich der unabwendbaren Wirklichkeit an und verzichtet auf das phantastische ›Magenkind‹.
Es ist bekannt, daß Gemütsbewegungen die Darmperistaltik beeinflussen, daß Angst und Schreck Durchfall, ängstliche Erwartung Schließmuskelkrampf und Stuhlverhaltung zur Folge haben können. In welch ausgiebigem Maße aber diese Einflüsse zeitlebens wirken und welche

---

* [Überproduktion an Magensäure bzw. fehlende Magensäure.]

Vorstellungskomplexe und Triebregungen dabei eine spezielle Rolle spielen, dies nachzuweisen blieb gleichfalls Freud und seiner Psychoanalyse vorbehalten.

Ein erfahrener Wiener Internist, Prof. Singer, erkannte schon längst, daß der Dickdarm als Verdauungsorgan nur geringe Bedeutung hat und daß er eigentlich *analer* Natur ist, die Ausscheidungsfunktion beherrscht. Die Psychoanalyse kann diese Beobachtung bestätigen und um einiges ergänzen. Unsere Neurotiker, besonders die Hysterischen zeigen uns in ausgeprägter Weise, daß der Dickdarm an jeder Stelle als Sphincter fungieren kann und daß im Dickdarm nebst der en bloc-Innervierung, die die Kotsäule mit einem Ruck vorwärts treibt, auch fein abgestufte und lokalisierte Kontraktionen möglich sind, die ein Kotstück oder eine Gasblase an irgend einer Stelle festhalten, sie dort komprimieren und gleichsam formen können, was von schmerzhaften Parästhesien begleitet sein kann. Die Vorstellungen, die auf diese Innervationen einen speziellen Einfluß nehmen, gehören merkwürdigerweise einem von Besitzen-, Behalten-, Nichthergebenwollen beherrschten Komplex an. Wir erleben es in der Analyse unzählige Male, daß der Neurotiker, dem ein Wert oder etwas Wertvolles wider Willen genommen wurde, sich zum Ersatz einen Besitz an Darminhalt längere Zeit hindurch anhäuft; daß er die Absicht, längst zurückgehaltene Geständnisse preiszugeben, mit einem ungewöhnlich kopiösen Stuhl ankündigt; daß er tagelang von »verschlagenen Winden« geplagt wird, die sich erst nach Aufgeben des Widerstandes gegen den Arzt entleeren können, wo der Absicht, ihm ein Geschenk zu verehren, nichts mehr im Wege steht. Auch begleiten solche analen Hemmungs- oder Lösungssymptome gerne die Konflikte, die von der Notwendigkeit, dem sonst sympathischen Arzt ein Honorar zahlen zu müssen, heraufbeschworen werden.

Die hysterogene Rolle des Mastdarms und des Anus selbst konnte ich in einem Falle monatelang studieren. Ein Patient, der schon als älterer Junggeselle auf Drängen seines Vaters heiratete und dann wegen psychischer Impotenz in Behandlung kam, litt zeitweise an einer eigenartigen Verstopfung; er fühlte genau, sogar peinlich, daß die Kotmasse sich im Mastdarm anhäuft, war aber außer Stande, sie zu entleeren; kam es auch zur Defäkation, so fehlte ihm das Gefühl der Erleichterung. Die Analyse zeigte dann, daß dieses Symptom immer dann auftrat, wenn er mit einer ihm irgendwie imponierenden männlichen Persönlichkeit in Konflikt geraten ist. Es erwies sich schließlich als Äußerung seiner unbewußten Homosexualität. Gerade in den Momenten, in denen er energisch gegen den Mann auftreten wollte, stellte sich ihm eine unbewußte homosexuelle Phantasie hinderlich in den Weg, und er war gezwungen, sich aus dem stets gewärtigen plastischen Material des Darminhalts mit Hilfe der kontraktilen Darmwand ein männliches Glied zu formen – gerade das Glied des bewußt gehaßten Gegners –, das sich aus dem Darm nicht entfernen wollte, bis der Konflikt auf irgend eine Art gelöst war. Allmählich lernte er die psychoanalytische Art der Lösung, d. h. die Einsicht in den beschriebenen Konflikt.

Was ist nun das Gemeinsame an allen Symptomen der mitgeteilten Serie? Offenbar die von Freud entdeckte körperliche Darstellung eines unbewußten sexuellen Wunsches. Doch gerade an der Art dieser Darstellung ist etwas, was eingehender gewürdigt werden muß.

Wenn beim globus hystericus der unbewußte Fellationswunsch einen Knödel im Schlunde produziert, wenn die wirklich oder eingebildet schwangere Hysterica aus Mageninhalt und Magenwand ein ›Magenkind‹ gestaltet, wenn der unbewußt Homosexuelle den Darm und seinen Inhalt zu einem Körper von bestimmter Größe und Gestalt formt, so handelt es sich um Vorgänge, die ihrem Wesen nach keiner der uns bekannten Arten der ›Trugwahrnehmungen‹ entsprechen. Wir können sie nicht *Halluzinationen* nennen. Eine Halluzination kommt zustande, wenn einem affektbesetzten Gedankenkomplex der progressive Weg zum Bewußtsein durch die Zensur verlegt wird und die von ihm ausgehende Erregung, einen rückläufigen – regressiven – Weg einschlagend, das im Gedächtnis aufgespeicherte Rohmaterial jener Gedanken wiederbesetzt und als aktuelle Wahrnehmung bewußt werden läßt.[1] Motorische Vorgänge aber, die sich, wie wir sahen, bei der Bildung konversionshysterischer Symptome so ausgiebig beteiligen, sind der Halluzination wesensfremd. Die Kontraktion der Magen-, resp. Darmwand beim globus, beim hysterischen Erbrechen, bei der Verstopfung ist eben durchaus nicht ›eingebildet‹, sondern real.

Auch von einer *Illusion* im bisher gebräuchlichen Sinne können wir hier nicht reden. Die Illusion ist die sensorische Mißdeutung oder Verzerrung eines real gegebenen äußeren oder inneren Reizes. Das Subjekt verhält sich aber auch hier eher passiv, während der Hysterische *selber* die Reize produziert, die er dann illusorisch mißdeuten kann. Für die beschriebene Art der hysterischen Symptombildung, aber auch für dieses psycho-

---

[1] Über diese Auffassung der Halluzination siehe das Kapitel ›Regression‹ in Freuds *Traumdeutung*.

physische Phänomen überhaupt, ist also ein besonderer Name erforderlich. Man kann es ein *Materialisationsphänomen* nennen, da sein Wesen darin besteht, daß sich in ihm ein Wunsch, gleichsam magisch, aus der im Körper verfügbaren Materie realisiert und – wenn auch in primitiver Weise – plastisch dargestellt wird, ähnlich wie ein Künstler die Materie seiner Vorstellung nachformt, oder wie die Okkultisten den ›Apport‹ oder die ›Materialisation‹ von Gegenständen auf den einfachen Wunsch eines Mediums hin sich vorstellen.[2]

Ich bemerke gleich hier, daß dieser Vorgang nicht nur bei der Hysterie, also einem Krankheitsprozeß von verhältnismäßig geringer Bedeutung, sondern auch bei vielen Affektzuständen des Normalmenschen vorkommt. Ein großer Teil der sogenannten Ausdrucksbewegungen, die die Erregungen des menschlichen Gemüts begleiten – Erröten, Erblassen, Ohnmacht, Angst, Lachen, Weinen etc. –, dürften bedeutsame Ereignisse des Einzel- und des Menschheitsschicksals ›darstellen‹, sind also gleichfalls ›Materialisationen‹.

Wie können wir nun dieses Phänomen unter die uns schon bekannten psychischen Vorgänge einreihen, und wie haben wir seinen Mechanismus vorzustellen? Der Vergleich, der sich einem sofort aufdrängt, ist die Analogie mit der Traumhalluzination, wie wir sie seit den Traumforschungen Freuds kennen. Auch im Traum werden Wünsche als erfüllt dargestellt. Doch ist die Wunscherfüllung hier rein halluzinatorisch; die Motilität ist im Schlaf gelähmt. Bei Materialisationsphänomen hingegen scheint es sich um eine noch tiefer zurückgreifende Regression zu handeln; der unbewußte und bewußtseinsunfähige Wunsch begnügt sich hier nicht mit der sensorischen Erregung des psychischen Wahrnehmungsorgans, sondern springt auf die unbewußte Motilität über. Dies bedeutet eine *topische* Regression* bis zu einer Tiefe des psychischen Apparats, in der Erregungszustände nicht mehr mittels – wenn auch nur halluzinatorischer – psychischer Besetzung, sondern einfach durch motorische Abfuhr erledigt werden.

Zeitlich entspricht dieser Topik eine sehr primitive onto- und phylogenetische Entwicklungsstufe, die noch nicht durch die Anpassung mittels Veränderung der Außenwelt, sondern durch die mittels Veränderungen des eigenen Leibes charakterisiert war. In Gesprächen über Entwick-

---

[2] Nach Ansicht vieler Forscher ist zumindest ein großer Teil der Fälle von okkulter Materialisierung hysterische Selbsttäuschung. Mangels diesbezüglicher Erfahrung kann ich hierüber keine Meinung äußern.

* [Regression auf eine frühere Entwicklungsstufe.]

lungsfragen pflegen wir mit Freud dieses ursprüngliche Stadium das *autoplastische* zu nennen, im Gegensatz zum späteren *alloplastischen*.
Das Psychische müßten wir uns hier auch *formal* bis zum physiologischen Reflexvorgang vereinfacht vorstellen.³
Wenn man sich also den Reflexvorgang nicht nur als Vorbild, sondern als Vorstufe des Psychischen vorstellt, zu der auch die höchste psychische Komplikation zu regredieren geneigt bleibt, so kommt einem der so rätselhafte Sprung vom Psychischen ins Körperliche im Konversionssymptom, und das reflektorisch wunscherfüllende Materialisationsphänomen minder wunderbar vor. Es ist einfach die Regression zur ›*Protopsyche*‹.
In jenen primitiven Lebensvorgängen, auf die die Hysterie zurückzugreifen scheint, sind Körperveränderungen, die, wenn sie psychogen auftreten, als Mehrleistungen imponieren, gang und gäbe. Die Bewegung der glatten Muskelfasern der Gefäßwände, die Tätigkeit der Drüsen, die formale und chemische Zusammensetzung des Blutes, die ganze Gewebsernährung wird ja infrapsychisch reguliert. Bei der Hysterie stellen sich all diese physiologischen Mechanismen unbewußten Wunschregungen zur Verfügung, so daß bei voller Umkehrung des normalen Erregungslaufs ein rein psychischer Vorgang in einer physiologischen Körperveränderung seinen Ausdruck finden kann.
Freud wirft in seiner *Traumdeutung* – im Kapitel über die Psychologie der Traumvorgänge – die Frage auf, welche Veränderungen im psychischen Apparat die Halluzinationsbildung im Traum ermöglichen dürften. Er findet die Lösung dieser Frage einerseits im besonderen Charakter des Ablaufs psychischer Erregungen im Unbewußten, andererseits in der Begünstigung durch Veränderungen, die der Schlafzustand mit sich bringt. Das »freie Überfließen der Intensitäten« von einem psychischen Element auf das andere ermöglicht eine besonders intensive Erregung auch weiter entfernter Anteile des psychischen Systems, unter anderem des psychischen Sinnesorgans, der Wahrnehmungsfläche des Bewußtseins. Nebst diesem positiven Faktor schafft der Schlafzustand auch einen ›negativen‹, indem er durch Abhaltung von aktuellen Sinneserregungen gleichsam einen leeren Raum am sensiblen Ende des Apparates zustande kommen läßt, so daß dort infolge des Ausfalls konkurrierender Außenreize die innere Erregung überstark zur sinnlichen

---

³ Diese dreifache Auffassung der Regression lehnt sich gleichfalls an die oben zitierte Stelle von Freuds *Traumdeutung* an.

Geltung gelangt. Bei der psychotischen Halluzination nimmt Freud eine noch größere Intensität des ›positiven Faktors‹ an, so daß sich die Halluzination trotz des Wachzustandes, also der Konkurrenz der Außenreize, durchsetzt.

Wie sind nun die Erregungsverhältnisse beim Auftreten eines Konversionssymptoms vorzustellen? In dem Aufsatz über die hysterischen Stigmata [4] mußte ich die *hysterische Anästhesie* als eine Dauerveränderung am sensiblen Ende des Ψ - Systems beschreiben, die ähnlich dem Schlafzustand das Zustandekommen von Halluzinationen und Illusionen begünstigt. In den Fällen nun, in denen ein Konversionssymptom einer anästhetischen Stelle superponiert ist – übrigens ein sehr häufiges Vorkommnis –, darf man gleichfalls eine Begünstigung der Symptombildung durch den Ausfall der bewußten Empfindungsreize annehmen. In allen anderen Fällen muß die Kraftquelle, die z. B. eine Materialisation zustande bringt, in einem positiven Faktor gesucht werden.

Die Monotonie, mit der in den psychoanalytischen Symptomdeutungen der Hysterie immer nur Genitalvorgänge wiederkehren, beweist uns, daß die bei der Konversion sich betätigende Kraft der *genitalen Triebquelle* entstammt. Es handelt sich hier also um einen Einbruch rohgenitaler Kräfte in höhere psychische Schichten, und diese sind es, die die Psyche zu positiven Kraftleistungen ungewöhnlicher Art befähigten.

Es war vielleicht das bedeutendste Ergebnis der auf Arbeitsteilung zielenden organischen Entwicklung, daß es einerseits zur Differenzierung besonderer Organsysteme kam, die die Reizbewältigung und -verteilung zur Aufgabe haben (psychischer Apparat), und andererseits besonderer Organe zur periodischen Abfuhr der sexuellen Erregungsmengen des Organismus (Genitalien). Das Organ der Reizverteilung und Bewältigung kommt in immer engere Beziehung zum Selbsterhaltungstrieb und wird in seiner höchsten Entfaltung zum Denkorgan, dem Organ der Realitätsprüfung. Das Genitale dagegen behält auch beim erwachsenen Menschen seinen ursprünglichen Charakter als Entladungsorgan bei, es wird durch die Zusammenfassung sämtlicher Erotismen zum *erotischen Zentralorgan*.[5] Die volle Ausbildung dieser polaren Gegensätzlichkeit ermöglicht dann ein vom Lustprinzip relativ unabhängiges Denken und eine vom Denken ungestörte Fähigkeit zur genitalen Sexualbefriedigung.

---

[4] Siehe: ›Erklärungsversuch einiger hysterischer Stigmata‹ [in diesem Band, S. 25 ff.].
[5] Vgl. ›Von Krankheits- oder Pathoneurosen‹ [Band I dieser Ausgabe, S. 242 ff.].

Die Hysterie aber ist, wie es scheint, ein Rückfall in jenen Urzustand, in dem diese Scheidung noch nicht vollzogen war, und bedeutet einen Einbruch genitaler Triebregungen in die Denksphäre, resp. die Abwehrreaktion auf diesen Einbruch. Das Entstehen eines hysterischen Symptoms könnten wir also folgendermaßen vorstellen: Eine überstarke genitale Triebanwandlung will zum Bewußtsein vordringen. Das Ich empfindet die Art und die Stärke dieser Regung als eine Gefahr und verdrängt sie ins Unbewußte. Nachdem dieser Lösungsversuch mißlang, kommt es zum noch weiteren Zurückdrängen jener störenden Energiemengen aufs psychische Sinnesorgan (Halluzination) oder in die unwillkürliche Motilität im weitesten Sinne (Materialisation). Auf diesem Wege kam aber jene Trieb-Energie in innigste Berührung mit höheren psychischen Schichten und unterlag deren auswählender Bearbeitung. Sie hörte auf, ein einfaches Quantum zu sein, wurde qualitativ abgestuft und so zum symbolischen Ausdrucksmittel komplizierter psychischer Inhalte. Vielleicht bringt uns diese Auffassung dem Urrätsel der Hysterie, dem »Sprung vom Psychischen ins Physische«, doch um eine Spur näher. Wir können wenigstens ahnen, wie ein psychisches Gebilde – ein Gedanke – zur Machtfülle gelangt, die es ihm gestattet, rohe organische Massen in Bewegung zu setzen; diese Kraft wurde ihm eben von einer der bedeutendsten Kraftreserven des Organismus, der Genitalsexualität, geliehen. Anderseits würde es auch verständlicher, wie es möglich ist, daß im hysterischen Symptom physiologische Prozesse die Fähigkeit zur Darstellung komplizierter Seelenvorgänge und zur fein abgestuften Anpassung an deren wechselnde Mannigfaltigkeit erlangen. Es handelt sich hier eben um Produktion eines *hysterischen Idioms*, einer aus Halluzinationen und Materialisationen zusammengesetzten *symbolischen Sondersprache*.

Zusammenfassend können wir uns den psychischen Apparat des Hysterischen als ein Uhrwerk mit verkehrtem Mechanismus vorstellen. Normalerweise versieht das Denken die Funktion des Uhrzeigers, der die Vorgänge im inneren Räderwerk gewissenhaft registriert. Bei der Hysterie wird der Zeiger von einem gewalttätigen Gesellen gezerrt und zu einer ihm sonst wesensfremden Kraftleistung gezwungen; nun werden die Bewegungen des Zeigers es sein, die das innere Werk in Bewegung setzen.

Als weiterer Ausgangspunkt zur Untersuchung hysterischer Konversionsphänomene käme ihre *Symbolik* in Betracht.

Freud wies darauf hin, daß die symbolische Ausdrucksweise nicht nur der Traumsprache eigen ist, sondern allen Tätigkeitsformen, bei denen das Unbewußte mitspielt. Am merkwürdigsten ist aber die vollkommene Übereinstimmung zwischen der Symbolik des Traumes und der Hysterie.

Alle Traumsymbolik erweist sich nach der Deutung als Sexualsymbolik, gleichwie die körperlichen Darstellungen der Konversionshysterie ausnahmslos eine sexualsymbolische Deutung erfordern. Ja, die Organe und Körperteile, die im Traum die Genitalien symbolisch zu vertreten pflegen, sind die nämlichen, die auch die Hysterie zur Darstellung genitaler Phantasien zu verwenden pflegt.

Hier einige Beispiele: *Der Zahnreiztraum* stellt symbolisch Onanie-Phantasien dar; in einem von mir analysierten Hysteriefall äußerten sich dieselben Phantasien durch *Zahnparästhesien* im Wachen. – In einem Traum, den ich unlängst zu deuten hatte, wurde einem Mädchen *ein Gegenstand in den Hals gesteckt,* wodurch es starb; die Vorgeschichte des Falles läßt aber den Traum als symbolische Darstellung des illegitimen Koitus, der Schwangerschaft und der geheimen Fruchtabtreibung erscheinen, die die Patientin in vermeintliche Lebensgefahr brachte. Also hier dieselbe Verlegung von unten nach oben, dieselbe Verwendung der Rachen- und Schlundpartie anstatt der Genitalien, wie beim *globus hystericus.* – Die *Nase* steht im Traum oft für das männliche Glied; in mehreren männlichen Hysteriefällen konnte ich aber nachweisen, daß *Schwellungen der Nasenmuscheln* unbewußte libidinöse Phantasien der Patienten darstellten, während die Schwellkörper der Genitalien selbst unerregbar blieben. (Diesen Zusammenhang zwischen Nase und Genitalität entdeckte übrigens Fliess schon vor der Psychoanalyse.) – Die Schwangerschaft wird im Traum nicht selten durch ein ›Sich-Überessen‹ oder durch *Erbrechen* symbolisch dargestellt – also ebenso wie wir dies vom *hysterischen Erbrechen* feststellen konnten. – *Stuhlabsetzen* im Traum bedeutet manchmal ein dargebrachtes Geschenk, nicht selten den Wunsch, jemandem ein Kind zu schenken. Wir erwähnten schon, daß dasselbe *Darmsymptom in der Hysterie* den nämlichen Sinn haben kann. Usw. –

Die so weitgehende Übereinstimmung führt uns zur Vermutung, daß *in der Hysterie ein Stück der organischen Grundlage, auf die die Symbolik im Psychischen überhaupt aufgebaut ist, zum Vorschein kommt.*

Nach Freuds ›Abhandlungen zur Sexualtheorie‹ ist es nicht schwer, die Organe, auf die die Sexualität der Genitalien symbolisch verlegt wird, als die hauptsächlichen Lokalisationsstellen der Vorstufen der Genitalität, d. h. als die *erogenen Zonen* des Körpers zu erkennnen. Der Entwicklungsweg vom Autoerotismus über den Narzißmus zur Genitalität und damit zur Objektliebe, dieser Weg wird im Traum wie in der Hysterie rückläufig vom Genitale her begangen. Also auch hier eine Regression, derzufolge statt der Genitalien jene Vorstufen und ihre Lokalisationsstellen von der Erregung besetzt werden.

Demnach wäre die für die Hysterie so charakteristische ›Verlegung von unten nach oben‹ nur die Umkehrung jener *Verlegung von oben nach unten,* der das Genitale sein Primat verdankt und deren volle Ausbildung zur oben erwähnten Polarität zwischen Sexualfunktion und Denktätigkeit führt.

Selbstverständlich meine ich nicht, daß in der Hysterie die Genitalität einfach in ihr Rohmaterial aufgelöst wird, glaube vielmehr, daß jene Vorstufen hier nur als Leitzonen der Erregung dienen, diese Erregung selbst aber in ihrer Art und Intensität den Genitalcharakter auch nach der Verlegung beibehält. Man könnte also sagen: bei der hysterischen Konversion werden die früheren Autoerotismen mit Genitalsexualität besetzt, d. h. erogene Zonen und Partialtriebe *genitalisiert.*[6] Diese Genitalqualität äußert sich in der Neigung zum Turgor* und zur Durchfeuchtung der Gewebe (Freud), die dann zur Reibung und dadurch zur Aufhebung des Reizes zwingt.

Die ursprüngliche Konversionstheorie faßte das hysterische Konversionssymptom als *Abreagierung eingeklemmter Affekte* auf. Diese ihrer Natur nach unbekannte ›Einklemmung‹ erwies sich später in jedem Falle als eine *Verdrängung.* Ergänzend muß hinzugefügt werden, daß diese Verdrängung immer die libidinösen, speziell die genitalsexuellen Regungen betrifft, und daß sich jedes hysterische Symptom, mögen wir es von welcher Seite immer betrachten, als *heterotope Genitalfunktion* erkennen läßt. Die Alten behalten also recht, wenn sie von der Hysterie sagten: »Uterus loquitur!«

Ich kann diese Gedankenreihe nicht abschließen, ohne auf einige Arbeitsthemen hinzuweisen, die sich mir im Laufe dieser Untersuchung, wie übrigens bei vielen ähnlichen Anlässen, aufdrängten.

---

[6] »Die Hysterie ist das Negativ der Perversion«, lautet einer der Hauptsätze Freuds. Tatsächlich findet man auch bei den Perversionen Erwachsener niemals reine Autoerotismen, sondern auch hier bereits Genitalisierung der überwundenen infantilen Vorstufen.

* [Spannungszustand der Gewebe.]

In den hysterischen Symptomen sehen wir – zu unserem nicht geringen Erstaunen –, daß sich hier lebenswichtige Organe, ohne Rücksicht auf ihre eigentliche nützliche Funktion, ganz dem Lustprinzip unterordnen. Der Magen, der Darm treibt Puppenspiel mit der eigenen Wandung und ihrem Inhalt, anstatt diesen Inhalt zu verdauen und auszuscheiden; die Haut ist nicht mehr die schützende Körperdecke, deren Empfindlichkeit vor übergroßen Insulten warnt: sie gebärdet sich als echtes Sexualorgan, dessen Berührung zwar bewußt nicht perzipiert wird, aber unbewußt Lustbefriedigungen bereitet. Die Muskulatur, anstatt wie sonst durch zweckmäßig geordnete Handlungen zur Erhaltung des Lebens beizutragen, ergeht sich in der dramatischen Darstellung phantastischer Lustsituationen. Und es gibt kein Organ, keine Körperstelle, die vor solcher Lustverwendung gefeit wäre. – Ich glaube nun nicht, daß es sich hier um Vorgänge handelt, die nur für die Hysterie gelten, sonst aber bedeutungslos sind oder überhaupt fehlen. Schon gewisse Vorgänge im normalen Schlafzustand weisen darauf hin, daß phantastische Materialisationsphänomene auch bei Nichtneurotischen möglich sind. Ich denke an die eigenartige Mehrleistung des Pollutionsvorgangs.

Vermutlich ruhen aber diese Lustbestrebungen der Körperorgane auch bei Tage nicht ganz, und es wird einer eigenen *Lustphysiologie* bedürfen, um sie in ihrer ganzen Bedeutsamkeit zu erkennen. Die bisherige Wissenschaft von den Lebensvorgängen war ausschließlich *Nutzphysiologie,* sie beschäftigte sich nur mit den für die Erhaltung nützlichen Funktionen der Organe.

Kein Wunder, daß uns auch die besten und ausführlichsten Lehrbücher der Menschen- und Tierphysiologie, wenn wir in ihnen über den *Koitus* Aufschluß verlangen, im Stich lassen. Sie wissen uns weder von den sonderbaren Einzelheiten dieses so tief eingewurzelten Reflexmechanismus, noch von ihrer onto- und phylogenetischen Bedeutung etwas zu sagen. Und doch glaube ich, daß dieses Problem für die Biologie von zentraler Bedeutung ist und erwarte von seiner Lösung wesentliche Fortschritte dieser Disziplin.

Schon diese Problemstellungen zeigen uns nebstbei, daß entgegen der geläufigen Anschauung, wonach die biologische Forschung die Vorbedingung des psychologischen Fortschritts ist, die Psychoanalyse uns zu biologischen Problemen verhilft, die von der anderen Seite her nicht zu stellen waren.

Ein anderes bisher nur von psychologischer Seite betrachtetes Problem, das der *künstlerischen Begabung,* wird in der Hysterie von seiner organischen Seite einigermaßen beleuchtet. Die Hysterie ist, wie Freud sagt, ein Zerrbild der Kunst. Die hysterischen ›Materialisierungen‹ zeigen uns aber den Organismus in seiner ganzen Plastizität, ja in seiner Kunstfertigkeit. Es dürfte sich zeigen, daß die rein ›autoplastischen‹ Kunststücke des Hysterischen vorbildlich sind nicht nur für die körperlichen Produktionen der Artisten und der Schauspieler, sondern auch für die Arbeit jener bildenden Künstler, die nicht mehr ihren Leib, sondern Material der Außenwelt bearbeiten.

Erklärungsversuch einiger hysterischer Stigmata

(1919)

Das Wort ›Stigma‹ ist kirchengeschichtlichen Ursprungs und bedeutete einst die wunderbare Tatsache, daß die Wundmale Christi durch die Kraft inbrünstigen Gebetes auf Gläubige übertragen wurden. Zur Zeit der Hexenprozesse galt die Empfindungslosigkeit beim Brennen mit dem Glüheisen als Stigma der Schuld. Die einstigen Hexen heißen heute Hysteriker, und gewisse Dauersymptome, die bei ihnen mit großer Regelmäßigkeit wiederkehren, werden als hysterische Stigmata bezeichnet.

Ein auffälliger Unterschied zwischen dem Psychoanalytiker und den übrigen Nervenärzten in bezug auf die Würdigung der Stigmen tritt schon bei der ersten Untersuchung eines Falles von Hysterie zum Vorschein. Der Psychoanalytiker begnügt sich damit, den Fall körperlich so weit zu untersuchen, als es nötig ist, um die Verwechslung mit einer organischen Nervenkrankheit auszuschließen, und beeilt sich, die psychischen Eigenheiten des Falles zu betrachten, mit deren Hilfe er erst die feinere Diagnose stellen kann. Der Nichtanalytiker läßt den Patienten kaum ausreden, ist froh, wenn er mit seinen dem Arzt nichts sagenden Klagen fertig ist und die organische Untersuchung beginnen kann. Bei dieser verweilt er dann, auch nach Ausschließung organischer Komplikationen, mit großem Behagen und freut sich, wenn er am Ende konstatieren kann, daß die von der Pathologie geforderten hysterischen Stigmen nachweisbar sind, nämlich das halbseitige Fehlen oder die Herabsetzung der Berührungs- oder Schmerzempfindlichkeit, das Ausbleiben des reflektorischen Blinzelns bei Berührung der Binde- oder Hornhaut, die konzentrische Einengung des Gesichtsfeldes, das Fehlen des Gaumen- und Rachenreflexes, das Gefühl eines Knödels im Schlunde (Globus), die Überempfindlichkeit der Unterbauchgegend (Ovarie) etc.

Man kann nicht sagen, daß die diesbezüglichen fleißigen Untersuchungen

(mit einziger Ausnahme der geistvollen Experimente Janets mit der hysterischen Hemianästhesie [1]) etwas zum Verständnis der Hysterie beigetragen hätten – vom therapeutischen Erfolg gar nicht zu reden. Sie blieben dennoch die wichtigsten Ingredienzien aller Krankengeschichten über Hysterische und verliehen diesen durch ihre quantitative und graphische Darstellbarkeit den Schein der Exaktheit. [2]
Mir war es seit langem unzweifelhaft, daß auch diese Symptome der Hysterie von der Psychoanalyse solcher Fälle, in denen diese Zeichen besonders stark hervortreten, ihre Erklärung zu erwarten haben.

Von der *hysterischen Störung der Hautempfindlichkeit* konnte ich bisher nur wenige Fälle analytisch durchschauen, einen noch im Jahre 1909, den ich im Folgenden mitteilen möchte:
Ein 22jähriger junger Mann suchte mich mit der Klage auf, daß er »sehr nervös« sei und an schreckhaften Traumhalluzinationen leide. Es kam dann heraus, daß er verheiratet ist, aber – »weil er bei Nacht so große Angst hat« – immer noch nicht neben seiner Frau, sondern im Nachbarzimmer neben dem Bett der Mutter auf dem Fußboden schläft. Der Alptraum, dessen Wiederkehr ihn seit sieben oder acht Monaten beängstigt und den er nicht ohne Schauder erzählen kann, verlief das erste Mal wie folgt: »Ich erwachte – sagt er – gegen ein Uhr nachts, mußte mit der Hand an den Hals greifen und schrie: Eine Maus ist auf mir, sie läuft mir in den Mund. Die Mutter erwachte, machte Licht, liebkoste und beruhigte mich, ich konnte aber nicht einschlafen, bis mich die Mutter zu sich ins Bett nahm.«
Nach den Aufklärungen Freuds über die infantile Angst zweifelt wohl kein Psychoanalytiker daran, daß es sich hier um eine Angsthysterie in der Form des Pavor nocturnus [3] handelt und daß der Patient das allerwirksamste Mittel zu deren Heilung: die Rückkehr zur liebenden Mutter gefunden hat.
Interessant ist aber der Nachtrag zu dieser Traumerzählung: »Als die Mutter Licht machte, sah ich, daß ich statt der gefürchteten Maus *die eigene linke Hand* im Mund hatte, die ich mit der Rechten mit aller Kraft herauszuziehen mich anstrengte.«

---

[1] [Empfindungslosigkeit einer Körperhälfte.]
[2] Ich kann auch über eine eigene Arbeit, in der ich auf gewisse Differenzen zwischen der organischen und der hysterischen Anästhesie hinwies, nicht besser urteilen. (Erschienen 1900 im *Gyógyászat* und in der *Pester med.-chir. Presse.*)
[3] [Nächtliches Aufschrecken aus dem Schlaf, meist bei Kindern.]

Erklärungsversuch einiger hysterischer Stigmata

Es wurde so klar, daß in diesem Traum die linke Hand eine besondere Rolle, die Rolle einer Maus, spielte; diese Hand, die an seinem Hals herumtastete, wollte er mit seiner Rechten erhaschen oder verscheuchen, »die Maus« fuhr ihm aber in den offenen Mund hinein und drohte ihn zu ersticken.

Es interessiert uns hier zunächst weniger, welche Sexualszenen in diesem Traum symbolisch dargestellt sind. Dafür müssen wir auf die merkwürdige Aufteilung der Rollen zwischen der rechten und linken Hand hinweisen, die lebhaft an den Fall einer hysterischen Patientin Freuds erinnert, die im Anfall mit der einen Hand die Röcke aufhob, mit der anderen sie in Ordnung zu bringen suchte.

Es muß hervorgehoben werden, daß der Patient schon aus dem Schlaf erwacht war und mit erstickter Stimme nach Licht schrie, die linke Hand ihm aber immer noch im Munde stak, ohne daß er sie von einer Maus hätte unterscheiden können. Ich mußte diesen Umstand mit der *hysterischen Anästhesie der linken Körperhälfte* in Zusammenhang bringen, wenn ich auch gestehen muß, daß ich die Hautempfindlichkeit nicht mit der erforderlichen Genauigkeit untersuchen konnte. – Schon ein recht oberflächliches analytisches Eindringen in diesen Alptraum zeigte mir dann, daß der zur Mutter infantil fixierte Patient hier den »von unten nach oben« verschobenen Sexualverkehr (aus der ›Ödipusphantasie‹) realisierte, wobei die linke Hand das männliche, der Mund das weibliche Genitale vorstellte, während die rechte, gleichsam sittlichere Hand im Dienst der sich regenden Abwehrtendenz stand und die verbrecherische »Maus« verjagen wollte. All dies wurde aber nur dadurch ermöglicht, daß der linken Hand die bewußte Empfindlichkeit fehlte und sie zum Tummelplatz verdrängter Tendenzen werden konnte.

Als Gegenstück führe ich einen zweiten Fall von hysterischer Hemianästhesie an, den ich vor kurzem auf meiner Abteilung für nervenkranke Soldaten beobachten konnte. Die Aufzeichnungen über den Fall lauten wie folgt:

X. Y., Artillerie-Zugführer, aufgenommen am 6. Februar 1916. Der Patient war 14 Monate im Felde, erlitt eine leichte Streifschußwunde an der linken Schläfe (Narbe nachweisbar). Nach sechswöchiger Spitalsbehandlung kam er wieder ins Feld, doch kurze Zeit nachher fiel etwa 30 Schritte links von ihm eine Granate ein, bei deren Explosion er vom Luftdruck niedergeworfen und von Erdschollen getroffen wurde. Er diente eine Weile weiter, wurde aber später »verwirrt«, »schwindlig«, und da er ziemlich viel trank, schickte man ihn mit der Diagnose »Alkoholismus« ins Hinterland. Beim Kader seines Truppenkörpers hatte er einen Auftritt mit dem vorgesetzten Feuerwerker, der ihn (wie er es beim analytischen Verhör, nach Überwindung starken Widerstandes mitteilte) in sein Zimmer lockte und mit einer Reitpeitsche züchtigte. Er verheimlichte den ihm zugefügten Schimpf und ließ sich, da er sich krank fühlte, ins Militärspital aufnehmen. Eine Weile war die von den Hieben getroffene Körperhälfte fast vollständig lahm. Bei der Transferierung in ein anderes Spital, als er schon Gehversuche machte, begann die Muskulatur der linken Körperhälfte zu zittern. Die vom Zittern verursachte Gehstörung ist seine Hauptklage.

Aus dem Untersuchungsbefund: Patient verhält sich beim Liegen vollkommen ruhig, beim Gehen zittert die linke Körperhälfte. Er stützt sich eigentlich nur auf das rechte Bein und auf einen Stock. Die linke Ober- und Unterextremität nimmt an der Lokomotion gar nicht teil und wird steif, die Schulter nach vorn, vorwärts geschoben. Von organischer Nervenkrankheit sind keine Anzeichen nachweisbar. Außer der beschriebenen Dysbasie [4] sind folgende funktionelle Störungen vorhanden: Starke Erregbarkeit des Gemüts, Überempfindlichkeit gegen Schall, Schlaflosigkeit und eine *totale Analgesie* [5] *und Anästhesie der linken Körperhälfte.*

Sticht man ihm links hinten, ohne daß er es bemerkt, eine Nadel tief in die Haut ein, so reagiert er nicht im mindesten, wenn man sich aber seiner linken Körperhälfte mit einer Nadel von vorne her nähert, so daß er sie sehen kann, so führt er trotz der auch links vorne bestehenden Analgesie und Anästhesie heftige Flucht- und Abwehrbewegungen aus. Er greift die sich nähernde Hand, hält sie krampfhaft fest und behauptet, bei drohender Berührung einen Schauder in der anästhetischen Körperhälfte zu empfinden, die ihn zu jener nicht zu unterdrückenden Abwehrhandlung zwingt. Verbindet man ihm die Augen, so erweist er sich links vorne ebenso analgetisch und anästhetisch wie hinten. Jenes ›Schaudern‹ ist also ein rein psychisches Phänomen, ein Gefühl und keine Empfindung; es erinnert an jenes Gefühl, das auch der Gesunde empfindet, wenn eine kitzlige Körperstelle von einer Berührung bedroht wird. [6]

Der Leser wird es schon erraten haben, daß hier die Abschließung der

---

[4] [Gehstörung.]
[5] [Aufhebung der Schmerzempfindung.]
[6] Es häufen sich bei mir Erfahrungen zu einer psychologischen Erklärung des Kitzelgefühls, die sich auf die Freudsche Theorie der Witzeslust stützt.

Sensibilität der linken Körperhälfte vom Bewußtsein im Dienste einer Verdrängungstendenz steht. Der Ausfall der Berührungsempfindungen erleichtert die Unterdrückung der Erinnerung an jene dramatischen Erlebnisse, die sich im Laufe des Krieges gerade an die linke Seite knüpfen und deren letzte, die Züchtigung durch einen Vorgesetzten, die Symptome auslöste. Ich muß hinzufügen, daß der Patient, der allgemein für einen rabiaten Menschen gilt und sich der Spitalordnung nur schwer fügte, sich bei jener Mißhandlung – ihm selbst unerklärlicher Weise – nicht im mindesten wehrte. Er verhielt sich dem Feldwebel, wie seinerzeit als Kind dem damaligen Vorgesetzten, dem Vater, gegenüber. Er fühlt nicht, damit er nicht zurückschlagen muß, und aus demselben Grunde will er jede Annäherung an die verletzte Körperstelle verhindern.

Wenn wir nun die hier mitgeteilten zwei Fälle von Hemianästhesie miteinander vergleichen, können wir vielleicht aus dem Gegensatz der traumatischen Hemianästhesie und des hemianästhetischen Stigma die Charaktere des letzteren erraten. Beiden Fällen gemeinsam ist die Abschließung der sensiblen Erregung vom Bewußtsein, bei Erhaltung sonstiger psychischer Verwendbarkeit dieser Erregung. Beim angsthysterischen Patienten sahen wir, daß die Unempfindlichkeit der einen Körperhälfte dazu benützt wurde, die unbewußten Sensationen, die die Berührungen und Stellungsänderungen dieser Körperteile hervorriefen, zur ›Materialisierung‹ der Ödipusphantasie zu verwenden.

Im Falle der traumatischen Hemianästhesie muß ich auf Grund anderer Erfahrungen bei der Kriegsneurose, sowie von Beobachtungen der Libidostörung bei körperlichen Verletzungen überhaupt, gleichfalls eine libidinöse Verwendung der verdrängten bewußtseinsunfähigen Berührungsempfindungen annehmen.[7]

Allenfalls handelt es sich in beiden Fällen um dieselbe Unzulänglichkeit des Vorstellungskreises einer Körperhälfte für neue Assoziationen, die Freud schon im Jahre 1893 als die Grundlage der hysterischen *Lähmungen* erkannte.[8]

Während aber im zweiten der mitgeteilten Fälle die assoziative Unzulänglichkeit davon herrührt, daß die Vorstellung der unempfindlichen Körperteile »in die mit unerledigtem Affekt behaftete Erinnerung eines

---

[7] S. die Aufsätze ›Von Krankheits- oder Pathoneurosen‹ [Band I dieser Ausgabe, S. 242 ff.] und ›Hysterische Materialisationsphänomene‹ [in diesem Band, S. 11 ff.].
[8] [›Quelques considérations pour une étude comparative des paralysies motrices organiques et hystériques‹.]

Traumas einbezogen ist«[9], gab es im ersten Falle von Halbseitenanästhesie, bei dem wir die Empfindungslähmung als Stigma ansprechen mußten, kein traumatisches Ereignis, dessen Erinnerung sich gerade mit der linken Seite verknüpft hätte.

Einen Unterschied zwischen der ›stigmatischen‹ und traumatischen Hemianästhesie können wir nun nach der Art statuieren, in der bei ihnen das ›körperliche Entgegenkommen‹ seine Rolle spielt. Beim Trauma bestand kein solches Entgegenkommen, es wurde erst durch die erlittenen Erschütterungen geschaffen. Beim anästhetischen Stigma hingegen scheint ein solches Entgegenkommen, eine rein physiologische Disposition der behafteten Körperstellen zur Auflassung der bewußten Besetzung und zur Überlassung ihrer Empfindungsreize an die unbewußten libidinösen Regungen von vornherein zu bestehen. Wir könnten auch sagen, daß die Anästhesie nur im traumatischen Fall ideogen, im stigmatischen zwar psychogen, aber nicht ideogen ist. Nach dem Trauma ist die eine Körperhälfte unempfindlich, *weil* sie eine Verletzung erlitten hat, beim Stigma: *damit* sie zur Darstellung unbewußter Phantasien geeignet wird und damit »die Rechte nicht weiß, was die Linke tut«.

Eine Bekräftigung dieser Auffassung verdanke ich der Berücksichtigung des Unterschiedes zwischen Rechts und Links. Es fiel mir auf, daß das hemianästhetische Stigma im allgemeinen häufiger links als rechts vorkommt; dies wird auch in einzelnen Lehrbüchern hervorgehoben. Ich mußte daran denken, daß *die linke Körperhälfte unbewußten Regungen schon a priori zugänglicher ist als die rechte,* die infolge der stärkeren Aufmerksamkeitsbesetzung dieser tätigeren und geschickteren Körperhälfte vor der Beeinflussung durch das Unbewußte besser geschützt ist. Es ist denkbar, daß – bei Rechtshändern – die Fühlsphäre der linken Seite von vornherein ein gewisses Entgegenkommen für unbewußte Erregungen zeigt, so daß sie leichter ihrer normalen Funktionen beraubt und in den Dienst unbewußt-libidinöser Phantasien gestellt wird.

Doch selbst wenn wir von dieser – immerhin sehr inkonstanten – Bevorzugung der linken Seite beim hemianästhetischen Stigma absehen, so viel bleibt aus diesem Gedankengang allenfalls übrig, daß es sich bei der stigmatischen Hemianästhesie um eine Aufteilung der Hautdecke zwischen den miteinander in Konflikt geratenen Instanzen (dem Bewußten und dem Unbewußten, dem Ich und der Libido) handelt.

---

[9] Breuer/Freud, *Studien über Hysterie.*

Erklärungsversuch einiger hysterischer Stigmata

Hier eröffnet sich eine Aussicht auch zum Verständnis eines anderen hysterischen Stigmas: der *konzentrischen Einengung des Gesichtsfeldes*. Was wir vom Unterschied zwischen Rechts und Links sagten, gilt vom Unterschied des zentralen und peripheren Sehens in erhöhtem Maße. Sicherlich ist das zentrale Sehen schon vermöge seiner Funktionsart mit der bewußten Aufmerksamkeit inniger verknüpft, während die Peripherie des Sehfeldes dem Bewußtsein entrückter und der Schauplatz undeutlicher Sensationen ist. Es bedarf nur mehr eines Schrittes, um diese Sensationen der bewußten Besetzung ganz zu entreißen und zum Rohmaterial unbewußter libidinöser Phantasien werden zu lassen. So käme das Gleichnis Janets, wonach der Hysterische an einer »Einengung des Bewußtseinsfeldes« leidet, wenigstens in diesem Sinne wieder zu Ehren.

Die Empfindungslosigkeit der Binde- und Hornhaut bei Hysterischen dürfte in innigem Zusammenhang mit der Gesichtsfeldeinengung ihre Erklärung finden. Es ist möglich, daß sie der Ausdruck derselben Verdrängung optischer Sensationen ist; sind wir doch daran gewöhnt, daß sich bei der Hysterie die Anästhesien nicht nach der anatomischen Funktion, sondern nach dem Vorstellungsbild der Organe abgrenzen. Hier muß man aber noch eines berücksichtigen. Die Hornhaut ist normalerweise gerade die empfindlichste Stelle des ganzen Körpers, so daß die Reaktion auf deren Verletzung, das Weinen, das Ausdrucksmittel seelischen Schmerzes überhaupt geworden ist. Mag sein, daß das Ausbleiben dieser Reaktion bei Hysterischen mit der Unterdrückung der Gefühlsregungen in Zusammenhang steht.

Die *hysterische Anästhesie des Rachens* steht, wie ich es in vielen der Analyse unterzogenen Fällen sehen konnte, im Dienste der Darstellung von Genitalphantasien durch den Schluckprozeß. Es ist verständlich, daß die Genitalerregung, die von ›unten nach oben‹ verlegt wird, sich diese ihr so vielfach ähnliche Reizquelle nicht entgehen läßt. Bei der *Rachenhyperästhesie*[10] handelt es sich um die Reaktionsbildung gegen dieselben perversen Phantasien, während der *globus hystericus*[11] als ›Materialisierung‹ solcher Wünsche samt ihrer Abwehrtendenz angesehen werden kann. Worin die spezielle Neigung der Schlundpartie zur Stigmatisierung besteht, ist allerdings unersichtlich.

---

[10] [Rachenüberempfindlichkeit.]
[11] [›Kloß im Hals‹, als nervöser Zustand.]

In vollem Bewußtsein der Unzulänglichkeit des mitgeteilten Materials muß ich meinen Eindruck über die Entstehungsweise der hysterischen Stigmata in folgendem Satz zusammenfassen: Die hysterischen Stigmata bedeuten die Lokalisation konvertierter Erregungsmengen an Körperstellen, die infolge ihrer besonderen Eignung zum körperlichen Entgegenkommen sich unbewußten Triebregungen leicht zur Verfügung stellen, so daß sie zu ›banalen‹ Begleiterscheinungen anderer (ideogener) hysterischer Symptome werden.

Da die hysterischen Stigmata bis jetzt überhaupt keine Erklärung hatten, muß ich mich einstweilen, bis ich nicht eines Besseren belehrt werde, mit diesem Erklärungsversuch behelfen.

Keinesfalls kann ich aber die ›Erklärung‹ Babinskis, nach der die Stigmen (wie die hysterischen Symptome überhaupt) nur vom Arzt suggerierte ›Pithiatismen‹ [12] sind, als solche gelten lassen. Der wahre Kern dieser besonders primitiven Anschauung ist der, daß tatsächlich viele Kranke vom Bestehen ihrer Stigmen nichts wußten, bevor sie ihnen vom Arzt demonstriert wurden. Natürlich waren sie nichtsdestoweniger vorhanden, und das kann nur jemand leugnen, der im alten Irrtum, das Bewußte mit dem Psychischen überhaupt gleichzusetzen, befangen ist.

Die Hysterie immer mit Suggestion, die Suggestion mit Hysterie erklären zu wollen, ohne diese Erscheinungen einzeln für sich analysiert zu haben, ist übrigens ein sehr geläufiger logischer Fehlgriff.

---

[12] [Durch Suggestion entstandene und durch Suggestion heilbare Krankheiten.]

Die Psychoanalyse eines Falles von hysterischer Hypochondrie

(1919)

Die Technik der Psychoanalyse bringt es mit sich, daß sich infolge der langwierigen, auf lange Zeiträume verteilten Entwicklung des Heilungs- respektive Lösungsvorgangs der allgemeine Eindruck des Falles verwischt und die einzelnen Momente des komplizierten Zusammenhangs nur abwechselnd die Aufmerksamkeit auf sich lenken.
Im Folgenden kann ich aber einen Fall mitteilen, dessen Heilung sich sehr rasch vollzog und bei dem sich das formal wie inhaltlich sehr abwechslungsreiche und interessante Krankheitsbild gleich einer kinematographischen Bilderserie, eigentlich ohne Pausen, stürmisch entfaltete.
Die Patientin, eine hübsche junge Ausländerin, wurde von ihren Angehörigen meiner Behandlung zugeführt, nachdem vorher verschiedene andere Heilmethoden versucht wurden. Sie machte einen sehr ungünstigen Eindruck. Als hervorstechendstes Symptom war an ihr sehr starke *Angst* zu konstatieren. Ohne eigentlich agoraphobisch zu sein, konnte sie seit Monaten keinen Moment ohne Begleitung existieren; ließ man sie allein, so traten heftigste Angstanfälle ein, und zwar auch bei Nacht, wo sie ihren Mann oder die jeweilig neben ihr schlafende Person wecken und ihr von ihren ängstlichen Vorstellungen und Gefühlen stundenlang erzählen mußte. Ihre Klagen setzen sich aus hypochondrischen Körpersensationen und der damit assoziierten Todesangst zusammen. Sie fühlt etwas in der Kehle, »Punkte« kommen ihr aus der Kopfhaut heraus; (diese Empfindungen zwingen sie, sich fortwährend die Kehle und die Gesichtshaut zu betasten); die Ohren wachsen ihr in die Länge, der Kopf geht ihr vorne auseinander, ihr Herz klopft usw. In jeder solchen Empfindung – deretwegen sie sich fortwährend beobachtet – sieht sie ein Anzeichen ihres nahenden Todes; sie denkt auch an Selbstmord. Ihr Vater sei an Arteriosklerose gestorben, das stehe nun auch ihr bevor. Auch sie wird (wie der Vater) verrückt werden und im Sanatorium für Geisteskranke sterben müssen. – Daraus, daß ich bei der ersten Unter-

suchung ihren Rachen auf eventuelle An- oder Hyperästhesie explorierte, machte sie gleich ein neues Symptom: sie mußte immer vor dem Spiegel stehen und suchte Veränderungen an ihrer Zunge. – Die ersten Stunden verliefen mit fortwährendem, monotonem Jammern über diese Sensationen und ließen mir die Symptome des Falles als unbeeinflußbare hypochondrische Wahngebilde erscheinen, besonders da mir einige solche Fälle noch frisch in Erinnerung standen.
Nach einiger Zeit scheint sie sich aber darin etwas erschöpft zu haben, wohl auch darum, weil ich sie weder zu beruhigen noch auch sonst zu beeinflussen suchte, sondern ungestört ihre Klagen hersagen ließ. Es zeigten sich auch leise Anzeichen der Übertragung: sie fühlte sich nach der Stunde ruhiger, erwartete unruhig den Beginn der nächsten Stunde usw. Sie begriff dann sehr rasch, wie sie ›frei assoziieren‹ sollte, diese Assoziation schlug aber schon beim ersten Versuch in ein dementes, sehr leidenschaftliches und theatralisches Sichgebärden um. »Ich bin N. N. Großfabrikant« (und nannte dabei den Namen ihres Vaters mit sichtlich gesteigertem Selbstbewußtsein). Sie gebärdete sich dann tatsächlich, als wäre sie der Vater, der in Hof und Geschäft Befehle erteilt, flucht (und zwar ziemlich derb und ohne Scham, wie das in jener Provinz schon üblich ist); dann wiederholte sie Szenen, die der Vater als Irrsinniger vor seiner Internierung aufführte usw. – Am Ende der Stunde orientierte sie sich aber ganz gut, nahm artig Abschied und ließ sich schön nach Hause begleiten.
Die folgende Stunde begann sie mit der Fortsetzung der obigen Szene, wobei sie besonders oft wiederholte: »Ich bin N. N. (der Vater). Ich habe einen Penis.« Zwischendurch erzählte sie eine Infantilszene, bei der sie eine häßliche Amme mit dem Irrigator bedrohte, weil sie nicht spontan Stuhl absetzen wollte. Die nun folgenden Stunden waren abwechselnd von den hypochondrischen Klagen, den Irrsinnszenen des Vaters und bald auch von leidenschaftlichen Übertragungsphantasien erfüllt. Sie verlangte – in derb bäurischen Ausdrücken – sexuell befriedigt zu werden und schimpfte auf ihren Mann, der das nicht recht kann (was aber den Tatsachen nicht entsprach). Ihr Mann erzählte mir dann, daß die Patientin von dieser Zeit an auch de facto nach Befriedigung verlangte, während sie sich seit längerer Zeit ablehnend verhielt.
Nach diesen Entladungen beruhigte sich einigermaßen ihre manische Exaltation, und wir kamen in die Lage, die Vorgeschichte des Falles zu studieren. Sie erzählte vom Erkrankungsanlaß. Der Krieg brach aus, ihr Mann wurde einberufen, sie mußte ihn im Geschäft vertreten; das

Die Psychoanalyse eines Falles von hysterischer Hypochondrie

konnte sie aber nicht ordentlich, da sie fortwährend an ihre ältere Tochter (die etwa 6 Jahre alt war) denken mußte und die Idee hatte: es könnte ihr zu Hause etwas geschehen. Sie mußte also fortwährend nach Hause laufen, um nachzusehen. Diese ältere Tochter kam nämlich mit Rachischisis[1] und sakraler Meningokele[2] zur Welt, die operiert wurde, so daß die Kleine am Leben blieb, ihre Unterextremitäten und ihre Blase aber unheilbar gelähmt waren. Sie kann nur auf allen Vieren am Boden herumrutschen und muß wegen der Inkontinenz »wohl hundertmal täglich« ins Reine gebracht werden. »Das macht aber nichts, ich liebe sie tausendmal mehr als die zweitgeborene (die gesunde!) Tochter.« Es wurde auch von der ganzen Umgebung bestätigt, daß die Patientin dieses kranke Kind auch auf Kosten des zweiten, gesunden verzärtelt; sie will auch nicht zugeben, daß man wegen der Kranken unglücklich sein darf; sie ist ja so gut, so klug, so schön im Gesicht.
Es war mir recht bald offenbar, daß dies eine ungeheure Verdrängungsleistung seitens der Patientin war; daß sie in Wirklichkeit den Tod dieses ihres Unglückskindes unbewußt herbeisehnte und wegen dieser Vorbelastung den vom Krieg erforderten neuen Anstrengungen nicht gewachsen war. Sie flüchtete also in die Krankheit.
Nach schonender Vorbereitung teilte ich ihr diese Auffassung über ihre Erkrankung mit, worauf es ihr – nach vergeblichen Versuchen, sich nochmals in die Verrücktheit oder in die Übertragungsleidenschaft zu stürzen – allmählich gelang, sich den großen Schmerz und die Beschämung, die ihr die Krüppelhaftigkeit ihres Kindes verursachten, einigermaßen bewußt zu machen.
Ich griff nun zu einem Mittel der ›aktiven Technik‹[3]. Ich schickte die Patientin für einen Tag nach Hause, damit sie Gelegenheit hatte, die Gefühle, die ihr die Kinder einflößen, mit Hilfe der neugewonnenen Aufklärungen zu revidieren. Zu Hause ergab sie sich nun wieder leidenschaftlich der Liebe und Pflege des kranken Kindes und sagte dann triumphierend in der darauffolgenden Stunde: »Sehen Sie, alles ist nicht wahr! Ich liebe doch nur meine Älteste!« etc. Doch schon in derselben Stunde mußte sie sich unter heftigem Weinen dessen Gegenteil eingestehen; ihrem impulsiv-leidenschaftlichen Wesen entsprechend, kamen ihr nämlich plötzliche Zwangseinfälle, in denen sie dieses Kind erdrosselte,

---

[1] [Angeborene Spaltbildung der Wirbelsäule (Mißbildung).]
[2] [Vorfall von Rückenmarkshäuten und Rückenmark.]
[3] Siehe ›Technische Schwierigkeiten einer Hysterieanalyse‹ [in diesem Band, S. 3 ff.].

aufhängte etc. oder es verfluchte: »Gottes Blitz soll in dich hineinschlagen.« (Dieser Fluch war ihr aus der Folklore ihrer Heimat geläufig.)
Die weitere Fortsetzung der Kur ging auf dem Wege der Übertragungsliebe. Die Patientin zeigte sich ernstlich verletzt über die rein medizinische Behandlung ihres wiederholten Liebesantrages und wies dabei unwillkürlich auf ihren außerordentlich starken Narzißmus hin. Einige Stunden verloren wir mit dem Widerstand, den diese Verletzung ihrer Eitelkeit und Eigenliebe hervorrief, doch bot dies uns die Gelegenheit zur Reproduktion ähnlicher ›Beleidigungen‹, an denen ihr Leben überaus reich war. Ich konnte ihr nachweisen, daß sie jedesmal, wenn sich eine ihrer zahlreichen Schwestern verlobte (sie war die jüngste unter ihnen), sich über die Hintansetzung ihrer Person verletzt fühlte. Ihre Eifer- und Rachsucht ging so weit, daß sie eine Verwandte, die sie mit einem jungen Manne ertappte, aus purem Neid verklagte. – Trotz ihrer anscheinenden Reserviertheit und ihres Insichgekehrtseins war sie sehr selbstbewußt und hatte von den eigenen körperlichen und geistigen Eigenschaften eine hohe Meinung. Um sich vor der Gefahr ihr allzu schmerzlicher Enttäuschungen zu schützen, zog sie es vor, trotzig abseits zu bleiben, wo es sich um eine Konkurrenz mit anderen Mädchen handelte. Nun verstand ich auch die merkwürdige Phantasie, die sie in einer ihrer pseudo-dementen Anwandlungen äußerte: sie stellte sich wieder einmal als den (irrsinnigen) Vater vor und behauptete, *mit sich selber* den Geschlechtsverkehr ausführen zu wollen.
Auch die Krankheit ihres Kindes wirkte nur infolge der – recht verständlichen – *Identifizierung* so überstark auf sie, die übrigens schon früher einmal einige empfindliche Verletzungen ihrer eigenen körperlichen Integrität auszustehen hatte. Auch sie kam mit einem Körperfehler zur Welt: sie schielte und wurde in der Jugend einer Schieloperation unterzogen, vor der sie die heftigste Angst zu überstehen hatte und fast wahnsinnig wurde beim Gedanken, sie könnte erblinden.
Wegen dieses Schielens war sie übrigens schon in ihrer Kindheit der Gegenstand des Spottes ihrer Gespielen und Gespielinnen.
Allmählich kamen wir auch zur Deutung der einzelnen hypochondrischen Empfindungen. Jenes Gefühl in der Kehle war der Ersatz für den Wunsch, ihre schöne Altstimme hören und bewundern zu lassen. Die »Punkte«, die aus der Kopfhaut »herauskamen«, waren kleines Ungeziefer, das einmal – zu ihrer großen Beschämung – auf ihrem Kopf entdeckt wurde; die »Verlängerung der Ohren« ging darauf zurück, daß sie einmal in der Schule vom Lehrer ein »Esel« geschimpft wurde usw.

Die fernste Deckerinnerung, bis zu der wir vordringen konnten, war die mutuelle Exhibition, die sich zwischen ihr und einem gleichaltrigen Knaben auf dem Dachboden ihres Hauses abspielte, und ich stehe nicht an, hinter dieser Szene den stärksten der die Patientin getroffenen Eindrücke zu vermuten. Der *Penis-Neid*, der sich dabei in ihr fixierte, war es wohl, was sie zur merkwürdig gelungenen Identifizierung mit dem Vater in ihren Delirien befähigte. (»Ich habe einen Penis« etc.) – In letzter Linie darf man also nicht so sehr die angeborene Abnormität ihrer Erstgeborenen als Krankheitsursache betrachten als vielmehr die Tatsache, daß ihr kein Knabe, sondern zwei Mädchen (Wesen ohne Penis, die nicht – wie die Knaben – ordentlich urinieren können) geboren wurden. Daher wohl auch der unbewußte Abscheu vor der Inkontinenz ihrer kranken Tochter. Es scheint übrigens auch, daß die Krankheit ihrer Erstgeborenen erst dann stärker auf sie einzuwirken begann, als sich auch das zweite Kind als Mädchen entpuppte.

Von einem zweiten Urlaub in die Heimat kehrte die Patientin ganz verändert zurück. Sie versöhnte sich mit der Idee, daß sie die jüngere lieber hat, daß ihr der Tod der kranken Tochter erwünscht ist usw., sie hörte auf über hypochondrische Sensationen zu klagen und befaßte sich mit dem Plane, bald endgültig nach Hause zu gehen. Hinter dieser plötzlichen Besserung entdeckte ich aber auch den Widerstand gegen die Beendigung der Kur. Aus der Analyse ihrer Träume mußte ich auf paranoides Mißtrauen gegen die Ehrlichkeit des Arztes schließen; sie glaubte, daß ich die Kur in die Länge ziehen wollte, um ihr mehr Geld abzunehmen. – Ich versuchte von hier aus den Zugang zu ihrer mit dem Narzißmus verknüpften Analerotik zu finden (s. die infantile ›Irrigator-Angst‹), dies gelang mir aber nur zum Teil. Die Patientin zog es vor, einen Rest ihrer neurotischen Eigenheiten zu bewahren und ging – praktisch wohl geheilt – nach Hause. [4]

---

[4] Hier noch einige Ergebnisse: Die Zwangsempfindung *»Der Kopf geht vorn auseinander«* war der Ausdruck einer ›nach oben‹ verlegten Schwangerschaftssehnsucht. Sie wünschte sich neue Kinder (Knaben) an Stelle der vorhandenen (der Kranken und des anderen Mädchens). *»Es gibt wieder nichts Neues!«* – pflegte sie auf die Stirne deutend immer zu wiederholen; auch dies gehörte zum Schwangerschaftskomplex. Die Patientin hatte zweimal – nicht ganz zufällig – abortiert und bedauerte das unbewußt. Das *Herzklopfen* war die Reminiszenz libidinöser Anwandlungen bei Begegnung mit sympathischen jungen Leuten, die ihr potent vorkamen. (Potent sein, hieß bei ihr: *Knaben* und überhaupt *gesunde* Kinder zeugen können.) Die *»Punkte«*, die herauskommen, waren überdeterminiert. Sie bedeuteten nicht nur Ungeziefer, sondern (wie so häufig) auch kleine Kinder. – Zwei charakteristische Träume: 1. *Sie sieht aufgehängte Säcke (Geldsäcke?).* (Deutung: Wenn sie einsieht, daß sie ihr Kind aufhängen will, kann sie

Abgesehen vom ungewöhnlich raschen Krankheitsablauf bietet uns die Epikrise dieses Falles noch manches Interessante. Wir haben es hier mit einem Gemenge von rein hypochondrischen und von hysterischen Symptomen zu tun, dabei schillerte das Krankheitsbild am Beginn der Analyse ins Schizophrene, gegen das Ende, wenn auch nur spurweise, ins Paranoische hinüber.

Bemerkenswert ist der Mechanismus einzelner hypochondrischer Parästhesien. Sie beruhen ursprünglich auf der narzißtischen Bevorzugung des eigenen Körpers, wurden aber dann – etwa nach Art des »körperlichen Entgegenkommens« – zu Ausdrucksmittel hysterischer (ideogener) Vorgänge (z. B. das Gefühl der Verlängerung der Ohren zum Erinnerungsmerkmal eines erlittenen psychischen Traumas).

Man wird so auf noch ungeklärte Probleme der organischen Grundlagen der Konversionshysterie und der Hypochondrie aufmerksam. Es hat den Anschein, als ob dieselbe Organ-Libidostauung [5] – je nach der Sexualkonstitution der Kranken – einen rein hypochondrischen oder aber einen konversionshysterischen ›Überbau‹ bekommen könnte. In unserem Falle handelte es sich anscheinend um die Kombination beider Möglichkeiten, und die hysterische Seite der Neurose ermöglichte die Übertragung und die psychoanalytische Abtragung der hypochondrischen Sensationen. Wo diese Abfuhrmöglichkeit nicht besteht, bleibt der Hypochonder unzugänglich und verbohrt sich – oft auch wahnhaft – in die Empfindung und Beobachtung seiner Parästhesien.

Die reine Hypochondrie ist unheilbar; nur wo – wie auch hier – übertragungsneurotische Beimengungen vorhanden sind, kann man die psychotherapeutische Beeinflussung mit Aussicht auf Erfolg versuchen.

---

sich das weitere Honorar ersparen.) 2. *Eine Schwester tanzt cake-walk; der Vater ist auch dabei.* (Reproduktion der Brautnacht, bei der sie durch die Idee, daß der Vater in der Anstalt ist, am Genuß gestört war.)

[5] S. den Aufsatz ›Von Krankheits- oder Pathoneurosen‹ [in Band I dieser Ausgabe, S. 242 ff.].

Psychoanalytische Betrachtungen über den Tic

(1921)

I

Mit dem sehr verbreiteten neurotischen Symptom, das man, dem französischen Sprachgebrauch folgend, allgemein als ›Tic‹ oder ›Tic convulsif‹ bezeichnet hat, hat sich die Psychoanalyse bisher wenig beschäftigt.[1] Im Anschluß an die Beschreibung der »technischen Schwierigkeiten einer Hysterieanalyse«, die ich in einem Fall zu bewältigen hatte[2], machte auch ich einen kurzen Exkurs auf dieses Gebiet und gab der Vermutung Ausdruck, daß sich viele Tics als stereotypisierte *Onanieäquivalente* entpuppen dürften und daß die merkwürdige Verknüpfung des Tics mit der *Koprolalie*[3] bei Unterdrückung der motorischen Äußerungen vielleicht nichts anderes ist als die *sprachliche* Äußerung derselben erotischen Regungen, die die Tic-Kranken gewöhnlich als *symbolische Bewegungen* abführen. Ich machte bei dieser Gelegenheit auch auf die nahen Beziehungen zwischen den *Bewegungsstereotypien* und den *Symptomhandlungen* (bei Gesunden und Kranken) einerseits, den Tics resp. der Onanie andererseits aufmerksam. In dem mitgeteilten Fall z. B. vermochten gedankenlos ausgeführte und für bedeutungslos gehaltene Muskelaktionen und Hautreizungen die ganze Genitallibido an sich zu reißen; sie waren zeitweise von förmlichem Orgasmus begleitet.

Prof. Freud, den ich gelegentlich über den Sinn und die Bedeutung der Tics interpellierte, sagte mir, es dürfte sich da um etwas Organisches handeln. Im Laufe dieser Besprechung werde ich vielleicht zeigen können, in welchem Sinne diese Annahme zu Recht besteht.

---

[1] S. I. Sadger, ›Ein Beitrag zum Verständnis des Tic‹.
[2] Vgl. ›Technische Schwierigkeiten einer Hysterieanalyse‹ [in diesem Band, S. 8 f.].
[3] [Neigung oder Zwang zur Verwendung obszöner Worte (meist aus der analen Sphäre).]

Das ist so ziemlich alle Auskunft, die ich mir über die Tics aus den psychoanalytischen Quellen holen konnte; ich kann auch nicht sagen, daß ich seither aus der direkten Beobachtung oder der Analyse von ›passagère‹ auftretenden Tics, die doch bei unseren Neurotikern so häufig sind, Neues gelernt hätte. In den meisten Fällen kann man eine Neurosenanalyse zu Ende führen, eine Psychoneurose auch heilen, ohne daß man sich viel mit diesem Symptom hätte befassen müssen. Gelegentlich kommt man darauf zu sprechen, welche psychischen Situationen das Auftreten eines solchen Tic (einer Grimasse, einer Zuckung der Schultern oder des Kopfes usw.) begünstigen. Hie und da kann man auch auf den *Sinn,* auf die *Bedeutung* eines solchen Symptoms zu sprechen kommen. So trat bei einer Kranken das heftig ›verneinende‹ Kopfschütteln auffälligerweise immer auf, wenn sie eine rein konventionelle Geste ausführen (Abschied nehmen, jemanden begrüßen) mußte. Ich sah die Bewegung auch dann häufiger und heftiger werden, wenn die Patientin mehr Affekt, z. B. mehr Freundlichkeit zu zeigen versuchte, als sie innerlich fühlte, und mußte ihr sagen, daß ihr Kopfschütteln eigentlich die freundliche Miene oder Geste Lügen strafte.

Einen Patienten, der eigens zur Heilung seiner Tics in die Analyse gekommen wäre, hatte ich noch nicht; die von mir in der analytischen Praxis beobachteten kleinen Tics störten ihre Besitzer so wenig, daß sie sich darüber selbst nie beklagten; ich war es, der sie darauf aufmerksam machen mußte. Natürlich fehlte unter diesen Umständen jedes Motiv zur tieferen Erforschung des Symptoms, das sich die Patienten – wie gesagt – unverändert aus der Analyse retteten.

Nun wissen wir, daß das sonst bei den uns geläufigen Neurosenanalysen der Hysterie oder Zwangsneurose nie der Fall ist. Da gibt es nicht das geringfügigste Symptom, das am Ende der Analyse sich nicht als in das Gefüge des komplizierten Neurosengebäudes gehörig, sogar durch mehrfache Determinanten gestützt, erwiese. Schon diese Sonderstellung der Tics legte einem die Vermutung nahe, es handle sich hier um eine Störung, die ganz anders orientiert ist als die übrigen Zeichen einer Übertragungsneurose, so daß ihr die sonst gewöhnliche ›Wechselwirkung der Symptome‹ nichts anhaben kann. Der Annahme Freuds von der heterogenen (organischen) Natur dieses Symptoms verlieh diese Sonderstellung des Tics unter den neurotischen Erscheinungen eine starke Stütze.

Ganz andersartige Beobachtungen halfen mir dann hier um einen Schritt weiter. Ein Patient (hartnäckiger Onanist) hörte während der Analyse überhaupt nicht auf, gewisse stereotype Bewegungen auszuführen. Gewöhnlich mußte er, oft mehrmals in der Minute, seinen Rock an der Taille glätten; zwischendurch überzeugte er sich durch Streicheln des Kinnes von der Glätte der Gesichtshaut oder betrachtete mit Wohlgefallen seine immer glänzend lackierten oder gewichsten Schuhe. Auch sein psychisches Verhalten: seine Suffisance, seine gezierte, immer in Perioden gesetzte Rede, deren entzücktester Zuhörer er selber war, kennzeichnete ihn als einen in sich selbst glücklich verliebten Narzißten, der – den Frauen gegenüber impotent – in der Onanie die ihm entsprechendste Befriedigungsart fand. Er kam auch nur auf die Bitte einer Verwandten in die Kur und entzog sich ihr fluchtartig, sobald sich die ersten Schwierigkeiten ergaben.

Mag aber unsere Bekanntschaft noch so kurz gewesen sein, sie machte einen gewissen Eindruck auf mich. Ich fing an, mich mit der Idee zu beschäftigen, ob die eben erwähnte ›Andersorientierung‹ der Tics nicht davon herrührt, daß sie eigentlich *narzißtische* Krankheitszeichen sind, die an die Symptome einer Übertragungsneurose höchstens angelötet sein, sich aber mit ihnen nicht verschmelzen können. Ich sah dabei von dem Unterschied zwischen Stereotypie und Tic, der von vielen Autoren stark betont wird, ab. Ich sah und sehe im Tic nichts als eine mit blitzartiger Raschheit ablaufende, gleichsam komprimierte, oft nur symbolisch angedeutete Stereotypie. Die weiteren Betrachtungen werden uns die Tics als *Abkömmlinge* stereotyper Handlungen zeigen.

Jedenfalls begann ich Tiqueurs, die ich im Leben, in der Ordination oder in der Kur zu sehen bekam, in bezug auf ihren Narzißmus zu beobachten, erinnerte mich auch einiger schwerer Fälle von Tic, die ich in meiner voranalytischen Praxis kennen gelernt hatte, und mußte staunen über die Fülle von Bestätigung, die mir von allen diesen Seiten zuströmte. Einer der ersten, den ich kurz nach obiger Beobachtung zu Gesicht bekam, war ein junger Mann mit sehr häufiger Zuckung der Gesichts- und Halsmuskeln. Ich sah vom Nachbartisch zu, wie er sich in einem Restaurant gebärdete. Jeden Moment hüstelte er, richtete seine Manschetten, bis sie vollkommen korrekt, mit den Knöpfen nach abwärts standen, korrigierte mit der Hand oder mittels einer Kopfbewegung die Stellung des steifen Hemdkragens oder machte die bei so vielen Tic-Kranken zu beobachtende Bewegung, als wollte er seinen Körper von beengenden Kleidungsstücken befreien. Tatsache ist, daß er nicht aufhörte, wenn auch unbewußt, einen großen Teil der Aufmerksamkeit *seinem eigenen Körper* bzw. der Kleidung zuzuwenden, auch wenn er bewußt ganz andersartig beschäftigt war, z. B. aß oder die Zeitung las. Ich mußte bei ihm eine ausgesprochene *Hypersensibilität, eine Unfähigkeit, Körperreize ohne Abwehrreaktion zu ertragen,* annehmen. Diese Vermutung wurde mir zur Gewißheit, als ich zu meiner Verwunderung zusah, wie der sonst so wohlerzogene und den besten Gesellschaftskreisen angehörende junge Mann unmittelbar nach dem Essen einen kleinen Taschenspiegel zur Hand nahm und vor allen Anwesenden anfing, die zwischen den Zähnen steckengebliebenen Speisereste mit einem Zahnstocher, und zwar immer unter der Leitung des Spiegelchens, gewissenhaft zu entfernen; er ruhte nicht, bis er alle – wie ich bestätigen kann, wohlgepflegten – Zähne gereinigt hatte, was ihn sichtlich beruhigte.

Nun, wir wissen alle, daß zwischen den Zähnen steckengebliebene Speisereste unter Umständen besonders störend sein können; ein solch gründliches, unaufschiebbares Reinigen aller 32 Zähne erforderte aber eine nähere Erklärung. Ich erinnerte mich einer eigenen, bei einer früheren Gelegenheit geäußerten Ansicht über die Entstehungsbedingungen der *Pathoneurosen*[4], resp. des ›Krankheitsnarzißmus‹. Die drei dort angeführten Bedingungen, unter denen es zur Fixierung der Libido an einzelne Organe kommen kann, sind: 1. Lebensgefährlichkeit oder Bedrohlichkeit eines Traumas, 2. Verletzung eines schon von vornherein stark libidobesetzten Körperteiles (einer erogenen Zone), und *3. konstitutioneller Narzißmus, bei dem die kleinste Verletzung eines Körperteiles das ganze Ich trifft.* Diese letztere Eventualität paßte nun sehr gut zur Annahme, daß die Überempfindlichkeit der Tic-Kranken, ihre Unfähigkeit, einen sensiblen Reiz ohne Abwehr zu ertragen, auch das Motiv ihrer motorischen Äußerungen, eben der Tics und der Stereotypien selbst, sein dürfte, die Hyperästhesie selbst aber, die lokalisiert oder generalisiert sein kann, nur die Äußerung des Narzißmus, der starken Bindung der Libido an die eigene Person, an den eigenen Körper oder einen Körperteil, das heißt der ›*Organlibidostauung*‹. In diesem Sinne käme dann auch Freuds Ansicht von der ›organischen‹ Natur der Tics zu ihrem Recht, wenn es auch vorerst offen gelassen werden muß, ob die Libido an die Organe selbst oder an ihre psychische Repräsentanz gebunden ist.

Nachdem einmal die Aufmerksamkeit auf die organisch-narzißtische Natur der Tics gelenkt war, erinnerte ich mich auch einiger schwerer

---

[4] Vgl. ›Von Krankheits- oder Pathoneurosen‹ [Band I dieser Ausgabe, S. 246 f.].

Fälle von Tic, die man nach dem Vorschlag von Gilles de la Tourette als *maladie des tics* zu bezeichnen pflegt.[5]
Es sind das progressive, allmählich fast den ganzen Körper befallende Muskelzuckungen, die sich später mit Echolalie[6] und Koprolalie kombinieren und *in Demenz übergehen können*. Diese häufige Komplikation der Tics mit einer κατ' ἐξοχήν narzißtischen Psychose sprach sicherlich nicht gegen die Annahme, daß auch die motorischen Erscheinungen der minder schweren, nicht in Demenz ausartenden Fälle von Zuckungskrankheit der narzißtischen Fixierung ihr Entstehen verdanken. Der letzte schwere Fall von Tic, den ich kannte, betraf einen jungen Mann, der infolge seiner psychischen Überempfindlichkeit vollkommen leistungsunfähig blieb und nach einer vermeintlichen Verletzung seiner Ehre sich erschoß.

Der Tic wird in den meisten psychiatrischen Lehrbüchern als ›Degenerationssymptom‹, als ein – oft familiär auftretendes – Anzeichen der psychopathischen Konstitution beschrieben. Wir wissen, daß eine verhältnismäßig große Zahl der Paranoiker und der Schizophrenen auch an Tics leidet. All das schien mir die Vermutung von der gemeinsamen Wurzel dieser Psychosen und der Tic-Krankheit zu unterstützen. Doch eine festere Unterlage erhielt diese Theorie, als ich die psychiatrischen und besonders die psychoanalytischen Erfahrungen über *Katatonie*[7] zum Vergleich mit den Hauptsymptomen der Tic-Krankheit heranzog. Die Neigung zur Echolalie und Echopraxie[8], zu Stereotypien und grimassierenden Bewegungen, zur Manieriertheit, ist beiden Zuständen gemeinsam. Psychoanalytische Erfahrungen bei Katatonikern ließen mich vor längerer Zeit in den absonderlichen Handlungen und Stellungen den Abwehrkampf gegen lokale (organische) Libidostauungen vermuten. Ein sehr intelligenter Katatoniker mit scharfer Selbstbeobachtungsfähigkeit sagte mir selber, daß er eine bestimmte Turnbewegung immer wieder ausführen muß, »um die Erektion des Darmes zu knikken«[9]. Auch bei einem anderen Kranken mußte ich die zeitweise auftretende Steifheit der einen oder der anderen Extremität, die mit der Empfindung ihrer enormen Verlängerung verbunden war, als verscho-

---

[5] Gilles de la Tourette, ›Etudes sur une affection nerveuse, caractérisée par l'incoordination motrice, et accompagnée d'écholalie et de coprolalie‹.
[6] [Sinnloses Nachsprechen vorgesprochener Worte bei Geisteskranken.]
[7] [Form der Schizophrenie mit Krampfzuständen der Muskulatur.]
[8] [Neigung gewisser Geisteskranker, gesehene Bewegungen mechanisch nachzuahmen.]
[9] ›Einige klinische Beobachtungen bei der Paranoia und Paraphrenie‹ [in Band I dieser Ausgabe, S. 176 ff.].

bene Erektion, das heißt als Äußerung der abnorm lokalisierten Organlibido deuten. Federn faßte die Symptome der Katatonie überhaupt als »narzißtischen Rausch« auf.[10] All das paßt aber sehr gut zur Hypothese der gemeinsamen konstitutionellen Grundlage der Tics und der Katatonie und läßt die weitgehende Gemeinsamkeit ihrer Symptomatik verstehen. Jedenfalls ist man versucht, das Hauptsymptom der Katatonie, den Negativismus und die Steifheit, mit der unaufschiebbaren Abwehr jedes Außenreizes mittels einer zuckenden Bewegung beim Tic in Analogie zu bringen und anzunehmen, daß, wenn sich bei der *maladie de Gilles de la Tourette* die Tics in Katatonie umwandeln, es sich nur um eine Perpetuierung und Generalisierung einer beim Tic nur paroxysmatisch auftretenden und noch partiellen Abwehrinnervation handelt. Die tonische Starre würde sich hier also aus der Summation unzähliger klonischer Abwehrzuckungen ergeben, die Katatonie wäre nur die Steigerung der *Kataklonie* (des Tic).

Nicht unberücksichtigt durfte ich in diesem Zusammenhang die Tatsache lassen, daß die Tics, wie allgemein bekannt, sehr oft im Anschluß an körperliche Erkrankungen oder Traumen in loco morbi auftreten, z. B. Lidkrämpfe nach Abheilung einer Blepharitis[11] oder Konjunktivitis[12], Nasentics nach Katarrhen, spezielle Bewegungen der Extremitäten nach schmerzhaften Entzündungen. Ich mußte diesen Umstand mit der Theorie in Zusammenhang bringen, daß sich an die Stelle einer pathologischen Körperveränderung (oder an ihre psychische Repräsentanz) eine *pathoneurotische Libidosteigerung* anzuheften pflegt.[13] Es lag nahe, die oft nur lokale Hyperästhesie der Tic-Kranken in diesen Fällen auf eine ›traumatische‹ Libidoverschiebung zurückzuführen, die motorischen Äußerungen des Tic aber – wie schon gesagt – auf Abwehrreaktionen gegen die Reizung solcher Körperstellen.

Als weitere Stütze der Annahme, daß die Tics etwas mit dem Narzißmus zu tun haben, führe ich die therapeutischen Erfolge an, die man mit einer besonderen Übungsbehandlung der Tics erzielen kann. Es sind dies systematische Innervationsübungen, mit forcierter Ruhigstellung der zuckenden Körperpartien, deren Erfolg viel bedeutender ist, *wenn sich der Patient während der Übungen im Spiegel kontrolliert*. Die Autoren erklärten das damit, daß die Kontrolle des Gesichtssinnes die zu

---

[10] Zitat nach Nunbergs Arbeit ›Über den katatonischen Anfall‹.
[11] [Augenlid-, insbesondere Lidrandentzündung.]
[12] [Bindehautentzündung des Auges.]
[13] ›Von Krankheits- oder Pathoneurosen‹ [in Band I dieser Ausgabe, S. 245].

den Übungen erforderliche Abstufung der Hemmungsinnervationen erleichtert; mir aber schien es nach dem oben Gesagten, daß hier außerdem (oder hauptsächlich) die für den Narzißten abschreckende Wirkung der im Spiegel beobachteten Gesichts- und Körperverzerrungen als mächtige Förderin der Heilungstendenz fungiert.

II

Ich bin mir der Schwächen meiner bisherigen Beweisführung vollkommen bewußt. Die Hypothese, die ich mir auf Grund von recht spärlichen Beobachtungen, mehr spekulativ, sozusagen nur zum eigenen Gebrauch zurechtbraute, hätte ich auch nicht veröffentlicht, wäre ihr nicht von unerwarteter Seite eine Unterstützung zuteil geworden, die ihre Plausibilität wesentlich erhöhte. Diese Hilfe verdanke ich der Lektüre eines besonders aufschluß- und inhaltsreichen Buches über den Tic, in dem auch die ganze Literatur des Gegenstandes aufgearbeitet ist: *Der Tic, sein Wesen und seine Behandlung* von Dr. Henry Meige und Dr. E. Feindel; an den Inhalt dieses Buches möchte ich meine weiteren Betrachtungen anknüpfen.

Die besondere Art der psychoanalytischen Praxis bringt es mit sich, daß der Arzt, der sich ihr widmet, gewisse Arten von nervösen Störungen selten zu beobachten Gelegenheit hat, so z. B. die ›organischen‹ Neurosen (wie den M. Basedowii), die in erster Linie physikalischer Behandlung bedürfen, sodann die Psychosen, deren Behandlung nur in Anstalten möglich ist, und die vielen Arten der ›gemeinen Nervosität‹, die wir ob ihrer Geringfügigkeit nicht zum Gegenstand einer so umständlichen Psychotherapie zu machen pflegen.

In solchen Fällen ist man auf die Beobachtungen und literarischen Mitteilungen anderer angewiesen, was an die eigene Beobachtung sicher nicht heranreicht, aber wenigstens den Vorteil hat, daß einem dabei der so beliebte Vorwurf der parteiischen voreingenommenen Krankenbeobachtung, des Suggerierens und Suggeriertwerdens erspart bleibt. Meige und Feindel wußten kaum von der Breuer-Freudschen Katharsis etwas; wenigstens fehlen diese Namen in dem Autorenregister ihres Buches. Zwar werden die ›Studien über Hysterie‹ an einer Stelle erwähnt, dies scheint aber nur eine Einfügung des Übersetzers zu sein, der »einiger deutscher Autoren, die von den französischen Autoren nicht berücksichtigt wurden...Erwähnung tun zu sollen« glaubte. Auch stammt die

Übersetzung aus einer so frühen Entwicklungszeit der Psychoanalyse (aus dem Jahre 1903), daß die weitgehende Übereinstimmung ihres Inhaltes mit den neuesten Erkenntnissen der Psychoanalyse das Kriterium eines objektiven Arguments für sich beanspruchen darf.

Die kurze, aber klassische Beschreibung der Tics durch Trousseau lasse ich vorangehen. »Der schmerzlose Tic besteht in momentanen, blitzartigen Zuckungen, die sich meist auf eine kleine Anzahl von Muskeln, gewöhnlich die Gesichtsmuskeln, beschränken, aber auch den Hals, den Rumpf, die Glieder befallen können ... Bei dem einen ist es ein Blinzeln der Lider, ein Zucken in den Wangen, den Nasenflügeln, den Lippen, die an Gesichterschneiden erinnern; bei einem anderen ist es ein Nicken mit dem Kopfe, eine plötzliche, oft sich wiederholende Drehung des Halses; bei einem dritten ein Zucken der Schultern, eine krampfhafte Bewegung der Bauchmuskeln oder des Zwerchfells; kurz, es ist ein unendlicher Wechsel bizarrer Bewegungen, die jeder Beschreibung spotten.

In einigen Fällen sind diese Tics von einem Schrei, einem mehr oder weniger lauten Stimmgeräusch begleitet. Diese sehr charakteristische Kehlkopf- oder Zwerchfellchorea kann den ganzen Tic ausmachen. Auch kommt ein eigentümlicher Hang, stets dasselbe Wort, denselben Ausruf zu wiederholen, vor; und der Kranke stößt sogar mit lauter Stimme Worte aus, die er lieber zurückhalten möchte.« [14]

Von der Art, wie sich der Tic von einem Körperteil auf den anderen *verschiebt*, gibt folgende Krankengeschichte Grassets ein charakteristisches Bild: »Ein junges Mädchen hatte als Kind Mund- und Augen-Tics gehabt; mit 15 Jahren streckte sie einige Monate lang das rechte Bein nach vorn; später war das Bein gelähmt; dann trat ein Pfeifen für einige Monate an Stelle der Bewegungsstörungen; ein Jahr lang stieß sie zeitweise den heftigen Schrei ›ah‹ aus. Mit 18 Jahren endlich ... bestanden Grußbewegungen, Bewegungen des Kopfes nach hinten, Hochziehen der rechten Schulter usw.« [15]

Diese Verschiebungen der Tics erfolgen oft ganz nach der Art, wie sich die *Zwangshandlungen* vom Ursprünglichen und Eigentlichen auf Entfernteres zu verschieben pflegen, um schließlich auf Umwegen zu dem Verdrängten zurückzukehren. Ein Patient von M. und F. nannte diese

---

[14] [*Clin. méd. Hôtel-Dieu de Paris*, Band II, S. 267; zitiert nach:] Meige und Feindel (M. u. F.), S. 29 f.
[15] [›Un cas de maladie des tics ...‹, S. 466; zitiert nach:] M. u. F., S. 143.

sekundären Tics ›Para-Tics‹ [16] und erkannte gut ihren Charakter als Schutzmaßregeln gegen die primären Tics, bis sie dann selber zu Tics werden.

Der Ausgangspunkt eines Tics kann eine *hypochondrische Selbstbeobachtung* sein. »Eines Tages spürte ich... ein Krachen im Nacken«, erzählte ein Patient von M. u. F. »Zunächst glaubte ich, es sei etwas gebrochen; um mich zu vergewissern, wiederholte ich die Bewegung ein-, zwei-, dreimal, ohne das Krachen zu bemerken, ich variierte sie auf tausenderlei Art, wiederholte sie immer stärker; schließlich hatte ich mein Krachen wieder und dies war mir ein wirkliches Vergnügen... doch das Vergnügen wurde bald durch die Furcht, irgend eine Verletzung erzeugt zu haben, beeinträchtigt... Noch heute... kann ich der Lust nicht widerstehen, das Krachen hervorzubringen, und ich vermag ein Gefühl der Unruhe nicht zu überwinden, sobald es mir schließlich gelungen ist.« [17] Den bald lüsternen, bald ängstlichen Charakter dieser Sensationen können wir getrost als pathologische Äußerung der Sexualität des Patienten, speziell des hypochondrischen Narzißmus auffassen; auch haben wir es hier mit dem relativ seltenen Fall zu tun, wo der Patient die sensiblen Motive seiner stereotypen Bewegungen fortwährend fühlt. In den meisten Fällen sind diese Motive, wie wir sehen werden, keine aktuellen Sensationen, sondern *unbewußt gewordene Reminiszenzen* an solche. – Charcot, Brissaud, Meige und Feindel gehören zu den wenigen Nervenärzten, die sich nicht scheuten hinzuhorchen, wenn der Patient von der Entstehungsgeschichte seines Leidens erzählte. »Nur der Tic-Kranke kann« – heißt es bei M. u. F. – »die Frage über die Genese seiner Krankheit beantworten, wenn er *auf oft längst vergangene Ereignisse zurückgreift, die seine motorische Reaktion zuerst ausgelöst haben.*« Dieser Einsicht entsprechend, ließen sich unsere Autoren von ihren Patienten (allerdings nur mit Hilfe der bewußten Erinnerung) die Anlässe reproduzieren, die am ersten Auftreten ihrer Zuckungen usw. schuld waren. Wir sehen: der Weg zur Entdeckung des Unbewußten und seiner Erforschung durch die Psychoanalyse wäre auch von diesem Punkt aus möglich gewesen. – Sie fanden oft körperliche Traumata als letzte Erklärung, einen Zahnfleischabszeß als Ursache einer inveterierten Grimasse, eine Nasenoperation als Motiv des späteren Nasenrümpfens usw. Die Autoren erwähnen auch die Charcotsche Ansicht, derzufolge der Tic »nur scheinbar eine körperliche Erkrankung

[16] M. u. F., S. 8.
[17] M. u. F., S. 7.

ist, sie ist in Wirklichkeit eine seelische ... das direkte Produkt einer Psychose – einer Art hereditärer Psychose«.[18]
Meige und Feindel wissen auch sehr viel von *Charakterzügen* der Tic-Kranken, die wir narzißtische nennen würden, zu erzählen. Sie zitieren z. B. das Geständnis eines Patienten: »Ich muß gestehen, daß ich von Eigenliebe erfüllt und gegen Lob und Tadel äußerst empfindlich bin. Ich suche Lobreden auf, ich leide grausam unter Gleichgültigkeit und Spöttereien ..., das Unerträglichste ist der Gedanke, daß ich sehr lächerlich wirke und sich jedermann über mich mokiert. An Leuten, denen ich auf der Straße begegne oder die ich in einem Omnibus treffe, meine ich immer einen sonderbaren Blick zu bemerken, spöttisch oder mitleidig, was mich beschämt oder reizt.«[19] Oder: »Zwei Menschen wohnen in mir: der eine mit, der andere ohne Tic. Der erstere ist ein Sohn des zweiten, ein ungeratenes Kind, das seinem Vater große Sorgen macht. Dieser sollte es strafen, aber meist vermag er es nicht, so bleibt er ein Sklave der Launen seines Geschöpfes.«[20]
Solche Geständnisse zeigen im Tic-Kranken das seelisch im Infantilen steckengebliebene narzißtische Wesen, gegen das der gesund entwickelte Teil der Persönlichkeit schwer aufkommen kann. Das – dem Narzißmus entsprechende – Beherrschtsein vom Lustprinzip ersehen wir aus folgendem Ausspruch: »Gut mache ich nur, was mir gefällt; was mich langweilt, mache ich schlecht oder gar nicht.« Wenn er einen Gedanken hat, muß er ihn absolut von sich geben. Auch hört er nicht gerne zu. – Weitere Äußerungen von Meige und Feindel über die Infantilität der Tic-Kranken: »Bei allen Tic-Kranken steht der Geisteszustand auf einer jüngeren Altersstufe, als es der Wirklichkeit entspricht« (S. 88). »Jeder Tic-Kranke hat die Psyche eines Kindes« (ibid.). »Tic ist geistiger Infantilismus.« »Tic-Kranke sind große, schlecht erzogene Kinder, die gewöhnt sind, ihren Launen nachzugeben und nie gelernt haben, ihre Willensakte zu zügeln« (S. 89). »Ein 19 Jahre alter Tiqueur mußte von Mama zu Bett gebracht und wie ein Baby angezogen werden.[21] Er zeigte

---

[18] Einigen Abbruch tut der Genialität dieser Erkenntnis nur die Tatsache, daß Meister Charcot und seine Schüler Tics und Zwangszustände oft in einen Topf warfen.
[19] Op. cit., S. 20.
[20] M. u. F., S. 7.
[21] Idioten (die ja in der Infantilität und damit im Narzißmus steckenbleiben) haben bekanntlich sehr oft Tics und Stereotypien. »Das Balancieren und Rotieren des Kopfes (bei Idioten) vergleicht Noir mit ›einer Art Wiegen, das den Kranken beruhigt und einschläfert, das ihm überhaupt gefällt ... es hat die gleiche Wirkung wie das wirkliche Wiegen der kleinen Kinder‹.« (M. u. F., S. 273.)

auch körperliche Zeichen des Infantilismus.« – Die Unfähigkeit, einen Gedanken zurückzuhalten, ist das rein psychische Pendant der Unerträglichkeit eines sensiblen Reizes ohne sofortige Abwehraktion; das Reden ist eben die motorische Reaktion, mit der die vorbewußte (gedankliche) psychische Spannung abgeführt wird. In diesem Sinne können wir der Ansicht Charcots, daß es auch rein ›*psychische Tics*‹ gibt, zustimmen. Es mehren sich also die Anzeichen, die dafür sprechen, daß es beim Tiqueur die narzißtische Überempfindlichkeit ist, die die mangelhafte Fähigkeit zur motorischen und psychischen Selbstbeherrschung verursacht. Nebenbei ermöglicht diese Auffassung die Erklärung der Tatsache, daß im Tic die scheinbar so heterogenen Symptome der motorischen Zuckung und der Koprolalie zu einem Krankheitsbild verlötet sind. Weitere, von diesem Standpunkt verständliche Charakterzüge der Tic-Kranken, die von unseren Autoren beschrieben werden, sind: leichte Anregbarkeit, leichte Ermüdbarkeit, Aprosexie [22], Ablenkbarkeit und Ideenflucht, Neigung zu Süchtigkeiten (Alkoholismus), Unfähigkeit, körperliche Schmerzen oder Anstrengungen zu ertragen. Alle diese Züge lassen sich unserer Ansicht nach zwanglos erklären, wenn wir – entsprechend der Breuerschen Zweiteilung der seelischen Funktionen in die Tätigkeiten der *Abfuhr* und der *Bindung* – bei den Tic-Kranken, eben infolge des gesteigerten oder fixiert gebliebenen Narzißmus, die Neigung zur Abfuhr erhöht, die Fähigkeit zur psychischen Bindung aber herabgesetzt denken. Die Abfuhr ist eine archaischere Erledigungsart des Reizzuwachses, sie steht dem physiologischen Reflex viel näher als die, wenn auch noch so primitive Form der Beherrschung (z. B. die Verdrängung); sie charakterisiert Tiere und Kinder. Kein Zufall, daß die Autoren – ohne die tieferen Zusammenhänge zu ahnen – einfach aus den Mitteilungen ihrer Kranken und den eigenen Beobachtungen feststellen, daß die Tic-Kranken oft »wie Kinder sind«, daß sie sich »innerlich jung« fühlen, ihre Affekte nicht beherrschen können, daß Charakterzüge, die »bei schlecht erzogenen Kindern so häufig sind, über die aber bei normalen Menschen in späteren Jahren Vernunft und Reflexion triumphieren, ... beim Tic-Kranken trotz zunehmenden Alters bestehen bleiben; und das oft so sehr, daß sie in manchen Charaktereigenschaften nichts als große Kinder zu sein scheinen«. [23]

Besondere Beachtung verdient ihr »Bedürfnis nach *Widerspruch* und *Widerstand*«, nicht nur, weil es als psychisches Analogon der motori-

---

[22] [Unvermögen, sich zu konzentrieren.]
[23] M. u. F., S. 15.

schen Abwehrbewegungen der Tic-Kranken aufgefaßt werden kann, sondern weil es ein Licht auf den Sinn des *Negativismus der Schizophrenen* zu werfen geeignet ist. Wir wissen aus der Psychoanalyse, daß der Paraphreniker seine Libido von der Außenwelt aufs eigene Ich abgezogen hat; jeder Außenreiz – mag er physiologisch oder psychisch sein – stört seine neue Einstellung, er ist also nur zu bereit, sich jeder solchen Störung durch motorische Flucht zu entziehen oder sie durch Verneinung und motorische Abwehr abzulehnen. Die motorischen Äußerungen wollen wir aber noch einer eingehenderen Behandlung unterziehen.

Von einer Reihe der Tics, resp. Stereotypien kann man getrost annehmen, daß sie zumindest die Neben-, wenn nicht die Hauptfunktionen haben, von Zeit zu Zeit einzelne Körperpartien *fühlen* und *beachten* zu lassen, so das schon erwähnte Streicheln der Taille, das Zerren und Richten an den Kleidern, das Strecken des Halses, das Recken der Brüste (bei Frauen), das Lecken und Beißen der Lippen, aber zum Teil auch das grimassierende Verzerren des Gesichtes, das Saugen an den Zähnen usw. Dies dürften Fälle sein, in denen der Tic vom *konstitutionellen Narzißmus* herrührt, bei dem schon unvermeidliche, banale äußere Reize das motorische Symptom hervorrufen. Im Gegensatz dazu stehen Fälle, in denen man von *pathoneurotischen Tics* reden könnte, von abnormer Libidobesetzung pathologisch oder traumatisch veränderter Organe. Einige gute Beispiele liefert dazu unsere Quelle:

»Ein Mädchen beugt den Kopf auf die Schulter, um die Schmerzen bei einem Zahnabszeß zu beruhigen: eine Bewegung, die durch eine wirkliche Ursache hervorgerufen ist, eine völlig beabsichtigte, überlegte Muskelreaktion, die zweifellos durch Beteiligung der Hirnrinde zustande kommt. Die Kranke *will* den Schmerz beruhigen dadurch, daß sie die Wange drückt und erwärmt. Der Abszeß dauert fort, die Geste wiederholt sich immer weniger mit Absicht, immer mehr gewohnheitsgemäß, schließlich automatisch. Aber sie hat noch Ursache und Zweck. Bis jetzt ist nichts Abnormes daran. Nun ist der Abszeß geheilt, der Schmerz ist fort. Doch das Mädchen fährt fort, ihren Kopf für Augenblicke auf die Schulter zu beugen. Was ist jetzt der Grund dieser Bewegung? Was ihr Zweck? Beide sind verschwunden. Was ist dieser ursprünglich beabsichtigte, koordinierte, systematische Vorgang, der sich heute nur noch automatisch, grund- und zwecklos wiederholt? – Das ist der Tic!«[24] Natürlich ist an der Erklärung der Autoren einiges auszusetzen.

---

[24] M. u. F., S. 55. S. auch die Bezeichnung für Tics: ›Erinnerungskrämpfe‹.

Da sie vom Unbewußt-Psychischen nichts wissen, meinen sie, daß die Tics – im Gegensatz zur bewußten Willenshandlung – ohne Beteiligung der Seele entstehen, und da ihnen die Möglichkeit der Fixierung der Erinnerung an ein Trauma und die Reproduktionstendenz aus dem Unbewußten entgeht, halten sie die Bewegungen des Tiqueurs für sinn- und zwecklos.

Dem Psychoanalytiker fällt selbstverständlich sofort die Analogie der Entstehung dieses Tics mit der Entstehung eines *konversionshysterischen* Symptoms im Sinne Breuers und Freuds in die Augen. Beiden gemeinsam ist die Rückführbarkeit auf ein vielleicht schon vergessenes Trauma, dessen Affekt beim traumatischen Anlaß selbst unvollkommen abgeführt wurde; doch gibt es auch nicht unwesentliche Unterschiede zwischen beiden. Beim Hysterischen ist das körperliche Symptom nur das Symbol einer *seelischen* Erschütterung, deren Affekt unterdrückt und deren Erinnerung verdrängt wurde. Beim wirklichen Tic ist die organische Verletzung das einzige Trauma, das aber – wie es scheint – nicht minder geeignet ist, pathogene Erinnerungen zurückzulassen, als der Seelenkonflikt der Hysterischen. (Jedenfalls spricht die relative Unabhängigkeit der Tics von *aktuellen* pathologischen Veränderungen und ihre Abhängigkeit von *Erinnerungen* an solche dafür, daß die ›Dauerveränderung‹, die nach einem solchen Trauma zurückbleibt, nicht in die Peripherie, in das Organ selbst, sondern in die *psychische Repräsentanz dieses Organs* verlegt werden muß.) Die Hysterie ist eine Übertragungsneurose, bei der die libidinöse Relation zum Objekt (Person) verdrängt wurde und im Konversionssymptom gleichsam in *autoerotischer Symbolisierung am eigenen Körper* wiederkehrt.[25] Beim Tic dagegen scheint sich hinter dem Symptom überhaupt keine Objektrelation zu verstecken; hier wirkt *die Erinnerung an das organische Trauma selbst pathogen*.

Diese Differenz zwingt uns nebenbei, eine Komplikation in das von Freud aufgestellte Schema über den Aufbau ›der psychischen Systeme‹ einzufügen. Das Psychische ist in den einfachen Reflexbogen in der Form unbewußter, vorbewußter und bewußter *Erinnerungssysteme* (Er.-Systeme) zwischen die afferenten (sensiblen) und efferenten (motorischen) Apparate eingeschaltet. Nun nimmt schon Freud eine *Vielheit* solcher Er.-Systeme an, die nach den verschiedenen Prinzipien der zeitlichen, inhaltlichen, formalen oder affektiven Gemeinsamkeit orientiert

---

[25] Vgl. damit ›Hysterische Materialisationsphänomene‹ [in diesem Band, S. 11 ff.].

sind. Was ich hier hinzufügen möchte, ist die Annahme eines besonderen Er.-Systems, das man ›*Icherinnerungssystem*‹ nennen müßte und dem die Aufgabe zufiele, die eigenen körperlichen, resp. seelischen Vorgänge fortwährend zu registrieren. Selbstverständlich wird dieses System beim konstitutionellen Narzißten stärker entwickelt sein als beim Menschen mit vollentwickelter Objektliebe, aber ein unerwartet starkes Trauma kann beim Tic wie bei der *traumatischen Neurose* eine überstarke Erinnerungsfixierung an die beim Trauma gerade eingenommene Haltung des eigenen Körpers zur Folge haben, die so stark sein kann, daß sie die dauernde oder paroxysmatische *Reproduktion* jener Haltung provoziert. Die gesteigerte Neigung der Tic-Kranken zur Selbstbeobachtung, zur Achtung auf ihre endosomatischen und endopsychischen Sensationen, wird auch von Meige und Feindel hervorgehoben.[26] Das ›Icherinnerungssystem‹ gehört ebenso wie die Systeme der Sacherinnerungen zum Teil dem Unbewußten an, zum Teil ragt es ins *Vbw* oder ins *Bw* über. Zur Erklärung der Symptombildung beim Tic müßte man einen Konflikt innerhalb des Ich (zwischen Ichkern und Narzißmus) und einen der Verdrängung analogen Vorgang annehmen.[27]

Die traumatischen Neurosen, deren Symptome wir als ein Gemenge von narzißtischen und konversionshysterischen Erscheinungen auffassen mußten und deren Wesen wir mit Freud im unvollkommen bewältigten, unterdrückten und nachträglich, allmählich ›abreagierten‹ Schreckaffekt finden, zeigen nach alledem eine weitgehende Ähnlichkeit zu den ›pathoneurotischen‹ Tics; ein merkwürdiges Zusammentreffen beider möchte ich aber noch besonders hervorheben. Fast alle Beobachter der Kriegsneurosen erwähnen, daß Neurosen fast nur nach Erschütterungen *ohne* stärkere Körperverletzungen (Verwundungen) vorkommen. Die diese Erschütterung komplizierende Verwundung schafft für den Schreckaffekt eine entsprechende Abfuhr und einen günstigeren Fall der

---

[26] S. 5/6. Vgl. zu diesem Thema auch ›Die Psychoanalyse der Kriegsneurosen‹ [1919], Diskussion, gehalten auf dem V. Intern. PsA. Kongreß in Budapest, Sept. 1918; siehe auch: ›Über zwei Typen der Kriegshysterie‹ [1916]. Den seelischen Unterschied zwischen der Art, wie die Hysteriker und wie die Narzißten die Erinnerung an denselben Vorgang registrieren, mag die Anekdote von den zwei Krankenwärterinnen illustrieren, die beim selben Kranken abwechselnd Nachtwache hielten. Die eine meldete frühmorgens dem Arzt, der Kranke habe schlecht geschlafen, wäre unruhig gewesen, hätte soundso viel mal Wasser verlangt usw. Die andere empfing den Arzt mit den Worten: »Herr Doktor, was *ich* heute für eine schlechte Nacht hatte!« – Die Neigung zum Autosymbolismus (Silberer) hat auch im Narzißmus ihre Ursache.
[27] Wir kennen also bereits Fälle von Konflikten zwischen Ich und Libido, von Konflikten innerhalb des Ich und innerhalb der Libido.

Libidoverteilung im Organismus. Dies führte nun Freud zu der Hypothese, daß eine nachträgliche, schwere Körperverletzung (z. B. ein Knochenbruch) die Besserung der traumatisch-neurotischen Symptome nach sich ziehen müßte. Man vergleiche nun damit die folgende Krankengeschichte. »Bei dem jungen M., der an Tics des Gesichtes und des Kopfes litt, hörten die Tics, als er sich den Unterschenkel gebrochen hatte, für die ganze Zeit der Fixation seines Beines auf.« [28] Die Autoren denken sich, daß dies der Ablenkung der Aufmerksamkeit zuzuschreiben ist; nach unserer Vermutung auch der Ablenkung der Libido. Auch daß die Tics bei »wichtigen Geschäften«, bei Beschäftigung mit Dingen, »die stark interessieren«, nachlassen können [29], läßt beide Erklärungen zu.

Daß die Tics im Schlaf vollkommen aufhören, ist beim vollen Sieg des narzißtischen Schlafwunsches und der vollen Entleerung aller Systeme von der Besetzung verständlich, aber für die Entscheidung der Frage, ob die Tics rein psychogen oder somatogen sind, unwesentlich. Interkurrente organische Krankheiten, Schwangerschaft und Wochenbett, steigern die Tics; dies spricht sicherlich nicht gegen ihre narzißtische Genese.

III

Nun möchte ich die Haupterscheinungen der Tics: das *motorische Symptom* und die *Dyspraxien* [30] (Echolalie, Koprolalie, Imitationssucht), gestützt auf die wenigen eigenen Beobachtungen und auf die vielen Angaben von Meige und Feindel, einer etwas eingehenderen Betrachtung unterziehen.

Diese Autoren wollen die Bezeichnung ›Tic‹ nur auf Zustände anwenden, die zwei wesentliche Elemente erkennen lassen: das psychische und das motorische (das heißt das psychomotorische). Es läßt sich gegen diese Einschränkung des Begriffes ›Tic‹ nichts einwenden, doch glauben wir, daß es für das Verständnis des Zustandsbildes förderlich ist, wenn man sich nicht nur auf die typischen Zustände beschränkt, sondern auch *rein psychische*, ja auch *sensible* Störungen, wenn sie ihrem Wesen nach mit den typischen Fällen übereinstimmen, zu dieser Krankheit rechnet. Daß sensible Störungen als Motive ticartiger Zuckungen und Handlun-

---

[28] M. u. F., S. 111.
[29] Ibid, S. 12.
[30] [Ausfall zweckbestimmter Bewegungen.]

gen von Bedeutung sind, erwähnten wir bereits; über die Art dieser Wirkung müssen wir uns aber noch Klarheit verschaffen. Ich verweise hier auf eine bedeutsame Arbeit Freuds, über ›Die Verdrängung‹, wo er folgendes ausführt: »Wenn sich ein äußerer Reiz, z. B. dadurch, daß er ein Organ anätzt und zerstört, verinnerlicht und so eine neue Quelle beständiger Erregung und Spannungsvermehrung ergibt..., so erwirbt sie... eine weitgehende Ähnlichkeit mit einem Trieb. Wir wissen, daß wir diesen Fall als *Schmerz* empfinden.«[31]

Was hier vom aktuellen Schmerz gesagt wird, muß im Falle der Tics auf die *Schmerzerinnerungen* ausgedehnt werden. Das heißt: bei überempfindlichen Personen (mit narzißtischer Konstitution), bei der Verletzung stark libidobesetzter Körperteile (erogener Zonen) oder unter anderen, noch unbekannten Verhältnissen bildet sich im ›Icherinnerungssystem‹ (oder in einem speziellen Organerinnerungssystem) ein *Triebreizdepot*, aus dem auch nach Verschwinden aller Folgen der äußeren Schädigung unlustvolle Erregung der inneren Wahrnehmung zuströmen will. Eine besondere Art der Erledigung dieser Erregung ist nun die, daß ihr ein direktes Abströmen in die Motilität gestattet wird. Welche Muskeln dabei in Bewegung gesetzt und welche Handlungen ausgeführt werden, ist natürlich nicht zufällig. Wenn man die besonders instruktiven Fälle von ›pathoneurotischen‹ Tics zum Vorbild aller anderen Arten nimmt, so kann man behaupten, daß der Tiqueur immer solche Bewegungen (oder deren symbolische Rudimente) ausführt, die seinerzeit, zur Zeit, wo die äußere Störung aktuell war, das Leiden abzuwehren oder zu lindern geeignet waren. Wir sehen also bei dieser Art Tics *einen neuen Trieb gleichsam in statu nascendi*, der die volle Bestätigung dessen liefert, was uns Freud von der Entstehung der Triebe überhaupt lehrte. Jeder Trieb ist nach Freud die durch Vererbung überlieferte ›organisierte‹ Anpassungsreaktion an eine äußere Störung, die dann auch ohne äußeren Anlaß, von innen heraus, oder auf geringfügige Signale der Außenwelt hin in Gang gesetzt wird.

Der Arten, wie sich der Mensch eines Leidens erwehren kann, gibt es verschiedene. Die einfachste ist wohl die, sich dem Reiz zu entziehen; diesem entspricht eine Reihe von Tics, die als *Flucht*reflexe gedeutet zu werden verdienen; als Steigerung dieser Reaktionsart kann man den generellen Negativismus der Katatoniker ansehen. Kompliziertere Tics wiederholen die aktive *Abwehr* eines störenden Außenreizes; eine dritte

[31] [G. W. X, S. 248/49.]

Form *wendet sich gegen die eigene Person*. Als Beispiel dieser letzteren Art erwähne ich die so verbreiteten Kratz-Tics und den Tic, sich selber Schmerzen zuzufügen, deren schizophrene Steigerung die Neigung zur Selbstverstümmlung ist.

Einen instruktiveren Fall berichtet uns die Monographie von Meige und Feindel. »Der Patient hatte einen Bleistift, einen hölzernen Federhalter nie länger als 24 Stunden; dann war er vom Anfang bis ans Ende zernagt. Ebenso war es mit den Griffen der Stöcke und Schirme; er verbrauchte außerordentlich viel davon. Um diesem Übelstand abzuhelfen, verfiel er auf die Idee, Federhalter von Metall und Stockknöpfe von Silber zu benützen. Das Resultat war ein klägliches; er biß nur noch mehr hinein, und da er dem Eisen und Silber nichts anhaben konnte, *brach er sich bald alle Zähne aus*. Ein kleiner Abszeß kam hinzu, und der Reiz, den der Schmerz mit sich brachte, wurde zur Quelle neuen Unheils. [Er] nahm die Gewohnheit an, seine Zähne mit den Fingern, den Federhaltern oder dem Stock zu lockern; er mußte sich nach und nach alle Schneidezähne ausziehen lassen, dann die Eckzähne, schließlich die vorderen Mahlzähne. Nun ließ er sich ein Gebiß machen; ein neuer Vorwand zum Tic! Mit seiner Zunge, seinen Lippen verschiebt er fortwährend den Apparat, rückt ihn nach vorn und hinten, nach rechts und links, dreht ihn im Munde um, auf die Gefahr hin, ihn zu verschlucken.«[32]

Er erzählt selber: »Zuweilen kommt mich die Lust an, das Gebiß herauszunehmen, ... Ich suche mir die nichtigsten Vorwände, um allein zu sein, nur für einen Augenblick; dann nehme ich die Prothese heraus, tue sie aber gleich wieder hinein, mein Wunsch ist befriedigt.«[33]

»Er hat eine endlose Zahl von Kratz-Tics. Bei jeder Gelegenheit fährt er mit der Hand übers Gesicht oder kratzt mit seinen Fingern an der Nase, dem Augenwinkel, dem Ohr, der Backe etc. Bald streicht er hastig mit der Hand über die Haare, bald dreht, zupft, reißt er am Schnurrbart, der manchmal wie mit der Schere abgeschnitten aussieht.«[34]

Oder in einem Falle von Dubois: »Ein 20jähriges Mädchen stößt mit dem Ellbogen nach ihrer Brust, den Vorderarm gegen den Oberarm gebeugt; sie stößt 15-, 20mal in der Minute, und sie tut es so lange, bis der Ellbogen sehr stark das Fischbein des Korsetts berührt hat; dieser heftigste Stoß ist von einem kleinen Schrei begleitet. Die Kranke scheint

---

[32] M. u. F., S. 13 f.
[33] M. u. F., S. 14.
[34] Ibid.

erst dann Befriedigung von ihrem Tic zu haben, wenn sie diesen letzten Stoß ausgeführt hat.«[35]
Über den Zusammenhang ähnlicher Symptome mit der Onanie will ich mich später äußern. Hier möchte ich nur auf die Analogie der dritten Art der motorischen Abfuhr (der »Wendung gegen die eigene Person«, Freud) mit einer bei gewissen niederen Tieren vorkommenden Reaktionsart hinweisen. Diese haben die Fähigkeit zur ›*Autotomie*‹[36]. Werden bei ihnen Körperteile schmerzhaft gereizt, so lassen sie die betroffene Partie im wahren Sinne des Wortes ›fallen‹, indem sie sie vom übrigen Körper mit Hilfe spezieller Muskelaktionen abschnüren; andere (wie gewisse Würmer) zerfallen sogar in mehrere kleinere Partien (sie ›zerspringen‹ gleichsam vor Wut). Auch das Abbeißen schmerzender Gliedmaßen soll vorkommen. Eine ähnliche Tendenz zur Loslösung unlustspendender Körperteile äußert sich wohl im normalen ›Kratzreflex‹, der das Wegkratzenwollen der gereizten Hautpartie sichtlich andeutet, in den Selbstverstümmlungstendenzen der Katatoniker und in den solche Tendenzen symbolisierenden automatischen Handlungen mancher Tic-Kranken; nur daß letztere nicht gegen aktuell störende Reize ankämpfen, sondern gegen einen ins ›Ich-Er.-System‹ (Organ-Er.-System) detachierten Triebreiz. Wie ich nun eingangs auseinandersetzte und bereits bei früheren Anlässen betonte[37], glaube ich, daß zumindest ein Teil dieses Reizzuwachses auf die die Verletzung begleitende lokale (oder an die entsprechenden Fühlsphären gebundene) Libidosteigerung zurückzuführen ist. (Der Psychoanalytiker wird die aktive Abwehrreaktion unweigerlich mit *Sadismus,* die Selbstbeschädigung mit *Masochismus* in Zusammenhang bringen; in der ›Autotomie‹ hätten wir so ein archaisches Vorbild der masochistischen Triebkomponente.) Bekanntlich entbindet eine die Fassungskraft des Ichkerns übersteigende Libidosteigerung Unlust; unerträgliche Libido wird in Angst umgewandelt. Meige und Feindel beschreiben nun als ein *Kardinalsymptom* der ticartigen Zuckung, daß ihre aktive oder passive Unterdrückung *Angstreaktion* hervorruft und daß *nach Aufhören der Hemmung* oder des *Hindernisses* die Bewegungen *mit allen Anzeichen der Lust krampfhaft* vollführt werden.
Rein deskriptiv kann man die Neigung zur Reizabschüttlung mittels einer Muskelzuckung oder die Unfähigkeit zur Hemmung der motori-

---

[35] M. u. F., S. 59.
[36] [Selbstverstümmelung bei Tieren.]
[37] ›Von Krankheits- oder Pathoneurosen‹, [in Band I dieser Ausgabe, S. 245].

schen (oder affektiven) Abfuhr mit gewissen *Temperamenten* in Vergleich setzen, die man in wissenschaftlichen Kreisen mit dem Namen ›motorischer Typus‹ belegt.[38]
Der Tic-Kranke reagiert darum überstark, weil er durch innere Triebreize bereits belastet ist; es ist nicht unmöglich, daß ähnliches auch bei den genannten ›Temperamenten‹ in irgend einem Sinne der Fall ist. Jedenfalls müssen wir die Tics zu jenen Fällen rechnen, in denen die normalerweise vom *Vbw* beherrschte Motilität und Affektivität ungewollten und zum Teil unbewußten, wie wir vermuten ›organerotischen‹ Triebkräften in hohem Grade unterworfen sind, was sonst bekanntlich nur bei den Psychosen vorzukommen pflegt. Ein Grund mehr, um die gemeinsame (narzißtische) Grundlage der Tics und der meisten Psychosen glaubwürdig erscheinen zu lassen.
Die Tic-Krankheit befällt die Kinder zumeist in der sexuellen Latenz, wo diese übrigens auch zu anderen psychomotorischen Störungen (z. B. zur Chorea[39]) neigen. Sie kann verschiedene Ausgänge haben, von Schwankungen abgesehen, stationär bleiben oder progressiv zum Gilles de la Touretteschen Symptomkomplex ausarten; nach einem Fall zu urteilen, den ich psychoanalytisch durchschauen konnte, kann aber die motorische Überreizbarkeit in späteren Jahren auch durch überstarke Hemmung kompensiert werden. Es sind das Neurotiker, die sich durch übermäßige Vorsicht, Abgemessenheit, Gewichtigkeit ihrer Gangart und der Bewegungen auszeichnen.[40]
Die Autoren geben an, daß es auch *Haltungs-Tics* gibt, also nicht mehr blitzartige klonische Zuckungen, sondern tonische Starre in einer bestimmten Stellung des Kopfes oder eines Gliedmaßes. Es ist nicht zu bezweifeln, daß diese Fälle Übergänge sind zwischen der *kataklonischen*[41] und der *katatonischen*[42] Innervation. Meige und Feindel sagen selbst ausdrücklich: »*Noch mehr nähert sich dieses Phänomen (der tonische oder Haltungs-Tic) den katatonischen Haltungen, deren Pathogenese manchen Berührungspunkt mit der des Haltungs-Tic bietet.*« (M. u. F., S. 136.) »Hiezu ein charakteristisches Beispiel: S. hat einen Torticollis

---

[38] Der unhemmbare Drang zum *Tanzen* beim Klang rhythmischer Musik (Zauberflöte!) gibt ein anschauliches Bild von der Art, wie ein sensorischer, hier akustischer Reizzuwachs durch sofortige motorische Abfuhr erledigt wird.
[39] [Veitstanz.]
[40] Über diese Bewegungsangst s. ›Über obszöne Worte‹ [in Band I dieser Ausgabe, S. 69].
[41] [Von Muskelzuckungen befallen.]
[42] [Teilweise oder vollständig bewegungsgehemmt.]

(Haltungs-Tic) nach links. Allen Anstrengungen, die man macht, um seinen Kopf nach rechts zu bringen, setzt er einen beträchtlichen Muskelwiderstand entgegen. Wenn man aber mit ihm spricht, ihn während dieser Versuche beschäftigt, so wird sein Kopf allmählich ganz frei und man kann ihn nach allen Richtungen ohne die geringsten Anstrengungen drehen.« (M. u. F., S. 136.)

Gegen das Ende des Buches stellt sich dann heraus, daß einer der Autoren (H. Meige) sogar die *Wesensgleichheit* der Katatonie und der Tics bereits erkannt hat. In einem Vortrag am internationalen medizinischen Kongreß zu Madrid (1903) teilte er diese Auffassung mit. (›L'aptitude catatonique et l'aptitude échopraxique des tiqueurs.‹) Der Übersetzer referiert den Inhalt dieses Vortrags folgendermaßen:

»Untersucht man zahlreiche Tic-Kranke, so kann man folgende Beobachtungen machen, die für die Pathogenese des Leidens nicht ohne Interesse sind... Manche Tic-Kranke neigen in auffallender Weise dazu, Stellungen, die man ihren Gliedern gibt oder die sie selbst einnehmen, inne zu halten. Es handelt sich also um eine gewisse *Katatonie*. Zuweilen ist sie so stark, daß sie die Untersuchung der Sehnenreflexe erschwert, und in mehreren Fällen wurde dadurch ein Fehlen der Patellarreflexe[43] vorgetäuscht; in Wirklichkeit handelte es sich nur um eine übertriebene Muskelanspannung, eine Steigerung des Muskeltonus. Fordert man solche Kranke auf, einen Muskel plötzlich zu entspannen, so gelingt ihnen dies oft erst nach ziemlich langer Zeit. Ferner kann man beobachten, daß Tic-Kranke häufig dazu neigen, passive Bewegungen ihrer Glieder in übertriebener Weise zu wiederholen. Wenn man z. B. ihre Arme mehrmals nacheinander bewegt hat, so kann man sehen, daß die Bewegung hinterher noch eine Zeitlang fortgesetzt wird. Solche Kranke bieten also das Symptom der *Echopraxie*, neben dem der Katatonie, in entschieden stärkerem Grade als Gesunde.« (M. u. F., S. 386.)

Hier haben wir die Gelegenheit, uns mit einer vierten Art der motorischen Reaktion, die beim *Tic* und bei der *Katatonie* in gleicher Weise vorkommt, mit der *Flexibilitas cerea*, zu beschäftigen. Die ›wächserne Biegsamkeit‹ besteht darin, daß jemand *ohne den geringsten Muskelwiderstand* alle Stellungen, in die seine Gliedmaßen passiv gebracht werden, längere Zeit einhält. Dieses Symptom kommt bekanntlich auch in tiefer *Hypnose* vor.

Nun mußte ich bei einem anderen Anlaß, als ich mich um die Erklärung

---

[43] [Kniescheiben-Reflexe.]

der psychoanalytischen Gefügigkeit in der Hypnose bemühte[44], die willenlose Gefügigkeit des Hypnotisierten auf Motive der Angst und der Liebe zurückführen. In der ›Vaterhypnose‹ leistet das Medium alles, was man von ihm fordert, weil es hierdurch der vom gefürchteten Hypnotiseur drohenden Gefahr zu entgehen hofft; bei der ›Mutterhypnose‹ tut es alles, um sich die Liebe des Hypnotiseurs zu sichern. Sieht man sich nach Analogien dieser Anpassungsart in der Tierwelt um, so stößt man auf das *Sichtotstellen* gewisser Tierarten bei drohender Gefahr und auf den *Mimikry* genannten Anpassungsmodus. Die ›wächserne Biegsamkeit‹, die ›Katalepsie‹[45] der Katatoniker (und ihre Andeutung beim Tic-Kranken) mag in ähnlichem Sinne gedeutet werden. Dem Katatoniker ist eigentlich alles gleichgültig, sein Interesse und seine Libido sind aufs Ich zurückgezogen; von der Außenwelt will er in Ruhe gelassen werden. Trotz vollkommener automatischer Unterordnung unter jeden ihm entgegenstehenden Willen ist er von den Störenfrieden eigentlich innerlich unabhängig, ihm ist es ja gleichgültig, ob sein Körper diese oder jene Stellung einnimmt, warum sollte er also die ihm passiv gegebene Körperhaltung nicht bewahren? Flucht, Widerstand oder Wendung gegen sich selbst sind Reaktionsarten, die immerhin noch von einem ziemlich starken affektiven Verhältnis zur Außenwelt zeugen. Erst in der Katalepsie erreicht der Mensch jenen Grad von fakirhafter Konzentration auf das *innerste Ich,* bei dem *sogar der eigene Körper als etwas Ichfremdes,* als ein Stück der Umwelt empfunden wird, dessen Schicksal seinen Besitzer vollkommen kalt läßt. Katalepsie und Mimikry waren demnach Regressionen zu einer noch viel primitiveren Anpassungsart der Lebewesen, zur *autoplastischen* Anpassung (Anpassung mittels *Veränderung des eigenen Selbst*), während Flucht und Abwehr schon auf die *Veränderung der Umwelt* abzielen. (Alloplastische Anpassung.)[46]

Nach der Beschreibung in Kraepelins Lehrbuch der Psychiatrie ist die Katatonie oft ein merkwürdiges Gemenge von Symptomen des Befehlsautomatismus und des Negativismus sowie von (tic-artigen) Bewegungen; dies spricht dafür, daß in einem und demselben Falle verschiedene Arten der motorischen Anspannungsreaktion zu Wort kommen können. (Von den stereotypen Bewegungen der Katatoniker, die wir als tic-artige bezeichnen würden, erwähnt Kraepelin u. a.: »Gesichterschneiden, Ver-

---

[44] S. ›Introjektion und Übertragung. II. Die Rolle der Übertragung bei der Hypnose und bei der Suggestion‹ [Band I dieser Ausgabe, S. 25 ff.].
[45] [Zustand von Starre der Extremitäten.]
[46] S. dazu ›Hysterische Materialisationsphänomene‹ [in diesem Band, S. 18].

drehungen und Verrenkungen der Glieder, Auf- und Niederspringen, Purzelbäume, Wälzen, Händeklatschen, Herumrennen, Klettern und Tänzeln, Hervorbringen sinnloser Laute und Geräusche.«[47]

Beim Erklärungsversuch der Echopraxien und der Echolalie bei Dementen und Tic-Kranken muß man aber auch auf feinere Vorgänge der Ichpsychologie, auf die uns Freud aufmerksam machte, Rücksicht nehmen. »Die Entwicklung des Ich besteht in einer Entfernung vom primären Narzißmus und erzeugt ein intensives Streben, diesen wiederzugewinnen. Die Entfernung geschieht mittels der Libidoverschiebung auf ein von außen aufgenötigtes Ichideal, die Befriedigung durch die Erfüllung dieses Ideals.«[48]

Nun scheint die Tatsache, daß der Demente und der Tiqueur so starke Neigung haben, *jeden* in Wort und Handlung zu imitieren, also gleichsam zum Identifikationsobjekt, zum Ideal zu erheben, in Widerspruch mit der Behauptung zu stehen, daß sie eigentlich auf die Stufe des primären Narzißmus zurückgefallen oder in ihr steckengeblieben sind. Doch ist dieser Widerspruch nur ein scheinbarer. Gleichwie andere lärmende Symptome der Schizophrenie, wollen diese übertriebenen Äußerungen der Identifikationstendenz nur den *Mangel* wirklichen Interesses verdecken; sie stehen – wie Freud sich ausdrücken würde – im Dienste des Heilungsbestrebens, des Strebens, das verlorene Ichideal wiederzugewinnen. Die Gleichgültigkeit aber, mit der hier *jede* Handlung, *jede* Rede einfach imitiert wird, stempelt diese Identifizierungsverschiebungen zur Karikatur des normalen Idealsuchens, sie wirken auch oft im Sinne der Ironie.[49]

Meige und Feindel beschreiben Fälle, in denen auch komplizierte Tic-Zeremoniells en bloc angenommen werden; sie betonen besonders, daß viele Tiqueurs ein schauspielerisches Wesen und die Neigung, jeden Bekannten nachzuahmen, zur Schau tragen. Einer ihrer Patienten übernahm als Kind das Augenzwinkern eines ihm besonders imponierenden Gendarmen. Wie ein imposanter Mensch »sich räuspert und wie er spuckt«, das gucken ihm diese Kranken tatsächlich ab. Daß die Tics unter Kindern förmlich ansteckend wirken können, ist allgemein bekannt.

---

[47] *Psychiatrie. Ein Lehrbuch,* Band I der 6. Auflage.
[48] Freud, ›Zur Einführung des Narzißmus‹ [G. W. X, S. 167 f.].
[49] Daß die Nachahmung ein beliebtes Mittel der Ironisierung ist, ist allgemein bekannt; das ärgerliche Gefühl beim Nachgeahmtwerden zeigt an, daß sie diese Wirkung auch nicht verfehlt.

Die Gegensätze, die man im motorischen Verhalten der Katatoniker und Katakloniker festgestellt hat, beschränken sich bekanntlich nicht auf Muskelaktionen; sie finden auch in der *Rede* des Patienten ihre vollkommene Parallele. Beim schizophrenen Katatoniker wechseln vollständiger Mutazismus [50], unhemmbarer Redezwang und Echolalie miteinander ab; ersterer ist ein Pendant der tonischen Muskelstarre, der zweite des unhemmbaren motorischen Tics, der dritte der Echokinesie [51]. Den innigen Zusammenhang der Bewegungs- und der Redestörung zeigt uns besonders deutlich die sogenannte *Koprolalie*. Die Kranken, die daran leiden, haben den Drang, Wortvorstellungen und Sätze erotischen, meist analerotischen Inhalts (Flüche, obszöne Worte usw.), ohne jeden adäquaten Grund laut auszusprechen. Dieses Symptom tritt besonders stark hervor, wenn der Tic-Kranke den *motorischen Tic* zu unterdrücken versucht. [52] Die vorhin erwähnte ›detachierte Triebenergie‹, wenn ihr die Abfuhr in die Motilität verlegt wird, findet den Ausweg zu den ›ideomotorischen‹, den Sprachbewegungen. Daß aber gerade Reden erotischer, und zwar ›organerotischer‹ (perverser) Natur zur Äußerung kommen, möchte ich mit der sogenannten ›*Organsprache*‹ bei narzißtischen Psychosen in Zusammenhang bringen. (»Im Inhalt der Äußerungen der Schizophrenen wird oft eine Beziehung zu Körperorganen und Körperinnervationen in den Vordergrund gerückt.« Freud.)

IV

So wertvoll uns die Beobachtungen der Autoren sind, so wenig fördern uns die theoretischen Folgerungen, die sie aus ihnen ziehen. Ihre Erklärungen beschränken sich meist darauf, die Symptome auf gewisse nächste Ursachen (Anlässe) oder auf ›Prädisposition‹, auf ›Degeneration‹ zurückzuführen. Wo der Patient keine Erklärung für einen Tic geben kann, betrachten sie ihn als »sinn- und zwecklos«. Allzu früh verlassen sie den psychologischen Weg und verlieren sich in physiologisierender Spekulation. Schließlich langen sie dort an, daß sie mit Brissaud eine (angeborene oder durch den häufigen Gebrauch erworbene) »Hypertro-

---

[50] [Heute: Mutismus – Schweigesucht bei gewissen Geisteskranken oder bei Kindern.]
[51] [Neigung gewisser Geisteskranker, gesehene Bewegungen mechanisch nachzuahmen.]
[52] Über die methodische Verwertung der Bewegungsunterdrückung zur Anregung von Denken und Reden s. ›Technische Schwierigkeiten einer Hysterieanalyse‹ [in diesem Band, S. 8].

phie des Funktionszentrums im Gehirn« des Tic-Kranken annehmen, das sie als »Zentralorgan der Tic-Funktion« betrachten. Auch ihre Therapie ist darauf angelegt, »diese Hypertrophie durch Prozeduren der Ruhigstellung rückgängig zu machen«. Meige und Feindel sprechen von einer »kongenitalen Anomalie«, von »mangel- und fehlerhafter Entwicklung kortikaler Assoziationsbahnen und subkortikaler Anastomosen[53]«; von »molekularen teratologischen[54] Mißbildungen, die zu erkennen unsere anatomischen Kenntnisse leider nicht ausreichen«. – Grasset[55] unterscheidet die bulbärspinalen[56], die ›polygonalen‹ und die im eigentlichen Sinne seelischen Tics. Die ersteren scheiden Meige und Feindel (mit Recht) aus der Reihe der Tics aus und weisen ihnen einen Platz unter den ›Krämpfen‹ an; ›seelische‹ Tics sind die, die einem bewußten psychomotorischen Drang ihr Entstehen verdanken; als ›polygonale‹ Tics bezeichnet Grasset alles, was wir unbewußten seelischen Motiven zuzuschreiben pflegen. Auf Grund eines nach dem bekannten Aphasie[57]-Schema konstruierten kortikalen Mechanismus, den er ›Rindenpolygon‹ nennt, beschreibt er alle unbewußten und automatischen Tätigkeiten als Funktionen des ›Polygons‹. »Man träumt mit dem Polygon«, »die Zerstreuten handeln mit dem Polygon« usw. – Schließlich entscheiden sich Meige und Feindel zu folgender Definition der Tics: »Es genügt nicht, daß eine Geste im Moment, wo sie auftritt, unangebracht ist: es muß vielmehr sicher sein, daß sie im Moment ihrer Ausführung mit keiner Vorstellung im Zusammenhang steht, der sie ihre Entstehung verdankt. Charakterisiert sich die Bewegung außerdem durch allzu häufige Wiederholung, durch beständige Zwecklosigkeit, stürmisches Drängen, Schwierigkeit im Unterdrücken und nachfolgende Befriedigung, dann ist es ein Tic.«[58] An einer einzigen Stelle sagen sie: »Wir befinden uns hier auf dem gefährlichen Gebiet des Unterbewußtseins«, und hüten sich, dieses so gefürchtete Terrain zu betreten.

Wir können ihnen aber daraus keinen Vorwurf machen; stak doch damals die Lehre von den unbewußten seelischen Funktionen noch in den Kinderschuhen. Haben ja die Gelehrten ihres Vaterlandes auch heute noch, nach fast drei Jahrzehnten psychoanalytischer Arbeit, nicht den

---

[53] [Querverbindungen von Nerven unterhalb der Hirnrinde.]
[54] [Von Teratologie – Lehre von den Mißbildungen der Lebewesen.]
[55] *Anatomie clinique des centres nerveux*, 1900.
[56] [Vom verlängerten Rückenmark ausgehend.]
[57] [Verlust des Sprechvermögens (motorische A.) oder Sprachverständnisses (sensorische A.) infolge Erkrankung des Sprachzentrums im Gehirn.]
[58] M. u. F., S. 69.

Mut, den Weg zu beschreiten, auf dem auch dieses »gefährliche Gebiet« der Forschung zugänglich wurde. Meige und Feindel hatten das nicht zu unterschätzende Verdienst, als erste eine, wenn auch unvollkommene, psychogenetische Theorie der traumatischen Tics versucht zu haben. Da diese Autoren sich auf die bewußten Äußerungen und Erzählungen ihrer Kranken verließen und ihnen keine Methode zur Verfügung stand, das von den Patienten Gesagte zu *deuten*, ist in ihren Erklärungen für die *Sexualität* gar kein Raum übrig. Welche Fülle von – allerdings versteckten – erotischen Geständnissen ihre Krankengeschichten enthalten, mögen Auszüge aus der ausführlichen Anamnese eines Tic-Kranken von Meige und Feindel illustrieren.

Derselbe Tic-Kranke, der sich, wie schon erzählt, fast alle Zähne reißen ließ, hatte einen ›Haltungs-Tic‹, er mußte das Kinn hochhalten. Er geriet nun auf die Idee, das Kinn an den Knopf seines *Spazierstocks* anzudrücken; dann variierte er das so, daß er »*den Stock zwischen seinen Anzug und den zugeknöpften Überzieher steckte, so daß im Krageneinschnitt der Stockknopf erschien,* auf dem das Kinn einen Stützpunkt fand«.[59] Später suchte der Kopf ohne Stock immer eine Stütze, ohne die er hin und her oszillierte. Schließlich mußte er die Nase an die Stuhllehne stützen, wenn er ruhig lesen wollte. Welche Zeremonien er außerdem aufzuführen imstande war, möge seine eigene Erzählung verdeutlichen:

»Anfangs trug ich Kragen von mittlerer Höhe, aber zu eng, um mein Kinn hineinzustecken. Dann knöpfte ich das Hemd auf und ließ das Kinn in den offenen Kragen gleiten, indem ich den Kopf stark neigte; für einige Tage war die Wirkung befriedigend, aber der aufgeknöpfte Kragen bot nicht Widerstand genug. Nun kaufte ich viel höhere Kragen, wirkliche Halskrawatten, in die ich mein Kinn hineinzwängte, so daß ich es weder nach rechts noch nach links drehen konnte. Dies war vollkommen – aber nur für kurze Zeit. Denn so steif sie auch sein mochten, die Kragen gaben schließlich immer nach und boten nach ein paar Stunden einen kläglichen Anblick.

Ich mußte etwas anderes erfinden, und jetzt kam mir folgende abgeschmackte Idee: *An den Hosenträgerknöpfen befestigte ich einen Faden, der unter der Weste durchführte und oben in ein kleines Elfenbeinplättchen auslief, das ich zwischen die Zähne nahm. Die Länge des Fadens war so berechnet, daß ich den Kopf neigen mußte, um das Plättchen er-*

---

[59] M. u. F., S. 9.

reichen zu können. Ein ausgezeichneter Trick! – aber immer nur für kurze Zeit, denn abgesehen davon, daß diese Haltung ebenso unbequem wie lächerlich war, erhielt meine Hose durch das viele Ziehen daran eine wirklich groteske und sehr genante Façon. Ich mußte auf diese schöne Erfindung verzichten. Indessen habe ich immer eine Vorliebe für dieses Prinzip bewahrt, und noch heute passiert mirs oft auf der Straße, daß ich den Kragen meines Rockes oder Überziehers zwischen die Zähne nehme und so spazieren gehe. Mehr als einen Besatz habe ich so zernagt. Zu Hause mache ich es anders: ich entledige mich schleunigst der Krawatte, knöpfe den Hemdkragen auf und nehme diesen zum Hineinbeißen.«[60] Infolge der gehobenen Haltung des Kinns sah er beim Gehen die Füße nicht mehr. »Und oft muß ich beim Gehen achtgeben, weil ich nicht sehe, wo ich hintrete. Ich weiß wohl, daß ich, um dieser Unbequemlichkeit abzuhelfen, nur die Augen oder den Kopf zu neigen brauchte, aber das bringe ich gerade nicht fertig.«[61]

»Eine gewisse Aversion, hinunterzublicken«, besteht beim Patienten immer noch. Den Patienten geniert auch ein »Schulterkrachen«, »analog der willkürlichen Subluxation[62] des Daumens oder den eigentümlichen Geräuschen, die manche Personen zur Unterhaltung anderer erzeugen können«.[61] Er produziert es auch als »kleines gesellschaftliches Talent«. Solange er in Gesellschaft ist, unterdrückt er seine Absonderlichkeiten, weil er sich vor anderen geniert, doch »sobald er allein ist, läßt er sich nach Herzenslust gehen; alle seine Tics sind dann entfesselt; es ist ein förmliches Schwelgen in absurden Bewegungen, ein motorisches Austoben, das den Kranken erleichtert. Er kommt zurück und nimmt ruhig die unterbrochene Konversation wieder auf.«[63]

Noch grotesker sind seine *Schlafzeremoniells*. »Das Reiben seines Kopfes auf dem Kopfkissen ... bringt ihn zur Verzweiflung; er dreht sich nach allen Richtungen, um dies zu vermeiden; ... Schließlich hat er sich eine merkwürdige Lage gewählt, die ihm zur Vermeidung seiner Tics am wirksamsten zu sein scheint: er liegt auf der Seite, ganz am Rande des Bettes, und läßt den Kopf zum Bett heraushängen.«[64]

Bevor wir auf die psychoanalytische Deutung dieser Krankengeschichte eingehen, müssen wir leider dem Zweifel Ausdruck verleihen, ob es sich

---

[60] M. u. F., S. 10 f.
[61] M. u. F., S. 11.
[62] [Nicht vollständige Verrenkung.]
[63] M. u. F., S. 12.
[64] M. u. F., S. 13.

Psychoanalytische Betrachtungen über den Tic

in diesem Fall um einen wirklichen *Tic* oder um eine schwere *Zwangsneurose* handelte. Die Unterscheidung zwischen den Zeremoniells der Zwangskranken, den Pedanterien und Absonderlichkeiten bei leichterer Form der Katatonie und den Schutzmaßregeln gegen einen quälenden Tic ist in manchen Fällen schwer zu treffen, oft nur nach mehrwöchiger oder noch längerer Analyse.[65] Auch waren die Tics in Frankreich längere Zeit hindurch ein ebensolcher Sammeltopf für die heterogensten neurotischen Zustände wie etwa am Anfang des vorigen Jahrhunderts die *vapeurs* oder heutzutage die Psychasthenien[66]. Dieser Zweifel verbietet uns, die in dieser Krankengeschichte nur so wimmelnde *Penis-, Onanie-* und *Kastrationssymbolik* in der Pathogenese der Tics überhaupt zu verwerten. (Kopf, Nase, Erschlaffung der Halsmuskeln, steifer Kragen, Krawatte, Spazierstock, der Stock zwischen Hose und Mund gesteckt, Stockknopf im Munde, Zahnreizsymbolik, Zahnextraktionen, Kopf hängen lassen usw.) Glücklicherweise sind wir diesbezüglich nicht auf ein einziges Beispiel angewiesen. Ein Fall, den ich analytisch genau durchforscht habe[67], zeigt mir ganz deutlich, wie die onanistische und überhaupt die Genitalbetätigung und die erotische Reizbarkeit des Genitales in Form von *stereotypen Bewegungen* auf sonst nicht besonders erogene Körper- und Hautpartien übertragen wird. Allgemein bekannt ist der Zusammenhang der *Onychohyperästhesie*[68] und der *Onychophagie*[69], der ›Haarempfindlichkeit‹ und des tic-artigen *Haarzupfens* und *-reißens* mit der unterdrückten Onanie. Erst unlängst konnte ich einen jungen Mann von dem ihn selbst quälenden Nägelbeißen durch eine einzige Aussprache über seine Onanieneigungen befreien.[70] Der allergrößte Teil der Tics spielt sich am *Kopfe* und an den *Gesichtspartien* ab, die als Stellen der symbolischen Darstellung von Genitalvorgängen besonders bevorzugt sind.

Meige und Feindel betonen die Verwandtschaft der Beschäftigungskrämpfe mit den *Tics*. Nun sind diese Krämpfe und das ›Beschäftigungsdelir‹ der Alkoholisten, wie es von Tausk nachgewiesen wurde, eigentlich Onanieersatz. Die eigenartige Gêne, die die Tiqueurs ihre Ver-

---

[65] Über diese differentielle Schwierigkeit siehe weiter unten.
[66] [Zustände seelischer Schwäche.]
[67] ›Technische Schwierigkeiten usw.‹ [s. o., S. 3 ff.].
[68] [Nagelüberempfindlichkeit.]
[69] [Nagelkauen.]
[70] Ein scharfsinniger ungarischer Chirurg, Prof. Kovács, pflegte seine Hörer auf das Symptom des Nagelbeißens aufmerksam zu machen und sagte: das seien Leute, die ihre vorstehenden Körperteile nicht in Ruhe lassen können.

zerrungen zu verstecken und zu maskieren zwingt, erinnert auch lebhaft an die vom Budapester Kinderarzt Lindner bereits im Jahre 1879 beschriebene Art, in der die Kinder das »Ludeln oder Wonnesaugen« zu kachieren pflegen. Auch der ›Monasterismus‹, die Tendenz, sich in der Abgeschlossenheit auszutoben, mag von der Onanie herrühren. [71]
In diesem Zusammenhang kommen wir auf die Beobachtungen von Gowers und Bernhardt zurück, denen zufolge die Tics sich oft zur Zeit der ersten Pubertät, der Schwangerschaft und des Wochenbettes, also zur Zeit von erhöhter Reizung der Genitalregion verstärken. Wenn wir schließlich die von analerotischer Obszönität strotzende *Koprolalie* vieler Tic-Kranken [72] und ihre von Oppenheim betonte Neigung zur Enuresis [73] (nocturna und diurna) in Betracht ziehen, so können wir uns des Eindruckes nicht erwehren, daß man der bei den Neurotikern so stark betonten, aber auch in der normalen Sexualentwicklung bedeutsamen ›*Verlegung von unten nach oben*‹ bei der Bildung der Tics eine nicht unwesentliche Wichtigkeit beimessen muß.

Man könnte diese Tatsache mit der in den bisherigen Betrachtungen in den Vordergrund gestellten Rückführbarkeit der Tics auf den erhöhten Narzißmus in folgender Weise verknüpfen: Beim ›*pathoneurotischen Tic*‹ wird der verletzte oder gereizte Körperteil (resp. seine psychische Repräsentanz) mit überstarkem Interesse und mit Libido besetzt. Die dazu nötige Energiequantität wird dem größten Libidoreservoir, der Genitalsexualität, entnommen, muß also notwendigerweise mit mehr oder minder starker Störung der Potenz resp. des normalen genitalen Fühlens einhergehen. Bei dieser Verlegung wird nicht nur ein bestimmtes Energiequantum, sondern auch ihre Qualität (Innervationsart) nach oben verlegt, daher die ›Genitalisierung‹ der vom Tic betroffenen Partien (Reizbarkeit, Neigung zum rhythmischen Reiben, in manchen Fällen förmlicher Orgasmus). Beim Tic der ›*konstitutionell Narzißten*‹ scheint das Primat der Genitalzone überhaupt nicht ganz fest begründet

---

[71] Das Wort Tic ist nach Meige und Feindel ein *Onomatopoetikon*; es ahmt ein »kurzes Geräusch« nach. *Zucken, Ticken, Tic* im Deutschen, *tic, tiqueur, tiqué* im Französischen, *tugg, tick* im Englischen, *ticchio* im Italienischen, *tico* im Spanischen, lassen alle dieselbe Wurzel erkennen und haben wohl alle denselben onomatopoetischen Ursprung. (M. u. F., S. 29.) Wir möchten hier daran erinnern, daß infolge einer eigenartigen, sehr verbreiteten akustischen Synästhesie das Zucken und die Erektion der Klitoris von den meisten Frauen als ›Klopfen‹ beschrieben wird.
[72] Es gibt auch sonst gesunde Menschen, die das Gedachte sofort aussprechen müssen, z. B. beim Lesen murmeln oder vor sich hinreden. Nach Stricker ist übrigens jedes Denken von der leisen Innervation der Sprachbewegungsorgane begleitet.
[73] [Einnässen.]

zu sein, so daß schon banale Reizungen oder unvermeidliche Störungen eine solche Verlegung zur Folge haben. Die Onanie wäre so eine noch halb narzißtische Sexualbetätigung, von der der Übergang sowohl zur normalen Befriedigung an einem fremden Objekt als auch die Rückkehr zum Autoerotismus leicht möglich ist.

Überlegungen, die ich in einem anderen Zusammenhang mitteilen will, vorgreifend, erwähne ich hier, daß ich mir die Genitalsexualität als die Summe der aufs Genitale verlegten Autoerotismen vorstelle, die bei dieser ›Verlegung nach unten‹ nicht nur ihre Quantitäten, sondern auch ihre Innervationsarten mitbringen. (›Amphimixis der Autoerotismen‹.) Das Hauptquantum zur Genitalität liefert die Urethral- und die Analerotik. Bei der pathologischen ›Verlegung nach oben‹ scheint sich nun die Genitalität zum Teil in ihre Komponenten zu zerlegen, was zur Verstärkung gewisser urethral- resp. analerotischer Züge führen muß. Die Verstärkung betrifft nicht nur diese Organerotismen selbst, sondern auch ihre Abkömmlinge, die sogenannten analen oder urethralen *Charakterzüge*. Als urethralen Zug nenne ich (beim Tic und der Katatonie) die Unfähigkeit, Spannungen zu ertragen, den Drang, jeden Reizwachs, jeden Affekt sofort motorisch abzuführen, und den unhemmbaren Rededrang. Als anale Züge wären zu deuten: die Neigung zur Starre, Negativismus und Mutazismus resp. die ›phonatorischen‹ Tics.

Ich weise schließlich auf die von Sadger beschriebene ›Muskelerotik‹ resp. auf die von Abraham hervorgehobene konstitutionelle Verstärkung der *Bewegungslust* hin, die das Zustandekommen der motorischen Erscheinungen beim Tic und bei der Katatonie wesentlich fördern können.

V

Es mußte mir selber auffallen, daß ich die ›*Genitalisierung der Autoerotismen*‹, als deren Folge ich die motorischen Äußerungen des *Tic* und der *Katatonie* darstelle, in früheren Arbeiten bereits als Entstehungsmodus der *hysterischen* ›Materialisationsphänomene‹ (bei der Konversionshysterie) beschrieb. Ich kann mich der heiklen Aufgabe nicht weiter entziehen, auch nach Unterschieden zu fahnden, die diese Zustände, trotz mancher Gemeinsamkeit, voneinander trennen. Den wesentlichsten Unterschied zwischen einem konversionshysterischen Symptom und den lokalisierten körperlichen Symptomen einer narzißtischen Neurose (Tic,

Katatonie) hob ich bereits hervor. Bei der Hysterie, als einer Übertragungsneurose, gehört das verdrängte pathogene Material den Sacherinnerungsresten des Unbewußten an, die sich auf Libidoobjekte (Personen) beziehen. Infolge der steten gegenseitigen assoziativen Verknüpfung der *Sach-* und der *Ich- (Körper-) Erinnerungssysteme* kann das pathogene psychische Material des Hysterischen sich des mit diesem Material assoziierten körperlichen Erinnerungsmaterials als *Ausdrucksmittel* bedienen. Das wäre die Erklärung des sogenannten ›körperlichen Entgegenkommens‹, auf das Breuer und Freud schon in den allererst analysierten Fällen von Hysterie hinweisen konnten. In dem berühmten Falle der Patientin ›Anna‹ konnte die hysterische Armlähmung darauf zurückgeführt werden, daß sie in einem für sie sehr kritischen Augenblick, wo bei ihr die widerstreitenden seelischen Tendenzen in Konflikt gerieten, zufällig den Arm über die Stuhllehne hängen ließ, so daß der Arm ›eingeschlafen‹ war. In ähnlicher Weise verursachte ihr eine das Sehen störende Träne die spätere Makropsie [74]. Der zufällige Katarrh einer Patientin Freuds (Dora) wurde unter der Maske des ›nervösen Hustens‹ das fein abgestufte Ausdrucksmittel der kompliziertesten Liebesregungen usw. Bei der Konversionshysterie wird also die psychische Energie verdrängter Objekterinnerungen zur *Verstärkung* und schließlich zur ›Materialisierung‹ der damit assoziierten Ich- (Körper-) Erinnerungen verwendet. Das wäre der Mechanismus des ›Sprunges aus dem Seelischen ins Körperliche‹ bei der hysterischen Symptombildung.
Beim Tic dagegen *drängt sich* die traumatische Ich- (Körper-) Erinnerung bei jedem sich darbietenden Anlaß *spontan vor*. Man könnte also sagen: Tic (und Katatonie) sind eigentlich *Ichhysterien;* oder in der Terminologie der Libidotheorie ausgedrückt: die hysterischen Konversionssymptome sind Äußerungen der (genitalen) Objektliebe, die sich in die Form von Autoerotismen kleidet, während die Tics und die Katatonien Autoerotismen sind, die zum Teil Genitalqualitäten angenommen haben. [75]

---

[74] [Sehstörung, bei der die Gegenstände größer scheinen, als sie in Wirklichkeit sind.]
[75] S. dazu folgende Stelle aus der inhaltvollen Arbeit von Nunberg über den katatonischen Anfall: »Zum Schluß möchte ich auf manche, besonders auffallende Ähnlichkeiten des katatonischen Anfalles mit dem hysterischen hinweisen, wie z. B. auf das *Dramatisieren* und die *Angst*. Nur besteht der Unterschied darin, daß, während es sich bei der Hysterie um eine Libidobesetzung der *Objekte* handelt, im katatonischen Anfall eine *Organbesetzung* erfolgt« (S. 49).
Auch die Perversionen Erwachsener sind natürlich genitalisierte Autoerotismen (die Perversion ist ja das ›Positiv der Hysterie‹).

Schließlich müssen wir auch die motorischen Äußerungen der *Zwangshandlungen* zum Vergleich heranziehen. Wir wissen von Freud, daß diese Handlungen psychische Schutzmaßnahmen sind, die den Zweck haben, die Wiederkehr gewisser peinlicher Gedanken zu verhüten; sie sind eben der körperliche ›Verschiebungsersatz‹ für Zwangsgedanken.

Die Zwangshandlungen unterscheiden sich von den Tics und den Stereotypien meist durch ihre größere Kompliziertheit; sie sind wirklich *Handlungen,* die die Veränderung der Außenwelt (meist in ambivalentem Sinne) zum Ziele nehmen und bei denen der Narzißmus keine oder nur eine untergeordnete Rolle spielt.

Die Differentialdiagnose dieser Bewegungssymptome ist oft erst nach längerer Psychoanalyse möglich.

Die Symbolik der Brücke

(1921)

Bei der Feststellung der symbolischen Beziehung eines Objektes oder einer Tätigkeit zu einer unbewußten Phantasie ist man zunächst auf Mutmaßungen angewiesen, die sich durch spätere Erfahrung vielfache Modifikationen, oft gänzliche Umgestaltung gefallen lassen müssen. Bestätigungen, die einem oft von den verschiedensten Gebieten der Erkenntnis zuströmen, haben hier den Wert von bedeutsamen Indizien, so daß alle Zweige der Individual- und der Massenpsychologie an der Feststellung einer speziellen symbolischen Relation beteiligt sein können; Traumdeutung und Neurosenanalyse bleiben aber nach wie vor die verläßlichsten Grundlagen jeder Symbolik, weil wir an ihnen auch die Motivierung, überhaupt die ganze Genese solcher psychischen Gebilde ›in anima vili‹ beobachten können. Das Gefühl der *Sicherheit* einer symbolischen Beziehung kann man meiner Ansicht nach überhaupt nur in der Psychoanalyse gewinnen. Symbolische Deutungen auf anderen Wissensgebieten (Mythologie, Märchenkunde, Folklore usw.) haben immer den Charakter des Oberflächlichen, des Flächenhaften; es verbleibt einem dabei immer das unsichere Gefühl, daß die Deutung ebensowohl auch anders hätte lauten können, wie denn auch diese Wissenszweige dazu neigen, denselben Inhalten immer wieder neue Bedeutungen unterzulegen. Das Fehlen der Tiefendimension mag es auch sein, was die wesenlose Allegorie von dem Symbol, das von Fleisch und Blut ist, unterscheidet.

Brücken spielen in Träumen oft eine auffallende Rolle. Bei der Deutung der Träume von Neurotikern wird man häufig vor die Frage der typischen Bedeutung der Brücke gestellt, besonders wenn dem Patienten zur Traumbrücke nichts Historisches einfallen will. Der Zufall des Krankenmaterials mag es mit sich gebracht haben, daß ich in einer ganzen Anzahl von Fällen folgende sexualsymbolische Deutung an Stelle der Brücke

Die Symbolik der Brücke

einsetzen konnte: Die Brücke ist das *männliche Glied,* und zwar das mächtige Glied des Vaters, das zwei Landschaften (das riesenhaft, weil vom infantilen Wesen gedachte Elternpaar) miteinander verbindet. Diese Brücke ist über ein großes und gefährliches Wasser gelegt, aus dem alles Leben stammt, in das man sich zeitlebens zurücksehnt und als Erwachsener, wenn auch nur durch einen Körperteil vertreten, periodisch auch wirklich zurückkehrt. Daß man sich auch im Traum nicht direkt, sondern auf einer stützenden Planke diesem Gewässer nähert, ist bei dem besonderen Charakter der Träumenden verständlich; sie litten ausnahmslos an sexueller Impotenz und schützten sich durch die Schwäche ihrer genitalen Exekutivorgane vor der gefährlichen Nähe des Weibes. Diese symbolische Deutung der Brückenträume bewährte sich nun, wie gesagt, in mehreren Fällen; auch fand ich in einem volkstümlichen Märchen und der obszönen Zeichnung eines französischen Künstlers die Bestätigung meiner Annahme; in beiden handelte es sich um das riesenhafte männliche Glied, das, über einen breiten Fluß gelegt, im Märchen sogar stark genug war, ein schweres Pferdegespann zu tragen.

Die letzte Bestätigung, zugleich die eigentliche, bisher vermißte Vertiefung meines Verständnisses für dieses Symbol brachte mir aber ein Patient, der an *Brückenangst* und *Ejaculatio retardata* litt. Nebst mancherlei Erfahrungen, die die Kastrations- und Todesangst dieses Kranken zu wecken und zu steigern geeignet waren (er war ein Schneiderssohn), ergab die Analyse folgendes erschütternde Erlebnis aus seinem neunten Lebensjahr: die Mutter (eine Hebamme!), die ihn abgöttisch liebte, wollte die Nähe ihres Kindes auch in der schmerzvollen Nacht nicht vermissen, in der sie einem Mädchen das Leben gab, so daß der kleine Knabe von seinem Bette aus den ganzen Prozeß der Geburt, wenn auch nicht mitansehen, so doch mitanhören mußte und aus den Äußerungen der Pflegepersonen auch Einzelheiten über das Kommen und das zeitweilige Wiederverschwinden des kindlichen Körpers entnehmen konnte. Der Angst, die sich dem Zeugen einer Geburtsszene unweigerlich mitteilt, kann sich der Knabe nicht entzogen haben; er fühlte sich in die Lage des Kindes ein, das eben die erste und größte Angst, das Vorbild jeder späteren, durchmachte, stundenlang zwischen Mutterleib und Außenwelt hin und her schwankte. Dieses Hin und Her, diese Verbindungsstelle zwischen Leben und Nochnicht- (oder Nichtmehr-) Leben gab nun der Angsthysterie des Kranken die spezielle Form der Brückenangst. Das gegenüberliegende Ufer der Donau bedeutete für ihn das Jenseits, das, wie gewöhnlich, nach dem Bild des Lebens vor der Geburt gestaltet war.[1] Nie in seinem Leben ist er noch zu Fuß über die Brücke gegangen, nur in Fahrzeugen, die sehr rasch fahren und in Begleitung einer starken, ihm imponierenden Persönlichkeit. Als ich ihn – nach genügender Erstarkung der Übertragung – zum erstenmal dazu brachte, mit mir nach langer Zeit wieder einmal die Fahrt zu machen, klammerte er sich krampfhaft an mich an, alle seine Muskeln waren straff gespannt, der Atem angehalten. Auf der Rückfahrt ging es ebenso, doch nur bis zur Mitte der Brücke; als das diesseitige Ufer, das für ihn das Leben bedeutete, sichtbar wurde, löste sich der Krampf, er wurde lustig, laut und redselig, die Angst war verschwunden.

Wir können nun auch die Ängstlichkeit des Patienten bei der Annäherung ans weibliche Genitale und die Unfähigkeit zur vollkommenen Hingabe an das Weib verstehen, das für ihn, wenn auch unbewußt, immer noch ein gefahrdrohendes tiefes Wasser bedeutet, in dem er ertrinken muß, wenn ihn nicht ein Stärkerer ›über Wasser hält‹.

Ich denke, die zwei Deutungen: Brücke = Bindeglied zwischen den Eltern, und: Brücke = Verbindung zwischen Leben und Nichtleben (Tod), ergänzen sich auf die wirksamste Art; ist doch das väterliche Glied tatsächlich die Brücke, die den Nochnichtgeborenen zum Leben *befördert* hat. Doch erst diese letztere Überdeutung gab dem Gleichnis jenen tieferen Sinn, ohne den es kein wirkliches Symbol gibt.

Es liegt nahe, die Verwendung des Brückensymbols im Falle der neurotischen Brückenangst zur Darstellung des rein seelischen ›Zusammenhanges‹, der ›Verbindung‹, ›Verknüpfung‹ (›Wortbrücke‹ Freuds), mit einem Wort: einer psychischen oder logischen Relation, d. h. als ›autosymbolisches‹, ›funktionales‹ Phänomen im Sinne Silberers zu deuten. Doch gleichwie im gegebenen Beispiel diesen Phänomenen gutmateriale Vorstellungen über die Vorgänge eines Geburtsaktes zugrunde liegen, so glaube ich, daß es überhaupt kein funktionales Phänomen ohne eine materiale, d. h. sich auf Objektvorstellungen beziehende Parallele gibt. Allerdings mag bei narzißtischer Betonung der ›Ich-Erinnerungs-Systeme‹[2] die Assoziation mit den Objekterinnerungen in den Hintergrund treten und der *Anschein* eines reinen Autosymbolismus erweckt werden. Andererseits ist es möglich, daß es auch kein ›materiales‹ seelisches Phänomen gibt, dem nicht auch eine, wenn auch nur blasse Erinnerungsspur an die es begleitende Selbstwahrnehmung beigemengt wäre. Schließlich

---

[1] Vergleiche dazu Ranks völkerpsychologisch gestützte Ausführungen in der ›Lohengrinsage‹.
[2] Siehe dazu meine Abhandlung über den Tic [in diesem Band, S. 51 f.].

Die Symbolik der Brücke

sei daran erinnert, daß – *in ultima analysi* – fast jedes, vielleicht gar überhaupt jedes Symbol auch eine physiologische Grundlage hat, d. h. irgendwie den ganzen Körper, ein Körperorgan oder dessen Funktion zum Ausdruck bringt.[3]

In diesen Andeutungen sind, wie ich glaube, Hinweise für eine zu gestaltende *Topik* der Symbolbildung enthalten, und da der dabei tätige Verdrängungs-*Dynamismus* bereits bei früherer Gelegenheit beschrieben wurde[4], so fehlt uns zur ›metapsychologischen‹ Einsicht in das Wesen der Symbole im Sinne Freuds nur die Kenntnis der Verteilung psychophysischer Quantitäten bei diesem Kräftespiel und genauere Daten über Onto- und Phylogenese.[5]

Das in der Brückenangst zur Schau getragene psychische Material trat beim Patienten auch in einem konversionshysterischen Symptom zum Vorschein. Bei plötzlichem Schreck, beim Anblick von Blut oder irgend einem körperlichen Gebrechen neigt er zu Ohnmachten. Als Vorbild dieser Anfälle diente ihm die Erzählung der Mutter, daß er nach einer schwierigen Geburt halbtot zur Welt kam und mit vieler Bemühung zum Atmen gebracht werden mußte. Diese Erinnerung war das Urtrauma, an das sich das spätere (die Anwesenheit beim Gebären der Mutter) anlehnen konnte.

Es braucht kaum besonders hervorgehoben zu werden, daß die Brücke in Träumen auch ohne jeden symbolischen Sinn, aus historischem Traummaterial stammend, vorkommen kann.

---

[3] Vergleiche damit die diesbezüglichen Bemerkungen in der Arbeit: ›Hysterische Materialisationsphänomene‹ [in diesem Band, S. 11 ff.].
[4] Siehe ›Zur Ontogenese der Symbole‹ [in Band I dieser Ausgabe, S. 172 ff.].
[5] Vgl. dazu die Arbeit von Jones über die Symbolik [›Die Theorie der Symbolik‹].

Weiterer Ausbau der ›aktiven Technik‹ in der Psychoanalyse[1]

(1921)

I

Die Grundlagen der psychoanalytischen Technik haben seit der Einführung der Freudschen ›Grundregel‹ (der freien Assoziation) keine wesentliche Änderung erfahren. Ich will gleich eingangs hervorheben, daß dies auch meine Vorschläge nicht bezwecken; im Gegenteil, ihr Ziel war und ist, die Patienten durch gewisse Kunstgriffe in die Lage zu versetzen, die Regel der freien Assoziation besser einhalten und hierdurch die Erforschung des unbewußten psychischen Materials fördern oder beschleunigen zu können. Auch bedarf es dieser Kunstgriffe nur in gewissen Ausnahmsfällen. Bei den allermeisten Kranken läßt sich die Kur ohne besondere ›Aktivität‹ seitens des Arztes oder des Patienten durchführen, und auch in den Fällen, in denen man aktiver vorzugehen hat, soll sich diese Einstellung auf das allernotwendigste Maß beschränken. Sobald die Stockung der Analyse, die eigentliche Rechtfertigung und das Motiv der Modifikation überhaupt, überwunden ist, wird sich der Sachkundige schleunigst auf den passiv-rezeptiven Standpunkt zurückziehen, der auch für das Unbewußte des Arztes die günstigsten Bedingungen zur werktägigen Mitarbeit schafft.

Wie fast jede Neuerung, erweist sich auch die ›Aktivität‹ bei näherem Zusehen als etwas Altbekanntes. Nicht nur daß sie in der Vorgeschichte der Psychoanalyse bereits eine wesentliche Rolle gespielt hat: sie hat in gewissem Sinne nie aufgehört zu existieren. Es handelt sich also hier um die Schaffung eines Begriffs und eines Kunstausdrucks für und die zweckbewußte Verwendung von etwas, was de facto, wenn auch unausgesprochen, immer verwendet wurde. Nur halte ich eine solche Begriffsbestimmung und terminologische Fixierung in wissenschaftlicher Hin-

[1] Vortrag, gehalten auf dem VI. Internationalen Psychoanalytischen Kongreß im Haag am 10. September 1920.

sicht nicht für bedeutungslos; erst durch sie wird man seines eigenen Handelns im wahren Sinne des Wortes bewußt, und erst solches Bewußtwerden ermöglicht die methodische und kritisch auswählende Anwendung einer Handlungsweise. [2]

Die Zeit des Breuer-Freudschen ›kathartischen‹ Verfahrens war eine Zeit der größten Aktivität seitens des Arztes wie des Patienten. Der Arzt machte große Anstrengungen, um die aufs Symptom bezüglichen Erinnerungen wachzurufen, und bediente sich dabei aller Hilfsmittel, die ihm die Prozeduren der wachen oder hypnotischen Suggestion zur Verfügung stellten; und auch der Kranke strengte sich an, den Weisungen seines Führers zu folgen, mußte sich also psychisch sehr aktiv betätigen, oft alle Geisteskräfte anspannen.

Die Psychoanalyse, wie wir sie heute anwenden, ist ein Verfahren, dessen hervorstechendster Charakter gerade die *Passivität* ist. Wir fordern den Patienten auf, sich ohne jede Kritik von seinen ›Einfällen‹ leiten zu lassen; er hat nichts zu tun, als diese Einfälle – allerdings unter Überwindung des sich dagegen sträubenden Widerstandes – restlos mitzuteilen. Auch der Arzt darf seine Aufmerksamkeit nicht krampfhaft auf irgend eine Absicht (z. B. aufs Heilen- oder Verstehenwollen) einstellen, sondern soll sich – gleichfalls passiv – seiner eigenen, mit den Einfällen des Patienten spielenden Phantasie überlassen. Selbstverständlich kann er, wenn er einen Einfluß auf die weiteren Einfälle des Kranken nehmen soll, dieses Phantasieren nicht endlos fortsetzen; wie ich bereits anderwärts ausführte [3], muß er, sobald sich bei ihm gewisse, auch real stichhaltige Ansichten herauskristallisieren, seine Aufmerksamkeit diesen zuwenden und sich nach reiflicher Überlegung zur Mitteilung einer Deutung entschließen. Eine solche Mitteilung ist aber schon ein aktives Eingreifen in die Seelentätigkeit des Patienten; sie lenkt die Gedanken in eine bestimmte Richtung und erleichtert das Auftauchen von Einfällen, die sonst noch vom Widerstande am Bewußtwerden verhindert worden wären. Der Patient aber hat sich auch während dieser ›Geburtshilfe der Gedanken‹ passiv zu verhalten.

Neuere Erkenntnisse über die entscheidende Bedeutung der Libidoverteilung bei der neurotischen Symptombildung befähigten Freud [4] zu einer anderen Art Nachhilfe. Er unterscheidet zwei Phasen in der The-

---

[2] Die Bedeutsamkeit der Namengebung im wissenschaftlichen Betrieb wäre einer eigenen psychologischen Untersuchung wert.
[3] ›Zur psychoanalytischen Technik‹ [in Band I dieser Ausgabe, S. 272 ff.].
[4] Freud, ›Vorlesungen zur Einführung in die Psychoanalyse‹.

rapie; in der ersten wird alle Libido von den Symptomen in die Versagung gedrängt, in der zweiten der Kampf mit der auf den Arzt übertragenen Libido aufgenommen und versucht, diese Libido vom neuen Objekt loszulösen. Diese Loslösung wird durch die Ichveränderung unter dem Einfluß der ärztlichen Erziehung ermöglicht. Das Hindrängen der Libido in die Übertragung meint er allerdings nicht als aktive Unterstützung dieser Bestrebungen seitens des Arztes; die Übertragung kommt spontan zustande; der Arzt muß nur die eine Geschicklichkeit haben, diesen Prozeß nicht zu stören.

Die Icherziehung dagegen ist ein ausgesprochen aktiver Eingriff, zu dem den Arzt gerade die durch die Übertragung gesteigerte Autorität befähigt. Freud scheut sich nicht, diese Art Beeinflussung mit dem Namen ›Suggestion‹ zu belegen, weist aber auf die wesentlichen Merkmale hin, die *diese* Suggestion von der nichtpsychoanalytischen unterscheiden.[5]

Die Beeinflussung des Patienten ist sicherlich etwas Aktives, der Patient verhält sich diesem Bemühen des Arztes gegenüber passiv.

Das passive, respektive aktive Verhalten bezog sich in dem bisher Gesagten ausschließlich auf die *seelische Einstellung* des Kranken. An *Handlungen* fordert die Analyse vom Patienten nichts als pünktliches Erscheinen zu den Behandlungsstunden; auf die sonstige Lebensweise nimmt sie keinen Einfluß, ja, sie betont ausdrücklich, daß auch der Patient wichtige Entscheidungen selbst treffen oder bis zur Erlangung der Fähigkeit zur Entscheidung aufschieben soll.

Die erste Ausnahme von dieser Regel ergab sich bei der Analyse gewisser Fälle von *Angsthysterie*; es kam vor, daß die Patienten, trotz genauer Befolgung der ›Grundregel‹ und trotz tiefer Einsicht in ihre unbewußten Komplexe, nicht über tote Punkte der Analyse hinwegkommen konnten, bis sie nicht dazu gedrängt wurden, sich aus dem sicheren Versteck ihrer Phobie herauszuwagen und sich versuchsweise der Situation auszusetzen, die sie ob ihrer Peinlichkeit ängstlich gemieden hatten. Wie zu erwarten war, zog dies bei ihnen ein akutes Aufflackern der

---

[5] Die früheren Suggestionen bestanden eigentlich im Einredenwollen einer bewußten Unwahrheit (»Es fehlt Ihnen nichts« – was doch sicherlich unrichtig ist, da doch der Patient an Neurose leidet). Die psychoanalytischen ›Suggestionen‹ benützen die Übertragung dazu, um die eigene Überzeugung von den unbewußten Motiven des Leidens dem Kranken zugänglich zu machen; der Psychoanalytiker muß dabei selbst darauf achten, daß der so angenommene Glaube kein ›blinder Glaube‹, sondern auf Erinnerung und aktuelles Erleben (›Wiederholung‹) gestützte eigene Überzeugung des Kranken sei. Dies unterscheidet die Psychoanalyse auch von den Überredungs- und Erklärungskuren von Dubois.

Angst nach sich; doch indem sie sich diesem Affekt aussetzten, überwanden sie zugleich auch den Widerstand gegen ein bisher verdrängt erhaltenes Stück des unbewußten Materials, das nunmehr in Einfällen und Reminiszenzen der Analyse zugänglich wurde.[6]

Das war nun das Vorgehen, auf das ich eigentlich die Bezeichnung ›aktive Technik‹ angewendet wissen wollte, die also nicht so sehr ein tätiges Eingreifen des Arztes, als vielmehr ein solches des Patienten bedeutet, dem nunmehr außer der Einhaltung der Grundregel besondere *Aufgaben* auferlegt wurden. Die Aufgabe bestand in den Fällen von Phobie in der *Ausführung* gewisser *unlustvoller Handlungen.*

Bald ergab sich mir Gelegenheit, einer Patientin auch Aufgaben zu erteilen, die darin bestanden, daß sie auf gewisse, bisher unbemerkt gebliebene *lustvolle Handlungen* (onanieartige Reizung der Genitalien, Stereotypien und ticartiges Zupfen oder Reizen anderer Körperstellen) *verzichten,* den Drang zu diesen Betätigungen beherrschen mußte. Der Erfolg war der nämliche: neues Erinnerungsmaterial wurde zugänglich, der Fortgang der Analyse sichtlich beschleunigt.

Die Konsequenz aus diesen und ähnlichen Erfahrungen hat Prof. Freud in seinem Budapester Kongreßvortrag gezogen[7], er konnte sogar die aus diesen Beobachtungen gezogene Lehre verallgemeinern und die Regel aufstellen: die Kur müsse überhaupt in der Situation der *Versagung* durchgeführt werden; dieselbe Versagung, die zur Symptombildung führte, müsse als Motiv zum Gesundwerdenwollen während der ganzen Kur aufrechterhalten werden; es sei sogar zweckmäßig, gerade *die* Befriedigung zu versagen, die der Patient am intensivsten wünscht.

Im Gesagten glaube ich alles Wesentliche deutlich aufgezählt zu haben, was bis jetzt über die Aktivität der psychoanalytischen Technik veröffentlicht wurde und was aus den allgemein bekannten Methoden als ›Aktivität‹ hervorgehoben werden kann.

II

Ich möchte nun Bruchstücke aus einigen Analysen mitteilen, die das Gesagte zu bekräftigen und unsere Einsicht in das bei der ›aktiven Technik‹ tätige Kräftespiel um einiges zu vertiefen geeignet sind. Ich denke zu-

---

[6] Vgl. ›Technische Schwierigkeiten einer Hysterieanalyse‹ [s. o., S. 3 ff.]. Die Anregung zu solchem Vorgehen gab mir eine mündliche Äußerung Freuds.
[7] ›Wege der psychoanalytischen Therapie.‹

nächst an den Fall einer jungen kroatischen Musikkünstlerin, die an einer ganzen Menge von Phobien und Zwangsbefürchtungen litt. Aus der Unzahl von Symptomen will ich nur einige hervorheben. Sie litt an quälendem Lampenfieber; wurde sie in der Musikschule zum Vorspielen aufgefordert, so wurde sie hochrot im Gesicht; Fingerübungen – die sie, wenn sie allein war, bereits ohne Anstrengung automatisch ausführte – schienen ihr von ungeheurer Schwierigkeit; sie griff unausweichlich bei jeder Produktion daneben und hatte die Zwangsidee, sie müsse sich blamieren, was sie auch – trotz ihrer ungewöhnlichen Begabung – reichlich tat. Auf der Gasse glaubte sie sich wegen ihrer zu voluminösen Brüste fortwährend beobachtet und wußte nicht, wie sie sich halten oder benehmen solle, um diese (eingebildete) körperliche Mißgestalt zu verdecken. Bald kreuzte sie die Arme vor der Brust, bald preßte sie die Brüste fest an den Brustkorb; doch kam, wie bei Zwangskranken gewöhnlich – nach jeder Vorsichtsmaßregel der Zweifel, ob sie nicht gerade hierdurch die Aufmerksamkeit auf sich lenke. Ihr Benehmen auf der Straße war bald übertrieben scheu, bald herausfordernd; sie war unglücklich, wenn man ihr (trotz ihrer ausgesprochenen Schönheit) keine Beachtung schenkte, – nicht minder verdutzt war sie aber, wenn sie einmal wirklich von jemandem, der ihr Benehmen mißverstand (oder besser gesagt: es richtig deutete) angesprochen wurde. Sie hatte Angst, aus dem Munde zu riechen, und lief darum jeden Augenblick zum Zahnarzt und zum Stomato-Laryngologen [8], die bei ihr natürlich nichts konstatieren konnten usw. – Sie kam nach einer mehrmonatigen Analyse zu mir (da der betreffende Kollege aus äußeren Gründen die Kur abbrechen mußte) und war bereits in ihre unbewußten Komplexe recht gut eingeweiht; nur mußte ich in der bei mir fortgesetzten Kur die Beobachtung meines Kollegen bestätigen, daß der Fortschritt der Heilung in gar keinem Verhältnis zur Tiefe ihrer theoretischen Einsicht und zu dem bereits zutage geförderten Erinnerungsmaterial stand. So ging es auch bei mir noch wochenlang. In einer Stunde nun fiel ihr ein Gassenhauer ein, den ihre ältere (sie in jeder Weise tyrannisierende) Schwester zu singen pflegte. Nach langem Zögern sagte sie mir den recht zweideutigen Text des Liedes und schwieg dann lange; ich brachte aus ihr heraus, daß sie an die *Melodie* des Liedes gedacht hatte. Ich zögerte nicht, von ihr auch das *Hersingen* des Liedes zu fordern. Es dauerte aber fast zwei Stunden, bis sie sich entschloß, das Lied so vorzutragen, wie sie es wirk-

---

[8] [Hals-, Nasen-, Ohrenarzt.]

lich meinte. Unzähligemal brach sie inmitten der Strophe ab, so sehr genierte sie sich; auch sang sie zuerst mit leiser, unsicherer Stimme, bis sie – aufgemuntert durch mein Zureden – lauter zu singen begann, wobei sich ihre Stimme mehr und mehr entfaltete und sich als ein ungewöhnlich schöner Sopran entpuppte. Der Widerstand hörte damit nicht auf; sie gestand mir nach einigem Widerstreben, daß die Schwester das Singen des Liedes mit ausdrucksvollen, und zwar ganz unzweideutigen *Gesten* zu begleiten pflegte, und sie produzierte einige unbeholfene Armbewegungen, um die Gebärden der Schwester zu illustrieren. Schließlich forderte ich sie auf, aufzustehen und das Lied *ganz so,* wie sie es bei der Schwester gesehen hatte, zu wiederholen. Nach zahllosen, mutlos unterbrochenen Versuchen produzierte sie sich als perfekte Chansonette, mit der Koketterie im Mienenspiel und in den Bewegungen, wie sie es von der Schwester gesehen hatte. Sie schien aber nunmehr an diesen Produktionen Gefallen zu finden und fing an, die Analysenstunden mit solchen zu vertändeln. Als ich das bemerkte, sagte ich ihr, nun wüßten wir ja bereits, daß sie gerne ihre verschiedentlichen Talente produziere und daß sich hinter ihrer Bescheidenheit eine nicht geringe Gefallsucht verstecke; jetzt hieße es: nicht mehr tanzen, sondern weiterarbeiten. Es war überraschend, wie günstig dieses kleine Intermezzo die Arbeit förderte. Es kamen ihr bislang nie zur Sprache gekommene Erinnerungen aus ihrer frühen Kindheit, aus der Zeit der Geburt eines Brüderchens, die auf ihre psychische Entwicklung eine wahrhaft unheilvolle Wirkung gehabt und sie zu einem ängstlich-schüchternen, überbraven Kind gemacht hatten. Sie erinnerte sich an die Zeit, wo sie noch eine ›kleine Teufelin‹ war, der Liebling der ganzen Familie und aller Bekannten, die schon damals, und zwar gerne und unaufgefordert, alle ihre Künste zeigte, vorsang und überhaupt eine unbändige Bewegungslust zur Schau trug.

Ich nahm nun diesen aktiven Eingriff zum Vorbild und hielt die Patientin an, Handlungen, vor denen sie die größte Angst hatte, auszuführen. Sie dirigierte vor mir (indem sie auch die Stimmen eines Orchesters nachmachte) einen längeren Satz aus einer Symphonie; die Analyse dieses Einfalls führte zur Aufdeckung des Penisneides, von dem sie seit der Geburt ihres Bruders geplagt war. Sie spielte mir am Klavier das schwierige Stück vor, das sie bei der Prüfung aufzuführen hatte; bald nachher erwies sich in der Analyse, daß ihre Angst, sich beim Klavierspiel zu blamieren, auf Onaniephantasien und Onaniebeschämungen (verbotene ›Fingerübungen‹) zurückging. Wegen ihrer angeblich unförmlich großen Brüste traute sie sich nicht in die Schwimmanstalt; erst nachdem sie auf mein Drängen den Widerstand dagegen überwand, konnte sie sich in der Analyse von ihrer latenten Exhibitionslust überzeugen. Nun, da der Zugang zu ihren verstecktesten Tendenzen eröffnet wurde, gestand sie mir auch, daß sie – in der Stunde – sich sehr viel mit dem Sphinkter ani beschäftigt; bald spielt sie mit dem Gedanken, einen Flatus zu lassen, bald kontrahiert sie den Sphinkter rhythmisch usw. Wie jede technische Regel, versuchte dann die Patientin auch die Aktivität ad absurdum zu führen, indem sie die ihr gewordenen Aufträge übertrieb. Ich ließ sie eine Weile gewähren, dann gab ich ihr den Auftrag, diese Spiele zu unterlassen, und nach nicht allzulanger Arbeit kamen wir auf die analerotische Erklärung ihrer Angst, aus dem Munde zu riechen, die sich bald nach der Reproduktion der dazugehörigen infantilen Erinnerungen (und bei Aufrechterhaltung des Verbotes der Analspiele) wesentlich besserte.

Den größten Besserungsschub verdankten wir der mit Hilfe der ›Aktivität‹ entlarvten *unbewußten Onanie* der Patientin. Am Klavier sitzend, hatte sie – bei jeder heftigeren oder leidenschaftlicheren Bewegung – eine wollüstige Mitempfindung der durch die Bewegung gereizten Genitalpartien. Sie mußte sich diese Empfindungen *in flagranti* eingestehen, nachdem sie den Auftrag bekommen hatte, sich am Klavier – wie sie das bei vielen Künstlern sah – recht leidenschaftlich zu gebärden; doch sobald sie anfing, an diesen Spielen Gefallen zu finden, mußte sie damit auf mein Anraten aufhören. Als Erfolg konnten wir dann Reminiszenzen und Rekonstruktionen infantiler Genitalspiele, vielleicht der Hauptquelle ihrer übertriebenen Schamhaftigkeit, registrieren.

Nun ist es aber an der Zeit, uns zu überlegen, was wir eigentlich bei diesen Angriffen anstellten, und zu versuchen, uns eine Vorstellung davon zu machen, welchem psychischen Kräftespiel hier die unleugbare Förderung der Analyse zu verdanken war. Unsere Aktivität in diesem Falle läßt sich in zwei Phasen zerlegen. In der ersten mußten der Patientin, die sich vor gewissen Handlungen phobisch hütete, *Gebote* erteilt werden, diese Handlungen, trotz ihres unlusterzeugenden Charakters, durchzuführen; nachdem die bisher unterdrückten Tendenzen lustvoll geworden waren, hatte sie sich in der zweiten ihrer zu erwehren; gewisse Handlungen wurden ihr *verboten*. Die Gebote hatten den Erfolg, daß ihr gewisse, bislang verdrängte oder nur in unkenntlichen Rudimenten sich äußernde Antriebe *vollbewußt*, schließlich auch als ihr angenehme Vorstellungen, *als Wunschregungen bewußt* wurden. Indem ihr dann die Befriedigung der nunmehr lustvollen Betätigung versagt wurde, fanden die einmal geweckten psychischen Regungen den Weg zu längst verdrängtem psychischen Material, zu infantilen Reminiszenzen oder sie mußten als Wiederholungen von etwas Infantilem gedeutet und die Einzelheiten und Umstände der kindlichen Vorgänge, unter Zuhilfenahme des übrigen analytischen Materials (Träume, Einfälle usw.) vom Analytiker rekonstruiert werden. Die Patientin hatte es nun leicht, solche Konstruktionen anzunehmen, da sie doch weder vor sich noch vor dem Arzt ableugnen konnte, die vermuteten Handlungen und die sie begleitenden Affekte soeben *aktuell* erlebt zu haben. So zerfiel die bisher einheitlich ins Auge gefaßte ›Aktivität‹ in die systematische Erteilung, respektive Befolgung von *Geboten* und *Verboten* unter steter Einhaltung der Freudschen ›Situation der Versagung‹.

Ich war schon in recht zahlreichen Fällen in der Lage, von diesen Maßnahmen Gebrauch zu machen, und zwar nicht nur – wie im beschriebenen Fall – durch Aktivierung und Beherrschung erotischer Tendenzen, sondern auch hochsublimierter Tätigkeiten. Eine Patientin, die – abgesehen von naiven Versuchen in der Pubertät – niemals dichtete, drängte ich auf gewisse Anzeichen hin dazu, ihre poetischen Einfälle zu Papier zu bringen. Auf diese Weise kam sie dazu, nicht nur ein ungewöhnliches Maß von poetischer Begabung zu entfalten, sondern auch das ganze Ausmaß ihrer bis dahin latent gebliebenen Sehnsucht nach männlicher Produktivität überhaupt, die mit ihrer vorwiegend klitoridienne Erotik und der sexuellen Anästhesie dem Manne gegenüber zusammenhing. In der Verbotsperiode aber, in der ihr die literarische Arbeit untersagt wurde, stellte sich heraus, daß es sich bei ihr eher um Mißbrauch als um Gebrauch eines Talentes handelte. Ihr ganzer ›Männlichkeitskomplex‹ erwies sich als etwas Sekundäres, als die Folge eines in der Kindheit erlittenen Genitaltraumas, das ihren vordem echt weiblichen und hingebungsfähigen Charakter in die Richtung des Autoerotismus und der Homosexualität verschoben hatte, indem es ihr die Heterosexualität verleidete. Die in der Analyse gemachten Erfahrungen befähigten die Patientin zur richtigen Einschätzung ihrer wirklichen Velleitäten; jetzt weiß sie, daß sie gewöhnlich dann zur Feder greift, wenn sie fürchtet, als Weib nicht voll zur Geltung zu kommen. Dieses analytische Erlebnis hat zur Wiederkehr ihrer normal-weiblichen Genußfähigkeit beigetragen.

Wenn der Patient von vornherein, ohne erhaltenen Auftrag ›aktiv‹ ist, wenn er onaniert, Zwangshandlungen ausführt, Symptomhandlungen und ›passagère Symptome‹ produziert, entfällt natürlich die erste, die ›Gebotsperiode‹, von selbst und beschränkt sich die ›Aufgabe‹ des Patienten darauf, solche Handlungen zum Zweck der Förderung der Analyse zeitweilig zu unterlassen. (Allerdings sind die kleinen Symptome oft nur die Rudimente der latenten Tendenzen und der Patient ist zu ihrer vollen Entfaltung erst aufzumuntern.) Von solchen während der Kur aufgetretenen und verbotenen Symptomen erwähne ich: den Drang, unmittelbar vor und nach der Stunde zu urinieren, Brechreiz in der Analysenstunde, unartiges Zappeln, Zupfen und Streicheln am Gesicht, an den Händen oder anderen Körperteilen, das schon erwähnte Spielen mit dem Sphinkter, das Aneinanderdrücken der Beine usw. Bei einem Patienten merkte ich z. B., daß er, sobald der Inhalt der Assoziation für ihn unbequem oder unlustvoll zu werden begann, anstatt weiter zu arbeiten, Affekte produzierte, schrie, zappelte, sich überhaupt ungebärdig benahm. Natürlich war daran nur der Widerstand gegen das bereits angeregte Analysenmaterial schuld; er wollte die ihm unlustvollen Gedanken förmlich von sich ›abschütteln‹.[9]

Der analytischen Grundregel scheinbar widersprechend, mußte ich mich in einigen Fällen auch dazu entschließen, die Patienten zur Produktion auch von *Gedanken* und *Phantasien* aufzumuntern, respektive von solchen abzuraten. So animierte ich schon Kranke, die damit drohten, daß sie mich belügen, zum Beispiel Träume fingieren werden, dazu, diesen Plan doch auszuführen. Wo ich aber den ›Mißbrauch der Assoziationsfreiheit‹[10] mit Hilfe irreführender und nichtssagender, vom Thema abseitsliegender Einfälle oder Phantasien bemerkte, scheute ich mich nicht davor, dem Patienten zu zeigen, daß er sich damit nur schwierigeren Aufgaben zu entziehen suche und ihm den Auftrag zu geben, lieber den abgebrochenen Gedankenfaden aufzunehmen. Es waren dies eben Fälle, in denen die Patienten dem sie wesentlich Angehenden aber Unlustvollen mit Hilfe des sogenannten *Vorbeiredens* (Ganser) – man könnte eher sagen: des *Vorbeidenkens* – ausweichen wollten. Dieses Richtunggeben für den Assoziationsablauf, diese Hemmung, respektive Förderung der Gedanken und Phantasien ist sicherlich ebenfalls Aktivität im hier gebrauchten Sinne des Wortes.

III

Über die *Indikationsstellung* der Aktivität läßt sich wenig Allgemeingültiges sagen; wenn irgendwo, so heißt es wohl hier individuell

---

[9] Die Tics und die sogenannten Stereotypien des Kranken erfordern eine besondere Berücksichtigung, die ich in einer anderen Arbeit versuchte [s. o., S. 39 ff.].
[10] ›Zur psychoanalytischen Technik‹ [in Band I dieser Ausgabe, S. 272 ff.].

vorzugehen. Der Hauptgesichtspunkt dabei ist und bleibt die möglichste *Sparsamkeit* mit diesem technischen Hilfsmittel, das ja nur ein Notbehelf, eine pädagogische Nachhilfe der eigentlichen Analyse ist und nie den Anspruch erheben darf, sich an ihre Stelle setzen zu wollen. Ich verglich solche Maßnahmen bei einem anderen Anlaß mit der Zange des Geburtshelfers, die ja auch nur im äußersten Notfall in Gebrauch genommen werden darf, und deren unnötige Anwendung in der Medizin mit Recht zum Kunstfehler gestempelt wird. Anfänger oder Analytiker mit nicht sehr großer Erfahrung tun überhaupt besser, darauf so lange als möglich zu verzichten, nicht nur weil sie damit die Kranken leicht auf falsche Fährten führen (oder von ihnen irregeführt werden) können, sondern auch, weil sie dadurch leicht die einzige Gelegenheit versäumen, die Erkenntnisse und die Überzeugungen von der Dynamik der Neurosen zu gewinnen, die nur aus dem Verhalten der ohne jede äußere Beeinflussung behandelten, nur der ›Grundregel‹ unterworfenen Patienten zu holen ist.

Von den vielen Kontraindikationen hebe ich nur einige hervor. Am Beginn einer Analyse sind derlei technische Kunstgriffe von Übel. Die Gewöhnung an die Grundregel gibt da dem Patienten gerade genug zu schaffen, auch hat sich der Arzt anfänglich möglichst reserviert und passiv zu verhalten, um die spontanen Übertragungsversuche des Patienten ja nicht zu stören. Im späteren Verlauf der Kur kann sich, je nach der Eigenart des Falles, mehr oder minder oft die Aktivität von Nutzen oder auch unvermeidlich erweisen. Selbstverständlich muß der Analytiker wissen, daß ein solches Experiment ein zweischneidiges Schwert ist; er muß also sichere Anzeichen von der *Tragfestigkeit der Übertragung* haben, bevor er sich dazu entschließt. Die Aktivität arbeitet, wie wir sahen, immer ›gegen den Strich‹, das heißt gegen das Lustprinzip. Ist die Übertragung schwach, d. h. die Kur für den Patienten noch nicht zum Zwang geworden (Freud), – so benützt er die neue und ihm lästige Aufgabe leicht zur vollen Ablösung vom Arzt und zur Flucht aus der Kur. Das ist die Erklärung der Mißerfolge der ›wilden Psychoanalytiker‹, die meist allzu aktiv und gewaltsam vorgehen und damit ihre Klienten abschrecken. – Anders sind die Verhältnisse gegen das Ende einer Analyse. Da braucht sich ja der Arzt durchaus nicht davor zu ängstigen, daß ihm der Patient durchgeht, gewöhnlich hat er eben mit dessen Bestreben zu kämpfen, die Kur ins Endlose fortzusetzen, das heißt sich an die Kur statt an die Wirklichkeit zu klammern. ›Endspiele‹ der Analyse gelingen selten ohne aktive

Eingriffe, respektive Aufgaben, die der Patient außer der genauen Einhaltung der ›Grundregeln‹ zu leisten hat. Als solche nenne ich: Terminsetzungen zur Beendigung der Kur, das Drängen zu einer sichtlich schon gereiften, aber aus Widerstand hinausgeschobenen Entscheidung, hie und da auch die Leistung einer besonderen, vom Arzt auferlegten Opferhandlung, einer wohltätigen oder sonstigen Spende. Nach einer solchen, zunächst erzwungenen und vom Kranken widerwillig ausgeführten Handlung fallen einem manchmal (wie zum Beispiel in Freuds Fall einer ›infantilen Neurose‹) die letzten Aufklärungen und Reminiszenzen des Kranken gleichsam als Abschiedsgeschenke in den Schoß, nicht selten gleichzeitig mit einem oft nur kleinen, aber symbolisch bedeutsamen Geschenk, das in diesen Fällen vom Patienten wirklich gebracht und nicht wie in der Analyse ›aufgelöst‹ wird.

Es gibt eigentlich keine Neurosenart, bei der die Aktivität gelegentlich nicht anzuwenden wäre. Von den Zwangshandlungen und angsthysterischen Phobien sagte ich bereits, daß man bei ihnen selten ohne diese Technik auskommt. Selten bedarf man ihrer bei der echten Konversionshysterie, aber ich erinnere mich eines Falles, den ich vor vielen Jahren einmal ähnlich behandelte, ohne zu wissen, daß ich dabei aktive Therapie betrieb. Ich will den Fall kurz mitteilen.

Ein bäuerlich aussehender Mann suchte meine Ordination an der Arbeiter-Poliklinik mit der Klage auf, an Anfällen von Bewußtlosigkeit zu leiden. Ich hielt seine Attacken für hysterische und nahm ihn in die Wohnung mit nach Hause, um ihn etwas ausführlicher zu explorieren. Er erzählte mir eine langwierige Familiengeschichte vom Zwist mit dem Vater, einem wohlhabenden Landwirt, der ihn wegen seiner Mesalliance verstieß, so daß er »als Kanalräumer arbeiten muß, während ...« – bei diesen Worten wurde er blaß, schwankte und wäre hingestürzt, hätte ich ihn nicht aufgefangen. Er schien das Bewußtsein verloren zu haben und murmelte unverständliches Zeug; – ich aber ließ mich nicht beirren, rüttelte den Mann ganz tüchtig, wiederholte den von ihm begonnenen Satz und forderte von ihm ganz energisch, den Satz zu Ende zu sagen. Er sagte dann mit schwacher Stimme, er müsse als Kanalräumer arbeiten, während sein jüngerer Bruder den Acker bestellt; er sehe ihn, wie er hinter dem von sechs schönen Ochsen bespannten Pflug einhergeht, dann nach getaner Arbeit nach Hause fährt, mit dem Vater zusammen ißt usw. Auch ein zweites Mal wollte er ohnmächtig werden, als er von dem Zwiespalt zwischen seiner Frau und der Mutter erzählte; ich zwang ihn aber, auch das zu Ende zu sagen. Mit einem Wort, der Mann hatte die Fähigkeit zu hysterischen Ohnmachten, die er immer wieder bekam, wenn er aus der unglücklichen Wirklichkeit in die schöne Welt der Phantasie flüchten oder wenn er allzu peinlichen Gedankengängen ausweichen wollte. Das ›aktiv‹ erzwungene, bewußte Zuendedenken der hysterischen Phantasien hat nun beim Kranken wie eine Wunderkur gewirkt; er konnte nicht genug darüber staunen, daß ich ihn so ›ohne Medizin‹ heilen konnte. Einen in ähnlichem Sinne aktiv beeinflußten hysterischen Anfall bei einem zwangskranken Kind teilte unlängst Sokolnicka mit.[11] Sie äußerte auch die sehr beachtenswerte Idee, daß man den Symptomen, die im Dienste des sekundären Krankheitsgewinnes stehen, pädagogisch beizukommen trachte.

Ich erwähne bei dieser Gelegenheit auch die Simmelschen Analysen von traumatischen Kriegshysterien[12], in denen durch aktives Eingreifen die Kurdauer wesentlich verkürzt wurde, und die mir von Hollós in Budapest mündlich mitgeteilten Erfahrungen bei der aktiven Behandlung von Katatonikern. Überhaupt dürften *Kinderneurosen* und *Geisteskrankheiten* ein besonders dankbares Feld für die Anwendung pädagogischer und sonstiger Aktivität sein, nur darf nie außer acht gelassen werden, daß solche Aktivität nur dann als eine psychoanalytische bezeichnet werden kann, wenn sie nicht als Selbstzweck, sondern als Hilfsmittel der Tiefenforschung zur Anwendung gelangt.

Die aus äußeren Gründen notwendige Abkürzung der Behandlungsdauer, die Massenbehandlung beim Militär, in der Poliklinik usw. dürften die Aktivität in ausgiebigerem Maße als normale individuelle Psychoanalysen indizieren. Allerdings kann ich hier aus eigener Erfahrung auf zwei Gefahren aufmerksam machen. Die eine ist, daß der Patient infolge solcher Eingriffe *zu rasch* und damit unvollständig geheilt wird.[13] Eine zwangsneurotisch-phobische Patientin z. B. vermochte ich durch Aufmunterung bald dazu zu bringen, alle die Situationen, die sie vorher ängstlich mied, mit Vergnügen aufzusuchen; sie wurde aus einer schüchternen Person, die sich immer von der Mutter begleiten lassen mußte, eine außerordentlich lebenslustige, selbständige Dame, die sich von einer ganzen Schar von Verehrern umgeben ließ. Zum zweiten, dem Versagungsteil der aktiven Technik, kam es aber bei ihr überhaupt nicht; ich entließ sie in der sicheren Erwartung, daß sie diese Kehrseite der aktiven Technik in einer zweiten Analyse werde

---

11 ›Analyse einer infantilen Zwangsneurose.‹
12 ›Zur Psychoanalyse der Kriegsneurosen.‹
13 S. ›Diskontinuierliche Analysen‹ [1914].

durchmachen müssen, sobald äußere Schwierigkeiten den nur unvollständig gelösten inneren Konflikt neuerlich zur Symptombildung steigern würden. Die andere Gefahr ist die, daß infolge Reizung der Widerstände die Kur, die man mit der Aktivität abkürzen wollte, wider Erwarten in die Länge gezogen wird.

Von speziellen Indikationen der aktiveren Analyse nenne ich nochmals Fälle von Onanie, deren larvierte und oft chamäleonartig veränderliche Formen konsequent zu entlarven und zu verbieten sind, wobei es dann die Patienten oft zum ersten Male zu wirklichen Onaniebetätigungen bringen. Die unverhüllten Formen der Onanie möge man eine Weile beobachten, bis sie sich sozusagen voll entfaltet haben; des unbewußten (Ödipus-) Kerns der Selbstbefriedigungsphantasien wird man wohl nie ohne vorherige Abstellung der Befriedigung selbst habhaft werden.

Auch bei der Behandlung der Impotenz schaut man den – meist fruchtlosen – Begattungsversuchen der Patienten eine Zeitlang untätig zu, bald jedoch wird man wohl in jedem Fall diese Selbstheilungsversuche der Patienten wenigstens zeitweilig untersagen und von Koitusversuchen so lange abraten müssen, bis sich als Resultat der Analyse die wirkliche Libido mit ihren unzweideutigen Merkmalen meldet. Selbstverständlich ist das durchaus nicht als Axiom hinzustellen; es gibt gewiß auch Fälle, in denen man die Kur ohne jede solche Beeinflussung der sexuellen Betätigung zu Ende führt. Es kommt übrigens auch vor, daß man im Interesse der Vertiefung der Analyse auch nach der bereits erlangten sexuellen Leistungsfähigkeit dem Patienten vom Sexualverkehr einstweilen abraten muß.

Einen recht ausgiebigen Gebrauch von der Aktivität mußte ich in den Fällen machen, die man ›Charakteranalysen‹ nennen könnte. In gewissem Sinne rechnet jede Analyse mit dem Charakter des Patienten, wenn sie sein Ich allmählich zur Annahme peinlicher Einsichten vorbereitet. Es gibt aber Fälle, in denen nicht so sehr neurotische Symptome, als vielmehr abnorme Charaktereigenschaften vorherrschen. Charaktereigenschaften unterscheiden sich von neurotischen Symptomen unter anderem dadurch, daß bei ihnen die ›Krankheitseinsicht‹ ähnlich wie bei den Psychosen zu fehlen pflegt; sie sind gleichsam vom narzißtischen Ich geduldete, ja anerkannte Privatpsychosen, jedenfalls Abnormitäten des Ich, deren Änderung eben seitens des Ich der größte Widerstand entgegengesetzt wird. Der Narzißmus des Patienten kann, wie wir von Freud wissen, der analytischen Beeinflußbarkeit des Patienten ein Ziel setzen, besonders da der Charakter sich als Schutzwall vor dem Zugang zu den infantilen Erinnerungen zu erheben pflegt. Gelingt es da nicht, den Patienten nach dem Ausdruck Freuds in die ›Siedehitze der Übertragungsliebe‹ zu versetzen, in der auch die sprödesten Charaktereigenschaften schmelzen, so mag man einen letzten Versuch mit der entgegengesetzten Methode machen und Charakterzüge, die oft nur angedeutet sind, durch die dem Patienten gegebenen, für ihn unlustvollen Aufgaben, also durch die aktive Technik, reizen, dabei zur vollen Entfaltung bringen und so ad absurdum führen. Daß eine solche Reizung leicht zum Abbruch der Analyse führen kann, brauche ich kaum zu betonen; hält aber die Anhänglichkeit des Patienten dieser Probe stand, so kann unsere technische Bemühung von einem Fortschritt in der Analyse gekrönt sein.

In den bisher behandelten Fällen bestand die Aktivität des Arztes nur darin, daß er den Patienten gewisse Verhaltungsmaßregeln vorschrieb, d. h. sie durch ihr Benehmen zur aktiven Mithilfe an der Kur bewog. Prinzipiell zu scheiden ist hiervon die Frage, ob der Arzt in der Lage ist, *durch sein eigenes Benehmen dem Kranken gegenüber* die Kur zu fördern. Indem wir den Kranken zur Aktivität drängen, geben wir ihm eigentlich die Anleitung zur Selbsterziehung, die das Ertragen des noch Verdrängten erleichtern soll. Es fragt sich nun, ob wir auch die sonstigen Hilfsmittel der Pädagogik, als deren wichtigste Lob und Tadel zu nennen sind, anwenden dürfen?

Freud sagte gelegentlich, daß bei Kindern die analytische Nacherziehung nicht von aktuellen Aufgaben der Pädagogik zu trennen ist. Die Neurotiker haben aber, besonders in der Analyse, alle etwas Kindliches an sich, und man kommt manchmal in der Tat in die Lage, eine allzu stürmische Übertragung mit etwas Zurückhaltung abzukühlen, besonders Spröden etwas Freundlichkeit zu zeigen und durch diese Maßnahme das nötige ›Temperaturoptimum‹ des Verhältnisses zwischen Arzt und Patient herzustellen. Niemals aber darf der Arzt im Patienten Erwartungen wecken, die er nicht halten kann oder darf; er muß für die Aufrichtigkeit jeder getanen Äußerung bis zum Ende der Kur haften. Nur innerhalb des Rahmens der vollen Aufrichtigkeit ist einiger Raum für taktische Maßnahmen dem Patienten gegenüber da. Ist einmal jenes ›Optimum‹ erreicht, so wird man sich natürlich nicht länger mit diesem Verhältnis beschäftigen, sondern sich so bald als möglich der Hauptaufgabe der Analyse, der Erforschung des Unbewußten und des Infantilen, zuwenden.

IV

Ich kam zu wiederholten Malen in die Lage, mich gegen unmotivierte und meiner Ansicht nach überflüssige oder gar irreführende Vorschläge zur Modifikation der psychoanalytischen Technik auszusprechen. Wenn ich nun selbst mit einigen neuen Vorschlägen komme, so muß ich entweder meine bisher geäußerten konservativen Ansichten zurückziehen oder nachweisen, daß diese Vorschläge mit den früheren Äußerungen verträglich sind. Ich bin auch darauf gefaßt, daß meine seinerzeitigen Gegner sich die Gelegenheit nicht entgehen lassen werden, mich der Inkonsequenz zu zeihen. Ich denke dabei an meine kritischen Äußerungen über die technischen Vorschläge von Bjerre, Jung und Adler.

Bjerre schlug vor, sich bei der Analyse nicht mit der Erforschung der pathogenen Ursachen zu begnügen, sondern auch die geistige und ethische Leitung und Lenkung des Patienten in die Hand zu nehmen. Jung wollte, daß der Psychotherapeut die Aufmerksamkeit des Kranken von der Vergangenheit weg- und auf die aktuellen Aufgaben des Lebens hinlenke; Adler sagte, daß man sich nicht mit der Analyse der Libido, sondern des ›nervösen Charakters‹ zu beschäftigen habe. Meine heutigen Vorschläge zeigen nun gewisse Analogien mit diesen Modifikationen, aber die Unterschiede sind viel zu augenfällig, als daß sie der objektiven Beurteilung entgehen könnten.

Die Weisungen, die ich dem Patienten – und zwar, wie gesagt, nur in gewissen Ausnahmefällen – zu geben vorschlage, beziehen sich durchaus nicht auf die praktische oder geistige Lebensführung im allgemeinen, sie beziehen sich nur auf gewisse Einzelhandlungen; sie sind auch nicht *a priori* aufs Moralische gerichtet, sondern nur *gegen das Lustprinzip;* sie hemmen die Erotik (die ›Unmoral‹) nur, insofern sie damit ein praktisch-analytisches Hindernis aus dem Wege zu schaffen hoffen. Es kann aber ebensowohl vorkommen, daß man beim Patienten eine von ihm abgewehrte erotische Tendenz duldet oder ihn dazu ermutigt. Die Charakteruntersuchungen werden niemals in den Vordergrund unserer Technik gerückt, sie spielen hier auch nicht die ausschlaggebende Rolle wie bei Adler, sondern werden nur angerührt, wenn gewisse abnorme, den Psychosen vergleichbare Züge die normale Fortsetzung der Analyse stören.

Man könnte auch einwenden, daß die ›aktive Technik‹ eine Rückkehr zur banalen Suggestions- oder zur kathartischen Abreagiertherapie sei. Dem wäre zu entgegnen, daß wir bestimmt nicht im alten Sinne sugge-

Weiterer Ausbau der ›aktiven Technik‹ in der Psychoanalyse

rieren, da wir ja nur gewisse Verhaltungsmaßregeln vorschreiben, den Erfolg der Aktivität aber nicht voraussagen, ja im vorhinein nicht einmal selbst wissen. Indem wir Gehemmtes fördern, Ungehemmtes hemmen lassen, hoffen wir nur auf eine Neuverteilung der psychischen, in erster Linie der libidinösen Energien des Kranken, die der Zutageförderung verdrängten Materials förderlich ist. Was aber dieses Material sein wird, das reden wir dem Kranken um so weniger ein, als wir uns davon selbst gerne überraschen lassen. Schließlich versprechen wir davon weder uns noch dem Patienten eine unmittelbare ›Besserung‹ des Zustandes. Im Gegenteil, die Reizung des Widerstandes durch die Aktivität stört nicht wenig die behagliche, aber torpide Ruhe einer ins Stocken geratenen Analyse. Eine Suggestion aber, die nur Unangenehmes verspricht, unterscheidet sich nicht unwesentlich von den bisherigen gesundheitsversprechenden ärztlichen Suggestionen, so daß sie kaum mehr mit demselben Namen belegt werden kann. Nicht minder groß sind die Unterschiede zwischen der ›Aktivität‹ und der kathartischen Therapie. Die Katharsis machte es sich zur Aufgabe, Reminiszenzen zu wecken, und erzielte durch das Erwecken von Erinnerungen die Abreaktion eingeklemmter Affekte. Die aktive Technik regt beim Patienten gewisse Handlungen, Hemmungen, psychische Einstellungen oder eine Affektabfuhr an und erhofft das *sekundäre* Zugänglichwerden des Unbewußten oder des Erinnerungsmaterials. Jedenfalls ist die beim Kranken angeregte Betätigung nur Mittel zum Zweck, während die Affektabfuhr der Katharsis als Selbstzweck betrachtet wurde. Wo also die Katharsis ihre Aufgabe für beendet hält, dort beginnt für den ›aktiven‹ Analytiker erst die eigentliche Arbeit.

Indem ich aber die Unterschiede (zum Teil direkte Gegensätze) zwischen den erwähnten Behandlungsmethoden und Modifikationen einerseits und der aktiven Technik andererseits hervorhebe, will ich durchaus nicht leugnen, daß die kritiklose Anwendung meiner Vorschläge leicht zu einer Verzerrung der Analyse in eine der von Jung, Adler und Bjerre eingeschlagenen Richtungen führen oder zur kathartischen Therapie regredieren kann. Ein Grund mehr, diese technischen Hilfsmittel mit der größten Vorsicht und erst bei voller Beherrschung der regelrechten Psychoanalyse anzuwenden.

V

Zum Schluß möchte ich kurz einige Überlegungen mitteilen, mit denen ich mir die Wirksamkeit der aktiven Technik auch theoretisch erklärlich zu machen versuche. Die Aktivität in dem beschriebenen Sinne bewirkt vor allem eine Steigerung des Widerstandes, indem sie die Ichempfindlichkeit reizt. Sie führt aber auch die Exazerbation [14] der Symptome herbei, indem durch sie die Heftigkeit des inneren Konflikts zunimmt. Die aktiven Eingriffe erinnern also an Reizkuren, die man in der Medizin gegen gewisse torpide oder chronische Prozesse anwendet; ein chronisch gewordener Schleimhautkatarrh erweist sich gegen jede Behandlung refraktär, die akute Exazerbation durch künstliche Reizung führt aber nicht nur zur Entdeckung latenter Krankheitsherde, sie weckt auch Abwehrkräfte des Organismus, die beim Heilungsvorgang nützlich sein können.

Eine ganz andersartige theoretische Überlegung beleuchtet die Wirksamkeit der aktiven Technik vom Standpunkt der psychischen Ökonomie. Wenn der Kranke lustvolle Tätigkeiten einstellt, unlustvolle erzwingt, so entstehen bei ihm neue psychische Spannungszustände, zumeist Steigerungen der Spannung, die auch entfernte oder tief verdrängte, bisher von der Analyse verschont gebliebene Seelengebiete in ihrer Ruhe stören, so daß deren Abkömmlinge – in Form von deutbaren Einfällen – den Weg zum Bewußtsein finden.

Ein Teil der Wirksamkeit der Aktivität wird vielleicht von der ›sozialen‹ Seite der analytischen Therapie her verständlich. Um wieviel stärker und tiefer die Beichte als das Selbstbekenntnis, das Analysiertwerden als die Selbstanalyse wirkt, ist allgemein bekannt. Erst unlängst hat ein ungarischer Soziologe diese Wirkung gebührend gewürdigt. Eine weitere Steigerung dieser Wirkung erzielen wir aber, wenn wir einen Patienten dazu anhalten, tief versteckte Regungen sich nicht nur zu bekennen, sondern sie auch *vor dem Arzt zu agieren*. Wenn wir ihm dann auch die Aufgabe stellen, diese Regungen *bewußt zu beherrschen*, haben wir wahrscheinlich den ganzen Prozeß einer Revision unterzogen, der irgend einmal in unzweckmäßiger Art mittels der *Verdrängung* erledigt wurde. Es ist gewiß kein Zufall, daß in der Analyse gerade infantile *Unarten* so häufig zur Entfaltung gebracht, dann untersagt werden müssen. [15]

---

[14] [Verschlimmerung eines Krankheitszustandes.]
[15] Vgl. auch ›Zur Psychoanalyse von Sexualgewohnheiten‹ [in diesem Band, S. 147 ff.].

Daß die vom Kranken erzwungenen Affektäußerungen oder motorischen Aktionen sekundär Reminiszenzen aus dem Unterbewußten heben, beruht zum Teil wohl auf der von Freud in der ›Traumdeutung‹ betonten Reziprozität von Affekt und Vorstellung. Die Erweckung einer Reminiszenz kann – wie bei der Katharsis – eine Affektreaktion nach sich ziehen; aber eine vom Kranken verlangte Tätigkeit oder ein bei ihm ausgelöster Affekt kann ebensowohl gewisse zu solchen Vorgängen assoziierte verdrängte Vorstellungen zutage fördern. Natürlich muß der Arzt Anhaltspunkte dafür haben, *welche* Affekte oder Aktionen nach Reproduktion verlangen. Es ist auch möglich, daß gewisse frühinfantile unbewußt-pathogene Seeleninhalte, die überhaupt nie bewußt (oder vorbewußt) waren, sondern noch aus der Periode der ›unkoordinierten Gesten‹ oder der ›magischen Gebärden‹, also aus der Zeit vor der Entwicklung des Sprachverständnisses, stammen [16], – überhaupt nicht einfach erinnert, sondern nur durch ein *Wiedererleben* im Sinne der Freudschen Wiederholung reproduziert werden können. Die aktive Technik spielt dabei nur die Rolle des *agent provocateur*, ihre Gebote und Verbote fördern das Zustandekommen von Wiederholungen, die dann gedeutet, respektive zu Erinnerungen rekonstruiert werden sollen. »Es ist eine Feier der Therapie«, – sagt Freud – »wenn es gelingt, auf dem Erinnerungswege zu erledigen, was der Patient durch Aktion abführen möchte.« – Die aktive Technik will nichts mehr und nichts anderes, als gewisse noch latente Wiederholungstendenzen durch Aktion zutage fördern und dadurch der Therapie vielleicht etwas rascher als bisher zu jenen Triumphen verhelfen.

---

[16] Vgl. ›Entwicklungsstufen des Wirklichkeitssinnes‹ [Bd. I dieser Ausgabe, S. 148 ff.].

Beitrag zur Tic-Diskussion

(1921)

Die Zuvorkommenheit des Herrn Präsidenten gestattet mir, mich wenigstens schriftlich zu dieser interessanten Diskussion zu äußern. Alle Leser meiner zur Besprechung gestellten Arbeit[1] werden zugeben müssen, daß Kollege v. Ophuijsen offene Türen einrennt, wenn er auf die Unvollkommenheit besonders der Begriffsbestimmung des Tics in diesem Aufsatz hinweist; dieser sollte ja, wie ausdrücklich gesagt, nur zur ersten Orientierung dienen und die sich dabei ergebenden Probleme hervorheben. Er hat also seine Aufgabe vollkommen erfüllt, wenn es ihm, wie Abrahams interessanter Diskussionsbeitrag beweist, gelungen ist, andere zur Stellungnahme anzuregen.

Ich gebe zu, daß die Einschätzung der sadistischen und analerotischen Triebkomponenten in der Genese des Tics, die übrigens auch von mir nicht unberücksichtigt blieb, nach den Erfahrungen Abrahams höher anzuschlagen ist, als es in meinem Aufsatz geschah. Seine ›Konversion auf der sadistisch-analen Stufe‹ ist ein geistvoller und auch prinzipiell bedeutsamer Gesichtspunkt.

Ich kann aber nicht umhin, auf die Punkte aufmerksam zu machen, die auch nach Annahme des Abrahamschen Standpunktes unerschüttert bleiben:

1. Der Tic ist auch im Abrahamschen Schema der Zwangsneurose und der Hysterie ebenso benachbart wie der Katatonie.

2. Die Wesensgleichheit mit der Katatonie (Abraham sagt ›Ähnlichkeit‹) bleibt (als lokalisierte motorische Abwehr im Gegensatz zur generalisierten Katatonie) bestehen.

3. Die Analogie des Tics mit der traumatischen Neurose gestattet die Lokalisation dieser Neurosenart zwischen die narzißtischen und die

---

[1] ›Psychoanalytische Betrachtungen über den Tic‹ [s. o. S. 39 ff.].

Übertragungsneurosen. Diese Doppelstellung ist bekanntlich auch für die Kriegsneurosen charakteristisch.

4. Der Ausgang der ›Maladie des Tics‹ in Katatonie ist eine wenn auch nicht allzu häufige, aber sicher festgestellte Tatsache (siehe die Arbeiten von Gilles de la Tourette).

Ich hoffe, daß die Berücksichtigung auch der ›Ich-Regressionen‹, zu der uns die massenpsychologische Arbeit Freuds den Weg weist, auch die immerhin bestehen gebliebenen Differenzen in der Bearbeitung des Tics verwischen wird. Schon in der Arbeit über ›Entwicklungsstufen des Wirklichkeitssinnes‹ sprach ich die Ansicht aus, daß eine Neurosenart nur durch Feststellung sowohl der für sie kennzeichnenden Libido- wie auch der Ich-Regression wird definiert werden können. Diese Ich-Regression ist, glaube ich nun besonders auf Grund der Beobachtungen über pathoneurotische Tics, bei dieser Neurosenform viel tiefer reichend als bei Hysterie oder Zwangsneurose. (Zwangsneurose regrediert auf die ›Allmacht der Gedanken‹, Hysterie auf ›Allmacht der Gebärden‹, der Tic auf die Stufe der reflektorischen Abwehr.) – Ob die gewaltsame Unterdrückung der Tics nur ›Spannungszustände‹ oder auch wirkliche Angst provozieren kann, sollen künftige Beobachtungen entscheiden.

GEORG GRODDECK

Der Seelensucher
Ein psychoanalytischer Roman

(1921)

Groddecks Name dürfte aus der deutschen Literatur vielen bekannt sein als der eines temperamentvollen Arztes, dem der wissenschaftliche Dünkel so vieler Gelehrten stets ein Greuel war und der, gleichwie der ihm wesensverwandte Schweninger, Menschen und Dinge, Krankheiten und Heilungsvorgänge mit eigenen Augen besah, mit den eigenen Worten beschrieb und sich nicht in das Prokrustesbett einer konventionellen Terminologie zwängen ließ. Manche seiner Aufsätze schienen gewissen Thesen der Psychoanalyse zu ähneln, doch wandte sich ihr Autor anfangs auch gegen die Freudsche, wie gegen jede Schule überhaupt. Sein Wahrheitsfanatismus erwies sich aber schließlich noch stärker als das Hassen jeder schulmäßigen Gelehrsamkeit: er bekannte öffentlich, daß er gefehlt hatte, als er gegen den Schöpfer der Psychoanalyse loszog, und – was noch ungewöhnlicher ist – er entlarvte *coram publico* sein eigenes Unbewußtes, in dem er die Tendenz nachwies, ihn aus purem Neid in die Gegnerschaft zu Freud gedrängt zu haben. Man darf sich nicht wundern, daß Groddeck, auch nachdem er sich zur Psychoanalyse bekannte, nicht die gewohnte Bahn eines normalen Freud-Schülers, sondern auch hier eigene Wege ging. Für die psychischen Krankheiten, das eigentliche Gebiet analytischer Forschung, hatte er überhaupt wenig Interesse übrig, sogar die Worte ›Psyche‹ und ›psychisch‹ klangen seinem monistisch gestimmten Ohr falsch. Er dachte ganz konsequent, daß, wenn er mit seinem Monismus recht hat und wenn die Lehren der Psychoanalyse richtig sind, letztere auch auf organischem Gebiet zu Recht bestehen müssen. Mit keckem Mute wandte er also die analytischen Waffen gegen die organischen Krankheiten und berichtete bald von Krankheitsgeschichten, die seine Annahmen merkwürdig bestätigten. Er erkannte in vielen Fällen schwerer körperlicher Erkrankung das Walten unbewußter *Absichten,* die nach ihm in der Verursachung von Leiden überhaupt eine hervorragende Rolle spielen. Bakterien sind, wie er meint, immer und überall da, es hängt vom unbewußten Willen des Menschen ab, wann und wie er sich deren bedienen will. Ja auch die Entstehung von Geschwülsten, Blutungen, Entzündungen usw. kann durch solche ›Absichten‹ begünstigt oder gar hervorgerufen werden, so daß Groddeck schließlich diese Tendenzen als conditio sine qua non einer jeden Erkrankung hinstellte. Das zentrale Motiv dieser latenten krankmachenden Absichten ist nach ihm fast immer der Sexualtrieb; der Organismus erkrankt leicht und gerne, wenn er dadurch eine sexuelle Lust befriedigen oder sich einer sexuellen Unlust entziehen kann. Und gleichwie die Psychoanalyse durch das Bewußtmachen versteckter Regungen und das Niederringen des Widerstandes gegen verdrängte Tendenzen Seelenkrankheiten heilt, so will Groddeck mittels methodischer analytischer Kuren den Verlauf schwerer Körperkrankheiten günstig beeinflußt haben. – Es ist mir nichts davon bekannt, daß auch andere Ärzte diese merkwürdigen Heilwirkungen nachgeprüft und bestätigt hätten, so daß wir einstweilen nicht bestimmt sagen können, ob wir es hier wirklich mit einer genialen neuen Heilmethode oder mit der suggestiven Macht einer einzelnen außergewöhnlichen ärztlichen Persönlichkeit zu tun haben. Keinesfalls darf man aber den Beweisführungen dieses Autors die Konsequenz, seiner Hauptidee die Ernsthaftigkeit absprechen.

Nun bereitet uns dieser Forscher eine neue und nicht geringere Überraschung: er stellt sich in diesem neuesten Werk als Romandichter vor. Ich glaube aber nicht, daß es ihm dabei in erster Linie um die Erwerbung literarischen Ruhmes zu tun gewesen wäre; er fand im Roman nur die passende Form, in der er die letzten Konsequenzen seiner Erkenntnisse über Krankheit und Leben, Menschen und Einrichtungen zum besten geben konnte. Wahrscheinlich hat er recht wenig Zutrauen zur Aufnahmefähigkeit seiner Zeitgenossen für Neues und Ungewöhnliches, und darum findet er es nötig, die Absonderlichkeit seiner Ideen mit Hilfe der Komik und der unterhaltsamen Erzählung zu mildern und den Leser gleichsam mit Lustprämien zu bestechen. – Ich bin kein Literat und maße mir kein Urteil über den ästhetischen Wert dieses Romans an, doch glaube ich, daß es kein schlechtes Buch sein kann, dem es, wie diesem, gelingt, den Leser vom Anfang bis zum Ende zu fesseln, schwere biologische und psychologische Probleme in witziger, ja belustigender Form darzustellen, und das es zustande bringt, derbzynische, groteske und tieftragische Szenen, die in ihrer Nacktheit abstoßend wirken müßten, mit seinem guten Humor wie mit einem Kleid zu behängen.

Das geistreiche Mittel, dessen er sich dabei bedient, ist, daß er seinen Helden Müller-Weltlein, den ›Seelensucher‹, als einen genialen Narren darstellt, von dem der Leser nie sicher wissen kann, wann er Erzeugnisse seines Genies und wann die seiner Narrheit zum besten gibt. So kann sich dann Groddeck-Weltlein manches vom Herzen reden, was er weder in einem wissenschaftlichen, noch in einem ernsthaft gemeinten phantastischen Buche hätte mitteilen können, ohne alle Welt herauszufordern. Der entrüstete Bourgeois hätte sofort nach der Zwangsjacke geschrien, da sie sich aber der spöttische Autor von vornherein anzog, bleibt auch dem Hüter der Moral nichts anderes übrig, als gute Miene zu machen und mitzulachen. Doch so mancher Denker, Arzt und Naturphilosoph wird in diesem Buch Ansätze einer von allen Fesseln herkömmlicher Mystik und Dogmatik befreiten Weltanschauung erkennen, oft auch geistvolle Anleitung zur Beurteilung von Menschen und Institutionen bekommen. Der erziehliche Wert des Buches aber liegt darin, daß er, wie einst Swift, Rabelais und Balzac, dem pietistisch-hypokritischen Zeitgeist die Maske vom Gesicht reißt und die dahinter versteckte Grausamkeit und Lüsternheit, wenn auch mit dem Verständnis für deren Selbstverständlichkeit, offen zur Schau stellt.

Über den Inhalt des Romans kann man auszugsweise überhaupt kaum Bericht erstatten. Sein Held ist ein älterer Junggeselle, dessen geregelte, in beschaulicher Lektüre verbrachte Einsamkeit durch das plötzliche Auftauchen einer verwitweten Schwester und ihres mannbaren Töchterchens gestört wird. Was zwischen dieser Tochter und unserem Helden eigentlich vorging, erfahren wir nie ausdrücklich, können es auch aus dunklen Andeutungen kaum erraten. In den Betten des Hauses nistet sich Ungeziefer – Wanzen – ein, bei dessen Vertilgung der Hausherr eifrig mithilft. Während dieser Jagd nach den blutdürstigen Schmarotzern wird unser Held ›verrückt‹, das heißt, er befreit sich von allen Fesseln, die einem sonst Erbschaft, Überlieferung und Erziehung anlegen. Er wird wie ›umgewechselt‹, wechselt sogar den Namen und wird zum Landstreicher, zugleich sichern ihm aber sein Geld und seine alten Beziehungen den Zugang auch zu den höheren und höchsten Gesellschaftsschichten. Und wo er nun hinkommt, macht er von der Narrenfreiheit Gebrauch, den Leuten die Wahrheit an den Kopf zu werfen, und so kommt auch der Leser dazu, die Wahrheiten zu hören, die sogar Groddeck nicht anders als mit der Schellenkappe auf dem Haupte zu sagen sich getraut. Wir sehen und hören unseren Müller-Weltlein im Polizeigefängnis, in einem kleinbürgerlichen Kegelklub, im Krankensaal eines Spitals, in der Bildergalerie, im zoologischen Garten, im Eisenbahnabteil der IV. Wagenklasse, in einer Volksversammlung, beim Feministenkongreß, unter abgefeimten Prostituierten, Schwindlern und Erpressern, sogar beim Saufgelage eines königlich preußischen Prinzen. Überall redet und gebärdet er sich wie ein richtiges ›enfant terrible‹, das alles bemerkt und rücksichtslos heraussagt, das sich sogar bewußt zum unentrinnbar kindischen Grundwesen auch des Erwachsenen offen bekennt und allen großsprecherischen und großtuerischen Heuchlern ein Schnippchen schlägt. Das Leitmotiv seiner Narrheit, gleichsam seine Stereotypie, bleibt, offenbar als Erinnerungsrest des angedeuteten, traumatisch wirksamen Ereignisses, die Wanze, deren vielgestaltige Symbolik zu wiederholen er nicht müde wird. Aber auch sonst freut er sich wirklich wie ein Kind an jeder symbolischen Gleichung, die er nur entdecken kann und in deren Aufspüren er es zur Meisterschaft bringt. Die Symbolik, die die Psychoanalyse zaghaft als einen der gedankenbildenden Faktoren einstellt, ist für Weltlein tief im Organischen, vielleicht im Kosmischen begründet, und die Sexualität ist das Zentrum, um das sich die ganze Symbolwelt bewegt. Alles Menschenwerk ist nur bildliche Darstellung der Genitalien und des Geschlechtsaktes, dieses Ur- und Vorbildes jedes Sehnens und Trachtens. Eine großartige Einheit beherrscht die Welt; die Zweiheit von Körper und Seele ist ein Aberglaube. Der ganze Körper denkt; in der Form des Schnurrbartes, eines Hühnerauges, ja der Entleerungen können sich Gedanken äußern. Die Seele wird vom Körper, der Körper von den Seeleninhalten »angesteckt«; von einem ›Ich‹ darf eigentlich nicht gesprochen werden, man lebt nicht, sondern wird von einem Etwas »gelebt«. Die stärksten »Ansteckungen« sind die sexuellen. Wer die Erotik nicht sehen will, wird kurzsichtig; wer etwas »nicht riechen« kann, bekommt einen Schnupfen; die Form der bevorzugten erogenen Zone kann sich an der Gesichtsbildung, zum Beispiel als Doppelkinn, manifestieren. Der Geistliche wird durch seinen Talar »priesterlich angesteckt«; nicht die Frau strickt den Strumpf, sondern die Handarbeit verstrickt das weibliche Geschlecht in eine erbärmliche Kleinlichkeit. Die höchste menschliche Leistung ist das Gebären; die geistigen Anstrengungen des Mannes sind nur lächerliche Nachahmungsversuche. Die Sehnsucht nach Kindern ist so allgemein – in Mann und Weib –, daß »niemand fett wird, es sei denn aus ungestilltem Verlangen nach einem Kinde«. Sogar Krankheit und

Wunden sind nicht nur Quellen des Leides, aus ihnen sprießt auch »die nährende Kraft der Vollendung«.

Am heimischsten fühlt sich natürlich Weltlein in der Kinderstube, wo er lustig mit den Kindern mitspielen, ihre noch naive Erotik mitgenießen kann. Am hämischsten aber zieht er gegen die Gelehrten und besonders gegen die Ärzte los, deren Beschränktheit die beliebteste Zielscheibe seines Spottes ist. Eine wenn auch recht feine Ironie bleibt auch der psychoanalytischen Dogmatik nicht erspart, doch ist das die reine Zärtlichkeit mit der Grausamkeit verglichen, mit der der ›Schulpsychiater‹ an den Pranger der Lächerlichkeit gestellt wird. Nicht ohne Wehmut hören wir zum Schluß vom katastrophalen Lebensende dieses lachenden Dulders. Er kommt bei einer Eisenbahnkatastrophe um, – verleugnet aber auch postmortal seinen Zynismus nicht: sein Kopf ist nirgends zu finden, und seine Identität wäre nur mittels Einzelheiten seines restlichen Körpers festzustellen, was merkwürdigerweise nur die – Nichte versucht.

Das wäre die äußerst gedrängte Darstellung des Inhalts dieses ›psychoanalytischen Romans‹. Sicher wird Groddeck-Weltlein »zu Tode interpretiert, kommentiert, zerrissen, beschimpft und mißverstanden werden«, wie es von Rabelais in den ›Contes Drôlatiques‹ zu lesen steht. Doch gleichwie uns Pantagruel und Gargantua erhalten blieben, wird vielleicht eine spätere Zeit auch Weltlein Gerechtigkeit widerfahren lassen.

Zur Psychoanalyse der paralytischen Geistesstörung
Theoretisches
(1922)

Man kann sich dem Problem der paralytischen Geistesstörung psychoanalytisch von verschiedenen Punkten her nähern; die Beziehung körperlicher Krankheiten zu den Geisteszuständen überhaupt scheint mir der geeignetste Ausgangspunkt zu sein. Was uns die deskriptive Psychiatrie hierüber lehrt, ließe sich in einer Variante der banalen Redensart ›mens sana in corpore sano‹ zusammenfassen. Es gibt, heißt es da, Geistesstörungen, die als unmittelbare Folgen körperlicher Krankheiten oder Verletzungen auftreten. Über das ›Wie‹ des Zusammenhanges ließ uns die vor-Freudsche Psychiatrie ganz im unklaren. Auch die Psychoanalyse interessiert sich für diese Frage erst seit der ›Einführung des Narzißmus‹[1]. Eines der Motive, die Freud bestimmten, den Narzißmus, die libidinöse Beziehung zum eigenen Ich, nicht wie bisher als eine seltsame Perversion, sondern als eine allgemeinmenschliche Tatsache hinzustellen, war das psychische Verhalten der Menschen zu Zeiten körperlicher Invalidität[2]. Der kranke Mensch zieht sein Interesse und seine Liebe von den Objekten der Umwelt zurück und verlegt sie mehr oder minder ausschließlich aufs eigene Selbst oder auf das erkrankte Organ. Er wird ›narzißtisch‹, das heißt durch die Krankheit auf eine Entwicklungsstufe zurückgeworfen, die er einstmals in der Kindheit durchmachte. In Fortführung dieses Gedankens schilderte dann der Autor dieses Abschnittes[3] das Krankheitsbild der *Pathoneurose*, jener speziellen narzißtischen Neurose, die die Erkrankung oder Verletzung lebenswichtiger oder vom Ich hochgeschätzter Körperteile oder Organe, besonders der erogenen Zonen zur Folge haben kann. Die Lehre von den Pathoneurosen gipfelt in dem Satz, daß nicht nur im Ich im allgemeinen,

---

[1] Freud [1914].
[2] Freud führt die Würdigung des Krankheitsmotivs auf eine mündliche Anregung des Autors zurück.
[3] ›Von Krankheits- oder Pathoneurosen‹ [Bd. I dieser Ausgabe, S. 242 ff.].

sondern im erkrankten Organ selbst (oder in dessen psychischer Repräsentanz) Libidoquantitäten aufgespeichert werden können, denen auch bei den organischen Regenerations- und Heilungstendenzen eine Rolle zuzuschreiben sein dürfte. Eine Bestätigung fand diese Annahme durch gewisse Beobachtungen bei den traumatischen Neurosen der Kriegszeit[4]. Es wurde festgestellt, daß eine Erschütterung, die mit gleichzeitiger schwerer Verwundung einherging, keine oder nur eine viel geringergradige traumatische Wirkung zurückließ als eine solche ohne Körperverletzung. Diese anscheinend paradoxe Tatsache wird erst erklärlich, wenn man annimmt, daß die durch das Trauma mobilisierte narzißtische Libido, die die Psychoanalyse als die Ursache der traumatischen Neurose hinstellt, bei gleichzeitiger Verwundung zum Teil ›pathoneurotisch‹ verwendet, an das verletzte Organ gebunden wird, so daß sie nicht mehr frei flottieren, nicht neurosogen wirken kann. Schließlich kann hier noch zweierlei vorgebracht werden, erstens, daß die Verletzung oder Erkrankung erogener Zonen schwere psychotische Erkrankungen zur Folge haben kann – nach Anschauung des Autors sind zum Beispiel die Puerperalpsychosen eigentlich solche Pathopsychosen –; sodann, daß, wie dies auch Freud hervorhebt, schwere narzißtische Psychosen rein psychogener Natur, z. B. Melancholien, infolge einer interkurrenten organischen Krankheit, die die überschüssige Libido bindet, oft unvermuteterweise ausheilen.

Alle diese unserem Thema scheinbar fernliegenden Tatsachen werden hier zitiert, weil der Versuch gewagt werden soll, zumindest einen Teil der Symptome der paralytischen Geistesstörung als Symptome einer *zerebralen Pathoneurose*, als neurotische Reaktion auf die Schädigung des Gehirns, respektive seiner Funktionen darzustellen.

Es fällt natürlich niemandem ein, die primordiale Rolle und Bedeutsamkeit der rein körperlichen Symptome der Paralyse, der Lähmungen und Reizerscheinungen auf motorischem, sensiblem und sensorischem Gebiet zu unterschätzen; es wird auch zugegeben, daß ein großer Teil der psychischen Funktionsstörungen als Ausfalls- oder Reizerscheinung, als unmittelbare Folge des organischen Prozesses anzusprechen ist. Es wird dem nur hinzugefügt, daß ein anderer, vielleicht nicht minder bedeutsamer Teil der psychischen Symptome eigentlich *der psychischen Bewältigung der durch die zerebrale Läsion mobilisierten Libidomenge* entspricht.

[4] *Zur Psychoanalyse der Kriegsneurosen*, mit Beiträgen von Freud, Ferenczi, Abraham, Simmel und Jones.

Zur Psychoanalyse der paralytischen Geistesstörung

Der in die neuere Literatur der Psychoanalyse nicht Eingeweihte wird hier sicherlich erstaunt fragen, was denn die Erkrankung des Gehirns mit der Libido zu tun hätte; das Gehirn sei doch keine ›erogene Zone‹, deren Verletzung eine Pathoneurose im obigen Sinne provozieren könnte. Dieser Einwand läßt sich aber leicht widerlegen. Denn erstens glauben wir im Sinne der ›Sexualtheorie‹, daß es kein Körperorgan gibt, dessen Erregung oder Erschütterung nicht auch die Sexualität in Miterregung brächte; sodann liegen besondere Gründe zur Annahme vor, daß gerade das Gehirn und seine Funktionen sich einer besonders hohen narzißtisch-libidinösen Besetzung, respektive Wertschätzung erfreuen. Denn gleichwie die peripheren erogenen Zonen im Laufe der Entwicklung auf den größten Teil ihrer Selbstbefriedigung zugunsten der führenden (genitalen) Zone verzichten, so daß letztere das Primat über alle anderen übernimmt, so wird auch das Gehirn bei der Entwicklung zum *Zentralorgan der Ichfunktionen* [5]. »Es war vielleicht das bedeutendste Ergebnis der auf Arbeitsteilung zielenden organischen Entwicklung, daß es einerseits zur Differenzierung besonderer Organsysteme kam, die die Reizbewältigung und -verteilung zur Aufgabe haben (psychischer Apparat), und andererseits besonderer Organe zur Abfuhr der sexuellen Erregungsmengen des Organismus (Genitalien). Das Organ der Reizbewältigung kommt in immer engere Beziehung zu den Ichtrieben, das Genitale dagegen ... wird zum erotischen Zentralorgan.« [6] Während aber das Genitale, das der Objektliebe geweihte Exekutivorgan, den sexuellen Charakter auffällig zur Schau trägt, ist der narzißtisch-libidinöse Unterton, der alle unsere höheren psychischen Akte im Sinne eines nicht mehr rationellen ›Selbstgefühls‹ oder ›Selbstbewußtseins‹ begleitet, nur aus gewissen psychopathologischen Vorgängen zu erschließen.

Unsere Vermutung geht nun dahin, daß die metaluetische Gehirnaffektion, indem sie das Zentralorgan der Ichfunktionen angreift, nicht nur ›Ausfallserscheinungen‹, sondern nach Art eines Traumas auch eine Gleichgewichtsstörung im narzißtischen Libidohaushalt provoziert, die sich dann in Symptomen der paralytischen Geistesstörung äußert.

Diese Vermutung hat natürlich nur dann auf einigen Glauben Anspruch, wenn sie dazu beiträgt, die einzelnen Symptome der Paralyse sowie den Gesamtverlauf der Krankheit für uns verständlicher zu machen. Die

---

[5] Schopenhauer bezeichnet den Intellekt und sein Organ, das Gehirn, als Gegenpol zur Sexualität und ihrem Organ.
[6] ›Hysterische Materialisationsphänomene‹ [in diesem Band, S. 19].

typischen Stadien der Paralyse müssen darum diesbezüglich einer neuerlichen Prüfung unterzogen werden.

Im großen und ganzen können wir uns auch heute noch an das von Bayle vor hundert Jahren gegebene Schema halten, nach dem der Ablauf der Paralyse aus den Stadien der *initialen Depression*, der *maniakalischen Erregung*, der *paranoischen Wahnbildung* und der *terminalen Demenz* zusammengesetzt ist.

Die Paralyse setzt oft mit Symptomen ein, die auf den Kranken den Eindruck einer ›Neurasthenie‹ machen, welcher Gesamteindruck sich aus den Anzeichen von herabgesetzter körperlicher und psychischer Leistungsfähigkeit zusammensetzt. Dies ist wohl auch das einzige Stadium des Leidens, das ausschließlich durch Ausfallserscheinungen gekennzeichnet ist, und gerade dieses bleibt sehr häufig unbeachtet; kommen doch die Kranken zumeist in einem späteren, bereits durch Kompensationsbestrebungen charakterisierten Zustand in ärztliche Behandlung. Aus den zahlreichen Symptomen dieser ›neurasthenischen‹ Periode heben wir die sehr häufig zu beobachtende Herabsetzung der Genitallibido und Potenz hervor; wir können dieses Symptom, gestützt auf Erfahrungen bei anderen Krankheiten, besonders bei den traumatischen Neurosen, getrost als Zeichen der Abziehung des libidinösen Interesses von den Sexualobjekten auffassen; auch bereitet uns dieses Krankheitszeichen darauf vor, daß die den Objekten entzogene Libidomenge in irgend einer anderen Verwendung wieder auftauchen wird. [7]

Auf die Bestätigung dieser Erwartung braucht man nicht lange zu warten. Bei den depressiven Formen der Paralyse treten oft unmittelbar nach diesem Initialstadium absonderliche *hypochondrische Sensationen* im ganzen Körper auf. Die Patienten klagen, daß ihnen ein Stein im Magen liege, daß der Kopf ein leerer Hohlraum geworden sei, daß ihr ganzer Körper fortwährend von Würmern geplagt, ihr Glied abgenagt sei usw. Nun bekennen wir uns bezüglich der Hypochondrie zur Freudschen Ansicht, wonach diese eine *narzißtische Aktualneurose* und als solche auf die peinlich wirkende Aufspeicherung narzißtischer Libido in den Körperorganen zurückzuführen ist. Es ist dem nur hinzuzufügen, daß es Hypochondrien nicht nur bei Personen gibt, deren Organe im

---

[7] Gegen die Annahme, daß die Potenzstörung rein anatomisch, etwa durch Degenerationsprozesse in den nervösen Zentren der Erektion und Ejakulation oder in den Leitungsbahnen zu erklären sei, sprechen später auftretende Exaltationszustände und die Zustände der Remission, in denen die Potenz des Mannes und das ihr adäquate Sexualempfinden der Frau in juveniler Stärke wiederkehren kann.

anatomischen Sinne unverletzt sind – denn das ist der Fall bei der gewöhnlichen neurotischen Hypochondrie –, sondern auch im Anschluß an wirkliche Verletzungen und Erkrankungen, wenn die als ›Gegenbesetzung‹ des organischen Prozesses mobilisierte Libidomenge die von den Heilungstendenzen erforderte Höhe übersteigt und psychisch bewältigt werden muß. Das aber ist gerade bei den Pathoneurosen der Fall; das Aufflackern des hypochondrischen Syndroms bei der depressiven Paralyse ist also ein nicht zu verachtendes Argument für die pathoneurotische Grundlage der paralytischen Geistesstörung. – Das neurasthenisch-hypochondrische Anfangsstadium bleibt in recht vielen Fällen latent, und die Kranken kommen – wie das besonders von Hollós betont wird – meist bereits in einem Stadium übermäßiger Geschäftigkeit, mit wiedererwachter Libido und Potenz *euphorisch* in die ärztliche Behandlung. Diese Euphorie und dieses gesteigerte Interesse für die Umwelt, nicht zu guter Letzt für die Objekte der Sexualität, ist aber nur ein Versuch, die narzißtisch-hypochondrische Unlust durch krampfhafte Objektbesetzung zu überkompensieren. In Wirklichkeit schimmert der hypochondrische Grundton zeitweilig durch die infolge der gesteigerten Körperfunktionen gehobene Stimmung des Kranken gut kenntlich durch, so daß es nicht schwer fällt, diese Euphorie als eine ›*Hypochondrie mit positivem Vorzeichen*‹ zu entlarven.

Die Symptome dieser beiden Vorstadien, die, wie gesagt, nicht in jedem Falle deutlich zur Entwicklung gelangen müssen, spielen sich noch hauptsächlich auf organisch-physiologischem Gebiete ab und ziehen die Psyche nur insofern in Mitleidenschaft, als diese auf die pathoneurotische Hypochondrie mit übertriebener Unlust, auf die gelungene euphorische Überkompensation mit Lustgefühlen reagiert. Diese zwei Vorstadien verdienen als Stadien der *paralytischen Aktualpsychose* vom späteren, sich meist auf psychischem Gebiete abspielenden psychotischen Überbau isoliert zu werden.[8]

Die paralytische Aktualpsychose setzt sich also aus Symptomen zusammen, die sich zum Teil auf Libido-Entleerung, respektive krampfhafte Wiederbesetzung der Objekte, zum Teil auf eine von der organischen Läsion provozierte pathoneurotisch-narzißtische Libidosteigerung zurückführen lassen.

---

[8] Die psychogene Hypochondrie (der Schizophrenen) entsteht nach Freud, wenn die psychisch nicht zu bewältigende narzißtische Libido sich an ein Organ haftet. Bei der pathoneurotischen Hypochondrie muß die vom organischen Prozeß nicht genügend gebundene narzißtische Libido psychisch bewältigt werden.

Die euphorische Stimmung hält bei den Kranken zumeist nicht lange vor. Wenn sich die Anzeichen der körperlichen und geistigen Insuffizienz steigern und mehren, wenn schließlich die einfachsten und selbstverständlichsten Fähigkeiten des Ichs, respektive des Organismus Schaden leiden, Dysarthrie [9], Sphinkterparesen [10] usw. und intellektueller Verfall sich bemerkbar machen, kommt es zur Entfaltung einer förmlichen *paralytischen Melancholie* mit Schlaflosigkeit, Selbstvorwürfen, Selbstmordneigung, Eßunlust und Abmagerung, die sich von der psychogenen Melancholie manchmal nur durch das Vorhandensein der unheilvollen körperlichen Zeichen der Gehirnerkrankung unterscheidet.

Es liegt kein Grund vor, die Gültigkeit der psychoanalytischen Theorie, in der es Freud als erstem gelang, den Mechanismus und die psychische Ökonomie der psychogenen Melancholie verständlich zu machen [11], nicht auch bei der paralytischen zu verwerten.

Diese psychogene Melancholie ist nach dieser Theorie eine narzißtische Psychose; ihre Symptome sind der psychische Ausdruck jener großen Verwundung und Libidoverarmung, die das Ich des Kranken durch den Verlust oder die Werteinbuße eines Ideals, mit dem es sich vollkommen identifizierte, getroffen hat. Die Traurigkeit ist die unbewußte Trauer über diese Entwertung, die Selbstanklagen sind eigentlich Anklagen, hinter der Selbstmordneigung verstecken sich Mordimpulse gegen das frühere Liebesobjekt, respektive gegen den mit jenem Objekt identifizierten Teil des eigenen Selbst. Ein anderer Teil der Symptome erklärt sich aus der Regression der Libido auf archaische Organisationsstufen (Oralerotik und Sadismus).

Die Frage, ob es nur solche ›Identifizierungsmelancholien‹ gibt oder auch Melancholien infolge unmittelbarer Schädigung des Ichs selbst, läßt Freud offen.

Meine Ansicht geht nun dahin, daß es sich bei der paralytischen Melancholie um eine solche Psychose infolge direkter Ichverletzung handelt, deren Symptome: die Traurigkeit, die Selbstvorwürfe und die Selbstvernichtungstendenzen, *einem Teile des Selbst gelten, das infolge der Gehirnkrankheit seine frühere Leistungsfähigkeit und Tüchtigkeit verlor,* was das Selbstgefühl des Kranken tief erschüttert, seine Selbsteinschätzung herabsetzt. Der paralytische Melancholiker betrauert den *Verlust des bereits erfüllten Ichideals.*

[9] [Stottern, stammeln u. a.]
[10] [Schließmuskelschwäche.]
[11] S. Freud: ›Trauer und Melancholie‹.

Solange die Ausfallserscheinungen nur einzelne periphere Organe betrafen, konnte sich der Paralytiker psychisch mit einer pathoneurotischen Hypochondrie oder gar mit reaktiver Euphorie, also immerhin noch ›aktualneurotisch‹, aus der Affäre ziehen. Wenn aber der Destruktionsprozeß auf die höchstgeschätzten Leistungen des Ichs, den Intellekt, die Moral, die Ästhetik, übergreift, muß die Selbstwahrnehmung eines solchen Verfalls das Gefühl der Verarmung um den ganzen Betrag narzißtischer Libido nach sich ziehen, der nach unserer obigen Andeutung an die Tadellosigkeit der höheren geistigen Funktionen geknüpft ist.
Eine von den Objekten zurückgezogene Libidomenge kann sich noch ans Ich heften, und diese Ichvergrößerung kann vor Erkrankung schützen; selbst die Verstümmelung des Körpers, der Verlust ganzer Gliedmaßen oder Sinnesorgane braucht durchaus nicht zur Neurose zu führen; solange die Libido sich an dem Wert der eigenen seelischen Leistungen sättigt, kann jeder körperliche Mangel mit Philosophie, mit Humor oder Zynismus, ja mit Stolz, Trotz, Hochmut oder Hohn überwunden werden. Woran aber soll sich die Libido klammern, wenn sie von den Objekten längst zurückgezogen, an den Leistungen des gebrechlich und untüchtig gewordenen Organismus kein Genügen findet und nun auch aus ihrem letzten Schlupfwinkel, der Selbstachtung und der Hochschätzung des geistigen Ichs, vertrieben wird. Das ist das Problem, das an den armen Paralytiker herantritt, mit dem er in der melancholischen Phase zu kämpfen hat.[12]
Mancher ›mikromanische‹ Paralytiker wird mit dieser Trauerarbeit bis zu seinem Tode nicht fertig, der andere größere Teil der Kranken versteht es aber, sich dieser Trauer durch einen *manisch-größenwahnsinnigen Reaktionsmechanismus* oder – seltener – mittels der halluzinatorischen Wunschpsychose zu entledigen.
Die im vorigen Abschnitt mitgeteilten Beobachtungen zeigen uns die Kranken zumeist mit dieser Abwehrarbeit beschäftigt, also in manisch-

---

[12] Daß das körperliche Ich leichter preisgegeben, also weniger hochgeschätzt wird als das geistige, dafür spricht die alltägliche psychoanalytische Beobachtung, daß weibliche Patienten, die sich ohne weiteres von einem Frauenarzt genital untersuchen lassen, oft wochenlang zaudern, bis sie sich entschließen, dem Psychoanalytiker etwas von ihrem Sexualleben zu erzählen. »Il y a des choses qui se font, mais qui ne se disent pas.« Auch der Katatoniker im Zustande der flexibilitas cerea läßt alles mit seinem Körper geschehen, der für ihn ebenso gleichgültig geworden ist wie die Außenwelt; sein ganzer Narzißmus zieht sich auf das geistige Ich zurück, das gleichsam die Zitadelle ist, die noch verteidigt wird, wenn schon alle Außen- und Innenforts verloren sind. Vgl. dazu den Aufsatz ›Psychoanalytische Betrachtungen über den Tic‹ [in diesem Band, S. 39 ff.].

halluzinatorischem Zustande; kommt doch eine sehr große Zahl von Kranken erst in diesem Stadium in die Anstalt. Während aber die ›aktualpsychotische‹ und auch die depressiv-melancholische Phase oft latent bleibt und rasch vorübergeht, von der Umgebung euphemistisch als ›Stimmungsschwankung‹ ausgelegt wird, lassen die lärmenden und andauernden Symptome des paralytischen Größenwahns über die Schwere der ausgebrochenen Geisteskrankheit keinen Zweifel mehr aufkommen.

Mit einem Wort, wir folgen auch bei der psychoanalytischen Deutung der manisch-größenwahnsinnigen Symptome der Paralyse jener Freudschen Theorie der psychogenen Manie, nach der diese eigentlich einen Triumph über die melancholische Trauer bedeutet, erzielt durch die Auflösung des durch Identifizierung veränderten (und wegen der Entwertung betrauerten und verhaßten) Ichideals im narzißtischen Ich.[13]

Bei der psychogenen Manie ist uns dieser Vorgang verständlich; der Patient braucht nur die Identifizierung mit einem fremden Objekt (Person) aufzugeben und die zur Bewältigung der Trauer um diese Person mobilisierte ›Gegenbesetzung‹ wird zur manischen Verwendung frei; das narzißtische Ich kann sich, ungestört von den Forderungen des Ideals, wieder glücklich fühlen. Wie geht das aber bei der paralytischen Melancholie zu? Kann man sich denn auch von integrierenden Bestandteilen des eigenen Ichs, wenn sie unmittelbar durch die Krankheit entwertet wurden, befreien? Die in der obigen Notiz angeführte Tatsache, die ›Sequestration‹ des Körpers aus dem Ich bei gewissen Katatonien, läßt die Erwartung gerechtfertigt erscheinen, daß ein solcher Vorgang auch tiefer greifen, auch Anteile des geistigen Ichs betreffen kann. Nach der hier vertretenen Auffassung geschieht dies bei der Paralyse mit Hilfe der *Regression auf frühere Stufen der Ichentwicklung*.

Es ist unvermeidlich, hier den Entwicklungsweg des Ichs, soweit er für den Psychoanalytiker faßbar geworden ist, kurz zu rekapitulieren. Der Mensch kommt mit der Erwartung jener bedingungslosen Allmacht zur Welt, zu der ihn die vor jeder Unlust gesicherte wunschlose Existenz im Mutterleibe berechtigt. Die Pflege, die dem Neugeborenen zuteil wird, ermöglicht ihm auch, den Schein dieser Allmacht zu wahren, wenn er sich nur gewissen, anfangs belanglosen Bedingungen, die ihm von der Umwelt aufgezwungen werden, fügt. So kommt es zur Entwicklung der Stufen der halluzinatorischen Allmacht, später der Allmacht mit Hilfe

---

[13] Vgl. Freuds diesbezügliche Ausführungen in seiner ›Trauer und Melancholie‹ und in seinem Werk ›Massenpsychologie und Ichanalyse‹.

magischer Gebärden und Gesten. Dann erst kommt es zur Herrschaft des ›Realitätsprinzips‹, zur Anerkennung der Grenzen, die den eigenen Wünschen von der Wirklichkeit gesteckt sind.[14] Die Anpassung an die Kultur erfordert aber noch mehr Verzicht auf narzißtische Selbstbehauptung, als die notgedrungene Anerkennung der Realität. Die Umwelt verlangt vom Erwachsenen nicht nur, daß er logisch, sondern auch daß er aufmerksam, geschickt, klug, weise, dazu noch moralisch und ästhetisch wird, sie versetzt ihn sogar in Situationen, wo er sich opferwillig, ja heldenhaft betragen soll. Diese ganze Entwicklung vom primitivsten Narzißmus bis zu der von der Gesellschaft (wenigstens theoretisch) geforderten Vollkommenheit geschieht nicht ganz spontan, sondern unter steter Leitung der Erziehung. Wenn wir aber den Ideengang Freuds über die Rolle der Idealbildung bei der Ichentwicklung[15] auf diesen ganzen Entwicklungsprozeß ausdehnen, so läßt sich die Erziehung der Kinder und der Jugendlichen als eine fortgesetzte Reihe von Identifizierungen mit den zum Ideal genommenen Erziehern beschreiben. Im Laufe dieser Entwicklung nehmen die Ichideale mit den von ihnen geforderten Verzichten und Entsagungen einen immer breiteren Raum ein, sie sind nach Freud jener ›Ichkern‹, der sich als Subjekt gebärdet, das narzißtisch gebliebene restliche Ich zum Objekt seiner Kritik macht und die Institutionen des Gewissens, der Zensur, der Realitätsprüfung, der Selbstbeobachtung errichtet. Jede neue Fähigkeit oder Fertigkeit, die man erreicht, bedeutet die Erfüllung eines Ideals und verschafft nebst dem rein praktischen Nutzen auch narzißtische Befriedigung, die Erhöhung des Selbstgefühls, das Wiedererlangen der durch die unerfüllten Idealforderungen geschmälerten Ichgröße.

Selbstverständlich muß sich auch die den Objekten zugewendete Libido eine gewisse, wenn auch nicht so strenge Erziehung gefallen lassen und zumindest auf grobe Verstöße gegen die Sexualmoral (Inzest, ein Teil der Perversionen) verzichten lernen; auch die Objektliebe muß also ›ichgerecht‹ werden, sich den Gesichtspunkten der Nützlichkeit und der narzißtischen Selbstachtung unterordnen.

Wenn nun infolge der paralytischen Gehirnkrankheit wesentliche Produkte dieser Entwicklung zerstört werden, wenn die Selbstbeobachtung dem Ichkern die Meldung erstattet, daß nicht nur wertvolle körperliche Fertigkeiten, sondern auch höchstgeschätzte geistige Fähigkeiten zu-

---

[14] Vgl. ›Entwicklungsstufen des Wirklichkeitssinnes‹ [in Bd. I dieser Ausgabe, S. 148 ff.].
[15] S. Freud: ›Zur Einführung des Narzißmus‹ und ›Massenpsychologie und Ichanalyse‹.

grunde gehen, antwortet der Ichkern auf diesen Verlust an Eigenwert mit der oben kurz geschilderten paralytischen Melancholie. Wenn aber der Schmerz darüber unerträglich wird – und das wird er in den allermeisten Fällen –, so steht dem Narzißmus der Weg offen, *auf Entwicklungsperioden zu regredieren, die für ihn einstmals trotz ihrer Primitivität ichgerecht waren.* Gelingt es dem Kranken, die ihm von der Kulturerziehung auferlegten Ideale aufzugeben und Erinnerungen an primitiv-narzißtische Betätigungs- und Befriedigungsarten regressiv zu beleben, so ist sein Narzißmus wieder in sicherem Hort und der progressive Niedergang seines wirklichen Wertes kann ihm nichts mehr anhaben. Wenn dann der paralytische Prozeß immer tiefer greift, gleichsam von der Rinde her alte Jahresringe des Lebensbaumes annagt, den Kranken auf immer primitivere Funktionen beschränkend, so schleicht die narzißtische Libido diesen Zuständen regressiv immer nach, und das kann sie, da es doch eine juvenile und infantile Vergangenheit gab, in der der Mensch trotz seiner Unbeholfenheit sich selbstzufrieden, ja mehr noch: allmächtig fühlen durfte.

Die manisch-größenwahnsinnige (scheinbar oft primär einsetzende) Phase der Paralyse ist also eine *stufenweise Regression der narzißtischen Libido zu den überwundenen Ichentwicklungsstufen.* Die Paralysis progressiva ist vom psychoanalytischen Standpunkt gesehen eigentlich eine *Paralysis regressiva.*

So kommt es nacheinander zur Wiederbelebung juveniler und schließlich auch infantiler Arten der Realitätsprüfung und der Selbstkritik, zu immer naiveren Formen der Allmachtsphantasien, verzerrt durch Rudimente der gesunden Persönlichkeit (wie sie Freud auch bei der schizophrenen Größensucht aufzeigte) und zeitweilig unterbrochen durch luzide Intervalle der Depression, in denen die stattgefundene Zerstörung wenigstens zum Teil für die Selbstwahrnehmung erkennbar wird.

Am deutlichsten kommt der hier skizzierte Entstehungsmechanismus der paralytischen Psychose in den *zyklisch* verlaufenden Fällen zum Ausdruck. Hier wechseln tiefe melancholische Depressionen, provoziert durch die psychische Bewältigung des schubweise fortschreitenden Zerstörungsprozesses, mit Zuständen manisch-gesteigerten Selbstgefühls, also mit gelungenen Selbstheilungsperioden ab. Die Depression ist der *Weltuntergang,* den der Ichkern bei der Wahrnehmung der Entwertung des Gesamt-Ichs konstatieren muß, während die manisch exaltierten ›Wiedergeburten‹ uns anzeigen, daß es dem Ich gelungen ist, mit Hilfe der Regression auf primitivere Befriedigungssituationen das Trauma der Libidoverarmung zu überwinden und die verlorene Selbstgefälligkeit wiederzufinden.[16]

Es bewahrheitet sich hier wiederum Freuds Voraussage, daß die Analyse der Psychosen auch auf dem Gebiet der Ichpsychologie ähnliche Konflikts- und Verdrängungsmechanismen unter den Ichelementen nachweisen wird, wie sie sich uns bei den Übertragungsneurosen zwischen Ich und Objekt enthüllt haben. Der ›Sequestrationsprozeß‹, das Unwirksamwerden der stattgehabten Ichverletzung in der manischen Phase, ist der neurotischen Verdrängung, dem Unbewußtwerden einer Libidoversagungssituation seitens des Objekts vollkommen analog. Dies kann natürlich nur mit Hilfe von ›Rekompensen‹ (Tausk) gelingen, von Entschädigungen, die die Regression auf früheres Glück für das verlorene Glück der Gegenwart bietet.

Betrachtet man die Symptome des paralytischen Größenwahns von diesem Gesichtspunkt aus, so werden sie jedenfalls verständlicher. Man versteht, warum der Kranke, dessen siecher Körper für sich, wie für andere ein Bild des Jammers sein sollte, sich nicht nur ganz gesund fühlt, sondern noch eine Panazee gegen alle Krankheiten erfindet und den Menschen ewiges Leben schenkt; auf *der* psychischen Stufe, auf die sein Ich regredierte, genügt ja dazu das Vorsichhinsummen magischer Worte oder die Ausführung magischer Reibbewegungen. Die Fähigkeit zur halluzinatorischen oder illusionären Regression gestattet ihm, obwohl er nur einen Zahn im Mund hat, sich mit mehreren Reihen prächtiger Zähne ausgerüstet zu fühlen; trotz seiner evidenten Impotenz kann er sich rühmen, der Erschaffer aller Menschen zu sein, er braucht ja nur zu den extragenitalen Sexualtheorien seiner Kindheit zurückzugreifen, um dieses Wunder zu vollbringen. Die kolossale Einbuße an geistigem Wert verursacht ihm keinen Schmerz mehr, es ist ihm ja gelungen, für das Verlorene in archaischen, oralen und analen Befriedigungen (Freßsucht, Kotschmieren) Entschädigung zu finden.

Vermag die halluzinatorische Magie die Wahrnehmung des Verfalls der Individualität nicht zu bannen, so projiziert er einfach alles Unangenehme ›auf seinen Kompagnon‹ oder sequestriert seine ganze leibliche Existenz aus seinem Ich und behauptet, ›jener‹ (sein kranker Körper) sei ein kranker Christ, *er* aber sei der König der Juden, der mit Riesensummen um sich werfen, mit kolossalen Dimensionen prahlen kann. So wird mancher Kranke, wie dies Hollós beobachtet hat, sukzessive Graf,

---

[16] Dr. Hollós meint, daß Zerstörungsprozesse des Gehirns, Gewebsverluste: Libidoverarmung, die Restitutionsprozesse dagegen Libidozuwachs im *Organ* bedeuten.

Prinz, König und Gott. Jede reale Einbuße wird durch Rangerhöhung wettgemacht. [17]

Mag er durch einfache Rechnung, zu der er ja noch intellektuell befähigt sein kann, noch so genau die Zahl angeben, die sich aus der Summe seines Alters bei der Aufnahme und der in der Anstalt verbrachten Jahre ergibt: auf die Frage, wie alt er ist, wird er, dem die Selbstzufriedenheit seines Ichs viel wichtiger ist als jede Mathematik, konsequent das Alter vor dem Niedergang angeben; die bösen Jahre seit der Erkrankung werden einfach für ungültig erklärt, gleichwie das Kind in Wordsworths schönem Gedicht nicht aufhört zu beteuern: »We are seven!« – auch wenn die Geschwister schon im Kirchhof liegen.

Gleichzeitig mit diesem Niedergang der Persönlichkeitshöhe leben der Reihe nach alle überwundenen Stufen der Erotik und der Libidoorganisation auf: Inzestneigung, Homosexualität, Exhibition, Schaulust, Sado-Masochismus etc. Es ist, als ob der ganze Prozeß, der im Laufe der Entwicklung zur ›polaren Teilung‹ der Triebbesetzungen zwischen Ichzentrum (Gehirn) und Genitale führte, stufenweise rückgängig gemacht und das von solchen ›unschönen‹ Regungen durch die Erziehung gesäuberte Ich wieder von Erotik überflutet würde. So wird der Kranke, je mehr er herunterkommt, immer schrankenloser und allmächtiger und stirbt in der Euphorie eines unbeholfenen, aber glückseligen Kindes. [18]

[17] Das so charakteristische Symptom der *Körpergewichtszunahme* beim Paralytiker darf man – seit den Beobachtungen Groddecks, der einen starken psychischen Einfluß auf die Ernährung der Menschen psychoanalytisch erwies – als körperlichen Ausdruck der angestrebten ›*Ichvergrößerung*‹, also des Narzißmus, ansehen. Vergleiche dazu die Redensart: »Er bläht sich vor Stolz.« »Aufgeblasen.« Der Ungar sagt vom Eitlen: »Er wird von Schmeichelreden fett.«

[18] A. Stärcke gibt in seiner Arbeit ›Psychoanalyse und Psychiatrie‹ seiner Verwunderung darüber Ausdruck, daß auf meine ›Entwicklungsstufen des Wirklichkeitssinnes‹ noch keine klinische Psychiatrie gegründet wurde. Dieser Aufsatz mag als erster Versuch in dieser Richtung gelten. Übrigens sagt ja Stärcke selber, daß bei den Psychosen »paläopsychische Schichten, die sonst tief vergraben liegen und sonst nur nach mühsamer Minenarbeit abgebaut werden können ... offen zutage liegen.«

Es kann kein Zufall sein, daß zwischen der *Lues* und der *Libido* vielfach intime Zusammenhänge bestehen. Nicht nur der Primäraffekt, auch die sekundären Effloreszenzen heften sich mit Vorliebe an die erogenen Zonen (Mund, After, Genitalien) an, die tertiären Infiltrationen zeigen diese Lokalisation allerdings nicht mehr. In der Paralyse scheint nun die Spirochaete [Krankheitserreger, z. B. der Syphilis und des Rückfallfiebers] ihre alte Beziehung wieder hergestellt und sich in der ›narzißtischen Zone‹ angesiedelt zu haben. Es sei hier aber auch an die schon vor so langer Zeit getane Äußerung Freuds erinnert, nach der unter den Nachkommen Syphilitischer sehr häufig schwere Neurosen, also wiederum Störungen im Libidohaushalt, vorkommen. Freud machte übrigens gelegentlich auch auf die auffälligen Unterschiede im Ablauf der Lues beim männlichen und weiblichen Geschlecht aufmerksam, die auf die Abhängigkeit der Virulenz dieser Krankheit vom Sexualchemismus hinweisen.

Zur Psychoanalyse der paralytischen Geistesstörung

Die hier vertretene Analogie der psychogenen Manie-Melancholie mit der paralytischen läßt sich aber noch vertiefen, wenn man sich der einleitenden Worte Freuds zu seiner ›Massenpsychologie‹ erinnert. »Im Seelenleben des einzelnen« – heißt es dort – »kommt regelmäßig der andere als Vorbild, als Objekt, als Helfer und als Gegner in Betracht, die Individualpsychologie ist daher von Anfang an auch gleichzeitig Sozialpsychologie in diesem erweiterten, aber durchaus berechtigten Sinne.«

Bei der psychogenen Melancholie handelt es sich nun um die Trauer beim Verlust eines als Vorbild dienenden Ichideals, um die Haßregung gegen eine im *Werden begriffene* Identifizierung; der paralytische Prozeß dagegen zerstört der Reihe nach alle bereits gelungenen, vollzogenen Identifizierungen, deren Summe sein *erreichtes* Ichideal bedeutete.

Diese Identifizierungen und Ideale wie auch die früheren Entwicklungsstufen muß man, wie es die in den Psychosen manchmal lautwerdenden Halluzinationen, Personifikationen etc. beweisen, als relativ unabhängige, zusammenhängende Komplexe innerhalb des Ichs auffassen, die im Traume, in der Psychose ihre Selbständigkeit wiedererlangen können. Jedenfalls kann man den fortschreitenden ›Sequestrationsprozeß‹ bei der Paralyse mit dem Mechanismus der Projektion in Parallele bringen, und als Gegensatz zu jenen schubweisen ›Ideal-Introjektionen‹ auffassen, als die uns die Ichentwicklung im Lichte der Analyse erscheint.

Sogar das letzte Stadium der Paralyse, das der vollkommenen ›Verblödung‹, ist nicht ausschließlich eine unmittelbare Folge der Zerstörung nervösen Gewebes; die Seele des Paralytikers mag bis zum letzten Moment nicht erlahmen in dem Bestreben, das Ich möglichst selbstzufrieden und bis zu einem gewissen Grade einheitlich zu erhalten, und erhält die Sequestration des Schmerzlichen »bis zur Bewußtlosigkeit« aufrecht, indem sie die infantile, vielleicht auch die fötale Regression bewerkstelligt.

Eine psychoanalytische Theorie müßte uns jedenfalls auch die verschiedenen *Ablaufsarten* der Paralyse verständlicher machen. Die Haupttypen sind die melancholische (mikromanische), die manische (megalomanische) Paralyse und die einfache Verblödung. Die Psychoanalyse stellt für die Pathogenese der Neurosen überhaupt eine ätiologische Gleichung auf, in der sowohl das Konstitutionelle als auch das Traumatische als Faktoren vorkommen. Von dieser Regel kann auch die Paralyse keine Ausnahme machen. Doch auch die ›Neurosenwahl‹, die Auswahl der Neurosen*art*, in die sich die bedrängte Seele flüchtet, ist von diesen zwei Faktoren abhängig. Hier ist die Stelle, an der das in der Literatur schon vielfach gewürdigte *endogene Moment* in der Paralyse sich organisch einfügt. Es kann nicht gleichgültig sein für den Ablauf des pathologischen Prozesses, für die Art, in der die Psyche auf die zerebrale Noxe reagiert, wie ihre Ich- und Libidokonstitution individuell gestaltet war, wo die schwachen Punkte, die ›Fixierungsstellen‹ ihrer Entwicklung gelegen waren. Wir können von vornherein annehmen, daß bei einem schon früher stark narzißtischen Menschen die Paralyse eine andere Färbung, die Psychose einen anderen Verlauf nehmen wird als bei einem Menschen vom ›Übertragungstypus‹; daß bei den Regressionsvorgängen des oralerotisch oder sadistisch-analerotisch Fixierten andere Symptome vorherrschen werden als bei vollentwickeltem Primat der Genitalzone. Auch die Vergangenheit, auf die die Ichentwicklung des Kranken zurückschauen kann, die Höhe der erreichten Kulturentwicklung, der erfüllten Ideale, kann nicht gleichgültig sein für die Art und Intensität der pathoneurotischen und psychotischen Reaktion. Es wird die Aufgabe künftiger Untersuchungen sein, den Einfluß des Ich- und des Sexualcharakters auf die Symptomatologie der Paralyse im einzelnen nachzuweisen.

Viel eher läßt sich schon jetzt einiges von der Beziehung zwischen dem Trauma und der psychotischen Symptomwahl aussagen. Damit ist nicht die Bedeutung des pathologisch-anatomischen Befundes gemeint, obzwar eine Zeit kommen mag, wo wir auch hierüber manche Aufklärung erhalten werden, sondern gewisse *zeitliche* und *topische* Momente der Erkrankung.

Wie ein unerwarteter Todesfall intensivere Trauer, eine plötzliche Enttäuschung im narzißtisch geliebten Objekt tiefere melancholische Verstimmung nach sich zieht, so dürfte auch der stürmisch einsetzende zerebrale Prozeß eine heftigere pathoneurotische Reaktion hervorrufen und diese die Psyche zu lärmenderer Kompensationsarbeit aufstacheln als eine unmerklich beginnende und nur allmählich fortschreitende Gehirnerkrankung. Im letzteren Falle dürften wir eher auf einen einfachen Verblödungsprozeß rechnen; hier entfällt eben das traumatische Moment, das zur Mobilisierung großer Quantitäten narzißtischer Libido führen und eine paralytische Melancholie und Manie provozieren könnte.

Neben diesem zeitlichen kommt aber auch ein topischer Faktor in

Betracht, einstweilen auch hier nicht im Sinne einer anatomischen oder histologischen Lokalisation, sondern im Sinne der Topik der Freudschen *Metapsychologie*.[19] Die Heftigkeit der melancholischen Reaktion auf die Hirnerkrankung, und natürlich auch die der manischen Gegenreaktion, muß man nach den obigen Ausführungen vom *Grade der Spannungsdifferenz zwischen Ichkern und narzißtischem Ich* abhängig vorstellen. Bleibt der Ichkern (und dessen Funktion, die Selbstwahrnehmung, das Gewissen etc.) von der Auflösung verhältnismäßig verschont, so muß der kolossale Niedergang der verschiedensten körperlichen und geistigen Fähigkeiten heftige psychotische Reaktionen nach sich ziehen; wenn aber zugleich mit diesem allgemeinen psychischen Verfall auch die Ichkritik zugrunde geht, wird die Krankheit wahrscheinlich eher das Bild einfacher Verblödung aufweisen.

Der lärmende megalomanische Paralytiker verdient es also nicht, wie dies in den Lehrbüchern geschieht, als »vollständig kritiklos« hingestellt zu werden. Diese Bezeichnung paßt eher auf den Paralytiker mit einfacher Verblödung, während beim Mikro- und Megalomanen gerade die empfindliche Selbstkritik die auffälligen Symptome hervorruft. Ein Teil der paralytischen Manischen und Melancholiker kann sich ja vom psychischen Schock wieder erholen und jahrelang normal oder mit geringem Defekt weiterleben; wohl ein stringenter Beweis dessen, daß seine psychotischen Symptome ›funktionaler‹ Natur waren. Oder es kann der Prozeß später auch den zunächst relativ verschonten Ichkern ergreifen, wo dann der manisch-melancholischen Phase das Stadium der Verblödung folgt. Durch die Herabsetzung der Kritik seitens des Ichkerns verschwindet die bisher zwischen letzterem und dem narzißtischen Ichrest bestandene Spannung, die die Kompensationsarbeit eigentlich veranlaßte, so daß das diesmal wirklich ›kritiklos‹ gewordene Individuum sich beruhigen und den weiteren progressiven Verfall seiner Fähigkeiten ohne besondere Emotion miterleben kann.

Es gibt noch ein seltener vorkommendes Krankheitsbild der Paralyse, das aber in theoretischer Hinsicht besondere Aufmerksamkeit verdient; ich meine die ›*agitierte*‹ oder ›*galoppierende*‹ Form. Diese setzt foudroyant mit kolossaler Unruhe, sinnlosen Reden, Wutausbrüchen etc.

---

[19] Vgl. Freuds metapsychologische Aufsätze [›Einige Bemerkungen über den Begriff des Unbewußten in der Psychoanalyse‹, ›Triebe und Triebschicksale‹, ›Die Verdrängung‹, ›Das Unbewußte‹, ›Metapsychologische Ergänzung zur Traumlehre‹, ›Trauer und Melancholie‹], sowie insbesondere seine Ausführungen in der ›Massenpsychologie und Ich-Analyse‹.

ein, artet bald in ein ängstlich-halluzinatorisches Delirium aus, in dem der Kranke unausgesetzt ganz verwirrt und unzusammenhängend schreit und poltert, alles zerreißt, herumspringt, die Wärter in brutaler Weise angreift, sich in keiner Weise fixieren läßt.[20] ›Personifikationen‹ werden im Kranken laut, erteilen ihm die sonderbarsten Befehle, die er auch getreulich ausführt, etc. Diese Patienten sterben zumeist sehr bald, oft schon wenige Wochen nach Ausbruch der Geistesstörung an Erschöpfung infolge des unbezwingbaren Bewegungsdranges.

Die pathologische Anatomie bleibt uns die Erklärung dieser Spezialform der Paralyse schuldig, so daß wir berechtigt sind, auch hierüber die Psychoanalyse zu befragen. Hier findet man allerdings ein Auskunftsmittel, das sich wiederum auf Freuds metapsychologische Topik gründet. In den allermeisten Fällen beginnt der Zerstörungsprozeß, wie wir sahen, an der ›Ichperipherie‹, also mit dem Verfall körperlicher Funktionen, und ergreift dann allmählich oder schubweise die höheren geistigen Fähigkeiten, aber ein Ichkern hält doch noch das Ganze zusammen. Die Einheit der Persönlichkeit wird, wenn auch auf regressiv gesunkenem Niveau, aufrechterhalten, der Ichkern kann sich durch Gegenbesetzungen und Reaktionsbildungen vor der vollkommenen Auflösung schützen; die Libidobesetzungen der zu ›sequestrierenden‹ Ichanteile und Identifizierungen werden dabei noch rechtzeitig in den immer narzißtischer werdenden ›Ichkern‹ hinübergerettet. Wenn wir uns aber den Fall denken, daß der Krankheitsprozeß (sei es nun psychotopisch oder histologisch) ausnahmsweise *zuerst* den Ichkern und seine Funktionen zerstört, so mag damit das Bindemittel, das die Teile der Persönlichkeit aneinanderklebt, ausgelaugt werden, die einzelnen ›Identifikationen‹ und ›Personifikationen‹, die noch keine Zeit hatten, ihre Libidobesetzung abzugeben, können sich unabhängig von- und ohne Rücksicht aufeinander ganz anarchisch ausleben und das oben geschilderte Bild der galoppierenden Paralyse zustande bringen.

Das theoretisch Interessante an dieser Erklärung, wenn sie zu Recht bestünde, wäre aber, daß wir so durch Fortführung des Freudschen Vergleiches zwischen der Individual- und der Massenpsyche zu einer bildhaften Auffassung auch jener ›Organisation‹ gelangen könnten, die die Individualseele ausmacht. Auch hier, wie in der Massenseele, könnten wir in der Libido, und zwar in der narzißtischen Libido, jene Kraft erkennen, die die Teile zu einer Einheit zusammenkettet. Auch hier

---

[20] S. das Beispiel in Bleulers *Lehrbuch der Psychiatrie*, S. 243.

wie in gewissen organisierten Massen gäbe es eine Hierarchie von übereinander gestellten Instanzen; aber die Leistungsfähigkeit der ganzen Organisation hinge von der Existenz eines über alle Instanzen gestellten Führers ab, und diese Führung übernimmt in der Einzelpsyche *der Ichkern*. Geht dieser zuerst zugrunde, so mag auch im Individuum jene *Verworrenheit* zustande kommen, die uns aus der Massenpsychologie als *Panik* bekannt ist. Mit der Auflösung der libidinösen Bindung der einzelnen Ichanteile zum führenden Ich hört eben auch die Bindung der subordiniert gewesenen Elemente untereinander auf, da ja nach Freud das einzige Motiv solcher Kooperation die Gefühlsbeziehung zum gemeinsamen Führer ist. Daß bei der halluzinatorischen Verworrenheit zumeist auch ungeheure *Angst* entbunden wird, macht diese Analogie gewiß nicht unwahrscheinlicher. Es ist, als ob bei solcher ›Panik‹ alle im Laufe der Entwicklung ›gebundene‹ psychische Energie plötzlich entbunden und in ›strömende‹ umgewandelt würde.

Selbstverständlich müßte man auch die nichtparalytischen Fälle der *Anoia*, z. B. die Symptome der meisten toxischen Delirien, ähnlich zu erklären suchen. Andererseits wäre durch diesen ›Organisationsplan der Einzelseele‹ der Weg gewiesen zur Erklärung der bisher unerklärlichen *Unifizierungstendenz im Seelischen,* ja auch der Grundtatsache der *Gedankenassoziation.* Die Nötigung zur Vereinheitlichung zweier psychischer Inhalte entstünde so eigentlich aus libidinöser Rücksicht auf einen dritten ›führenden‹ Komplex, den ›Ichkern‹.

Nun ist es aber Zeit, diese Spekulation über eine Stereochemie der Psyche abzubrechen und zum Hauptthema zurückzukehren. Viele der psychotischen Erscheinungen der progressiven Paralyse sowie der Gesamtverlauf dieser Krankheit erweisen sich, so viel kann man mit Bestimmtheit behaupten, der psychoanalytischen Erklärung nicht unzugänglich, ja, dieser Erklärungsversuch führt zu Gedankengängen, die schwierige Probleme der allgemeinen Psychiatrie und Psychologie zu lösen versprechen. Nimmt man den Erkenntniswert zum Maßstab des Wahrheitsgehaltes, so darf man die Behauptung wagen, daß die Psychoanalyse, die sich bisher nur bei den sogenannten ›funktionalen‹ Psychosen für kompetent erklärte, nunmehr auch in der organischen Psychiatrie Berücksichtigung verdient.

Die Brückensymbolik und die Don Juan-Legende

(1922)

In einer kurzen Mitteilung über ›Die Symbolik der Brücke‹[1] versuchte ich unlängst, die vielfachen Schichten der Bedeutung aufzudecken, die die Brücke im Unbewußten gewonnen hat. Nach dieser Deutung ist die Brücke 1) das männliche Glied, das das Elternpaar beim Geschlechtsverkehr miteinander verknüpft und an das sich das kleine Kind anklammern muß, soll es im ›tiefen Wasser‹, über das diese Brücke gelegt ist, nicht umkommen. 2) Insofern es dem männlichen Glied zu verdanken ist, daß man aus jenem Wasser überhaupt zur Welt gekommen ist, ist die ›Brücke‹ ein wichtiges Beförderungsmittel zwischen dem ›Jenseits‹ (dem Noch-nicht-geboren-Sein, dem Mutterleib) und dem ›Diesseits‹ (dem Leben). 3) Da sich der Mensch auch den Tod, das Jenseits nach dem Leben, nicht anders als nach dem Vorbild der Vergangenheit, also als eine Rückkehr in den Mutterleib (ins Wasser, in die Muttererde) vorstellen kann, bekommt die Brücke auch die symbolische Bedeutung eines Beförderungsmittels in den Tod. 4) Schließlich kann die Brücke zur formalen Darstellung von ›Übergängen‹, ›Zustandsänderungen‹ überhaupt benützt werden.

Nun sind in der ursprünglichen Fassung der ›Don Juan-Legende‹ die unter 1 bis 3 hervorgehobenen Motive mit einem überdeutlichen Brückensymbol so innig verknüpft, daß ich es für erlaubt halte, diese Verknüpfung als eine Bestätigung meiner Deutung auszulegen.

Der berühmte Frauenjäger *Miguel Monara Vicentello de Leco (Don Juan) zündete der Sage nach über den Guadalquivir hinweg seine Zigarre an der Zigarre des Teufels an.* Er begegnete einmal seinem eigenen Begräbnis und wollte in der Krypta der von ihm erbauten Kapelle bestattet werden, damit man ihn mit Füßen trete. Erst nach dem ›Begräbnis‹ bekehrt er sich und wird zum reuigen Sünder.

[1] [In diesem Band, S. 70 ff.]

Die Brückensymbolik und die Don Juan-Legende

a) Die über den Fluß hinweg angezündete Zigarre möchte ich als Variante des Brückensymbols auslegen, in der (wie das bei Varianten oft der Fall ist) vieles vom Unbewußt-Verdrängten wiederkehrt. Die Zigarre erinnert durch ihre Form und das Brennen an das vor Begierde brennende männliche Genitalorgan. Die riesenhafte Geste – das Anzünden über den Fluß hinweg – paßt sehr gut zur Vorstellung von der riesigen Potenz eines Don Juan, dessen Glied man sich in kolossaler Erektion repräsentieren mochte.

b) Das Dem-eigenen-Begräbnis-Beiwohnen wird erklärlich, wenn man sich zur Annahme entschließt, daß diese Doppelgängerphantasie eigentlich die Personifikation des so wesentlichen Bestandteils von Don Juans leiblichem Ich, seines Genitales nämlich, darstellt. Das Genitale wird bei jedem Geschlechtsverkehr tatsächlich ›begraben‹, und zwar am selben Ort, der auch die Geburtsstätte ist, und das übrige ›Ich‹ mag diesem ›Begräbnis‹ ängstlich zusehen. Die Psychoanalyse zahlreicher Träume und der neurotischen Klaustrophobie erklärt die Angst vor dem Lebendig-begraben-Werden als den in Angst verwandelten Wunsch nach Rückkehr in den Mutterleib. Vom narzißtischen Standpunkt gesehen ist übrigens jeder Geschlechtsverkehr, jedes Opfer an das Weib, ein Verlust, eine Art Kastration im Sinne Stärckes [2], auf den das gekränkte Ich mit Todesangst reagieren kann. Auch Gewissensskrupel und Strafphantasien mögen dazu beitragen, daß ein Don Juan bei jedem geschlechtlichen Akt sich der Hölle, der Vernichtung näher fühlt. Wenn wir mit Freud den Don Juan-Typus im Liebesleben, den Zwang zur Reihenbildung, zur Eroberung unzähliger Frauen (Leporello-Album!) damit erklären, daß dies nur ein Ersatz für die *eine* Liebe ist, die auch dem Don Juan versagt bleibt (Ödipus-Phantasie), so wird uns jene Strafphantasie erst recht verständlich; sie ahndet ja die ›Todsünde‹ *par excellence*.

Selbstverständlich meine ich nicht, in diesen wenigen Zeilen den versteckten Inhalt der Don Juan-Legende enthüllt zu haben, die noch viele unerklärliche Züge hat (ich verweise z. B. auf die wahrscheinlich homosexuelle Bedeutung des Anzündens einer Zigarre an einer anderen); ich wollte nur eine Bestätigung der phallischen, respektive Leben-Tod-Bedeutung der Brücke durch ihr Auftauchen mitten unter den typischen Symbolen des Todes, der Geburt und der Sexualität erbringen.

---

[2] ›Der Kastrationskomplex.‹

Die Psyche ein Hemmungsorgan

Einige Bemerkungen zu Dr. F. Alexanders Aufsatz:
›Metapsychologische Betrachtungen‹

(1922)

In der interessanten Arbeit, in der Alexander die von Freud isolierten Sexual-(Lebens-)Triebe und Ich-(Todes-)Triebe mit allgemeinsten biologischen und physikalischen Gesetzen verknüpfen will, steht unter anderem: »Ich möchte Sie nun bitten, meine Behauptung von der rein hemmenden Funktion des Systems ›Bewußtsein‹ gut zu überprüfen. Das System ›Bewußtsein‹ wird doch von Freud als etwas Aktives aufgefaßt, welches die Motilität beherrscht. Und in diesem System oder an seiner Grenze soll durch die Zensur eine exquisit aktive Tätigkeit ausgeübt werden. *Den Bewußtseinsakt als eine rein passive Wahrnehmung äußerer und innerer Vorgänge aufzufassen, liegt der psychoanalytischen Theorie fern* ...[1] Und doch, wenn wir das psychoanalytische Material durchprüfen, so finden wir, daß alle positiv gerichtete Aktivität von den tieferen Schichten stammt, daß dynamisch in letzter Analyse nur die Triebe wirken. Eine einzige Kraftleistung, welche den höheren Systemen, dem Bewußtsein zukommt, ist eine hemmende: die Verdrängung, das Zurückhalten der Triebentwicklung oder der Triebbefriedigung oder höchstens die Lenkung der Triebe.«
Diese Gedanken als solche folgen konsequent aus der psychoanalytischen Betrachtung der Seelenvorgänge und entsprechen speziell meiner eigenen Überzeugung hierüber; einige Irrtümer aber, die sie enthalten, dürfen nicht unwidersprochen bleiben.
1. Die Auffassung des Bewußtseinsaktes als rein passive Leistung liegt der psychoanalytischen Theorie nicht nur nicht fern, sondern galt von jeher als ein allgemein bekannter Bestandteil derselben. Schon in der ›Traumdeutung‹, wo Freud zum erstenmal die topische Lokalisation der seelischen Funktionen in ›psychische Systeme‹ versuchte, spricht er vom Bewußtsein als von einem *Sinnesorgan für (unbewußt) psychische*

---

[1] Von mir kursiviert.

Qualitäten, womit der passive Wahrnehmungscharakter des Bewußtseinsaktes klar gekennzeichnet ist. Aber auch das *Vorbewußte* (das Alexander etwas zu schematisch mit dem Bewußten vermengt, obzwar letzteres eine neuerliche Überbesetzung zur Voraussetzung hat) wird von Freud stets als ein durch auswählende Tätigkeit der Zensur zustande kommendes System aufgefaßt, das sich aus dem tiefer und den Trieben näherliegenden Unbewußten durch *Hemmung und Niveau-Erhöhung* ergibt.

2. Diese Auffassung ist nicht nur die persönliche Ansicht Freuds, sondern wird von allen psychoanalytischen Autoren geteilt. Ich kann mich hier auf eine eigene Arbeit aus dem Jahre 1915 beziehen, die das von Alexander Behauptete nicht nur für das Bewußtsein, sondern für das Psychische überhaupt postuliert. Ich will die bezügliche Stelle ausführlich zitieren.

»Das Mystische und Unerklärliche, das in jedem Willens- oder Aufmerksamkeitsakte immer noch steckt, schwindet zum größten Teil, wenn wir uns zu folgender Annahme entschließen: Das Primäre beim Aufmerksamkeitsakt ist *die Hemmung* aller Akte mit Ausnahme der intendierten. Wenn alle Wege, die zum Bewußtsein führen, mit Ausnahme eines einzigen gesperrt werden, so fließt die psychische Energie *spontan,* ohne daß hiezu eine eigene ›Anstrengung‹ nötig wäre (was überdies auch unvorstellbar wäre), in die einzige, offengelassene Richtung. Will ich etwas aufmerksam anschauen, so tue ich das, indem ich alle Sinne mit Ausnahme des Gesichtssinnes vom Bewußtsein absperre, das gesteigerte Aufmerken bei optischen Reizen kommt dann von selbst zustande, gleichwie die Steigung des Flußniveaus von selbst zustande kommt, wenn die mit ihm kommunizierenden Kanäle abgesperrt werden. *Ungleiche Hemmung ist also das Wesen jeder Aktion;* der Wille ist nicht wie die Lokomotive, die auf den Schienen dahinbraust, sondern er gleicht mehr dem Weichensteller, der vor der an sich qualitätslosen Energie – der eigentlichen lokomotorischen Kraft – alle Wege mit Ausnahme eines einzigen verschließt, so daß sie den einzigen offengebliebenen befahren *muß.* Ich vermute, daß dies für alle Arten von ›Aktionen‹, also auch für die physiologischen gilt, daß also die ›Innervation‹ einer bestimmten Muskelgruppe eigentlich nur aus der Hemmung aller Antagonisten resultiert.«[2]

Diese Sätze, die alle psychischen, ja auch die komplizierteren physiolo-

---

[2] ›Analyse von Gleichnissen‹ [in Bd. I dieser Ausgabe, S. 217 f.].

gischen Vorgänge als ›Zielhemmungen‹ primitiver Triebbefriedigungstendenzen (den eigentlichen Motoren der Aktion) auffassen, blieben bisher unwidersprochen, wohl weil sie sich in die psychoanalytische Theorie gut einfügen.

3. Die von Alexander aufgestellte Behauptung, nach der Freud »im System Bw oder an seiner Grenze durch die Zensur eine *exquisit aktive* Tätigkeit« postuliert, ist nicht richtig. Auch Freud faßte die Tätigkeit der Zensuren nie anders denn als Lenkung der Triebe, d. h. als Hemmung primitiver Ablaufsweisen auf. Das ›Kapital‹ zu jedem psychischen Unternehmen liefern auch nach Freud die Triebe, während die höheren Instanzen, an sich machtlos, nur für die Anordnung der gegebenen Triebkräfte sorgen.

4. Nach alledem ist es wohl für jeden zweifellos, daß Freud auch das Beherrschtwerden der Motilität durch das Vorbewußte niemals so meinte, als enthielte das Vorbewußte etwa eigene motorische Kräfte, die zur Muskulatur abfließen, sondern so, daß das Vorbewußte den *Zugang* zur Motilität beherrscht, also gleichwie im oben gebrauchten Bilde der Weichensteller, den aus tieferen Quellen stammenden Triebkräften den motorischen Ablauf gestattet oder verweigert.

5. Selbstverständlich gilt diese psychoanalytische Auffassung für alle ›höheren‹, ›sozialen‹, seelischen Leistungen des Vorbewußten, also sowohl für die Intellektualität als auch für die Moral und die Ästhetik. Sagt uns doch Freud gelegentlich ganz ausdrücklich, daß der ›Vervollkommnungsdrang‹ der Menschen nichts anderes ist als eine immer und immer wiederholte Reaktion gegen die im Unbewußten fortlebenden und stets nach Befriedigung verlangenden primitiven, amoralischen Triebe. Auch wenn diese Tendenzen sekundär eine scheinbare Selbständigkeit erlangen, ist und bleibt ihre eigentliche Quelle immer das Triebleben, während die Rolle der höheren Systeme sich in der ›sozialen‹ Umsetzung, Abschwächung, Anordnung der Triebkräfte, also in ihrer Hemmung erschöpft.

6. Diese Überlegungen schließen aber durchaus nicht aus, daß ein *sehr frühzeitig*, vielleicht schon im Moment der Entstehung des Lebens abgespaltener Teil der Triebbefriedigungstendenzen sowie dessen Abkömmlinge eine relative Autonomie erlangen, sich als ›Regenerations-, Fortpflanzungs-, Lebens- und Vervollkommnungstriebe‹ etabliert haben und sich so den egoistischen Ruhe- und Todestrieben immer wieder gegenüberstellen. Man kann also – entgegen der Alexanderschen Auffassung – die Freudsche Idee der selbständig organisierten, immanenten

Lebenstriebe ganz gut akzeptieren. Bleibt man sich nur dabei des ab ovo stets exogenen Ursprungs dieser Triebe bewußt, so entgeht man der Gefahr, dem Mystizismus, etwa der mystischen ›évolution créatrice‹ Bergsons zu verfallen.

Die an sich löbliche Neigung Alexanders, den Monismus der Welt in Sicherheit zu bringen, darf und braucht ihn also nicht dazu zu verführen, die psychoanalytisch und biologisch überall nachweisbare Zweiheit der Kräfte vorzeitig abzulehnen. Ist es doch nicht nur reizvoller, sondern auch korrekter und auch heuristisch aussichtsvoller, die Konflikte der miteinander ringenden Kräfte genau zu verfolgen, bevor man zur philosophischen Vereinheitlichung aller psychophysiologischen Dynamik schreitet.

Bei dieser Gelegenheit möchte ich übrigens darauf hinweisen, daß der Begriff ›Monismus‹ selbst nicht eindeutig bestimmt ist. Es gibt gewiß viele unter uns, die gerne voraussetzen, daß schließlich alles Physische, Physiologische und auch Psychische auf elementare Gesetzmäßigkeiten rückführbar sein wird; diese können wohl in gewissem Sinne für Monisten gelten. Die Annahme solcher Gesetzmäßigkeit auf allen Gebieten menschlicher Erfahrung ist aber nicht identisch mit *dem* Monismus, der bei der Erklärung dieser Erscheinungen mit *einem* Prinzip auskommen zu müssen glaubt.

Freuds ›Massenpsychologie und Ich-Analyse‹
Der individualpsychologische Fortschritt
(1922)

Die Entwicklung der Wissenschaften im großen überblickend, kommt man immer wieder zur Überzeugung, daß hier der geradlinige Fortschritt gewöhnlich bald an einem toten Punkt anlangt, so daß die Arbeit von einer anderen, oft ganz unerwarteten und unwahrscheinlichen Seite her mit Erfolg fortzusetzen ist. Ich war bereits einmal in der Lage, auf eine solche wohl jeden überraschende Tatsache hinzuweisen, indem ich Freuds ›Drei Abhandlungen zur Sexualtheorie‹, eine rein *psychologische* Untersuchung, als bedeutsamen *Fortschritt* der *Biologie,* also einer naturwissenschaftlichen Disziplin, die diesen Fortschritt aus eigenen Mitteln niemals bestritten hätte, würdigen mußte.

Dieser ›Utraquismus‹ einer richtigen Wissenschaftspolitik, wie ich ihn nennen möchte, bewährt sich aber nicht nur in der großen Alternative der objektiven (naturwissenschaftlichen) und der subjektiven (psychologischen) Erkenntniswege, sondern auch innerhalb der Psychologie selbst. Kaum hatten wir uns bei der Annahme beruhigt, daß individualpsychologische, psychoanalytische Tatsachen die Grundlage sind, deren ›Anwendung‹ die komplexeren Erscheinungen der Massenpsyche (Kunst, Religion, Mythenbildung usw.) enträtseln wird, und schon erschüttert das neuerschienene Werk Freuds über ›Massenpsychologie‹ die Sicherheit dieser Annahme: es zeigt uns im Gegenteil, daß die Untersuchung massenpsychologischer Vorgänge wichtige Probleme der individuellen Psychologie lösen kann. Ich will im folgenden die wichtigsten Fortschritte hervorheben, die die normale und pathologische Psychologie des Individuums dieser Zergliederung der Massenseele durch Freud verdankt.

Der Verfasser beseitigt die sonst von allen Autoren mechanisch übernommene Idee, daß Massenerscheinungen nur in einer ›Menge‹, also im Kreis einer *großen* Zahl von Einzelwesen vorkommen. Er stellt vielmehr fest, daß dieselben Erscheinungen des Affektlebens und des Intellekts auch innerhalb einer kleinen Anzahl von Personen, z. B. in der

Familie, ja auch im Verhältnis zu einer einzigen Person in der ›Massenbildung zu zweien‹ sich manifestieren können. Dieser Gesichtspunkt gestattet es, unsere Ansicht über einen der merkwürdigsten und für die individuelle Psychologie bedeutsamsten Vorgänge, über die *Hypnose* und die *Suggestion*, von Grund aus zu ändern.

Während die früheren Autoren die Massenerscheinungen mit der Suggestion erklären wollten, ohne angeben zu können, worin das Wesen der letzteren bestehe, fand Freud, daß es eigentlich die Massenerscheinungen sind, deren historische Entwicklung zur Erklärung auch des zwischen zwei Individuen ablaufenden Prozesses der Suggestion herangezogen werden muß. Die Quelle der Disposition zur Hypnose läßt sich nach Freud bis in die Urzeit des Menschengeschlechts, bis zur Menschenhorde zurückverfolgen, in der das Auge des gefürchteten Hordenvaters, des Herrn über Leben und Tod aller, noch tatsächlich für alle Mitglieder der Horde zeitlebens dieselbe lähmende Wirkung, dieselbe Einschränkung jeder selbständigen Aktivität, jeder eigenen intellektuellen Regung bewirkte, wie sie der Blick des Hypnotiseurs auch heute noch bei seinen ›Medien‹ produziert. Der Furcht vor diesem Blick ist also die hypnotisierende Kraft zuzuschreiben, während die übrigen Methoden zur Erzeugung der Hypnose (monotones Geräusch, Fixierung des Auges auf einen Punkt) nur die bewußte Aufmerksamkeit des Einzuschläfernden ablenken sollen, um sein Unbewußtes um so sicherer unter die Macht des Hypnotiseurs zu beugen.

Entgegen der von uns bisher bevorzugten Bernheimschen Annahme, wonach die Hypnose nur eine Form der Suggestion ist, müssen wir nun mit Freud annehmen, daß die Hypnotisierbarkeit das Grundphänomen ist, das uns die Suggestibilität erklären soll; die Hypnotisierbarkeit selbst aber bedeutet nicht nur, wie wir es uns bisher dachten, einen Rest der kindlichen Angst vor dem strengen Vater, sondern auch die Wiederkehr von Emotionen, die im Menschen der Urhordenzeit angesichts des gefährlichen Hordenführers sich abspielten. Die massenpsychologische Untersuchung gibt uns also die phylogenetische Parallele zur Ontogenese der Hypnotisierbarkeit. Wenn wir die zentrale Stellung der Suggestions- und Hypnosenfrage in der Pathologie und Therapie der Neurosen, in der Pädagogik usw. berücksichtigen, wird uns sofort klar, daß die gründliche Revision unserer bisherigen Ansichten hierüber ihre Wirkung in der ganzen normalen und pathologischen Psychologie fühlbar machen wird.

Die zweite wesentliche Neuigkeit, die die individuelle Psychoanalyse diesen massenpsychologischen Forschungen verdankt, ist die *Entdeckung einer neuen Entwicklungsstufe des Ichs und der Libido*. Die Übertragungsneurosen, diese Ausgangspunkte jeder psychoanalytischen Forschung und lange Zeit hindurch deren einziger Gegenstand, verschafften bekanntlich Freud die Möglichkeit, die Entwicklungsphasen des Sexualtriebes nahezu lückenlos zu rekonstruieren. Der zweite Faktor bei der Neurosenbildung, das Ich, blieb aber nach wie vor eine weiter nicht zerlegbare, kompakte Masse, über deren Struktur man sich nur höchst hypothetische Vorstellungen machen konnte. Einiges Licht in dieses Dunkel brachte allerdings das Studium der narzißtischen Neuropsychosen und des Liebeslebens der Normalen, aber eine wirkliche ›Stufe‹ im Ich vermochte Freud erst auf Grund dieser massenpsychologischen Untersuchung festzustellen. Diese höhere Ichstufe, die den ursprünglichen Narzißmus des Kindes und der Menschheit ablöste, ist die Sonderung eines primär-narzißtisch bleibenden Ichs von einem ›Ichideal‹, dem Vorbild, das man in seinem Innern aufrichtet, um daran alle seine Handlungen und Eigenschaften zu messen. Dieses Ichideal übernimmt die wichtigen Funktionen der Realitätsprüfung, des moralischen Gewissens, der Selbstbeobachtung und der Traumzensur; es ist auch die Macht, die bei der Schaffung des für die Neurosenbildung so bedeutsamen ›Unbewußt-Verdrängten‹ am Werke ist.

Der Entstehung dieser Ichentwicklungsstufe läuft ein eigener libidinöser Prozeß parallel, der nunmehr als besondere Entwicklungsphase zwischen Narzißmus und Objektliebe (richtiger: zwischen die noch stark narzißtischen oralen und sadistisch-analen Organisationsstufen und die eigentliche Objektliebe) einzuschalten ist, nämlich die *Identifizierung*. Bei diesem Vorgang werden Objekte der Außenwelt nicht wie in der kannibalistischen Phase wirklich, sondern nur mehr imaginär ›einverleibt‹ oder, wie wir es zu sagen pflegen, introjiziert, d. h. ihre Eigenschaften werden annektiert, dem eigenen Ich zugeschrieben. Wenn man sich so mit einem Objekt (Person) identifiziert, schafft man gleichsam die Brücke zwischen Ich und Außenwelt, und diese Verbindung gestattet dann später das Verlegen des Akzentes vom intransitiven ›Sein‹ aufs transitive ›Haben‹, d. h. die Weiterentwicklung von der Identifizierung zur eigentlichen Objektliebe. Das Fixiertwerden an dieses Identifizierungsstadium ermöglicht es aber, daß von jeder späteren Phase der Objektliebe auf die Stufe der Identifizierung regrediert werden kann; am auffälligsten geschieht dies bei gewissen pathologischen Prozessen, nicht minder deutlich aber bei den bisher unverstandenen Produktionen der Massenpsyche. Selbstverständlich eröffnet die Hypostasierung dieser neuen Stufe der Ich- und der Libidoentwicklung eine weite Perspektive; sie wird gewiß viele noch ungenügend erhellte Erscheinungen der individuellen Psychologie und Psychopathologie unserem Verständnis näherbringen.

Obzwar sich Freud in seiner massenpsychologischen Arbeit vor allem mit der Dynamik der Massenpsyche beschäftigte, konnte er doch nicht umhin, auch an einzelnen Kapiteln der Neurosenlehre, die er bei früheren Untersuchungen unvollendet ließ, weiterzubauen. Aus der Fülle des Gebotenen will ich nur einiges zum Beispiel hervorheben.

Von der *Homosexualität* des Mannes konnte bereits die bisherige klinisch-analytische Untersuchung feststellen, daß sie meist als Reaktion auf eine vorgängige überstarke heterosexuelle Strömung auftritt. Nun erfahren wir aber von Freud, daß diese Reaktion gleichfalls auf dem Wege der Regression von der Objektliebe zur Identifizierung vor sich geht. Das Weib als äußeres Liebesobjekt wird aufgelassen, dafür im Ich selbst mittels Identifizierung wieder aufgerichtet, an Stelle des Ichideals gesetzt; der Mann wird also feminin und sucht sich eventuell einen anderen Mann, damit das ursprüngliche heterosexuelle Verhältnis, wenn auch in der Umkehrung, wiederhergestellt wird.

Einen Einblick in die Pathogenese der *Paranoia* gestattet uns die Lehre von der libidinösen Natur der sozialen Bindung zum Führer und zu den Mitmenschen. Nun wird uns erst recht verständlich, warum so viele Menschen infolge sozialer Kränkung an Paranoia erkranken. Die bisher sozial gebundene Libido wird infolge der Kränkung frei und möchte sich grobsexuell, meist homosexuell ausleben, diese Äußerungsform wird aber von dem sehr anspruchsvollen Ichideal abgewiesen und aus diesem scharfen Konflikt der Ausweg in die Paranoia gefunden. Die frühere soziale Bindung äußert sich immer noch als Verfolgtwerden durch kompakte Massen, Gemeinschaften und Verbindungen (Jesuiten, Freimaurer, Juden usw.). So erweist sich also die Paranoia als Störung nicht nur der (homosexuellen) Vaterbindung, sondern auch der (an sich geschlechtslosen) sozialen ›Identifizierung‹.

Der schon früher bearbeiteten Metapsychologie der *Melancholie* erwächst aus der Lösung des massenpsychologischen Problems eine neue Stütze; auch diese Psychose erweist sich als Folge der Einsetzung des äußerlich aufgegebenen, weil gehaßten Objektes an Stelle des Ichideals; die *manische Phase* der Zyklothymie[1] aber entpuppt sich als zeitweilige

---
[1] [Manisch-depressives Irresein.]

Auflehnung des primär-narzißtischen Ichrestes gegen die Tyrannei des Ichideals. Wir sehen, die Verwertung der neuen Ichstufe und Libidophase in der Psychiatrie nimmt einen verheißungsvollen Anfang.

Die *hysterische* Identifizierung unterscheidet sich von der besprochenen unter anderem dadurch, daß hier die (unbewußte) Einverleibung des Objektes nur eine partielle ist, sich auf gewisse Eigenschaften desselben bezieht.

Wichtige Kapitel des normalen *Liebeslebens* müssen auf Grund der neuen Einsichten revidiert werden. Die Unterscheidung *direkter* und *zielgehemmter* (zärtlicher) Sexualstrebungen erweist sich in dieser Untersuchung noch bedeutsamer, als man sie schon vordem vermutete; natürlich gewinnt dadurch auch die *Latenzzeit*, die diese Zielhemmung bewerkstelligt, erhöhte Bedeutung.

Die gerechte Würdigung der zielgehemmten Sexualregungen nötigte Freud zu einer neuen Fassung der *Dynamik der neurotischen Erkrankung*; der neurotische Konflikt spielt sich nach der neueren Beschreibung zwischen den vom Ichideal geforderten zielgehemmten (ichgerechten) und den direkten (ichwidrigen) Sexualstrebungen ab. Auch die Libidobesetzungsvorgänge bei der *Verliebtheit* erscheinen seit der massenpsychologischen Untersuchung vielfach in neuem Licht, das *Schamgefühl* wird sogar als Ausfluß eines massenpsychologischen Phänomens, als Reaktion auf die Störung der stets asozialen heterosexuellen Triebäußerung durch die Öffentlichkeit, verständlich gemacht.

Zum Ausgangspunkt dieser Besprechung zurückkehrend, müssen wir schließlich nochmals auf die bei jeder Psychotherapie wirksamen massenpsychologischen Momente hinweisen, die das Studium dieser Arbeit Freuds für jeden, der kranke Seelen behandeln will, unerläßlich macht. Ist doch der Arzt bei der Krankenbehandlung der Vertreter der ganzen menschlichen Gesellschaft, er kann, wie der katholische Geistliche, lösen oder binden; ihm zuliebe lernt der Kranke sein früheres ›Gewissen‹, das ihn krank machte, außer Tätigkeit zu setzen; auf seine Autorität hin gestattet er sich, die Verdrängungen aufzuheben. Es sind also nicht zuletzt die Ärzte, die dem Autor dieses Werkes Dank und Bewunderung zollen müssen. Fand er doch in gewissen massenpsychologischen Prozessen die Erklärung für die Wirksamkeit psychotherapeutischer Maßnahmen überhaupt, wodurch ihnen die Wirkungsweise ihres täglich gebrauchten Werkzeuges erst verständlich wurde.

Soziale Gesichtspunkte bei Psychoanalysen

(1922)

I
Der ›Familienroman der Erniedrigung‹

Vor Jahren wurde ich telegraphisch in einen fashionablen Winterkurort zu einer jungen Komtesse als Consiliarius berufen. Diese Berufung überraschte mich nicht wenig, erstens weil man, besonders damals, in aristokratischen Kreisen der Psychoanalyse im allgemeinen sehr wenig Interesse entgegenbrachte, dann auch, weil auch der mir übrigens befreundete Kollege, ein älterer Privatdozent der Chirurgie, gleichfalls kein Freund unserer Wissenschaft war. Das Rätsel löste sich aber, sobald mir nach meiner Ankunft die Krankengeschichte erzählt wurde. Die junge Gräfin hatte sich beim Rodeln ein Bein gebrochen, sei dabei bewußtlos geworden und habe in diesem Zustand laut die greulichsten und obszönsten Flüche, Schimpfworte und Redensarten herausgeschrien; dieser Sonderzustand habe sich seitdem einigemal wiederholt. »Das dürfte wohl doch ein Hysteriefall mit Freudscher Ätiologie sein«, sagte sich der Kollege und ließ mich kommen.

Am anderen und dem darauffolgenden Tage hatte ich Gelegenheit, eine gleichsam psychoanalytisch gefärbte Anamnese des Falles aufzunehmen. Die Patientin war eine neunzehnjährige hübsche Person, von dem etwas weichlichen Vater verzärtelt, von der Mutter strenger, aber vorsorglich und liebevoll behandelt. Ihre Übertragung galt bereits ganz ausgesprochen dem sie behandelnden Chirurgen, der ihr vor etwa acht Tagen den Gipsverband anlegte; mir gegenüber benahm sie sich viel reservierter, immerhin konnte ich mit Hilfe des Kollegen und der Eltern folgende Antezedentien feststellen: Die Patientin benahm sich seit jeher etwas sonderbar. Wenn irgend möglich, flüchtete sie sich aus den herrschaftlichen Appartements des Kastells, das sie bewohnten, ins Dienstbotenzimmer, wo sie sich besonders an eine Amme attachierte, die sie seit ihrer frühesten Kindheit betreut hatte. Auch nachdem diese Amme aus dieser Stellung schied und in einem entlegenen Nebenhause des Gutes Unterkunft fand, besuchte die Patientin, die inzwischen das Alter von 16 bis 18 Jahren erreichte, diese Vertrauensperson immer wieder, ja sie brachte gegen den Wunsch der Eltern ganze Tage bei ihr zu, war ihr bei den häuslichen Arbeiten, auch den niedrigsten, wie Scheuern der Dielen, Füttern des Viehs, Reinigung des Kuhstalls usw. behilflich. Nichts war ihr verhaßter als die Gesellschaft ihrer eigenen Klasse; sie war nur mit Not und Mühe dazu zu bringen, die unvermeidlichsten Besuche zu machen und zu empfangen. Ganz annehmbare aristokratische Bewerber wies sie ziemlich unwirsch ab.

Vor einigen Jahren hatte sie eine Neurose durchgemacht, die mir die Mutter folgendermaßen schilderte: Plötzlich wurde die Patientin deprimiert, war stets verweint, verriet aber den Anlaß ihres Kummers niemandem. Die Mutter nahm sie mit nach Wien, in der Hoffnung, sie durch Unterhaltung aufzuheitern; ihr Gemütszustand besserte sich aber auch dort nicht. Eines Nachts kam sie weinend ins Schlafzimmer der Mutter, schlüpfte in ihr Bett und eröffnete ihr ihr Herz. Sie leide, sagte sie, an einer furchtbaren Angst, sie fürchte, man habe sie im bewußtlosen Zustande vergewaltigt. Das hätte sich auf ihrem Landgut zugetragen, als sie die Mutter einmal zur Bahn begleitete. Nach der Abreise der Mutter bestieg sie den Wagen und langte bald beim nahen Kastell an, die Rückfahrt kann nicht mehr als fünf Minuten gedauert haben. Aber unterwegs sei ihr nicht wohl gewesen, wahrscheinlich war sie sogar vorübergehend bewußtlos und diesen Zustand hätte der Kutscher zum besagten Attentat benützen können. Ob der Kutscher ihr wirklich etwas angetan hätte, daran könne sie sich nicht erinnern; sie weiß nur, daß, als sie erwachte, der Kutscher etwas zu ihr sagte, sie wisse nicht was. Die Mutter suchte sie zu beruhigen und setzte ihr auseinander, daß ihre Angst schon darum ganz grundlos sein müsse, da doch eine solche Tat bei Tage, im offenen Wagen, auf der lebhaft befahrenen Landstraße ganz unmöglich hätte ausgeführt werden können. Die nervöse Aufregung der Patientin legte sich aber erst, nachdem sie die Mutter von einer ganzen Reihe hervorragender Frauenärzte untersuchen ließ, die alle erklärten, daß sie körperlich unberührt sei.

Während meines zwei Tage dauernden Aufenthaltes im Kurort konnte ich mich vergewissern, daß es sich um einen Fall von traumatisch exazerbierter Hysterie handelt, daß die rohen Flüche der Patientin irgendwie mit ihren bäuerischen Passionen und jener Vergewaltigungsphantasie zusammenhängen und daß der Fall nur psychoanalytisch aufgeklärt werden kann. Soviel konnte ich aber schon nach dem Gehörten vermutungsweise angeben, daß sich die Patientin, was übrigens auch von Augenzeugen bestätigt wurde, den Beinbruch durch Mutwillen, vielleicht aus irgendwelcher Selbstbestrafungstendenz, zuzog.

Später erfuhr ich, daß sich die Patientin statt der vorgeschlagenen psychischen Kur zur Nachbehandlung ihres Unterschenkels in ein Sanatorium aufnehmen ließ, sich seither immer mehr für die Chirurgie interessierte, im Kriege sich als Pflegerin betätigte und trotz des Einspruchs der Eltern einen jungen Chirurgen jüdischer Abstammung heiratete.

Ich war also nicht in der Lage, die Lücken dieser Krankengeschichte analytisch auszufüllen, mußte mir aber dennoch sagen, daß es sich hier unverkennbar um einen Fall von umgekehrtem neurotischen Familienroman, um einen ›*Familienroman der Erniedrigung*‹ handelte. Die geläufigen Familienromane der Neurotiker sind bekanntlich Größenphantasien über Rangerhöhungen der Eltern, die aus bescheiden bürgerlichen oder ärmlichen Verhältnissen zu aristokratischer oder gar königlicher Würde erhoben werden; ganz analoge Familienromane wiesen die psychoanalytischen Mythenforschungen Ranks in den bekanntesten Heldenmythen (Moses, Ödipus, Romulus und Remus usw.) nach, die alle, von vornehmen Eltern stammend, ausgesetzt, von armen Bauern oder gar von Tieren aufgezogen, schließlich doch wieder zu Ansehen gelangen. Nach Ranks sehr plausibler Auffassung sind die tierischen bzw. bäuerischen Pflegeeltern eines- und die vornehmen Eltern anderenteils nur *Doublettierungen* der Imagines der Eltern überhaupt.

Während also im Mythos die ›primitiven‹ Eltern gewöhnlich als Vorläufigkeiten behandelt werden und den Vornehmen den Platz räumen müssen, sehnt sich meine Neurotika aus der vornehmen Welt in eine primitive zurück. Dieser anscheinend unsinnige Wunsch steht aber durchaus nicht vereinzelt da. Ich weiß es aus einer ganzen Reihe von Kleinkindergeschichten, daß sich sehr viele Kinder unter Bauern, Dienstboten, kleineren Leuten wohler fühlen als in der eigenen, viel feineren Häuslichkeit. Nicht selten zeigt sich eine besondere Sehnsucht der Kinder, das Nomadenleben der Zigeuner zu führen oder gar in ein Tier verwandelt zu werden. In diesen Fällen ist es das unverhüllte, noch dazu inzestuöse Liebesleben, das auf die Kinder verlockend wirkt und dem zu Liebe sie sogar auf Rang und Wohlstand verzichten möchten. Man könnte also in diesem Sinne ebensowohl von hilfreichen Dienstboten und Zigeunern reden, die dem Kind in seiner sexuellen Not beistehen, wie so oft die ›hilfreichen Tiere‹ in den Märchen.

Bekanntlich setzt sich manchmal diese Tendenz der Rückkehr zur Natur später auch in der Realität durch; die vielen und gerne weitererzählten Geschichten von Verhältnissen zwischen Gräfinnen und Kutschern oder Chauffeuren, zwischen Prinzessinnen und Zigeunern verdanken also allgemein-menschlichen Strebungen das große Interesse, das sie erwecken.

II

Psychische Erkrankungen als Folge des sozialen Aufstiegs

Ich verfüge über eine kleine Beobachtungsreihe von Neurosenfällen, in denen unter den krankmachenden Ursachen dem Umstand, daß die Patienten in früher Kindheit, meist während der sexuellen Latenzzeit, mit ihrer Familie sozial höher stiegen, große Bedeutung zugeschrieben werden mußte. Drei dieser Fälle betrafen Männer, die an sexueller Impotenz litten, eine Patientin litt an Tic convulsif. Von den drei Impotenten waren zwei Vettern, deren Väter zur selben Zeit wohlhabend und ›fein‹ wurden, zu einer Zeit, wo ihre Söhne 7 bis 9 Jahre alt waren. Alle drei Impotenten machten eine außerordentlich wilde und üppige, polymorph-perverse infantile Sexualität durch, an deren Entfaltung sie durch keine Aufsicht, keine Konvention gehindert waren. Im besagten Alter kamen sie in ganz ungewohnt feine Verhältnisse, zum Teil mußten sie sogar den vertrauten ländlichen Aufenthalt mit dem städtischen oder großstädtischen Leben vertauschen. Sie büßten bei diesem Wechsel ihren früheren Wagemut und ihre Selbstsicherheit ein, denn gerade wegen ihrer Ausgelassenheit mußten sie besonders starke Reaktionsbildungen entwickeln, wollten sie den Ichidealen eines neuen, vornehmeren Milieus auch nur halbwegs entsprechen. Kein Wunder, daß dieser Verdrängungsschub gerade die sexuelle Aggressivität und die genitale Leistungsfähigkeit am stärksten in Mitleidenschaft zog.

Schon bei diesen Patienten, noch mehr aber bei der Tic-Kranken konnte ich einen das Maß des Normalen weit übersteigenden Narzißmus konstatieren, der sich in hochgradiger Empfindlichkeit äußerte. Die geringste Nachlässigkeit beim Grüßen legten sie als Beleidigung aus; sie alle hatten den ›Komplex des Geladen-sein-Wollens‹ und konnten jemanden wegen Hintansetzung ihrer Person zeitlebens hassen. Natürlich steckte hinter dieser Empfindlichkeit das Gefühl der eigenen sozialen Schwächen, besonders aber das unbewußte Wirken der perversen Sexualregungen. Die Tic-Kranke und einer der Sexual-Impotenten hatten auch das gemein, daß sie in der Latenzzeit nicht nur sozial, sondern gleichsam auch moralisch höher stiegen, indem gleichzeitig auch die Illegitimität ihrer Herkunft korrigiert wurde. Eine jüngere Schwester der Tic-Kranken, ältere und jüngere Brüder eines der Impotenten blieben von der Erkrankung verschont, vielleicht weil sie noch vor Abschluß der infantilen Sexualperioden oder schon zu Beginn der Pubertät den großen Milieuwechsel mitmachten, der ihnen also nicht mehr schaden konnte. Die Latenzzeit hat ungeheure Bedeutung als die Zeit der Festlegung der Charakterzüge und der Statuierung des Ichideals. Die Störung der Einheitlichkeit dieses Prozesses etwa durch Änderung des moralischen Standard of life mag häufiger, als wir es bisher ahnten, bei den unvermeidlichen Konflikten zwischen Ich und Sexualität, zu neurotischer Erkrankung führen.

Erfahrungen und Beispiele
aus der analytischen Praxis

(1923)

Die Söhne der ›Schneider‹

In einem – im Verhältnis zur Patientenzahl – auffällig hohen Prozentsatz der Fälle findet man unter den männlichen Neurotikern solche, deren Väter einen in irgend welchem Sinne ›imposanten‹ Beruf hatten. Bei einer anderen Gelegenheit wies ich darauf hin, daß die Lösung des Vaterideals von der Person des Vaters – eine notwendige Forderung des Selbständigwerdens – besonders erschwert ist, wenn der Vater selber die hohe Stellung innehat, auf deren Träger man sonst seine Sohnesgefühle zu übertragen pflegt (Fürsten, Lehrer, Geistesgrößen usw.). Dies ist meiner Ansicht nach auch die Erklärung dessen, daß die unmittelbaren Nachkommen bedeutender Persönlichkeiten und Genies so leicht verkommen. Es gibt aber – wie ich nun hinzufügen muß – Berufe, die sich keiner solch besonderen Achtung erfreuen, im Seelenleben der Kinder aber mindestens so starke, oft unauslöschliche Spuren zurücklassen. Es sind dies die Berufe, deren Ausübung mit dem Handhaben scharfer, schneidender Werkzeuge verbunden ist, in erster Linie der Beruf des *Schneiders,* dann der des Barbiers, des Soldaten, des Metzgers, vielleicht auch des Arztes. Von den sieben Patienten, die ich zum Beispiel augenblicklich in Behandlung habe, sind zwei Schneidersöhne. Selbstverständlich handelt es sich bei beiden, wie auch bei allen ähnlichen von mir beobachteten Fällen, um eine ungeheure Verstärkung der *Kastrationsangst,* die dann die Lähmung der Potenz zur Folge hatte.

Die ›Materialisation‹ beim Globus hystericus

Als Beispiel der hysterischen ›*Materialisation*‹ (bei welchem Prozeß eine Idee sich im Körper plastisch verwirklicht) nenne ich in meiner diesbezüglichen Arbeit auch den Globus hystericus und vertrete die Ansicht, daß es sich hierbei nicht nur um eine Parästhesie, sondern um eine wirkliche Materialisierung handelt. Nun lese ich in Bernheims Buch *Hypnotisme, Suggestion, Psychothérapie* auf Seite 33 folgendes: »Quand j'étais externiste chez M. Sédillot, ce maître éminent fut appelé d'examiner un malade qui ne pouvait avaler aucun aliment solide. Il sentait à la partie supérieure de l'oesophage, derrière le cortilage thyroïde, un obstacle au niveau duquel le bol alimentaire était retenu, plus regurgité. En introduisant le doigt aussi profondément que possible à travers le pharinx, M. Sédillot sentit une *tumeur* qu'il décrivit comme un polype fibreux saillant dans le calibre de l'oesophage. Deux chirurgiens distingués pratiquèrent le toucher après lui et constatèrent sans hésitation l'existence de la tumeur, telle que le maître l'avait décrite. L'oesophagotomie fut pratiquée; aucune altération n'existait à ce niveau.«

Aufmerken bei der Traumerzählung

Der Psychoanalytiker soll bekanntlich nicht angestrengt zuhören, wenn der Patient vor sich hinspricht, sondern bei ›gleichschwebender Aufmerksamkeit‹ seinem eigenen Unbewußten Spielraum gewähren. Eine Ausnahme von dieser Regel möchte ich für die *Traumerzählungen* der Kranken statuieren, da hier jedes Detail, jede Schattierung des Ausdrucks, die Reihenfolge des Inhalts in der Deutung zur Sprache gebracht werden muß. Man soll also trachten, sich den *Wortlaut* der Träume genau zu merken. Kompliziertere Träume lasse ich mir oft noch einmal, nötigenfalls auch ein drittes Mal erzählen.

Das Grausen beim Kratzen an Glas usw.

Diese sehr verbreiteten Idiosynkrasien wurden in der Analyse von Neurotikern der Deutung zugänglich. Ein Patient, den es ›kalt überlief‹, wenn er Erdäpfel schälen sah, brachte mir den ersten Wink zur Deutung: er identifizierte unbewußt diese Erdfrüchte mit etwas Menschlichem, so daß für ihn das Abschälen der Kartoffeln ein Schinden, Hautabziehen bedeutete, und zwar sowohl aktiv (sadistisch) als auch passiv (masochistisch) im Sinne der Talionstrafe. Auf diese Erfahrung gestützt, mußte ich dann auch die oben aufgezählten Eigenschaften auf Kindheitseindrücke zurückführen, auf eine frühe Lebensperiode, in der die animistische und anthropische Auffassung des Leblosen gang und gäbe ist. Der schrille Ton beim Kratzen des Glases scheint für das Kind mit dem schmerzlichen Schrei bei Mißhandlung gleichbedeutend zu sein, und auch das Leinwandgewebe macht – seiner Ansicht nach – Schmerzensäußerungen, wenn es in Stücke gerissen wird. Die Berührung von Stoffen mit rauher Oberfläche, das Streicheln von Seide, ist vielfach auch von ›Gruseln‹ begleitet, wahrscheinlich, weil solche Stoffe beim Darüberfahren mit der Hand gleichfalls ein ›unangenehmes‹ Geräusch machen. Doch mag auch die Rauhigkeit für sich allein genügen, die Mitempfindung von etwas Rauhem oder Wundem an der eigenen Haut hervorzurufen, während das Streicheln von glatten und weichen Gegenständen auf die eigenen Hautnerven beruhigend zu wirken scheint. Die Neigung zur Bildung solcher Idiosynkrasien stammt wohl in den allermeisten Fällen von unbewußten Kastrationsphantasien ab. Es ist nicht unmöglich, daß solche und ähnliche Momente auch in der ästhetischen Wirkung verschiedener Stoffe und Materialien von Bedeutung sind.

Zur Symbolik des Medusenhauptes

Aus der Analyse von Träumen und Einfällen kam ich wiederholt in die Lage, das Medusenhaupt als schreckhaftes Symbol der weiblichen Genitalgegend zu deuten, dessen Einzelheiten ›von unten nach oben‹ verlegt wurden. Die vielen Schlangen, die sich ums Haupt ringeln, dürften – durch das Gegenteil dargestellt – das Vermissen des Penis andeuten und das Grauen selbst den furchtbaren Eindruck wiederholen, den das penislose (kastrierte) Genitale auf das Kind machte. Die angstvoll und ängstigend vorquellenden Augen des Medusenhauptes haben auch die Nebenbedeutung der Erektion.

Lampenfieber und narzißtische Selbstbeobachtung

Von Personen, die bei öffentlichen Reden, musikalischer oder schauspielerischer Produktion durch ›Lampenfieber‹ gehemmt sind, erfährt man, daß sie in solchen Momenten sehr häufig in einen Zustand der Selbstbeobachtung verfallen: sie hören ihre eigene Stimme, merken jede Bewegung ihrer Glieder etc., und diese Spaltung der Aufmerksamkeit zwischen dem objektiven Interesse am Gegenstand der Produktion und dem subjektiven am eigenen Verhalten stört die normalerweise automatisch ablaufende motorische, phonatorische oder rednerische Leistung. Es ist irrtümlich zu glauben, daß solche Leute infolge übergroßer Bescheidenheit ungeschickt werden; im Gegenteil: ihr Narzißmus stellt übergroße Anforderungen an die eigene Leistung. Nebst der negativ-kritischen (ängstlichen) Beobachtung der eigenen Leistung gibt es auch eine positiv-naive, wobei sich die Aktoren gleichsam an der eigenen Stimme oder sonstigen Leistungen berauschen und auf das Inhaltliche derselben vollkommen vergessen. Das ›dédoublement de la personalité‹ beim Sprechen ist oft auch ein Symptom des inneren Zweifels an der Aufrichtigkeit des Gesagten.

Ein ›analer Hohlpenis‹ bei der Frau

Ein männlicher Patient hatte als Kind die Vorstellung vom weiblichen Genitale, daß es ein hinten heraushängendes Rohr ist, das sowohl zur Dejektion als auch zur Aufnahme des Penis geeignet ist, dabei auch den Wunsch befriedigt, daß die Frauen einen Penis haben sollen.

Waschzwang und Masturbation

Ich habe eine sehr intelligente Patientin mit einem Gemenge von Hysterie und Zwangsneurose. Der stärkste ihrer Zwangsgedanken ist, daß sie verrückt werden muß; sie hat auch Waschzwang. Sie war lange Zeit enragierte Onanistin, auch nach der Verehelichung. Sie onanierte immer unter Gewissensskrupeln, weil ihr (als Kind) die Mutter damit drohte, sie werde noch (infolge der Masturbation) blödsinnig. Die Erkrankung an ihrer jetzigen Neurose fällt zeitlich mit dem Aufgeben der Onanie zusammen. Einige Traumanalysen überzeugten mich, daß der Zwangsgedanke des Verrücktwerdens eine Menge perverser Phantasien substituiert. *Verrücktwerden = verrückte, unsinnige, unzurechnungsfähige Handlungen begehen, und zwar sexueller Natur.*[1] Sie produziert massenhafte Prostitutionsphantasien; die unbewußten sexuellen Phantasien beschäftigen sich mit ihren Eltern, die sie zum Teil durch ihre Kinder

---

[1] *Die hypochondrische Zwangsidee des Verrücktwerdens* konnte ich schon in vielen Fällen als Deckmantel ›verrückter‹ sexueller Wünsche entlarven.

ersetzt. Sie liebt ihr Söhnlein und nennt es ›Väterchen‹ (im Ungarischen unauffällig), die Tochter behandelt sie streng und nennt sie (wenn sie von einer zärtlichen Reaktion befallen wird) ›Mütterchen‹. Das Merkwürdige am Fall ist aber, daß sie ihre Waschungen so lange variierte, bis sie ihr wieder genitale Befriedigung verschafften. *Sie masturbierte endlich mit dem Ansatzrohr des Irrigators und reibt sich die Vulva mit einer scharfen Bürste.* Dabei ist ihr Gewissen ruhig; sie wäscht sich ja nur und onaniert nicht. Professor Freuds Vermutung, daß die Zwangshandlungen, die Schutzmaßregeln gegen die Onanie sein sollten, auf Umwegen wieder zur Onanie führen, findet in diesem Fall die glänzendste Bestätigung.

Der Traum vom ›gelehrten Säugling‹

(1923)

Nicht allzu selten erzählen einem die Patienten Träume, in denen Neugeborene oder ganz junge Kinder, Wickelkinder, vorkommen, die vollkommen fließend reden oder schreiben können, tiefsinnige Sprüche zum besten geben oder gar gelehrte Unterhaltungen führen, Reden halten, wissenschaftliche Erklärungen geben usw. Ich vermute, daß hinter solchem Trauminhalt etwas Typisches verborgen ist. Die Oberschicht der Traumdeutung ergab in mehreren Fällen die Ironisierung der Psychoanalyse, die bekanntlich den Ergebnissen der frühen Kindheit weit mehr psychischen Wert und Dauerwirkung zuschreibt, als man im allgemeinen anzunehmen pflegt. Die ironische Übertreibung der Intelligenz der Kleinen drückte also den Zweifel an den diesbezüglichen analytischen Mitteilungen aus. Da aber ähnliche Vorkommnisse in Märchen, Mythen und Überlieferungen der Religionsgeschichte recht häufig sind und auch von der bildenden Kunst wirksam dargestellt werden (siehe die Disputation der jungen Maria mit den Schriftgelehrten), glaube ich, daß sich hier die Ironie tieferer und ernsthafter Erinnerungen der eigenen Kindheit nur als Mittel bedient. Ist doch der Wunsch, wissend zu werden und die ›Großen‹ an Weisheit und Kenntnissen zu überflügeln, nur eine Umkehrung der gegensätzlichen Situation des Kindes. Ein Teil der von mir beobachteten Träume dieses Inhalts wird von der bekannten witzigen Bemerkung des Wüstlings erläutert, der da sagte: »Hätte ich nur die Situation des Säuglings besser auszunützen verstanden.« Wir dürfen schließlich nicht vergessen, daß dem jungen Kinde tatsächlich manches Wissen noch geläufig ist, das später durch Verdrängungsschübe verschüttet wird.[1]

---

[1] Diese Mitteilung hat, wie ich glaube, die Bedeutung dieses Traumtypus keineswegs erschöpft und will nur die Aufmerksamkeit der Psychoanalytiker auf ihn lenken. (Eine neuerliche Beobachtung der gleichen Art lehrte mich, daß solche Träume das *tatsächliche* Wissen der Kinder um die Sexualität illustrieren.)

Über forcierte Phantasien[1]

Aktivität in der Assoziationstechnik

(1924)

Im Haager Kongreßvortrag über die ›aktive‹ psychoanalytische Technik[2] führe ich aus, daß man manchmal in die Lage kommt, dem Patienten Gebote und Verbote in Bezug auf gewisse Handlungen erteilen zu müssen, um hierdurch den gewohnheitsmäßigen (pathologischen) Abfluß der Reizabströmung aus dem Psychischen zu stören, und daß die aus diesem Eingriff resultierenden neuen psychischen Spannungsverhältnisse imstande sein können, bisher verborgen gebliebenes Material im Unbewußten zu aktivieren und im Assoziationsmaterial manifest werden zu lassen. Zwischendurch mache ich aber schon dort die Bemerkung, daß diese Aktivität sich gelegentlich auch auf die Beeinflussung des Assoziationsmaterials selbst erstrecken kann. Wenn man z. B. beim Patienten Anzeichen des ›Mißbrauchs der Assoziationsfreiheit‹[3] merkt und ihn darauf aufmerksam macht oder wenn man den Redefluß des Analysierten plötzlich unterbricht und auf etwas früher Vorgebrachtes zurückkommt, vor dem der Patient mit seiner Logorrhöe[4] nach Art des ›Vorbeiredens‹ zu entfliehen sucht, sündigen wir anscheinend gegen die ›psychoanalytische Grundregel‹, bleiben aber einer anderen, noch wichtigeren Regel treu, der nämlich, daß es eine der Hauptaufgaben des Analytikers ist, die Widerstände des Patienten zu entlarven; von dieser Regel dürfen aber auch jene Fälle keine Ausnahme machen, in denen der Widerstand unsere assoziative Grundregel zur Vereitelung der Absichten der Kur verwenden möchte.

In noch selteneren Fällen sah ich mich, wie ich schon im Haag berichtete, in die Notwendigkeit versetzt, solche Assoziationsverbote auch auf die Phantasietätigkeit des Patienten auszudehnen. Kranke, deren Sym-

---

[1] Vortrag in der ›Ungarländischen Psychoanalytischen Vereinigung‹ im Mai 1923.
[2] [Dieser Band, S. 74 ff.]
[3] Vgl. ›Zur psychoanalytischen Technik‹ [Bd. I dieser Ausgabe, S. 272 ff.].
[4] [Krankhafte Geschwätzigkeit.]

Über forcierte Phantasien

ptome in gewohnheitsmäßigen Tagträumen bestehen, pflege ich gelegentlich dazu anzuhalten, solche Phantasien gewaltsam zu unterbrechen und sich anzustrengen, jenen phobisch gemiedenen psychischen Eindruck aufzusuchen, vor dem sie auf das pathologische Phantasiegeleise ausgewichen sind. Solche Beeinflussung glaubte und glaube ich gegen den Vorwurf, man vermenge hier die Methode der freien Einfälle mit dem Suggestionsverfahren, gefeit; bestand doch hier unser Eingriff nur in einer Hemmung, in der Absperrung gewisser Assoziationswege, während das an ihrer Stelle Produzierte vom Analysierten allein geliefert wurde, ohne daß wir in ihm Erwartungsvorstellungen geweckt hätten.
Seither sah ich aber ein, daß es Übertriebenheit und Pedanterie wäre, diese Einschränkung unter allen Umständen einzuhalten, ja ich mußte mir eingestehen, daß wir dies eigentlich niemals wörtlich eingehalten haben. Wenn wir die freien Einfälle des Patienten deuten, und das tun wir unzähligemal in jeder Analysenstunde, lenken wir ja in einem fort seine Assoziationstätigkeit, erwecken in ihm Erwartungsvorstellungen, bahnen so seine Ideenverknüpfungen auch inhaltlich, sind also eminent aktiv, indem wir ihm gleichsam Assoziationsgebote erteilen. Der Unterschied zwischen diesen und der gemeinen Suggestion besteht nur mehr darin, daß wir unsere Deutungsvorschläge nicht als unwiderlegliche Enunziationen erachten, sondern deren Gültigkeit davon abhängig sein lassen, ob sie durch das daraufhin sich einstellende Erinnerungs- (oder Wiederholungs-) Material bestätigt werden oder nicht. Unter solchen Bedingungen erweist sich, wie es Freud längst feststellte, die ›Suggestibilität‹, d. h. die kritiklose Annahme unserer Vorschläge seitens des Analysierten, keineswegs sehr stark. Im Gegenteil besteht die erste Reaktion auf die Deutung zumeist im Widerstande, in einer mehr oder minder schroffen Ablehnung, und erst viel später wird uns möglicherweise das bestätigende Material zur Verfügung gestellt. Ein anderer Unterschied zwischen uns und dem allmächtigen Suggestor ist der, daß auch wir selber eine Dosis Skepsis unseren eigenen Deutungsvorschlägen gegenüber beibehalten und immer bereit sein müssen, diese zu modifizieren oder ganz zurückzuziehen, auch dann sogar, wenn der Patient etwa unsere irrtümliche oder unvollständige Deutung bereits akzeptiert hatte.
Im Besitze dieser Einsichten entfiel der prinzipielle Einwand gegen die etwas eindringlichere Verwendung solcher Assoziationsgebote in der Analyse, natürlich nur in Fällen, in denen ohne sie die Arbeit gar nicht oder überaus langsam vonstatten ging.

Ich denke zunächst an einen Menschentypus, der sich in der Analyse wie auch im Leben besonders phantasiearm, wenn auch nicht phantasielos, gebärdet, Menschen, an denen die eindrucksvollsten Erlebnisse spurlos vorbeizugehen scheinen. Solche sind imstande, in der Erinnerung Situationen zu reproduzieren, die nach unserer Schätzung in jedem Menschen notwendigerweise heftige Affekte der Angst, der Rache, der erotischen Erregung usw. und die zur Affektabfuhr erforderlichen Handlungen, Wollungen, Phantasien oder zumindest äußerliche oder innerliche Ausdrucksbewegungen hätten erwecken müssen, ohne auch nur die Spur solcher Reaktionen zu fühlen oder zu äußern. In solchen Fällen nun zögere ich nicht, gestützt auf das Vorurteil, daß solches Verhalten auf Verdrängung psychischen Materials und auf Unterdrückung von Affekten beruht, die Patienten dazu zu drängen, die adäquaten Reaktionen nachzuholen, und wenn sie immer noch dabei beharren, daß ihnen nichts einfalle, so beauftrage ich sie, solche Reaktionen in der Phantasie frei zu erfinden. Auch den Einwand, der mir dann gewöhnlich entgegengehalten wird, daß solche Phantasien doch ganz ›künstlich‹, ›unnatürlich‹, ihnen wesensfremd, erlogen usw. seien, wofür der Patient jede Verantwortlichkeit ablehnt, pflege ich zu erwidern, daß er ja nicht die Aufgabe habe, die Wahrheit (die Wirklichkeit) zu sagen, sondern alles, was ihm einfalle, ohne Rücksicht auf dessen objektive Realität, auch sei er gewiß nicht verpflichtet, diese Phantasien als ganz spontane Leistungen anzuerkennen. Solcherart seiner intellektuellen Widerstände entwaffnet, versucht dann der Patient, meist nur sehr zögernd, stockend und in jedem Moment im Begriff, damit aufzuhören (was ein fortwährendes Drängen seitens des Analysierenden erfordert), die in Rede stehende Situation auszumalen. Mit der Zeit wird er aber mutiger, seine ›erdichteten‹ Phantasieerlebnisse bunter, lebhafter und eindrucksvoller, es kommt schließlich auch dazu, daß er ihnen nicht mehr kühl-objektiv gegenüberstehen kann, sondern daß die Phantasie mit ihm ›durchgeht‹, ja, ich erlebte mehrmals das Schauspiel, daß eine solche ›erfundene‹ Phantasie in ein Erleben von beinahe halluzinatorischer Schärfe – je nach ihrem Inhalt, mit den deutlichsten Anzeichen der Angst, der Wut oder der erotischen Erregung – auslief. Der analytische Wert solcher ›forcierter Phantasien‹, wie ich sie nennen möchte, ist unbestreitbar. Zum ersten liefern sie den Beweis, daß der Patient solcher psychischer Produktionen, von denen er sich frei wußte, überhaupt fähig ist; sodann gaben sie uns die Handhabe zur tieferen Erforschung des Unbewußt-Verdrängten.

In einzelnen Fällen, wenn der Patient trotz starken Drängens nichts produzieren wollte, hielt ich mich auch davor nicht zurück, ihm direkt nahezulegen, was er ungefähr in der gegebenen Situation hätte fühlen, denken oder phantasieren sollen; und wenn er schließlich auf meinen Vorschlag einging, war es natürlich weniger die von mir gelieferte Haupthandlung als die vom Analysierten hinzugefügten Einzelheiten, auf die ich Wert legen konnte.

Der solcherart Überrumpelte pflegt, trotz der intensiven Erlebnisstärke der in der Stunde produzierten ›forcierten Phantasie‹, bis zur nächsten Stunde alles daran zu setzen, um deren Überzeugungswert möglichst abzubauen, und er muß dieselbe oder eine ähnliche Phantasie mehrmals durchleben, bis davon ein Rest von Selbsteinsicht übrig bleibt. In anderen Fällen kommt es aber dabei zur Produktion oder Reproduktion ganz unerwarteter, weder vom Arzt noch vom Patienten vorhergesehener Szenen, die einen unauslöschlichen Eindruck in der Mentalität der Patienten zurücklassen und die analytische Arbeit wie mit einem Ruck fördern. Gingen wir aber mit unserer Vermutung in die Irre und liefert der Patient in Fortsetzung des von uns Angeregten Einfälle und Phantasien, die den von uns forcierten widersprechen, so müssen wir unseren Irrtum frei einbekennen, obzwar es nicht ausgeschlossen ist, daß das spätere Analysenmaterial uns doch noch recht geben wird.

Dreierlei Phantasien waren es hauptsächlich, die ich mich auf ähnliche Weise zu forcieren bemüßigt sah, und zwar: 1) positive und negative Übertragungsphantasien, 2) infantile Erinnerungsphantasien, 3) Onaniephantasien.

Aus dem Analysenmaterial der letzten Wochen möchte ich Ihnen Beispiele dafür vorbringen.

Ein sonst gar nicht phantasiearmer, aber in seinen eigenen Gefühlsäußerungen durch vorgefaßte Meinungen (Ideale) stark behinderter Mann wird vom Analytiker, auf den er viel Freundlichkeit und Zärtlichkeit übertrug, gegen das Ende der Analyse ziemlich unsanft an die Aussichtslosigkeit dieser seiner Einstellung erinnert, zugleich wird ihm ein Termin gesetzt, bis zu dem er entweder geheilt sein oder ungeheilt entlassen werden müsse. Statt der erwarteten Wut- und Rachereaktion, die ich als Wiederholung tiefverdrängter infantiler Seelenvorgänge gleichsam provozieren wollte, kamen einige langweilige, stimmungs- und arbeitslose, aber auch von Affekten und affektiv gefärbten Phantasien vollkommen freie Stunden. Ich hielt ihm vor, er müsse mich nach dem Vorgefallenen hassen und es sei unnatürlich, daß er davon nichts verspüre. Er aber wiederholte unentwegt, er sei mir nur dankbar, er fühle mir gegenüber nur Freundlichkeit usw. Ich drängte ihn, doch über mich etwas Aggressives auszudenken. Nach den gewohnten Abwehr- und Ablehnungsversuchen kamen schließlich schüchterne, dann immer heftigere Aggressionsphantasien, die letzteren unter Anzeichen deutlicher Angst (Angstschweiß). Schließlich kamen ihm aber Schlagephantasien von halluzinatorischer Schärfe, dann die Phantasie, daß er mir die Augen aussticht, die plötzlich in eine sexuelle Szene umschlug, in der ich die Rolle des Weibes spielte. Während des Phantasierens hatte der Patient deutliche Erektionen. Der weitere Verlauf seiner Analyse verlief im Zeichen solcher forcierter Phantasien, die es ihm ermöglichten, fast alle Situationen des ›vollständigen Ödipuskomplexes‹ mit der Person des Analytikers zu erleben, und dem Analytiker, aus diesen Phantasien die frühinfantile Libidoentwicklungsgeschichte des Patienten zu rekonstruieren.

Eine Patientin behauptet, die gewöhnlichsten obszönen Bezeichnungen für die Genitalien und Genitalvorgänge nicht zu kennen. Ich habe keinen Grund, an ihrer Aufrichtigkeit zu zweifeln, muß ihr aber vorhalten, daß sie diese Worte in der Kindheit sicher gewußt, dann verdrängt habe und später infolge der Verdrängung unbeachtet gelassen hätte, an ihnen gleichsam vorbeihörte. Zugleich beauftragte ich sie, mir die Worte oder Laute zu nennen, die ihr einfallen, wenn sie ans weibliche Genitale denkt. Zuerst kamen etwa zehn Worte, alle mit dem richtigen Anfangsbuchstaben, dann ein Wort, das die erste, und ein zweites, das die zweite Silbe des gesuchten Wortes enthielt. Ähnlich sagte sie mir stückweise die Buchstaben und Silben, die das obszöne Wort für männliches Glied und das für ›Geschlechtsverkehr‹ zusammensetzen. In diesen forcierten Wortneubildungen kam also das verdrängte Worterinnerungsmaterial in ähnlicher Weise zum Vorschein wie die bewußt verheimlichten Kenntnisse bei dem Überrumpelungsverfahren des Assoziationsversuchs.

Dieser Fall erinnert mich übrigens an einen anderen, in dem mir die Patientin ein fast mit Sicherheit anzunehmendes Verführungserlebnis in unzähligen Varianten vorbrachte, gleichsam um mich (und sich) zu verwirren und die Realität zu verdunkeln. Immer wieder mußte ich sie zum ›Erdichten‹ einer solchen Szene anhalten, wobei stets neue Einzelheiten mit Bestimmtheit festzustellen waren. Ich mußte dann diese Feststellungen mit ihrem ganzen Verhalten unmittelbar nach dem erwähnten Ereignis (im neunten Lebensjahre) zusammenhalten, wo sie

Über forcierte Phantasien

monatelang unter der Zwangsidee litt, einen Andersgläubigen heiraten zu müssen; mit ihrem Benehmen unmittelbar vor der Ehe, wo sie eine auffallende Naivität zur Schau trug; mit den Vorgängen in der Brautnacht, wobei dem Bräutigam das Fehlen der Initiationsbeschwerden auffiel usw. Doch erst die oben angedeuteten Phantasien führten allmählich zur Feststellung der Tatsächlichkeit des Vorfalles, die die Patientin unter der Last der Indizienbeweise zugeben mußte. Als letzte Verteidigungswaffe verwendete sie die allgemeine Unsicherheit des Erinnerns überhaupt (das heißt eine Art Zweifelsucht), schließlich die philosophische Frage nach der Evidenz der sinnlichen Erfahrung (Grübelsucht). »Man kann ja nicht einmal bestimmt sagen«, – meinte sie, – »ob der Stuhl, der da steht, wirklich ein Stuhl sei.« Ich antwortete ihr, daß sie mit diesem Einfall eigentlich zugebe, die Sicherheit jener Erinnerung auf die Stufe der unmittelbaren sinnlichen Erfahrung gehoben zu haben, und mit diesem Sicherheitsgrade konnten wir uns beide zufrieden geben.

Eine andere Patientin litt an unleidlichen ›Spannungsempfindungen‹ an den Genitalien, die oft stundenlang andauerten; während ihrer Dauer war sie arbeits- und denkunfähig; sie mußte sich hinlegen und lag regungslos, bis der Zustand vorüber war oder, was nicht selten vorkam, in den Schlafzustand überging. Sie sagte mir ausdrücklich, daß sie in diesen Zuständen an nichts denke; die Zustände endeten auch nie mit orgastischen Empfindungen. Nachdem die Analyse genügendes Material über ihre infantilen Fixierungsobjekte gebracht und diese auch in der Übertragung auf den Arzt deutlich zur Wiederholung kamen, mußte ich ihr die wohlbegründete Vermutung mitteilen, daß sie in diesen Zuständen unbewußt einen vermutlich aggressiven Sexualakt phantasiere, und zwar mit dem Vater, respektive seinem derzeitigen Stellvertreter, dem Arzt. Sie blieb einsichtslos, worauf ich nicht zögerte, ihr den Auftrag zu geben, beim nächsten ›Spannungszustand‹ die Aufmerksamkeit auf die bewußt von mir angedeutete Phantasie zu lenken. Nach der Überwindung großer Widerstände gestand sie mir später, die Phantasie eines allerdings nicht aggressiven Sexualverkehrs durchlebt und am Ende desselben den unwiderstehlichen Zwang gefühlt zu haben, mit dem Unterleib einige onanistische Bewegungen zu machen, worauf die Spannung mit dem Gefühl orgastischer Erleichterung plötzlich aufhörte. Dies wiederholte sich dann noch mehrere Male. Die Analyse stellte fest, daß die Patientin bei der Erzählung dieser Phantasien die unbewußte Hoffnung hegte, der Arzt werde nach dem Geständnis ihre

Phantasien realisieren. Der Arzt begnügte sich aber natürlich damit, ihr diesen Wunsch klarzumachen und nach dessen Wurzeln in ihrer Vorgeschichte zu fahnden. Von da an änderten sich die Phantasien: sie wurde der Mann mit deutlich männlichem Genitale, mich aber machte sie zum Weibe. Der Analytiker mußte ihr erklären, daß sie damit nur die Art wiederhole, in der sie als Kind auf die Verschmähung durch den Vater mit einer Identifizierung (maskulinen Einstellung) reagierte, um sich von der Gunst des Vaters unabhängig zu machen; diese Trotzeinstellung charakterisiere seit jeher ihr ganzes Gefühlsleben Männern gegenüber. Es kamen dann andere Varianten: Phantasien von Genecktwerden durch einen Mann (mit deutlich urethralerotischem Inhalt), dann Phantasien von Sexualbegebenheiten mit dem älteren Bruder (den sie wegen seiner Strenge weniger als den jüngeren zu lieben vorgab). Schließlich hatte sie ganz normal weibliche, hingebungsvolle Onaniephantasien, sicherlich in Fortsetzung der ursprünglichen, liebevollen Einstellung dem Vater gegenüber.

Nur den geringsten Teil der Phantasien brachte sie spontan, zumeist mußte ich auf Grund ihrer Träume und der Einfälle in den Stunden die Richtung angeben, in der sie ihre unbewußten Erlebnisse forcieren sollte. Dieser ›Gebotsperiode‹ muß aber in jeder vollständigen Analyse eine ›Verbotsperiode‹ folgen, das heißt man muß den Patienten so weit bringen, daß er die Phantasien auch ohne onanistische Entspannung erträgt und der hiermit verbundenen Unlustgefühle und unlustvollen Affekte (Sehnsucht, Wut, Rache usw.) bewußt wird, ohne sie zu hysterischen ›Spannungsgefühlen‹ usw. konvertieren zu müssen.

Mit den vorgebrachten Beispielen glaube ich die Art, in der ich von ›forcierten Phantasien‹ Gebrauch machen konnte, genügend illustriert zu haben. Meine Aufgabe wäre nun, etwas von der Indikation zu diesem technischen Griff und von eventuellen Gegenanzeigen zu sagen. Wie ›aktive‹ Eingriffe überhaupt, haben auch diese Phantasieaufgaben fast stets nur in der Ablösungsperiode, also gegen das Ende der Kur ihre Berechtigung; allerdings muß man dem hinzufügen, daß solche Ablösungen niemals ohne schmerzliche ›Versagungen‹, das heißt ohne Aktivität des Arztes vor sich gehen. Soviel über den Zeitpunkt, der zur Anwendung dieser Technik geeignet ist. Welche Phantasien man dem Patienten nahelegen muß, läßt sich im allgemeinen nicht sagen, das muß sich aus dem ganzen Analysenmaterial von selbst ergeben. Es gilt auch hier der Freudsche Satz, daß die Fortschritte der analytischen Technik von der Vermehrung unseres analytischen Wissens zu erwarten sind. Es ist also viel Erfahrung bei ›nicht-aktiven‹ Analysen und nicht forcierten Phantasien notwendig, bevor man sich einen solchen, immerhin gewagten Eingriff in die Spontaneität der Assoziationen der Patienten gestatten darf. In falscher Richtung versuchte Phantasiesuggestionen (wie sie auch beim Geübtesten gelegentlich vorkommen), können die Kur, die sie verkürzen wollten, unnötig verzögern.

Diesen Untersuchungen über das unbewußte Phantasieleben der Patienten verdanke ich nicht nur die Einsicht in die Entstehungsweise einzelner Phantasieinhalte, sondern – als Nebengewinn – auch Einblicke in die Verursachung der Lebhaftigkeit beziehungsweise Torpidität des Phantasielebens überhaupt. Ich machte unter anderem die Entdeckung, daß die Lebhaftigkeit der Phantasie oft in geradem Verhältnis zu jenen Kindheitserlebnissen steht, die wir infantile Sexualtraumen nennen. Ein großer Teil der Patienten, bei denen ich die Phantasietätigkeit in der geschilderten Art gleichsam künstlich wecken und fördern mußte, stammen aus Gesellschaftsschichten oder Familien, in denen das Tun und Lassen der Kinder von frühester Kindheit an überaus streng kontrolliert wird, die sogenannten Kinderunarten von Anfang an verhindert und gleichsam noch vor ihrer vollen Entfaltung abgewöhnt werden, und wo den Kindern jede Gelegenheit fehlt, in ihrer Umgebung etwas Sexuelles zu beobachten, geschweige denn zu erleben. Sie sind also gleichsam zu gut erzogene Kinder, deren infantil-sexuelle Triebregungen überhaupt nicht die Gelegenheit hatten, sich in der Realität zu verankern. Eine solche Verankerung, also ein Stück Erleben, scheint aber die Vorbedingung der späteren Phantasiefreiheit und der damit verknüpften psychischen Potenz zu sein, während die Infantilphantasien der Zu-gut-Erzogenen noch vor ihrem Bewußtwerden der ›Urverdrängung‹ anheimfallen. Das heißt mit anderen Worten, daß ein gewisses Maß von infantilem Sexualerleben, also etwas ›Sexualtrauma‹, nicht nur nicht schadet, sondern die spätere Normalität, besonders die normale Phantasiefähigkeit sogar fördert. Diese Feststellung – die übrigens dem Vergleich Freuds von den Folgen der Erziehung »zu ebener Erde und im ersten Stock«[5] vollkommen entspricht – führt zu einer milderen Einschätzung des infantilen Traumas. Ursprünglich hieß es, diese seien die Ursachen der Hysterie; später entkleidete sie Freud selbst eines großen Teiles dieser Bedeutsamkeit, indem er nicht in den realen Infantilerlebnissen, sondern in den unbewußten Phantasien das Patho-

---

[5] In seinen *Vorlesungen zur Einführung in die Psychoanalyse*, S. 365 f.

gene entdeckte. Nun aber finden wir, daß ein gewisses Maß wirklichen Erlebens in der Kindheit sogar einen gewissen Schutz vor abnormen Entwicklungsrichtungen bietet. Allerdings darf das ›Erleben‹ ein gewisses Optimum nicht überschreiten; ein Zuviel, Zufrüh oder Zustark mag ebensowohl Verdrängung und dadurch bedingte Phantasiearmut zur Folge haben.

Vom Standpunkt der Ichentwicklung betrachtet, können wir die sexuelle Phantasiearmut der Zu-gut-Erzogenen (und ihre Neigung zur psychischen Impotenz) darauf zurückführen, daß Kinder, die nichts wirklich erlebt haben, hoffnungslos den (immer antisexuellen) Erziehungsidealen verfallen, während die anderen sich von der Erziehung niemals so vollständig überwältigen lassen, daß sie nach Aufhören ihres Druckes (in der Pubertät) nicht den Rückweg zu den verlassenen Objekten und Zielen der infantilen Sexualität finden und damit die Vorbedingung der psycho-sexuellen Normalität erfüllen könnten.

Zur Psychoanalyse von Sexualgewohnheiten

(mit Beiträgen zur therapeutischen Technik)

(1925)

Einige meiner letzten psychoanalytischen Aufsätze beschäftigen sich mit der Ergänzung unserer therapeutischen Technik durch gewisse ›aktive‹ Maßnahmen. Diese Arbeiten waren mehr im Allgemeinen gehalten; sie brachten keine Einzelheiten über die Art und Weise der Anwendung dieses psychotherapeutischen Hilfsmittels und ließen so für mißverständliche Auffassung zu viel Spielraum übrig. Ich halte es darum für meine Pflicht, mich über meine technischen Erfahrungen etwas eingehender zu äußern. Allerdings bin ich auch heute nicht in der Lage, den Gegenstand systematisch zu behandeln, das gestattet mir die Vielseitigkeit und Weitverzweigtheit des Materials einstweilen nicht; immerhin hoffe ich durch Hervorhebung charakteristischer Beispiele aus der Praxis zeigen zu können, wie etwa die sogenannte Aktivität mit Erfolg gehandhabt werden kann, wie man sich ungefähr die Erfolge theoretisch klar machen dürfte und wie sich diese Einzelheiten in das übrige analytische Wissen einreihen. Natürlich werde ich es nicht versäumen, an passender Stelle auf die Grenzen der Anwendbarkeit der Aktivität, ja auch auf neue Schwierigkeiten hinzuweisen, die sich gelegentlich statt der erwarteten Förderung aus ihr ergeben können. Wie jede Einzeluntersuchung, ist auch die vorliegende notwendigerweise mit dem Übel einer gewissen Einseitigkeit behaftet. Indem man seine Thesen gegen alle erdenklichen Einwände verteidigt, erweckt man nur zu leicht den Eindruck, als wollte man das als Neuigkeit Vorgeschlagene auf Kosten dessen, was bisher für richtig galt, anpreisen; man verfällt bei dieser Verteidigungsarbeit leicht ins Advokatorische. Zur Abwehr dieses sicherlich falschen Anscheins bleibt dem Autor nichts anderes übrig, als wiederholt zu versichern, daß die sogenannte Aktivität die bisherige Analyse keineswegs ersetzen, sondern sie an einigen Punkten und bei gewissen Gelegenheiten ergänzen will. Der Versuch, die bisherige psychoanalytische Technik einfach durch eine Reihe von aktiven Maßnahmen und Abreaktionen zu ersetzen, würde sich bitter rächen. *Endzweck der psychoanalytischen Therapie ist nach wie vor die vorbewußte psychische Bindung des Verdrängten mit Hilfe wiedererweckter Erinnerungen und notgedrungen angenommener Rekonstruktionen.* Die Aktivität ist nur ein Hilfsmittel, das in der Hand des Geübten die analytische Arbeit fördern kann.

Die Zusammenfassung des Mitzuteilenden unter dem Gesichtspunkt einer ›Psychoanalyse von Sexualgewohnheiten‹ ergab sich erst während der Niederschrift, als es sich zeigte, daß die wissenschaftlichen Assoziationen an unser ursprünglich rein technisches Thema sich von selbst um den im Titel angegebenen Gegenstand herum gruppieren.

I

Zur Analyse urethro-analer Gewohnheiten

Als eine der Hauptregeln in bezug auf das allgemeine Verhalten dem Analysierten gegenüber kann die Freudsche Formel gelten, wonach die Analyse in der psychischen Situation der *Versagung* durchgeführt werden soll. Wir verstanden dies bisher nur in dem Sinne, daß man die vom Patienten in der Übertragung gestellten Wünsche und Forderungen unerfüllt läßt, insbesondere seine Sehnsucht nach Zärtlichkeit und die Tendenz, sich beim Analytiker sozusagen fürs ganze Leben häuslich einzurichten. Dem möchte ich nun hinzufügen, daß dem Patienten nicht nur diese Entbehrung, sondern auch Entbehrungen verschiedener anderer Art mit Vorteil auferlegt werden können; die wichtigste der diesbezüglichen Beobachtungen will ich gleich hier vorausschicken.

In einer meiner früheren Arbeiten führte ich unter den Beispielen zur Illustration der aktiven Aufgaben während der Analyse den Fall an, daß man Patienten, die in der Stunde das ›passagère Symptom‹ des *Harndranges* produzieren, möglichst davon abhält, diesem Drange nachzugeben, in der Erwartung, daß die durch die Verhinderung der Entleerung hervorgerufene Spannungssteigerung, die sich auf das Psychische erstreckt, leichter das Material zutage fördert, das sich hinter jenem Symptom zu verstecken suchte. Später sah ich mich veranlaßt, bei einzelnen Patienten Verhaltungsmaßregeln auch in bezug auf die Stuhlentleerung zu geben, besonders wo ich eine übrängstliche Tendenz zur Einhaltung bestimmter Zeitintervalle beobachtete. Auch hier gingen meine Erwartungsvorstellungen vorerst nicht weiter, als daß die Störung dieser Gewohnheiten die Analyse irgendwie fördern dürfte. Die Ergebnisse brachten aber mehr, als ich erwartet hatte. Die Patienten mit Harndrangsymptom erwiesen sich als Personen, die überhaupt viel zu häufig urinieren, das heißt an einer unauffälligen Art der Pollakisurie[1] leiden, hinter der sich aber die unbewußte Angst vor der unvollkommenen Beherrschung des Blasenschließmuskels versteckt, ein Abkömmling und Rest der infantilen Schwierigkeiten bei der Anpassung an die diesbezüglichen Exkretionsvorschriften. Bei den Stuhlpedanten ließ sich ähnliches feststellen. Sie kompensierten mit ihrer Überpromptheit und Pünktlichkeit die infantil-analerotische Tendenz, den Stuhl möglichst lange zurückzuhalten; aber auch hier wirkte unbewußterweise die Angst mit, daß bei längerer Zurückhaltung sich zu viel Exkret ansammeln und beim Durchgang zu starke Schmerzen verursachen würde. Oft war es ein und derselbe Patient, an dem ich die anale wie auch die urethrale Maßregel anzuwenden mich veranlaßt sah; meistens waren es impotente Männer oder frigide Frauen.

Die erste Reaktion, die ich auf diese Störung langgewohnter Entleerungsgewohnheiten bekam, war nicht selten die folgende: das Urethralverbot wurde vom Patienten ganz selbstbewußt mit der Äußerung abgewiesen, er wäre imstande, auch einen Tag lang den Harn zurückzuhalten, er sei in dieser Hinsicht überpotent usw., und als ich darauf einging und dem Patienten den Auftrag gab, den Harn so lange als er nur kann, zurückzuhalten, kam es in der Tat gelegentlich zu erstaunlichen Mehrleistungen, zur Zurückhaltung bis zu 8, bis 10, ja einmal bis zu 28 Stunden. Allerdings meist nur das erstemal, oder nur eine Zeitlang. Dem Auftrag, diesen Versuch fortzusetzen, kamen sie gewöhnlich nur sehr unvollkommen nach, ja, es zeigte sich, daß manchmal schon eine ein- bis zweimalige Erschöpfung imstande war, die hinter der ›Überpotenz‹ versteckte, dem Patienten bisher ganz unbekannte Neigung zur Enuresis zu entlarven, was dann zur Aufhellung bedeutsamer Stücke der Kleinkindergeschichte des Patienten führte. Es war, als ob hier die erhalten gebliebene Schwäche des inneren Schließmuskels der Blase durch überstarke Innervation der auxiliären externen Schließmuskeln wettgemacht worden, aber nach der Erschöpfung der letzteren unverhüllt zutage getreten wäre.

Auch dem Stuhlpedanten gab ich den Auftrag, abzuwarten, bis sich der Drang von selbst äußere. Da kleidete sich der Widerstand (wie übrigens

---

[1] [Häufiger Harndrang.]

auch manchmal beim Harnversuch) in die Form hypochondrischer Befürchtungen. Der Darm könne platzen; man bekäme Hämorrhoiden durch die Zurückhaltung; die unausgeschiedenen Exkremente wirkten auf den Organismus schädlich, ja, giftig ein; einzelne klagten über Kopfschmerzen, Appetitlosigkeit, Denkunfähigkeit als Folgeerscheinungen; sie sprachen von Fällen, in denen nach langer Obstipation Kotbrechen aufgetreten sei, und waren nur mit Mühe davon abzuhalten, die ihnen zur Gewohnheit gewordene Abführpille oder Irrigation wieder zu gebrauchen. Alle diese Befürchtungen waren aber nur phobische Vorbauten, die den Zugang zur verdrängten Analerotik und zur analen Angst versperrten; ließ man sich durch sie nicht abschrecken, so bekam man nicht selten tiefe Einblicke in das hinter Charaktermerkmale verdrängte Triebleben. Allerdings gab es auch hier Trotzige, die gleichsam, um mich ad absurdum zu führen, ihren Stuhl 4, 5, 8, ja in einem gut beglaubigten Falle 11 Tage lang zurückhielten, um schließlich, offenbar nachdem sie einsahen, daß ich nicht nachgebe, unter heftigen wehenartigen Schmerzen einen ungeheuren harten Knollen mit nachfolgenden riesigen Stuhlmassen zutage zu fördern.

Auch bei der Stuhlaufgabe genügte zumeist, wenn auch nicht immer, ein einziger Versuch, um den Trotz des Patienten zu brechen; gab man den Patienten neuerlich den Auftrag zur Zurückhaltung bis zum Äußersten, so war dies ihnen bei weitem nicht mehr so leicht, ja, es kam vor, daß eine seit undenklichen Zeiten bestehende Stuhlverstopfung durch diese Maßregel beseitigt wurde. Auch bei der Stuhlentleerung kann, wie es scheint, die Mehrleistung der externen Schließmuskeln die Schwäche der internen verdecken.[2]

Selbstverständlich hätte ich mich nicht so ausführlich mit diesen beiden Funktionen beschäftigt, hätte ich nicht die merkwürdige, anfangs mich selber überraschende Beobachtung gemacht, daß man durch sie rascher gewisse, sonst unzugängliche Verbindungswege zwischen den Charaktereigenschaften und den neurotischen Symptomen einerseits, ihren Triebquellen und der infantilen Vorgeschichte andererseits aufdecken kann. Speziell die sogenannten ›Charakteranalysen‹ dürften eine solche Reduktion zu den anal-, urethral- und oralerotischen Interessen mit Hilfe

---

[2] Wer meine Beobachtungen über die oft ganz erstaunlichen ›hysterischen Materialisationsphänomene‹ kennt (siehe ›Hysterie und Pathoneurosen‹[1919] und ›Hysterische Materialisationsphänomene‹ [oben, S. 11 ff.], wird es nicht von vornherein als absurd zurückweisen, daß das Unbewußte sich auch in Form und Gliederung der Exkrete inhaltlichen Ausdruck verschaffen kann, eine Möglichkeit, auf die schon Groddeck in seinem *Seelensucher* halb scherzhaft hingewiesen hat.

aktiver Aufgaben erfordern, als gälte es hier, auf die Urquellen zurückzugreifen und deren Triebenergien neu- und andersartig zu vermischen und zu verwenden.

Als unerwarteten Nebengewinn brachten mir die exkrementellen Zurückhaltungsversuche Bestätigungen zur ›Amphimixistheorie‹ der Genitalität, wie sie in meinem ›Versuch der Genitaltheorie‹[3] ausgeführt ist. In einigen Fällen fiel mir nämlich auf, daß das urethrale Verbot einen unverkennbaren Einfluß auf die Analfunktion merken ließ, als ob die Entleerungstendenz sich sozusagen nach rückwärts verschoben hätte; die Patienten bekamen häufigeren Stuhldrang, Blähungen, reichlichen Abgang von Darmgasen. Aber auch anderweitige Verschiebungen wurden merklich, so ein deutlicher Einfluß auf die Eßlust und, was wohl das Merkwürdigste und Wichtigste war, das Auftreten von Erektionen selbst bei solchen Impotenten, die solches bei sich lange nicht mehr beobachtet hatten. Es war unvermeidlich, diese Dinge mit gewissen, in meiner ›Genitaltheorie‹ geäußerten theoretischen Ansichten über die Genese der Genitalität in Zusammenhang zu bringen, ja, sie als experimentelle Bestätigung der dort dargelegten Ansicht aufzufassen, daß sich anale und urethrale Innervationsqualitäten in amphimiktischer Vermengung in den Entleerungs- und Hemmungsfunktionen der Blase und des Mastdarms nachweisen lassen, daß diese Tendenzen sekundär auf das Genitale verlegt werden und beim Begattungsakt die Ejakulationsbestrebungen und deren Hemmungen beherrschen. Nebst der theoretischen Wichtigkeit dieses Fundes erschien es mir aber auch in praktischer Hinsicht sehr bedeutsam, daß sich durch die erwähnten aktiven Maßnahmen eine Aussicht auf die leichtere Rekonstruktion der prägenitalen Struktur der Impotenzfälle eröffnete. Ich teile übrigens vollkommen W. Reichs Ansicht[4], daß nicht nur die manifesten Fälle von Impotenz, sondern sozusagen alle Neurosenfälle mit irgendwelchen Störungen der Genitalität einhergehen, und konnte die Verwendbarkeit der urethro-analen Aktivität bei den verschiedensten Neurosenformen erproben.

Dem nächstliegenden Einwand, daß es sich bei der Retention nur um eine mechanische Reizung der benachbarten Genitalien handelt, kann ich die Beobachtung entgegenstellen, daß die Erektionen sich nicht nur als ›Wassersteife‹, das heißt bei gefüllter Blase meldeten, sondern auch nach der Entleerung. Viel zwingender als dieses Argument sprach aber

---

[3] [In diesem Band, S. 317 ff.]
[4] Kongreßvortrag, Salzburg 1924: ›Die therapeutische Bedeutung der genitalen Libido‹.

für den beschriebenen Zusammenhang das psychische Benehmen des Analysierten. Diejenigen, hinter deren ›Überpotenz‹ latente kindliche Schwächen verborgen waren, wurden merklich bescheidener, während jene, die bei den gelungenen Zurückhaltungsversuchen eine gewisse Ängstlichkeit überwanden, eine bemerkenswerte Hebung des Selbstvertrauens auch in sexueller Hinsicht zeigten. Unter anderem bekamen sie auch Mut zu tiefergreifenden Assoziationen und Erinnerungen, wohl auch zu Fortschritten in der analytischen Übertragungssituation, zu denen sie sich vorher nicht emporschwingen konnten. Auch bin ich dessen nicht so gewiß, ob überhaupt die sogenannte Wassersteife rein mechanisch, ohne Zuhilfenahme amphimiktischer Innervationsverlegung erklärbar ist.

Diese Beobachtungen verschafften mir Gelegenheit, die Verhältnisse bei der prägenitalen Erziehung der Kinder gleichsam in der analytischen Nacherziehung mitzuerleben und eingehend zu studieren. Als letztes Motiv sowohl der urethralen Entleerungs- als auch der analen Zurückhaltungstendenz fand ich die *Angst vor einem Schmerz;* bei der Blasenentleerung die Angst vor der durch die Blasenfülle verursachten Spannung, bei der Darmentleerung die Angst vor dem Schmerz beim Passieren der Kotsäule, die die Wandung des Analringes dehnt und zerrt. Darum bedeutet *für die Blase die Entleerung Lust, für den Darm Unlust.*[5] Die *erotische* Verwendung dieser Funktionen erfordert ein relativ starkes Anwachsenlassen dieser Spannungen. Wirkliche Lust folgt der Blasenentleerung nur, wenn die Spannung der Blasenwand eine gewisse Höhe überschritten hatte; ebenso meldet sich der von Freud festgestellte erotische Lustnebengewinn bei der Darmentleerung nur dann, wenn die vor der Entleerung empfundene Unlust oder Spannung eine erhebliche war, wie überhaupt, meiner Ansicht nach, das spezifisch Erotische in der lustvollen Überwindung einer sich selbst verschafften organischen Schwierigkeit besteht.[6] Viele Neurotiker erweisen sich nun als Überängstliche, sie versagen sich aus Furcht vor dem dabei unausweichlichen Schmerz die Lust der analen und urethralen Erotik, und es hat den Anschein, als ob das Aufbringen des Mutes zur prägenitalen Erotik unumgänglich wäre, ohne ihn kommt eine gut fundierte Genitalerotik nicht zustande. In der Analyse wird nun der anale und urethrale Abgewöhnungskampf wiederholt und diesmal zu einem gedeihlicheren Ende geführt, wobei natürlich vorerst gewisse Fähigkeiten und Gewohnheiten,

---

[5] Siehe auch D. Forsyths diesbezügliche Beobachtungen [›The rudiments of character‹].
[6] ›Genitaltheorie‹ [in diesem Band, S. 324].

Zur Psychoanalyse von Sexualgewohnheiten

die die gelungene Erledigung dieser Erziehungsphase vortäuschen, abgebaut werden müssen.
Doch nicht nur die physiologischen Folgeerscheinungen dieser Zurückhaltungsversuche sind bedeutsam, sondern auch das sich dabei ergebende assoziative Material. Die Identifizierung der Kinder mit ihren Eltern hat eben eine prägenitale Vorstufe. Bevor das Kind sich genital mit den Eltern zu messen wagt, versucht es dies mit Hilfe der analen und urethralen Leistungen, wobei den Exkreten – ganz im Sinne der ›Genitaltheorie‹ – die Kinderrolle, den Entleerungsorganen selbst aber die noch geschlechtlich undifferenzierte Rolle des Erzeugers zukommt.
Unser aktives Eingreifen, speziell bei der Darmaufgabe, läßt sich nach alledem auch so beschreiben, daß wir dabei gewisse Spannungen so weit steigern, bis der Schmerz der Zurückhaltung über die Angst vor der Entleerung überwiegt; bei den Urethralen handelt es sich eher um eine Art Angewöhnung und um das Ertragenlernen der Spannungen der Blasenwand. Selbstverständlich darf neben diesen physiologischen Momenten die elterliche Übertragungsrolle des Arztes nicht unberücksichtigt bleiben. Die ärztlichen Gebote und Verbote wiederholen gewissermaßen die autoritativen Befehle der bedeutsamen Persönlichkeiten der Kinderzeit, allerdings mit dem nicht unwesentlichen Unterschied, daß in der Kindheit alles zur Abgewöhnung von den Lustnebengewinnen hinarbeitet, während wir in der Analyse die erste, zu gut gelungene Erziehung durch eine neue ersetzen, in der auch der Erotik ein ihr rechtmäßig zukommender Spielraum gewährt wird.[7]
Im Zusammenhang mit der Regelung der analen und urethralen Funktion kommt es in der Analyse gewöhnlich auch zur Revision gewisser *Charakterzüge*, die, wie es uns Freud zeigte, nur Ersatz-, Gärungs- und Sublimierungsprodukte jener organischen Triebanlagen sind. Die analytische Auffrischung der Analerotik geschieht auf Kosten des Analcha-

---

[7] Die Ausdrücke ›Gebot‹ und ›Verbot‹ sind einigermaßen irreführend, sie geben zumindest nicht ganz genau die Art wieder, in der, meiner Ansicht nach, solche Maßnahmen angewendet werden sollen. Ich hätte sie lieber positive und negative *Ratschläge* nennen sollen und damit andeuten, daß es sich hier nicht um autoritative Befehle handelt, wie solche in der Kindererziehung üblich sind, sondern um Verhaltungsweisen, die der Patient im Einverständnis mit dem Arzt oder wenigstens im Vertrauen auf ihre schließliche Zweckmäßigkeit gleichsam experimentell sich gefallen läßt. Nichts liegt dem Psychoanalytiker ferner, als sich in der Rolle des allmächtigen Befehlshabers zu gefallen oder sich gar zu sadistischer Strenge hinreißen zu lassen. Letzteres hieße auf das Niveau der früheren Psychotherapie der Gewalt zurückzusinken. Nur selten kommt man in die Lage, die Fortsetzung der Kur von der Annahme unserer Ratschläge abhängig zu machen.

rakters; der bisher ängstliche, geizige Patient wird allmählich, und zwar nicht nur mit seinen Exkreten, freigebiger; der leicht entflammte Urethralcharakter, der auch psychisch keine Spannung ohne sofortige Entladung ertrug, wird zurückhaltender. Im allgemeinen kann man sagen, daß die bei diesen Maßnahmen gewonnene Überzeugung, daß man mehr Unlust ertragen, ja, diese zu größerer erotischer Lustgewinnung verwenden kann, ein gewisses Gefühl der Freiheit und des Selbstvertrauens zu erwerben hilft, das dem Neurotiker so sehr mangelt; erst mit diesem Gefühl der Überlegenheit gehen Sexualstrebungen höherer, genitaler Natur einher; schließlich auch der Mut zur Auffrischung des Ödipuskonflikts und zur Überwindung der Kastrationsangst.

Am Ende einer durchgeführten Analyse erscheinen nämlich die neurotischen Stuhl- und Harnsymptome wohl nur zum Teil als Wiederholungstendenzen der Anpassungskämpfe zwischen den Entleerungstrieben und den ersten sozialen Forderungen. Als die eigentliche traumatische Kraft entpuppt sich vielmehr auch hier, wie in den Neurosen überhaupt, die Fluchttendenz vor dem Ödipuskonflikt und damit vor der Genitalität; die manifesten und latenten Äußerungen der Anal-, Urethral-, Oral- und sonstiger Erotik in der Neurose sind also zumeist sekundäre, das heißt *regressive* Ersatzbildungen der eigentlichen neurosogenen Momente, besonders der Kastrationsangst.

Bei der vorhin erwähnten analen und urethralen Identifizierung mit den Eltern scheint sich schon in der kindlichen Seele eine Art *physiologische Vorstufe des Ichideals oder Über-Ichs* zu etablieren. Nicht nur, daß das Kind seine diesbezüglichen Leistungen fortwährend mit denen der Erwachsenen vergleicht, sondern es errichtet in sich auch eine strenge *Sphinktermoral,* gegen die man sich nicht ohne schwere Selbstvorwürfe und Gewissensstrafen versündigen kann. Es ist gar nicht so unmöglich, daß diese halb noch *physiologische Moral* eine der wesentlichen Grundlagen der späteren, rein psychischen ist, gleichwie nach einer von mir geäußerten Vermutung der physiologische Akt des Riechens (vor dem Essen) Vorbild oder Vorstufe aller höheren intellektuellen Leistungen sein dürfte, bei denen es sich um einen Aufschub von Triebbefriedigungen handelt (Denken).

Es ist gar nicht ausgeschlossen, daß wir die biologische und psychologische Bedeutung der Sphinkteren bisher viel zu wenig würdigten. Ihr anatomischer Bau und ihre Funktionsweise scheint sie zur Erzeugung, Anhäufung und Abfuhr von Spannungen besonders geeignet zu machen; sie wirken eben nach Art von Schleusen, an den Aus- und Eingangsstellen der Körperhöhlen angebracht, und ihre wechselnde Innervationsstärke vermag eine unendliche Variation von Spannungs- und Entspannungsgefühlen zu vermitteln, indem sie die Zu- und Abströmung von Körperinhalten erleichtern oder erschweren. Bisher wurden diese Verhältnisse nur vom Nützlichkeitsstandpunkte gewürdigt, während die lust- und unlustbereitende, besonders aber die erotische Wichtigkeit des Spiels der Sphinkteren ganz vernachlässigt blieb. Es ist leicht, die Verlegung der Innervationsquantitäten von einem Sphinkter auf den anderen oder auf mehrere zu konstatieren. Bei der Angst zum Beispiel meldet sich gewöhnlich auch starke Verengung der Analöffnung, gewöhnlich gleichzeitig mit Entleerungstendenzen der Blase. Diese Kontraktion kann sich bei der Hysterie auf andere Organe verschieben, als Globus der Schlundmuskulatur, als Zuschnürung der Kehle (hysterische Aphonie), als Kontraktion des Pylorus, als Bildung atypischer Sphinkteren an beliebigen Stellen des Darmschlauches. Als Ausgangspunkt aller dieser Krämpfe läßt sich bei der Hysterie die Angst vor der entsprechenden Innervation der Genitalsphinkteren nachweisen, die sich beim Manne in Störungen der Potenz, bei der Frau auch in Menstruationsbeschwerden (Muttermundkontraktion) äußern kann. Auch von diesen Beobachtungen an den Sphinkteren führen Gedankenverbindungen zur Erklärung vieler neurotischer Symptome als Kastrations-, Geburtsangst (Rank), und zu der in ihrer Bedeutung noch nicht voll gewürdigten *Gebärangst*. Zur Messung der Stärke emotioneller Schwankungen, besonders der Angst, könnte man den Experimentalpsychologen die *Manometrie der Sphinkterspannung* im Anus empfehlen, gleichwie die Berücksichtigung der Sphinkterwirkungen am Mund und in der Kehle unser Verständnis für die Physiologie und Pathologie des Atmens, des Sprechens und des Singens, besonders in ihren emotionellen Beziehungen, steigert. (S. Pfeifer, Forsyth.) [8]

In einzelnen Fällen, in denen die Retentionsübungen über ein gewisses Maß getrieben wurden, meldete sich, meist unter assoziativer Auffrischung infantiler Erlebnisse, große Angst, gelegentlich auch passagère Inkontinenz. Man kann dieses letztere Begleitsymptom der Angst als eine Art *Panik* auffassen, in der die Rücksicht auf die ›Sphinktermoral‹ fallen gelassen wird und die Organe auf die Stufe der infantil-autochthonen Selbstbefriedigung zurückfallen. [9]

---

[8] S. auch meine Bemerkungen über das Stottern (›Genitaltheorie‹, S. 324).
[9] S. die plötzliche Einstellung jeder Sphinkterkontrolle bei übergroßer Angst, Schreck, beim Erhängen usw.

Auf das Überfließen der Spannungssteigerung von den anal-urogenitalen Höhlen auf den allgemeinen psychophysischen Tonus habe ich bereits hingedeutet. Die Träume eines Patienten während einer solchen Aktivitätsperiode zeigten mir recht deutlich, daß bei ihm das Sich-Recken sozusagen die Erektion des ganzen Körpers bedeutete, mit dem er an Stelle des mangelhaft erektilen Penis den Koitus mit der Mutter unbewußt phantasierte.

Diese neurotische Identifizierung des ganzen Körpers mit dem Genitale wird sich, wie ich glaube, in der Pathologie der Neurosen sowohl als der Organerkrankungen sehr bedeutsam erweisen. Professor Freud, als ich ihm dieses Beobachtungsmaterial vorlegte, faßte die hier versuchte Ansicht in knappster Formulierung in dem Satze zusammen, daß die Impotenten, denen der Mut zum Genitalverkehr fehlt, in ihrer (unbewußten) Phantasie den Koitus mit dem ganzen Leibe ausführen; vielleicht ist dies die Quelle jeder ›Mutterleibsphantasie‹.

Einige weitere auffällige Beispiele dafür, in welcher Weise die Beeinflussung der Exkretionsvorgänge die Analyse fördern kann, mögen hier folgen. In einem Fall von fast unerträglichem neurotischem Jucken in der Analgegend, gefolgt von unwiderstehlicher analer und Mastdarmonanie, wollte das Symptom trotz langwieriger assoziativer Durchforschung nicht weichen. Erst nachdem eine recht lange fortgesetzte, willkürliche Stuhlzurückhaltung und die damit zusammenhängenden Spannungsgefühle den Darm als unbewußtes Lustorgan ausgeschaltet hatten, machte sich die Tendenz bemerkbar, die Erotik aufs Genitale zu verlegen. – Ein Patient, der nur bei ganz entleerter Harnblase und auch dann nur unvollkommen den Beischlaf ausführen konnte, erreichte nach gelungenen Harnzurückhaltungsversuchen den Mut zu stärkeren und länger dauernden Erektionen, zugleich einen wesentlichen Fortschritt im analytischen Verständnis für seinen Zustand. Bei recht vielen Patienten (auch männlichen Geschlechtes) brachte die Stuhlverhaltung interessante Einblicke in die Gebärbedeutung des Stuhlabsetzens. Ein Patient, bei dem die gewöhnlich mit Gewalt erzwungene Stuhlentleerung auf Kosten der Genitalität Lustempfindungen mit Spermaabfluß verursachte, verzichtete auf dieses Symptom nach forcierter Retention mit schmerzlicher Entleerung.

Es ist schwer zu sagen, wann und in welchen Fällen der Versuch gemacht werden darf und soll; jedenfalls müssen wichtige Gründe zur Annahme vorliegen, daß eine Rückverlegung (oder der Zerfall) der Genitalerotik in ihre biologischen Vorstufen vorliegt, die die gefürchtete Kastrationsbedrohung, die ursprünglich ans Genitale geknüpft ist, auf die harmloseren analen und urethralen Ausscheidungsfunktionen verschiebt. Die beschriebenen Maßnahmen verfolgen dabei den Zweck, die Verlegung aufs Genitale zu fördern.

Daß unbewußterweise große Libidomengen an die Darmfunktionen geknüpft sein können, zeigt unter anderem folgender Fall. Eine Patientin hat sonderbare Zustände mit ›Ewigkeitsgefühlen‹, bei denen sie lange Zeit hindurch regungslos in sich gekehrt ruhen muß. Diese ›Ewigkeit‹ war eigentlich die ewig auf sich warten lassende Darmentleerung, die nach der schmerzlichen Erfahrung der forcierten Stuhlzurückhaltung endlich vom unwiderstehlichen Drang nach Beendigung dieser Ewigkeit abgelöst wurde. Erst nachdem sich die Patientin diesen *Orgasmus auf der analen Stufe* gönnte, vermochte sie sich dem ihr bisher unzugänglichen Genitalorgasmus zu nähern. – Ein Patient mit unerhört starker Kastrationsbefürchtung gewöhnte es sich an, den Stuhl immer in einer einzigen Säule zu entleeren, unter phobischer Vermeidung ihrer Zerstückelung durch die Sphinkteren. Nebstdem hatte er die sonderbare Fähigkeit, auf eine mir anatomisch nicht ganz verständliche Weise eine passagère Einschnürung des Penis, etwa ein Zentimeter hinter der Glans, ohne äußere Hilfe zustande zu bringen; die Einschnürung meldete sich gewöhnlich bei der Stuhlentleerung. Erst die Rückverlegung der ganzen Erotik auf das Genitale behob allmählich die bei ihm bestehende Potenzlähmung und erst die Klarlegung des Ödipuskomplexes, die Überwindung der sexuellen Angst Vater und Mutter gegenüber brachte dauernde Besserung. In diesem wie in vielen ähnlichen Fällen hatten die plastisch geformten Kotmassen auch Kindsbedeutung. – Meine Schülerin V. Kovács in Budapest vermochte einen seit Kindheit bestehenden Gesichtsmuskel-Tic mit der latenten Onanietendenz und ihrer Verlegung auf den Darm zu erklären und mit Hilfe der Psychoanalyse und der Benützung gewisser Stuhlaufgaben dauernd zu heilen.

All dies trägt dazu bei, die Ansicht zu rechtfertigen, daß die ›bioanalytische‹ Zerlegung der Genitalfunktion nicht nur theoretische Bedeutung hat, sondern auch unser therapeutisches Können zu fördern geeignet ist.

Zur Vervollständigung des hier Gesagten diene, daß die Aktivität in geeigneten Fällen nebst den Ausscheidungsfunktionen auch die Nahrungsaufnahme betreffen kann und daß der Verzicht auf gewisse Eß- und Trinkgenüsse in qualitativer und quantitativer Hinsicht sowie das Forcieren der Aufnahme bisher idiosynkratisch gemiedener Nahrungs- und Genußmittel den Triebhintergrund der Oralcharakterzüge aufdecken kann.

II

Zur Analyse einzelner Genitalgewohnheiten

Freud sagte uns in seinem Budapester Kongreßvortrag[10] ausdrücklich, daß er die Regel, die Analyse müsse in der Versagung durchgeführt werden, nicht im Sinne einer dauernden sexuellen Abstinenz während der Analyse verstanden haben will. In diesem Kapitel möchte ich aber unter anderem den Nachweis erbringen, daß es von verschiedentlichem Vorteil ist, wenn wir auch vor dieser letzten Konsequenz nicht zurückweichen. Das schlagendste theoretische Argument dafür schöpfe ich aus einer Arbeit Freuds[11], in der er uns zeigt, daß nur *zielgehemmte* Sexualtriebe die dauernde Bindung der Massen an eine Autorität begünstigen, während die Befriedigung die Kraft dieser Bindungen immer wieder herabsetzt. Dasselbe gilt aber – wie ich vermute – für die ›Massenbildung zu zweien‹, wie sie die analytische Situation zwischen Arzt und Patient zeitigt. Es war gleichfalls Freud, der uns schon vor langem sagte, daß habituelle Sexualbefriedigung das Kind unerziehbar mache, wahrscheinlich weil bei ihrer Zulassung der Narzißmus immer wieder ansteigt und das Kind von fremdem Einfluß unabhängig macht. Dasselbe gilt aber auch für jene Nacherziehung, die wir mit unserer Psychoanalyse anstreben. Die Erziehungsarbeit sowohl als auch die analytische muß gleichsam die Latenzzeit [die – wie ich es anzudeuten wagte – selbst eine Nachbildung urzeitlicher Entbehrungen, vielleicht der Eiszeiten ist] wiederholen und zu einem neuen, glücklicheren Abschluß bringen. Bei dieser Arbeit muß der Arzt die Rolle des Vaters, respektive des Urvaters übernehmen[12], sie erfordert anderenteils vom Analysierten eine Beeinflußbarkeit, die eine Art Regression zur Massenpsyche (Freud) zur Voraussetzung hat. Darf sich aber die Sexualspannung während der Analyse immer wieder durch Befriedigung entlasten, so fehlen die Bedingungen zum Zustandekommen der zur Übertragung nötigen psychologischen Situation. In diesem Licht betrachtet, erscheinen die dem Lustprinzip zuwiderlaufenden Gebote und Verbote als Förderer der Übertragung. Der Analytiker wirkt auf den Patienten wie jener Befehlshaber, der niemanden liebt und den alle lieben und der durch das Verbot gewohnter Befriedigungsarten die Gefühlsbindung der Analysierten si-

---

[10] ›Wege der psychoanalytischen Therapie‹, 1918.
[11] ›Massenpsychologie und Ich-Analyse.‹
[12] Daß dem Arzt gelegentlich auch die Mutterrolle zukommt, versteht sich von selbst.

chert, um den so gewonnenen Einfluß zur Aufhebung der Verdrängungen, schließlich auch zur Aufhebung der Bindung selbst zu verwerten.[13] Die Notwendigkeit dessen, daß die Analyse mit der sexuellen Askese kombiniert wird, ergab sich aber nicht etwa nur spekulativ, sondern auch als die Folgerung aus schlechten Erfahrungen, die ich bei Nichterteilung des Abstinenzgebotes machte, oder in Fällen, in denen die Versuchung des Patienten zur Übertretung derselben zu groß war. Eine junge Frau mit akuter Melancholie, bei der ich mit Rücksicht auf die Suizidgefahr nicht wagte, den persönlichen Verkehr mit jenem Manne, mit dem sie ein unerlaubtes Verhältnis hatte, vollkommen zu verbieten, ließ sich von mir nur so lange beeinflussen, als ihr psychischer Zustand unerträglich war, entzog sich aber bald nachher meinem Einflusse und kehrte mit unbeendigter Analyse zum Liebhaber zurück. Eine andere junge Frau suchte bei mir wegen ihrer unglücklichen Liebe zu einem Arzt Hilfe, der sie zu gewissen sexuellen Praktiken mißbrauchte, ohne ihre zärtlichen Gefühle zu erwidern. Sie brachte ohne Schwierigkeit die Übertragung auf mich zustande, flüchtete aber aus der Analyse, wo ihr keine Befriedigung winkte, mehrere Male zu jenem wenig skrupulösen Kollegen zurück. Wiederholt nahm ich die reuig Wiederkehrende in Behandlung, doch wählte sie jedesmal beim Ansteigen des Widerstandes denselben Ausweg. Zuletzt blieb sie für längere Zeit aus, wahrscheinlich schämte sie sich ihrer Schwäche, und ich hörte nichts mehr von ihr, bis die Zeitungen die Nachricht von ihrer Selbstentleibung brachten. – Einen sehr interessanten Fall von Zwangsneurose mit normaler Übertragung und glattem Fortschritt verlor ich, weil ich der Patientin nicht energisch genug verboten hatte, sich mit einem Herrn – der charakteristischerweise meinen Familiennamen trug – einzulassen. Ähnliche Erfahrung machte ich mit einer anderen Neurotischen, die Sommerferien zu einer solchen ›Untreue‹ benutzte.

Man kann nicht umhin, aus dieser Beobachtungsreihe zwei Folgerungen zu ziehen, erstens die, daß man wenig Aussicht hat, jemanden von einer noch so unglücklichen Verliebtheit analytisch zu befreien, solange noch reale Befriedigungsmöglichkeiten seitens des Liebesobjektes winken, zweitens daß es überhaupt nicht günstig ist, wenn sich die Patienten während der Analyse realen sexuellen Vergnügungen hingeben können.

[13] Dieses letztere Moment unterscheidet allerdings die psychische Situation des Analysierten von der Zugehörigkeit zu einer religiösen oder sonstigen Sekte, in der ja der Gehorsam gleichfalls durch Entbehrungen (Hunger, Schmerz, sexuelle Askese, Schlaflosigkeit) gesichert wird.

Selbstverständlich ist die Bedingung der sexuellen Askese bei Unverheirateten viel leichter zu erfüllen als bei Verheirateten; bei letzteren manchmal nur mit Hilfe zeitweiliger Entfernung aus der Familie.
Gerade bei verheirateten Neurotikern ist aber die Neuregelung der ehelichen Sexualbeziehungen in der Analyse meist unumgänglich. Männer von halber oder dreiviertel Potenz strengen sich in der Ehe oft zu sexuellen Leistungen an, die weit über ihre eigene Lust hinausgehen[14], rächen sich dann an der Frau mit ihrer schlechten Laune oder sie produzieren oder verstärken neurotische Symptome. Aber auch von den anscheinend Hyperpotenten erweist es sich oft, daß sie mit ihren Leistungen nur ein Schwächegefühl kompensieren, ungefähr so wie ich es von der urethralen Überpotenz sagen konnte. Eine solche Gemütsverfassung ist für das Zustandekommen der Übertragung ungünstig, verdeckt aber auch den wirklichen Sachverhalt, sie muß also beseitigt werden, damit man in der Analyse weiterkommt. Zur Illustration diene folgendes charakteristisches Beispiel: Ein seit seiner frühesten Jugend neurotischer Patient wurde vor seiner Ehe von einer Impotenz mit Hilfe urologischer Maßnahmen ›geheilt‹. Diese Heilung bestand darin, daß er zwangsneurotisch wurde und bei Einhaltung einer Unzahl von Zeremonien den Beischlaf mit halbsteifem Gliede auszuführen und auch zwei Kinder zu zeugen im Stande war. Die erste Vorschrift, zu deren Einhaltung er nun in der Analyse angehalten wurde, war die der vollständigen Enthaltsamkeit, die auf den Zustand sichtlich beruhigend wirkte, und da in seinem Zeremoniell ein urethraler Akt (Harnentleerung unmittelbar vor der Immission) eine hervorragende Rolle spielte, wurde ihm nebstdem die Harnverhaltungsmaßregel aufgetragen. Selbstverständlich wurde inzwischen die Analyse der Zwangsimpulse und Gedanken fortgesetzt und bald war auch ein Zusammenhang zwischen den Zwangssymptomen und den gezwungenen, unbewußt gefürchteten Sexualbetätigungen festgestellt; der Zwang war auch hier, wie nach Freud immer, die Korrektur des Zweifels, dessen Motiv die gewöhnliche Kastrationsangst gewesen ist. Im weiteren Verlaufe der Kur bekam der Patient spontane Erektionen, wurde aber dazu angehalten, auch diesem Drang nicht nachzugeben, und zwar weder seiner Frau noch anderen Frauen gegenüber. Eigentlich war dies nur die Ausdehnung der vorher erwähnten urethral-analen Zurückhaltungsübungen auch auf das genitale Gebiet. Auch hier mußte die Spannung über die sonst von der Angst ge-

---

[14] S. auch Rank: ›Perversion und Neurose‹, 1922.

setzte Grenze hinaus gesteigert werden, was nicht nur eine stärkere Aggressionslust im physiologischen Sinne zur Folge hatte, sondern auch den psychischen Mut, den unbewußten Phantasien energisch an den Leib zu rücken. So verquickte sich diese Analyse wie so viele andere erfolgreich mit einer Art *sexueller Anagogie*.

Einer solchen Anagogie scheinen übrigens nicht nur die Neurotiker bedürftig zu sein; so manche schlechte Ehe läßt sich durch sie verbessern, denn nichts schadet in der Ehe mehr als die Vorspiegelung von mehr Zärtlichkeit und besonders mehr Erotik als wirklich vorhanden ist, und die Unterdrückung von Haß und sonstigen Unlustregungen. Ein gelegentlicher zorniger Ausbruch und zeitweilige Abstinenz können bei der darauffolgenden Versöhnung Wunder wirken. Die unrichtige Einstellung in sexualibus beginnt der Gatte oft schon in der Brautnacht, wo er der zu solchem Treiben gar nicht vorbereiteten jungen Frau seine starke Manneskraft in einer die Realität weit übersteigenden Weise vorführen zu müssen glaubt. Die Folge ist eine erotische Erkaltung schon während der Hochzeitsreise, mürrisches Wesen seiner-, Verzweiflung darob ihrerseits. Dieses Übel kann sich aber auch chronisch ins Eheleben einnisten. Der Gatte empfindet dann die ›ehelichen Pflichten‹ als einen förmlichen Zwang, gegen den seine Libido gleichfalls mit zwanghaften polygamen Anwandlungen remonstriert. Die Enthaltsamkeitsregel kann auch in solchen Fällen helfen. Der Begattungsakt soll nämlich seinem Wesen nach nicht reiner Willensakt oder eine gewohnheitsmäßige Handlung sein, sondern gleichsam ein Fest, bei dem sich bisher zurückgehaltene Energien in archaischer Form austoben können.[15] Übrigens ergibt die psychoanalytische Untersuchung, daß hinter der Unlust zum Geschlechtsverkehr mit der Ehefrau zumeist die Angst vor der Ödipusrelation versteckt ist, die durch die Gleichstellung der Frau mit der Mutter zustande kommt. Paradoxerweise erfordert also die eheliche Treue zum eigenen Weibe mehr Potenz als die noch so abenteuerreiche Polygamie. Der gar nicht so seltene schlechte Ausgang so vieler Liebesehen ließ sich durch das Nachlassen der Zärtlichkeit nach der überspannten Befriedigung erklären; die Ehehälften sehen sich in ihren Erwartungen getäuscht, die Männer haben etwa sogar den Eindruck, ins Ehenetz gelockt worden zu sein und zeitlebens als Sexualsklaven dienen zu müssen.

Die genitosexuelle Mehrleistung hat körperliche und psychische Störungen, besonders auch Depressionszustände zur Folge, die wir aus dem

---

[15] Vgl. ›Genitaltheorie‹ [in diesem Band, S. 355].

Symptomkomplex der *Neurasthenie* kennen. Die analytische Beobachtung und Heilung dieser Symptome (unter anderem mit Zuhilfenahme der Abstinenzregel) ermöglichte es mir, wie ich glaube, etwas mehr von der Pathologie dieses analytisch noch vernachlässigten Zustandes zu erfahren. Was Freud in seinen ersten Arbeiten über Neurasthenie als ihre Ursache beschrieb, die ›inadäquate Entlastung‹, erweist sich bei näherem Zusehen als ein ängstlicher Protest des körperlichen und psychischen Ichs gegen die libidinöse Ausbeutung; demnach läge der Neurasthenie eine *hypochondrische Ichangst* zugrunde, ganz im Gegensatz zur Angstneurose, bei der die *Angst* aus *gestauter Objektlibido* hervorgeht. Die Neurastheniker werden bei ihren Onanie- und sonstigen Genitalbetätigungen auch nach der normalen Begattung sozusagen von ›körperlichen Gewissensskrupeln‹ geplagt; sie haben die Empfindung, sich den Orgasmus gleichsam durch *Abreißen* einer unreifen Frucht, das heißt durch Befriedigung der noch nicht zum vollen Drange gediehenen Sexualspannung, auf Kosten der Ichfunktionen verschafft zu haben; dies könnte eine der Quellen der ›Abreiß-Symbolik‹ der Onanie sein. Die Behandlung der Neurasthenie kann natürlich auch eine rein palliative sein (Einstellung der pathogenen Befriedigungsarten). Wesentlich unterstützt wird sie aber durch die analytische Aufdeckung der Motive der Onanieangst und durch die Überwindung dieser Angst im Laufe der Behandlung.

W. Reich (l. c.) hat vollkommen recht mit der Behauptung, daß man das Zustandekommen einer bisher ängstlich gemiedenen onanistischen Befriedigung nicht unbedingt zu verhindern braucht. Man möchte dem nur noch hinzufügen, daß, nachdem der Patient die Onanie zu ertragen gelernt hat, als zweite Behandlungsetappe das Erlernen des Ertragens stärkerer Sexualspannungen auch ohne Onanie, das heißt eine absolute Abstinenzperiode zu folgen hat. Erst in dieser kann der Patient den Autoerotismus voll überwinden und den Weg zu den normalen Sexualobjekten finden. In der Terminologie unserer Wissenschaft ausgedrückt, hieße das, die narzißtische Libidospannung zu einer Höhe anwachsen zu lassen, bei der die Entladung nicht mehr als Opfer, sondern als Erleichterung und Befriedigung gefühlt wird.

Ein wichtiger Nebenbefund schien mir bei diesen Neurastheniestudien, zu denen fast jede Neurose, auch jede Psychoneurose, Gelegenheit bietet, die Entlarvung der nächtlichen *Pollutionen* als gewollte, aber ob ihrer Bewußtseinsunfähigkeit in das Traumleben verbannte Onanieakte und Phantasien, die nicht selten auch durch das Einnehmen bestimmter Körperlagen unterstützt werden. Die Aufklärung über das Unbewußt-Gewollte dieser Befriedigungsart wird nach mehr oder minder langem Widerstreben unter dem Druck des Beweismaterials akzeptiert und die Verantwortlichkeit auch auf diese Art der Selbstbefriedigung ausgedehnt, mit dem Erfolg, daß sie ungleich seltener wird oder ganz aufhört. Die Pollutionsträume sind ausnahmslos verkappte Inzestträume und gerade diese ihre Herkunft erklärt es, daß sie nicht als Wachonaniephantasien erlebt werden wollen. Man kann es also als Fortschritt begrüßen, wenn statt der Pollutionen die eigentlich weniger pathologischen Onanieakte sich melden, die man dann eine Zeitlang gewähren lassen darf, bevor die Vorschrift der vollständigen Abstinenz in Anwendung gebracht wird.

Auch die *Angstneurose*, die wir an der Wurzel jeder Angsthysterie und der meisten Konversionshysterien antreffen, kann palliativ oder kausal behandelt werden – denn auch diese hängt eigentlich von zwei Faktoren ab: von der Quantität der gestauten Libido auf der einen, von der Empfindlichkeit gegenüber Libidostauungen auf der anderen Seite. Mit der Abstinenz sind nämlich, gleichwie mit der onanistischen Mehrausgabe an Libido, hypochondrische Angstvorstellungen und Angstgefühle verbunden. Der Samen wird von Neurasthenikern als der kostbarste Saft geschätzt, dessen Verlust die schwersten Zustände und Krankheiten zur Folge hat, während der Angstneurotiker von der gestauten Libido vergiftet zu werden oder einen Hirnschlag zu bekommen fürchtet. Die kausale Behandlung ist hier die *Anwendung, ja Verstärkung der Abstinenzregel trotz der Angst*, unter fortwährender analytischer Zerlegung und allmählicher Beherrschung der Angst selbst und ihrer psychischen Abkömmlinge.

Sicherlich handelt es sich auch bei den Störungen der Ejakulation, wie sie sich als ejaculatio praecox bei der Neurasthenie, als ejaculatio retardata bei der Angstneurose melden, um Störungen in der Funktion der Samenblasen und ihrer Sphinkteren in urethralem oder analem Sinne, was eine Kombination der genitalen mit der prägenitalen Abstinenz notwendig machen kann. Ein in der indischen Erotik bewanderter Mohammedaner erzählte mir, daß er und seine Landsleute den Koitus in infinitum ohne Ejakulation fortsetzen können, wenn die Frau während des Aktes mit den Fingern dauernd einen Druck auf die Dammgegend des Mannes ausübt und ihn so der Sorge um den Sphinkterschluß der Samenblasen enthebt.

Die verschiedenen Abstinenzmaßnahmen haben, wie schon angedeutet, nicht nur die Wirkung, daß die unterdrückte Innervation auf andere

Körpergebiete verschoben wird, es gehen mit ihnen auch seelische Reaktionen einher, durch die manches bisher versteckt gebliebene unbewußte Material aufgescheucht wird. Von der Angstreaktion haben wir schon gesprochen; nicht minder ausgeprägt kommen aber häufig Anwandlungen von Wut- und Racheimpulsen, die sich selbstverständlich vorerst gegen den Analytiker richten, die aber dann leicht auf ihre infantilen Quellen zurückzuführen sind. Und gerade diese Reaktionsfreiheit unterscheidet die Gebote und Verbote in der analytischen Nacherziehung von jenen, die in der Kindheit erlebt wurden und später zur Neurose geführt haben. Mit dieser Aggression werden wir uns noch etwas eingehender beschäftigen müssen. Nicht zu verkennen ist ferner die Hebung der psychischen Leistungsfähigkeit unter dem Einfluß der Abstinenz, besonders aber bei der Einstellung der sexuellen ›Überleistungen‹, als ob die ersparte Libido nicht nur den Tonus der Muskulatur[16], sondern auch den des Denkorgans steigern würde, wie dies übrigens schon von Schopenhauer behauptet wurde. Beim Neurotiker stellt sich aber die Genuß- und Leistungsfähigkeit ohne Analyse nicht her, die Tonussteigerung dient hier nur dazu, das verdrängte psychische Material zu heben, und erst die weitere Sichtung desselben kann die Leistungsfähigkeit fördern. Wir wissen seit Freud, daß weder Askese noch Ausleben ohne Lösung der inneren Konflikte eine Neurose heilen kann.[17]

III

Über unbewußte Lustmordphantasien

Die Psychoanalyse der Fälle mit genito-sexueller Mehrleistung führte bei Anwendung der urethralen, analen und genitalen Versagungsmaßregel mit auffallender Regelmäßigkeit zur Aufdeckung heftiger aggressiver Regungen, zumeist von Regungen der Mordlust. Sie äußerten sich nicht selten in sadistischen Phantasien vom Erwürgen, Erstechen oder sonstiger vollständiger Überwältigung der Frau, gelegentlich verbunden mit der scherzhaften oder spielerischen Andeutung solcher Handlungen. Die Einfälle der Patienten gestatteten mir, festzustellen, daß diese meist nur unbewußt phantasierte Absicht der Ermordung der Frau vielfach

---

[16] Erfahrene Landwirte beurteilen die Leistungsfähigkeit der Zuchtstiere nach dem Bestehen oder Fehlen der Tendenz ›sich zu recken‹.
[17] *Vorlesungen zur Einführung in die Psychoanalyse*, S. 449.

Zur Psychoanalyse von Sexualgewohnheiten

determiniert ist. Vor allem dient sie der Rache wegen der der Frau zugemuteten Tendenz des ›Samenraubes‹, sodann äußert sich in ihr die Angst vor der Kastration, die wegen des Geschlechtsverkehrs seitens der väterlichen Autorität droht; dieser Teil der Mordlust wird eigentlich vom Manne (Vater) auf die Frau (Mutter) übertragen. Andererseits gaben diese Fälle auch Anlaß zur Deutung der Angst (im Sinne Ranks) als Angst vor der mütterlichen Vagina (Vagina dentata – Geburtsangst). Ob und inwieweit letztere wirklich als traumatisches Moment, als Wiederholung des Geburtstraumas oder eher als Ausdrucksmittel der Kastrations- und Gebärangst aufzufassen ist, bleibe hier unentschieden, möglicherweise wirken beide Angstmomente in den einzelnen Fällen verschieden stark.

Jedenfalls konnte ich in einer Sitzung der Budapester Psychoanalytischen Vereinigung die kasuistische Mitteilung S. Pfeifers, die einen nekrophilen Traum auf Angst vor dem Koitus zurückführte, dahin verallgemeinern, daß dieses Motiv der sadistischen Impulse bei Neurotikern ein recht häufiges ist. Vielen Neurotikern erscheint der Koitus direkt oder in seinen Folgen unbewußterweise als ein ihr Leben oder ihren Körper, besonders aber ihr Genitale gefährdender Akt, in dem sich also die Befriedigungslust mit großer Angst vergesellschaftet. Die Tötungsabsicht verfolgt, wenigstens zum Teil, den Zweck, das Angstmoment durch vorherige Unschädlichmachung des Liebesobjektes auszuschalten, um dann die Lust ohne Kastrationsangst ungestört zu genießen. In diesen Angriffsphantasien werden gegen das Weib vorerst äußere Waffen (Messer, Dolche oder minder geschonte Körperteile, besonders die Hand beim Erwürgen) in Anwendung gebracht und erst dann der Koitus ausgeführt, das heißt der Penis als Waffe nur gegen ein harmlos gewordenes Objekt benützt. Die intime Verquickung aggressiver und libidinöser Akte im normalen Koitusakt erscheint hier gleichsam entmischt, in zwei gesonderten Aktionen. Im normalen Koitusakt des Nichtneurotischen überwiegt schließlich die innere Spannung, die zur Entladung drängt, über die Angst, aber Spuren davon dürften auch hier in jedem Fall nachweisbar sein, wie dies übrigens auch die von mir versuchte onto- und phylogenetische ›Katastrophentheorie‹ des Koitus[18] voraussetzt.

Bei den Abstinenzversuchen zwingt man die Neurotiker zum Ertragen starker Spannungen, die schließlich die Angst vor dem Koitus überwinden. In einem Falle konnte ich besonders schön die Progression von der

---

[18] S. ›Genitaltheorie‹, Kapitel V und VI.

Lustmordphantasie zum Koitus in den Träumen verfolgen. Nach Träumen, in denen die Frau (Mutter) tot gemacht wurde, kamen solche von heftigen Kämpfen mit dem Manne (Arzt, Vater), die in Pollutionen endeten. Dann kamen aktiv homosexuelle Träume, das heißt die Kastration der Männer, und erst nachdem der Vater überwunden und mit ihm sozusagen das Maß der Gefährlichkeit überschritten war, kamen manifeste Koitusträume mit Frauenpersonen.[19]

Ich mußte nun diese Beobachtungen mit meiner allerdings nur spärlichen Erfahrung über die manifest *masochistische* Perversion in Zusammenhang bringen. Ich weiß von einem sehr intelligenten jungen Mann, der an dieser Perversion litt, daß die Masochisten nur gewisse, individuell verschiedene Grade der Erniedrigung und des körperlichen Leidens wollüstig empfinden, zu denen sie den Partner oder die Partnerin förmlich abrichten; geht die Stärke der Beleidigung oder des Leidens über dieses Maß hinaus, so erkalten sie und werden der Leidenschaft wenigstens jener Person gegenüber frei. Es ist, als ob das Strafbedürfnis, allgemeiner gesagt, das *Leidensbedürfnis* der Masochisten, dessen tiefere Quellen Freud in einer seiner letzten Arbeiten[20] beleuchtet hat, auch gewissen sozusagen praktischen Zielen dienen sollte, nicht unähnlich den von mir versuchten Experimenten, die *bestrebt sind, die Fähigkeit zum Ertragen von Schmerzen über die Angstgrenze hinaus zu steigern,* um dadurch das Aufbringen des zum Koitus erforderlichen Mutes zu fördern. Allerdings erreichen die Masochisten dieses Ziel nie: der Orgasmus knüpft sich bei ihnen an das Leiden selbst, während sie zur normalen Begattung gar nicht oder nur nach vorhergehenden Schmerzempfindungen fähig sind. Die der Algolagnie[21] preisgegebenen Körperstellen sind fast immer extragenital, als handelte es sich auch hier darum, das Schmerz- und Angstmoment auf andere Körperstellen zu verschieben, um dem Genitale eine schmerz- und angstlose, sozusagen kastrationsfreie Befriedigung zu gewähren. Schön zeigte sich dies in dem Falle einer masochistischen Patientin, deren wollüstige Phantasien das Geschlagenwerden an den Nates zum Gegenstand hatten. Schon als Kind ersetzte sie die Genitalonanie durch die Analerotik, ließ sich aber gerne unmittelbar nach dem Stuhlabsetzen hinten schlagen. Ich glaube, daß ich in diesem Falle weiter gekommen wäre, hätte ich mit Hilfe der analen

---

[19] Die weitere Verfolgung dieses Gegenstandes könnte nicht nur zum Verständnis der kriminellen Lustmordtendenzen, sondern auch der gemeinen Mordimpulse beitragen.
[20] ›Das ökonomische Problem des Masochismus.‹
[21] [Sexuelle Lustempfindung beim Erleiden von Schmerz (Masochismus).]

Retentionsübung die Rückverlegung der Erotik auf das Genitale und damit das Ertragenlernen der Kastrations-, Geburts- und Gebärphantasien gefördert.

Ein gemeinsames Motiv sowohl der sadistischen Mordlust als auch der masochistischen Lust am Leiden wäre demnach die psychische und physische Schmerzempfindlichkeit der Genitalregion und die daraus folgende Angst vor der normalen Sexualbetätigung. Die Entscheidung darüber, eine wie große Rolle dabei die unbewußte Identifizierung des ganzen Ichs mit dem Genitale spielt [22], bleibe weiteren Untersuchungen vorbehalten.

IV

Gewohnheit und Symptom

Alles, was wir bisher als Urethral-, Anal- und Sexualgewohnheiten beschrieben, ließe sich auch als Symptom definieren, hinter dem die Analyse andere, verdrängte Tendenzen und Regungen entdeckt. Eine sehr unvollkommene Aufzählung anderer, nicht unmittelbar um das Genitale herum gruppierter ›Symptomgewohnheiten‹ möge hier folgen.

Das Verhalten der Motilität des Patienten während der Analyse, auf das wir bereits hindeuteten, verdient eingehende Beachtung. Viele Patienten zeigen eine übermäßige Steifheit in allen Gliedern, die bei der Begrüßung oder beim Abschiednehmen zu katatonieartiger Starre anwachsen kann, ohne daß man darum gleich an Schizophrenie zu denken brauchte. Schreitet die Analyse fort, so mag mit der Lösung von psychischen Spannungen auch die körperliche schwinden; gelegentlich aber kommt man damit allein nicht aus und sieht sich veranlaßt, den Patienten auf sein Verhalten aufmerksam zu machen und ihn dadurch einigermaßen zu ›mobilisieren‹. Im Anschluß daran kommt dann zumeist manches bisher Versteckte oder Unbewußte zur Sprache, besonders zärtliche und feindliche Tendenzen, die durch die Spannung gehemmt wurden, sowie Schwierigkeiten bei der sexuellen Entladung und Erektion. Man sieht dann auch den Händedruck der Patienten ungezwungener, ihre Haltung etwas mobiler werden, womit eine entsprechende psychische Einstellung parallel laufen mag.[23] Schon vor langer Zeit fesselten aber nebst diesen, gleichsam konstanten, auch gewisse ›passagère‹ Sym-

---

[22] Vgl. ›Genitaltheorie‹ [in diesem Band, S. 351].
[23] ›Zur psychoanalytischen Technik‹ [Bd. I dieser Ausgabe, S. 272 ff.].

ptome meine Aufmerksamkeit [24] und auch das plötzliche Einstellen einer gewohnheitsmäßig wiederholten rhythmischen Bewegung mag in der Analyse als Zeichen einer unterdrückten Denkoperation gedeutet und als solche dem Patienten vorgehalten werden. [25]
Eine ungewohnte Geste während der Stunde mag sich als Zeichen unterdrückter Emotion entpuppen. Am bedeutsamsten für die Analyse sind aber die sogenannten ›Unarten‹ und ›schlechten Gewohnheiten‹ der Menschen, das Nagelbeißen, Nasenbohren, Sichkratzen, das Zupfen am Schnurrbart usw. Auf die Möglichkeit ihrer Entlarvung als Onanieäquivalente habe ich bereits anderwärts hingewiesen. [26] Jedenfalls tut man gut daran, auf sie zu achten und bei passender Gelegenheit den Rat zu ihrer Einstellung zu erteilen, nicht so sehr zum Zweck der Abgewöhnung, als vielmehr in der Erwartung, daß durch die so geschaffene innere Spannungssteigerung unbewußtes Material aufgewühlt und analytisch verwertbar wird. Das hartnäckigste unter den passagèren Symptomen, der tic convulsif, ist ohne diese Maßnahme weder unserem Verständnis noch der Beeinflussung zugänglich.
Als besonders charakteristisches Beispiel erwähne ich den Fall eines an schwerer narzißtischer Neurose Leidenden, der einerseits von der (eingebildeten) Idee der Verunstaltung seiner Nase geplagt war, andererseits fortwährend, besonders aber bei seelischer Erregung die heftigsten grimassierenden Zuckungen der Gesichtsmuskeln produzierte. Außerdem war bei ihm eine Unzahl manierierter Körperhaltungen und Bewegungen vorhanden, die er bei gewissen Anlässen als eine Art Zwangszeremoniell einhalten mußte. Die Analyse dieser Zustände wurde wesentlich durch das strenge Untersagen auch der leisesten Andeutung seiner Tics während der Analysenstunde, später auch außerhalb derselben, gefördert, allerdings gestaltete sich hierdurch die analytische Arbeit für Arzt und Patient recht anstrengend. Indem aber den inneren Spannungen statt des reflektorischen, sozusagen symbolischen, der Weg zur bewußt-psychischen Erledigung gewiesen wurde, bekam man Einsicht in den Zweck, resp. die Motivierung jeder einzelnen Bewegung. So ent-

---

[24] Vgl. ›Über passagère Symptombildungen während der Analyse‹ [Bd. I dieser Ausgabe, S. 103 ff.].
[25] Es scheint eine gewisse Beziehung zwischen der Fähigkeit allgemeiner Entspannung der Muskulatur und der Fähigkeit zum freien Assoziieren zu bestehen. Gelegentlich verhalte ich die Patienten zu solcher Entspannung. S. auch ›Denken und Muskelinnervation‹ [Bd. I dieser Ausgabe, S. 265 ff.].
[26] Vgl. ›Über den Tic‹ [s. o. S. 39 ff.]; ›Technische Schwierigkeiten einer Hysterieanalyse‹ [s. o. S. 3 ff.].

puppten sich die Grimassen als eine Art unbewußte muskuläre Nasenkosmetik, die durch entsprechendes Pressen und Zerren der Nase ihre frühere ideale Form wiedergeben sollte; dabei war diese Tendenz durch das Abschreckende der Gesichtsverzerrungen verdeckt. Auch die übrigen Manieren standen unbewußterweise im Dienste der Schönheitspflege.[27] Die weitere assoziative Durchforschung brachte Erinnerungen der Kindheit, aus denen wir erfuhren, daß alle diese Haltungen und Bewegungen seinerzeit bewußt und gewollt geübt und gepflegt wurden, während sich der Patient über ihren Sinn und Bedeutung später nur sehr unvollkommen Rechenschaft gab.

Nun ist aber diese letztere Beobachtung durchaus keine vereinzelte, ja, ich möchte mich getrauen, meinen Eindruck über die Genese der hysterischen und überhaupt der neurotischen Körpersymptome dahin zu präzisieren, daß vielleicht keines dieser Symptome ohne die Präexistenz der nämlichen Symptomäußerung als infantile ›Gewohnheit‹ zustande kommen kann. Nicht umsonst bekämpfen die Pflegepersonen die sogenannten kindlichen Unarten, indem sie z. B. dem grimassierenden Kind mit der Aussicht drohen, sein Gesicht würde ›so bleiben‹. So bleibt es nun in den meisten Fällen wohl nicht, aber unter den Bedingungen neurosogener Konflikte können sich die unterdrückten infantilen Gewohnheiten dem Verdrängten als Symptommaterial zur Verfügung stellen. Wenn manches hysterische Symptom uns als eine Mehrleistung imponiert (z.B. isolierte Innervierung sonst nur symmetrisch beweglicher Augen- oder Kehlkopfmuskeln, des Platysma, Bewegung der Galea, Einflußnahme auf die gewöhnlich unwillkürlich ablaufenden Blutkreislauf-, Atmungs- und Darmbewegungsprozesse), so dürfen wir nicht vergessen, daß dem kindlichen Organismus auch bei den auto- oder organerotischen Spielereien noch Erregungswege offen stehen, die für den Erwachsenen ungangbar sind. Besteht doch die ›Erziehung‹ nicht nur im Erlernen neuer, sondern nicht zum geringsten Teil auch im Verlernen solcher ›übernormalen‹ Fähigkeiten. Die vergessene (oder verdrängte) Fähigkeit kann aber in der Neurose als Symptom wiederkehren.[28] Alle

---

[27] Dieses Beispiel ist übrigens eines unter vielen, die für die Richtigkeit meiner Annahme sprechen, daß der Tic in nächster Beziehung zu den narzißtischen Neurosen steht. Der Narzißmus war hier, wie so häufig, ein sekundärer, eine Rückverlegung der gefürchteten Genitalerotik auf den ganzen Körper, ja auf das ganze psycho-physische Ich des Patienten.

[28] Ein Neurotiker mit Darmstörungen erinnert sich, als Kind in spielerischer Absicht siebzigmal hintereinander laut vernehmlich Winde gelassen zu haben; ein anderer mit Atemstörungen pflegte im Alter von 3 bis 4 Jahren den Bauch an die Tischkante zu drücken, bis er einen Exspirationskrampf bekam.

Zwangszeremonielle haben übrigens gleichfalls wenigstens eine ihrer Wurzeln in kindlichen Spielen und Veranstaltungen. Die sonderbare Behauptung so vieler Neurotiker am Ende der Kur, sie hätten die ganze für sie doch so quälende und ihre Leistungsfähigkeit fast vernichtende Krankheit nur ›simuliert‹, wäre also nach alledem in dem Sinne teilweise richtig, daß sie als Erwachsene vielfach als Symptome äußern, was sie einstmals in der Kindheit gewollt und spielerisch produziert haben.

Die Psychoanalyse kann auch als ein fortwährendes Ankämpfen gegen *Denkgewohnheiten* aufgefaßt werden. Das freie Assoziieren z. B. erfordert die ununterbrochene Aufmerksamkeit des Arztes und des Patienten, damit letzterer nicht in die Gewohnheit des gerichteten Denkens zurückfällt. Wo man hingegen bemerkt, daß mit Hilfe der freien Assoziation vor peinlichen sinnvollen Zusammenhängen ausgewichen wird, muß der Patient zu letzteren gedrängt werden.[29] Im Gegensatz hierzu stehen die Fälle, in denen hypochondrische oder querulierende Monotonie statt freier Assoziation die Stunden ausfüllt. Nachdem ich ihn eine Weile habe gewähren lassen, mußte ich manchmal den Patienten beauftragen, statt der langwierigen Erzählung mir nur mit einer verabredeten Geste mitzuteilen, daß er sich wieder mit der uns schon wohlbekannten Idee beschäftigt. Unter diesen Bedingungen blieb ihm der bequeme Weg der Erleichterung versperrt und wurden die Hintergründe des Seelenzustandes eher zugänglich. In ähnlicher Weise kann man es versuchen, durch konsequentes Verbot des ›Vorbeiredens‹ (Gansersches Symptom) die Patienten zum Zuendedenken peinlicher Gedankengänge zu bewegen, was nicht ohne Widerstand seitens der Analysierten zugeht.

V

Zur Metapsychologie der Gewohnheiten im allgemeinen

»Die Gewohnheit wird zur zweiten Natur«, in diesem Spruch der Volksweisheit ist wohl alles enthalten, was wir bisher über die Psychologie der Gewohnheiten wußten. Die Lehre von der ›Bahnung‹ der Abflußwege der Erregung durch die Wiederholung besagt eigentlich nicht mehr als jener Satz, sie drückt dasselbe nur mit einem physiologischen Kunstwort aus. Freuds Trieblehre verhalf uns zum erstenmal zu einem Einblick in die psychische Motivierung der Neigung zur gewohnheits-

---

[29] S. ›Mißbrauch der Assoziationsfreiheit‹ [Bd. I dieser Ausgabe, S. 272–277].

mäßigen Wiederholung des früher Erlebten; sein ›Wiederholungszwang‹ ist ein Abkömmling der Lebens- und Todestriebe, die alles Bestehende in eine frühere Gleichgewichtssituation zurückzuführen trachten. Jedenfalls ist mit der Wiederholung eine »Ersparnis an psychischem Aufwand« verknüpft, mit der verglichen das Suchen neuer Wege der Erledigung eine neue Anpassungsleistung, d. h. etwas verhältnismäßig Unlustvolleres wäre. Doch erst Freuds letztes Werk über ›Das Ich und das Es‹ (1923) versetzt uns in die Lage, uns von der psychischen Topik der Vorgänge, die bei der An- und Abgewöhnung in Betracht kommen, eine Vorstellung zu bilden; die Dynamik und die Ökonomie dieser Prozesse war schon in der Trieblehre Freuds angedeutet. Die Sonderung des früher einheitlich gedachten Ichs in ein eigentliches *Ich*, ein *Über-Ich* und ein *Es* erlaubt uns, wie ich glaube, die psychische Lokalität näher zu bezeichnen, an der gewollte Handlungen zu automatischen werden (Angewöhnung), andererseits automatisch gewordene einer Neuorientierung, überhaupt einer Änderung zugeführt werden können (Abgewöhnung). Jene Stelle des seelischen Apparates, in der wir die Gewohnheitstendenzen aufgestapelt denken können, ist wohl das große Trieb- und Libidoreservoir des Es, während das Ich sich nur in Bewegung setzt, wenn es einen neuen Störungsreiz zu beseitigen gilt, d. h. eben bei den Anpassungsleistungen. Das Ich wirkt hier demnach wie ein ›Gelegenheitsapparat‹ im Sinne Bleulers. Jede Neuanpassung erfordert die Zuwendung der Aufmerksamkeit, eine Arbeitsleistung des Bewußtseins und der Wahrnehmungsfläche, während die Gewohnheiten im Unbewußten des Individuums deponiert sind. Eine Gewohnheit aneignen, hieße demnach eine vorgängige Ich-(Anpassungs-)Leistung dem Es zu überantworten, während bei der Abgewöhnung umgekehrt eine vorher automatische Erledigungsart behufs neuer Verwendung vom Es nochmals der Kompetenz des bewußten Ichs überliefert wird.[30] Es ist klar, daß diese Auffassung Gewohnheiten und Triebe unter einen Hut bringt; die Berechtigung hierzu verschafft uns die Tatsache, daß auch die Triebe immer die Wiederherstellung eines früheren Zustandes anstreben, in diesem Sinne also auch nur ›Gewohnheiten‹ sind, mögen sie direkt der Todesruhe zuführen oder dies auf dem Umwege der ›süßen Gewohnheit des Seins‹ erreichen. Es ist aber vielleicht zweckmäßiger, die Gewohnheit, anstatt sie ganz mit dem Trieb zu identifizieren, als eine Art Über-

---

[30] Das Gefühl der freien Willensentscheidung, des *liberum arbitrium*, haftet nur jenen Handlungen an, die nicht trieb- oder gewohnheitsmäßig als Reaktionen des Es, sondern als Ichleistungen zustande kommen.

gang zwischen den Wahlhandlungen und den eigentlichen Trieben aufzufassen und den Ausdruck Trieb nur für jene sehr alten Gewohnheiten zu reservieren, die nicht im individuellen Leben erworben, sondern als fertige Erbschaft von den Vorfahren überliefert wurden. Die Gewohnheiten wären sozusagen die Kambiumschicht der Triebbildung, die Stellen, an denen die Umwandlung von Willenshandlungen in triebhaftes Tun auch heute noch stattfindet und der Untersuchung zugänglich ist. Die Motive einer Willenshandlung sind Wahrnehmungsakte, Reize, die die Wahrnehmungsfläche des Individuums treffen, die nach Freud allein die Zugänge zur Motilität behütet. Im Falle der Angewöhnung werden *die Außenreize* sozusagen *introjiziert* und wirken von innen heraus spontan oder bei geringfügigen Signalen aus der Außenwelt.

Insofern nun die Psychoanalyse, wie wir vordem ausführten, eigentlich ein Kampf gegen die Gewohnheiten ist und darauf ausgeht, jene unzweckmäßigen gewohnheitsmäßigen Erledigungsarten der Konflikte, die wir Symptome nennen, durch eine neue, eine Realanpassung zu ersetzen, wird sie »jenes Werkzeug, welches dem Ich die fortschreitende Eroberung des Es ermöglichen soll« (Freud).

Auch der dritten Ichkomponente, dem *Über-Ich,* kommen bei den Vorgängen der An- und Abgewöhnung wichtige Funktionen zu. Gewiß würde die Annahme und das Aufgeben von Gewohnheiten nicht so bald gelingen, ginge ihnen nicht eine Identifizierung mit den erziehenden Mächten voraus, deren Beispiel dann als ständige Norm der Lebensführung im Innern aufgerichtet wird. Welche libidinösen Strebungen und welche massenpsychologischen Bindungen dabei in Betracht kommen, braucht hier nicht wiederholt zu werden. Die Art, in der der äußere Einfluß der erziehenden Mächte verinnerlicht wird, können wir aber gleichfalls als Beispiel für das Zustandekommen einer neuen Gewohnheit oder eines neuen Triebes betrachten. An diesem Punkt hängt das Problem der Triebbildung mit dem der Bildung dauerhafter mnemischer Eindrücke in der Psyche und in der organischen Materie überhaupt innig zusammen und es ist vielleicht förderlicher, die Erinnerungsbildung mit Hilfe der Trieblehre zu erklären, als letztere in die Terminologie nicht näher charakterisierbarer ›Mnemen‹ zu kleiden.[31]

---

[31] Hier fügt sich auch das Problem der Vererbung organisch ein. »Die Erlebnisse des Ichs« – sagt Freud in seinem ›Das Ich und das Es‹ [S. 267] – »scheinen zunächst für die Erbschaft verloren zu gehen, wenn sie sich aber häufig und stark genug bei den vielen generationsweise aufeinanderfolgenden Individuen wiederholen, setzen sie sich sozusagen in Erlebnisse des Es um, deren Eindrücke durch Vererbung festgehalten wer-

Zur Psychoanalyse von Sexualgewohnheiten

Die Psychoanalyse bezweckt, unbewußt und automatisch gewordene Anteile des Es wieder unter die Botmäßigkeit des Ichs zu bringen, das dann mit Hilfe seiner engen Beziehungen zu allen realen Mächten eine dem Realitätsprinzip besser entsprechende Neuregelung anbahnen kann. Die Verknüpfung des Bewußtseins mit dem unbewußten Es geschieht in der Analyse »durch Einschaltung vorbewußter Mittelglieder« (Freud). Nun ist das aber nur bezüglich des unbewußten *Vorstellungsmaterials* möglich; *unbewußte innere Antriebe* aber, die sich dort »wie Verdrängte gebärden«, d. h. weder als Emotionen noch als Gefühle zum Bewußtsein gelangen, können durch Einschaltung solcher vorbewußter Glieder nicht zum Bewußtsein gebracht werden. Die unbewußten inneren Unlustempfindungen z. B. können »treibende Kräfte entfalten, ohne daß das Ich den Zwang bemerkt. Erst Widerstand gegen den Zwang, Aufhalten der Abfuhrreaktion macht dieses Andere sofort als Unlust bewußt«. (Freud, ›Das Ich und das Es‹, [S. 250].) In diesem Licht betrachtet, erscheint die sogenannte ›Aktivität‹, die gerade mit dem Aufhalten der Abfuhrreaktionen (Abstinenz, Versagung, Verbot lustvoller, Gebot unlustvoller Betätigungen) die inneren Bedürfnisspannungen steigert und dadurch auch bisher unbewußte Unlust zum Bewußtsein fortleitet, eine notwendige Ergänzung zur rein passiven Assoziationstechnik, die von der jeweiligen psychischen Oberfläche ausgehend die vorbewußte Besetzung unbewußten Vorstellungsmaterials anstrebt. Letzteres könnte man als ›*Analyse von oben*‹ von der ersteren, die ich ›*Analyse von unten*‹ nennen möchte, unterscheiden. Der Kampf gegen die ›Gewohnheiten‹, insbesondere gegen die unbewußten und unbemerkten, larvierten Abfuhrmöglichkeiten der Libido ist dabei eines der wirksamsten Mittel zur Steigerung der inneren Spannungen.

VI

Einige technische Bemerkungen

Die Berücksichtigung des bisher Gesagten gestattet uns, an frühere, von theoretischen Erwartungsvorstellungen noch ganz freie Versuche einer

---

den.« Die Betrachtungen über Angewöhnung im Laufe des Individuallebens zeigen uns, wie ich glaube, den Weg dieser Einverleibung nur etwas näher; die Vererbung der individuell erworbenen Eigenschaft mag dann durch Parallel-Induktion oder sonstwie das Keimplasma und damit die kommenden Generationen beeinflussen. (Siehe dazu auch ›Genitaltheorie‹ [in diesem Band, S. 377].)

›aktiven‹ Förderung der Technik anzuknüpfen, sie stellenweise abzurunden, gelegentlich zu korrigieren.

Wenn unsere Auffassung von der Doppelrichtung der Analyse richtig ist, erhebt sich sofort die Frage, wie sich beide zueinander verhalten, wann hat z. B. ›die Analyse von unten‹ einzusetzen, wie lange ist sie fortzuführen usw. Genaue Antworten können wir auf diese Fragen nicht geben, so daß sowohl was wissenschaftliche Durchsichtigkeit, als auch was die Genauigkeit der Vorschriften zu ihrer Anwendung anbelangt, die Analyse von oben immer noch als die klassische genannt zu werden verdient. Immerhin glaube ich besonders an den Beispielen der urethro-analen und genitalen Beeinflussung der Analysierten wenigstens die Art gezeigt zu haben, in der die aktive Technik die nichtaktive fördern kann, ich denke auch, daß die soeben geführte kurze theoretische Erörterung zum Verständnis dieser Wirkung einiges beigetragen hat. Nun möchte ich zur Ergänzung einige Bemerkungen anführen, die sich mir im Laufe der praktischen analytischen Arbeit zu diesem Thema aufdrängten.

Solange die bestehenden inneren Spannungen allein hinreichen, das zur Fortführung der Analyse erforderliche Material zutage zu fördern, braucht man nicht für die künstliche Steigerung der Spannung zu sorgen, und unser ganzes Augenmerk mag auf die analytische Zerlegung des spontan Gelieferten gerichtet sein. Wie sich diese Arbeit ungefähr gestaltet, wurde in den technischen Arbeiten Freuds auseinandergesetzt. Wenn es sich aber der Patient auf einer gewissen Stufe der analytischen Entwicklung sozusagen bequem macht, wird man wohl ohne eine gewisse Aktivität nicht auskommen, deren Erfolg dann wieder das zwanglose Produzieren spontaner Einfälle sein kann. Durch dieses Wechselspiel emotioneller und intellektueller Perioden gestaltet sich manche Analyse sehr anregend; man muß dabei wieder einmal das Gleichnis vom Tunnelbohren heranziehen, mit dem Unterschied, daß hier oft abwechselnd von der einen oder der anderen Seite gearbeitet werden muß.

Entsprechend der Hauptregel der Aktivität (der Versagung) soll man Vorschlägen, die vom Patienten selber ausgehen, nicht ohne weiteres zustimmen. Abgesehen davon, daß man natürlich vorerst mit der stereotypen Frage zu antworten hat, was dem Patienten zu seinen Vorschlägen einfällt, wird man gut tun, dem Patienten zu raten, sich des Vorgeschlagenen zunächst zu enthalten oder gar das Gegenteil dessen zu tun. Jedenfalls hat man so mehr Aussicht, die psychische Motivierung aufzudecken, als wenn man den Patienten gewohnheitsmäßig den ihm bequemeren Weg gehen läßt. Es wirkt z. B. frappant, wenn der Patient in der analytischen Situation, wie es ihm im Leben so oft gelang, einen Konflikt heraufbeschwören möchte und statt dessen vom Arzt mit voller Nachgiebigkeit behandelt wird. In solchen Fällen besteht die Versagung darin, daß man dem Patienten die Möglichkeit zu gewissen Affektentladungen durch Nachgiebigkeit erschwert. Im Gegensatz hierzu erfordert die Behandlung stark verzärtelter und empfindlicher Naturen, die die Freundlichkeit des Arztes auf alle mögliche Weise zu erpressen trachten, eine gewisse Strenge, zumindest kühle Objektivität. Selbstverständlich darf aber diese Behandlung ›wider den Strich‹ erst einsetzen, wenn die Bindung des Patienten an die Analyse tragfähig geworden ist.

Im allgemeinen tut man gut, ganz am Beginn der Analyse sich längere Zeit hindurch rein auf den beobachtenden Standpunkt zu stellen und die Gebarung des Patienten im gewohnten Milieu unter den wechselnden Verhältnissen des Alltags zu studieren. Erst allmählich darf man dem Patienten Deutungen und analytische Aufklärungen geben, und erst später kommt man gelegentlich in die Lage, zwecks Förderung der analytischen Arbeit Verhaltungsmaßregeln vorzuschreiben. In erster Linie handelt es sich natürlich um eine Einflußnahme auf das Verhältnis zu den nächsten Familienangehörigen, zu Freunden, Kollegen und Vorgesetzten, dann auch um Vorschläge in bezug auf die verschiedenen eigenen Gewohnheiten, auf die Lebensweise, wobei man sein Augenmerk auch auf kleinliche Einzelheiten der diätetischen, Schlaf-, Ankleide- und Auskleidegewohnheiten usw., insbesondere auf die physischen Befriedigungsarten zu richten hat. Die zeitweilige Aussetzung leidenschaftlich betriebener Lektüre, künstlerischer Vergnügungen, ist manchmal nicht zu vermeiden. In gewissen Fällen muß man sich dazu entschließen, den Patienten für kürzere oder längere Zeit seinem gewohnten Milieu zu entziehen, doch ist es vorteilhaft, wenn die Analyse in dem gewohnten Milieu endet, in dem ja schließlich die in der Analyse erworbene Fähigkeit zu veränderter Einstellung zur Geltung kommen soll. Es ist auch zweckmäßig, Personen, die sich der Analyse nicht in ihrem Wohnort unterziehen, zeitweise nach Hause zu schicken, gleichsam um zu sehen, wie sie mit ihrer neuen Psyche auf die alte Umgebung reagieren.

Am schwierigsten gestaltet sich in jedem Fall die technische Beherrschung der Übertragung, an der sich ja bekanntlich der entscheidende Kampf zwischen dem Arzt und dem Patienten oder, besser gesagt, zwischen Gesundheit und Krankheit abspielt. Unendliche Geduld seitens des Arztes muß da der treibenden Ungeduld des Patienten entgegengestellt werden; das passive Dulden hat in solchen Fällen den Wert eines besonders wirksamen aktiven Eingriffs.[32] Wenn z. B. bei stürmischer Liebesübertragung die objektive Kühle des Arztes vom Patienten mit eisiger Kälte beantwortet wird, kostet es oft Wochen, ja, ein bis zwei Monate beschwerlichen ›Durcharbeitens‹, bis es gelingt, dem Patienten zu beweisen, daß im Unbewußten die positiven Gefühle trotz der Nichterwiderung fortleben. Die Anerkennung dieser Tatsache bedeutet oft einen großen Fortschritt in der Analyse, zugleich einen Fortschritt in der Charakterentwicklung des Patienten, der irgendwann in der Kindheit im Hassen und Schmollen stecken blieb; die diesbezüglichen Kindheitserinnerungen können auch nach solchem analytischem Erlebnis leichter auftauchen und rekonstruiert werden.[33]

Wie soll man sich der impulsiven Zärtlichkeit der Patienten gegenüber verhalten? Auch über diese oft nicht geringe Schwierigkeit kann uns die Versagungsregel hinweghelfen. Solange sich ein Patient im Widerstand befindet, müssen wir selbst, wie soeben auseinandergesetzt, die Aufmerksamkeit auf die unbewußten zärtlichen Regungen hinlenken; es mag ihnen vorerst allerdings eine gewisse Schonzeit gegönnt sein, bis sie sich voll entfalten. Es ist nicht ratsam, wie das bei einfach suggestiven und hypnotischen Behandlungsmethoden oft der Fall ist, den Wünschen der Patienten nach Zärtlichkeit und Schmeichelei einfach entgegenzukommen; die Übertragungsliebe darf nur einseitig sein. Sobald die bisher verdrängten Gefühlsregungen Wunsch- oder gar Zwangscharakter angenommen haben, muß die Versagung wieder einsetzen.

Alles, was ich als Aktivität bezeichnet habe, bezieht sich auf die Tätigkeit und auf das Verhalten des Patienten; nur er ist also unter Umständen ›aktiv‹ und nicht der Arzt. Man kann aber nicht leugnen, daß es Ausnahmefälle gibt, in denen man die gewöhnlichen Erziehungsmittel der Freundlichkeit und der Strenge anwenden muß, merkwürdigerweise seltener bei den echten Neurosen als bei wirklichen Psychopathen oder Psychotikern, dann auch bei Leuten, die nicht wegen neurotischer und psychotischer Symptome, sondern wegen Abnormitäten des Charakters in Behandlung stehen, wohl auch bei der Analyse von ›Gesun-

---

[32] Vgl. ›Zur psychoanalytischen Technik‹ [Bd. I dieser Ausgabe, S. 272 ff.].
[33] S. hierzu Ferenczi–Rank: ›Entwicklungsziele der Psychoanalyse‹ [1924]. Wiederholung der unerwiderten Ödipusliebe in der analytischen Situation.

den‹. Charakteranalysen können sich beinahe so schwierig gestalten wie die Analysen von Psychosen, da ja doch Charaktereigenschaften, mit denen sich das Ich einverstanden fühlt, wie Symptome ohne Krankheitseinsicht sind, jedenfalls rührt ihre Behandlung am Narzißmus des Patienten. *Charaktereigenschaften sind gleichsam ›Privatpsychosen‹* und darum sind wohl paradoxerweise Gesunde analytisch schwerer zu ›heilen‹ als beispielsweise Übertragungsneurotiker. Bei einem psychopathischen Narzißten, der mit Neigung zu katatonischer Steifheit und Mutazismus [34] behaftet war, löste sich die Spannung, nachdem ich ihm erlaubte, mir einen Schlag zu versetzen. Ich glaube hierdurch einer vielleicht gefährlichen Impulshandlung zuvorgekommen zu sein. Bei einem mit ungeheuren Angstzuständen kämpfenden Psychopathen war es unvermeidlich und wirkte angstlösend, als er es über sich brachte, seine infantil gebliebenen Genitalien von mir ärztlich besichtigen zu lassen.
Mit den Kunstworten der Ich-Analyse ließe sich der Hergang der Analyse auch so beschreiben, daß dabei auf assoziativem Wege oder durch Spannungssteigerungen bald verdrängte Regungen des Es unter Bekämpfung von Ichwiderständen zur Entfaltung gebracht, bald sich allzu stark vordrängende Bestrebungen des Es (oft gerade jene Regungen, die eben erst zur Entfaltung gekommen sind) unter Heranziehung starker Ichkräfte an der Entladung gehindert werden. Das dabei anzustrebende Resultat ist die Entwicklung zu einer *Persönlichkeit mit starken Trieben, aber auch mit starker Kraft, sie zu beherrschen.* Der ideale Fall eines gut erzogenen oder gut analysierten Menschen wäre ein Mensch, der seine Leidenschaften nicht verdrängt, ihnen aber auch nicht sklavisch gehorchen muß. Auf die Frage, bei welchen Neurosenformen man die Methode der Spannungssteigerungen und der Bekämpfung von Gewohnheiten anwenden soll, könnte ich keine einheitliche Antwort geben. Bei der Hysterie treten Emotionen und körperliche Reizsymptome auch spontan derart in den Vordergrund, daß man sie nicht künstlich zu provozieren braucht, allerdings können geeignete Maßnahmen die Rückverlegung des Reizes aufs Genitale auch hier beschleunigen. Bei der Zwangsneurose trachtet der Patient, seiner Gewohnheit nach, die ganze Analyse auf das intellektuelle Gebiet zu verschieben und die Assoziation als Mittel zum Grübelzwang zu mißbrauchen. Es wird sich wohl keine Zwangsneurosenbehandlung beendigen lassen, bevor es uns nicht gelingt, gewöhnlich auch mit Hilfe aktiver Vorschriften, den Kampf auf

---

[34] [Heute: Mutismus – Schweigesucht bei gewissen Geisteskranken oder bei Kindern.]

das Gebiet der Emotionen zu verlegen, d. h. den Zwangsneurotiker vorübergehend hysterisch zu machen. In einem der Schizophrenie nahestehenden Fall mit Gesichtshalluzinationen veränderte sich unter der sehr aktiven Analyse das Symptombild zunächst so, daß eine vor der Psychose bestandene Grübelsucht die paraphrenischen Symptome ablöste. Im weiteren Fortschreiten der Kur kamen der Reihe nach konversionshysterische, dann angsthysterische Zeichen zum Vorschein (typische Phobien), und erst von hier aus wurde die libidinöse Grundlage des Leidens analytisch zugänglich. Es war, als ob die Krankheit sich schrittweise vor der analytischen Umstellung zurückgezogen hätte, doch nicht ohne bei jeder Fixierungsstelle haltzumachen und der Therapie in neu befestigter Stellung mit erneutem Widerstand entgegenzutreten. Diese Beobachtungen und ähnliche mehr überzeugten mich, daß die ›Analyse von unten‹ nicht nur als Hilfsmittel der analytischen Technik brauchbar, sondern auch für die Theorie förderlich ist. Sie leuchtet oft scharf in die Struktur der Neurosen ein und gibt uns eine Ahnung von dem, was ich ›*Schwanken in der Neurosenwahl*‹ nennen möchte.

VII

Die Entwöhnung von der Psychoanalyse

Freud lehrte uns, daß die Psychoanalyse im Laufe der Kur selber zur Gewohnheit, ja zum Symptom eines Zustandes, eine Art Neurose wird, die der Behandlung bedarf. Über die Art dieser Behandlung hat er uns aber bisher nicht viel mitgeteilt. Sich selbst überlassen, will dieses ›Leiden‹, wie es scheint, nur langsam heilen. Wenn die äußeren Verhältnisse nicht ganz außergewöhnlich stark drängen, so hat der Patient kein Motiv, die ihm vielfach zusagende Situation des Analysiertseins zu beenden. Denn obzwar, wie wir sahen, diese Behandlung eigentlich aus einer langen Reihe von Entsagungen, Versagungen, Geboten und Verboten besteht, bietet sie dem Patienten in der Übertragungssituation immerhin eine Neuauflage der glückseligen Kindheit, dazu noch eine vorteilhaftere Neuauflage. Es wird viel feinfühliger und freundschaftlicher, besonders aber verständnisvoller in das Gefühls- und Geistesleben des Kranken eingedrungen, als es bei der ursprünglichen Erziehung jemals geschehen konnte. Dies mochte die Veranlassung dazu sein, daß Freud in einem von ihm ausführlich mitgeteilten Fall [35] dem Patienten einen *Termin* stellte, bis zu dem die Analyse beendigt sein mußte. Die Reaktion auf diese sehr energisch aktive Maßnahme war eine äußerst intensive und brachte Bestätigungen zur Lösung der äußerst komplizierten infantilen Vorgeschichte. Nach der Ansicht Ranks, dem ich beipflichtete, ist diese ›Entwöhnungsperiode‹ eine der wichtigsten und bedeutsamsten der ganzen Kur. [36] Ich kann hier neuerlich bestätigen, daß die Erfolge, die man diesem therapeutischen Hilfsmittel, wenn im geeigneten Zeitpunkt erteilt, verdanken kann, hervorragend sind. Um den Unterschied zwischen dieser Art Entwöhnung und meiner bis dahin geübten Praxis zu charakterisieren, muß ich auf das Gleichnis Freuds hinweisen, das er zwischen der Analyse und dem Schachspiel aufstellte. Früher wartete ich darauf, daß der Patient das Spiel als hoffnungslos aufgebe. Züge und Gegenzüge wiederholen sich, bis irgend ein äußeres Ereignis dem Patienten die Zuwendung an die Außenwelt erleichterte; die Termingebung aber ist als eine endgültige Absage, eine Art Schachmatt gedacht, in das der Patient gedrängt wird, nachdem man ihm vorher analytisch alle Rückzugswege mit einziger Ausnahme des Gesundwerdens abgesperrt hat.

Nun, das klingt alles sehr erfreulich, würde sich nur nicht allsogleich eine ganze Reihe von schwierigen Fragen erheben, auf die man Antwort geben muß, bevor man die Termingebung als allgemein anzuwendende Methode annimmt. Gibt es sichere Zeichen dafür, daß der Patient zur Ablösung reif ist, und wenn ja, welche sind sie? Was ist zu tun, wenn man sich geirrt hat und der Patient, anstatt gesund zu werden, bei der Kündigung einen bisher unbeachteten Rückzugsweg in die Neurose einschlägt? Gilt die Regel der Termingebung tatsächlich für alle Fälle ohne Ausnahme?

Schon die Beantwortung der ersten Frage ist keine vollbefriedigende. Man kann nur sagen, daß natürlich vor allem der Arzt selbst die ganze Struktur des Falles durchschaut, die Symptome in eine verständnisvolle Einheit geordnet haben muß. Aber auch der Patient soll bereits diese Zusammenhänge intellektuell verarbeitet haben und nur mehr durch die Übertragungswiderstände an der Überzeugung gehindert sein. Als feine Andeutungen des Gesundwerdens kann man die bereits erwähnten Äußerungen hinnehmen, in denen der Patient davon faselt, eigentlich nie krank gewesen zu sein, immer simuliert zu haben usw. Nimmt man

---

[35] ›Aus der Geschichte einer infantilen Neurose.‹
[36] Ferenczi–Rank, ›Entwicklungsziele der Psychoanalyse‹.

ihn beim Wort und sagt man ihm in aller Freundlichkeit, daß er der Analyse nur mehr wenige Wochen lang bedarf, so wird er natürlich erschrecken und sagen, daß er nur gescherzt hätte. Er wird auch, sofern er dazu imstande ist, eine kleine Rezidive der Symptome produzieren. Wenn wir uns dadurch nicht irremachen lassen und am gegebenen Termin festhalten, kann der Ablösungsversuch in vielen, wenn auch nicht in allen Fällen vom erwarteten Erfolg gekrönt sein.

Ein Irrtum in bezug auf die Zeitgemäßheit der Kündigung ist, wie gesagt, nicht ausgeschlossen und kann recht unangenehme Folgen nach sich ziehen. Vor allem verwirkt man dadurch das Vertrauen des Patienten und verdirbt seine Reaktion auf eine spätere Wiederholung der Terminstellung. Es bleibt einem da nichts anderes übrig als das Eingestehen dieses Irrtums, wie denn wir Analytiker überhaupt nicht so sorgfältig unsere ärztliche Unfehlbarkeit wahren müssen. Erspart bleiben uns die Terminstellung und die damit zusammenhängenden Schwierigkeiten in den Fällen, in denen der Termin nicht von uns, sondern von den Verhältnissen diktiert wird. Wenn aber nur irgend möglich, werden wir uns um die äußeren Verhältnisse nicht kümmern und den Termin uns nicht von den oft nur als Widerstand vorgeschobenen äußeren Verhältnissen des Kranken aufzwingen lassen. Keinesfalls darf man natürlich den Termin stellen, wenn dies vom Patienten *gefordert* wird; seine Ungeduld sei eher das Motiv zum geduldigen Ausharren unsererseits. Die Fälle solcher Forderungen dürften sich natürlich mit der Zeit, wenn die Existenz der Kündigungsregel in weiteren Kreisen bekannt sein wird, häufen und als Mittel des Widerstandes öfter verwendet werden.[37]

In einzelnen Fällen sieht man sich veranlaßt, vor der eigentlichen Termingebung eine Anspielung auf die Möglichkeit des nahen Endes fallen zu lassen. Schon dies mag heftige Reaktionen hervorrufen, was zur Erleichterung der Reaktion auf die später folgenden genauen Zeitangaben beitragen kann; also sozusagen eine zweizeitige Kündigung. (Die Kündigungsfrist betrug meist nur Wochen, in gewissen Fällen 2–3 Monate.)

Wenn ich die Erfahrungen, die ich seit dem Herbst 1922 mit der Termingebung machte, objektiv zusammenfasse, muß ich nach wie vor bestätigen, daß diese Maßnahme in vielen Fällen ein wirksames Mittel der Beschleunigung der Ablösung vom Arzt sein kann; von ihrer ausnahmslosen Anwendung, wie ich sie mit Rank versuchte, mußte ich aber zurückkommen. In mehreren Fällen mußte ich den Patienten, der anschei-

---

[37] Nicht zu umgehen ist diese Widerstandsform bei Lehranalysen, wo der Analysand meist die Kenntnis aller technischen Kunstgriffe mitbringt.

nend geheilt entlassen wurde, neuerlich in Behandlung nehmen, um gewisse unerledigt gebliebene Momente nachzuholen. Selbstverständlich hütete ich mich diesmal, neuerlich einen Termin zu stellen, und *wartete, bis die Aussichtslosigkeit der realen Befriedigungen in der analytischen Situation und die Anziehung der äußeren Wirklichkeit den Sieg über die allmählich entwertete Übertragung davontrug.*

Gegen das Ende der Kur, aber auch schon mitten in der Analyse kamen recht häufig Träume und passagère Symptome zur Zergliederung, die als Geburtsphantasien im Sinne Ranks [38] gedeutet werden mußten. Die von Rank betonte technische Förderung der Analysen durch eine Art Wiedererleben der Geburt in der Übertragung konnte ich ahnen, aber nicht genau nachprüfen, da zu diesem Versuch die Mitteilungen Ranks zu wenig Handhabe boten. Jedenfalls war es sein Verdienst, auf die Existenz der unbewußten *Geburts*phantasie hingewiesen zu haben, die nebst der *Mutterleibs*phantasie unsere Beachtung erfordert. Ob es sich dabei, wie Rank glaubt, nur um Reminiszenzen an das ›Trauma der Geburt‹ handelt oder, wie ich es eher vermute, um eine phantastische *Regression vom Ödipuskonflikt zum glücklich überwundenen, daher relativ weniger unlustbetonten Geburtserlebnis,* mögen weitere Untersuchungen entscheiden.

Bei der Frage der Beendigung der Kur müssen wir schließlich Freuds Mahnung beherzigen, daß man als Analytiker nicht die Ambition haben darf, den Patienten die eigenen Ideale aufzudrängen. Sieht man also, daß das Ich des Patienten die Leidenschaften (das Es) den Forderungen seines Über-Ichs und den Notwendigkeiten der Realität bereits anpassen kann, so ist es an der Zeit, ihn selbständig zu machen und seine weitere Erziehung dem Schicksal zu überlassen.

Der Verfasser ist sich dessen bewußt, daß in dieser Abhandlung das Prinzip der Versagung als Mittel der inneren Spannungssteigerung einseitig hervorgehoben, das der *Gewährung* dagegen fast unbeachtet gelassen wurde, obzwar es unleugbar Fälle gibt, in denen auch der Analytiker zu diesem in der Medizin sonst allgemein gebräuchlichen psychischen Beeinflussungsmittel greifen muß. Als die wichtigste der ›Gewährungsmaßnahmen‹ nenne ich die zeitweilige oder dauernde Aufhebung gewisser Versagungs-Vorschriften.

---

[38] ›Das Trauma der Geburt.‹

Kontraindikationen der aktiven Psychoanalytischen Technik[1]

(1926)

Die sogenannte aktive psychoanalytische Technik, die ich am Haager Kongreß unserer Vereinigung in ihren Hauptzügen darzustellen versuchte[2] und in späteren Arbeiten[3] mit Beispielen illustrierte, fand im Kreise der Kollegen zum Teil eine recht kritische, zum Teil eine etwas zu freundliche Aufnahme. Ein Teil der Kritiker glaubte, die Psychoanalyse vor meinen Neuerungen in Schutz nehmen zu müssen, indem sie behaupteten, daß sie, soweit sie annehmbar, überhaupt keine Neuigkeit, insofern sie aber über das Altbekannte hinausgingen, gefährlich und daher abzuweisen seien. Wie Sie sehen, die Argumente sind dieselben, die das Verbrennen der Alexandrinischen Bibliothek motivieren wollten.

Viel unangenehmer als diese Kritiken berührten mich die übermäßigen Anpreisungen einiger Jünger, die in der Aktivität die Morgendämmerung einer Art psychoanalytischer Freiheit erblicken wollten, worunter sie offenbar nichts weniger verstanden, als daß es nicht mehr nötig sei, die harte Straße der immer komplizierter werdenden analytischen Theorie zu gehen; ein mutiger aktiver Schwertstreich könne ja die schwierigsten therapeutischen Knoten mit einem Schlage lösen. Nun, da ich auf die Erfahrung einer Reihe von Jahren zurückschauen kann, glaube ich, wird es wohl am zweckmäßigsten sein, wenn ich auf die doch meist sterile Diskussion mit spekulativen Gegnern verzichte, mich auch um den unerwünschten Enthusiasmus einzelner Anhänger nicht viel kümmere, sondern mit mir selber zu Gericht gehe und auf die schwachen Punkte der aktiven Technik selber hinweise.

---

[1] Vortrag auf dem IX. Internationalen Psychoanalytischen Kongreß, Bad Homburg, September 1925.
[2] ›Weiterer Ausbau der »aktiven Technik« in der Psychoanalyse‹, 1921 [in diesem Band, S. 74 ff.].
[3] ›Über forcierte Phantasien‹, 1924 [in diesem Band, S. 138 ff.]; ›Zur Psychoanalyse von Sexualgewohnheiten‹ [in diesem Band, S. 147 ff.].

Der erste, vielleicht wesentlichste Einwand, der sich gegen meine Formulierungen erheben läßt, ist ein theoretischer. Im Grunde bezieht er sich auf eine Unterlassungssünde. Offenbar um in meiner Entdeckerfreude nicht durch schwierige und daher lästige psychologische Probleme gestört zu sein, vermied ich es in meinen bisherigen Ausführungen, näher auf das Verhältnis zwischen der durch technische Kunstgriffe erzeugten Spannungssteigerung einerseits, Übertragung und Widerstand andererseits einzugehen.[4] Das möchte ich nun, so weit als möglich, nachholen und diesmal in unmißverständlicher Weise feststellen, daß die Aktivität, insofern sie durch unlustvolle Versagungen, Gebote und Verbote die psychische Spannung zu erhöhen und dadurch neues Material zu gewinnen sucht, unweigerlich den *Widerstand* des Patienten reizen, d. h. das Ich des Kranken in einen Gegensatz zum Analytiker drängen wird. Insbesondere gilt das von alten Gewohnheiten und Charakterzügen des Patienten, deren Hemmung und analytische Zerlegung ich als eine der Aufgaben der Aktivität hinstelle. Diese Feststellung ist nicht etwa nur von theoretischer Bedeutung, es folgen aus ihr auch wichtige praktische Konsequenzen, deren Außerachtlassung den Erfolg der Kur gefährden kann. Aus diesem Verhältnis des Ichs zur Versagung folgt vor allem, daß die Analyse niemals mit Aktivität beginnen darf. Das Ich muß im Gegenteil lange Zeit geschont, zumindest sehr vorsichtig behandelt werden, sonst kommt keine tragfähige positive Übertragung zustande. Die Aktivität als Versagungsmaßnahme wirkt also eher als Störungs- und Zerstörungsmittel der Übertragung, ist als solches wohl am Ende der Kur unvermeidlich, stört aber bei unzeitgemäßer Anwendung sicher das Verhältnis zwischen Arzt und Analysierten. Wird sie gar mit unnachgiebiger Strenge gehandhabt, so treibt sie den Kranken ebenso sicher vom Arzt weg, wie es die rücksichtslosen Aufklärungen der ›wilden Analytiker‹ tun, die sich ja gleichfalls das Ich des Patienten mit ihren sexuellen Aufklärungen zum Feinde machen. Damit soll nicht gesagt sein, daß die Aktivität nur als Zerstörungsmaßnahme beim Abbau der Übertragung verwendbar sei; bei genügend gefestigter Übertragungsliebe kann sie auch mitten in der Behandlung gute Dienste leisten; jedenfalls gehört aber dazu sehr viel Erfahrung und viel praktische Übung im Abschätzen dessen, was dem Patienten auferlegt werden kann. Daraus folgt wiederum, daß sich Anfänger davor hüten sollten, statt die langwierigen, aber aufschlußreichen Wege der klassischen Methode zu

---

[4] Andeutungsweise tat ich das allerdings bereits im Haager Vortrag.

wandeln, ihre analytische Laufbahn mit der Aktivität zu beginnen. Und da liegt allerdings eine große Gefahr, auf die ich übrigens bereits zu wiederholten Malen hinwies. Mir schwebten beim Empfehlen dieser Maßnahmen Analytiker vor, die, gestützt auf ihr *Wissen,* bereits wagen dürfen, einen Teil der von Freud erhofften ›zukünftigen Chancen der psychoanalytischen Therapie‹ zur Tat werden zu lassen. In der Hand der Wenigerwissenden könnte aus der Aktivität sehr leicht ein Rückfall auf die voranalytischen Suggestiv- und Forcierungsmaßnahmen resultieren.

Es wurde mir dann, nicht mit Unrecht, entgegengehalten, daß also zur Ausübung der Aktivität nebst des allgemein analytischen noch ein besonderer Befähigungsnachweis erforderlich sei. Doch glaube ich, daß diese Schwierigkeit nicht unüberwindlich ist. Trägt erst die sogenannte Lehranalyse auch der Aktivität entsprechend Rechnung (wozu sie ja Gelegenheit genug hat, da sie doch hauptsächlich eine Charakter-, d. h. Ichanalyse ist), so werden unsere Jünger auch die Aktivität besser verstehen und richtiger einschätzen, sie werden wohl auch der Gefahr ihrer Überschätzung entgehen.

Die Aufrichtigkeit gebietet mir aber einzugestehen, daß in Fragen der Aktivität auch Erfahrung nicht ganz vor Irrtum schützt. Ich muß Ihnen also von Enttäuschungen Mitteilung machen, die ich erlebt habe. In einzelnen Fällen irrte offenbar auch ich in der Abschätzung des Zeitpunktes oder der Tragweite der Provozierungsmaßnahmen, mit der Folge, daß ich den Patienten nur durch volles Einbekennen meines Irrtums und nach ziemlicher Einbuße an Ansehen, unter Austobenlassen seines Triumphes über mich, behalten konnte. Tatsächlich war ja auch dieses Erlebnis nicht ohne gewisse Vorteile für die Analyse, ich mußte mich aber fragen, ob es unbedingt notwendig war und nicht lieber hätte vermieden werden sollen. Auch sah ich im Anschluß an diese Fälle ein, daß die Forderung einer größeren Aktivität des Patienten ein *pium desiderium* ist, solange wir für sie keine klare Indikationsstellung geben können. Vorläufig kann ich diese allerdings nur negativ formulieren und sagen, daß man die Aktivität nicht anwenden darf, wenn wir nicht mit gutem Gewissen behaupten können, daß bereits alle verfügbaren Mittel der nichtaktiven, also mehr passiven Technik entsprechend zur Anwendung gebracht wurden, die genetischen Einzelheiten der Symptome genügend ›durchgearbeitet‹ sind und zur Überzeugung des Patienten etwa nur noch das aktuelle Erlebniskolorit fehlt. Es wird wohl noch lange dauern, bis wir in der Lage sein werden, die Indikationsstellung für die

Aktivität positiv und wahrscheinlich für jede Neurosenart gesondert zu formulieren.

Eine andere Reihe von Schwierigkeiten erwuchs mir gelegentlich aus der allzu strengen Fassung gewisser Gebote und Verbote, bis ich mich schließlich überzeugte, daß diese Ausdrücke selbst eine Gefahr bedeuten; sie verleiten dazu, daß der Arzt in allzu getreuer Wiederholung der elterlich-kindlichen Situation seinen Willen den Patienten mit Gewalt aufdrängt oder sich gar sadistische Schullehrerallüren gestattet. Ich bin schließlich überhaupt davon abgekommen, meinen Patienten Dinge anzubefehlen oder zu verbieten, versuche vielmehr, ihr intellektuelles Einverständnis für die geplante Maßnahme zu gewinnen, und sie erst dann zur Ausführung gelangen zu lassen. Auch binde ich mich bei Anordnung dieser Maßnahmen nicht mehr so fest, daß ich sie nicht bei unüberwindlichen Schwierigkeiten auf seiten des Patienten vorläufig oder auch dauernd widerrufen könnte. Unsere aktiven Aufträge müssen also, wie ein von mir analysierter Kollege sich ausdrückte, nicht von starrer Konsequenz, sondern von elastischer Nachgiebigkeit sein. Macht man es anders, so verführt man förmlich den Patienten zum Mißbrauch dieser technischen Maßnahme. Die Patienten, besonders die Zwangsneurotiker, werden die Gelegenheit nicht unbenützt lassen, die vom Arzt gegebenen Befehle zum Gegenstand endloser Grübeleien zu machen und vor lauter Gewissenhaftigkeit in ihrer Ausführung die Zeit zu vertrödeln, u. a. auch, um den Analytiker zu ärgern. Erst wenn sie sehen, daß der Arzt die Einhaltung der Maßnahmen nicht als *conditio sine qua non* betrachtet, der Patient sich also nicht von unnachgiebigem Zwang bedroht fühlt, geht er richtig auf die Intentionen des Analytikers ein; handelt es sich doch bei der Analyse der Zwangsneurotiker nicht zu guter Letzt darum, die Fähigkeit zu den zwanglosen, nichtambivalenten Gefühlsäußerungen und Handlungen wiederherzustellen, wozu die Anwendung von äußerem Zwang in der Analyse das denkbar ungeeignetste Mittel wäre.

Die wichtigste Korrektur aber, die ich auf Grund der Erfahrung der letzten Jahre an einer der vorgeschlagenen aktiven Maßnahmen vornehmen mußte, bezieht sich auf die Termingebung als Beschleunigungsmittel zur Beendigung der Kur. Sie wissen, daß dieser Vorschlag von meinem Freunde Rank ausging und daß ich ihn auf Grund eigener, überraschender Erfolge rückhaltlos annahm und in einer mit ihm gemeinsam verfaßten Arbeit [5] zur allgemeinen Anwendung empfahl. Die seitherige

---

[5] ›Entwicklungsziele der Psychoanalyse‹ (1924).

Erfahrung zwingt mich, diese Verallgemeinerung *sehr wesentlich* einzuschränken. Die Annahme, auf die dieses technische Hilfsmittel aufgebaut war, war die Idee, daß in jeder Analyse nach genügender Durcharbeitung der Widerstände und der pathogenen Vergangenheit ein Stadium folgt, in dem eigentlich nichts mehr zu tun übrig bleibt, als den Patienten von der Kur und dem Arzt loszulösen. Das ist allerdings richtig; sicherlich übertrieben ist aber, meiner heutigen Ansicht nach, die von uns aufgestellte zweite Behauptung, daß diese Loslösung immer auf dem traumatischen Weg der Kündigung zu erfolgen hat. So glänzend sich nämlich, wie gesagt, die Kündigung in einzelnen Fällen bewährte, so kläglich mißlang sie in andern. Es stellte sich heraus, daß auch der geübte Analytiker dazu verführt werden kann, in seiner Ungeduld den Fall vorzeitig für kündigungsreif zu halten. Der Anfänger aber, dem es an Sicherheit der Beurteilung des Reifezustandes noch viel mehr mangelt, wird sich gar leicht zu unzeitgemäßen Gewaltmaßnahmen hinreißen lassen. Ich denke jetzt an einen eigenen Fall, eine schwere Agoraphobie, bei dem ich mich nach etwa einjähriger analytischer Arbeit berechtigt fühlte, den Patienten zu aktiver Mithilfe, d. h. zu forcierten Gehversuchen anzueifern. Diese gelangen auch und förderten ganz ausgezeichnet die seit langem stagnierende Analyse. Hierdurch ermuntert, glaubte ich, mich auf das Analysenmaterial stützend, daß die Zeit zur Kündigung gekommen sei, und setzte einen Termin von sechs Wochen fest, bis zu dem ich die Behandlung unter allen Umständen beenden würde. Nach der Überwindung einer negativen Phase schien denn auch alles glatt zu gehen, doch in den allerletzten Wochen kam es zu einem unerwarteten Rückfall in die Symptome, über den ich durch starres Festhalten an der Kündigung Herr werden wollte. Offenbar machte ich aber die Rechnung ohne den Wirt, d. h. ohne richtige Beurteilung der noch vorhandenen Verankerungsmöglichkeiten der Symptome – und so kam es zum angekündigten Abschiedstage, ohne daß sich der Patient zur Heilung hätte entschließen können. Es blieb mir denn auch nichts anderes übrig als einzubekennen, daß meine Berechnungen falsch waren, und es dauerte eine ziemliche Weile, bis es mir gelang, den bösen Eindruck dieses Zwischenfalls unter wiederholtem Hinweis auf meine Unwissenheit zu zerstreuen. Ich lernte aus diesem Fall nicht nur, daß man mit der Termingebung außerordentlich vorsichtig und sparsam umgehen muß, sondern auch, daß man den Auftrag dazu ebenso wie Aufträge zu anderen Aktivitäten nur im Einverständnis mit dem Patienten und unter Wahrung einer Rückzugsmöglichkeit geben darf.

Inzwischen haben sich die Ansichten Ranks, gestützt auf seine Erfahrungen mit der Termingebung, zu einer theoretischen Ergänzung der Neurosenlehre entwickelt. Er fand im Trauma der Geburt die biologische Grundlage der Neurosen überhaupt und meint, daß im Heilungsvorgang dieses Trauma unter günstigeren Bedingungen zur Wiederholung und zur Erledigung gebracht werden muß. Insofern diese Theorie auch auf seine Technik einigermaßen abgefärbt hat, geht sie weit über das hinaus, was ich unter Aktivität verstanden haben möchte. Wie ich bereits anderwärts ausführte, soll ja die aktive Technik möglichst voraussetzungslos zu Werke gehen und sich damit begnügen, beim Patienten psychische Bedingungen herzustellen, unter denen das verdächtige Material leichter zum Vorschein kommt. So sehr ich auch die Bedeutsamkeit der vor Rank nicht beachteten ängstlichen Geburtsphantasien einschätze, kann ich in ihnen doch nicht mehr als einen der Schlupfwinkel der viel unlustvolleren Gebär- und Kastrationsangst sehen; keinesfalls sehe ich mich dazu veranlaßt, die Aktivität dieser besonderen Theorie anzupassen.

Von vornherein ausgeschlossen ist es, daß man einem Patienten einen Termin stellt, der selbst den Analytiker dazu drängen will, wie es denn überhaupt gefährlich ist, den Patienten gegenüber etwa von vornherein auch nur annäherungsweise eine Ansicht über die Dauer der Kur zu äußern. Dies ist nicht nur darum unstatthaft, da ja unsere Schätzung durch die Umstände immer Lügen gestraft werden kann (wir können doch unmöglich im voraus wissen, ob und mit welchen Schwierigkeiten wir im einzelnen Falle zu kämpfen haben werden), sondern auch darum, weil wir damit dem Widerstand des Patienten eine gefährliche Waffe in die Hand geben. Weiß der Patient, daß er nur eine gewisse Zeit auszuharren braucht, um sich den peinlichen Momenten der Analyse zu entziehen und krank bleiben zu können, so wird er diese Gelegenheit gewiß nicht unbenützt lassen, während die Einstellung auf eine sozusagen endlose Analyse ihn früher oder später davon überzeugen wird, daß unsere Geduld größer als die seine ist, was ihn schließlich zum Aufgeben der letzten Widerstände veranlassen wird.

Ich benütze diese Gelegenheit auch dazu, um auf ein besonders krasses Mißverständnis hinzuweisen, das über die Aktivität vielfach verbreitet zu sein scheint. Das Wort ›aktiv‹ hat Freud und hatte auch ich immer nur in dem Sinne gebraucht, daß der Patient gelegentlich auch andere Aufgaben als nur die Mitteilung der Einfälle zu erfüllen habe; es war aber niemals so gemeint, daß die Tätigkeit des *Arztes* irgendwie über das Erklären und das gelegentliche Auftraggeben hinausgehen dürfe. Der Analytiker also ist nach wie vor inaktiv und einzig und allein der Patient darf zeitweise zu gewissen Aktionen aufgemuntert werden. Hierdurch ist der Unterschied auch zwischen dem aktiven Analytiker und dem Suggestor und Hypnotiseur wohl zur Genüge gekennzeichnet; der zweite, noch bedeutsamere Unterschied ist der, daß bei der Suggestion das Geben und Erfüllen von Aufträgen alles ist, während es in der Analyse nur als Hilfsmaßnahme zur Förderung neuen Materials zur Anwendung gelangt, dessen *Deutung* nach wie vor Hauptaufgabe der Analyse bleibt. Damit erledigen sich aber auch alle tendenziösen Andeutungen über eine separatistische Arbeitsrichtung, die meiner Aktivität zugemutet wurde. Andererseits muß ich aber sagen, daß, wenn die Behauptung aufgestellt wurde, daß die Aktivität, soweit sie richtig angewendet wird, absolut nichts Neues bedeute, doch ein wenig über das Ziel hinausschießt. Wer so spricht, ist sozusagen päpstlicher als der Papst; Freud findet in der stärkeren Betonung des Wiederholungsmomentes und im gelegentlichen Versuch, dieses zu provozieren, immerhin einen Nuanceunterschied.

Ich bin nunmehr auch in der Lage, Ihnen einiges von der Art mitzuteilen, in der die Patienten die ihnen gewährte Aktionsfreiheit *ad absurdum* zu führen trachten. Meistens beginnen sie mit der Frage, ob es ihnen denn wirklich erlaubt sei, während der Analysenstunde laut zu schreien oder von der Chaiselongue aufzustehen, dem Analytiker ins Gesicht zu schauen, im Behandlungszimmer auf und ab zu gehen usw. Man lasse sich durch solche Drohungen nicht abschrecken, da das Gewährenlassen nicht nur harmlos, sondern zur Aufdeckung infantil verdrängter Regungen förderlich sein kann. Manchmal wiederholen die Patienten die Äußerungen frühkindlicher Exhibitionsgelüste oder versuchen, natürlich erfolglos, die Mißbilligung des Arztes wegen manifester Onanie- und Inkontinenzgelüste zu provozieren. Bei Nichtpsychotikern kann man sicher sein, daß sie sich zu keinem für sie und den Arzt gefährlichen Akt werden hinreißen lassen.[6] Im allgemeinen läßt sich die Grenze der zulässigen Aktivitätsmöglichkeiten so formulieren, daß den Patienten alle Ausdrucksmöglichkeiten gestattet werden können, bei denen der Arzt nicht aus der Rolle des freundlichen Beobachters und Ratgebers fällt. Die Wünsche des Patienten nach Zeichen positiver

---

[6] Die Brauchbarkeit der Abfuhrmethode auch bei Psychotikern ist übrigens in der Psychiatrie gelegentlich betont worden.

Gegenübertragung müssen unerfüllt bleiben; ist doch die Aufgabe der Analyse nicht die, den Patienten während der Kur durch zärtliche und freundliche Behandlung zu beglücken (mit diesen Ansprüchen muß er auf das reale Leben nach der Analyse verwiesen werden), sondern die, die Reaktionen des Patienten auf die Versagung unter günstigeren Bedingungen zu wiederholen, als es in der Kindheit möglich war, und die historisch rekonstruierbaren Entwicklungsstörungen zu korrigieren.

Mit der Aussage, daß die Aktivität immer Sache des Patienten ist, will ich in keiner Weise die Bedeutsamkeit jener Feststellungen schmälern, die Rank und ich über die mutigeren Deutungen des Analysenmaterials im Sinne der analytischen Situation in unserer gemeinsamen Arbeit mitgeteilt haben; im Gegenteil, ich kann hier nur wiederholen, daß es für mich und meine Analysen eine wesentliche Förderung bedeutete, als ich auf Ranks Anregung das Verhältnis des Kranken zum Analytiker zum Angelpunkt des Analysenmaterials nahm und *jeden* Traum, *jede* Geste, *jede* Fehlhandlung, *jede* Verschlimmerung oder Besserung im Zustand des Patienten vor allem als Ausdruck des Übertragungs- und Widerstandsverhältnisses auffaßte. Es bedurfte nicht Alexanders Ermahnung, der uns entgegenhält, daß ja Übertragung und Widerstand von jeher die Grundlagen der Analyse gewesen sind; das weiß doch wohl jeder Anfänger zur Genüge; wenn er aber den Unterschied zwischen der von uns vorgeschlagenen und der vorher allgemein geübten, viel zaghafteren Methode in dieser Richtung nicht feststellen kann, so kann das entweder darin liegen, daß bei all seiner Begabung der Sinn für Nuanceunterschiede nicht seine stärkste Seite ist, oder daß er in seiner Bescheidenheit die von uns vorgeschlagene Auffassung, die er von jeher gekannt zu haben scheint, uns mitzuteilen für überflüssig hielt. Allerdings muß ich hinzufügen, daß bei vorurteilsfreier Prüfung dieser Frage die Priorität eigentlich Groddeck gebührt, der, wenn der Zustand eines seiner Kranken sich verschlimmert, immer mit der stereotypen Frage kommt: »Was haben Sie gegen mich, was habe ich Ihnen getan?« Er behauptet, durch Lösung dieser Frage die Verschlimmerungen immer beseitigen zu können; auch konnte er mit Hilfe solcher analytischen Kunstgriffe tiefer in das Verständnis der Vorgeschichte des Falles eindringen. Hinzufügen muß ich, daß der Grad der Einschätzung der analytischen Situation nur mittelbar etwas mit der Aktivität zu tun hat und daß ihre erhöhte Beachtung an sich noch keine Aktivität in dem von mir gebrauchten Sinne des Wortes bedeutet.

Um Sie nicht weiter mit diesen methodologischen Einzelheiten zu langweilen und damit Sie nicht den falschen Eindruck bekommen, daß für die aktive Technik nur mehr Kontraindikationen übrig geblieben sind, will ich Ihnen – so weit es die mir zur Verfügung gestellte Zeit gestattet – einiges von dem erzählen, was ich als Weiterentwicklung der Aktivität ansprechen möchte. In meiner letzten Arbeit sprach ich viel über die muskulären, besonders Sphinkteranspannungen, die ich in manchen Fällen als Mittel der Spannungssteigerung anwende. Ich habe seither gelernt, daß es manchmal zweckmäßig ist, *Entspannungsübungen* anzuraten und daß mit dieser Art Relaxation die Überwindung auch von psychischen Hemmungen und Assoziationswiderständen gefördert werden kann. Ich brauche Sie wohl nicht zu versichern, daß auch diese Ratschläge nur der Analyse dienen und mit den körperlichen Selbstbeherrschungs- und Relaxationsübungen der Yogi nur so viel zu tun haben, daß wir durch sie die Psychologie ihrer Adepten besser verstehen zu lernen hoffen.

Auf die Bedeutsamkeit *obszöner Worte* für die Analyse habe ich schon sehr frühzeitig aufmerksam gemacht.[7] In einem ersten Versuch, dem Tic convulsif analytisch näherzutreten[8], kam es dann unter anderem auch zu einer partiellen Klärung des sonderbaren Symptoms der Koprolalie. Die Gelegenheit, die mir die Aktivität zum eingehenden Studium der emotionellen Wortäußerungen der Kranken verschaffte, gestattete mir nun festzustellen, daß nicht nur jeder Tic-Fall ein entstellter Ausdruck für obszöne Worte, Gebärden, koprophemische Schimpfereien, wohl auch sadistische Angriffshandlungen ist, sondern daß die Tendenz hierzu in allen Fällen von Stottern und bei fast allen Zwangsneurotikern latenterweise vorhanden ist und mit Hilfe der Aktivität aus der Unterdrückung hervorgeholt werden kann. Es stellte sich sogar heraus, daß eine ganze Reihe von Impotenzen und Frigiditäten nicht heilt, bevor man das infantile Verbot, obszöne Worte, und zwar eventuell während des Geschlechtsaktes selbst, auszusprechen, widerrufen hat. Das positive Pendant dieser Art Hemmung ist das zwanghafte Aussprechen obszöner Worte als Bedingung des Orgasmus, das man als eine neue Art Perversion ansprechen könnte, wäre sie nur nicht so außerordentlich verbreitet.

Daß diese Art Feststellungen nicht nur das technische Können, sondern auch das theoretische Wissen zu fördern geeignet sind, wird sich wohl

---

[7] ›Über obszöne Worte‹ [Bd. I dieser Ausgabe, S. 59–72].
[8] ›Psychoanalytische Betrachtungen über den Tic‹ [in diesem Band, S. 39 ff.].

nicht ohne weiteres in Abrede stellen lassen. Aber gerade diesen kleinen Förderungen der Erkenntnis verdanke ich die Gewißheit, daß die Aktivität als Arbeitsmethode vielleicht doch einige Aufmerksamkeit verdient. Ich will das noch an einigen anderen Beispielen demonstrieren.

Bei einigen Patienten erwies sich eine relative Potenzstörung teilweise durch eine ungewöhnliche Überempfindlichkeit der Schleimhaut der Glans penis bestimmt. Sie hüteten sich, wenn auch meist nur unbewußt, davor, die Glans bloßzulegen, sie von der schützenden Hülle der Vorhaut zu befreien; die leiseste direkte Berührung mit einer Rauhigkeit bedeutete für sie die Kastration und war von entsprechend übertriebenen Schmerz- und Angstgefühlen begleitet. So weit sie überhaupt je masturbierten, taten sie es nie unmittelbar an der Glans, sondern sie zupften am Praeputium, rieben nur dessen Schleimhautfalten aneinander und an die Glans. Einer von ihnen pflegte in der Kindheit die Vorhautkavität mit Wasser zu füllen, um sich sexuellen Genuß zu verschaffen; ein anderer, der wie die übrigen auch große Angst vor dem Sexualverkehr hatte, wohl wegen der dabei unvermeidlichen Reibung, war in seinen Phantasien u. a. an eine Dienstmagd fixiert, die, offenbar der Empfindlichkeit Rechnung tragend, ihm als jungen Burschen dadurch zum Orgasmus verholfen hatte, daß sie seine erigierte Glans nur *anhauchte*. In solchen Fällen beschleunigte ich, wie ich glaubte, die Analyse dadurch, daß ich dem Patienten den Rat gab, die Vorhaut tagsüber hinter die Corona glandis zurückgestreift zu halten und den Berührungen und Reibungen auszusetzen. Nebst der Förderung der Analyse verschaffte mir diese Maßnahme – wie ich glaube – eine etwas vertiefte Einsicht in die erotische Bedeutsamkeit der Vorhaut überhaupt, ja, sie führte zur Annahme einer speziellen *Vorhauterotik* in der Kindheit, deren Entwicklung die eigentliche phallische Stufe zu begleiten scheint und eine Regressionsstelle für neurotische Symptome abgeben kann. All dies ist geeignet, meine rein theoretische Annahme vom Vaginalcharakter des Praeputiums zu stützen[9]; auch konnte ich mir nunmehr eine etwas deutlichere Vorstellung über die von Freud postulierte Verschiebung der Klitoriserotik des Weibes auf die Vagina machen. Die Vagina ist gleichsam eine riesengroße Vorhaut, die die erogene Rolle der versteckten Klitoris übernimmt; als Analogie hierzu kann ich mich auch auf erotische Knabenspiele berufen, in denen sozusagen in die Vorhaut eines anderen Knaben koitiert wurde. Ich teilte diesen Tatbestand dem Ethno-

---

[9] Vgl. meinen ›Versuch einer Genitaltheorie‹ [in diesem Band, S. 317 ff.].

logen Dr. Róheim mit, in der Hoffnung, daß er durch Kenntnis dieser Tatsachen mehr Licht auf die psychologische Bedeutung gewisser Pubertätsriten, besonders der Beschneidung, werfen könnte. Es kommt mir nämlich wahrscheinlich vor, daß die Beschneidung gleichsam einen doppelten Aspekt hat; einesteils ist sie, wie Freud uns zeigte, ein Abschreckungsmittel, ein Symbol des Kastrationsrechtes des Vaters, andererseits scheint sie eine Art ›aktive Therapie‹ der Primitiven zu sein, die die Abhärtung des Penis und des Mannes und die Vorbereitung zur Geschlechtstätigkeit durch Überwindung der Kastrationsangst und der Empfindlichkeit der Glans zum Ziele hat. Wenn das wahr ist, so wird sich natürlich auch der Charakter zirkumzindierter und nichtzirkumzindierter Menschen und Völker anders entwickeln, was wiederum einiges zur Erklärung der Judenfrage und des Antisemitismus beitragen könnte. Leider muß ich ihnen da auch die Äußerung eines jungen Kollegen mitteilen, der etwas von diesen Versuchen erfuhr: »Nun weiß ich, was aktive Technik ist, man läßt den Patienten die Vorhaut zurückstülpen.«

Zum Schluß einige Worte über die Wirkung des durch Aktivität geförderten Erlebnismomentes auf die *Überzeugung* des Patienten. Grübelsüchtige und andere unverbesserliche Zweifler, die intellektuell die verschiedensten Grade der Wahrscheinlichkeit, doch niemals die für die Heilung bedeutende Sicherheit über die analytischen Erklärungen erreichen konnten, erlangten diese, wenn sie mit Hilfe der aktiven Technik und der Ausnützung der analytischen Situation einmal dazu gebracht wurden, endlich einen Menschen, nämlich den Analytiker, rückhaltlos, d. h. ohne Ambivalenz zu lieben. Auch dies ist nicht nur praktisch, sondern im hohen Grade auch theoretisch bedeutsam. Es zeigt uns, daß man auf dem Wege der Intelligenz, die eine Funktion des Ichs ist, eigentlich nie zur ›Überzeugung‹ gelangen kann. Das letzte und logisch unumstößliche Wort der reinen Intellektualität des Ichs über das Verhältnis zu anderen Gegenständen ist der Solipsismus, der die Realität anderer menschlicher Lebewesen und der ganzen Außenwelt mit den eigenen Erfahrungen nie gleichsetzen kann und sie nur als mehr oder minder lebhafte Phantome oder Projektionen anspricht. Wenn also Freud dem Unbewußten dieselbe psychische Natur zuschrieb, die man als Qualität seines eigenen Ichs spürt, so tat er einen logisch nur wahrscheinlichen, aber nie beweisbaren Schritt in der Richtung des Positivismus. Ich stehe nicht an, diese Identifizierung den Identifizierungen, die wir als Vorbedingung libidinöser Übertragungen kennen, gleichzusetzen. Sie führt letzten Endes zu einer Art Personifizierung oder animistischen Auffassung der ganzen Umwelt. All dies ist vom logisch-intellektuellen Standpunkt gesehen ›transzendent‹. Wir aber sollten dieses mystisch klingende Wort durch den Ausdruck ›Übertragung‹ oder ›Liebe‹ ersetzen und mutig behaupten, daß die Kenntnis eines Teiles, vielleicht des wichtigsten Teiles der Wirklichkeit nicht intellektuell, sondern nur *erlebnisgemäß* als Überzeugung zu haben ist. (Um die Erkenntnisgegner und die Gegner der Wissenschaft nicht lange triumphieren zu lassen, füge ich aber gleich hinzu, daß die Erkenntnis der Wichtigkeit des Emotionellen am Ende doch auch selbst eine Erkenntnis ist, so daß uns trotz alledem um das Schicksal der Wissenschaft nicht bange zu sein braucht.) Ich persönlich fühle mich ganz zum Freudschen Positivismus bekehrt und ziehe vor, in Ihnen, die Sie da vor mir sitzen und mir zuhören, nicht Vorstellungen meines Ichs, sondern reale Wesen zu sehen, mit denen ich mich identifizieren kann. Logisch begründen kann ich Ihnen das nicht, wenn ich also davon trotzdem überzeugt bin, verdanke ich es nur einem emotionellen Moment – wenn Sie wollen, der Übertragung.

Das alles hängt mit der ›aktiven Technik‹ anscheinend nur sehr lose oder gar nicht zusammen; doch die durch die Aktivität gesteigerte Wiederholungstendenz war für mich der Weg, um nicht nur praktische, sondern auch ähnliche theoretische Fortschritte der Psychoanalyse zu erzielen. Nachdem ich Ihnen also die Kehrseite der Aktivität und ihre Gegenindikationen ehrlich zu zeigen versuchte, fühlte ich mich dazu gedrängt, Ihnen auch einiges von ihren Vorzügen mitzuteilen. Allerdings setze ich mich dadurch, wie mir Freund Eitingon sagt, der Gefahr aus, mit Bileam verglichen zu werden, der da kam, den Juden zu fluchen – und er segnete sie.

Zum 70. Geburtstage Sigmund Freuds
Eine Begrüßung
(6. Mai 1926)

Mir fiel die Aufgabe zu, Sigmund Freud aus Anlaß seines 70. Geburtstages festlich zu begrüßen und ihm die Glückwünsche unserer Zeitschrift darzubringen. Es ist nicht leicht, dieser ehrenvollen Pflicht zu genügen. Seine Gestalt ist viel zu hervorragend, als daß ein ihm Nahestehender, einer seiner Anhänger und Mitarbeiter, es zustande bringen könnte, sie im Verhältnis mit anderen Großen der Geistesgeschichte und im Verhältnis zu seinen Zeitgenossen darzustellen. Auch spricht sein Werk für sich selbst und bedarf keiner Kommentare, insbesondere keiner Lobpreisung. Es mißfiele gewiß dem Schöpfer einer unnachsichtig ehrlichen, aller Heuchelei feindlichen Wissenschaft, die Dithyramben zu hören, die bei solchen Anlässen den Führer einer großen Bewegung zu preisen pflegen. Die objektive Darstellung seines Lebenswerkes aber, eine verlockende Aufgabe für einen eifrigen Schüler, erübrigt sich hier, da ja diesem Zweck der Meister selbst mehrere Essays von unnachahmlicher Sachlichkeit gewidmet hat. Er hat der Öffentlichkeit nichts vorenthalten, was er über die Entstehung seiner Ideen weiß, er erzählte uns alles, was über die Schicksale seiner Lehre, über die Reaktionsweise der Mitwelt zu sagen war. Dem modernen Persönlichkeitsforscher gar, der mit Hilfe von Einzelheiten aus dem Privatleben neue Einblicke in die Entwicklungswege eines Forschers zu gewinnen trachtet, hat Freud, bezüglich seiner Person, den Wind aus den Segeln genommen. In seiner ›Traumdeutung‹, in der ›Psychopathologie des Alltagslebens‹ besorgte er das selber in einer bisher nicht gekannten Art, die nicht nur dieser Forschungsweise neue Wege wies, sondern für alle Zeiten ein Beispiel der auch gegen sich selber schonungslosen Aufrichtigkeit gibt. Auch die sonst so sorgsam gehüteten ›Ateliergeheimnisse‹, die unvermeidlichen Schwankungen und Unsicherheiten, gab er unbedenklich preis.
Das Konsequenteste wäre wohl nach alledem, auf jede Art Manifestation zu verzichten. Ich weiß bestimmt, daß es dem Meister am liebsten

wäre, wenn wir uns um künstlich geschaffene Zäsuren, um eine runde Zahl, die an und für sich nichts bedeutet, nicht kümmerten und ruhig weiter arbeiteten. Wir, seine Schüler, wissen ja gerade von ihm, daß alle modernen Feste exaltierte Huldigungen sind, die die Gefühlsregungen einseitig zum Ausdruck bringen. Es war nicht immer so; es gab Zeiten, in denen man dem auf den Thron Erhobenen auch die feindseligen Absichten nicht verhehlte; Freud lehrte uns, daß dem Höchstgeehrten, wenn auch nur unbewußt, auch heute noch auch Haß, nicht nur Liebe entgegengebracht wird.

Trotz alledem konnten wir der Versuchung nicht widerstehen, uns ausnahmsweise und gegen besseres Wissen vor der Konvention zu beugen und den Geburtstag zum Anlaß zu nehmen, dieses Heft sowie das am gleichen Tage erscheinende Heft der *Imago* ausdrücklich unserem Herausgeber zu widmen. Wer aber die zwölf Jahrgänge unserer Zeitschrift durchblättert, dem wird sofort klar, daß eigentlich alle bisherigen Hefte ihm gewidmet waren; die Arbeiten, sofern sie nicht vom Meister selbst stammten, enthielten nur die Fortsetzung, die Nachprüfung oder Würdigung seiner Lehren. Auch das heutige, feierlicher als sonst auftretende Heft ist also im Wesen nichts anderes als alle vorherigen Hefte, nur daß sich die Mitarbeiter in einer etwas stattlicheren Zahl präsentieren. Statt einer formellen Einleitung derselben aber gestatte ich mir, in loser Folge, gleichsam als freie Assoziation, die Gefühle und Gedanken wiederzugeben, die in mir bei dieser Gelegenheit auftauchen. Ich darf voraussetzen, daß diese Einfälle auch vielen der Gleichstrebenden eignen.

In einer Arbeit, in der ich Freuds ›Drei Abhandlungen zur Sexualtheorie‹ zu würdigen versuchte, komme ich zum Schluß, daß diesem Werk eine wissenschaftsgeschichtliche Bedeutung zukommt: es riß die Grenzen zwischen Natur- und Geisteswissenschaften nieder. In einer anderen Arbeit mußte ich die Entdeckung und Erforschung des Unbewußten durch Freud als einen Fortschritt in der Menschheitsgeschichte hinstellen, als das erstmalige Funktionieren eines neuen Sinnesorgans. Man mag diese Behauptungen als Übertreibungen von vornherein abweisen und sie als unkritische Äußerungen eines enthusiastischen Jüngers hinstellen; Tatsache bleibt, daß sie nicht etwa einer Jubiläumsstimmung entsprangen, sondern als Konsequenz aus einer langen Reihe neuer Erkenntnisse gezogen wurden.

Ob und wann sich meine Voraussage, daß einstmals alle Welt von einer Vor- und einer Nach-Freudschen Epoche sprechen wird, in Erfüllung geht, kann ich natürlich nicht sagen; die zwanzig Jahre, die ich seinen Fußstapfen folge, haben an dieser Überzeugung nichts geändert. Zweifellos aber teilt sich das Leben eines Neurologen, der das große Glück hatte, als Zeitgenosse Freuds zu leben, und das größere, seine Bedeutung früh erkannt zu haben, in eine Vor- und Nach-Freudsche Periode, Lebensabschnitte, die im schärfsten Gegensatz zueinander stehen. Mir wenigstens war vor Freud der Beruf des Neurologen eine ausnahmsweise zwar interessante Beschäftigung mit dem Nervenfaserverlauf, sonst aber eine schauspielerische Leistung, eine fortwährende Freundlichkeits- und Wissensheuchelei den Hunderten von Neurotikern gegenüber, von deren Symptomen wir nicht das mindeste verstanden. Man schämte sich – ich wenigstens schämte mich –, für diese Leistung sich auch noch belohnen zu lassen. Auch heute können wir nicht jedem helfen, doch sicher sehr vielen, und auch in den negativen Fällen bleibt uns das beruhigende Gefühl, uns redlich, mit wissenschaftlichen Mitteln um das Verständnis der Neurosen bemüht und die Ursachen der Unmöglichkeit des Helfens durchschaut zu haben. Der peinlichen Aufgabe, mit der Miene des allwissenden Doktors Trost und Hilfe zu versprechen, sind wir enthoben, so daß wir diese Kunst schließlich ganz verlernten. Die Psychiatrie, früher ein Raritätenkabinett von Abnormitäten, die wir verständnislos anstaunten, wurde durch Freuds Entdeckungen ein fruchtbares, einheitlichem Verständnis zugängliches Wissensgebiet. Ist es da eine Übertreibung zu behaupten, daß uns Freud den Beruf verschönt und veredelt hat? Und ist es nicht glaubhaft, daß wir von steter Dankbarkeit erfüllt sind gegen einen Mann, dessen Wirken dies ermöglichte? Den siebzigsten oder achtzigsten Geburtstag zu feiern, mag eine konventionelle Förmlichkeit sein, für Freuds Schüler ist ein solcher Tag sicherlich nur eine Gelegenheit, längst gehegten Gefühlen einmal Ausdruck zu geben. Hieße es nicht, dem in Gefühlssachen eher zu Schamhaftigkeit neigenden Zeitgeist eine Konzession machen, wenn wir diese Gefühle unausgesetzt unterdrückten? Folgen wir lieber dem Beispiel der Antike und schämen wir uns nicht, unserem Meister einmal offen und herzlich zu danken für alles, was er uns geschenkt hat.

Es wird nicht lange dauern, bis der ganze ärztliche Stand zur Einsicht kommt, daß zu solchen, meinetwegen lyrischen Gefühlsäußerungen nicht nur die Nervenärzte, sondern alle, die sich um die Heilung von Menschen bemühen, vollen Grund hätten. Die Erkenntnis der Rolle des psychischen Verhältnisses zum Arzt bei jeder Art von Therapie und die Möglichkeit ihrer methodischen Verwertung wird allmählich Gemeingut aller Ärzte. Die von Spezialistentum zerklüftete ärztliche Wissenschaft wird, dank Freud, wieder zu einer Einheit integriert werden. Der Arzt wird aus einem trockenen Laboratoriums- und Seziersaaltechniker ein Kenner des gesunden und kranken Menschen, der Ratgeber, an den sich jeder mit berechtigter Hoffnung auf Verständnis und vielleicht auf Hilfe wenden kann.

Es mehren sich aber die Zeichen, die dafür sprechen, daß die Ärzte der Zukunft auf viel mehr Achtung und Anerkennung nicht nur seitens der Kranken, sondern der ganzen Gesellschaft werden rechnen können. Der Ethnologe und Soziologe, der Geschichtsschreiber und der Staatsmann, der Ästhetiker und der Philologe, der Pädagoge und der Kriminologe wendet sich schon jetzt an den Arzt als Kenner der menschlichen Seele um Auskunft, will er sein Spezialgebiet, das schließlich auf ein Stück Psychologie aufgebaut sein muß, vom schwankenden Boden willkürlicher Annahmen auf eine sichere Basis stellen. Es gab schon eine Zeit, in der der Arzt als der Mann der Wissenschaft geachtet war: er war der hochgelehrte Kenner aller Pflanzen und Tiere, aller Wirkungen der ›Elemente‹, so weit sie damals bekannt waren. Das Kommen einer ähnlichen Zeitströmung wage ich vorauszusagen, eine Zeit der ›Iatrophilosophie‹, zu der Freuds Wirken den Grundstein gelegt hat. Freud wartete auch nicht, bis alle Gelehrten die Psychoanalyse kennen; er war gezwungen, Probleme der Grenzwissenschaften, auf die er bei der Beschäftigung mit Nervenkranken stieß, mit Hilfe der Psychoanalyse selber zu lösen. Er schrieb sein ›Totem und Tabu‹, ein Werk, das der Ethnologie neue Wege weist; um seine ›Massenpsychologie‹ wird keine künftige Soziologie herumkommen; sein Buch vom Witz ist der erste Versuch zu einer psychologisch begründeten Ästhetik, und unzählig sind seine Hinweise auf neue Arbeitsmöglichkeiten auf dem Gebiet der Erziehungswissenschaft.

Brauche ich vor den Lesern dieser Zeitschrift viel Worte darüber zu verlieren, was die *Psychologie* der Psychoanalyse zu verdanken hat? Ist es nicht vielmehr wahr, daß vor Freud eigentlich alle wissenschaftliche Psychologie nur feinere Sinnesphysiologie gewesen ist, während die komplizierteren seelischen Erlebnisse das unbestrittene Gebiet der Belletristik waren? Und war es nicht Freud, der durch die Schaffung einer Trieblehre, der Anfänge einer Ichpsychologie, durch die Konstruktion eines brauchbaren metapsychologischen Schemas die Psychologie erst auf das Niveau einer Wissenschaft hob?

Es genügt diese bei weitem nicht vollständige Aufzählung, um es auch dem größten Skeptiker glaubhaft zu machen, daß nicht nur seine Schüler und seine Berufsgenossen, sondern die ganze Gelehrtenwelt allen Grund hat, sich darüber zu freuen, daß der Meister dieses Alter in voller Schaffenskraft erreicht hat, und zu wünschen, daß ihm noch viel Zeit zur Fortführung seines großen Werkes gegönnt sein möge.

»Also doch nur Lobeserhebungen«, werden sich viele denken, »und wo bleibt die versprochene Aufrichtigkeit, die auch von den Schwierigkeiten und Kämpfen zwischen dem Meister und seinen Schülern etwas erzählt?« Auch hierüber soll ich also einige Worte sagen, obzwar es mir unbehaglich ist, mich gleichsam als Kronzeugen dieser nicht uninteressanten, aber für die Beteiligten recht peinlichen Ereignisse vorzudrängen. So sei denn gesagt, daß es fast keinem von uns erspart geblieben ist, gelegentlich Winke und Mahnungen des Meisters zu hören, die manchmal prächtige Illusionen zerrissen und im ersten Augenblick Gefühle der Verletzung und der Benachteiligung aufkommen ließen. Doch muß ich bezeugen, daß Freud uns oft sehr lange gewähren, der individuellen Eigenart viel Spielraum offen läßt, bis er sich entschließt, mäßigend einzugreifen oder gar von den ihm zu Gebote stehenden Abwehrmitteln Gebrauch zu machen – das letztere nur, wenn er zur Überzeugung kommt, daß durch ein Nachgeben die Sache, ihm wichtiger als alles, gefährdet werden könnte. Da allerdings kennt er keine Kompromisse und opfert, wenn auch schweren Herzens, liebgewonnene persönliche Beziehungen und Zukunftshoffnungen. Da wird er hart gegen sich wie gegen andere. Wohlwollend betrachtete er die Sonderentwicklung eines seiner begabtesten Schüler, bis er mit dem Anspruch auftrat, mit dem ›élan vital‹ alles verstanden zu haben. Auch ich kam vor vielen Jahren einmal mit der Entdeckung, der Todestrieb könne alles erklären. Das Zutrauen zu Freud ließ mich vor seinem ablehnenden Urteil mich beugen – bis eines Tages das ›Jenseits des Lustprinzips‹ erschien, in dem Freud mit dem Wechselspiel des Todes- *und* Lebenstriebes der Vielfältigkeit der psychologischen und biologischen Tatsachen um so viel mehr gerecht wurde, als es jene Einseitigkeiten vermochten. – Die Idee der ›Organminderwertigkeit‹ interessierte ihn als vielversprechender Anfang zur somatischen Fundierung der Psychoanalyse. Jahrelang nahm er dafür die etwas eigenartige Denkweise ihres Autors mit in Kauf; doch als es ihm klar wurde, daß jener die Psychoanalyse nur als Sprungbrett zu einer teleologischen Philosophie benützt, löste er die Gemeinschaft der Arbeit. Sogar den wissenschaftlichen Bocksprüngen eines seiner Schüler sah er lange zu, da er seinen Spürsinn für Sexualsymbolik schätzte. Die große Mehrzahl seiner Schüler aber hat die unvermeidlichen Empfindlichkeiten überwunden und ist überzeugt, daß die Psychoanalyse Freuds allen berechtigten Sonderbestrebungen früher oder später die ihnen zukommende Bedeutung einräumt.

Unsere zünftige Abgeschlossenheit darf nicht so weit gehen, daß wir an diesem Tage nicht auch der Gefühle jener gedenken, die Freud persönlich nahestehen, vor allem seiner Familie, in der Freud nicht als mythische Gestalt, sondern als Mensch lebt und wirkt, und die für seine uns allen so teure Gesundheit Sorge trägt, der wir für diese Sorgfalt so viel Dank schulden. Doch auch der weite Kreis der in seinem Sinne behandelten Kranken, die durch ihn die Kraft zum Leben wiederfanden, wird an seinem Festtage mit uns feiern, nicht minder aber jener noch weitere Kreis von gesund Leidenden, denen er durch seine Erkenntnisse viel sinnlos getragene Lebenslast abnahm.

Die Psychoanalyse wirkt letzten Endes durch Vertiefung und Erweiterung der Erkenntnis; die Erkenntnis aber (dies versuche ich gerade in einer auf den folgenden Blättern veröffentlichten Arbeit nachzuweisen)[1] läßt sich nur durch Liebe erweitern und vertiefen. Und wäre es nur, weil es Freud gelungen ist, uns zum Ertragen von mehr Wahrheit zu erziehen, kann er versichert sein, daß seiner am heutigen Tage ein großer und nicht wertloser Teil der Menschheit in Liebe gedenkt.

[1] ›Das Problem der Unlustbejahung‹ [S. 200 ff. dieses Bandes].

Das Problem der Unlustbejahung
Fortschritte in der Erkenntnis des Wirklichkeitssinnes
(1926)

Nicht lange nach meiner ersten Bekanntschaft mit der Psychoanalyse stieß ich auf das Problem des Wirklichkeitssinnes, dessen Funktionsart in so scharfem Gegensatz zu der im Seelenleben sonst allgemein nachweisbaren Unlustfluchts- und Verdrängungstendenz zu stehen schien. Mittels einer Art Einfühlung in die Infantilseele kam ich zur Aufstellung, daß dem von jeder Unlust verschonten Kinde die ganze Existenz zunächst vollkommen einheitlich, sozusagen ›monistisch‹, vorkommen muß; erst später käme es zur Sonderung der ›guten‹ und der ›bösen‹ Dinge, des Ich und der Umwelt, des Innen und Außen; fremd und feindlich wären also auf dieser Stufe identisch.[1] In einer anderen Arbeit versuchte ich dann, die Hauptmomente der Entwicklung vom Lust- zum Realitätsprinzip theoretisch zu rekonstruieren.[2] Ich nahm an, daß das Kind vor den ersten Enttäuschungen sich im Besitze bedingungsloser Allmacht fühlt, an diesem Allmachtsgefühl auch festhält, wenn die wunscherfüllende Wirksamkeit seines Wollens an die Einhaltung gewisser Bedingungen geknüpft ist, bis die wachsende Zahl und Kompliziertheit dieser Bedingungen es zum Aufgeben des Allmachtsgefühls und zur Anerkennung der Realität überhaupt zwingen. In dieser Deskription konnte aber noch nichts über die inneren Vorgänge ausgesagt werden, die diese merkwürdige und bedeutsame Umwandlung begleiten müssen; dazu war unsere Einsicht in die tieferen Grundlagen des Seelischen, insbesondere in das Triebleben, noch zu unentwickelt. Seither brachten uns die grundlegenden Arbeiten Freuds über das Triebleben und seine

---

[1] Das Kind muß gewisse tückische Dinge, die seinem Willen nicht gehorchen, als *Außenwelt* vom *Ich*, d. h. die subjektiven psychischen Inhalte (Gefühle) von den objektivierten (den Empfindungen) sondern. (›Introjektion und Übertragung‹, 1909 [Bd. I dieser Ausgabe, S. 12–47].)
[2] ›Entwicklungsstufen des Wirklichkeitssinnes‹, 1913 [Bd. I dieser Ausgabe, S. 148 bis 163].

Das Problem der Unlustbejahung

Entdeckungen über die Analyse des Ich diesem Ziele näher[3], es fehlte aber immer noch die eigentliche Brücke über die Kluft zwischen Triebleben und Intellektualität. Dazu war offenbar jene höchste Vereinfachung erforderlich, auf die Freud schließlich die Vielgestaltigkeit der Triebäußerungen reduzieren konnte; ich meine die Feststellung der allem Lebendigen zugrunde liegenden Triebpolarität, die Polarität des Lebenstriebes (Eros) und des Todes- oder Destruktionstriebes[4]. Doch erst Freuds jüngst erschienene Arbeit: ›Die Verneinung‹, unter welchem bescheidenen Titel sich die Anfänge einer biologisch fundierten Psychologie der Denkvorgänge verstecken, verknüpft die bisher zerstreuten Stücke unseres Wissens miteinander. Wie immer, steht Freud auch diesmal auf dem sicheren Boden der analytischen Erfahrung und ist äußerst vorsichtig in der Verallgemeinerung. Seinen Fußstapfen folgend, möchte ich nun versuchen, das Problem des Wirklichkeitssinnes im Lichte der Freudschen Entdeckung nochmals zu behandeln.

Freud entdeckte im psychologischen Akt der *Verneinung der Wirklichkeit* eine Übergangsphase zwischen ihrer *Ignorierung* und ihrer *Anerkennung;* die fremde, daher feindliche Außenwelt wird trotz der Unlust bewußtseinsfähig, indem sie mit dem negativen Vorzeichen der Verneinung versehen wird; sie wird *geleugnet.* In dem Negativismus, der Beseitigungstendenz, sehen wir also noch immer die verdrängenden Mächte, die im Primärvorgang zur vollen Ignorierung jeder Unlust führten, am Werke; die negativ-halluzinatorische Ignorierung gelingt nicht mehr voll, die Unlust wird nicht mehr ignoriert, sondern als Negation immerhin Inhalt der Wahrnehmung. Sofort erhebt sich natürlich die Frage, was noch geschehen muß, um auch das letzte Hindernis der Anerkennung aus dem Wege zu räumen und die *Bejahung einer Unlust,* d. h. die volle Aufhebung der Verdrängungstendenz zu ermöglichen.

Man ahnt auch sogleich, daß sich die Antwort auf diese Frage nicht so leicht wird geben lassen; nur so viel ist nach der Entdeckung Freuds von vornherein klar, daß die Bejahung einer Unlust niemals ein einfacher, sondern immer ein zweifacher psychischer Akt ist: zuerst wird versucht, sie als Tatsache abzuleugnen, dann muß eine neuerliche Kraftanstrengung einsetzen, die diese Negation negiert. Das Positivum, die Anerkennung des Schlechten, dürfte eigentlich immer aus zwei Negationen resultieren. Um uns Vergleiche aus dem uns wohlvertrauten psychoanalytischen Gebiet zu holen, müssen wir die volle Ignorierung mit dem

---

[3] ›Massenpsychologie und Ich-Analyse‹, 1921; ›Das Ich und das Es‹, 1923.
[4] ›Jenseits des Lustprinzips‹, 1920.

psychischen Zustand eines noch jeder Unlust abgewandten Kindes in Analogie bringen, wie ich denn schon vor langer Zeit den ›Fixierungspunkt‹ der *Psychosen* in diesem Stadium suchte [5] und auch die ungehemmte Fähigkeit des megalomanen Paralytikers zu fortwährender Glücksempfindung als Regression zu dieser Phase auffaßte. [6] Die Verneinungsphase findet ihre Analogie, wie uns Freud zeigte, im Verhalten der Patienten während der Kur, überhaupt in der *Neurose,* die ja gleichfalls das Resultat einer nur halbgelungenen oder mißlungenen Verdrängung und eigentlich immer ein Negativum, das Negativ der Perversion ist. Der Prozeß der schließlichen Anerkennung oder Bejahung der Unlust spielt sich als Erfolg unserer therapeutischen Bemühung bei der Heilung einer Neurose vor unseren Augen ab, und wenn wir auf seine Einzelheiten achten, haben wir einige Aussicht, uns auch von diesem Anerkennungsvorgang eine Vorstellung zu bilden.

Wir sehen, daß im Höhenstadium der Übertragung der Patient auch das Unlustvollste widerstandslos anerkennt; offenbar findet er im Glücksgefühl der Übertragungsliebe Trost für den Schmerz, den ihn diese Anerkennung sonst kosten würde. Aber am Ende der Kur, wenn auch auf die Übertragung verzichtet werden muß, käme es unzweifelhaft zu einem Rückfall in die Verneinung, d. h. in die Neurose, wäre es dem Patienten nicht gelungen, auch für diese Versagung allmählich Ersatz und Trost in der Wirklichkeit, besonders aber in der *Identifizierung mit dem Analytiker,* zu finden. Unwillkürlich denkt man dabei an eine gehaltvolle Arbeit des allzufrüh dahingegangenen Analytikers Viktor Tausk, der die Entwertung der Verdrängungsmotive durch Rekompense als Heilungsbedingung aufstellte. [7] In ähnlicher Weise müssen wir auch beim allerersten Zustandekommen einer Unlustbejahung das Vorhandensein einer Rekompensation vermuten; auf eine andere Weise wäre übrigens ihr Aufkommen in der Psyche, die ja immer in der Richtung des *locus minoris resistentiae,* d. h. nach dem Lustprinzip arbeitet, unvorstellbar. Wir finden schon in Freuds ›Traumdeutung‹ eine Stelle, die die Umwandlung des Primärvorganges in den sekundären in ähnlicher Weise erklärt. Er sagt uns dort, daß der hungernde Säugling sich die Befriedigung zuerst halluzinatorisch zu verschaffen sucht, erst wenn dies nicht zum Ziele führt, die Unlust als solche anerkennt und jene Unlustäußerungen tut, die zu realen Befriedigungen führen. Wir sehen, daß

[5] ›Entwicklungsstufen des Wirklichkeitssinnes‹ [l. c.].
[6] ›Zur Psychoanalyse der paralytischen Geistesstörung‹ [in diesem Band, S. 99 ff.].
[7] Tausk: ›Entwertung des Verdrängungsmotivs durch Rekompense.‹

hier zum erstenmal ein quantitatives Moment die Reaktionsweise der Psyche zu bestimmen scheint. Die Anerkennung der feindlichen Umwelt ist eine Unlust, doch ihre Nichtanerkennung ist gelegentlich noch unlustvoller; so wird das weniger Unlustvolle relativ lustvoll und kann als solches bejaht werden. Die Berücksichtigung der Rekompense und der Flucht vor noch größerer Unlust gestattet uns, die Möglichkeit einer Bejahung von Unlust überhaupt zu verstehen, ohne auf die Allgemeingültigkeit des Lustsuchens als Grundtendenz alles Psychischen verzichten zu müssen. Allerdings postulierten wir gleichzeitig das Eingreifen eines neuen Instrumentes in den psychischen Mechanismus, einer Art Rechenmaschine, deren Installierung uns wieder vor neue und vielleicht noch schwerer lösbare Rätsel stellt.

Wir wollen auf das Problem der psychischen Mathematik noch zurückkommen und möchten lieber erst die psychischen Inhalte betrachten, an denen der Säugling die Anerkennung der Wirklichkeit bewerkstelligt. Wenn uns Freud sagt, daß der Mensch mit seiner Aufmerksamkeit die Umwelt unausgesetzt oder in rhythmischen Intervallen ›absucht‹, ›abtastet‹, davon kleine Proben ›verkostet‹, so nimmt er offenbar die Handlungsweise des die Mutterbrust vermissenden und suchenden Säuglings zum Vorbild jeder späteren Denkarbeit. Eine ähnliche Gedankenreihe führte mich in meinem bioanalytischen Versuch[8] zur Annahme, daß das Beriechen oder Beschnüffeln der Umwelt eine vielleicht noch größere Ähnlichkeit mit dem Denkakt zeigt, da ja dabei noch feinere und kleinere Kostproben zugelassen werden. Nur bei günstigem Ausfall der Probe wird die orale Einverleibung durchgeführt. Der intellektuelle Unterschied zwischen einem Kind, das noch unterschiedslos alles in den Mund nimmt, und dem, das sich nur dem ihm angenehm Riechenden zuwendet, ist also ein ganz bedeutender.

Bleiben wir aber beim Beispiel des trinkenwollenden Kindes. Nehmen wir an, daß es bisher immer rechtzeitig gestillt wurde und nun zum erstenmal die Unlust des Hungerns und Dürstens ertragen muß; was mag wohl in seinem Innern vorgehen? In seiner urnarzißtischen Selbstsicherheit kannte es bisher nur sich selbst, wußte von der Existenz fremder Dinge, also auch der Mutter, nichts, konnte also ihnen gegenüber keine Gefühle haben, weder gute noch böse. Vielleicht im Zusammenhang mit der physiologischen Destruktion, die die Abwesenheit der Nährstoffe in den Geweben des Organismus hervorruft, kommt es an-

---

[8] ›Versuch einer Genitaltheorie‹ [in diesem Band, S. 317 ff.].

scheinend zu einer ›*Triebentmischung*‹ auch im Seelenleben, die sich zunächst in unkoordinierter motorischer Entladung und im Schreien äußert, Manifestationen, die wir ganz gut mit den Äußerungen der Wut bei Erwachsenen vergleichen dürfen. Wenn dann nach längerem Warten und Schreien die Mutterbrust wieder gereicht wird, wirkt sie nicht mehr wie ein indifferentes Ding, das immer da ist, wenn man es braucht, so daß man davon keine Kenntnis zu nehmen braucht, sondern sie wird zu einem *Objekt des Liebens und des Hassens;* des Hassens, weil man es eine Zeitlang entbehren mußte, des Liebens, weil sie nach der Entbehrung eine noch intensivere Befriedigung bot; sicherlich wird sie aber gleichzeitig zum Gegenstand einer wenn auch noch so dunklen *Objektvorstellung*. Dieses Beispiel illustriert, wie ich glaube, die bedeutsamsten Sätze in Freuds Arbeit ›Die Verneinung‹: »Der erste und nächste Zweck der Realitätsprüfung ist nicht, ein dem Vorgestellten entsprechendes Objekt in der realen Wahrnehmung zu finden, sondern es *wieder*zufinden, sich zu überzeugen, daß es noch vorhanden ist.« Und »Man erkennt als Bedingung für die Einsetzung der Realitätsprüfung, daß Objekte verloren gegangen sind, die einst reale Befriedigung gebracht hatten.«[9] Man wäre nur noch versucht hinzuzufügen, daß zum Zustandekommen einer Objektwahrnehmung die hier angedeutete *Ambivalenz*, d. h. die *Triebentmischung*, unumgänglich notwendig ist. Dinge, die uns fortwährend lieben, d. h. die stets alle unsere Bedürfnisse befriedigen, nehmen wir als solche gar nicht zur Kenntnis, wir schlagen sie einfach zu unserem subjektiven Ich; die Dinge, die uns stets nur feindlich gegenüberstehen und -standen, verdrängen wir einfach; für die Dinge aber, die nicht bedingungslos zur Verfügung stehen, die wir lieben, weil sie uns Befriedigung bringen, und hassen, weil sie uns nicht in allem gehorchen, errichten wir in unserem Seelenleben besondere Merkzeichen, Erinnerungsspuren mit dem Charakter des Objektiven, und freuen uns, wenn wir sie in der Realität wieder finden, d. h. sie wieder lieben können. Und wenn wir ein Objekt hassen, es aber nicht so weit verdrängen können, daß wir es dauernd verleugnen könnten, so beweist die Zurkenntnisnahme seiner Existenz, daß wir es eigentlich lieben möchten und daran nur durch die ›Tücke des Objektes‹ verhindert sind. Es ist also nur konsequent, wenn der Wilde, nachdem er den Feind getötet hat, ihm seine größte Liebe und Ehre bezeugt. Er besagt damit nur,

---

[9] [G. W., XIV, S. 14.] In der ›Genitaltheorie‹ führe ich auf ein ähnliches *Wiederfinden* und *Wiedererkennen* das Befriedigungsgefühl zurück, das Gefühl des Erreichens der *erotischen Realität*.

daß er am liebsten in Ruhe gelassen worden wäre, in ungestörter Harmonie mit der Umwelt leben wollte, daran aber durch die Existenz ›störender Objekte‹ gehindert war. Das Auftauchen dieses Hindernisses führte zur Entmischung seiner Triebe unter Hervorkehrung des aggressiven destruktiven Triebanteils; nach der Befriedigung der Rache verlangt aber auch der andere, der Liebesanteil, nach Sättigung. Es ist, als ob die beiden Triebarten sich im Ruhezustand des Ichs gegenseitig neutralisierten, gleichwie die positive und negative Elektrizität in einem elektrisch inaktiven Körper, und als ob es hier wie dort besonderer äußerer Einwirkungen bedürfte, um die zwei Stromarten zu zerteilen und dadurch aktionsfähig zu machen. Das Auftreten der Ambivalenz wäre demnach eine Art Schutzvorrichtung, die Befähigung zum aktiven Widerstand überhaupt, wie denn auch ihre psychische Begleiterscheinung, die Erkenntnis der Objektwelt, eines der Mittel zu ihrer Bewältigung bedeutet.

Nun merken wir aber, daß mit der Ambivalenz zwar eine Anerkennung der Existenz der Dinge, nicht aber das erreicht ist, was wir objektive Betrachtung nennen; im Gegenteil, dieselben Dinge werden nacheinander Gegenstand leidenschaftlichen Hasses und ebensolcher Liebe. Zur Erreichung der ›Objektivität‹ ist es notwendig, daß die losgelassenen Triebe gehemmt, d. h. wieder miteinander vermengt werden, also eine neuerliche Triebvermischung nach erfolgter Erkenntnis stattfindet. Dies dürfte denn auch der psychische Vorgang sein, der die Hemmung und den Aufschub der Aktion bis zur Erreichung der Identität der äußeren mit der ›Denkrealität‹ garantiert; die Fähigkeit zum objektiven Urteilen und Handeln ist also wesentlich eine Fähigkeit zur gegenseitigen Neutralisierung der Haß- und Liebestendenzen, was allerdings sehr nach einem Gemeinplatz klingt; nur meinen wir, daß man die gegenseitige Bindung der Attraktions- und Repulsionskräfte bei jeder Kompromißbildung, bei jeder objektiven Betrachtung ernstlich als psychischenergetischen Vorgang annehmen darf und daß man die Redewendung *sine ira et studio* durch eine andere ersetzen müßte, die nämlich, daß zur objektiven Betrachtung der Dinge das *Gewährenlassen der gleichen Quantität* von *ira und* von *studium* erforderlich ist.

Es gibt offenbar auch in der Fähigkeit zur Objektivität Entwicklungsstufen. In dem Versuch über die Entwicklung des Wirklichkeitssinnes beschrieb ich das sukzessive Aufgeben der eigenen Allmacht und die Übertragung derselben an andere höhere Mächte (Amme, Eltern, Götter) und nannte dies die Perioden der Allmacht mit Hilfe magischer

Gebärden und Worte; als letzte, der schmerzlichen Erfahrung entnommene Einsicht nahm ich dann das schließliche Aufgeben der Allmacht überhaupt an, eine sozusagen wissenschaftliche Stufe der Welterkenntnis. Mit den Kunstworten der Psychoanalyse bezeichnete ich die allerursprünglichste Phase, in der nur das Ich existiert und die ganze Erfahrungswelt zu ihr hinzugeschlagen wird, als Introjektionsperiode, die zweite, in der die Allmacht äußeren Mächten zugeschrieben wird, als Projektionsperiode; die letzte Entwicklungsstufe durfte ich als eine gleichmäßige oder sich gegenseitig kompensierende Verwendung beider psychischen Mechanismen auffassen. Diese Reihenfolge entsprach ungefähr der großzügigen Darstellung der Menschheitsentwicklung in Freuds ›Totem und Tabu‹ als des Nacheinanders einer magischen, einer religiösen und einer wissenschaftlichen Phase. Aber auch viel später, als ich einmal den Versuch machte, die heutige Produktionsweise der Wissenschaft kritisch zu beleuchten [10], mußte ich annehmen, daß die Wissenschaft, wenn sie wirklich objektiv bleiben soll, alternierend rein psychologisch und rein naturwissenschaftlich arbeiten und die innere wie die äußere Erfahrung durch gegenseitige Analogisierung erhärten muß, was einer Oszillierung zwischen Pro- und Introjektion entspricht. Ich nannte dies den *Utraquismus* jedes richtigen Wissenschaftsbetriebes. In der Philosophie bedeutet der ultraidealistische Solipsismus einen Rückfall in einen egozentrischen Infantilismus, die rein materialistische, psychophobe Auffassung die Regression in die Übertreibungen der Projektionsphase, während Freuds Festhalten am Dualismus der utraquistischen Forderung vollkommen gerecht wird.

Wir sind zur Hoffnung berechtigt, daß Freuds Entdeckung der Verneinung als Zwischenstufe zwischen Verleugnung und Anerkennung der Unlust uns in die Lage bringen wird, diese Entwicklungsstufen und ihr Nacheinander besser zu verstehen, wohl auch ihre Übersicht zu vereinfachen. Der erste schmerzliche Schritt zur Welterkenntnis ist wohl die Einsicht, daß ein Teil der ›guten Dinge‹ nicht zum Ich gehört, als ›Außenwelt‹ von ihm abzusondern ist. (Mutterbrust.) Ungefähr gleichzeitig muß der Mensch erfahren, daß sich auch in seinem Innern, also gleichsam im Ich selbst, Unlustvolles, d. h. Böses ereignen kann, das sich weder durch Halluzinieren noch sonstwie abschütteln läßt. Einen weiteren Fortschritt bedeutet das Ertragen der absoluten Versagung von außen, d. h. die Erkenntnis, daß es auch Dinge gibt, auf die wir

---

[10] Einleitung zur ›Genitaltheorie‹.

Das Problem der Unlustbejahung

immer verzichten müssen; der Parallelvorgang dazu ist die Anerkennung der verdrängten Wünsche unter Verzicht auf deren Realisierung. Da zur Anerkennung, wie wir nun wissen, ein Stück Eros, d. h. Liebe notwendig ist, was ohne Introjektion, d. h. Identifizierung, nicht denkbar ist, muß man sagen, daß die Anerkennung der Umwelt eigentlich eine teilweise Verwirklichung des christlichen Imperativs: »Liebet eure Feinde« bedeutet. (Der Widerstand, der sich gegen die Anerkennung der psychoanalytischen Trieblehre erhebt, zeigt allerdings, daß die Versöhnung mit dem inneren Feind die schwierigste Aufgabe ist, die der Mensch zu bewältigen hat.)

Wenn wir versuchen, unsere neuen Erkenntnisse mit dem topischen System der Freudschen Metapsychologie in Zusammenhang zu bringen, so können wir vermuten, daß zur Zeit des absoluten Solipsismus eigentlich nur eine *W–Bw,* d. h. eine Wahrnehmungsfläche der Psyche, funktioniert; im Stadium der Verneinung kommt es zur Bildung der unbewußt verdrängten Schicht (*Ubw*); die bewußte Anerkennung der Außenwelt erfordert bereits jene Überbesetzung, zu der uns nur die Institution eines neuen psychischen Systems, das des *Vorbewußten* (*Vbw*), befähigt, das zwischen *Ubw* und *Bw* eingeschaltet wird. Entsprechend dem biogenetischen Grundgesetz wiederholt sich also in der psychischen Entwicklung des Einzelwesens der artgeschichtliche Entwicklungsmodus der Psyche überhaupt; ist doch die hier geschilderte Reihenfolge dieselbe, in der wir uns die fortschreitende Entwicklung der psychischen Systeme bei den Organismen vorstellen müssen.

Doch auch in der organischen Entwicklung finden wir Vorbilder für die fortschreitende Anpassung der Lebewesen an die Realität der Umwelt. Es gibt primitive Organismen, die gleichsam auf der narzißtischen Stufe stehen bleiben, untätig auf die Befriedigung ihrer Bedürfnisse harren und, wenn sie ihnen dauernd versagt bleiben, einfach zugrunde gehen; sie stehen eben der Erschaffung aus dem Unorganischen noch viel näher, so daß ihr Destruktionstrieb einen kürzeren Weg zurückzulegen hat, d. h. viel wirksamer ist. Eine Stufe höher vermag der Organismus unlustbringende Teile seines Selbst abzustoßen und sich so das Leben zu retten (Autotomie); ich nannte einst diese Art Sequestrierung ein physiologisches Vorbild des Verdrängungsvorganges. Erst eine weitere Entwicklung schafft die Fähigkeit zur Anpassung an die Realität, gleichsam zur organischen Anerkennung der Umwelt, wie sie sich besonders schön in der Lebensweise symbiotisch verbundener Lebewesen zeigt, die sich aber auch in jeder anderen Anpassungsleistung nachweisen läßt. Anknüpfend an meine ›bioanalytische‹ Betrachtungsweise, kann man also schon im Organischen Primärvorgänge und Sekundärvorgänge unterscheiden, Vorgänge also, die wir im Psychischen als Grade der Intellektualität schätzen. Das würde aber heißen, daß eine Art Rechenmaschine, die nicht bloß mit der Lust- und der Unlustqualität, sondern auch mit Quantitäten rechnet, im gewissen Grade und Sinne bereits auch dem Organischen eignet. Jedenfalls ist die organische Anpassung durch eine gewisse Starrheit charakterisiert, wie sie sich in den gewiß zweckmäßigen, aber unwandelbaren Reflexvorgängen zeigt, während die psychische Anpassungsfähigkeit eine stete Bereitschaft zur Anerkennung auch neuer Wirklichkeiten und die Fähigkeit zur Hemmung der Aktion bis zur Beendigung des Denkaktes ermöglicht. Groddeck hat also recht, wenn er das organische Es für intelligent erklärt; er wird aber parteiisch, wenn er den Gradunterschied zwischen der Intelligenz des Ich und des Es übersieht.

In diesem Zusammenhang wäre noch anzuführen, daß wir auch in der organischen Pathologie Gelegenheit haben, die Verneinungs- (Autotomie-) und die Anpassungsarbeit am Werke zu sehen. Ich versuchte bereits gewisse Vorgänge der organischen Heilung (von Wunden usw.) auf eine Zuströmung von Libido (Eros) zur verletzten Stelle zurückzuführen.[11]

Wir dürfen uns nicht verhehlen, daß alle diese Überlegungen uns noch keine befriedigende Erklärung der Tatsache geben, daß bei der organischen sowohl als auch bei der psychischen Anpassung an die reale Umwelt einerseits Teile der feindlichen Außenwelt mit Hilfe des Eros zum Ich geschlagen, andererseits geliebte Teile des eigenen Ich aufgegeben werden. Man mag sich da mit der psychologisierenden Erklärung helfen, daß auch das wirkliche Aufgeben einer Lust und die Anerkennung einer Unlust immer nur etwas ›Vorläufiges‹ ist, gleichsam ein Gehorchen unter Protest mit der *reservatio mentalis* einer *in integrum restitutio*. Dies mag für sehr viele Fälle zu Recht bestehen; dafür spricht schon die virtuell erhaltene und unter besonderen Umständen auch aktivierte Fähigkeit zur Regression zu längst überholten, ja archaischen Reaktionsweisen. Die anscheinende Anpassung wäre so nur eine Einstellung auf ein unendliches Warten und Hoffen bis zur Wiederkehr der ›guten alten Zeit‹, im Grunde also nur graduell verschieden vom Verhalten der Rädertierchen, die auf Jahre eintrocknen und auf Feuchtigkeit warten

---

[11] Vgl. auch ›Von Krankheits- oder Pathoneurosen‹ [in Bd. I dieser Ausgabe, S. 242 bis 252].

können. Wir dürfen aber nicht vergessen, daß es auch wirklichen, unwiederbringlichen Verlust von Organen und Organteilen gibt und daß wir auch im Psychischen einen anscheinend völligen Verzicht auch ohne Rekompense kennen. Da kommt man mit solchen optimistischen Erklärungen nicht mehr aus, sondern muß sich von der Freudschen Trieblehre die Auskunft holen, daß es Fälle gibt, in denen der Destruktionstrieb sich gegen die eigene Person wendet, ja daß die Tendenz zur Selbstzerstörung, zum Tode, die ursprünglichere ist, die sich erst im Laufe der Entwicklung nach außen wendet. Eine solche gleichsam masochistische Änderung der Aggressionsrichtung dürfte bei jeder Anpassungsleistung mitspielen. Es wurde ja bereits weiter oben darauf hingewiesen, daß das Aufgeben von geliebten Teilen des Ich und die Introjektion des Fremden Parallelvorgänge sind, daß wir also die Objekte nur auf Kosten unseres Narzißmus lieben (anerkennen) können; wohl nur eine andersartige Beleuchtung der uns aus der Psychoanalyse bekannten Tatsache, daß alle Objektliebe auf Kosten des Narzißmus entsteht.

Das Merkwürdige an dieser Selbstzerstörung ist allerdings, daß hier (bei der Anpassung, bei der Anerkennung der Umwelt, bei der objektiven Urteilsfällung) die Destruktion tatsächlich »Ursache des Werdens« [12] wird. Es wird eine partielle Destruktion des Ich zugelassen, aber nur um aus dessen Resten ein noch widerstandsfähigeres Ich aufzubauen, ähnlich wie die geistreichen Versuche Jacques Loebs, unbefruchtete Eier mittels chemischer Einwirkungen, also ohne Befruchtung, zur Entwicklung zu reizen; die Chemikalien zerstören, desorganisieren die äußeren Schichten des Eies, aber aus dem Detritus bildet sich eine schützende Blase, die die weitere Schädlichkeit hintanhält, während der bei der Triebentmischung frei gewordene Eros die Destruktion in ein Werden, eine Fortentwicklung der verschont gebliebenen Anteile verwandelt. Ich gestehe, daß es sehr gewagt ist, organische Analogien ohne weiteres auf das Psychische zu übertragen. Zu meiner Entschuldigung diene, daß ich es wissentlich tue und nur bei sogenannten ›letzten Fragen‹, wo, wie ich es anderwärts ausführte, analytische Urteile nicht mehr fördern, sondern man sich zur Fällung eines synthetischen Urteils auf fremdem Gebiet nach Analogien umsehen muß. Auch die Psychoanalyse, wie jede Psychologie, muß bei Tiefbohrungen irgendwo auf das Gestein des Organischen stoßen. Ich stehe nicht an, auch die *Erinnerungsspuren* sozusagen als *Narben traumatischer Einwirkungen,* also *Destruktionsprodukte* an-

---

[12] S. Spielrein, ›Die Destruktion als Ursache des Werdens‹.

zusehen, die aber der nimmer ruhende *Eros* in seinem Sinne, d. h. *zur Erhaltung des Lebens zu verwenden* versteht: er gestaltet aus ihnen ein neues psychisches System, das das Ich zu richtigerer Orientierung in der Umwelt und zu stichhaltigerem Urteilen befähigt. Eigentlich ist es doch nur der Destruktionstrieb, der ›das Böse will‹, und der Eros der, der daraus ›das Gute schafft‹.

Ich sprach eingangs und auch zwischendurch von einer Rechenmaschine, die ich als Hilfsorgan des Wirklichkeitssinnes postuliere. Obzwar diese Idee in einen anderen Zusammenhang gehört, der mir die Tatsache des wissenschaftlichen Sinnes für Mathematik und Logik zu erklären hilft, möchte ich darauf hier, wenn auch nur kurz, eingehen. Ich kann dabei ganz gut vom Doppelsinn des Wortes ›rechnen‹ ausgehen. Wenn man die Tendenz der Beseitigung der Umwelt mittels Verdrängung oder Verneinung aufgibt, beginnt man mit ihr zu *rechnen*, d. h. sie als Tatsache anzuerkennen; ein weiterer Fortschritt der Rechenkunst ist, wie ich meine, die Entwicklung der Fähigkeit zur *Wahl* zwischen zwei Objekten, die *mehr* oder *minder* große Unlust verschaffen können oder zur Wahl zwischen zwei Handlungsweisen, die mehr oder minder große Unlust nach sich ziehen könnten. Die ganze Denkarbeit dürfte eine solche größtenteils unbewußte Rechenarbeit sein, die zwischen Sensibilität und Motilität eingeschaltet ist und bei der, wie bei den modernen Rechenmaschinen, meist nur das Resultat der Operation im Bewußtsein auftaucht, während die Erinnerungsspuren, mit denen die eigentliche Arbeit geleistet wird, versteckt resp. unbewußt bleiben. Man kann nur dunkel ahnen, daß auch der einfachste Denkakt auf einer Unzahl von unbewußten Rechenoperationen beruht, bei denen vermutlich alle Vereinfachungen der Arithmetik (Algebra, Differentialrechnung) zur Verwendung kommen, und daß das Denken in Sprachsymbolen nur eine höchste Vereinfachung dieser komplizierten Rechentätigkeit bedeutet; ich glaube auch allen Ernstes, daß der Sinn für Mathematik und Logik vom Vorhandensein oder von der Abwesenheit der Fähigkeit zur Selbstwahrnehmung dieser Rechen- und Denktätigkeit abhängt, die aber auch von denen unbewußt geleistet wird, die nicht den geringsten Sinn für Mathematik und Logik zu haben scheinen. Einer ähnlichen Introversion dürfte man die Musikalität (Selbstwahrnehmung der Gemütsbewegungen, Lyrismus[13]) und das wissenschaftliche Interesse für Psychologie zuschreiben.

---

[13] S. auch bei Pfeifer, ›Musikpsychologische Probleme‹.

Das Problem der Unlustbejahung

Es dürfte vom Entwicklungsgrad der Rechenmaschine abhängen, ob und inwieweit jemand ›richtig‹ urteilen, d. h. die Zukunft voraus berechnen kann. Die Grundelemente, mit denen die Berechnungen ausgeführt werden, sind die Erinnerungen, die aber selbst eine Summe sensibler Eindrücke, in letzter Linie also psychische Reaktionen auf verschiedene und verschieden starke Sinnesreize sind. Die psychische Mathematik wäre so nur die Fortsetzung einer ›organischen‹.

Wie dem auch sei, das Wesentliche bei der Entwicklung des Wirklichkeitssinnes ist, wie uns Freud zeigte, die Einschaltung einer Hemmungsvorrichtung in den psychischen Apparat, und die Verneinung ist nur ein letzter verzweifelter Versuch des Lustprinzips, den Fortschritt zur Realitätserkenntnis aufzuhalten. Die schließliche Urteilsfällung bedeutet aber, als Resultat der vermuteten Rechenarbeit, eine *innere Abfuhr*, eine *Neuordnung der Gefühlseinstellung den Dingen und ihren Vorstellungen gegenüber*, deren Richtung dem unmittelbar oder erst später darauffolgenden *Handeln* die Wege weist. *Die Anerkennung der Umwelt*, d. h. die *Bejahung einer Unlust* ist aber nur möglich, wenn vorerst *die Abwehr der unlustbringenden Objekte und deren Verneinung aufgegeben wird* und deren *Reize, dem Ich einverleibt, zu inneren Antrieben umgewandelt* werden. Die Macht, die diese Umwandlung verwirklicht, ist *der bei der Triebentmischung frei werdende Eros.*

Die Anpassung der Familie an das Kind

(1928)[1]

Der Titel, den ich diesem Vortrag gegeben habe, ist einigermaßen ungewöhnlich, denn wir beschäftigen uns gewöhnlich nur mit der Anpassung des Kindes an die Familie, nicht mit der *der Familie an das Kind*. Aber gerade unsere psychoanalytischen Forschungen haben uns gezeigt, daß der erste Schritt zur Anpassung von uns ausgehen sollte, und den ersten Schritt nach dieser Richtung haben wir zweifellos gemacht, wenn wir das Kind verstehen. Man macht der Psychoanalyse oft zum Vorwurf, daß sie sich allzu sehr mit primitivem und pathologischem Material beschäftigt; das stimmt; aber die Erforschung der Anormalen hilft uns zu Kenntnissen, die wir mit großem Nutzen bei den Normalen anwenden können. Ebenso wären wir in der Kenntnis der Gehirnphysiologie nie so weit gekommen ohne die Erforschung der Vorgänge bei Funktionsstörungen. Durch die Forschungen an Neurotikern und Psychotikern zeigt die Psychoanalyse, wie sich hinter der normalen Oberfläche verschiedene Zonen oder Schichten oder verschiedene Funktionsarten verbergen. Bei der Beobachtung der Primitiven oder Kinder finden wir Züge, die bei den Menschen höherer Zivilisation unsichtbar geworden sind; in der Tat, wir schulden den Kindern Dank für das Licht, das von ihnen auf die Psychologie gefallen ist, und die folgerichtigste Art, diese Schuld zu bezahlen (was ebenso in unserem Interesse liegt wie in ihrem), ist die Bemühung, sie mit Hilfe unserer psychoanalytischen Studien besser zu verstehen.

Ich muß gestehen, wir sind noch nicht in der Lage, den erzieherischen Wert der Psychoanalyse genau zu umschreiben; wir können auch noch keine praktischen Vorschriften im einzelnen für die Erziehung geben. Denn die Psychoanalyse, die Ratschläge nur mit großer Vorsicht erteilt, beschäftigt sich meist mit Erscheinungen, mit denen sich die Erziehungs-

[1] Vortrag, gehalten in London am 13. Juni 1927 in der gemeinsamen Sitzung der medizinischen und pädagogischen Sektionen der British Psychological Society.

Die Anpassung der Familie an das Kind

wissenschaft gar nicht oder in sehr unrichtiger Weise beschäftigt hat. Wir können Ihnen also eher sagen, wie Sie Ihre Kinder *nicht* erziehen sollen, als wie Sie sie erziehen sollen. Letzteres ist eine viel kompliziertere Frage, aber wir hoffen, Ihnen eines Tages auch darauf zufriedenstellende Antwort geben zu können. Aus diesem Grunde bin ich gezwungen, meine Ausführungen allgemeiner zu halten, als mir lieb ist.

Die Anpassung der Familie an das Kind kann erst beginnen, wenn die Eltern anfangen, *sich selbst besser zu verstehen* und so eine gewisse Vorstellung vom Seelenleben der Erwachsenen zu bekommen. Bis jetzt schien man es als erwiesen zu betrachten, daß die Eltern von Natur aus wissen, wie sie ihre Kinder zu erziehen haben; allerdings gibt es ein deutsches Zitat, welches das Gegenteil besagt: Vater werden ist leichter denn Vater sein. Der Fehler beginnt also damit, daß die Eltern ihre eigene Kindheit vergessen. Wir finden auch beim normalsten Menschen einen erstaunlichen Mangel an Erinnerungen an die ersten fünf Lebensjahre, und in pathologischen Fällen geht diese Amnesie noch viel weiter. Das sind aber Jahre, in denen das Kind tatsächlich bereits die meisten geistigen Fähigkeiten der Erwachsenen erlangt hat. Und doch bleiben diese Jahre vergessen! Dieser Mangel an Verständnis für die eigene Kindheit ist das größte Hindernis für die Eltern, um die wesentlichen Erziehungsfragen zu erfassen.

Bevor ich zu meinem eigentlichen Thema – der Erziehung – komme, erlauben Sie mir ein paar Bemerkungen über *Anpassung* und über ihre Rolle im psychischen Leben im allgemeinen. Das Wort ›Anpassung‹ ist bekanntlich ein biologischer Ausdruck, und das lenkt unsere Aufmerksamkeit auf einige biologische Vorfragen. Dieser Begriff hat drei verschiedene Auslegungen: die *Darwins*, die *Lamarcks* und eine dritte, die wir die psychologische nennen könnten. Die erste bezieht sich auf die natürliche Auswahl und ist im Grunde eine ›statistische Erklärung‹ der Anpassung, die sich mit dem allgemeinen Problem der Erhaltung der Arten von diesem Gesichtspunkt aus befaßt; die Giraffe zum Beispiel, die zufällig mit längerem Hals zur Welt kam, kann sich Nahrung beschaffen, die Tiere mit kürzerem Hals nicht erreichen, sie hat also mehr Aussicht, am Leben zu bleiben und die Art fortzupflanzen; die Wirksamkeit dieses Faktors ist bei allen Lebewesen anzunehmen. Nach Lamarcks Ansicht wird das Individuum durch die Übung einer bestimmten Funktion kräftiger, und diese erhöhte Fähigkeit geht auch auf seine Nachkommen über. Dies wäre die ›physiologische Erklärung‹ der Anpassung. Es gibt aber auch eine dritte Art, in der sich Individuen an ihre Umgebung anpassen können, die wir die psychologische nennen möchten. Es ist nicht unwahrscheinlich, daß auch eine Änderung in der Verteilung der psychischen resp. nervösen Energie die Fähigkeit hat, ein Organ wachsen oder degenerieren zu lassen. Ich erinnere daran, da es in Amerika modern ist, die Existenz der Psychologie als Wissenschaft zu leugnen; jedes Wort, das mit ›psych‹ beginnt, trägt das Brandmal der Unwissenschaftlichkeit, angeblich, weil es ein mystisches Element enthalte. Dr. Watson forderte mich einmal auf, ihm genau auseinanderzusetzen, was Psychoanalyse sei. Ich mußte zugeben, daß sie weniger ›wissenschaftlich‹ sei als der Behaviorismus, wenn man nämlich die Wissenschaftlichkeit ausschließlich als eine Angelegenheit des Messens und Wägens ansieht. Die Physiologie fordert, daß jede Veränderung mit einem Instrument gemessen werden könne. Die Psychoanalyse aber ist nicht in der Lage, Gemütsbewegungen auf diese Weise zu behandeln; allerdings wurden schüchterne Versuche gemacht, dieses Ziel zu erreichen, aber sie waren bis jetzt alles eher als befriedigend. Wenn aber eine Erklärung versagt, ist es nicht verboten, andere zu versuchen, und gerade eine derartige verdanken wir Freud. Er fand, daß wir durch wissenschaftliche Gruppierung der Ergebnisse der Introspektion ebenso sicher zu einer neuen Einsicht gelangen können wie durch Verwertung der Ergebnisse äußerer Wahrnehmung, die wir aus Beobachtung und Experiment schöpfen. Diese introspektiven Tatsachen sind zwar unmeßbar, aber nichtsdestoweniger Tatsachen, und als solche dürfen wir sie auswerten und nach Wegen suchen, uns durch sie zu etwas Neuem zu verhelfen. Freud hat, indem er einfach das introspektive Material unter einem neuen Gesichtspunkt betrachtete, ein psychisches System postuliert; gewiß sind darin Hypothesen enthalten, aber die finden sich ebenso in den Naturwissenschaften. Unter diesen Hypothesen spielt der Begriff des Unbewußten eine große Rolle, mit dessen Hilfe wir zu manchen Schlußfolgerungen kommen, die mit den Hypothesen der Physiologie und Gehirnanatomie nicht zu erreichen waren. Erst wenn die Fortschritte der Chemie und der Mikroskopie Freuds Hypothesen überflüssig machen werden, werden wir bereit sein, unseren Anspruch auf Wissenschaftlichkeit aufzugeben. Dr. Watson meint, man kann das Kind ohne Hilfe der Psychologie verstehen; er meint, Reflexbewegungen seien eine genügende Erklärung für das Verhalten des Individuums. Ich mußte ihm aber antworten, daß das physiologische Schema höchstens zum Verständnis des Verhaltens von Mäusen und Kaninchen genügt, nicht aber menschlicher Wesen. Aber selbst bei den Tieren wendet er,

Die Anpassung der Familie an das Kind

ohne es zu gestehen, ununterbrochen Psychologie an – er ist ein unbewußter Psychoanalytiker! Wenn er z. B. vom Angstreflex der Maus spricht, so wendet er den psychologischen Ausdruck ›Angst‹ an. Er gebraucht das Wort ganz richtig, aber nur aus der Introspektion weiß er, was Angst ist; andernfalls hätte er keine Vorstellung davon, was das Davonlaufen für die Maus bedeutet. Doch wir müssen zur Frage der *Anpassung* zurückkehren. Die vorstehenden Bemerkungen wollten nichts anderes, als die Berechtigung psychologischer Gesichtspunkte bezüglich des Anpassungsproblems hervorheben. Der Psychoanalyse verdanken wir die Ordnung einer neuen Tatsachenreihe, die von der Naturwissenschaft vernachlässigt war – *sie zeigt uns die Wirksamkeit innerer Faktoren, die nur durch Introspektion entdeckt werden können.*

Ich will nun versuchen, die *praktischen* Probleme zu behandeln, die mit der Anpassung der Eltern an die Kinder zusammenhängen. Die Natur ist sehr sorglos, sie kümmert sich wenig um das Individuum, wir Menschen aber denken anders, wir wünschen das Leben aller unserer Sprößlinge zu erhalten und ihnen unnötige Leiden zu ersparen. Wenden wir daher unsere besondere Aufmerksamkeit den Entwicklungsstadien zu, in denen das Kind mit Schwierigkeiten zu kämpfen hat; es gibt deren viele. Freud lehrte uns, daß die Symptome der Angst mit den besonderen physiologischen Veränderungen in Zusammenhang stehen, die der Übergang aus dem Leib der Mutter in die Außenwelt mit sich bringt. Einer seiner früheren Schüler machte diese Ansicht neuerdings zum Ausgangspunkt einer Theorie, in der er, von den psychoanalytischen Ansichten abweichend, alle Neurosen und Psychosen einfach aus diesem ersten großen Trauma zu erklären sucht; er nannte es das ›Trauma der Geburt‹. Ich habe mich selbst sehr eingehend mit dieser Frage beschäftigt, aber je länger ich beobachtete, desto klarer wurde es mir, daß das Individuum für keine der Änderungen und Entwicklungen, die das Leben mit sich bringt, so gut vorbereitet ist wie gerade für die Geburt. Physiologische Vorsorge und der Instinkt der Eltern machen diesen Übergang so sanft wie möglich. Er würde tatsächlich ein Trauma sein, wären nicht Lungen und Herz so gut vorgebildet; so aber ist die Geburt eine Art *Triumph,* der normalerweise für das ganze Leben vorbildlich bleibt. Bedenken wir die Einzelheiten: Das drohende Ersticken hört sofort auf, denn die Lungen sind da und beginnen in dem Moment zu funktionieren, wo die Zirkulation durch die Nabelschnur aufhört; die linke Herzkammer, die bis jetzt untätig war, übernimmt energisch ihre Aufgabe. Nebst dieser physiologischen Hilfe veranlaßt ihr Instinkt die Eltern, die Situation des Neugeborenen so angenehm wie möglich zu gestalten; das Kind wird warm gebettet, gegen störende optische und akustische Reize so weit als möglich geschützt; sie lassen tatsächlich das Kind vergessen, was geschehen ist, als ob gar nichts vorgefallen wäre. Es ist fraglich, ob eine so schnell und gründlich beseitigte Erschütterung als ›Trauma‹ gelten darf. Die Nachwirkung anderer wirklicher Traumen ist schwerer zu beseitigen – sie sind nicht von physiologischer Natur, sondern betreffen den Eintritt des Kindes in die Gesellschaft seiner Mitmenschen; für diesen Vorgang scheint der Instinkt der Eltern vielfach zu versagen. Ich erwähne die Traumen der Entwöhnung, der Reinlichkeit, des Ausmerzens ›schlechter Gewohnheiten‹, und schließlich das wichtigste von allen, den Übergang von der Kindheit zum Leben der Erwachsenen. Das sind die schwersten Traumen der Kindheit, und weder die Eltern im besonderen noch die Zivilisation im allgemeinen haben bis jetzt hier genügende Vorsorge getroffen.

Die *Entwöhnung* ist und war immer eine wichtige medizinische Angelegenheit, es ist der Übergang von der primitiven Art der Ernährung zur Tätigkeit des Kauens, es ist ein Wechsel von nicht nur physiologischer, sondern großer psychologischer Bedeutung. Die ungeschickte Art der Entwöhnung kann die Beziehung des Kindes zu den Objekten und die Art, sich Objektlust zu verschaffen, ungünstig beeinflussen und so einen großen Teil des Lebens verdunkeln. Wir wissen allerdings nicht viel über die Psychologie des einjährigen Kindes, aber wir bekommen langsam eine schwache Vorstellung von den tiefen Eindrücken, die die Entwöhnung vermutlich hinterläßt. Schon eine leichte Wunde, ein bloßer Nadelstich in einem frühen Stadium der embryonalen Entwicklung kann ja die Ausbildung ganzer Körperteile verhindern. Ein anderes Beispiel: In einem Raum, mit einer einzigen Kerze darin, kann eine Hand, nahe der Lichtquelle, den halben Raum verdunkeln. Ähnlich beim Kinde: Wenn Sie ihm nahe dem Lebensbeginn auch nur eine geringfügige Schädigung zufügen, so kann das einen Schatten auf sein ganzes Leben werfen. Es ist sehr wichtig sich klarzumachen, wie empfindlich Kinder sind; aber Eltern glauben das nicht, sie können sich keine Vorstellung von der hochgradigen Empfindlichkeit ihrer Kleinen machen und benehmen sich in ihrer Gegenwart, als empfänden die Kinder nichts von den aufregenden Szenen um sie herum. Wenn das Kind in seinem ersten und zweiten Lebensjahr den intimen Verkehr zwischen seinen

Die Anpassung der Familie an das Kind

Eltern beobachtet, zu einer Zeit, wo es schon erregbar ist, aber noch kein intellektuelles Ventil für seine Erregung besitzt, so kann das eine Infantilneurose zur Folge haben, die das Affektleben vielleicht fürs ganze Leben schwächt. Kindliche Phobien und hysterische Angsterscheinungen sind in den frühen Entwicklungsjahren häufig. Gewöhnlich verschwinden sie, ohne das spätere Leben zu stören; aber sehr oft finden wir, daß sie tiefe Spuren im Seelenleben und Charakter des Kindes zurücklassen.

Das Erlernen der *Reinlichkeit* ist eine der schwierigsten Phasen in der Entwicklung des Kindes. Sie kann sehr gefährlich werden, ist es aber nicht immer. Es gibt eben Kinder, die so gesund veranlagt sind, daß sie auch die Maßnahmen der törichtsten Eltern ertragen; aber das sind Ausnahmen, und selbst wenn sie ihre verkehrte Erziehung gut überstehen, bemerken wir oft, daß sie etwas von dem Glück einbüßen, welches das Leben ihnen bringen könnte. Dies sollte Eltern und Erzieher veranlassen, den Reaktionen des Kindes weit mehr Aufmerksamkeit zu schenken und die Schwierigkeiten, mit denen es zu kämpfen hat, richtig einzuschätzen. Freuds Beobachtungen der Gemütsveränderung des Kindes während der Anpassung an den Reinlichkeitskodex des Erwachsenen brachte ihn auf die wichtige Entdeckung, daß ein bedeutsamer Teil des Charakters sich während dieses Prozesses formt. Anders ausgedrückt: Die Art, in der das Individuum in seinen ersten fünf Lebensjahren seine primitiven Bedürfnisse an die Forderungen der Zivilisation anpaßt, wird auch die Art bestimmen, in der es sich mit allen späteren Schwierigkeiten im Leben auseinandersetzt. Vom Standpunkt der Psychoanalyse aus ist ›Charakter‹ gleichsam die Mechanisierung eines bestimmten Reaktionsmodus, nicht unähnlich einem Zwangssymptom. Wir erwarten von einem Individuum, daß es sich einer gegebenen Situation genau bis in die Einzelheiten anpassen kann, aber bedenken Sie, wie wenig das mit dem vereinbar ist, was der Charakter aus dem Menschen macht! Wenn Sie den ›Charakter‹ eines Menschen kennen, können Sie ihn, so oft Sie wollen, veranlassen, eine Handlung zu vollführen, weil er wie eine Maschine arbeitet. Sie brauchen vor ihm nur einen gewissen Namen zu nennen, und er schüttelt ganz bestimmt den Kopf; er gibt diese automatische Antwort auf Ihr schlau ausgesuchtes Wort, weil das in ›seinem Charakter liegt‹. – Als ich Student war, wurde den ererbten Eigentümlichkeiten in ärztlichen Kreisen zuviel Gewicht beigelegt; die Ärzte meinten, daß wir nur Produkt unserer Konstitution seien. Charcot, einer der besten Lehrer der Medizin in Paris, hielt ganze Vorlesungen über dieses Thema. Ich will einen typischen Vorfall, der das besser beleuchtet, erzählen. Eines Tages kam eine Mutter zu ihm in eine seiner ›Leçons du Mardi‹ und wollte mit ihm über ihr neurotisches Kind sprechen. Wie immer, begann er nach dem Großvater des Kindes zu fragen, was für Krankheiten er gehabt habe, woran er gestorben sei, dann nach der Großmutter, nach dem anderen Großvater und der anderen Großmutter und nach allen anderen Verwandten. Die Mutter versuchte, ihn zu unterbrechen und ihm etwas zu erzählen, was dem Kind vor einer Woche oder einem Jahr begegnet war. Charcot wurde ärgerlich und wollte davon nichts hören, er war eifrig beschäftigt, den ererbten Eigentümlichkeiten nachzugehen. Wir Psychoanalytiker leugnen deren Wichtigkeit keineswegs, im Gegenteil, wir halten sie für wichtige Faktoren in der Ätiologie neurotischer oder psychotischer Erkrankungen, aber nicht für die einzigen. Die angeborene Neigung mag vorhanden sein, aber ihr Einfluß kann durch Erlebnisse nach der Geburt oder durch Erziehung modifiziert werden. Vererbung sowohl als auch individuelle Ursachen müssen in Betracht gezogen werden. Reinlichkeit z. B. ist nichts Angeborenes, sie ist keine ererbte Eigentümlichkeit, sie muß gelehrt werden. Ich meine nicht, daß Kinder für diese Unterweisung unempfänglich sind, wohl aber glaube ich, daß sie ohne Unterweisung nicht reinlich würden.

Die natürliche Neigung des kleinen Kindes geht dahin, sich selbst zu lieben und ebenso alles, was es als einen Teil seiner selbst betrachtet; seine Exkremente sind tatsächlich ein Teil von ihm, ein Zwischending zwischen Subjekt und Objekt. Das Kind hat noch ein gewisses Gefühl für seine Dejekte, allerdings zeigen auch Erwachsene Spuren dieses Verhaltens. Bisweilen analysiere ich sogenannte normale Menschen, und ich habe in dieser Hinsicht niemals einen wesentlichen Unterschied zwischen ihnen und Neurotikern bemerkt, außer daß die letzteren etwas mehr unbewußtes Interesse für den Schmutz haben. Und gleichwie die Hysterie nach Freud das Negativ einer Perversion ist, so liegt auch der Reinlichkeit des Normalmenschen das Interesse für den Auswurf zugrunde. Wir brauchen aber darob nicht allzu betrübt zu sein, denn gerade solche primitive Strebungen versorgen uns mit der Energie für die großen Leistungen der Zivilisation. Wenn wir aber das nicht wissen und bei diesen Schwierigkeiten des Kindes grausam und blind wüten – dadurch deren Verdrängung herbeiführend –, dann bringen wir diese Energien auf falsche Fährte. Die Reaktion wird verschieden sein, je nach der konstitutionellen Verschiedenheit des Individuums; das eine wird wahr-

Die Anpassung der Familie an das Kind

scheinlich ein Neurotiker werden, ein anderes ein Psychotiker, ein drittes ein Verbrecher. Wenn wir aber hier Bescheid wissen, die Kinder vorsichtig behandeln, sie bis zu einem gewissen Grade entsprechend ihren Impulsen gewähren lassen, andererseits ihnen die Möglichkeit bieten, sie zu sublimieren, dann wird der Weg viel sanfter werden, und sie lernen es, ihre primitiven Bedürfnisse auf die Pfade der Nutzbarkeit zu lenken. Die Erzieher versuchen aber gar zu oft, diese primitiven Bedürfnisse auszumerzen (obwohl sie, wie gesagt, wichtige Energiequellen sind), als ob sie etwas an sich Böses wären.

Das eigentlich Traumatische bei der Anpassung der Familie an das Kind ereignet sich also beim Übergang von der frühesten primitiven Kindheit zur Zivilisation; dies hängt nicht nur mit der Reinlichkeit, sondern mit der *Sexualität* zusammen. Man hört oft, daß Freud alles auf Sexualität zurückführt. Das ist ganz unrichtig. Er spricht von einem *Konflikt* zwischen egoistischen und sexuellen Tendenzen und hält sogar die ersteren für stärker. In der Tat verwenden die Psychoanalytiker den größten Teil ihrer Zeit auf die Analyse der verdrängenden Faktoren bei dem betreffenden Individuum.

Sexualität beginnt nicht mit der Pubertät, sondern mit den ›schlechten Gewohnheiten‹ der Kinder. Diese ›schlechten Gewohnheiten‹, wie sie irrtümlich genannt werden, sind Manifestationen der *Autoerotik*, sind also primitive Äußerungen des Sexualinstinkts. Erschrecken Sie nicht vor diesem Ausdruck! Das Wort *Masturbation* erregt gewöhnlich maßloses Entsetzen. Wenn der Rat des Arztes bezüglich der autoerotischen Betätigung des Kindes eingeholt wird, so sollte er den Eltern raten, es nicht zu tragisch zu nehmen. Allerdings müssen die Eltern in dieser Frage sehr taktvoll behandelt werden, und zwar wegen ihrer eigenen maßlosen Angst. Sonderbar, was die Eltern nicht verstehen, sind gerade Dinge, die den Kindern selbstverständlich sind; und was die Kinder nicht erfassen, ist für die Eltern klar wie der Tag. Ich will dieses Rätsel später erklären: es enthält das Geheimnis der ganzen Verwirrung in den Beziehungen zwischen Eltern und Kind.

Für einen Moment wende ich mich von diesem Paradoxon zu der gewichtigen Frage, wie man ein *neurotisches Kind* zu behandeln hat. Es gibt nur einen Weg: *die Motive aufzufinden, die in seinem Unbewußten verborgen und doch wirksam sind.* Es wurden bereits einige solche Versuche gemacht; eine frühere Schülerin von mir und Dr. Abraham, Frau Melanie Klein, hat mutig die Analyse von Kindern versucht, als wären sie Erwachsene, und hat über große Erfolge berichtet. Ein zweiter Versuch nach anderen – konservativeren – Grundsätzen wurde von Frl. Anna Freud, Professor Freuds Tochter, gemacht. Die beiden Methoden sind recht verschieden, und es ist abzuwarten, ob und in welcher Kombination die schwierige Frage von Analyse und Erziehung gelöst werden kann; wir können jedenfalls sagen, daß der Beginn vielversprechend ist.

Ich hatte kürzlich bei meinem Aufenthalt in Amerika Gelegenheit, die Methoden einer Schule kennen zu lernen, die von psychoanalytisch geschulten Lehrern geleitet wird, deren größter Teil analysiert ist. Es ist eine Schule namens ›Walden-School‹. Die Lehrer versuchen, die Kinder gruppenweise zu unterweisen, da eine individuelle Analyse jedes einzelnen Kindes, was viel besser wäre, aus Zeitmangel nicht in Frage kommt. Sie versuchen, die Kinder so zu erziehen, daß eine regelrechte Analyse nicht notwendig wird. Wenn sie ein neurotisches Kind haben, so studieren sie es natürlich speziell, lassen ihm eine individuelle Analyse zuteil werden und widmen ihm so viel Aufmerksamkeit, als es deren bedarf. Ich war besonders neugierig, auf welche Art sie die sexuelle Erziehung handhaben. Die Schule betont in den Unterredungen mit den Eltern die Notwendigkeit, die Fragen der Kinder, die sich auf Sexualität beziehen, einfach und natürlich zu beantworten. Aber sie verwenden dabei die ›botanische Methode‹, d. h. sie machen Gebrauch von der Analogie mit Pflanzen, wenn sie die Fortpflanzung der Menschen erklären.

Ich habe gegen diese Methode einen Einwand. Sie ist zu *belehrend* und nicht genügend *psychologisch*. Sie mag ein guter Beginn sein, aber sie schenkt den inneren Bedürfnissen und Bestrebungen des Kindes keine genügende Aufmerksamkeit; gewöhnlich befriedigt auch die genaueste physiologische Erklärung über die Herkunft der Kinder das fragende Kind nicht und es reagiert auf diese Erklärung der Eltern bisweilen mit vollkommenem Unglauben. Es sagt, wenn auch nicht mit klaren Worten: »Du erzählst mir das, aber ich glaube es nicht.« *Was das Kind in der Tat braucht, ist das Zugeständnis der erotischen (sinnlichen) Bedeutung des Genitalorgans.* Das Kind ist ja kein Wissenschaftler, der wissen will, woher die Kinder kommen; es interessiert sich natürlich auch für diese Frage, so wie es sich für Astronomie interessiert. Aber es verlangt viel dringender von den Eltern und Erziehern das Geständnis, daß das Genitalorgan eine libidinöse Funktion hat; solange dies von den Eltern nicht zugestanden wird, befriedigen ihre Erklärungen das Kind nicht. Es stellt sich selbst Fragen folgender Art: Wie oft findet der Sexualverkehr statt? und es versucht, die Antwort mit der Zahl der Kinder in der

Familie in Übereinstimmung zu bringen. Dann sagt es vielleicht: »Es muß sehr schwer sein, ein Kind hervorzubringen, weil das so lange dauert.« Es ahnt dunkel, daß der Sexualakt öfters wiederholt wird und daß er den Eltern Vergnügen bereitet. Sympathetisch, wie wir sagen, hat es erotische Sensationen in seinem eigenen Genitale, die sich durch bestimmte Betätigungen befriedigen lassen, und es ist klug genug, zu wissen und zu fühlen, daß das Genitalorgan eine libidinöse Funktion hat. Es fühlt sich schuldig (weil es in seinem Alter libidinöse Gefühle hat) und denkt: »Was für ein gemeines Geschöpf bin ich, wollüstige Gefühle in meinen Genitalien zu haben, während meine Eltern, die ich verehre, von diesen Organen nur Gebrauch machen, um Kinder zu bekommen.« Solange die erotische oder Lustfunktion des Genitales nicht eingestanden ist, wird stets zwischen Ihnen und Ihrem Kind ein Abstand bestehen und Sie werden in seinen Augen ein unerreichbares Ideal, und das ist es, was ich vorhin mit jenem Paradoxon meinte. Die Eltern können nicht glauben, daß das Kind in seinen Genitalien ähnliche Sensationen hat wie sie selbst. Das Kind hingegen dünkt sich aber wegen dieser Gefühle verworfen und glaubt, die Erwachsenen seien in dieser Hinsicht rein und makellos. So besteht ein Abgrund zwischen Eltern und Kind in dieser intimen häuslichen Angelegenheit. Wenn zwischen Mann und Frau – wie es häufig vorkommt – ein ähnlicher Abgrund bestehen bleibt, weil die Mädchen künstlich auf kindlicher Stufe gehalten werden, so dürfen wir nicht erstaunt sein, wenn das zu einer ›Entfremdung‹ zwischen den Ehegatten führt. Infolge der Einsichtslosigkeit, die unsere Erkenntnis in allen Angelegenheiten behindert, die mit der Sexualbetätigung des Kindes zusammenhängen (Schuld daran trägt unsere eigene infantile Amnesie), erwarten wir von den Kindern blinden Glauben und die Mißachtung ihrer eigenen physischen und psychischen Erfahrungen. Eine der größten Schwierigkeiten, mit denen das Kind zu kämpfen hat, erhebt sich später, wenn es erkennt, daß all sein hoher Idealismus der Wirklichkeit nicht entspricht; es wird enttäuscht und glaubt überhaupt nicht mehr den Autoritäten. Dem Kind braucht der Glaube an die Autorität nicht geraubt zu werden, der Glaube an die Wahrheit der Dinge, die die Eltern und andere zu ihm sprechen, aber es soll natürlich nicht gezwungen sein, alles auf Treu und Glauben hinzunehmen. Ich kann das am besten erläutern, wenn ich es auf andere Weise ausdrücke: es ist ein Unglück für ein Kind, wenn es frühzeitig enttäuscht und mißtrauisch wird. Die ›Walden-School‹ leistet in dieser Hinsicht gute Arbeit, aber es ist natürlich nur ein Anfang. Ihre Methode, das Seelenleben des Kindes mit

Hilfe des Verständnisses der Eltern zu beeinflussen, ist manchmal sehr gut und mag sogar in frühen Stadien neurotischer Schwierigkeiten erfolgreich sein. Wir müssen dabei erinnern, daß Prof. Freud die erste Kinderanalyse auf ähnliche Art durchführte (Der kleine Hans[1]). Er fragte den Vater des neurotischen Kindes aus, und alle Erklärungen an das Kind wurden vom Vater weitergegeben.

Die Anpassungsschwierigkeiten des Alters, *in dem das Kind von der Familie unabhängig wird*, sind mit der Sexualentwicklung aufs engste verknüpft. Es ist das Alter, in dem der sogenannte ›Ödipuskonflikt‹ entfacht wird. Wenn Sie sich daran erinnern, wie sich die Kinder bisweilen in dieser Angelegenheit äußern, so werden Sie das nicht so tragisch finden. Das Kind sagt manchmal ganz von selbst dem Vater: »Wenn du stirbst, werde ich die Mutter heiraten.« Niemand nimmt das sehr ernst, denn es wird in der Zeit *vor* dem Ödipuskonflikt gesagt, d. h. in einer Zeit, in der das Kind alles tun und denken darf, ohne für seine Gedanken bestraft zu werden, besonders weil die Eltern die sexuelle Grundlage solcher Äußerungen nicht verstehen. Von einem gewissen Alter an werden solche Dinge sehr ernst genommen und bestraft. Auf diese Umstände reagiert das arme Kind auf eine sehr eigenartige Weise. Um Ihnen dies verständlich zu machen, muß ich eine vereinfachte Zeichnung über das Freudsche Schema der menschlichen Persönlichkeit geben.

Das ›Es‹ (die Triebe) bildet den zentralen, das ›Ich‹ den anpassungsfähigen, peripheren Teil der Persönlichkeit, den Teil, der sich in jeder Beziehung in seine Umwelt finden soll. Auch menschliche Wesen bilden einen Teil dieser Umwelt, unterscheiden sich aber von allen anderen Objekten durch ihre besondere Bedeutung und noch in einem anderen wichtigen Zug: alle andern Objekte haben immer die gleichen Eigenschaften, sie sind verläßlich. Der einzige Teil der Umwelt, auf den man sich nicht verlassen kann, sind die anderen Menschen, vor allem die Eltern. Wenn wir etwas auf irgendeinem Platz lassen, so werden wir es auf demselben Platz ebenso wiederfinden. Auch Tiere verändern sich nicht wesentlich. Sie lügen nicht; wenn man sie einmal kennt, kann man sich auf sie verlassen. Der Mensch ist das einzige Lebewesen, das lügt. Das macht es für das Kind so schwer, sich an diesen Teil seiner Umgebung anzupassen. Auch die so hochverehrten Eltern sprechen nicht immer die Wahrheit, sie lügen mit Überlegung, ihrer eigenen Ansicht

---

[1] Freud, ›Analyse der Phobie eines fünfjährigen Knaben‹.

Die Anpassung der Familie an das Kind

nach allerdings nur im Interesse des Kindes. Aber wenn das Kind das einmal erfahren hat, wird es mißtrauisch. Das ist die eine Schwierigkeit. Die andere liegt in der Abhängigkeit des Kindes von seiner Umgebung. Die Ideen und Ideale der Umgebung zwingen auch das Kind, zu lügen. Die Eltern haben ihm da eine Art von Falle gestellt. Die ersten Ansichten des Kindes stammen natürlich von ihm selbst: Süßigkeiten sind gut, und erzogen (gehindert) werden ist schlecht; eine Gruppe von dem entgegengesetzten Ansichten findet das Kind in dem Geist seiner Eltern tief eingewurzelt, daß nämlich Süßigkeiten ›schlecht‹ seien und daß Erzogenwerden ›gut‹ sei. So stehen die eigenen realen angenehmen und unangenehmen Erlebnisse den Äußerungen der Erziehungspersonen

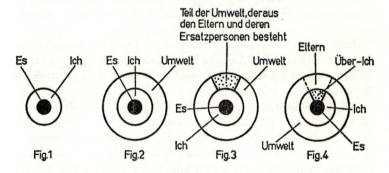

gegenüber, die trotz dieser offenbar unrichtigen Ansichten von dem Kind heiß geliebt werden und von denen es auch in physischer Hinsicht abhängt. Ihnen zuliebe muß es sich an den neuen und schwierigen Kodex anpassen. Es schlägt dabei einen besonderen Weg ein, den ich an einem Fall illustrieren will. Ich hatte einen Patienten, der sich an seine Kinderzeit sehr gut erinnerte. Er war nie das, was wir ein gutes Kind nennen würden. Er war eher schlimm und wurde jede Woche geprügelt, bisweilen im voraus. Wenn man ihn prügelte, begann er plötzlich ganz bewußt zu denken: »Wie hübsch wird das sein, wenn ich Vater sein und mein Kind prügeln werde!« So zeigte er, daß er in seiner Phantasie schon damals die künftige Vaterrolle annahm. Solche Identifikation bedeutet eine Veränderung in einem Teil der Persönlichkeit. Das ›Ich‹ ist um eine Erwerbung aus der Umwelt bereichert, die nicht ererbt war. Dies ist auch die Art, in der man gewissenhaft wird. Zuerst hat man Angst vor der Strafe, dann identifiziert man sich mit der strafenden Autorität. Dann mögen der wirkliche Vater und die wirkliche Mutter ihre Be-

deutung für das Kind verlieren, es hat sich in seinem Innern eine Art inneren Vater und innere Mutter aufgerichtet. So kommt das zustande, was Freud das Über-Ich nennt (s. die Zeichnung).
Das Über-Ich ist also das Resultat einer Wechselwirkung zwischen dem Ich und einem Teil der Umwelt. Wenn Sie zu streng sind, können Sie das Leben des Kindes unnötig beeinträchtigen, indem Sie ihm ein allzu hartes Über-Ich geben. Ich glaube allen Ernstes, daß es notwendig wäre, einmal ein Buch zu schreiben, nicht nur, wie üblich, über die Bedeutung und den Nutzen der Ideale für das Kind, sondern über die Schädlichkeit übertriebener Idealforderungen. In Amerika sind die Kinder manchmal enttäuscht, wenn sie hören, daß Washington nie in seinem Leben log. Ich fühlte dieselbe Niedergeschlagenheit, als ich in der Schule lernte, daß Epaminondas nicht einmal im Scherz log. *»Ne joco quidem mentiretur.«*
Ich habe nur noch weniges hinzuzufügen. Die Frage der Koedukation, deren Auswirkung ich in Amerika beobachten konnte, erinnert mich an die Zeit, in der ich mit meinem Freund Dr. Jones und einigen anderen Psychoanalytikern in Amerika war, um Freuds erste amerikanische Vorlesung mit anzuhören. Wir begegneten Dr. Stanley Hall, dem großen amerikanischen Psychologen, der uns scherzend sagte: »Schauen Sie sich diese Buben und Mädeln an, sie sind imstande, wochenlang zusammen zu sein, und *unglücklicherweise* ist nie eine Gefahr dabei.« Das ist bis zu einem gewissen Maße mehr als ein Scherz. Die Verdrängung, auf der ›das gute Betragen‹ der Jugend beruht, ist unvermeidlich, kann aber, wenn übertrieben, große Schwierigkeiten im späteren Leben verursachen. Wenn Sie die Koedukation für notwendig erklären, dann müssen Sie eine bessere Art finden, die Geschlechter zusammenzubringen, denn die jetzige Methode, sie zusammenzupferchen und sie gleichzeitig zu zwingen, ihre Empfindungen um so mehr zu verdrängen, mag das Entstehen von Neurosen begünstigen. – Schließlich nur noch ein Wort über die Strafen in der Schule. Es versteht sich von selbst, daß die Psychoanalyse aus dem Strafen, soweit es überhaupt nötig ist, den Geist der Vergeltung auszumerzen bestrebt ist.
Meine Absicht, als ich Ihre Einladung annahm, war nicht, Definitives über die Verbindung zwischen Psychoanalyse und Erziehung zu sagen, sondern nur Interesse und Lust zu weiterer Arbeit anzuregen. Freud nannte die Psychoanalyse eine Art *Nacherziehung des Individuums*, aber die Dinge entwickeln sich so, daß bald die Erziehung mehr von der Psychoanalyse zu lernen haben wird, als umgekehrt. Die Psychoanalyse

Die Anpassung der Familie an das Kind

wird die Pädagogen und Eltern lehren, ihre Kinder so zu behandeln, daß diese ›Nacherziehung‹ überflüssig wird.

An der Diskussion nahmen teil: Dr. Ernest Jones, Mrs. Klein, Dr. Menon, Mrs. Susan Isaacs, Mr. Money-Kyrle, Miss Barbara Low, Dr. David Forsyth.

Dr. F. antwortete wie folgt:
In Erwiderung auf Dr. Jones' Einwand bedauere ich, daß meine Äußerungen den Eindruck erwecken konnten, als ob ich eine Methode nur dann als wissenschaftlich ansähe, wenn bei ihr alles auf Meßbares zurückzuführen ist. Ich nahm diese Ansicht nur ›*Posito, sed non concesso*‹ an. Ich schätze die Mathematik, doch glaube ich, daß auch die beste Meßmethode die Psychologie nicht ersetzen kann. Auch wenn Sie eine Maschine hätten, die die feinsten Vorgänge im Gehirn auf einen Schirm projizierte und jede Gedanken- und Gefühlsänderung genau registrierte, würden Sie immer noch nebstdem die innere Erfahrung besitzen und müßten diese beiden miteinander verknüpfen. Es gibt keinen anderen Ausweg aus dieser Schwierigkeit, als beide Wege der Erfahrung anzuerkennen, die physische und die psychische.
Mrs. Klein kann ich nur erwidern, daß die volle Phantasiefreiheit eine außerordentliche Erleichterung für das ganze Leben wäre. Würde man diese den Kindern gewähren, so fänden sie sich leichter in die Veränderungen, die der Übergang von der autistischen Betätigung zum Leben in der Gemeinschaft fordert. Natürlich müßten auch die Eltern anerkennen, daß sie selbst die gleiche Art von Phantasien haben. Das enthebt die Eltern nicht von der Aufgabe, das Kind auch den Unterschied zwischen Phantasien und irreversiblen Handlungen zu lehren. Das Kind darf sich also die Allmacht einbilden. Natürlich wird es dann diese Situation auszunützen suchen, und dann kommt wohl auch ein Moment, wo Sie von Ihrer Autorität Gebrauch machen müssen. (Die Psychoanalyse verbietet nämlich nur unbegründete Autorität.)
Ich erinnere mich an einen Vorfall mit einem kleinen Neffen, den ich so sanft behandelte, wie meiner Ansicht nach ein Psychoanalytiker muß. Er nützte das aus und begann mich zu quälen; am Ende begann er mich zu prügeln. Die Psychoanalyse lehrte mich nicht, daß ich ihm ad infinitum erlauben müsse, mich zu schlagen, deshalb nahm ich ihn in meine Arme, hielt ihn fest, so daß er sich nicht rühren konnte, und sagte: »Jetzt schlag, wenn du kannst.« Er versuchte es, konnte es nicht, beschimpfte

mich, sagte, daß er mich hasse; – ich antwortete: »Sehr gut, nur weiter, du kannst das alles fühlen und sagen, aber schlagen darfst du nicht.« Endlich erkannte er, daß meine Kraft größer ist und daß er nur in der Phantasie schlagen darf, und wir schieden als gute Freunde. Solche Unterweisung zur Selbstbeherrschung hat natürlich mit Verdrängung nichts zu tun und ist gewiß unschädlich.

Was die Frage betrifft, wie man den Kindern Symbole zu übersetzen hat, so sollten wir im allgemeinen eher von den Kindern lernen als sie von uns. Symbole sind die Sprache der Kinder, man muß sie nicht lehren, wie sie sie zu gebrauchen haben.

Ich glaube, das ist alles, was ich Ihnen heute sagen kann, und hoffe, daß diese Auseinandersetzung den Ansporn zu weiterer Arbeit geben wird.

Das Problem der Beendigung der Analysen

(1928)[1]

Meine Damen und Herren!
Lassen Sie mich mit dem Hinweis auf einen Fall anfangen, der mich vor einiger Zeit intensiv beschäftigte. Über einen Patienten, bei dem nebst verschiedenen neurotischen Beschwerden hauptsächlich Abnormitäten und Absonderlichkeiten des Charakters den Gegenstand der Analyse abgaben, erfuhr ich plötzlich, notabene nach einer mehr als achtmonatigen Analyse, daß er mich bezüglich eines bedeutsamen Umstandes finanzieller Natur die ganze Zeit über irreführte. Zunächst brachte mich dies in die höchste Verlegenheit. Die Grundregel der Analyse, auf der unsere ganze Technik aufgebaut ist, fordert ja das restlose und wahrheitsgetreue Hersagen aller Einfälle und Assoziationen. Was macht man also in einem Fall, in dem das Pathologische gerade in der Lügenhaftigkeit besteht? Soll man die Kompetenz der Analyse für solche Charakterschwierigkeiten von vornherein ablehnen? Dieses Armutszeugnis unserer Wissenschaft und Technik hatte ich nicht die geringste Lust zu unterschreiben. Ich setzte also die Arbeit fort, und erst die Erforschung dieser Lügenhaftigkeit verschuf mir die Gelegenheit, gewisse Symptome des Patienten überhaupt zu verstehen. Es ereignete sich nämlich schon vor der Entdeckung der Lüge, während der Analyse, daß der Patient einmal die Stunde versäumte und tags darauf das Versäumnis gar nicht erwähnte. Zur Frage gestellt, behauptete er steif und fest, er sei am Vortag da gewesen. Da es sicher war, daß ich selbst nicht das Opfer einer Erinnerungstäuschung war, drängte ich energisch auf die Feststellung des Tatbestandes. Bald kamen wir beide zur Überzeugung, daß der Patient nicht nur den vermißten Besuch bei mir, sondern die Geschehnisse des ganzen vorhergehenden Tages vergessen hatte. Nur schrittweise ließ

[1] Vortrag, gehalten auf dem X. Internationalen Psychoanalytischen Kongreß in Innsbruck am 3. September 1927.

sich damals ein Teil dieser Erinnerungslücke, zum Teil durch Befragung von Augenzeugen, füllen. Ich will nicht auf Einzelheiten des auch an sich interessanten Vorkommnisses eingehen und beschränke mich auf die Mitteilung, daß der Patient den vergessenen Tag halb betrunken in verschiedenen Tages- und Nachtlokalen im Kreise ihm unbekannter Männer und Frauen niedrigster Sorte verbrachte.

Es stellte sich dann heraus, daß derlei Gedächtnisstörungen bei ihm auch schon früher vorgekommen sind. In dem Moment nun, als ich untrügliche Beweise seiner bewußten Lügenhaftigkeit erhielt, war ich überzeugt, daß das Symptom der Spaltung der Persönlichkeit, wenigstens bei ihm, nur das neurotische Zeichen eben dieser Lügenhaftigkeit ist, eine Art indirektes Bekenntnis dieser Charakterschwäche. So wurde in diesem Fall das Aufkommen der Beweise einer Lüge ein für das analytische Verständnis vorteilhaftes Vorkommnis.[2]

Bald fiel mir aber auch ein, daß das Problem der Simulation und des Lügens während der Analyse schon mehrere Male Gegenstand der Überlegung war. In einer früheren Arbeit äußerte ich die Vermutung, daß alle hysterischen Symptome in frühester Kindheit noch als bewußte Kunststücke produziert wurden; ich entsann mich auch, daß uns Freud gelegentlich sagte, daß es ein prognostisch günstiges Zeichen, ein Anzeichen nahender Gesundung sei, wenn der Patient plötzlich die Überzeugung äußert, er hätte eigentlich die ganze Zeit seiner Krankheit über nur simuliert; im Lichte seiner neu gewonnenen analytischen Einsicht in das Getriebe des Unbewußten kann er sich nämlich nicht mehr in die Stimmung zurückversetzen, in der er jene Symptome automatisch, ohne die leiseste Einmischung seines bewußten Wissens, zustande kommen ließ. Das wirkliche Aufgeben der Lügenhaftigkeit scheint also wenigstens eines der Zeichen der nahenden Beendigung der Analyse zu sein.

Demselben Tatbestand sind wir übrigens schon früher, wenn auch unter anderem Namen, begegnet. Was Moral- und Realitätsprinzip Lüge heißen, nennen wir beim Kind und nennt unsere Pathologie eine Phantasie. Unsere Hauptaufgabe bei der Behandlung eines Hysteriefalles ist

---

[2] Ich habe keine Bedenken, diese Einzelbeobachtung zu generalisieren und alle Fälle sog. ›Spaltung der Persönlichkeit‹ als Symptome der z. T. bewußten Unaufrichtigkeit auszulegen, die jene Menschen zwingt, abwechselnd nur Teile ihrer Person zu manifestieren. In der Ausdrucksweise der Metapsychologie könnte man sagen, daß dies Personen mit *mehreren Über-Ichs* sind, deren Vereinheitlichung nicht gelungen ist. Auch Gelehrte, die die Möglichkeit ›mehrerer Wahrheiten‹ über denselben Gegenstand nicht von vornherein ablehnen, dürften Leute sein, deren wissenschaftliche Moral nicht zu einer Einheit gediehen ist.

Das Problem der Beendigung der Analysen

im wesentlichen das Ausforschen der automatisch und unbewußt produzierten Phantasiegebilde. Ein großer Teil der Symptome schwindet in der Tat durch dies Verfahren. Wir meinten denn auch, daß das Aufdecken der Phantasie, die ja eine besondere Art von Realität für sich beanspruchen könne (Freud nannte sie psychische Realität), zur Heilung genüge; wieviel vom Phantasieinhalt auch wirkliche, d. h. physikalische Realität, resp. die Erinnerung an eine solche darstelle, sei für die Behandlung und ihren Erfolg nebensächlich. Meine Erfahrung hat mich eines anderen belehrt. Ich überzeugte mich, daß kein Fall von Hysterie als erledigt betrachtet werden kann, solange die Rekonstruktion im Sinne der strengen Sonderung des Realen vom bloß Phantasierten nicht durchgeführt ist. Jemand, der zwar die Wahrscheinlichkeit der analytischen Deutungen zugibt, von ihrer Tatsächlichkeit aber nicht überzeugt ist, behält sich damit noch das Recht vor, vor gewissen unlustvollen Ereignissen in die Krankheit, d. h. in die Phantasiewelt zu flüchten, seine Analyse kann also nicht als eine beendete gelten, wenn man nämlich unter Beendigung eine Heilung auch im Sinne der Prophylaxe versteht. Man könnte also verallgemeinernd sagen, daß der Neurotiker nicht als geheilt betrachtet werden kann, bis er das Vergnügen am unbewußten Phantasieren, d. h. die unbewußte Lügenhaftigkeit nicht aufgibt. Ein nicht schlechter Weg zum Aufstöbern solcher Phantasienester ist gerade das Ertappen des Kranken bei einer, wenn auch noch so unscheinbaren Entstellung der Tatsachen, wie sie im Laufe der Analyse so häufig vorkommen. Die Rücksicht auf die eigene Eitelkeit, die Angst, die Freundlichkeit des Analytikers durch Bloßstellung gewisser Tatsachen oder Gefühle zu verlieren, verführen die Patienten ohne Ausnahme gelegentlich zur Unterdrückung oder Entstellung von Tatsachen. Beobachtungen dieser Art überzeugten mich, daß die Forderung der vollkommen realisierten freien Assoziation, mit der wir an den Patienten von Anfang an herantreten, eine ideale Forderung ist, die sozusagen erst nach beendigter Analyse erfüllt wird. Assoziationen, die von solchen aktuellen kleinen Entstellungen ausgehen, führen sehr oft zu analogen, aber viel bedeutsameren infantilen Vorkommnissen, zu Zeiten also, in denen die jetzt automatische Täuschung noch eine bewußte und gewollte war.

Wir können getrost jedes kindliche Lügen als Notlüge bezeichnen, und da auch die spätere Lügenhaftigkeit damit zusammenhängt, ist vielleicht jedes Lügen etwas Notgedrungenes. Das wäre auch ganz logisch. Aufrichtig und offen sein ist gewiß bequemer als lügen. Man kann also nur durch die Gefahr einer drohenden noch größeren Unlust dazu gezwungen sein. Was wir mit den schön klingenden Namen: Ideal, Ichideal, Über-Ich benennen, verdankt seine Entstehung einer gewollten Unterdrückung wirklicher Triebregungen, die also *verleugnet* werden müssen, während die durch die Erziehung aufgedrungenen Moralvorschriften und moralischen Gefühle mit übertriebener Geflissenheit zur Schau getragen werden. So peinlich dies also Ethiker und Moraltheologen berühren muß, können wir nicht umhin zu behaupten, daß Lüge und Moral etwas miteinander zu tun haben. Das Kind findet ursprünglich alles gut, was ihm gut schmeckt. Es hat dann zu lernen, manches Gutschmeckende für schlecht zu halten und zu fühlen und statt dessen die Erfüllung schwieriger Entsagungsvorschriften die Quelle höchster Seligkeit und Zufriedenheit werden zu lassen. Es ist von vornherein wahrscheinlich, unsere Analysen aber zeigen es mit voller Gewißheit, daß die zwei Stadien der ursprünglichen Amoralität und der erworbenen Moral durch eine mehr oder minder lange Übergangszeit voneinander getrennt sind, in der jeder Triebverzicht und jede Unlustbejahung noch deutlich mit dem Gefühl der Unwahrheit, d. h. der *Heuchelei* verbunden ist.

Von diesem Gesichtspunkt aus betrachtet, muß man allerdings die ganze Charakterbildung des Menschen, die ja bei der Triebverdrängung als schützender Automatismus entstanden ist, in der Analyse in regressiver Richtung bis zu ihren Triebgrundlagen zurückverfolgen, soll die Analyse eine wirkliche Reedukation des Menschenkindes werden. Es muß sozusagen alles wieder flüssig werden, um dann aus dem vorübergehenden Chaos unter günstigeren Bedingungen eine neue, besser angepaßte Persönlichkeit entstehen zu lassen. Das würde mit anderen Worten heißen, daß keine Symptomanalyse theoretisch als beendigt betrachtet werden kann, die nicht gleichzeitig oder anschließend eine vollständige Charakteranalyse ist. Praktisch kann man ja bekanntlich viele Symptome auch ohne so tiefgreifende Änderungen analytisch heilen. – Naive Seelen, die das unwillkürliche Streben der Menschen nach Harmonie und Stabilität nicht kennen, werden natürlich erschrecken und fragen, was denn aus einem Menschen wird, der seinen Charakter in der Analyse verliert. Können wir versprechen, daß wir für das Verlorene gleichsam als neues Kleid einen neuen Charakter nach Bestellung werden liefern können? Kann es uns nicht passieren, daß der Patient, seines alten Charakters bereits entkleidet, ausreißt und in charakterloser Nacktheit von uns zieht, bevor die neue Hülle fertig ist? Freud hat uns schon gezeigt, wie unberechtigt diese Bedenken sind, wie der Psychoanalyse automatisch die Synthese folgt. In der Tat ist die Auflösung der kristallinischen

Das Problem der Beendigung der Analysen

Struktur eines Charakters eigentlich nur die Überleitung zu einer allerdings zweckmäßigeren neuen Struktur, mit anderen Worten, eine *Umkristallisierung*. Im einzelnen vorhersagen läßt sich das Aussehen des neuen Kleides allerdings nicht, mit der einzigen Ausnahme vielleicht, daß es gewiß passender, d. h. zweckmäßiger sein wird.
Gewisse gemeinsame Charaktere von Persönlichkeiten nach beendigter Analyse lassen sich immerhin angeben. Die um so viel schärfere Sonderung der Phantasiewelt von der Realität, wie sie die Analyse bewerkstelligt, verhilft den Menschen zu einer fast grenzenlosen inneren Freiheit, doch gleichzeitig zu einer viel sichereren Beherrschung der Handlungen und Entscheidungen; mit anderen Worten, zu einer ökonomischeren und wirkungsvolleren Kontrolle.
In den wenigen Fällen, in denen ich mich diesem idealen Ziel näherte, sah ich mich gezwungen, auch auf gewisse Äußerlichkeiten im Aussehen und Benehmen der Kranken Gewicht zu legen, die wir bisher oft unbeachtet ließen. Schon in meinem Versuch, dem Verständnis der narzißtischen Besonderheiten und Manierismen der Tic-Kranken beizukommen, wies ich darauf hin, wie oft Neurotiker mit relativer Heilung bezüglich dieser Symptome in der Analyse ungeschoren bleiben. Eine tiefgreifende Analyse der Persönlichkeit kann natürlich auch vor solchen Eigenheiten nicht halt machen; wir müssen den Patienten schließlich förmlich einen Spiegel vorhalten, damit sie sich der Besonderheiten ihres Benehmens, ja, ihres körperlichen Aussehens erstmalig bewußt werden. Nur wer, wie ich, es erlebt hat, daß selbst analytisch geheilte Menschen wegen ihrer Gesichtsbildung, Körperhaltung, ihrer Bewegungen, ihrer Unarten usw. nach wie vor von aller Welt heimlich belächelt werden, ohne daß sie selbst eine Ahnung von ihren Eigenheiten hätten, wird es für eine grausame, aber unvermeidliche Aufgabe einer radikalen Analyse ansehen, diese sozusagen öffentlichen Geheimnisse auch jenem bewußt werden zu lassen, den sie am nächsten angehen.[3] Der Analytiker muß bekanntlich immer taktvoll sein, wohl am taktvollsten aber in der Behandlung dieses Teiles der Selbsterkenntnis. Ich habe mir zum Grundsatz gemacht, sie den Kranken niemals unvermittelt vorzuhalten; bei Fortführung der Analyse muß es früher oder später dazu kommen, daß der Patient dieser Dinge mit unserer Hilfe selber gewahr wird.

---

[3] Dies ist die Stelle, an der die Psychoanalyse zum erstenmal mit Problemen der Physiognomik und der körperlichen Konstitutionslehre überhaupt (sowie mit ihren Abkömmlingen, wie Mimik, graphologische Eigenheiten usw.) praktisch in Berührung tritt.

Dieses ›früher oder später‹ enthält einen Hinweis auf die Bedeutsamkeit des Zeitmomentes für eine voll zu beendigende Analyse. Eine solche ist nur möglich, wenn der Analyse sozusagen endlose Zeiten zu Gebote stehen. Ich stimme also mit jenen überein, die behaupten, daß die Behandlung um so mehr Aussichten auf rascheren Erfolg hat, je unbeschränkter wir über die Zeit verfügen. Ich meine damit nicht so sehr die physikalische Zeit, die dem Patienten zur Verfügung steht, als den inneren Entschluß, wirklich solange auszuhalten, als es überhaupt notwendig ist, unbekümmert um die absolute Dauer der Zeit. Damit will ich aber nicht gesagt haben, daß es nicht Fälle gibt, in denen die Patienten diese Zeit- oder Terminlosigkeit ausgiebig mißbrauchen.

Im Laufe der uns zur Verfügung gestellten Zeit muß nicht nur das ganze unbewußte psychische Material in Form von Erinnerungen und Wiederholungen neu erlebt werden, sondern auch das dritte Mittel der analytischen Technik zur Verwendung kommen. Ich meine das von Freud als gleichwertig hervorgehobene, aber in seiner Bedeutsamkeit noch nicht gebührend gewürdigte Moment des analytischen *Durcharbeitens*. Dieses Durcharbeiten, resp. die Mühe, die man darauf verwendet, haben wir mit dem Kräfteverhältnis des Verdrängten und des Widerstandes, also mit einem rein quantitativen Moment in Beziehung zu bringen. Das Finden der pathogenen Motive und Entstehungsbedingungen der Symptome ist gleichsam eine qualitative Analyse. Diese mag beinahe eine vollständige sein, ohne doch die erwartete therapeutische Veränderung hervorzurufen. Doch nach der vielleicht ungezählte Male analytisch erlebten Wiederholung derselben Übertragungs- und Widerstandsmechanismen kommt es manchmal unversehens zu einem bedeutenden Fortschritt, den wir uns nicht anders als aus der Wirkung des Momentes des schließlich gelungenen Durcharbeitens erklären können. Sehr oft geschieht aber das Umgekehrte, daß nämlich nach langem Durcharbeiten plötzlich der Zugang zu neuem Erinnerungsmaterial erreichbar wird, was das Ende der Analyse ankündigen mag.

Eine recht schwierige, allerdings interessante Aufgabe, die meines Erachtens in jedem einzelnen Fall zu bewältigen ist, ist die stufenweise Abtragung jener Widerstände, die in dem mehr oder minder bewußten Zweifel an der Verläßlichkeit des Analytikers bestehen. Unter Verläßlichkeit muß man aber eine Vertrauenswürdigkeit unter allen Umständen verstehen, insbesondere das unerschütterliche Wohlwollen des Analytikers dem Patienten gegenüber, mag sich letzterer in seinem Benehmen und in seinen Äußerungen noch so ungebührlich gebärden. Man könnte tatsächlich von einem unbewußten Versuch des Patienten reden, die Tragfestigkeit der Geduld des Analytikers bezüglich dieses Punktes konsequent und auf die verschiedenste Art auf die Probe zu stellen, und dies nicht nur einmal, sondern zu ungezählten Malen. Die Patienten beobachten dabei die Reaktionsweise des Arztes, mag sie sich in Rede, Geste oder in Stillschweigen manifestieren, aufs allerscharfsinnigste. Sie analysieren ihn oft mit großem Geschick. Sie entdecken die leisesten Anzeichen unbewußter Regungen im Analytiker, der diese Analysenversuche mit unerschütterlicher Geduld zu ertragen hat; eine oft fast übermenschliche Leistung, die aber die Mühe in jedem Fall lohnt. Denn: ist es dem Patienten nicht gelungen, den Analytiker bei irgend einer Unwahrheit oder Entstellung zu ertappen, und kommt der Patient allmählich zur Erkenntnis, daß es wirklich möglich ist, die Objektivität auch dem schlimmsten Kinde gegenüber zu bewahren, läßt sich also beim Arzt keine Tendenz zur Selbstüberhebung feststellen (bei aller Anstrengung, Anzeichen davon zu provozieren), und muß der Patient zugeben, daß der Arzt willig auch Irrtümer und Unbedachtsamkeiten seinerseits einbekennt, die er gelegentlich begeht, so kann man nicht selten eine mehr oder minder rasche Veränderung im Verhalten des Kranken als Lohn für die nicht geringe Mühe einheimsen. Es kommt mir höchst wahrscheinlich vor, daß die Patienten mit diesen ihren Versuchen Situationen aus ihrer Kindheit wiederholen möchten, bei denen unverständige Erziehungspersonen und Verwandte auf die sogenannten Schlimmheiten des Kindes mit der eigenen intensiven Affektivität reagierten und das Kind in eine trotzige Einstellung drängten.

Das Standhalten gegen diesen Generalangriff der Patienten setzt beim Analytiker selbst eine voll beendigte Analyse voraus. Ich erwähne dies, weil es vielfach für genügend erachtet wird, wenn der Kandidat der Psychoanalyse, sagen wir, ein Jahr lang mit den hauptsächlichen Mechanismen, mit einer sogenannten Lehranalyse Bekanntschaft macht. Man überläßt seine weitere Entwicklung den Lernmöglichkeiten, die in der Autodidaxis gegeben sind. Bei früheren Gelegenheiten wies ich oft darauf hin, daß ich keinen prinzipiellen Unterschied zwischen einer therapeutischen und einer Lehranalyse anerkennen kann. Ich möchte diesen Satz nun in dem Sinne vervollständigen, daß in der Praxis die Therapie nicht in jedem Falle bis zu jener Tiefe vorzudringen braucht, die wir eine vollständige Beendigung der Analyse nennen, während die Persönlichkeit des Analytikers, von dem das Schicksal so vieler anderer Menschen abhängt, auch die verstecktesten Schwächen der eigenen Persönlichkeit

kennen und beherrschen muß, was ohne voll beendigte Analyse unmöglich ist.
Selbstverständlich zeigen die Analysen, daß schließlich nicht banales Geltungs- und Rachebestreben, sondern libidinöse Tendenzen die wirklichen Motive der Charakterbildung waren und der oft in groteske Formen gekleideten Widerstände sind. Nachdem das schlimme, trotzige Kind alle seine Geschosse unwirksam verpufft hat, kommen seine versteckten Ansprüche auf Zärtlichkeit und Liebe in naiver Offenheit zutage. Keine Analyse ist beendigt, bei der nicht die meisten Vor- und Endlustbetätigungen der Sexualität, sowohl in ihren normalen wie in ihren abnormen Äußerungsformen in der bewußten Phantasie gefühlsmäßig durchlebt werden; jeder männliche Patient muß dem Arzt gegenüber als Zeichen der Überwindung der Kastrationsangst ein Gefühl der Gleichberechtigung erlangen; alle weiblichen Kranken müssen, soll ihre Neurose als eine vollständig erledigte gelten, mit ihrem Männlichkeitskomplex fertig werden und sich ohne Ranküne den Denkmöglichkeiten der weiblichen Rolle hingeben. Dieses der Analyse gesetzte Ziel entspricht ungefähr jener Tendenz zur Auffrischung der paradiesischen Naivität, die Groddeck von seinen Patienten fordert. Der Unterschied zwischen mir und ihm ist nur der, daß er oft direkt vom Symptom ausgehend diesem Ziele zustrebt, während ich dasselbe Ziel mit den Hilfsmitteln der ›orthodoxen‹ analytischen Technik, wenn auch in langsamerem Tempo, zu erreichen trachte. Bei entsprechender Geduld fällt uns dieses selbe Resultat auch ohne besonderes Drängen in den Schoß.
Das Aufgeben des Drängens bedeutet nicht das Aufgeben jener technischen Hilfsmittel, die ich seinerzeit unter dem Namen der Aktivität vorschlug. Was ich darüber auf unserem Homburger Kongreß sagte, kann ich auch heute aufrecht erhalten. Wohl keine Analyse kann beendigt werden, bevor sich der Patient im Einverständnis mit unseren Weisungen, denen aber der Charakter des Befehls genommen werden muß, dazu entschließt, nebst dem freien Assoziieren auch auf Änderungen seiner Lebens- und Verhaltensweise einzugehen, die gewisse, sonst unzugänglich versteckte Verdrängungsnester aufzustöbern und zu beherrschen helfen. Das Hinausdrängen des Patienten aus der Analyse mit Hilfe der Kündigung mag in einzelnen Fällen Resultate zeitigen, ist aber prinzipiell zu verwerfen. Während ein zufällig drängender äußerer Umstand die Analyse manchmal beschleunigt, verlängert das Drängen des Analytikers oft unnötigerweise die Analyse. Die richtige Beendigung einer Analyse ist wohl die, bei der weder der Arzt noch der Patient

kündigt; die Analyse soll sozusagen an Erschöpfung sterben, wobei immer noch der Arzt der Argwöhnischere bleiben und daran denken muß, daß der Patient mit seinem Weggehenwollen etwas Neurotisches retten will. Ein wirklich geheilter Patient löst sich langsam, aber sicher von der Analyse los; solange also der Patient noch kommen will, gehört er noch in die Analyse. Man könnte diesen Ablösungsprozeß auch so charakterisieren, daß der Patient schließlich vollkommen davon überzeugt wird, daß er sich in der Analyse ein neues, immer noch phantastisches Befriedigungsmittel vorbehielt, das ihm realiter nichts einbringt. Hat er die Trauer über diese Einsicht langsam überwunden, so sieht er sich unweigerlich nach anderen, realeren Befriedigungsmöglichkeiten um. Im analytischen Lichte betrachtet, erscheint dann seine ganze neurotische Lebensepoche wirklich, wie es Freud schon vor so langer Zeit gewußt hat, als eine pathologische Trauer, die er auch auf die Übertragungssituation zu verschieben suchte, die aber in ihrer wirklichen Natur entlarvt wird, was dann der zukünftigen Wiederholungstendenz ein Ende setzt. Die analytische Entsagung ist also die aktuelle Erledigung jener infantilen Versagungssituationen, die den Symptombildungen zugrunde lagen.

Eine auch theoretisch wichtige Erfahrung bei wirklich zu Ende geführten Analysen ist die fast stets eintretende *Symptomwandlung* vor dem Ende. Wir wissen ja von Freud, daß die Symptomatik der Neurosen fast immer das Resultat einer psychischen Entwicklung ist. Der Zwangskranke zum Beispiel tauscht erst allmählich seine Emotionen in Zwangshandeln und Zwangsdenken um. Der Hysterische mag längere Zeit mit irgend welchen peinlichen Vorstellungen kämpfen, bevor es ihm gelingt, seine Konflikte zu körperlichen Symptomen zu konvertieren. Der später dement oder paranoisch Werdende beginnt seine pathologische Laufbahn etwa als Angsthysteriker, es gelingt ihm oft erst nach harter Arbeit, in dem gesteigerten Narzißmus eine Art pathologische Selbstheilung zu finden. Wir dürfen uns also nicht wundern, wenn beim Zwangsneurotiker nach genügender Auflockerung und Unterwühlung seines intellektuellen Zwangssystems hysterische Symptome sich zu zeigen beginnen, und daß der früher so sorglose Konversionshysteriker, nachdem seine Körpersymptome infolge der Analyse unzureichend werden, Gedanken und Erinnerungen zu produzieren beginnt, während er früher Ausdrucksbewegungen ohne bewußten Inhalt produzierte. Es ist also ein gutes Zeichen, wenn der Zwangsneurotiker statt affektloser Gedanken hysterische Emotivität zu zeigen beginnt und wenn beim Hysteriker

vorübergehend das Denken zum Zwang wird. Unangenehm ist allerdings, wenn im Laufe dieser Symptomwandlungen auch psychotische Züge zum Vorschein kommen. Es wäre aber verfehlt, darüber allzusehr zu erschrecken. Ich habe schon Fälle gesehen, in denen kein anderer Weg zur definitiven Heilung führte, als der durch eine passagère Psychose.
All diese Beobachtungen habe ich Ihnen heute zur Stütze meiner Überzeugung vorgebracht, daß die Analyse kein endloser Prozeß ist, sondern bei entsprechender Sachkenntnis und Geduld des Analytikers zu einem natürlichen Abschluß gebracht werden kann. Fragen Sie mich, ob ich schon viele solche vollständigen Analysen zu verzeichnen habe, so muß ich darauf mit Nein antworten. Doch die Summe aller meiner Erfahrungen drängt zu dem in diesem Vortrag dargelegten Schluß. Ich bin fest davon überzeugt, daß, wenn man aus seinen Irrungen und Irrtümern genügend gelernt hat, wenn man mit den schwachen Punkten der eigenen Persönlichkeit allmählich zu rechnen lernt, die Zahl der zu Ende analysierten Fälle wachsen wird.

Die Elastizität der psychoanalytischen Technik

(1928)[1]

Bemühungen, die Technik, die ich in meinen Psychoanalysen anzuwenden pflege, auch anderen zugänglich zu machen, brachten mich wiederholt auf das Thema des psychologischen Verständnisses überhaupt. Wäre es wirklich wahr, was von so vielen behauptet wird, daß das Verständnis für die Vorgänge im Seelenleben eines Dritten von einer besonderen Fähigkeit abhängt, die man Menschenkenntnis nennt, die aber als solche unerklärlich, daher unübertragbar sei, so wäre jede Bemühung, etwas von dieser Technik andere zu lehren, von vornherein aussichtslos. Zum Glück ist es anders. Seit der Publikation von Freuds Ratschlägen zur psychoanalytischen Technik besitzen wir die ersten Ansätze einer methodischen Seelenuntersuchung. Jeder, der die Mühe nicht scheut, den Weisungen des Meisters zu folgen, wird, auch wenn er kein psychologisches Genie ist, bis zu ungeahnten Tiefen eines fremden, ob gesunden oder kranken Seelenlebens eindringen können. Die Analyse der Fehlhandlungen des Alltagslebens, der Träume, besonders aber der freien Assoziationen, wird ihn in den Stand setzen, so manches von seinen Nebenmenschen zu erfahren, dessen Erfassen vorher vielleicht nur Ausnahmsmenschen möglich war. Die Vorliebe der Menschen für das Wunderbare wird diese Umwandlung der Kunst der Menschenkenntnis in eine Art Handwerk mit Mißvergnügen verfolgen. Insbesondere Künstler und Schriftsteller scheinen dies als eine Art Eingriff in ihre Domäne zu betrachten und pflegen die Psychoanalyse nach anfänglichem Interesse als eine sie wenig reizende mechanische Arbeitsweise weit von sich zu weisen. Diese Antipathie nimmt uns kaum wunder; die Wissenschaft ist ja eine fortschreitende Desillusionierung, sie setzt an Stelle des Mystischen und Sonderbaren Erklärungen, immer und überall dieselben unabwendbaren Gesetzmäßigkeiten, die in ihrer Einförmigkeit leicht

[1] Vortrag, gehalten in der Ungarländischen Psychoanalytischen Vereinigung (Zyklus 1927/28).

Langweile, in ihrer ehernen Zwangsläufigkeit Unlust hervorrufen. Zur teilweisen Beruhigung der Gemüter möge allerdings dienen, daß es natürlich auch hier, wie in jedem Handwerk, immer auch künstlerische Ausnahmen geben wird, von denen wir die Fortschritte und die neuen Perspektiven erhoffen.

Vom praktischen Standpunkt gesehen, ist es aber ein unleugbarer Fortschritt, daß die Analyse allmählich auch dem nur durchschnittlich begabten Arzt und Gelehrten die Werkzeuge der feineren Menschenforschung in die Hand gibt. Es ist wie in der Chirurgie: vor der Entdeckung der Anästhesie und der Asepsis war es das Vorrecht einiger weniger, die wundärztliche ›Heilkunst‹ auszuüben; nur diese konnten ›*cito, tuto et jucunde*‹ arbeiten. Wohl gibt es auch heute noch Künstler der chirurgischen Technik, doch die Fortschritte ermöglichen all den Tausenden von Durchschnittsärzten, ihre nützliche, oft lebensrettende Tätigkeit zu entfalten.

Allerdings sprach man auch außerhalb der Seelenanalyse von psychologischer Technik; man verstand darunter die Meßmethoden der psychologischen Laboratorien. Diese Art ›Psychotechnik‹ ist auch heute im Schwange, sie mag auch für einzelne einfache praktische Aufgaben genügen. In der Analyse handelt es sich um etwas viel Höheres: um die Erfassung der Topik, Dynamik und Ökonomie des ganzen seelischen Betriebes, dies zwar ohne die imponierende Apparatur der Laboratorien, doch mit stetig wachsendem Anspruch auf Sicherheit und vor allem mit unvergleichlich größerer Leistungsfähigkeit.

Immerhin gab und gibt es auch innerhalb der psychoanalytischen Technik noch vieles, wovon man den Eindruck hatte, daß es sich dabei um etwas Individuelles, mit Worten kaum Definierbares handle. Da war vor allem der Umstand, daß der ›persönlichen Gleichung‹ bei dieser Arbeit eine viel größere Wichtigkeit beizukommen schien, als wir sie in der Wissenschaft auch sonst akzeptieren mußten. Freud selbst ließ in seinen ersten Mitteilungen über die Technik die Möglichkeit offen, daß nebst der seinen auch für andere Methoden der Arbeit in der Psychoanalyse Spielraum zu gewähren sei. Diese seine Äußerung stammt allerdings aus der Zeit vor der Herauskristallisierung der *zweiten psychoanalytischen Grundregel*, der nämlich, daß *jeder, der einen anderen analysieren will, zuerst selber analysiert sein muß*. Seit der Befolgung dieser Regel schwindet immer mehr die Bedeutsamkeit der persönlichen Note des Analytikers. Jeder, der gründlich analysiert wurde, der seine unvermeidlichen Schwächen und Charaktereigenheiten voll zu erkennen

Die Elastizität der psychoanalytischen Technik

und zu beherrschen gelernt hat, wird bei der Betrachtung und der Behandlung desselben psychischen Untersuchungsobjektes unvermeidlich zu denselben objektiven Feststellungen gelangen und logischerweise dieselben taktischen und technischen Maßnahmen ergreifen. Ich habe tatsächlich die Empfindung, daß seit der Einführung der zweiten Grundregel die Differenzen der analytischen Technik im Schwinden begriffen sind.

Wenn man sich nun Rechenschaft über den noch immer ungelösten Rest dieser persönlichen Gleichung zu geben versucht und wenn man in der Lage ist, viele Schüler und Patienten zu sehen, die bereits von anderen analysiert wurden, besonders aber, wenn man, wie ich, so viel mit den Folgen eigener, früher begangener Mißgriffe zu kämpfen hatte, so maßt man sich das Recht an, ein zusammenfassendes Urteil über die Mehrzahl dieser Differenzen und Irrtümer zu fällen. Ich kam zur Überzeugung, daß es vor allem eine Frage des psychologischen *Taktes* ist, wann und wie man einem Analysierten etwas mitzuteilen, wann man das Material, das einem geliefert wird, für zureichend erklären darf, um aus ihm eine Konsequenz zu ziehen; in welche Form die Mitteilung gegebenenfalls gekleidet werden muß; wie man auf eine unerwartete oder verblüffende Reaktion des Patienten reagieren darf; wann man schweigen und weitere Assoziationen abwarten soll; wann das Schweigen ein unnützes Quälen des Patienten ist, usw. Sie sehen, mit dem Wort ›Takt‹ gelang es mir nur, die Unbestimmtheit in eine einfache und ansprechende Formel zu bringen. Was ist überhaupt Takt? Die Antwort auf diese Frage fällt uns nicht schwer. *Takt ist Einfühlungsvermögen.* Gelingt es uns *mit Hilfe unseres Wissens*, das wir uns aus der Zergliederung vieler menschlicher Seelen, vor allem aber aus der Zergliederung unseres Selbst geholt haben, die möglichen oder wahrscheinlichen, aber ihm selbst noch ungeahnten Assoziationen des Patienten zu vergegenwärtigen, so können wir, da wir nicht, wie der Patient, mit Widerständen zu kämpfen haben, nicht nur die zurückgehaltenen Gedanken des Patienten erraten, sondern auch Tendenzen, die ihm unbewußt sind. Indem wir gleichzeitig der Stärke des Widerstandes fortwährend gewärtig bleiben, wird es uns nicht schwer fallen, die Entscheidung über die eventuelle Aktualität einer Mitteilung und auch über die Form, in die sie gekleidet werden muß, zu fällen. Diese Einfühlung wird uns davor hüten, den Widerstand des Patienten unnötig oder unzeitgemäß zu reizen; das Leiden ganz zu ersparen, ist allerdings auch der Psychoanalyse nicht gegeben, ja, ein Leid ertragen zu lernen, ist einer der Haupterfolge der Psychoanalyse. Doch ein taktloses Darauflosdrängen würde dem Patienten nur die unbewußt heiß ersehnte Gelegenheit verschaffen, sich unserem Einfluß zu entziehen.

In ihrer Gesamtheit machen alle diese Vorsichtsmaßnahmen auf die Analysierten den Eindruck der *Güte,* auch wenn die Motive der Feinfühligkeit rein aus dem Intellektuellen des Analytikers stammen. In den später folgenden Ausführungen werde ich aber auch diesen Eindruck des Patienten in gewissem Sinne rechtfertigen müssen. Besteht doch im Wesen kein Unterschied zwischen dem von uns geforderten Takt und der moralischen Forderung, daß man keinem was antun soll, was man unter den gleichen Verhältnissen selber nicht von anderen erfahren möchte.

Ich beeile mich, gleich hier einzufügen, daß die Fähigkeit zu dieser Art ›Güte‹ bloß eine Seite des analytischen Verständnisses bedeutet. Bevor sich der Arzt zu einer Mitteilung entschließt, muß er vorerst seine Libido vom Patienten für einen Moment abziehen, die Situation kühl abwägen, er darf sich also keinesfalls von seinen Gefühlen allein leiten lassen.

In den nun folgenden Sätzen will ich aphoristisch einzelne Beispiele zur Illustrierung dieser allgemein gehaltenen Gesichtspunkte vorbringen.

Es ist zweckmäßig, die Analyse eher als einen Entwicklungsprozeß, der sich vor unseren Augen abspielt, denn als das Werk eines Baumeisters aufzufassen, der einen vorgefaßten Plan zu verwirklichen sucht. Man lasse sich also unter keinen Umständen dazu verleiten, dem zu Analysierenden mehr zu versprechen, als daß er, wenn er sich dem analytischen Prozeß unterwirft, schließlich viel mehr von sich wissen, und wenn er bis zum Schluß ausharrt, sich in erhöhtem Maße und mit richtigerer Energieverteilung den unvermeidlichen Schwierigkeiten des Lebens anpassen können wird. Man kann ihm allenfalls auch sagen, daß wir keine bessere und gewiß keine radikalere Behandlung von psychoneurotischen und Charakterschwierigkeiten kennen. Wir verheimlichen es vor ihm durchaus nicht, daß es auch andere Methoden gibt, die viel raschere und bestimmtere Aussichten auf Heilung versprechen, und sind eigentlich froh, wenn uns dann die Patienten sagen, daß sie bereits jahrelang suggestiv, arbeitstherapeutisch oder mittels Methoden der Willensstärkung behandelt worden sind; anderenfalls stellen wir es dem Patienten anheim, eine dieser vielversprechenden Heilmethoden zu versuchen, bevor sie sich mit uns einlassen. Den gewöhnlich erhobenen Ein-

Die Elastizität der psychoanalytischen Technik

wand der Patienten aber, daß sie an unsere Methode oder Theorie nicht glauben, lassen wir nicht gelten. Wir erklären von vornherein, daß unsere Technik auf das unverdiente Geschenk eines solchen antizipierten Vertrauens überhaupt verzichtet; der Patient braucht uns nur dann zu glauben, wenn ihn die Erfahrungen der Kur dazu berechtigen. Einen anderen Einwand, den nämlich, daß wir auf diese Weise von vornherein jede Schuld am eventuellen Mißlingen der Kur auf das Konto der Ungeduld des Patienten setzen, können wir nicht entkräften und müssen es dem Patienten überlassen, ob er unter diesen schwierigen Bedingungen das Risiko der Kur tragen will oder nicht. Sind diese Teilfragen nicht von vornherein in diesem Sinne genau geregelt, so spielt man dem Widerstand der Patienten die gefährlichsten Waffen in die Hand, die er früher oder später gegen die Zwecke der Kur und gegen uns zu wenden nicht versäumen wird. Man lasse sich dabei durch keine noch so erschreckende Frage von dieser Basis abbringen. »Kann also die Kur auch zwei, drei, fünf, zehn Jahre dauern?« wird mancher Patient mit sichtlicher Feindseligkeit fragen. »All das ist möglich« – werden wir ihm antworten. »Natürlich ist aber eine zehnjährige Analyse praktisch gleichbedeutend mit einem Mißlingen derselben. Da wir in keinem Falle die Größe der zu überwindenden Schwierigkeiten im voraus abschätzen können, dürfen wir Ihnen nichts Sicheres versprechen, und berufen uns nur darauf, daß in vielen Fällen auch viel kürzere Zeiten genügen. Da Sie aber wahrscheinlich im Glauben sind, daß Ärzte gerne günstige Prognosen stellen, da Sie ferner gewiß schon manches Ungünstige über die Theorie und Technik der Psychoanalyse gehört haben oder bald hören werden, ist es besser, wenn Sie, von Ihrem Standpunkt aus, diese Kur als einen gewagten Versuch betrachten, der Sie viel Mühe, Zeit und Geld kosten wird; Sie müssen es also vom Grad Ihres Leidens abhängig sein lassen, ob Sie trotz alledem den Versuch mit uns machen wollen. Jedenfalls überlegen Sie sich genau, bevor Sie anfangen, denn ein Beginnen ohne die ernste Absicht, auch unvermeidlichen Verschlimmerungen zum Trotz auszuharren, wird Ihre bisherigen Enttäuschungen nur um eine neue vermehren.«

Ich glaube, daß diese gewiß zu pessimistische Vorbereitung doch die zweckmäßigere ist; jedenfalls entspricht sie der Forderung der ›Einfühlungsregel‹. Hinter der oft allzu laut zur Schau getragenen Glaubensseligkeit der Patienten steckt nämlich fast immer eine starke Dosis Mißtrauen, das der Kranke durch die von uns stürmisch geforderten Heilungsversprechungen überschreien möchte. Charakteristisch ist z. B. die

Frage, die oft an uns gerichtet wird, auch nachdem wir uns etwa eine Stunde lang damit abgemüht haben, dem Patienten beizubringen, daß wir im gegebenen Falle eine Analyse für angezeigt halten: »Glauben Sie, Herr Doktor, daß mir Ihre Kur auch wirklich helfen wird?« Es wäre verfehlt, auf diese Frage einfach mit einem ›Ja‹ zu antworten. Man sage lieber dem Patienten, daß wir uns von einer neuerlichen Versicherung unsererseits nichts versprechen. Auch die noch so oft wiederholte Anpreisung der Kur kann in Wirklichkeit den versteckten Verdacht des Patienten nicht aus der Welt schaffen, daß der Arzt ein Geschäftsmann ist, der seine Methode, d. h. seine Ware, um jeden Preis an den Mann bringen will. Noch durchsichtiger ist der versteckte Unglaube, wenn der Patient etwa fragt: »Und glauben *Sie* nicht, Herr Doktor, daß mir Ihre Methode auch schaden kann?« Gewöhnlich antworte ich mit der Gegenfrage: »Was ist Ihre Beschäftigung?« Die Antwort lautet etwa: »Ich bin Architekt.« »Nun, was würden Sie jemandem antworten, der, nachdem Sie ihm den Plan eines Neubaues vorlegten, Sie fragen würde, ob der Bau nicht zusammenstürzen wird?« Gewöhnlich verstummen darauf die Forderungen nach weiterer Versicherung, als Zeichen dessen, daß der Patient zur Einsicht gekommen ist, daß man dem Fachmann ein gewisses Maß von Vertrauen bei jeder Art Arbeit kreditieren muß, wobei natürlich Enttäuschungen nicht ausgeschlossen sind.

Es wird der Psychoanalyse oft vorgeworfen, daß sie sich auffällig viel mit finanziellen Fragen beschäftigt. Ich glaube, immer noch viel zu wenig. Auch der wohlhabendste Mensch gibt nur höchst ungern sein Geld an den Arzt ab; etwas in uns scheint die ärztliche Hilfe, die tatsächlich in der Kindheit zuerst von den Pflegepersonen geleistet wurde, als etwas uns selbstverständlich Zukommendes zu betrachten, und am Ende jeden Monats, zur Zeit, wo die Patienten ihre Honorarrechnungen erhalten, löst sich der Widerstand des Kranken nicht, bevor alles Versteckte oder unbewußt rege gewordener Haß, Mißtrauen und Verdächtigung nochmals zur Sprache gebracht wurde. Das charakteristischste Beispiel für die Distanz zwischen bewußter Opferwilligkeit und versteckter Unlust gab wohl jener Patient, der am Beginn der ärztlichen Unterredung die Äußerung tat: »Herr Doktor, wenn Sie mir helfen, schenke ich Ihnen mein ganzes Vermögen!« Der Arzt antwortete: »Ich begnüge mich mit dreißig Kronen per Stunde.« »Ist das nicht etwas zu viel?« war die unerwartete Antwort des Kranken.

Im Laufe der Analyse ist es gut, mit einem Auge stets nach versteckten

Die Elastizität der psychoanalytischen Technik

oder unbewußten Äußerungen des Unglaubens und der Ablehnung zu spähen und sie dann schonungslos durchzusprechen. Es ist ja von vornherein verständlich, daß der Widerstand des Patienten keine sich ihm darbietende günstige Gelegenheit unbenützt läßt. Jeder Patient, ausnahmslos, bemerkt die kleinsten Absonderlichkeiten im Benehmen, in der äußeren Erscheinung, in der Sprechweise des Arztes, doch keiner entschließt sich, ohne vorherige Aufmunterung, dazu, sie uns ins Gesicht zu sagen, auch wenn er damit in gröblicher Weise gegen die analytische Hauptgrundregel verstößt; es bleibt also nichts anderes übrig, als daß wir auf Grund des eben vorausgegangenen Assoziationsmaterials immer selber erraten, wann etwa der Patient durch ein allzu lautes Niesen oder Nasenschneuzen des Arztes in seinem ästhetischen Fühlen verletzt wurde, wann er an der Form unseres Gesichtes Anstoß nahm oder unsere Statur mit anderen, viel imposanteren vergleichen mußte. – Ich habe schon bei vielen anderen Gelegenheiten darzustellen versucht, wie der Analytiker in der Kur oft wochenlang sich zur Rolle des ›Watschenmannes‹ hergeben muß, an dem der Patient seine Unlustaffekte ausprobiert. Wenn wir uns davor nicht nur nicht hüten, sondern den allzu zaghaften Patienten dazu bei jeder sich darbietenden Gelegenheit aufmuntern, so werden wir früher oder später den wohlverdienten Lohn unserer Geduld in der Form der sich meldenden positiven Übertragung einheimsen. Jede Spur von Ärger oder Beleidigtsein seitens des Arztes verlängert die Dauer der Widerstandsperiode; wenn aber der Arzt sich nicht verteidigt, so wird der Patient des einseitigen Kampfes allmählich müde; hat er sich genügend ausgetobt, so kann er nicht umhin, auch die hinter der lauten Abwehr versteckten freundlichen Gefühle, wenn auch mit Zaudern, zu bekennen, womit eventuell ein tieferes Eindringen ins latente Material, insbesondere in jene infantilen Situationen ermöglicht wird, in denen die Grundlage zu gewissen maliziösen Charakterzügen (gewöhnlich durch unverständige Erziehungspersonen) gelegt wurde.[2]
Nichts ist schädlicher in der Analyse als das schulmeisterische oder auch nur autoritative Auftreten des Arztes. Alle unsere Deutungen müssen eher den Charakter eines Vorschlages denn einer sicheren Behauptung haben, und dies nicht nur, damit wir den Patienten nicht reizen, sondern weil wir uns tatsächlich auch irren können. Das nach uralter Sitte des Handelsmannes jeder Verrechnung angehängte Zeichen ›*S. E.*‹ *(salvo errore)*, d. h. Irrtum vorbehalten, wäre auch bei jeder analytischen

---

[2] S. dazu auch meinen Innsbrucker Kongreßvortrag ›Das Problem der Beendigung der Analysen‹ [in diesem Band, S. 227 ff.].

Deutung zu erwähnen. Doch auch unser Vertrauen zu unseren Theorien darf nur ein bedingtes sein, denn vielleicht handelt es sich im gegebenen Falle um die berühmte Ausnahme von der Regel oder gar um die Notwendigkeit, an der bisherigen Theorie etwas zu ändern. Es ist mir schon passiert, daß ein ungebildeter, anscheinend ganz naiver Patient Einwände gegen meine Erklärungen vorbrachte, die ich reflektorisch abzulehnen bereit war, doch die bessere Überlegung zeigte mir, daß nicht ich, sondern der Patient im Recht war, ja, daß er mir mit seiner Einwendung zu einem viel tieferen Erfassen des Gegenstandes im allgemeinen verhalf. *Die Bescheidenheit des Analytikers sei also nicht eine eingelernte Pose, sondern der Ausdruck der Einsicht in die Begrenztheit unseres Wissens.* Nebenbei bemerkt, ist dies vielleicht der Punkt, an dem mit Hilfe des psychoanalytischen Hebels die Umwälzung in der bisherigen Einstellung des Arztes zum Patienten einsetzen wird. Man vergleiche nur mit unserer Einfühlungsregel die Überhebung, mit der bisher der allwissende und allvermögende Arzt sich dem Kranken gegenüberzustellen pflegte.

Selbstverständlich meine ich nicht, daß der Analytiker überbescheiden sei; er ist vollauf berechtigt, zu erwarten, daß sich in den allermeisten Fällen früher oder später seine auf Erfahrung gestützte Deutung bewahrheiten und der Patient sich vor den sich häufenden Beweisen beugen wird. Jedenfalls aber muß man geduldig abwarten, bis die Entscheidung vom Patienten gefällt wird; jede Ungeduld seitens des Arztes kostet den Patienten Zeit und Geld und den Arzt eine Menge Arbeit, die er sich ganz gut hätte ersparen können.

Ich akzeptiere den von einem Patienten geprägten Ausdruck von der ›Elastizität der analytischen Technik‹. Man hat, wie ein elastisches Band, den Tendenzen des Patienten nachzugeben, doch ohne den Zug in der Richtung der eigenen Ansichten aufzugeben, solange die Haltlosigkeit der einen oder der anderen Position nicht voll erwiesen ist.

Keinesfalls darf man sich schämen, früher gemachte Irrtümer rückhaltlos zu bekennen. Man vergesse nie, daß die Analyse kein Suggestivverfahren ist, bei dem vor allem das Ansehen des Arztes und seine Unfehlbarkeit zu wahren ist. Das einzige, worauf auch die Analyse Anspruch erhebt, ist das Vertrauen zur Offenheit und Aufrichtigkeit des Arztes, und diesem tut das offene Bekennen eines Irrtums keinen Schaden an.

Die analytische Einstellung fordert vom Arzt nicht nur die strenge Kontrolle des eigenen Narzißmus, sondern auch die scharfe Überwachung von Gefühlsreaktionen jeglicher Art. War man früher etwa der Ansicht, daß ein allzu hoher Grad von ›Antipathie‹ eine Gegenanzeige gegen die Durchführung einer analytischen Kur abgeben kann, so müssen wir nach tieferer Einsicht in die Verhältnisse eine solche Gegenindikation von vornherein ausschließen und vom analysierten Analytiker erwarten, daß seine Selbstkenntnis und Selbstkontrolle stärker ist, als daß er sich vor Idiosynkrasien beugen müßte. Jene ›antipathischen Züge‹ sind ja in den meisten Fällen nur Vorbauten, hinter denen sich ganz andere Eigenschaften verstecken. Es hieße also dem Patienten aufzusitzen, ginge man auf solche Fälle ein; das Weggejagtwerden ist oft der unbewußte Zweck des unausstehlichen Benehmens. Das Wissen um diese Dinge befähigt uns, auch den unerquicklichsten oder abstoßendsten Menschen in voller Überlegenheit als einen heilungsbedürftigen Patienten zu betrachten und ihm, als solchem, sogar unsere Sympathie nicht zu versagen. Diese mehr als christliche Demut zu erlernen, gehört zu den schwersten Aufgaben der psychoanalytischen Praxis. Bringen wir sie aber zustande, so mag uns die Korrektur auch in verzweifelten Fällen gelingen. Ich muß nochmals betonen, daß auch hier nur die wirkliche Gefühlseinstellung hilft; eine nur gemachte Pose wird von scharfsinnigen Patienten mit Leichtigkeit entlarvt.

Allmählich wird man dessen gewahr, wie kompliziert die psychische Arbeitsleistung eines Analytikers eigentlich ist. Man hat die freien Assoziationen des Patienten auf sich einwirken zu lassen; gleichzeitig läßt man seine eigene Phantasie mit diesem Assoziationsmaterial spielen; zwischendurch vergleicht man die neuen Verknüpfungen, die sich ergeben, mit früheren Ergebnissen der Analyse, ohne auch nur für einen Moment die Rücksicht und Kritik in bezug auf die eigenen Tendenzen außer acht zu lassen.

Man könnte förmlich von einem immerwährenden Oszillieren zwischen Einfühlung, Selbstbeobachtung und Urteilsfällung sprechen. Dieses letztere meldet sich von Zeit zu Zeit ganz spontan in Form eines Signals, das man natürlich zunächst nur als solches wertet; erst auf Grund weiteren Beweismaterials darf man sich endlich zu einer Deutung entschließen.

Mit Deutungen sparsam zu sein, überhaupt: nichts Überflüssiges zu reden, ist eine der wichtigsten Regeln in der Analyse; der Deutungsfanatismus gehört zu den Kinderkrankheiten der Analytiker. Wenn man die Widerstände des Patienten analytisch auflöst, so kommt man gelegentlich zu Stadien in der Analyse, in denen der Patient die ganze Deutungsarbeit fast ganz allein oder nur mit geringer Nachhilfe leistet.

Und nun nochmals ein Wort über meine viel gelobte und viel getadelte ›Aktivität‹ [3]. Ich glaube, endlich in der Lage zu sein, die von vielen mit Recht geforderte präzise Indikationsstellung bezüglich des Zeitpunktes dieser Maßnahme anzugeben. Sie wissen vielleicht, daß ich ursprünglich geneigt war, nebst der freien Assoziation auch gewisse Verhaltensmaßregeln vorzuschreiben, sobald der Widerstand eine solche Belastung gestattete. Später lehrte mich die Erfahrung, daß man Gebote und Verbote nicht, höchstens etwa Ratschläge zu gewissen Änderungen der Verhaltungsweise geben darf, und immer bereit sein muß, sie zurückzuziehen, wenn sie sich als hinderlich erweisen oder Widerstände provozieren. Meine von vornherein festgehaltene Ansicht, daß immer nur der Patient und nie der Arzt ›aktiv‹ sein darf, führte mich schließlich zur Feststellung, daß wir uns damit begnügen müssen, versteckte Aktionstendenzen des Patienten zu deuten, leise Versuche, die bisher bestandenen neurotischen Hemmungen zu überwinden, zu unterstützen, *ohne vorerst auf die Durchführung von Gewaltmaßregeln zu drängen oder sie auch nur anzuraten.* Sind wir geduldig genug, so kommt der Patient früher oder später selber mit der Frage, ob er diesen oder jenen Versuch (z. B. einen phobischen Vorbau zu übertreten) wagen darf; da werden wir ihm allerdings unsere Einwilligung und Ermutigung nicht versagen und auf diese Weise alle von der Aktivität erwarteten Fortschritte erreichen, ohne den Patienten zu reizen und es mit ihm zu verderben. Mit anderen Worten: den Zeitpunkt zur Aktivität hat der Patient selber zu bestimmen oder wenigstens unmißverständlich als gegeben anzudeuten. Es steht aber nach wie vor fest, daß solche Versuche der Patienten Spannungsänderungen in den psychischen Systemen hervorrufen und sich dadurch als Mittel der analytischen Technik nebst den Assoziationen voll bewähren.

In einer anderen technischen Arbeit [4] habe ich bereits auf die Wichtigkeit des Durcharbeitens hingewiesen, doch habe ich davon etwas einseitig als von einem rein quantitativen Moment gesprochen. Ich meine aber, daß das Durcharbeiten auch eine qualitative Seite hat und daß die geduldige Rekonstruktion des Mechanismus der Symptom- und Charakterbildung bei jedem neueren Fortschritt in der Analyse zu wiederholen ist. *Jede bedeutsame neue Einsicht erfordert die Revision des ganzen bisherigen*

---

[3] Vgl. die technischen Arbeiten in *Bausteine zur Psychoanalyse*, Bd. I und II [1927, in diesem Band z. B. S. 74 ff., S. 138 ff., S. 182 ff.].
[4] ›Das Problem der Beendigung der Analysen‹ [in diesem Band, S. 227 ff.].

Materials und mag wesentliche Stücke des vielleicht schon fertig geglaubten Baues umstürzen. Es wird wohl die Aufgabe einer ins Einzelne gehenden Dynamik der Technik sein, die feineren Beziehungen dieses qualitativen Durcharbeitens zum quantitativen Moment (Affektabfuhr) festzustellen.

Eine spezielle Form der Revisionsarbeit scheint aber in jedem Falle wiederzukehren. Ich meine die *Revision der Erlebnisse während der analytischen Behandlung selbst*. Die Analyse wird allmählich selber zu einem Stück Lebensgeschichte des Patienten, die er, bevor er von uns Abschied nimmt, nochmals Revue passieren läßt. Bei dieser Revision betrachtet er die Erfahrungen am Beginn seiner Bekanntschaft mit uns und die darauffolgenden Peripetien des Widerstandes und der Übertragung, die ihm seinerzeit so aktuell und lebenswichtig erschienen, nunmehr von einer gewissen Distanz und mit viel größerer Objektivität, um dann seinen Blick von der Analyse weg in die Richtung der realen Aufgaben des Lebens zu lenken.

Schließlich möchte ich einige Bemerkungen zur Metapsychologie der Technik riskieren.[5] An vielen Orten wurde, unter anderen auch von mir, darauf hingewiesen, daß der Heilungsvorgang zu einem großen Teil darin besteht, daß der Patient den Analytiker (den neuen Vater) an die Stelle des in seinem Über-Ich so breiten Raum einnehmenden wirklichen Vaters setzt und nunmehr mit diesem analytischen Über-Ich weiterlebt. Ich leugne nun nicht, daß dieser Prozeß in allen Fällen wirklich vor sich geht, gebe auch zu, daß diese Substitution bedeutende therapeutische Erfolge mit sich bringen kann, möchte aber hinzufügen, daß eine wirkliche Charakteranalyse, wenigstens vorübergehend, mit jeder Art von Über-Ich, also auch mit dem des Analytikers, aufzuräumen hat. Schließlich muß ja der Patient von aller gefühlsmäßigen Bindung, soweit sie über die Vernunft und die eigenen libidinösen Tendenzen hinausgeht, frei werden. Nur diese Art Abbau des Über-Ichs überhaupt kann eine radikale Heilung herbeiführen; Erfolge, die nur in der Substitution des einen Über-Ichs durch ein anderes bestehen, müssen noch als Übertragungserfolge bezeichnet werden; dem Endzweck der Thera-

---

[5] Unter ›Metapsychologie‹ verstehen wir bekanntlich die Summe von Vorstellungen, die wir uns auf Grund psychoanalytischer Erfahrung über die Struktur und die Energetik des psychischen Apparates machen können. S. Freuds metapsychologische Arbeiten [›Einige Bemerkungen über den Begriff des Unbewußten in der Psychoanalyse‹, ›Triebe und Triebschicksale‹, ›Die Verdrängung‹, ›Das Unbewußte‹, ›Metapsychologische Ergänzung zur Traumlehre‹, ›Trauer und Melancholie‹].

pie, auch die Übertragung loszuwerden, werden sie gewiß nicht gerecht.

Als ein bisher unberührtes Problem weise ich auf eine mögliche Metapsychologie der Seelenvorgänge des Analytikers während der Analyse hin. Seine Besetzungen pendeln zwischen Identifizierung (analytischer Objektliebe) einerseits und Selbstkontrolle, respektive intellektueller Tätigkeit andererseits hin und her. Während der langen Tagesarbeit kann er sich dem Vergnügen des freien Auslebens seines Narzißmus und Egoismus in Wirklichkeit überhaupt nicht, und in der Phantasie nur für kurze Momente hingeben. Ich zweifle nicht daran, daß eine solche, sonst im Leben kaum vorkommende Überbelastung früher oder später die Schaffung einer besonderen Hygiene des Analytikers erfordern wird.

Unanalysierte (wilde) Analytiker und unvollkommen geheilte Patienten sind mit Leichtigkeit daran zu erkennen, daß sie an einer Art ›Analysierzwang‹ leiden; die freie Beweglichkeit der Libido nach beendigter Analyse gestattet dagegen, daß man zwar, wenn nötig, die analytische Selbsterkenntnis und Selbstbeherrschung walten läßt, sonst aber am naiven Lebensgenuß keineswegs gehindert ist. Das ideale Resultat einer beendigten Analyse ist also gerade jene Elastizität, die die Technik auch vom Seelenarzt fordert. Wohl ein Argument mehr für die Unerläßlichkeit der ›zweiten psychoanalytischen Grundregel‹.

Mit Rücksicht auf die, wie ich glaube, große Bedeutsamkeit jedes technischen Ratschlages konnte ich mich nicht entschließen, den vorliegenden Aufsatz zu publizieren, ohne ihn vorher der Kritik eines Kollegen unterworfen zu haben.

»Der Titel (Elastizität) ist ausgezeichnet«, so lautete die Äußerung eines Kritikers, »und verdiente auf mehr angewendet zu werden, denn Freuds Ratschläge zur Technik waren wesentlich negativ. Er hielt es für das Wichtigste, herauszuheben, was man nicht tun soll, die der Analyse widerstrebenden Versuchungen aufzuzeigen. Fast alles, was man positiv tun soll, hat er dem von Ihnen angeführten ›Takt‹ überlassen. Dabei erzielte er aber, daß die Gehorsamen die Elastizität dieser Abmachungen nicht bemerkten und sich ihnen, als ob es Tabu-Verordnungen wären, unterwarfen. Das mußte einmal revidiert werden, allerdings ohne die Verpflichtungen aufzuheben.«

»So wahr das ist, was Sie über den ›Takt‹ sagen, so bedenklich erscheint mir das Zugeständnis in dieser Form. Alle, die keinen Takt haben, werden darin eine Rechtfertigung der Willkür, d. h. des subjektiven Faktors

Die Elastizität der psychoanalytischen Technik

(d. h. des Einflusses der unbezwungenen Eigenkomplexe) sehen. Was wir in Wirklichkeit vornehmen, ist eine meist vorbewußt bleibende Abwägung der verschiedenen Reaktionen, die wir von unseren Eingriffen erwarten, wobei es vor allem auf die quantitative Einschätzung der dynamischen Faktoren in der Situation ankommt. Regeln für diese Abmessungen lassen sich natürlich nicht geben. Erfahrung und Normalität des Analytikers werden darüber zu entscheiden haben. Aber man sollte den Takt so seines mystischen Charakters entkleiden.«

Ich teile vollkommen die Ansicht meines Kritikers, daß auch diese wie jede vorherige technische Anweisung trotz der größten Vorsicht in ihrer Abfassung unweigerlich zu Mißdeutungen, zu Mißbräuchen führen wird. Zweifellos werden manche, und zwar nicht nur Anfänger, sondern alle, die zu Übertreibungen neigen, meine Ausführungen über die Bedeutsamkeit der Einfühlung zum Anlaß dazu nehmen, das Hauptgewicht in der Behandlung auf den subjektiven Faktor, d. h. auf die Intuition zu legen und den anderen, von mir als entscheidend hervorgehobenen Faktor, die *bewußte* Abschätzung der dynamischen Situation, mißachten. Gegen solche Mißbräuche ist wohl auch die wiederholte Warnung wahrscheinlich nutzlos. Habe ich es doch erlebt, daß einzelne Analytiker meine vorsichtigen und immer vorsichtiger werdenden Versuche der Aktivität dazu benützten, um ihrer Neigung zur ganz unanalytischen, manchmal sadistisch anmutenden Gewaltmaßregel zu frönen. Es würde mich also nicht wundern, wenn ich nach einiger Zeit zu hören bekäme, daß jemand meine Ansichten über die notwendige Duldsamkeit des Analytikers als Grundlage einer masochistischen Technik betrachtet. Und doch ist das von mir befolgte und empfohlene Verfahren, die Elastizität, durchaus nicht gleichbedeutend mit widerstandslosem Nachgeben. Wir trachten zwar, alle Launen des Kranken nachzufühlen, halten aber auch an dem uns von der analytischen Erfahrung diktierten Standpunkt bis zum Äußersten fest.

Den ›Takt‹ seines mystischen Charakters zu berauben, war gerade das Hauptmotiv, das mich zum Schreiben dieses Aufsatzes bewog; ich gebe aber zu, daß ich dieses Problem nur angeschnitten, keineswegs aber gelöst habe. Bezüglich der Möglichkeit zur Fassung auch positiver Ratschläge zur Abschätzung gewisser typischer dynamischer Verhältnisse bin ich vielleicht etwas optimistischer als mein Kritiker. Übrigens ist seine Forderung, daß der Analytiker erfahren und normal sein soll, ungefähr gleichbedeutend mit meiner Forderung, daß eine *beendigte*

Analyse des Analytikers die einzig verläßliche Grundlage einer guten analytischen Technik sei. Selbstverständlich werden sich beim gut analysierten Analytiker die von mir geforderten Einfühlungs- und Abschätzungsprozesse nicht im unbewußten, sondern auf dem vorbewußten Niveau abspielen.

Offenbar angeregt durch die obigen Warnungen, drängt es mich, auch eine andere der von mir hier geäußerten Ansichten klarer auszudrükken. Ich meine den Satz, daß eine tief genug reichende Charakteranalyse mit jeder Art von Über-Ich aufzuräumen hat. Ein gar zu konsequenter Geist könnte das so ausdeuten, daß meine Technik die Menschen aller ihrer Ideale berauben will. In Wirklichkeit richtet sich mein Kampf nur gegen den unbewußt gewordenen und daher unbeeinflußbaren Teil des Über-Ichs; natürlich hat er aber nichts dagegen einzuwenden, daß der normale Mensch in seinem *Vorbewußten* auch weiterhin eine Summe von positiven und negativen Vorbildern beibehält. Allerdings wird er diesem *vorbewußten Über-Ich* nicht so sklavisch gehorchen müssen wie vorher der unbewußten Elternimago.

Das unwillkommene Kind und sein Todestrieb

(1929)

In einer kleinen Arbeit über ›Kälte, Krankheit und Geburt‹ führte Ernest Jones – anknüpfend an Gedankengänge meiner ›Entwicklungsstufen des Wirklichkeitssinnes‹[1] (sowie an damit zusammenhängende Ideen von Trotter, Stärcke, Alexander und Rank) – die Neigung so vieler Menschen zu Erkältungskrankheiten teilweise auf frühinfantile traumatische Eindrücke, insbesondere auf Unlustempfindungen zurück, die das Kind bei der Entfernung aus dem warmen mütterlichen Milieu empfinden und später nach dem Gesetz des Wiederholungszwanges immer wieder neu erleben muß. Die Folgerungen von Jones waren hauptsächlich auf physiopathologische, zum Teil aber auch auf analytische Überlegungen gegründet. In der nun folgenden kurzen Mitteilung möchte ich einen ähnlichen, aber ein etwas weiteres Gebiet berührenden Ideengang veröffentlichen.

Seit der epochemachenden Arbeit Freuds über die nicht weiter analysierbaren Triebgrundlagen alles Organischen (in ›Jenseits des Lustprinzips‹) haben wir uns daran gewöhnt, alle Lebenserscheinungen, auch die Erscheinungen des Seelenlebens, schließlich als ein Gemisch von Äußerungsformen der zwei Grundtriebe: des Lebens- und des Todestriebes, zu betrachten. Ein einziges Mal hörten wir von Freud auch die Zurückführung einer pathologischen Erscheinung auf die fast vollkommene Entmischung der zwei Haupttriebe; seiner Vermutung nach äußert sich in der Symptomatik der *Epilepsie* das Toben einer von den Hemmungen des Lebenwollens fast freien Tendenz zur Selbstvernichtung. Psychoanalytische Untersuchungen haben mich seither in der Plausibilität dieser Auffassung gestärkt. Ich weiß von Fällen, in denen der epileptische Insult sich an unlustvolle Erlebnisse anschloß, die dem Patienten das Leben kaum mehr lebenswert erscheinen ließen. (Natürlich will ich

---

[1] [In Bd. I dieser Ausgabe, S. 148–163.]

damit über das Wesen der Attacke selbst nichts Definitives ausgesagt haben.)

Als leitender Arzt eines Kriegslazaretts hatte ich unter anderem die Aufgabe, mich über die Diensttauglichkeit vieler Epileptiker zu äußern. Nach Ausschluß der nicht seltenen Fälle von Simulation und der hysterischen Anfälle verblieb eine Serie mit typischen epileptischen Erscheinungen, an der ich die Äußerungen des Todestriebes näher untersuchen konnte. Nach Ablauf der tonischen Starre und der klonischen Zuckungen folgte meist – bei noch immer andauerndem tiefem Koma mit Pupillenstarre – völlige Relaxation der Muskulatur und äußerst penibles, offenbar durch Erschlaffung der Zungen- und Kehlkopfmuskeln verursachtes, höchst insuffizientes, stertoröses Atmen. In diesem Stadium nun vermochte sehr oft ein kurzdauerndes Verlegen der noch passiblen Luftwege den Anfall zu kupieren. In anderen Fällen mußte dieser Versuch wegen drohender Erstickungsgefahr unterbrochen werden. Es lag nahe, hinter dieser Verschiedenheit in bezug auf die Tiefe des Komas eine Differenz bezüglich der Vollkommenheit der Triebentmischung zu vermuten. Die tiefere analytische Durchdringung dieser Fälle war aber durch äußere Umstände leider verhindert.

Einen etwas tieferen Einblick in die Genese von unbewußten Selbstzerstörungstendenzen erhielt ich bei der Analyse von nervösen Kreislauf- und Atemstörungen, insbesondere von *Asthma bronchiale,* doch auch von anatomisch nicht erklärbaren Fällen vollkommener *Appetitlosigkeit* und Abmagerung. Alle diese Symptome paßten gelegentlich vollkommen zur psychischen Gesamttendenz der Patienten, die viel mit Selbstmordneigungen zu kämpfen hatten. Auch die retrospektive Analyse einiger Fälle von infantilem *Glottiskrampf*[2] mußte ich in zwei Fällen als Selbstmordversuch durch Selbsterdrosselung deuten. In der Analyse dieser letzteren Fälle nun kam ich zu jener Mutmaßung, die ich hier mitteilen möchte, in der Hoffnung, daß ein weiterer Kreis von Beobachtern (ich denke da besonders an Kinderärzte) weiteres Material zu ihrer Stütze beibringen wird.

Beide Patienten kamen sozusagen als *unwillkommene Gäste der Familie* zur Welt. Der eine als zehntes Kind der offenbar stark überlasteten Mutter, der andere als Nachkomme des todkranken, bald darauf auch wirklich verstorbenen Vaters. Alle Anzeichen sprechen dafür, daß diese

[2] [Krampf der Stimmbänder im Kehlkopf.]

Das unwillkommene Kind und sein Todestrieb

Kinder die bewußten und unbewußten Merkmale der Abneigung oder Ungeduld der Mutter wohl bemerkt und durch sie in ihrem Lebenwollen geknickt wurden. Im späteren Leben genügten dann verhältnismäßig geringe Anlässe zum Sterbenwollen, auch wenn dieses durch starke Willensanspannung kompensiert wurde. Moralischer und philosophischer Pessimismus, Skeptizismus und Mißtrauen wurden hervorstechende Charakterzüge bei ihnen. Man konnte auch von schlechtverhüllter Sehnsucht nach (passiver) Zärtlichkeit, von Arbeitsunlust, von Unfähigkeit zu längerer Kraftanspannung, also von einem gewissen Grade von emotionellem Infantilismus sprechen, natürlich nicht ohne Versuche einer forcierten Charakterbefestigung. Als ein besonders schwerer Fall von seit Kindheit bestehender Lebensunlust entpuppte sich der Fall von Alkoholismus bei einer noch jugendlichen Dame, die natürlich auch Schwierigkeiten in der analytischen Situation wiederholt zum Anlaß zu nur schwer beherrschbaren Selbstmordimpulsen nahm. Sie kann sich erinnern, aber auch Mitglieder ihrer Familie bestätigen es, daß sie als drittes Mädchen einer knabenlosen Familie höchst unliebsam empfangen wurde. Sie fühlte sich natürlich unschuldig und trachtete durch frühreifes Grübeln den Haß und die Ungeduld der Mutter zu erklären. Eine Neigung zu kosmologischer Spekulation mit einem Einschlag von Pessimismus behielt sie zeitlebens bei. Ihre Grübeleien über die Herkunft alles Lebendigen waren gleichsam nur die Fortsetzung der unbeantwortet gebliebenen Frage, warum man sie denn überhaupt zur Welt gebracht hat, wenn man sie nicht freundlich zu empfangen gewillt war. Wie in allen anderen, so auch in diesem Fall war natürlich der Ödipuskonflikt eine Kraftprobe, der die Patientin nicht gewachsen war, ebensowenig wie den zufällig ungewöhnlich großen Schwierigkeiten der Anpassung ans Eheleben; sie blieb frigid, gleichwie alle anderen von mir beobachteten ›unwillkommenen Kinder‹ männlichen Geschlechts unter mehr oder minder schweren Störungen der Potenz litten. Die von Jones in ähnlichen Fällen postulierte Neigung zu Erkältungen war vielfach vorhanden; in einem speziellen Fall sogar ganz besondere, organisch schwer erklärbare, hochgradige Abkühlung bei Nacht mit subnormalen Temperaturen.

Es kann natürlich nicht meine Aufgabe sein, die Semiotik dieses hier nur ätiologisch gemeinten Erkrankungstypus auch nur halbwegs zu erschöpfen; dazu reicht, wie schon angedeutet, die Erfahrung eines Einzelnen nicht aus. Ich wollte nur auf die Wahrscheinlichkeit dessen hinweisen, daß barsch und unliebenswürdig empfangene Kinder leicht und gerne sterben. Entweder benützen sie eine der vielen gegebenen organischen Möglichkeiten zum raschen Abgang, oder wenn sie diesem Schicksal auch entgehen, behalten sie einen Anflug von Lebensunlust und Pessimismus bei.

Diese ätiologische Annahme fußt auf einer von der geläufigen verschiedenen theoretischen Auffassung über die Wirksamkeit der Lebens- und Todestriebe in den verschiedenen Lebensaltern. Geblendet durch die imposante Wachstumsentfaltung am Lebensbeginn, war man zur Ansicht geneigt, daß bei den eben zur Welt gebrachten Individuen die Lebenstriebe bei weitem überwiegen; überhaupt war man geneigt, Todes- und Lebenstriebe als einfache Ergänzungsreihen vorzustellen, in denen das Lebensmaximum am Beginn des Lebens, der Nullpunkt des Lebenstriebes aber im späteren Alter gedacht war. Dem scheint nun nicht ganz so zu sein. Allerdings entfalten sich die Organe und ihre Funktionen intra- und extrauterin am Lebensanfang in überraschender Fülle und Schnelligkeit – doch nur unter den ganz besonders günstigen Bedingungen des Keim- und Kinderschutzes. Das Kind muß durch ungeheuren Aufwand von Liebe, Zärtlichkeit und Fürsorge dazu gebracht werden, es den Eltern zu verzeihen, daß sie es ohne seine Absicht zur Welt brachten, sonst regen sich alsbald die Zerstörungstriebe. Und das ist eigentlich nicht zu verwundern; ist doch der Säugling dem individuellen Nichtsein noch viel näher und ihm nicht durch Lebenserfahrung entrückt wie der Erwachsene. Das Zurückgleiten in jenes Nichtsein mag also bei den Kindern viel leichter vor sich gehen. Die den Schwierigkeiten des Lebens standhaltende ›Lebenskraft‹ ist also nicht eigentlich angeborenerweise von großer Stärke, sondern sie befestigt sich anscheinend nur, wenn taktvolle Behandlung und Erziehung eine fortschreitende Immunisierung gegen physische und psychische Schäden allmählich herbeiführen. Entsprechend dem Abstieg der Morbiditäts- und Mortalitätskurve im mittleren Lebensalter dürfte also der Lebenstrieb den Vernichtungstendenzen erst im Alter der Reife die Waage halten.

Wollen wir die Fälle dieser Ätiologie in die von Freud so frühzeitig und doch so erschöpfend gegebenen neurotischen ›Erkrankungstypen‹ einreihen, so müssen wir sie etwa an der Übergangsstelle der rein endogenen und der exogenen, d. h. Versagungsneurosen, unterbringen. Die so frühzeitig lebensunlustig Werdenden machen den Eindruck von Lebewesen mit mangelhafter Anpassungsfähigkeit, ähnlich denen, die nach der Gruppierung Freuds an einer mitgebrachten Schwäche ihrer Lebensfähigkeit leiden, doch mit dem Unterschied, daß in unseren Fällen das

Angeborensein der Kränklichkeit durch die Frühzeitigkeit des Traumas vorgetäuscht wird. Natürlich bleibt es eine noch zu lösende Aufgabe, die feineren Unterschiede der Neurosensymptomatik bei den von Anfang an mißhandelten und jenen Kindern festzustellen, die anfangs enthusiastisch, ja mit leidenschaftlicher Liebe behandelt, dann aber ›fallen gelassen‹ wurden.

Nun erhebt sich natürlich die Frage, ob ich auch zur speziellen Therapie dieser Erkrankungsgruppe etwas zu sagen habe. Entsprechend meiner anderwärts mitgeteilten Versuche einer ›Elastizität‹ der analytischen Technik[3], sah ich mich in diesen Fällen von verminderter Lebenslust allmählich gezwungen, in den Anforderungen an die Leistungsfähigkeit der Patienten während der Kur mehr und mehr nachzulassen. Schließlich stellte sich eine Situation heraus, die man nicht anders beschreiben kann, als daß man den Patienten eine Weile, gleichsam wie ein Kind, gewähren lassen muß, nicht unähnlich jener ›Vorbehandlung‹, die Anna Freud bei der Analyse von Kindern für notwendig hält. Durch dieses Gewährenlassen läßt man diese Patienten eigentlich erstmalig die Unverantwortlichkeit des Kindesalters genießen, was gleichbedeutend ist mit der Einführung *positiver* Lebensimpulse und Motive für die spätere Existenz. Erst später kann man vorsichtig an jene Versagungsforderungen herangehen, die unsere Analysen sonst kennzeichnen. Natürlich muß aber auch diese, wie jede andere Analyse, mit der Abtragung der unvermeidlich geweckten Widerstände und mit der Anpassung an die versagungsvolle Realität enden, hoffentlich aber ergänzt durch die Fähigkeit, das Glück, wo es real gegeben ist, auch zu genießen.

Eine von der ichpsychologischen Richtung einseitig beeinflußte, sonst sehr intelligente Dame machte mir, als ich von der Wichtigkeit der Zuführung ›positiver Lebensimpulse‹, d. h. von der Zärtlichkeit Kindern gegenüber, sprach, sofort den Einwand, wie denn dies mit der von der Psychoanalyse behaupteten Bedeutung der Sexualität in der Verursachung der Neurosen zu vereinbaren sei. Die Antwort fiel mir nicht schwer; mußte ich doch in der ›Genitaltheorie‹[4] die Ansicht befürworten, daß die Lebensäußerungen der kleinsten Kinder fast ausschließlich libidinös (erotisch) sind, diese Erotik aber, *eben wegen ihrer Ubiquität*, unauffällig ist. Erst nach Ausbildung eines besonderen Organs für Erotik macht sich die Sexualität unverkennbar und unableugbar. Da-

---

[3] [In diesem Band, S. 237 ff.]
[4] [In diesem Band, S. 317 ff.]

mit will ich auch allen jenen geantwortet haben, die aus Anlaß dieser Mitteilung die libido-theoretische Neurosenlehre Freuds angreifen sollten. Übrigens wies ich bereits darauf hin, daß oft erst die Kämpfe des Ödipuskonfliktes und die Anforderungen der Genitalität die Folgen der früherworbenen Lebensunlust manifest werden lassen.

Relaxationsprinzip und Neokatharsis

(1930)[1]

Meine Damen und Herren! Höchstwahrscheinlich wird mancher von Ihnen nach Anhören meines Vortrages den Eindruck gewinnen, ich hätte ihm ungebührlich den Titel ›Fortschritte der Technik‹ gegeben, sein Inhalt verdiente eher die Einschätzung als Rückschritt oder Reaktion. Aber dieser Eindruck wird hoffentlich bald vor der Überlegung weichen, daß auch die Rückkehr zu einer älteren, unverdient vernachlässigten Tradition die Wahrheit fördern kann; und ich meine wirklich, daß es in solchen Fällen nicht allzu paradox ist, die Betonung des Alten als wissenschaftlichen Fortschritt hinzustellen. Freuds psychoanalytische Forschungen umfassen ein ungeheures Gebiet, außer dem individuellen Seelenleben auch die Massenpsychologie, die Kulturgeschichte der Menschheit, ja neuerdings erstrecken sie sich auch auf die letztmöglichen Vorstellungen über Leben und Tod. Auf dem Wege der Entwicklung einer bescheidenen psychotherapeutischen Arbeitsmethode zu einer vollwertigen Psychologie und Weltanschauung mußte sich der Entdecker bald auf dieses, bald auf jenes Territorium der Forschung konzentrieren und alles andere vorläufig beiseite schieben. Solche Vernachlässigung früherer Einsichten bedeutet natürlich durchaus nicht das Aufgeben oder den Widerruf derselben. Wir Schüler aber haben die Neigung, den gerade geäußerten Worten des Meisters allzu wörtlich zu folgen, die letztgefundene Wahrheit für die einzige zu proklamieren und so gelegentlich in die Irre zu gehen. Meine persönliche Stellung in der analytischen Geistesbewegung formte mich zu einem Mittelding von Schüler und Lehrer, und diese Doppelstellung berechtigt und befähigt mich vielleicht dazu, auf solche

---

[1] Nach einem auf dem XI. Internationalen Psychoanalytischen Kongreß in Oxford im August 1929 unter dem Titel ›Fortschritte der Psychoanalytischen Technik‹ gehaltenen Vortrag.

Einseitigkeiten hinzuweisen und, ohne auf das Gute im Neuen zu verzichten, für die Würdigung des Altbewährten zu plädieren.

Die enge und fast unlösliche Zusammengehörigkeit der technischen Arbeitsmethode mit dem Wissensgehalt in der Psychoanalyse bringt es mit sich, daß ich meinen Vortrag nicht aufs Technische beschränken kann, sondern auch ein Stück des Inhaltlichen revidieren muß. In der Vorgeschichte der Psychoanalyse, deren knappste Zusammenfassung ich nun vorausschicken will, war von einer solchen Trennung noch nicht die Rede. Aber auch in der darauffolgenden Periode war die Sonderung des Technischen vom Theoretischen nur eine künstliche, didaktischen Rücksichten entspringende.

I

Die kathartische Therapie der Hysterie, die Vorläuferin der Psychoanalyse, war die gemeinsame Entdeckung einer genialen Kranken und eines verständnisvollen Arztes. Die Patientin machte an sich selbst die Erfahrung, daß einzelne ihrer Symptome schwanden, wenn es gelang, die in ihren Ausnahmszuständen geäußerten Fragmente ihrer Rede und ihres Gehabens mit vergessenen Eindrücken aus ihrem Vorleben in Verbindung zu bringen. Das außerordentliche Verdienst Breuers war, daß er nicht nur den methodischen Weisungen der Patientin gefolgt ist, sondern auch an die *Realität* der auftauchenden Erinnerungen geglaubt und sie nicht, wie üblich, von vornherein als phantastische Erfindungen einer Geisteskranken abgelehnt hat. Allerdings hatte diese Glaubensfähigkeit Breuers ihre eng gesteckten Grenzen. Er konnte seiner Patientin nur so lange folgen, als sich deren Äußerungen und Haltung im Rahmen des Kultivierten bewegt hatten. Sobald sich die ersten Äußerungen des ungehemmten Trieblebens meldeten, ließ Breuer nicht nur die Patientin, sondern die ganze Methode im Stich. Auch die übrigens äußerst tiefgreifenden theoretischen Folgerungen Breuers beschränken sich möglichst auf das rein Intellektuelle oder aber knüpfen sie, alles Emotiv-Psychische überspringend, unmittelbar ans Physikalische an.

Ein Stärkerer mußte kommen, der auch vor dem Instinktiven und Tierischen in der seelischen Organisation des Kulturmenschen nicht zurückwich; es ist wohl überflüssig, Ihnen seinen Namen zu nennen. Freuds Erfahrungen drängten unaufhaltsam zur Annahme von sexuellen Infantiltraumen als *conditio sine qua non* in allen Fällen der Neurosen.

Doch als in einigen Krankheitsfällen die Angaben der Patienten sich nicht als stichhaltig erwiesen, kämpfte auch er mit der Versuchung, das von den Patienten gelieferte Material für unverläßlich, daher der wissenschaftlichen Betrachtung für unwürdig zu erklären. Glücklicherweise rettete die Geistesschärfe Freuds die Psychoanalyse vor der imminenten Gefahr, neuerlich begraben zu werden. Waren auch einzelne Angaben der Patienten lügenhaft, irreal, so verblieb doch die *psychische Realität des Lügens selbst* als unanfechtbare Tatsache. Es ist schwer, sich vorzustellen, welcher Mut, welche Kraft und Konsequenz des Denkens, wieviel Selbstüberwindung notwendig war, um die täuschende Lügenhaftigkeit der Kranken affektlos für hysterische Phantasie zu erklären und sie als psychische Realität weiterer Betrachtung und Forschung zu würdigen.

Allerdings färbten diese Fortschritte auch auf die Technik der Psychoanalyse ab. Das höchstgradig emotionelle, hypnotisch-suggestive Verhältnis zwischen Arzt und Patienten kühlte sich allmählich zu einer Art endlosem Assoziationsexperiment, also zu einem größtenteils intellektuellen Prozeß ab. Arzt und Patient suchten gleichsam mit vereinten Geisteskräften aus den unzusammenhängenden Fragmenten des Assoziationsmaterials die verdrängten Erkrankungsursachen, wie die Lücken eines äußerst komplizierten Kreuzworträtsels, zu rekonstruieren. Enttäuschende therapeutische Mißerfolge, die einen Schwächeren gewiß entmutigt hätten, zwangen aber Freud, die offenbar zeitweilig ungebührlich vernachlässigte Emotivität im Verhältnis zwischen dem Analytiker und dem Analysanden wieder herzustellen; allerdings nicht in der Form der in ihrem Wesen unbekannten, schwer dosierbaren Beeinflussung durch Hypnose und Suggestion, sondern durch die erhöhte Beachtung und Verwertung der im analytischen Verhältnis sich äußernden Anzeichen der *Affektübertragung* und *des affektiven Widerstandes*.

Dies war ungefähr der Stand der analytischen Technik und Theorie zur Zeit, als ich, merkwürdigerweise erst durch Jungs Assoziationsexperimente angeregt, zum enthusiastischen Anhänger der neuen Lehre wurde. Es sei mir gestattet, im folgenden die Entwicklungen der Technik vom subjektiven Standpunkt eines Einzelnen darzustellen. Das biogenetische Grundgesetz gilt anscheinend auch für die intellektuelle Entwicklung des Einzelnen; vielleicht gibt es überhaupt kein gut fundiertes Wissen, das nicht die Stadien der überschwenglich optimistischen Erleuchtung, der unvermeidlich darauffolgenden Enttäuschung und der schließlichen Versöhnung beider Affekte auch individuell wiederholt.

Ich weiß wirklich nicht, ob ich die jüngeren Kollegen für die Mühelosigkeit, mit der sie in den Besitz des von der früheren Generation hart Erkämpften gelangen, beneiden soll. Manchmal scheint es mir, daß die fertige Überlieferung einer noch so wertvollen Tradition nicht ganz gleichwertig ist mit dem Selbsterworbenen.

Lebhaft erinnere ich mich an meine ersten Versuche zu Beginn meiner psychoanalytischen Laufbahn. Ich entsinne mich z. B. meines allerersten Falles; es war ein junger Kollege, dem ich auf der Straße begegnete und der äußerst blaß und offenbar mit schwerer Atemnot kämpfend meinen Arm erfaßte und flehentlich um Hilfe bat. Er leide, wie er mir mit stockendem Atem mitteilte, an nervösem Asthma. Er hätte alles mögliche versucht, bisher ohne Erfolg. Rasch entschlossen, geleitete ich den leidenden Kollegen in mein Arbeitszimmer, veranlaßte ihn, seine Reaktionen zu einem Assoziationsschema herzugeben, vertiefte mich in die Analyse seines Vorlebens mit Hilfe dieses rasch gesäten und geernteten Assoziationsmaterials, und richtig gruppierten sich die Erinnerungsbilder bald um ein in der frühen Kindheit erlittenes Trauma. Es handelte sich um eine Hydrocele-Operation; er sah und fühlte mit dinglicher Lebhaftigkeit, wie er von den Spitalsdienern gewaltsam gepackt, wie ihm die Chloroformmaske über das Gesicht gestülpt wird, wie er mit aller Kraft der erstickenden Gewalt des Rauschgases sich entwinden will; er wiederholte die Muskelanstrengungen, den Angstschweiß und die Atemstörung, die er beim traumatischen Anlaß erfahren mußte. Dann öffnete er wie von einem Traume erwachend die Augen, schaute verwundert um sich, umarmte mich jauchzend und sagte, er fühle sich vom Anfall vollkommen befreit.

So ähnlich waren auch viele meiner übrigen ›kathartischen‹ Erfolge, die ich um diese Zeit herum verzeichnen konnte. Doch bald erfuhr ich, daß fast alle diese Symptomheilungen nur vorübergehende Erfolge zeitigten, und ich, der Arzt, fühlte mich allmählich vom übertriebenen Optimismus geheilt. Ich suchte durch vertieftes Studium der Werke Freuds und durch persönliche Ratschläge, die ich von ihm holen durfte, mir die Assoziations-, Widerstands- und Übertragungstechnik zu eigen zu machen, möglichst genau die technischen Ratschläge befolgend, die Freud inzwischen veröffentlichte. Ich glaube schon bei früheren Anlässen mitgeteilt zu haben, daß meine psychologischen Kenntnisse bei Befolgung dieser technischen Regeln immer tiefer, die schlagenden und raschen Erfolge dagegen immer seltener wurden. Die frühere kathartische Therapie wandelte sich allmählich in eine Art analytische Neuerziehung der

Kranken um, die mehr und mehr Zeit in Anspruch nahm. In meinem gewiß noch jugendlichen Eifer sann ich nach Mitteln, um diese Zeit zu verkürzen und sichtlichere therapeutische Erfolge zu provozieren. Durch größere Verallgemeinerung und Betonung des Versagungsprinzips, zu dem sich auch Freud am Budapester Kongreß (1918) bekannte, und mit Hilfe von künstlich erzeugten Spannungssteigerungen (›aktive Therapie‹) trachtete ich die Wiederholung früherer traumatischer Erlebnisse zu fördern und sie einer besseren Lösung durch die Analyse zuzuführen. Es ist Ihnen wohl bekannt, daß sowohl ich selber als auch andere, die mir folgten, sich gelegentlich zu Übertreibungen dieser Aktivität hinreißen ließen. Die ärgste dieser Übertreibungen war die von Rank vorgeschlagene und von mir seinerzeit akzeptierte Maßregel der *Termingebung*. Ich war einsichtig genug, vor diesen Übertreibungen rechtzeitig zu warnen, und vertiefte mich eifrig in die inzwischen von Freud so erfolgreich angeschnittene Analyse des Ichs und der Charakterentwicklung. Die etwas einseitige Ichanalyse, bei der die früher allmächtig gedachte Libido zu kurz kam, gestaltete die Kur vielfach zu einem Prozeß, der uns zu einer möglichst restlosen Einsicht in die Topik, Dynamik und Ökonomie der Symptombildung verhelfen soll, bei genauer Verfolgung der Energieverteilung zwischen dem Es, dem Ich und dem Über-Ich des Patienten. Bei Anwendung dieser Gesichtspunkte konnte ich mich aber des Eindrucks nicht erwehren, daß das Verhältnis zwischen Arzt und Patienten gar zu sehr einem Schüler-Lehrer-Verhältnis ähnlich wurde. Ich kam auch zur Überzeugung, daß die Patienten mit mir höchst unzufrieden waren und sich nur nicht getrauen, sich gegen dieses Lehrhafte und Pedantische in uns offen zu empören. In einer meiner technischen Arbeiten forderte ich denn auch die Kollegen auf, ihre Analysanden zu größerer Freiheit und freierem Auslebenlassen der Aggressivität dem Arzt gegenüber zu erziehen, zugleich mahnte ich sie zu etwas größerer Demut den Patienten gegenüber, zum Einbekennen eventuell begangener Fehler, plädierte für größere Elastizität, eventuell auch auf Kosten unserer Theorien (die ja doch nicht unwandelbare, wenn auch vorläufig brauchbare Instrumente sind), und konnte schließlich auch davon berichten, daß die den Patienten gewährte größere Freiheit der Analyse nicht nur nicht schadet, sondern nach Austobenlassen aller Aggressionen positive Übertragung und auch positivere Erfolge zeitigt. Seien Sie also nicht allzusehr überrascht, wenn ich Ihnen heute von neueren Fortschritten oder meinetwegen Rückschritten auf diesem Wege zu berichten habe. Ich bin mir dessen bewußt, daß das, was ich Ihnen zu sagen habe, gerade in Ihrem Kreise wenig Aussicht auf Popularität hat; auch muß ich der Befürchtung Ausdruck geben, daß diese Ausführungen mir in den Kreisen der wirklich Reaktionären eine mir recht unliebsame Popularität verschaffen werden. Vergessen Sie aber nicht, was ich eingangs über Fortschritt und Rückschritt gesagt habe; die Rückkehr zum guten Alten bedeutet bei mir durchaus nicht das Aufgeben des Guten und Wertvollen, das uns die neuere Entwicklung unserer Wissenschaft geschenkt hat. Übrigens wäre es vermessen, sich einzubilden, daß irgend jemand von uns imstande ist, das letzte Wort über die Entwicklungsmöglichkeiten der Technik oder Theorie der Analyse zu sagen. Mich wenigstens haben die vielfachen Schwankungen, die ich soeben kurz geschildert habe, recht bescheiden gemacht; ich möchte also das Mitzuteilende nicht als etwas Endgültiges hinstellen, ja ich schließe die Möglichkeit nicht aus, daß ein mehr oder minder großer Teil dessen sich verschiedentliche Einschränkungen wird gefallen lassen müssen.

II

Im Laufe vieljähriger praktisch-analytischer Tätigkeit kam ich immer wieder in die Lage, bald den einen, bald den anderen der Freudschen ›Ratschläge zur Technik‹ zu verletzen. Das Festhalten am Prinzip, daß der Patient liegen muß, wurde gelegentlich durch den unzähmbaren Impuls der Kranken, aufzuspringen, in dem Zimmer herumzugehen oder mit mir Aug' in Auge zu sprechen, durchkreuzt. Schwierige reale Verhältnisse, ja oft auch die unbewußte Machination des Kranken stellten mich manchmal vor die Alternative, die Analyse entweder abzubrechen oder sie entgegen den üblichen Regeln ohne finanzielle Gegenleistung fortzusetzen; ich zögerte nicht, dies letztere zu wählen, und bin damit nicht schlecht gefahren. Das Prinzip, daß die Analyse im gewöhnlichen Milieu unter Fortführung der beruflichen Betätigung durchzuführen ist, war sehr oft undurchführbar; in einigen schwierigen Fällen sah ich mich gar genötigt, den Patienten zu gestatten, tage- und wochenlang im Bett zu liegen, und sie auch von der Mühe, mich zu besuchen, zu befreien. Die schockartige Wirkung des plötzlichen Abbruchs der Analysenstunde zwang mich gar nicht selten, die Stunde bis zum Ablauf der Reaktion zu verlängern, ja dem Kranken zwei oder mehr Stunden täglich zu widmen. Oft, wenn ich dies nicht tat oder tun konnte, provozierte meine

Starrheit eine, wie mir schien, überflüssige Steigerung des Widerstandes und eine allzu wörtliche Wiederholung traumatischer Ereignisse der kindlichen Vorzeit, und es kostete geraume Zeit, bis ich die bösen Folgen dieser unbewußten Identifizierung beim Patienten halbwegs überwinden konnte. Ein Hauptprinzip der Analyse, das der Versagung, das manche meiner Kollegen und seinerzeit auch ich mit übermäßiger Strenge anwendete, haben viele zwangsneurotische Patienten rasch durchschaut und benützten es als neue, schier unerschöpfliche Fundgrube von Widerstandssituationen, bis sich der Arzt schließlich entschloß, *durch Nachgiebigkeit* den Patienten diese Waffe aus der Hand zu schlagen.

Aus all diesen und vielen anderen hier nicht einzeln anzuführenden Verfehlungen gegen eine Grundregel machte ich mir die größten Gewissensskrupel, bis mir von maßgebender Seite die beruhigende Äußerung zuteil wurde, daß die Ratschläge Freuds eigentlich nur Mahnungen für den Anfänger sein wollten, die ihn vor den gröbsten Mißgriffen und Mißerfolgen behüten sollten; sie enthielten aber fast gar keine Weisungen positiver Natur, so daß diesbezüglich dem eigenen Ermessen des Analytikers, sofern er sich über die metapsychologischen Folgen seines Gehabens Rechenschaft geben kann, weitgehende Freiheit gestattet bleibt.

Die Häufung der Ausnahmsfälle drängt mich aber zur Statuierung eines bis jetzt nicht formulierten, wenn auch unausgesprochen geduldeten Prinzips, des *Prinzips der Gewährung,* das wir neben der Versagung vielfach gelten lassen müssen. Die nachträgliche Überlegung bringt mich allerdings zur Überzeugung, daß es bereits bei der Erklärung der Wirkungsweise der aktiven Technik eigentlich recht forciert war, alles dort Erfahrene auf Versagung, das heißt auf ›Spannungssteigerung‹ zurückzuführen. Wenn ich von einer Patientin forderte, die bisher übereinander geschlagenen Beine gesondert zu halten, schuf ich in der Tat eine libidinöse Versagungssituation, die die Spannungssteigerung und die Mobilisierung bisher verdrängter psychischer Inhalte förderte. Aber wenn ich derselben Patientin nahelegte, die auffällig steife Haltung ihrer Gesamtmuskulatur aufzugeben und sich mehr Freiheit und Beweglichkeit zu gönnen, war es eigentlich ungerechtfertigt, von Spannungssteigerung zu sprechen, nur weil dieses Aufgeben der Starrheit der Patientin Schwierigkeiten bereitete; es ist viel aufrichtiger zu bekennen, daß es sich hier um eine ganz andersartige Maßnahme handelt, die man im Gegensatz zur Spannungssteigerung getrost *Relaxation* nennen darf. Es muß also zugegeben werden, daß die Psychoanalyse eigentlich mit zwei einander entgegengesetzten Mitteln arbeitet; sie schafft Spannungssteigerung durch die Versagung und Relaxation durch Gewährung von Freiheiten.

Wie bei jeder Neuigkeit, kommt man aber auch hier bald dahinter, daß es sich um etwas sehr Altes, ich möchte sagen, Banales handelt. Sind denn nicht schon in der freien Assoziation diese beiden Prinzipien wirksam? Diese zwingt einerseits den Patienten zum Bekennen unangenehmer Wahrheiten, gestattet aber andererseits eine Freiheit der Rede und des Gefühlsausdrucks, wie sie sonst im Leben kaum zu haben ist. Aber auch längst vor der Existenz der Psychoanalyse bestand schon die Erziehung der Kinder und der Masse in der Gewährung von Zärtlichkeit und Liebe und in der Forderung schmerzlicher Verzichte unter Anpassung an die unlustvolle Wirklichkeit.

Wäre die ›Internationale Psychoanalytische Vereinigung‹ nicht eine so hochkultivierte und an Selbstzucht gewöhnte Gesellschaft, so würde ich bei diesem Punkt meines Vortrags durch allgemeine Unruhe und Zwischenrufe unterbrochen, wie sie sogar im sonst so vornehmen englischen Unterhause beim Anhören einer gar zu aufreizenden Rede vorkommen. »Was wollen Sie denn eigentlich?« würden mir einige zurufen. »Kaum haben wir uns mit dem Prinzip der Versagung, die Sie selbst mit Ihrer aktiven Technik auf die Spitze getrieben haben, einigermaßen befreundet, stören Sie unser mit Mühe beruhigtes wissenschaftliches Gewissen mit der Aufwerfung eines neuen verwirrenden Prinzips, dessen Anwendung uns die größten Verlegenheiten bereitet.« »Sie sprechen von Gefahren der Übertreibung der Versagung«, würde eine andere nicht minder schrille Stimme lauten. »Was aber mit den Gefahren der Verzärtelung der Patienten? Und überhaupt, können Sie uns bestimmte Vorschriften darüber geben, wie und wann das eine oder das andere Prinzip anzuwenden ist?«

Gemach, meine Damen und Herren, wir sind noch nicht so weit, um uns auf diese und ähnliche Einzelheiten einzulassen; mein Zweck war vorläufig nur der, festzustellen, daß wir, wenn auch uneingestanden, auch jetzt schon mit diesen zwei Prinzipien arbeiten. Vielleicht werde ich aber noch in diesem Vortrag auf einige Einwendungen, die ich mir natürlich auch selber machte, eingehen. Die Störung der Bequemlichkeit des Analytikers durch neue Probleme muß ich allerdings unberücksichtigt lassen.

Zur Beruhigung der Gemüter muß ich übrigens betonen, daß die objektiv zurückhaltende Beobachtungsstellung des Arztes, wie sie in den Freudschen Ratschlägen empfohlen wird, nach wie vor die verläßlichste

Relaxationsprinzip und Neokatharsis

und am Beginn einer Analyse die einzig berechtigte ist, und daß in letzter Linie niemals Gefühlsmomente, sondern nur kluge Überlegung die Entscheidung über eine zu treffende Maßnahme fällen darf. Meine bescheidenen Versuche gehen nur darauf hinaus, das in Worte zu fassen, was man bisher etwa nur mit dem unklaren Ausdruck ›psychologische Atmosphäre‹ bezeichnen konnte. Es läßt sich nämlich nicht leugnen, daß auch die kühle Objektivität des Arztes Formen annehmen kann, die dem Patienten unnötige und vermeidbare Schwierigkeiten bereitet, und es muß Mittel und Wege geben, unsere freundlich wohlwollende Haltung während der Analyse dem Patienten begreiflich zu machen, ohne die Analyse des Übertragungsmaterials fallen zu lassen oder gar in die Fehler jener zu verfallen, die die Neurotiker mit geheuchelter Strenge oder mit geheuchelter Liebe und nicht analytisch, d. h. in voller Aufrichtigkeit behandeln.

III

Anstatt vorerst auf Ihre vermutlichen und, wie ich zugeben muß, zum Teil recht unbequemen Fragen und Einwendungen einzugehen, möchte ich Ihnen dies Hauptargument anführen, das mich, wie ich glaube, zur Betonung der Relaxation nebst der Versagung und der selbstverständlichen Objektivität berechtigt. Die Stichhaltigkeit einer Annahme oder einer Theorie läßt sich an ihrer theoretischen und praktischen Nützlichkeit, d. h. an ihrem heuristischen Wert messen, und ich machte die Erfahrung, daß die Anerkennung auch des Relaxationsprinzips in beiden Hinsichten Erfolge gezeitigt hat. Lassen Sie mich mit dem Praktischen beginnen. In einer Reihe von Fällen, in denen sich die Analyse an den angeblich unlösbaren Widerständen der Patienten zerschlagen hat, führte die Änderung der früher allzu rigorosen Versagungstaktik bei neuerlichem Versuch der Analyse zu wesentlich tiefer reichendem Erfolg. Und dies nicht nur in Fällen, die bei anderen ungeheilt blieben und die Wendung zum Besseren mir, dem neuen Analytiker (vielleicht zum Teil nur aus Rache) darbrachten, sondern auch bei Kranken, mit denen ich selber mit der einseitigen Versagungstechnik nicht weiterkam, bei einem neuerlichen Versuch aber, wobei ich mehr Relaxation gewährte, viel weniger lange mit den bis dahin nicht enden wollenden persönlichen Widerstandsäußerungen zu kämpfen hatte, so daß die vereinte Arbeitskraft des Arztes und des Patienten ungestörter an die Bearbeitung der vom verdrängten Material verursachten, ich möchte sagen, ›sachlichen Widerstände‹ herangehen konnte. Vergleichende Analyse der früheren Trotzeinstellung des Patienten mit der Nachgiebigkeit als Folge der Relaxation führte in diesen Fällen zur Feststellung, daß die strenge und kühle Abgeschlossenheit des Analytikers vom Patienten als die Fortsetzung des infantilen Kampfes mit der Autorität der Erwachsenen erlebt wird und dieselben Charakter- und Symptomreaktionen wiederholt, die der eigentlichen Neurose zugrunde liegen. Meine bisherige Idee von der Beendigung der Kur war eher die, daß man sich vor diesen Widerständen des Kranken nicht zu fürchten braucht, ja daß man solche Widerstände künstlich provozieren darf, und ich hoffte zum Teil nicht ohne Recht, daß, wenn dem Kranken allmählich alle Wege des Widerstandes durch die analytische Einsicht ungangbar werden, er schließlich, solcherart in die Ecke getrieben, den einzig offengelassenen Weg zum Gesundwerden benutzen muß. Nun, ich leugne nicht, daß das Leiden in der Analyse keinem Neurotiker erspart werden kann; es versteht sich theoretisch von selbst, daß der Patient das Leid, das zur Verdrängung geführt hat, in der Analyse ertragen lernen muß. Es fragt sich nur, ob man dabei gelegentlich den Patienten nicht mehr als unbedingt nötig leiden läßt. Ich wählte den Ausdruck ›Ökonomie des Leidens‹ als Bezeichnung einer hoffentlich nicht allzu fernen Einsicht und Unterweisung zum Waltenlassen des Versagungs- und Gewährungsprinzips.

Nun, Sie wissen alle, daß wir Analytiker therapeutische Erfolge im Sinne gesteigerten Wohlbefindens des Patienten wissenschaftlich nicht allzu hoch zu bewerten pflegen. Nur wenn die Methode nebst dieser Besserung auch tiefere Einsicht in den Mechanismus des Heilungsvorganges gestattet, dürfen wir von einem wirklichen Fortschritt im Vergleich mit früheren Behandlungsmethoden sprechen. Der Weg nun, auf dem bei Mitverwendung der Relaxationstherapie die Besserung erfolgte, war in einer ganzen Anzahl von Fällen äußerst überraschend. Sowohl bei hysterischen als auch bei zwangsneurotischen Patienten, ja sogar auch bei nervösen Charaktertypen setzten sich die üblichen Rekonstruktionsversuche der Vergangenheit wie gewöhnlich fort. Nachdem es aber in etwas gründlicherer Weise gelungen ist, zwischen Arzt und Patienten die Atmosphäre des Vertrauens und das Gefühl vollkommener Freiheit zu schaffen, meldeten sich plötzlich, und zwar oft erstmalig in einer seit Jahren laufenden Analyse, *hysterische Körpersymptome:* Parästhesien und Krämpfe in ganz bestimmten Körperpartien, heftige Ausdrucksbewegungen, die kleinen hysterischen Anfällen ähnelten, plötzliche Änderungen der Bewußtseinslage, leichter Schwindel, auch Bewußtseinstrübung oft mit nachfolgender Amnesie fürs Vorgefallene. Einige Patienten drängten mich förmlich dazu, ihnen doch zu erzählen, wie sie sich in diesen Zuständen benommen hätten. Es war dann nicht schwer, diese Symptome als weiteres Stützmittel der bisherigen Rekonstruktionen, sozusagen als körperliche Erinnerungssymbole zu verwerten, jedoch mit dem Unterschied, daß diesmal die rekonstruierte Vergangenheit viel mehr als bisher mit dem Gefühl der *Wirklichkeit* und *Dinghaftigkeit* behaftet blieb, sich der Natur einer wirklichen *Erinnerung* viel mehr näherte, während bis dahin der Patient nur von Möglichkeiten, höchstens von Graden der Wahrscheinlichkeit sprach und vergeblich nach Erinnerungen lechzte. In einzelnen Fällen steigerten sich nun diese hysterischen Anwandlungen zu einem förmlichen *Trancezustand,* in dem Stücke der Vergangenheit wiedererlebt wurden und die Person des Arztes als einzige Brücke zwischen den Patienten und der Realität erhalten blieb; es wurde mir möglich, an die Patienten Fragen zu stellen und von abgespaltenen Teilen der Persönlichkeit wichtige Auskünfte zu erlangen. Ohne meine Absicht und ohne die geringste diesbezügliche Maßnahme meinerseits kam es also zu beinahe autohypnotisch zu nennenden Ausnahmezuständen, die man *nolens-volens* mit den Äußerungsformen der Breuer-Freudschen *Katharsis* vergleichen mußte. Ich muß bekennen, daß mich dieses Ergebnis zunächst unliebsam überrascht, fast möchte ich sagen, erschüttert hat. War es denn der Mühe wert, den ungeheuren Umweg zu gehen über die Assoziations- und Widerstandsanalyse, über das schwierige Rätselspiel mit den Elementen der Ichpsychologie, ja, über die ganze Metapsychologie, um schließlich bei der guten alten ›Freundlichkeit‹ zum Patienten und bei der längst abgetan geglaubten Katharsis zu landen? Es brauchte aber keiner langen Überlegung, um mich diesbezüglich vollauf zu beruhigen. Es ist ein himmelweiter Unterschied zwischen diesem kathartischen Abschluß einer langwierigen Psychoanalyse und jenen nur passagèr wirksamen, fragmentarischen Emotions- und Erinnerungsdurchbrüchen, wie sie die primitive Katharsis provozieren konnte. Die Katharsis, von der ich rede, ist sozusagen nur wie mancher Traum eine Bestätigung aus dem Unbewußten, ein Zeichen dessen, daß es unserer mühseligen analytischen Konstruktionsarbeit, unserer Widerstands- und Übertragungstechnik schließlich gelungen ist, nahe an die ätiologische Wirklichkeit heranzukommen. Die Paläokatharsis hat also mit dieser *Neokatharsis* nur weniges gemeinsam. Immerhin läßt es sich nicht leugnen, daß sich hier wieder ein Kreis geschlossen hat. Die Psychoanalyse begann als kathartische Gegenmaßnahme gegen unerledigte traumatische Erschütterungen und gegen eingeklemmte Affekte, sie wandte sich dann dem vertieften Studium der neurotischen Phantasien und ihrer verschiedenen Abwehrmechanismen zu. Dann konzentrierte sie sich mehr auf die Untersuchung des persönlichen Affektverhältnisses zwischen dem Analytiker und seinem Pflegebefohlenen, wobei sie sich in den ersten zwei Dekaden mehr mit den instinktiven Äußerungstendenzen, später mehr mit den Reaktionen des Ichs beschäftigte. Das plötzliche Auftauchen von Stücken einer alten Technik und Theorie in der modernen Psychoanalyse sollte uns also nicht erschrecken; es gemahnt uns nur daran, daß bisher kein einziger Schritt, den die Analyse in ihrem Fortschritt machte, als nutzlos vollkommen aufzugeben war, und daß wir immer wieder darauf gefaßt sein müssen, neue Goldadern in den vorläufig verlassenen Stollen zu finden.

IV

Was ich nun mitteilen muß, ist gleichsam die logische Folge des soeben Gesagten. Das Erinnerungsmaterial, das durch die Neokatharsis zutage gefördert oder bestätigt wurde, hob das ursprünglich Traumatische in der ätiologischen Gleichung der Neurosen wieder zu erhöhter Bedeutung. Mögen die Vorsichtsmaßnahmen der Hysterie und die Vermeidungen der Zwangsneurotiker in rein psychischen Phantasiegebilden ihre Erklärung finden: den ersten Anstoß zur Schaffung abnormer Entwicklungsrichtungen gaben immer traumatische, schockartig wirkende *reale Erschütterungen und Konflikte mit der Umwelt,* die der Formierung neurosogener psychischer Mächte, so z. B. auch der des Gewissens, immer vorausgehen. Dem entsprechend kann man, wenigstens theoretisch, keine Analyse als beendigt betrachten, wo es nicht gelang, bis zum traumatischen Erinnerungsmaterial vorzudringen. Insofern aber diese Behauptung, die sich, wie gesagt, auf die Erfahrungen bei der Relaxationstherapie stützt, bewahrheitet, erhöht sie den heuristischen Wert der so modifizierten Technik auch in theoretischer Hinsicht nicht unwesentlich. Nach gebührender Beachtung der Phantasietätigkeit als pathogenen Faktors mußte ich mich in der Tat in der letzteren Zeit schließlich immer häufiger mit dem pathogenen Trauma selbst beschäftigen. Es fand sich, daß das Trauma weit seltener die Folge angeborener erhöhter Sensibilität der Kinder ist, die auch auf banale und unvermeidliche Unluststeigerung neurotisch reagieren, sondern zumeist einer wirklich ungebührlichen, unverständigen, launenhaften, taktlosen, ja grausamen Behandlung. Die hysterischen Phantasien lügen nicht, wenn sie uns davon erzählen, daß Eltern und Erwachsene in ihrer erotischen Leidenschaftlichkeit Kindern gegenüber in der Tat ungeheuer weit gehen, andererseits geneigt sind, wenn das Kind auf dieses halb unbewußte Spiel der Erwachsenen eingeht, die sicherlich unschuldigen Kinder mit harten, dem Kinde ganz unverständlichen, es schockartig erschütternden Strafen und Drohungen zu bedenken. Ich bin heute wieder geneigt, nebst dem Ödipuskomplex der Kinder *die verdrängte und als Zärtlichkeit maskierte Inzestneigung der Erwachsenen in ihrer Bedeutsamkeit höher einzuschätzen.* – Andererseits kann ich nicht leugnen, daß auch die Bereitwilligkeit der Kinder, auf Genitalerotik einzugehen, sich stärker und viel frühzeitiger äußert, als wir es bisher anzunehmen gewohnt waren. Ein großer Teil der Perversionen der Kinder ist vielleicht nicht einfach Fixierung auf einer frühen Stufe, sondern bereits Regression zu einer solchen von einer *frühgenitalen* Stufe her. In manchen Fällen trifft das strafende Trauma das Kind mitten in der erotischen Betätigung und mag eine dauernde Störung der von Reich so genannten ›orgastischen Potenz‹ nach sich ziehen. Aber auch das frühzeitige Forcieren genitaler Sensationen wirkt auf das Kind erschreckend; was das Kind eigentlich will, ist auch im Sexuellen nur Spiel und Zärtlichkeit, nicht aber heftige Äußerung der Leidenschaftlichkeit.

Doch die Beobachtung der neokathartisch verlaufenden Fälle erwies sich auch in anderer Hinsicht gedankenerweckend; man bekam einen Eindruck vom psychischen Vorgang bei der traumatischen Urverdrängung und eine Ahnung über das Wesen der Verdrängung überhaupt. *Die erste Reaktion auf einen Schock scheint immer eine passagère Psychose zu sein,* d. h. Abwendung von der Realität, einerseits als negative Halluzination (hysterische Bewußtlosigkeit–Ohnmacht, Schwindel), andererseits oft als sofort einsetzende positiv-halluzinatorische, Lustvolles vorspiegelnde Kompensation. In jedem Falle von neurotischer Amnesie, vielleicht auch in der gewöhnlichen Kindheitsamnesie, dürfte es sich also um unter Schockwirkung eintretende psychotische Abspaltung eines Teiles der Persönlichkeit handeln, der aber im Verborgenen fortlebt, endlos wiederholte Anstrengung macht, sich geltend zu machen, ohne sich anders als etwa in neurotischen Symptomen Luft machen zu können. Diese Einsicht verdanke ich z. T. den von unserer Kollegin Elisabeth Severn gemachten und mir persönlich mitgeteilten Erfahrungen.

Manchmal gelingt es, wie gesagt, mit dem verdrängten Teil der Persönlichkeit direkt in Kontakt zu gelangen, ja ihn zu einer, ich möchte sagen, infantilen Konversation zu bewegen. Die hysterischen Körpersymptome bei der Relaxation führten gelegentlich zu Entwicklungsstadien zurück, von denen bei noch nicht erfolgter Ausbildung des Denkorgans nur körperliche Erinnerungen registriert wurden.

Schließlich darf ich nicht verschweigen, daß unter den traumatischen Anlässen nebst der Kastrationsdrohung auch dem angsterregenden Eindruck der menstruellen Blutung, worauf Major C. D. Daly zum erstenmal mit dem gebührenden Nachdruck hingewiesen hat, viel mehr Bedeutung zukommt, als wir bisher vermuteten.

Warum beschwere ich Sie in diesem doch vornehmlich technischen Vortrag mit dieser langen und dabei nicht einmal vollständigen Liste halbfertiger theoretischer Gedankengänge? Gewiß nicht, um Sie für diese zum Teil mir selber noch nicht ganz klaren Einsichten ganz zu gewinnen. Ich bin zufrieden, wenn Sie den Eindruck empfangen haben, daß die Berücksichtigung der lange vernachlässigten *Traumatogenese* nicht nur in therapeutisch-praktischer, sondern auch in theoretischer Hinsicht Erfolge verspricht.

V

In einem Gespräch mit Anna Freud über gewisse Maßnahmen meiner Technik machte sie die treffende Bemerkung: »Sie behandeln ja Ihre Patienten, wie ich die Kinder in den Kinderanalysen.« Ich mußte ihr recht geben und erinnere daran, daß meine letzterschienene kleine Arbeit über die Psychologie der unerwünschten Kinder, die später in die Analyse kamen, eine Art gemütliche Vorbehandlung der eigentlichen Widerstandsanalyse vorausschicken mußte. Die soeben vorgeschlagenen Relaxationsmaßnahmen verwischen den bisher zu scharf gefaßten Unterschied zwischen der Analyse der Kinder und Erwachsenen gewiß noch mehr. Zweifellos war ich bei dieser Annäherung beider Behandlungsarten von Eindrücken beeinflußt, die ich bei Georg Groddeck, dem mutigen Vorkämpfer der Psychoanalyse organischer Leiden empfing, als ich bei ihm wegen einer organischen Erkrankung Hilfe suchte. Ich gab ihm recht, als er es versuchte, seine Patienten zu kindlicher Naivität aufzumuntern, und sah auch die Erfolge, die er damit erzielte. Ich meinerseits aber blieb nebst dem auch der altbewährten Versagungstechnik der Analyse treu und trachte durch takt- und einsichtsvolle Verwendung *beider* mein Ziel zu erreichen.

Nun möchte ich aber auch auf die zu erwartenden Einwendungen gegen diese Taktik beruhigend replizieren. Welche Motive werden denn den Patienten dazu bewegen, sich von der Analyse weg und der harten Realität des Lebens zuzuwenden, wenn er beim Analytiker die kindlich-unverantwortliche Freiheit in einem Maße genießen kann, das ihm in der Wirklichkeit gewiß versagt bleibt? Meine Antwort ist die, daß ja auch in der analytischen Relaxation wie in der Kinderanalyse dafür gesorgt ist, daß die Bäume nicht in den Himmel wachsen. Die tätlich aggressiven und die sexuellen Wünsche und viele der sonstigen übertriebenen Ansprüche werden ja auch in der noch so relaxierten Analyse nicht zur Befriedigung zugelassen, was gewiß vielfache Gelegenheit zur Erlernung von Verzicht und Anpassung bietet. Unsere freundlich-wohlwollende Haltung mag ja den zärtlichkeitshungrigen kindlichen Anteil der Persönlichkeit befriedigen, nicht aber jenen, dem es gelungen ist, der Entwicklungshemmung zu entgehen und erwachsen zu werden. Es ist nämlich gar nicht eine poetische Lizenz, die Seele des Neurotikers mit einer Doppelmißbildung zu vergleichen, etwa dem sogenannten Teratom, das in einem versteckten Teil eines Körpers Bruchstücke eines zweiten entwicklungsgehemmten Zwillingsgeschwisters beherbergt. Kein verständiger Mensch weigert sich, so ein Teratom dem Messer des Chirurgen preiszugeben, wenn es die Existenz der Gesamtperson bedroht.

Auch machte ich die Erfahrung, daß verdrängter Haß ein stärkeres Fixierungs- und Klebemittel ist als die offen einbekannte Zärtlichkeit. Wohl am unzweideutigsten äußerte sich hierüber eine Patientin, deren Vertrauen zu gewinnen mir nach fast zweijährigem hartem Widerstandskampf mit Hilfe der Nachgiebigkeit gelang. »Jetzt habe ich Sie gern, jetzt kann ich auf Sie verzichten«, war ihre erste spontane Äußerung beim Durchbruch der positiven Gefühlseinstellung. Ich glaube, es geschah bei dieser selben Patientin, daß ich mir über die Eignung der Relaxation zur Umwandlung der Wiederholungstendenz in Erinnerung Rechenschaft geben konnte. Solange sie mich mit ihren hartherzigen Eltern identifizierte, wiederholte sie in einem fort ihre Trotzreaktionen; nachdem ich ihr aber hierzu jede Gelegenheit entzog, begann sie die Gegenwart von der Vergangenheit zu sondern und nach einigen hysterischen Emotionsausbrüchen sich der Erschütterungen, die sie als Kind durchmachen mußte, zu erinnern. *Die Ähnlichkeit der analytischen Si-*

tuation mit der infantilen drängt also mehr zur Wiederholung, der Kontrast zwischen beiden fördert die Erinnerung.

Ich bin mir natürlich auch der gesteigerten Anforderungen bewußt, die diese doppelte Einstellung der Versagung und Gewährung an die Kontrolle der Gegenübertragung und des Gegenwiderstandes durch den Analytiker selbst stellt. Unvollkommen beherrschte Instinkte pflegen auch ernste Lehrer und Eltern in beiden Hinsichten zu Übertreibungen zu verleiten. Nichts ist leichter, als unter dem Deckmantel der Versagungsforderungen an Patienten und Kinder den eigenen uneingestandenen sadistischen Neigungen zu frönen, aber auch übertriebene Formen und Quantitäten der Zärtlichkeit Kindern und Patienten gegenüber mögen mehr den eigenen, vielleicht unbewußten libidinösen Strebungen als dem Wohle des Pflegebefohlenen zugute kommen. Meine oft und eindringlich geäußerte Ansicht über die Notwendigkeit einer bis in die tiefsten Tiefen reichenden, zur Beherrschung der eigenen Charaktereigenschaften befähigenden Analyse des Analytikers gewinnt unter diesen neuen schwierigen Verhältnissen eine womöglich noch triftigere Begründung.

Ich kann mir Neurosenfälle vorstellen, ja, ich bin solchen schon häufig begegnet, in denen vielleicht infolge ungewöhnlich starker infantiler Schockwirkungen der größere Teil der Persönlichkeit gleichsam zum Teratom wird, während die reale Anpassung nur von einem kleinen verschont gebliebenen Rest bestritten wird. Bei solchen Menschen, die also in Wirklichkeit fast ganz kindlich geblieben sind, mögen die üblichen Hilfsmittel der analytischen Therapie nicht ausreichen. *Solche Neurotiker müßte man förmlich adoptieren und erstmalig der Segnungen einer normalen Kinderstube teilhaftig werden lassen.* Ich halte eine diesbezügliche Ausgestaltung der von Simmel empfohlenen analytischen Sanatoriumsbehandlung nicht für ausgeschlossen.

Ließe sich die Richtigkeit auch nur eines Teiles der hier vorgeschlagenen Relaxationstechnik und neokathartischen Erfahrung bestätigen, so stünden wir vor einer vielleicht nicht unwesentlichen Erweiterung der theoretischen Gesichtspunkte und der praktischen Möglichkeiten. Mit mühevoller Arbeit gelingt es der modernen Psychoanalyse, die gestörte Harmonie wiederherzustellen und die abnorme Energieverteilung unter den intrapsychischen Mächten zu korrigieren und hierdurch die Leistungsfähigkeit zu steigern. Doch die intrapsychischen Mächte sind nur Repräsentanten jenes Konfliktes, der sich ursprünglich *zwischen der Person und der Außenwelt* abgespielt hat. Nach der Rekonstruktion der Ent-

Relaxationsprinzip und Neokatharsis

wicklungsgeschichte des Es, des Ichs und des Über-Ichs wiederholt mancher Patient im neokathartischen Erlebnis auch den Urkampf mit der Realität, und die Umwandlung dieser letzten Wiederholung in Erinnerung könnte eine noch festere Basis für die künftige Existenz schaffen. Der Patient wird gleichsam in die Lage jenes Dramendichters versetzt, der unter dem Druck der öffentlichen Meinung gezwungen ist, seine geplante Tragödie in ein Drama mit ›*happy end*‹ umzugestalten. Lassen Sie mich mit dieser optimistischen Erwartung schließen und für die meinem Vortrag gezollte Aufmerksamkeit herzlichst danken.

Kinderanalysen mit Erwachsenen

(1931)[1]

Meine Damen und Herren!
Es bedarf einer Erklärung oder Entschuldigung, daß in einer Vereinigung, in deren Mitte so viele Würdige und Würdigere dieses Amtes walten könnten, gerade ich, ein Fremder, zum Redner unserer heutigen Feier erkoren wurde. Die Anciennität allein, die 25 Jahre, die ich an der Seite des Meisters und unter seiner Führung erleben durfte, macht es nicht aus; sitzen doch in Ihren Reihen Kollegen, die ihm noch länger als ich treue Gefolgschaft leisten. Lassen Sie mich also eine andere Begründung konstruieren. Vielleicht wollten Sie diese Gelegenheit dazu benützen, um eine weitverbreitete und von Uneingeweihten und Widerständischen gerne gehörte Lüge aus der Welt zu schaffen. Unzählige Male hört man leichtsinnig hingeworfene Äußerungen über die Unduldsamkeit, die ›Orthodoxie‹ unseres Lehrers. Er lasse in seinem Kreise keine Kritik seiner Theorien zu. Er dränge alle selbständigen Talente aus diesem Kreise heraus, um tyrannisch seinen wissenschaftlichen Willen durchzusetzen. Einige sprechen von seiner alttestamentarischen Strenge, die sie sogar rassentheoretisch begründen wollen. Nun, es ist eine traurige Wahrheit, daß ihm einige hervorragende Talente und viele Geringerwertige im Laufe der Zeit, nach kurzer oder längerer Gefolgschaft, den Rücken gekehrt haben. Sind sie wirklich rein wissenschaftlichen Motiven gefolgt? Ich meine, ihre wissenschaftliche Unfruchtbarkeit seit der Abkehr spricht nicht zu ihren Gunsten.
Ich möchte nun Ihre freundliche Einladung an mich als Argument gegen die Orthodoxie der Internationalen Vereinigung und ihres geistigen Führers, Professor Freud, in die Waagschale werfen. Ohne mich an Bedeutung mit den Kollegen, auf die ich anspiele, messen zu wollen – Tatsache ist, daß ich ziemlich allgemein als ein unruhiger Geist, oder

[1] Festvortrag, gehalten anläßlich des fünfundsiebzigsten Geburtstages von Professor Freud in der ›Wiener Psychoanalytischen Vereinigung‹ am 6. Mai 1931.

wie man mir es unlängst in Oxford sagte, als *enfant terrible* der Psychoanalyse bekannt bin.
Die Vorschläge, die ich in technischer und theoretischer Hinsicht Ihrem Urteil unterbreitete, werden von einer respektablen Mehrheit als phantastisch, allzu originell, bekrittelt. Ich kann auch nicht behaupten, daß Freud selber mit allem, was ich publiziere, einverstanden ist. Er nahm kein Blatt vor den Mund, als ich ihn um seine Meinung bat. Er setzte aber gleich hinzu, daß die Zukunft in mancher Hinsicht mir recht geben mag, und weder ihm noch mir fällt es ein, wegen dieser Differenzen bezüglich der Methodik und der Theorie unsere Zusammenarbeit zu unterbrechen; sind wir doch über die wichtigsten Grundsätze der Psychoanalyse vollkommen einer Meinung.
In einer Hinsicht ist Freud allerdings orthodox. Er schuf Werke, die seit mehreren Jahrzehnten unverändert, unangetastet, wie kristallisiert dastehen. Die Traumdeutung z. B. ist ein solch scharfgeschliffenes Juwel, inhaltlich und formal so festgefügt, daß sie allen Wandlungen der Zeiten und der Libido widersteht, so daß sich die Kritik kaum an sie heranwagt. Danken wir dem Schicksal, daß wir das Glück haben, mit diesem großen, und wie wir es laut verkünden können, liberalen Geiste zusammenwirken zu können. Hoffen wir, daß sein 75. Lebensjahr ihm zur ungebrochenen geistigen Frische auch die Herstellung der Körperkräfte bringen wird.

Nun zum Thema meines heutigen Vortrags. Es fügte sich, daß sich im Laufe der letzten Jahre bei mir gewisse Erfahrungstatsachen der Analyse um Ideen gruppierten, die mich dazu drängen, den bisher so scharfen Gegensatz zwischen der Analyse der Kinder und der Erwachsenen wesentlich zu mildern.
Die ersten Ansätze der Kinderanalyse stammen aus Ihrer Gruppe. Abgesehen von einem einzigen, allerdings wegweisenden Versuch Freuds, war die Wiener Analytikerin v. Hug-Hellmuth die erste, die sich methodisch mit der Analyse von Kindern befaßte. Ihr verdanken wir die Idee, die Analyse mit Kindern sozusagen als Kinderspiel zu beginnen. Sie und später Melanie Klein sahen sich genötigt, wollten sie sich mit Kindern analytisch beschäftigen, wesentliche Änderungen an der Technik der Erwachsenenanalyse vorzunehmen, meist im Sinne einer Milderung der sonst üblichen technischen Strenge. Allgemein bekannt und geschätzt sind die systematischen Arbeiten Ihres Mitgliedes Anna Freud über diesen Gegenstand und die meisterhaft geschickten Kunstgriffe

Aichhorns, auch die schwierigsten Kinder gefügig zu machen. Ich selber hatte mit Kindern analytisch sehr wenig zu tun, und es ist für mich selber eine Überraschung, nun von einer ganz anderen Seite her auf die Probleme der Kinderanalytik zu stoßen. Wie kam ich eigentlich dazu? Es ist in wenigen Worten erzählt, es ist aber nicht überflüssig, bevor ich diese Frage beantworte, Ihnen von einer persönlichen Eigenheit meiner Arbeitsrichtung Mitteilung zu machen. Eine Art fanatischen Glaubens an die Leistungsfähigkeit der Tiefenpsychologie ließ mich die gelegentlichen Mißerfolge weniger als Folgen der ›Unheilbarkeit‹, denn als die Konsequenz unseres eigenen Ungeschicks ansehen, eine Voraussetzung, die mich notwendigerweise dazu führte, in schweren, mit der üblichen Technik nicht zu bewältigenden Fällen Änderungen an dieser Technik vorzunehmen.

Ich entschließe mich also nur höchst ungern dazu, auch den zähesten Fall aufzugeben, und entwickelte mich zu einem Spezialisten besonders schwerer Fälle, mit denen ich mich viele, viele Jahre hindurch befasse. Urteile, wie: der Widerstand des Patienten sei unbezwingbar, oder, der Narzißmus gestatte es nicht, in dem Fall weiter vorzudringen, oder gar die fatalistische Ergebung in die sogenannte Versandung eines Falles, blieben für mich unannehmbar. Ich dachte mir, solange der Patient überhaupt kommt, ist der letzte Faden der Hoffnung nicht gerissen. Ich mußte mir also immer wieder die Frage stellen: ist immer der Widerstand des Patienten die Ursache des Mißerfolges und nicht vielmehr unsere eigene Bequemlichkeit, die es verschmäht, sich den Eigenheiten der Person, auch in der Methodik, anzupassen? In solchen anscheinend versandeten Fällen, in denen die Analyse über recht lange Zeiten hindurch weder neue Einsichten noch therapeutische Fortschritte brachte, bekam ich die Empfindung, daß das, was wir freie Assoziation nennen, immer noch zu sehr bewußte Gedankenauswahl ist, drängte also die Patienten zu tieferer Relaxation, zu vollständigerer Hingebung an die ganz spontan auftauchenden inneren Eindrücke, Tendenzen und Emotionen. Je freier nun die Assoziation wirklich wurde, um so naiver – man könnte sagen, kindischer – wurden die Äußerungen und sonstigen Manifestationen der Patienten; immer häufiger mengten sich unter die Gedanken und bildmäßigen Vorstellungen auch kleine Ausdrucksbewegungen, gelegentlich auch ›passagère Symptome‹, die dann, wie alles übrige auch, der Analyse unterzogen wurden. Nun erwies sich in einigen Fällen die kühl zuwartende Stummheit und Reaktionslosigkeit des Analytikers als eine Störung der Assoziationsfreiheit. Kaum, daß sich der

Kinderanalysen mit Erwachsenen

Patient bereit findet, wirklich selbstvergessen alles herzugeben, was in ihm vorgeht, erwacht er wie mit einem Ruck plötzlich aus der Versunkenheit und beklagt sich, er könne doch unmöglich seine Gemütsbewegungen ernst nehmen, wenn er sieht, daß ich ruhig hinter ihm sitze, meine Zigarette rauche und höchstens etwa teilnahmslos und kühl mit der stereotypen Frage reagiere: »Nun, was fällt Ihnen dazu ein?« Da dachte ich mir denn, daß es Mittel und Wege geben müßte, diese Assoziationsstörung zu beseitigen und dem Patienten Gelegenheit zu bieten, die um Durchbruch ringende Wiederholungstendenz in weiterem Ausmaß zu entfalten. Es dauerte aber recht lange, bis ich die ersten Anregungen dazu empfing, und zwar wieder von den Patienten selbst. Hier ein Beispiel: Ein im besten Mannesalter stehender Patient entschließt sich nach Überwindung schwerer Widerstände, insbesondere seines starken Mißtrauens, sich Vorgänge seiner frühesten Kindheit zu vergegenwärtigen. Dank der analytischen Aufhellung seiner Vorzeit weiß ich bereits, daß er mich in der wiedererlebten Szene mit seinem Großvater identifiziert. Auf einmal – mitten im Gespräch – schlingt er seinen Arm um meinen Hals und flüstert mir ins Ohr: »Du, Großpapa, ich fürchte, ich werde ein kleines Kind bekommen!« Da verfiel ich auf die, wie mir scheint, glückliche Idee, ihm zunächst nichts von Übertragung und dergleichen zu sagen, sondern im gleichen Flüsterton die Rückfrage an ihn zu richten: »Ja, warum glaubst du denn das?« Wie Sie sehen, habe ich mich da in ein Spiel eingelassen, das man Frage- und Antwortspiel nennen könnte, durchaus den Vorgängen analog, die uns die Kinderanalytiker berichten, und ich bin mit diesem kleinen Kunstgriff eine Zeitlang gut gefahren. Glauben Sie aber ja nicht, daß ich in der Lage bin, in einem solchen Spiel alle möglichen Fragen zu stellen. Ist meine Frage nicht einfach genug, nicht wirklich der Fassungskraft eines *Kindes* angepaßt, so ist das Zwiegespräch bald abgebrochen, ja mancher Patient sagt es mir gradwegs ins Gesicht, ich hätte mich ungeschickt benommen, sozusagen das Spiel verdorben. Das passierte mir nicht selten in der Art, daß ich in meine Antworten und Fragen Dinge einmischte, von denen das Kind seinerzeit unmöglich wissen konnte. Eine noch energischere Zurückweisung wurde mir zuteil, wenn ich gar gelehrte, wissenschaftliche Deutungen zu geben versuchte. – Ich brauche Ihnen wohl nicht zu sagen, daß meine erste Reaktion auf solche Vorkommnisse eine Art autoritärer Empörung war. Für einen Moment fühlte ich mich durch die Zumutung verletzt, daß der Patient oder Schüler die Sachen besser wissen solle als ich selbst, zum Glück kam mir aber sofort der andere Gedanke, am Ende müsse er ja die Dinge über sich wirklich besser wissen, als ich sie erraten könne. Ich gab also die Möglichkeit des Irrtums meinerseits zu, und die Folge war nicht das Verlieren meiner Autorität, sondern die Steigerung seines Vertrauens zu mir. Nebenbei gesagt, waren einzelne Patienten darüber empört, daß ich dieses Verfahren ein Spiel nannte. Sie sagten, das sei ein Zeichen, daß ich die Sache nicht ernst nehme. Auch damit hat es seine Richtigkeit; bald mußte ich mir selbst und dem Patienten eingestehen, daß diese Spielereien viel von den ernsthaften Realitäten des Kindesalters versteckt enthalten. Den Beweis erhielt ich, als einzelne Patienten anfingen, aus diesem halb spielerischen Gehaben in eine Art halluzinatorischer Entrücktheit zu versinken, in der sie mir traumatische Vorgänge voragierten, deren unbewußte Erinnerung auch hinter dem Spielgespräch steckte. Bemerkenswerterweise machte ich bereits in den Anfängen meiner analytischen Laufbahn eine ähnliche Beobachtung. Ein Patient begann plötzlich mitten im Zwiegespräch mit mir in einer Art von hysterischem Dämmerzustand eine Szene zu agieren. Ich schüttelte damals den Mann recht energisch und schrie ihn an, er solle es doch zu Ende sagen, was er mir soeben sagen wollte. Diese Aufmunterung half, er gewann durch meine Person, wenn auch nur in eingeschränktem Maße den Kontakt mit der Außenwelt wieder und konnte mir einiges von seinen verborgenen Konflikten, statt in der Gebärdensprache seiner Hysterie, in verständlichen Sätzen mitteilen.

Wie Sie sehen, meine Damen und Herren, habe ich bei meinem Vorgehen den technischen Kunstgriff der ›Spielanalyse‹ mit einem – allerdings auf eine Reihe von Beobachtungen gestützten – Vorurteil verbunden, dem nämlich, daß man sich mit keiner Analyse zufriedengeben darf, solange sie nicht die reale Reproduktion der traumatischen Vorgänge der Urverdrängung herbeigeführt hat, auf der Charakter und Symptombildung schließlich beruhen. Wenn Sie bedenken, daß nach unseren bisherigen Erfahrungen und Voraussetzungen die Mehrzahl der pathogenen Erschütterungen in die Kinderzeit fällt, werden Sie sich nicht darüber wundern, daß der Patient beim Versuch, die Genese seines Leidens preiszugeben, plötzlich ins Kindische oder Kindliche verfällt. Nun erheben sich aber einige wichtige Fragen, die ich auch mir selber stellen mußte. Hat man etwas davon, wenn man einen Patienten in die kindliche Primitivität sinken und ihn in diesem Zustande frei agieren läßt? Ist damit wirklich eine analytische Aufgabe erfüllt? Ist das nicht etwa die Bekräftigung des uns vielfach gemachten Vorwurfs, die Analyse erziehe die Menschen zu unbeherrschter Triebhaftigkeit, oder sie provoziere einfach hysterische Anfälle, die doch auch ohne analytische Hilfe, aus äußeren Gründen, plötzlich auftreten können, ohne dem Menschen mehr als eine vorübergehende Erleichterung zu bringen? Und überhaupt, wie weit darf so ein analytisches Kinderspiel gehen? Gibt es Kriterien, die uns gestatten, die Grenze zu bestimmen, bis zu der die kindliche Relaxation gestattet werden darf, und bei der die erziehende Versagung beginnen muß?

Natürlich ist mit der Reaktivierung der Kindlichkeit und mit der Reproduktion der Traumata im Agieren die analytische Aufgabe nicht erfüllt. Das spielerisch agierte oder sonstwie wiederholte Material muß einer gründlichen analytischen Durchforschung unterzogen werden. Natürlich hat Freud recht, wenn er uns lehrt, daß es ein Triumph der Analyse ist, wenn es gelingt, das Agieren durch Erinnerung zu ersetzen; ich meine aber, es ist auch von Vorteil, bedeutsames Aktionsmaterial zu beschaffen, das man dann in Erinnerung umsetzen kann. Auch ich bin im Prinzip gegen unkontrollierte Ausbrüche, meine aber, daß es zweckdienlich ist, die verborgenen Aktionstendenzen möglichst breit aufzudecken, bevor man an die gedankliche Bearbeitung und damit gleichzeitig an die Erziehung zur Selbstbeherrschung herangeht. Auch die Nürnberger hängen keinen Dieb, sie hätten ihn denn. Glauben Sie also nicht, daß meine Analysen, die ich gelegentlich zum Kinderspiel degradiere, im Grunde so verschieden von den bisherigen sind. Die Stunden beginnen, wie immer, mit Gedanken, die von der psychischen Oberfläche ausgehen, befassen sich – wie auch sonst – recht viel mit den Ereignissen des Vortages, dann kommt etwa eine ›normale‹ Traumanalyse, die allerdings schon gerne ins Infantile oder in die Aktion ausartet. Aber ich lasse keine Stunde vergehen, ohne das Aktionsmaterial gründlich zu analysieren, natürlich unter voller Verwertung alles dessen, was wir von Übertragung und Widerstand und von der Metapsychologie der Symptombildung wissen und dem Patienten bewußt zu machen haben.

Auf die zweite Frage, wie weit die Aktion im Kinderspiel gehen darf, kann man antworten: auch der Erwachsene sollte in der Analyse sich wie ein schlimmes, d. h. unbeherrschtes Kind benehmen dürfen, wenn er aber selber in den Fehler verfällt, den er uns gelegentlich vorwirft, wenn er also beim Spiel aus der Rolle fällt und darauf ausgeht, die infantile Realität in den Aktionen eines Erwachsenen auszuleben, dann muß man ihm zeigen, daß nun eben er der Spielverderber ist; und es muß so gelingen, wenn auch oft mit Mühe, ihn dazu zu bringen, Art und Umfang seines Betragens auf das Kindliche zu beschränken. In diesem Zusammenhang möchte ich der Vermutung Ausdruck geben, daß die gemütlichen Ausdrucksbewegungen des Kindes, insbesondere auch die libidinösen, im Grunde auf das zärtliche Mutter-Kind-Verhältnis zurückgehen und daß die Elemente der Bosheit, der Leidenschaftlichkeit, der unbeherrschten Perversion meist schon die Folgen taktloser Behandlung seitens der Umgebung sind. – Es ist für die Analyse von Vorteil, wenn es dem Analytiker gelingt, mit nahezu grenzenloser Geduld, Verständnis, Wohlwollen und Freundlichkeit dem Patienten soweit als möglich entgegenzukommen. Man schafft sich so einen Fonds, auf den gestützt man die früher oder später unvermeidlichen Konflikte mit Aussicht auf Versöhnung auskämpfen kann. Der Patient wird dann unser Benehmen als Kontrast zu den Erlebnissen in der wirklichen Familie empfinden, und da er sich nun vor der Wiederholung geschützt weiß, getraut er sich, in die Reproduktion der unlustvollen Vergangenheit zu versinken. Die Vorgänge, die sich dabei abspielen, erinnern lebhaft an jene, die uns von den Kinderanalytikern berichtet werden. Es kommt z. B. vor, daß der Patient beim Bekennen einer Schuld plötzlich unsere Hand erfaßt und uns bittet, ihn ja nicht zu schlagen. Recht häufig versuchen die Kranken, den bei uns vermuteten versteckten bösen Willen durch Schlimmheit, Sarkasmus, Zynismus, verschiedene Unarten, auch Grimassen, zu provozieren. Es ist nicht vorteilhaft, auch unter diesen Umständen den immer Guten und Nachsichtigen zu spielen, es ist ratsamer, ehrlich einzugestehen, sein Benehmen berühre uns unangenehm, daß wir uns aber beherrschen müssen, wissend, daß er sich nicht ohne Grund der Mühe des Schlimmseins unterziehe. Man erfährt dann auf diese Weise so manches von der Unaufrichtigkeit und der Hypokrisie, die der Patient in seiner Umgebung in der Form von zur Schau getragener oder behaupteter Liebe oft beobachten mußte, seine Kritik vor allen, später auch vor sich selber verbergend.

Nicht selten bringen uns die Patienten, oft mitten in der Assoziation, kleine selbstgemachte Geschichten, oder gar Gedichte, Reime, manchmal verlangen sie nach einem Zeichenstift, um uns irgendein meist sehr naives Bild zum Geschenk zu machen. Natürlich lasse ich sie gewähren und diese kleinen Gaben zum Ausgangspunkt weiterer Phantasiebildungen nehmen, die ich nachher der Analyse unterziehe. Klingt nicht schon das allein wie ein Stück kinderanalytischer Erfahrung? – Gestatten Sie übrigens, daß ich bei dieser Gelegenheit einen taktischen Fehler bekenne, dessen Gutmachung mir in einer prinzipiell wichtigen Frage zu einer besseren Einsicht verhalf. Ich meine das Problem, inwiefern das, was ich mit meinen Patienten treibe, Suggestion oder Hypnose ist. Unsere Kollegin Elisabeth Severn, die sich bei mir in Lehranalyse befindet, machte mich – über dieses Thema wie über manches andere disputierend – einmal darauf aufmerksam, daß ich zeitweise mit meinen Fragen und Antworten die Spontaneität der Phantasieproduktion störe. Ich sollte meine Hilfe bei der Produktion darauf beschränken, die etwa erlahmende Kraft des Geistes zu weiterer Tätigkeit anzuspornen, ängstliche Hemmungen zu überwinden u. dgl. Noch besser sei es, wenn ich die Anregung in die Form von sehr einfachen Fragen statt Behauptungen kleide, die den Analysanden zwingen, die Arbeit mit eigenen Mitteln fortzusetzen. Die theoretische Formulierung, die daraus folgt, und deren Befolgung ich so manche Einsicht verdanke, ist die, daß die Suggestion, die man sich auch in Analysen gestatten darf, eher allgemeine Ermutigung als spezielle Wegweisung sein soll. Ich denke, das ist wesenhaft von den sonst bei Psychotherapeuten üblichen Suggestionen verschieden; es ist eigentlich nur eine Verstärkung der in der Analyse doch unvermeidlichen Aufgabenstellung: nun legen Sie sich hin, lassen Sie Ihre Gedanken frei spielen und sagen Sie uns alles, was Ihnen in den Sinn kommt. Auch das Phantasiespiel ist nur eine ähnliche, allerdings verstärkte Ermutigung. Was die Frage der Hypnose anbelangt, mag sie in gleicher Weise beantwortet werden. Elemente der selbstvergessenen Entrückung sind bei jeder freien Assoziation unvermeidlich; die Aufforderung, hier weiter und tiefer zu gehen, führt allerdings gelegentlich – ehrlich gestanden, bei mir recht häufig – zur Entstehung tieferer Entrücktheit, die man, wenn sie sich gleichsam halluzinatorisch gebärdet, meinetwegen Autohypnose nennen darf; meine Patienten nennen es gerne einen Trancezustand. Wichtig ist, daß man dieses gewiß viel hilflosere Stadium nicht dazu mißbraucht, eigene Theorien und eigene Phantasiegebilde in die widerstandslose Psyche des Patienten zu pressen, sondern diesen nicht zu leugnenden großen Einfluß dazu verwertet, die Fähigkeit des Patienten zu Eigenproduktionen zu vertiefen. Mit einem sprachlich gewiß unschönen Ausdruck könnte man also sagen, die Analyse darf nicht Dinge in den Patienten hineinsuggerieren oder -hypnotisieren; heraussuggerieren oder -hypnotisieren ist aber gestattet, ja förderlich. Und hier eröffnet sich ein pädagogisch bedeutsamer Ausblick auf den Weg, den man auch in der rationellen Kindererziehung betreten sollte. Die Beeinflußbarkeit der Kinder, ja ihre Neigung, sich in Momenten der Hilflosigkeit widerstandslos auf einen ›Großen‹ zu stützen, also ein

Stück Hypnotismus in der Beziehung zwischen Kindern und Erwachsenen, ist unleugbare Tatsache, mit der man sich abfinden muß. Doch anstatt, wie üblich, die große Macht, die die Erwachsenen den Kindern gegenüber haben, immer noch dazu zu verwenden, die eigenen starren Regeln in die plastische Seele des Kindes wie etwas von außen Oktroyiertes einzudrücken, könnte sie zu einem Mittel der Erziehung zu größerer Selbständigkeit und Mut ausgestaltet werden.

Fühlt sich der Patient in der analytischen Situation verletzt, enttäuscht, im Stich gelassen, so beginnt er manchmal wie ein verlassenes Kind mit sich selbst zu spielen. Man hat entschieden den Eindruck, daß Verlassensein eine Persönlichkeitsspaltung nach sich zieht. Ein Teil der eigenen Person beginnt Mutter- oder Vaterrolle mit dem restlichen Teil zu spielen und macht dadurch das Verlassensein sozusagen ungeschehen. Merkwürdigerweise werden bei diesem Spiel nicht nur einzelne Körperteile, wie Hand, Finger, Füße, Genitalien, Kopf, Nase, Auge, Vertreter der ganzen eigenen Person, an der alle Peripetien der eigenen Tragödie zur Darstellung gebracht und dann zu einem versöhnlichen Ende geführt werden, sondern man bekommt Einblicke in die Vorgänge jener von mir so benannten *narzißtischen Selbstspaltung* in der geistigen Sphäre selbst. Man erstaunt über die große Menge autosymbolischer Selbstwahrnehmungen oder unbewußter Psychologie, die in den Phantasieproduktionen der Analysanden wie offenbar in denen der Kinder zutage treten. Es wurden mir kleine Märchen erzählt, in denen etwa ein böses Tier einen Gallertfisch mit seinen Zähnen und Krallen vernichten will, ihm aber nichts anhaben kann, weil er wegen seiner Geschmeidigkeit vor jedem Stich und Biß ausweicht und dann seine Kugelform wiedererlangt. Diese Geschichte läßt zwei Deutungen zu: sie drückt einerseits die passive Resistenz aus, die der Patient den Angriffen der Umwelt entgegensetzt, andererseits ist sie die Darstellung der Spaltung der eigenen Person in einen schmerzlich fühlenden, brutal destruierten und in einen gleichsam alles wissenden, aber fühllosen Teil. Noch deutlicher wird dieser Urvorgang der Verdrängung in Phantasien und Träumen ausgedrückt, in denen der Kopf, d. h. das Denkorgan, vom übrigen Körper abgetrennt auf eigenen Füßen geht oder mit dem übrigen Körper nur durch einen Faden verbunden ist, alles Dinge, die nicht nur nach historischer, sondern auch nach autosymbolischer Auslegung verlangen.

Über die metapsychologische Bedeutsamkeit aller dieser Spaltungs- und Wiederverwachsungsvorgänge will ich mich bei dieser Gelegenheit nicht näher auslassen. Es genügt mir, wenn ich Ihnen meine Ahnung übermit-

Kinderanalysen mit Erwachsenen

teln konnte, daß wir in der Tat von unseren Kranken, unseren Schülern und offenbar auch von den Kindern noch so manches zu lernen haben. Schon vor vielen Jahren machte ich eine kurze Mitteilung über die relative Häufigkeit eines typischen Traumes; ich nannte ihn den Traum vom gelehrten Säugling[2]. Es sind das Träume, in denen ein eben geborenes Kind oder ein Säugling in der Wiege plötzlich zu reden beginnt und den Eltern oder sonstigen Erwachsenen weise Ratschläge erteilt. In einem meiner Fälle nun gebärdete sich die Intelligenz des unglücklichen Kindes in der analytischen Phantasie wiederum als besondere Person, deren Aufgabe es war, einem beinahe tödlich verletzten Kind rasch Hilfe zu bringen. »Rasch, rasch, was soll ich machen? Man hat mein Kind verwundet! Niemand da, wer ihm helfen kann! Es verblutet ja! Es atmet kaum mehr! Ich muß die Wunde selbst verbinden. Nun, Kind, atme tief, sonst stirbst du. Jetzt stockt das Herz! Es stirbt! Es stirbt!...« Nun hörten die Assoziationen, die sich an eine Traumanalyse knüpften, auf, der Patient bekommt einen Opisthotonus[3], macht Bewegungen wie zum Schutze des Unterleibs. Es gelang mir aber, den Kontakt mit dem beinahe komatösen Kranken wiederherzustellen und ihn mit Hilfe der oben charakterisierten Ermutigung und Fragestellungen zum Aussagen über ein im frühen Kindesalter erlittenes Sexualtrauma zu zwingen. Was ich jetzt hervorheben möchte, ist das Licht, das diese und ähnliche Beobachtungen auf die Genese der narzißtischen Selbstspaltung werfen. Es scheint wirklich, daß unter dem Druck einer imminenten Gefahr ein Stück unserer selbst sich als selbstwahrnehmende und sich-selbst-helfen-wollende Instanz abspalte, möglicherweise schon im frühen und allerfrühesten Kindesalter. Ist es uns doch allen bekannt, daß Kinder, die moralisch oder körperlich viel gelitten haben, die Gesichtszüge des Alters und der Klugheit bekommen. Sie neigen dazu, auch andere zu bemuttern, sie dehnen dabei offenbar die Kenntnisse, die sie beim Behandeln des eigenen Leidens schmerzlich errungen haben, auch auf andere aus, sie werden gut und hilfsbereit. Nicht alle gehen so weit in der Bewältigung der eigenen Schmerzen, manche bleiben in Selbstbeobachtung und Hypochondrie stecken.

Zweifellos aber ist, daß hier der vereinigten Kraft der Analyse und der Kinderbeobachtung noch ungeheure Aufgaben gestellt sind, Fragestellungen, zu denen uns wesentlich die Gemeinsamkeiten in den Analysen von Kindern und Erwachsenen verhelfen.

---

[2] [In diesem Band, S. 137.]
[3] [Starrkrampf im Bereich der Rücken- und Genickmuskulatur.]

Das Verfahren, das ich meinen Analysanden gegenüber anwende, kann man mit Recht eine Verzärtelung nennen. Mit Aufopferung aller Rücksichten auf eigene Bequemlichkeit gibt man den Wünschen und Regungen, soweit als irgend möglich, nach. Man verlängert die Analysenstunde, bis eine Ausgleichung der vom Material angeregten Emotionen erreicht ist; man läßt den Patienten nicht allein, bevor die unvermeidlichen Konflikte in der analytischen Situation durch Aufklärung der Mißverständnisse und Rückführung auf die infantilen Erlebnisse in versöhnlichem Sinne gelöst sind. Man verfährt also etwa wie eine zärtliche Mutter, die abends nicht schlafen geht, ehe sie alle schwebenden kleinen und großen Sorgen, Ängste, bösen Absichten, Gewissensskrupel mit dem Kind durchgesprochen und in beruhigendem Sinn erledigt hat. Mit dieser Hilfe gelingt es uns, den Patienten in alle frühen Stadien der passiven Objektliebe versinken zu lassen, in denen er – wirklich wie ein eben einschlafendes Kind – in hingemurmelten Sätzen Einsicht in seine Traumwelt gewährt. Ewig kann aber dieses zärtliche Verhältnis auch in der Analyse nicht dauern. *L'appétit vient en mangeant.* Der zum Kind gewordene Patient geht mit seinen Ansprüchen weiter und weiter, verzögert das Eintreten der Versöhnungssituation immer mehr und mehr, um dem Alleinsein, d. h. dem Gefühl des Nichtgeliebtwerdens, zu entgehen, oder er trachtet mit mehr und mehr gefährlich werdenden Drohungen uns zu einer Strafhandlung zu veranlassen. Je tiefer und ersprießlicher die Übertragungssituation war, um so größer wird natürlich der traumatische Effekt des Moments sein, in dem man sich schließlich gezwungen sieht, der Schrankenlosigkeit ein Ende zu setzen. Der Patient gerät in die uns so wohlbekannte Versagungssituation, die zunächst die hilflose Wut und die daraufffolgende Lähmung aus der Vergangenheit reproduziert, und es gehört viel Mühe und taktvolles Verständnis dazu, die Versöhnung auch unter solchen Umständen im Gegensatz zur dauernden Entfremdung in der Kindheitssituation wiederherzustellen. Dabei hat man Gelegenheit, einiges davon zu sehen, was den Mechanismus der Traumatogenese ausmacht: zunächst die vollkommene Lähmung jeder Spontaneität, auch jeder Denkarbeit, ja schockartige oder komatöse Zustände auch auf körperlichem Gebiet, dann die Herstellung einer neuen – verschobenen – Gleichgewichtssituation. Gelingt es uns, den Kontakt auch in diesen Stadien herzustellen, so erfahren wir, daß das sich verlassen fühlende Kind sozusagen alle Lebenslust verliert, oder wie wir es mit Freud sagen müßten, die Aggression gegen die eigene Person wendet. Dies geht manchmal so weit, daß der Patient anfängt, die Gefühle des Vergehens und Sterbens zu erleben, man sieht das Auftreten tödlicher Blässe im Gesicht, auch ohnmachtähnliche Zustände, oder allgemeine Steigerung des Muskeltonus, die den Grad eines Opisthotonus erreichen kann. Was sich da vor uns abspielt, ist die Reproduktion der seelischen und körperlichen Agonie, die unfaßbarer und unerträglicher Schmerz nach sich zieht. Nur nebenbei bemerke ich, daß mir die ›sterbenden‹ Patienten auch interessante Nachrichten aus dem Jenseits und über die Natur des Seins nach dem Tode bringen, Äußerungen, deren psychologische Würdigung zu weit führen würde. Die oft bedrohlichen Erscheinungen, über die ich mich mit dem Kollegen Dr. Rickman aus London aussprach, regten ihn zur Frage an, ob ich denn Medikamente zur Hand habe, um gegebenenfalls lebensrettend einzugreifen. Ich konnte auf diese Frage bejahend antworten, bisher kam es aber nie dazu, ein solches in Anwendung zu bringen. Taktvoll beruhigende Worte, unterstützt etwa von ermutigendem Händedruck, wenn das nicht genügt, freundliches Streicheln des Kopfes, mildern die Reaktion zu einem Grade, bei dem der Patient wieder zugänglich wird. Als Kontrast zu unserer Handlungsweise erfahren wir dann vom Patienten von unzweckmäßigen Aktionen und Reaktionen der Erwachsenen beim Manifestwerden kindlich traumatischer Erschütterungen. Das schlimmste ist wohl die Verleugnung, die Behauptung, es sei nichts geschehen, es tue nichts weh, oder gar Geschlagen- oder Beschimpftwerden bei Äußerungen traumatischer Denk- und Bewegungslähmung; diese machen erst das Trauma pathogen. Man hat den Eindruck, daß auch schwere Erschütterungen ohne Amnesie und neurotische Folgen überwunden werden, wenn die Mutter mit ihrem Verständnis und ihrer Zärtlichkeit und, was das seltenste ist, mit voller Aufrichtigkeit bei der Hand ist.

Ich bin hier auf die Einwendung gefaßt, ob es denn notwendig sei, den Patienten zuerst durch Verzärtelung in den Wahn grenzenloser Sicherheit einzuwiegen, um ihn dann ein um so schmerzlicheres Trauma erleben zu lassen. Meine Entschuldigung ist die, daß ich diesen Vorgang nicht absichtlich herbeigeführt habe, er entwickelte sich als Folge des meines Erachtens legitimen Versuchs, die Freiheit der Assoziationen zu verstärken; ich habe eine gewisse Achtung vor solchen spontan sich ergebenden Reaktionen, lasse sie also ungestört eintreten und vermute, daß sie Reproduktionstendenzen manifestieren, die man – wie ich meine – nicht hemmen, sondern zur Entfaltung bringen soll, ehe man sie zu meistern versucht. Ich muß den Pädagogen die Entscheidung darüber

überlassen, inwieweit solche Erfahrungen auch in der gewöhnlichen Kindererziehung zu finden sind.
Höchst merkwürdig, ich kann auch getrost sagen, bedeutsam ist das Benehmen der Patienten nach dem Erwachen aus solcher infantil-traumatischer Entrückung. Man gewinnt da förmlich Einblick in die Schaffung von Prädilektionsstellen der bei späteren Erschütterungen einsetzenden Symptome. Eine Patientin z. B., die während der traumatischen Konvulsion ungeheuren Blutandrang im Kopfe bekam, so daß sie blau im Gesicht wurde, erwacht wie aus einem Traum und weiß von den Vorgängen und ihren Ursachen nichts, sie fühlt nur den Kopfschmerz, eines ihrer gewöhnlichen Symptome, außerordentlich verstärkt. Ist man da nicht auf der Spur der physiologischen Prozesse, die die hysterische Verschiebung von einer rein psychischen Gemütsbewegung auf ein Körperorgan zustande bringen? Ich könnte Ihnen ein halbes Dutzend solcher Beispiele mit Leichtigkeit zitieren, einige mögen genügen. Ein Patient, der als Kind von Vater, Mutter, ich möchte sagen von allen Göttern verlassen, den peinlichsten körperlichen und seelischen Leiden ausgesetzt war, erwacht aus dem traumatischen Koma mit Unempfindlichkeit und leichenhafter Blässe einer Hand, im übrigen ist er, abgesehen von der Amnesie, ziemlich gefaßt und fast plötzlich leistungsfähig. Es war nicht schwer, die Verschiebung alles Leidens, ja des Sterbens, auf einen einzigen Körperteil, sozusagen in flagranti, zu ertappen: die leichenblasse Hand repräsentierte die ganze leidende Person und den Ausklang ihres Kampfes in Empfindungslosigkeit und Ersterben. Ein anderer begann nach der Traumareproduktion zu hinken: die mittlere Zehe eines Fußes wurde schlaff und nötigte den Patienten, auf jeden Schritt mit bewußter Aufmerksamkeit zu achten. Abgesehen von der sexualsymbolischen Bedeutung der mittleren Zehe, drückte sie mit ihrem Benehmen die sich selbst gegebene Warnung aus: Sei vorsichtig, bevor du einen Schritt machst, damit dir nicht wieder dergleichen passiert. Der englisch redende Patient ergänzte meine Deutung mit der Bemerkung: »Sie meinen etwa, ich stelle nur die englische Redensart dar: *Watch your step.*«
Wenn ich da plötzlich innehalte und mir die Worte vergegenwärtige, die auf den Lippen meiner Zuhörer schweben, so höre ich gleichsam von allen Seiten die erstaunte Frage: Ist denn das eigentlich noch Psychoanalyse zu nennen, was in den Kinderanalysen der Erwachsenen vorgeht? Sie reden ja fast ausschließlich von Gefühlsausbrüchen, von lebhaften, ja halluzinatorischen Reproduktionen traumatischer Szenen, von Krämpfen und Parästhesien, die man getrost hysterische Anfälle nen-

nen kann. Wo bleibt da die feine, ökonomisch-topisch-dynamische Zerlegung und der Wiederaufbau der Symptomatik, das Verfolgen der wechselnden Energiebesetzungen des Ichs und des Über-Ichs, die die moderne Analyse charakterisieren? Tatsächlich beschränke ich mich in diesem Vortrag fast ausschließlich auf die Würdigung des traumatischen Momentes, was natürlich in meinen Analysen auch nicht im entferntesten der Fall ist. Monate-, oft jahrelang verlaufen auch meine Analysen auf dem Niveau der Konflikte zwischen den intrapsychischen Energien. Bei Zwangsneurotikern z. B. dauert es manchmal ein Jahr und noch länger, bevor das Emotionelle überhaupt zur Sprache kommt; auf Grund des auftauchenden Materials können der Patient und ich in diesen Zeiten nichts anderes leisten, als den Entstehungsursachen der Vorbeugungsmaßnahmen, der Ambivalenz in der Gefühlseinstellung und in der Handlungsweise, den Motiven der masochistischen Selbstpeinigung usw. intellektuell nachzugehen. Soweit aber meine Erfahrung reicht, kommt es früher oder später, allerdings oft sehr spät zum Zusammenbruch des intellektuellen Überbaues und zum Durchbruch der doch stets primitiven, stark emotiven Grundlage, und nun erst beginnt die Wiederholung und Neuerledigung des ursprünglichen Konflikts zwischen dem Ich und der Umwelt, wie sie sich in der Infantilzeit abgespielt haben muß. Vergessen wir nicht, daß die Reaktionen des kleinen Kindes auf Unlust zunächst immer körperlicher Natur sind; erst später lernt das Kind seine Ausdrucksbewegungen, die Vorbilder jedes hysterischen Symptoms, beherrschen. Man muß also zwar den Nervenärzten darin recht geben, daß der moderne Mensch viel seltener offenkundige Hysterien produziert, als sie noch vor wenigen Jahrzehnten als ziemlich allgemein verbreitet beschrieben worden sind. Es scheint, als ob mit vorschreitender Kultur auch die Neurosen kultivierter und erwachsener geworden wären. Ich meine aber, daß bei entsprechender Geduld und Ausdauer auch festgebaute, rein intrapsychische Mechanismen abgebaut und auf das Niveau des infantilen Traumas reduziert werden können.
Eine andere heikle Frage, die man mir unverzüglich vorlegen wird, ist die der therapeutischen Resultate. Sie werden es nur zu gut verstehen, daß ich mich diesbezüglich einer dezidierten Äußerung noch enthalte. Zwei Dinge muß ich aber gestehen; meine Hoffnung, die Analyse mit Hilfe von Relaxation und Katharsis wesentlich zu *verkürzen*, hat sich vorläufig nicht erfüllt, und die Mühseligkeit der Arbeit für die Analytiker wurde durch sie wesentlich gesteigert. Was aber durch sie gefördert wurde und, wie ich hoffe, noch bedeutend gefördert werden wird, ist

die Tiefe unserer Einsicht in die Tätigkeit der gesunden und kranken Menschenseele und die berechtigte Hoffnung, daß der therapeutische Erfolg, der sich auf diese tieferen Grundlagen stützt, soweit er zustande kommt, mehr Aussicht auf Bestand haben wird.
Und nun zum Schluß eine praktisch wichtige Frage. Müssen und können auch die *Lehr*analysen bis zu dieser tiefen Infantilschicht vordringen? Bei der Terminlosigkeit meiner Analysen führt das zu ungeheuren praktischen Schwierigkeiten; und doch glaube ich, daß jeder, der die Ambition hat, andere verstehen und anderen helfen zu wollen, dieses große Opfer nicht scheuen sollte. Auch die rein aus beruflichen Gründen Analysierten müssen also im Laufe ihrer Analyse ein bißchen hysterisch, also ein bißchen krank werden, und da zeigt sich denn, daß auch die Charakterformung als entfernte Folge von recht starken Infantiltraumen anzusehen ist. Ich glaube aber, daß das kathartische Resultat dieses Untertauchens in Neurose und Kindheit am Ende erquickend wirkt und, wenn zu Ende geführt, keinesfalls schadet. Jedenfalls ist dieses Verfahren viel weniger gefährlich als die opferwilligen Versuche mancher Kollegen, die Infektionen und Vergiftungen am eigenen Leibe studiert haben.
Meine Damen und Herren! Sollten die Gedanken und Gesichtspunkte, die ich Ihnen heute mitteilte, irgendwann Anerkennung finden, so wird das Verdienst ehrlich zwischen mir und meinen Patienten und Kollegen geteilt werden müssen. Natürlich auch mit den oben bereits genannten Kinderanalytikern; ich wäre glücklich, wenn es mir gelungen wäre, wenigstens die Anfänge einer intimeren Kooperation mit ihnen angebahnt zu haben.
Es würde mich nicht wundern, wenn Sie von diesem Vortrag wie von einigen anderen, die ich in den letzten Jahren publizierte, den Eindruck einer gewissen Naivität der Anschauung empfangen hätten. Wenn jemand nach fünfundzwanzigjähriger Analysenarbeit plötzlich anfängt, die Tatsache der psychischen Traumen anzustaunen, so mag er Ihnen ebenso merkwürdig vorkommen wie jener mir bekannte Ingenieur, der nach fünfzigjähriger Dienstzeit in Pension ging, sich aber jeden Nachmittag zur Bahnstation begab, um den eben abfahrenden Zug anzustaunen, oft mit dem Ausruf: »Ist denn die Lokomotive nicht eine wunderbare Erfindung!« Es ist möglich, daß ich auch diese Tendenz oder Fähigkeit zum naiven Anschauen des Altbekannten von unserem Lehrer erlauscht habe, der während eines unserer gemeinsamen, mir unvergeßlichen Sommeraufenthalte mich eines Morgens mit der Mitteilung

überraschte: »Sehen Sie, Ferenczi, der Traum ist wirklich eine Wunscherfüllung!« und mir seinen letzten Traum erzählte, der allerdings eine glänzende Bestätigung seiner genialen Traumtheorie war.

Ich hoffe, meine Damen und Herren, daß Sie das von mir Mitgeteilte nicht sofort verwerfen, sondern Ihr Urteil aufschieben werden, bis Sie sich Erfahrungen unter den nämlichen Bedingungen geholt haben. Jedenfalls danke ich für die freundliche Geduld, mit der Sie meine Ausführungen anhörten.

Freuds Einfluß auf die Medizin

(1933)

Um die Bedeutung eines Einzelnen für die Wissenschaft oder eines ihrer Teilgebiete konstruktiv zu erfassen, wäre es von Wichtigkeit, vorerst den Stand dieser Wissenschaft vor dem Auftauchen jenes Einzelnen, und dann die unter seinem Einfluß stattgehabten Veränderungen darzustellen. Doch selbst eine solche Schilderung wäre kaum imstande, ein tieferes Kausalitätsbedürfnis zufriedenzustellen. Es müßte genau festgelegt werden, ob ein konstruktiver Kopf bloß bereits vorhandenes Material fruchtbringend zusammengefaßt hat, oder ob ein wunderbares geistiges Licht meteorhaft aufblitzend eine ahnungslose, unvorbereitete Welt erhellte. Schließlich drängt sich auch die Frage auf, inwieweit Finderglück und in welchem Ausmaß besondere persönliche Eigenschaften als entscheidende Faktoren bei der Entdeckung einer neuen Wissenschaft und ihrer theoretischen Formulierung mitwirkten. Wurde die Untersuchung bis zu diesem Punkt geführt, erübrigt immer noch die Aufgabe, diese Beiträge durch eine Art Persönlichkeits-Studie zu ergänzen.
Bei der Darstellung von Freuds Einfluß auf die Medizin muß ich mich auf Bemerkungen über diese Probleme beschränken, vor allem jedoch die Begleitumstände auseinandersetzen. Ein Zufall war es zweifellos, daß der verdiente Wiener Arzt Dr. Josef Breuer eine intelligente Patientin in hypnotischer Behandlung hatte, der die günstige Wirkung auffiel, die das Aussprechen ihrer Phantasien auf ihren Zustand hervorrief, und die die Aufmerksamkeit ihres Arztes auf diese Beobachtung lenkte. Buchstäblich genommen ist *sie* die Entdeckerin der ursprünglichen kathartischen Methode. Ein Zufall war es ferner, der später Sigmund Freud in persönliche Berührung mit Breuer brachte. Sicherlich jedoch geschah es keineswegs zufällig, daß Breuer, trotz tiefer Einsicht in die psychologische und pathologische Tragweite dieser Entdeckung, sein Interesse bald von diesen Problemen abwendete und sich Freud und dessen weiteren Studien nicht mehr verband. Es ist kein Geheimnis mehr, wel-

chen Eigenschaften Freud seine Ausdauer und seine Erfolge in der wissenschaftlichen Entwicklung der Psychoanalyse zu danken hat. Da ist vor allem seine Objektivität, die selbst angesichts der sich entrollenden Sexualprobleme unerschüttert blieb. So seltsam dies klingt, ist es doch Tatsache, daß vor Freud selbst Forscher, die sich für vorurteilsfrei hielten, in sexuellen Dingen von moralischen Skrupeln nicht frei waren und die psychologische Seite des Liebeslebens nicht berührten.
Bloß zwei mutige Männer wagten es, die abstoßenden Eigentümlichkeiten des Sexuallebens zum Gegenstand ausführlicher Studien zu machen: der Wiener Krafft-Ebing und der Engländer Havelock Ellis, deren Beispiel bald einige deutsche und Schweizer Forscher folgten. Die ersten Versuche Freuds, Breuers Entdeckung zu erklären, führten bald zur Untersuchung sexueller Probleme. Die Freunde und Kollegen, die seine Begabung nur so lange anerkannten, als er sich mit harmlosen und durchaus moralischen Gegenständen, wie Aphasie und zerebraler Kinderlähmung befaßte, verließen ihn eilig. Selbst Breuer gesellte sich bald zu jenen, die Freud bei seinem Studium so unästhetischer, daher unerfreulicher Dinge nicht folgen wollten, und Freud stand nunmehr ganz allein. Damit beginnt jene Periode seines Lebens, die verdient, die heroische genannt zu werden, und in der die *Traumdeutung* entstand, die bleibende Grundlage seines gesamten späteren Schaffens. Heute, mehr als dreißig Jahre nach ihrem ersten Erscheinen, sehen wir immer noch die ablehnende Haltung der übrigen Welt, die sicherlich auf die Tatsache hinweist, daß die Psychoanalyse den Anforderungen der wissenschaftlichen und medizinischen Welt nicht entsprach.
Ein weiterer Charakterzug, der Freud zum Entdecker der Psychoanalyse prädestinierte, war seine unerbittliche Kritik des therapeutischen Könnens und des theoretischen Wissens jener Zeit, das in der Behandlung der Neurosen völlig versagte. Zu einer Zeit, als, fast wie heutzutage, die faradische und galvanische Apparatur als Hauptausrüstung des Arztes galt, der sich mit den sogenannten funktionellen Erkrankungen beschäftigte, kam er zur Überzeugung, daß die Elektrotherapie den Neurosen nicht beikommen könne und ein völlig nutzloses Verfahren für deren Behandlung darstelle. Die Vergänglichkeit und Unzulänglichkeit der durch hypnotischen und suggestiven Einfluß gelegentlich erzielten Erfolge bewog Freud, diese Methoden aufzugeben. Es wäre ihm, insbesondere in der medizinischen Atmosphäre, in der er aufwuchs, ein leichtes gewesen, sich der bequemen Idee des medizinischen Nihilismus zu verschreiben und sorgenlos seine rasch wachsende Praxis zu versehen.

Doch ein spezifischer Zug seines Wesens, der einen heftigen Wahrheitsdrang in sich schloß und ihm nicht gestattete, sich mit der bloßen Kritik des herrschenden Zustandes der Dinge zu begnügen, ließ ihm keine Ruhe, ehe sein forschender Geist ganz allein und ohne Hilfe von außen her die nun einmal aufgeworfenen Fragen gelöst hatte. Dieser Aufgabe schienen sich fast unübersteigliche Hindernisse entgegenzutürmen, denn es hieß eine Gleichung mit vielen Unbekannten lösen. Wie Breuer und Freud bereits erkannt hatten, war anzunehmen, daß die Ursachen der neurotischen Symptome im unbewußten Seelenleben lagen, das direkter Untersuchung nicht zugänglich erscheint. Wie bereits erwähnt, ließ Freud die Methoden der Hypnose und Suggestion, die einen teilweisen Zugang zum Unbewußten eröffnet hätten, absichtlich unangewendet, denn er nahm an, daß den Normen der damaligen psychologischen Erkenntnis gemäß die Wirksamkeit dieser Methoden unerklärlich, ja mystisch erscheinen mußte. Vermittels deren Anwendung gewonnene Erkenntnisse hätten den Stempel des Mystischen getragen und der wissenschaftlichen Forderung nach Klarheit nicht Rechnung getragen. Dennoch gelang ihm das Unwahrscheinliche: jene als unergründlich geltenden Regionen erschlossen sich seiner *Methode der freien Assoziation.*
Es ist nicht leicht, den Begriff Genie zu definieren, doch glaube ich, daß diese Bezeichnung angemessen ist für einen, der in einer so hoffnungslosen Lage wie der oben geschilderten einen Ausweg zu finden weiß. Ich stehe nicht an zu behaupten, daß dieser Gedanke Freuds die Zukunft der Psychologie und ihrer gesamten Anwendungen bestimmte, und es erscheint mir keine Übertreibung, alle ferneren Entwicklungen in diesen Wissenschaften auf diesen in Freuds Kopf entstandenen Gedanken zurückzuführen. In dem Augenblick, da Freuds Königsgedanke ans Licht trat, wurde die moderne Psychologie geboren.
Es erwies sich nunmehr als notwendig, das ungeheure Material, das die neue Methode angesammelt hatte, zu sichten und wissenschaftlich zu ordnen. Wohl oder übel mußte Freud bald darangehen, skelettartige Umrisse seiner Theorie zu formulieren, ein Gerüst, das, wiewohl seither öfters verändert und umgebaut, doch in seinen Pfeilern bis zum heutigen Tage standgehalten hat. Dieser Bau ist die sogenannte *Metapsychologie.* Ich werde versuchen, kurz zu erklären, was wir darunter verstehen. Freud konnte den Ursprung neurotischer Symptome nicht aufklären, ohne psychische Tätigkeiten innerhalb eines Raumsystems vorauszusetzen, wo Kräfte von bestimmter Intensität und Qualität aufeinander einwirken. Die erste topische Unterscheidung der psychischen Funktio-

nen war die Abtrennung des Bewußten vom Unbewußten, die erste Vorstellung der Dynamik die Annahme eines Konflikts der Kräfte innerhalb dieser Gebiete. Das Ergebnis dieses Konflikts war vom Verhältnis der Kräfte abhängig, doch mußte die Summe der beiden psychischen Kräfte als stets gleichbleibend angenommen werden. Die Tatsache, daß die Uneingeweihten diese Konstruktion als phantastisch bezeichnen, braucht uns nicht zu erschrecken. Wer will, mag sie eine wissenschaftliche Phantasie nennen. Doch ist jedwede wissenschaftliche Theorie eine Phantasie und als solche so lange brauchbar, als sie praktisch ihren Zweck erfüllt und den Erfahrungstatsachen nicht widerstreitet, was bei Freuds Metapsychologie durchaus der Fall ist. Sie versetzt uns in die Lage, die Störungen im Seelenleben eines Patienten als Ergebnis solcher und ähnlicher Konflikte aufzufassen, ja gibt uns die Möglichkeit, auf eine richtige Kräfteverteilung hinzuwirken. Freuds spätere Arbeiten setzten an die Stelle dieses überaus einfachen Systems ein viel verwickelteres. Es gelang ihm, die treibende Kraft hinter dem Seelenleben bis zu ihrem biologischen Ursprung zu verfolgen und ihre Gleichartigkeit mit der physikalischen Triebkraft festzustellen. Praktische Erwägungen beiseite lassend, ließ er sich weder dazu verführen, die sich hierin offenbarende Vielfältigkeit zu verleugnen, noch konnte ihn die Illusion eines vorzeitigen Vereinheitlichungs-Systems dahin bringen, seine Ideen aufzugeben, die Lücken aufwiesen, ihn nicht ganz befriedigten und dennoch mit der Wirklichkeit in Einklang standen.

Ich zögere nicht zu behaupten, daß diese Konstruktion an sich von höchster wissenschaftlicher Bedeutung ist. Sie bedeutet nicht mehr und nicht weniger als den ersten Versuch, ein Problem, das die Physik und Physiologie psychischer Erscheinungen betrifft, zu lösen. Das einzige Mittel zu diesem Zweck war das Eindringen psychoanalytischer Forschung in das Seelenleben des kranken und gesunden Menschen. Bis dahin hatten weder die Anatomie noch die Physiologie zur Erkenntnis der feineren Seelenregungen irgendwelche Beiträge geleistet. Die wissenschaftliche Medizin starrte wie hypnotisiert ins Mikroskop und erwartete aus Mitteilungen über die Entwicklung und den Verlauf der Nervenstränge Aufschlüsse über das Wie der Seelenvorgänge. Doch konnten diese Entwicklungen nur die einfachsten Tatsachen der Bewegungs- und Sinnesfunktionen aufzeigen. Da sich bei keiner Neurose oder funktionellen Psychose Veränderungen im Gehirn nachweisen ließen, schwebte die medizinische Wissenschaft im unklaren, welche Bewandtnis es mit diesen pathologischen Bedingungen habe. Der Irrtum war darauf zurückzuführen, daß die Ärzte vor Freuds Zeit einseitig und materialistisch eingestellt waren. Die einleuchtenden psychischen Tatsachen, die in unserem Leben wie in dem unserer Patienten eine so wichtige Rolle spielen, galten als Realitäten von geringfügiger Bedeutung, mit denen sich kein ernster Mann der Wissenschaft befassen konnte. Die eigentliche Psychologie war ein Gebiet, von dem man sich fernhielt, das man den Dilettanten und Literaten überließ. Schon die Scheu vor unfundierten Verallgemeinerungen bewahrte Freud vor dem Irrtum, das Psychische und das Physische in einem materialistischen Monismus vorschnell zu vereinen. Seine intellektuelle Redlichkeit führte ihn zur Erkenntnis der Tatsache, daß das Seelenleben nur von der subjektiven Seite her durch introspektive Methoden zugänglich sei, und weiterhin zu der Feststellung, daß die psychische Realität der durch diese subjektiven Methoden erkannten Tatsachen unbezweifelbar sei. So wurde Freud zum Dualisten, eine Bezeichnung, die die meisten Naturwissenschaftler damals und noch heute als fast schimpflich ansehen. Ich glaube nicht, daß Freud gegen die monistische Wissensauffassung Einwendungen hat. Sein Dualismus sagt bloß aus, daß diese Vereinheitlichung weder gegenwärtig noch in naher Zukunft möglich, vielleicht niemals vollständig durchführbar sein wird. Auf keinen Fall darf Freuds Dualismus mit der naiven Scheidung des lebenden Organismus in Leib und Seele verwechselt werden. Er behält die auf das Nervensystem bezüglichen anatomisch-physiologischen Tatsachen stets im Auge. Er verfolgt seine psychologischen Forschungen bis zu den menschlichen Trieben, die er als Grenzlinie zwischen dem Psychischen und Physischen betrachtet; eine Grenze, die seiner Meinung nach die psychologische Forschung nicht überschreiten solle, da sie dazu nicht zu taugen scheine. Andererseits kann er, wie sein nach dem Muster des Reflexbogens konstruiertes metapsychologisches System zeigt, auch bei seinen rein psychologischen Untersuchungen der naturwissenschaftlichen Analogien nicht entraten. Seinen speziellen Dualismus zu bezeichnen muß ich ein neues Wort, *Utraquismus*, prägen und glaube, daß diese Methode der Untersuchung natur- wie geisteswissenschaftlicher Fragen eine große Verbreitung verdient.

Eine der bemerkenswertesten Errungenschaften der Freudschen Psychologie ist es, daß er nicht bloß den Inhalt, d. h. das Wörterbuch des Unbewußten niederschreibt, sondern auch die Regeln der eigenartigen Grammatik und primitiven Logik, die in diesem Reiche herrschen, formuliert, so daß die seltsamen Bildungen des Traumes, die Fehlleistungen des Alltagslebens wie die neurotischen und psychotischen Symptome

bedeutungsvoll und verständlich werden. Man wird zugeben müssen, daß ein Arzt, der die Sprache des neurotischen und psychotischen Patienten versteht und sie sozusagen ätiologisch und etymologisch gebrauchen kann, diesen Erkrankungen mit ganz anderem Verständnis entgegentritt als der Naturwissenschaftler, der sich wenig um die Herkunft jeder einzelnen Erscheinung kümmert und sich bei der Behandlung ausschließlich von seiner künstlerischen Intuition leiten läßt. Niemand wird leugnen wollen, daß es auch schon vor Freud hervorragende Psychotherapeuten gegeben hat, die in der Behandlung von Psychosen und Neurosen außerordentlich tüchtig und erfolgreich waren. Doch ihre Kunst war unerlernbar. Die Glücklichen, die dieses Talent besaßen, konnten auch beim besten Willen ihre Methode der Einfühlung nicht lehren. Diesen Kontakt zwischen Patient und Arzt würde der Psychoanalytiker einen Dialog von zwei Unbewußten nennen. Das Unbewußte des Arztes verstand das Unbewußte des Patienten und gestattete der richtigen Antwort oder dem Einfall des wirksamen Heilmittels, ins Bewußtsein des Arztes aufzusteigen. Der Fortschritt, den die Psychoanalyse für die medizinische Praxis bedeutet, besteht wesentlich darin, daß sie aus dieser therapeutischen Kunst eine Wissenschaft gemacht hat, die von jedem intelligenten Arzt ebenso leicht oder ebenso schwer erlernt werden kann wie etwa die Chirurgie oder die interne Medizin. Natürlich wird es in der Psychoanalyse wie in jedem anderen Zweig der Heilkunde stets Künstler geben. Doch geeignete Vorbereitung und Festhalten an den in Freuds Werken niedergelegten Lehren vorausgesetzt, ergibt sich kein Hindernis für eine solche Ausbildung, selbst bis zu dem vom Spezialisten geforderten Umfang.
Der praktisch Interessierte wird vielleicht inzwischen ungeduldig gewartet haben, etwas über die praktischen Erfolge der Psychoanalyse zu erfahren. Können wir mittels ihrer Anwendung tiefergehende, häufigere und raschere Erfolge erzielen, wenn alle anderen psychotherapeutischen Maßnahmen versagen? Ist sie die einzige Art der Psychotherapie, die zum Glück führt, und gibt es nicht Fälle, bei deren Behandlung andere Methoden vorzuziehen sind? Wenn ich diese Fragen offen beantworten will, muß ich denjenigen, die annehmen, daß das Motto des Chirurgen: *Cito, tuto et jucunde* auf die Psychoanalyse anwendbar ist, eine Enttäuschung bereiten. Die Analyse ist keine rasche, vielmehr eine sehr langsame Heilmethode. Eine Analyse dauert gewöhnlich Monate, in schweren Fällen Jahre. Das kann wohl kaum eine Annehmlichkeit genannt werden. Sie stellt auch nicht völlige Schmerzfreiheit in Aussicht,

vielmehr gehört das geduldige Ertragen unvermeidlichen seelischen Leids, das auf realem Grunde ruht, zu den Dingen, die sie dem Patienten anzuerziehen hofft. Auch die Sicherheit des endgültigen Erfolges kann man höchstens mutmaßen. Auf keinen Fall gehört die Psychoanalyse in die Gruppe jener beneidenswerten Methoden, die – wie etwa die Hypnose – Symptome einfach wegblasen können. Sie setzt in die Dauer solcher Methoden kein Vertrauen und ist überzeugt, daß der durch einen solchen Vorgang aufgewirbelte Staub sich irgendwo ansetzen muß. Sie trachtet lieber, radikal die psychopathischen Brennpunkte zu säubern. Wenn irgendwo, ist das Sprichwort *Si duo faciunt idem, non est idem* hier am Platze. Die Psychoanalyse räumt ein, daß sie nicht für alle Fälle von Neurosen geeignet ist und daher auch andere Arten der Psychotherapie ihr Anwendungsfeld haben. Vorläufig ist sie für Massenbehandlung nicht geeignet. Was sie jedoch für die Zukunft erhofft, ist die Durchdringung der anderen Methoden mit ihrem Geiste. Der geschulte Analytiker wird als Hypnotiseur, als Psychotherapeut oder als Leiter einer Irrenanstalt viel Ersprießlicheres leisten und ein richtigeres Urteil haben als derjenige, der keinen Versuch macht, die wahrscheinliche Ätiologie der psychogenen Symptome im vorliegenden Material herauszufinden. In diesem Sinne dürfen wir ruhig voraussagen, daß keine Form der Psychotherapie sich auf die Dauer dem Einfluß der Ideen Freuds wird entziehen können. Schon heute trifft das in hohem Maße zu, wenn sich auch der Vorgang vorläufig unter verschiedenen Namen verbirgt.

Die großen Veränderungen, die, seit Freuds Ideen durch die Mauern der Irrenhäuser drangen, sich auf dem Gebiete der Psychiatrie vollzogen haben, sind wohlbekannt. Man begnügt sich nicht mehr mit der überlieferten deskriptiven Methode des Einteilens der Fälle nach Symptomgruppen. Es entstand das Bedürfnis nach verständlichen Zusammenhängen und Beziehungen, die in der Literatur der Vor-Freudschen Zeit durchaus nicht im Vordergrund standen. Wir können voraussagen, daß sich die Irrenhäuser in psychotherapeutische Behandlungsstätten verwandeln werden, wo analytisch ausgebildete Ärzte sich mit jedem Fall täglich beschäftigen werden, womöglich eine Stunde täglich. Wie schwierig es auch sein wird, diesen Idealzustand zu erreichen, es wird doch kaum zu umgehen sein. Was der alte französische Meister der Psychiatrie, Pinel, seiner Herzensgüte folgend, äußerlich vollbrachte – die Erlösung des Geisteskranken von unnötigen Fesseln –, hat Freud von innen her wiederholt. Dank seiner Entdeckung haben die Symptome des Irren aufgehört, eine Sammlung von Abnormitäten zu sein, die der Gedankenlose als verrückt, lächerlich und sinnlos abzutun pflegte. Auch der Psychopath spricht eine Sprache, die dem entsprechend Ausgebildeten verständlich ist. So wurde die tiefe Kluft, die zwischen dem geistig Gesunden und dem geistig Gestörten klaffte, zum ersten Male überbrückt.

Die große Umwälzung der Neurosenlehre und Psychiatrie, die Freud nicht bloß angebahnt, sondern in dreißig Jahren unermüdlichen Schaffens zu einer Art Abschluß gebracht hat, kann der Umwälzung in der inneren Medizin, die durch die klinischen Methoden der Perkussion, Auskultation, Temperaturmessung, der Röntgenstrahlen, Bakteriologie und Chemie herbeigeführt wurde, zur Seite gestellt werden. Auch vor diesen Entdeckungen gab es feinfühlige, erfolgreiche Ärzte. Heute jedoch würde sich kein vollsinniger Arzt ausschließlich auf sein Feingefühl verlassen und absichtlich darauf verzichten, sich objektiv von der Richtigkeit oder Unrichtigkeit seiner Überlegungen zu überzeugen. Die Psychoanalyse hat das Wissen von den Neurosen und Psychosen auf eine neue wissenschaftliche Stufe gehoben, und diese Tat kann nicht mehr ungeschehen gemacht werden. Natürlich gibt es mannigfache Arten, wie die Medizin aus Freuds Gedanken Nutzen ziehen kann. Eine wäre etwa, daß man die Psychoanalyse als selbständige Wissenschaft weiter unterdrückt und verdrängt, so daß ihre fruchtbaren Ideen auf allen möglichen Wegen in alle Wissenszweige sickern. Auf diese Art würden sie, wie unter ein Düngemittel gepflügt, den ästhetischen und ethischen Sinn feiner Gelehrter durch ihr unappetitliches Aussehen nicht beleidigen, und diese könnten sich beschaulich an den durch sie hervorgebrachten Blüten erfreuen. Doch ist es wohl überflüssig, diese Möglichkeit ernsthaft zu erörtern. Zum Glück war es dem Entdecker der Psychoanalyse beschieden, lange genug zu leben, um sein Werk fest zu verankern und es vor zahlreichen Auflösungsversuchen zu schützen.

Freud gelang es auch, die verabsäumte Untersuchung der hinter dem Triebleben verborgenen Kräfte genügend zu vervollständigen, so daß er sich endlich der einleuchtenderen und annehmbaren Tätigkeit des Bewußtseins zuwenden konnte. Ich meine die Anfänge seiner wissenschaftlichen Ich-Psychologie, die schließlich in ausführlicher Form Erklärungen der höheren Seelentätigkeiten – Verstand, Gewissen, Sittlichkeit, Idealismus, usf. – brachte. Diese Erklärungen taten seinen Zeitgenossen bitter not. Ganz gewiß beschäftigte sich Freud mit den Verirrungen des Geschlechtslebens und den animalischen Aggressionstrieben nicht aus persönlicher Vorliebe, sondern nur, weil kein anderer Herkules da war,

diesen Augiasstall in Ordnung zu bringen. Er war ein einfacher Erforscher der Wirklichkeit. Gesellschaftliche Ansichten und Vorurteile kümmerten ihn wenig. Dennoch erkannte er von Anfang an, daß neben dem Triebleben die Gewalt der verdrängenden Kräfte, soziale Anpassung und die Sublimierung dieser Kräfte Faktoren von gleicher, wenn nicht noch größerer Bedeutung für seine Lehre waren. Das Übersehen dieser Tatsache kann nur dem blinden Haß oder der blinden Furcht seiner Zeitgenossen zugeschrieben werden. Die Folge davon war, daß man behauptete, er wühle in den schmutzigen Trieben, und daß andere seine Lehren als ›Pansexualität‹ und ›gefährliche psychische Epidemie‹ brandmarkten.
Doch scheint sich die Periode dieser wütenden Angriffe ihrem Ende zu nähern. Wenn auch noch zaghaft, erheben sich mehr – darunter bedeutsame – Stimmen, Freuds Lehren zu bestätigen. Auffallend ist, daß diese Beglaubigungen nicht bloß von psychiatrischer Seite, sondern auch aus internistischen, gynäkologischen, kinderärztlichen und dermatologischen Kreisen kommen. Sie stellen fest, daß so mancher rätselhafte Fall in ihrem Spezialfach nur durch die psychoanalytische Erklärung faßlich und der Therapie zugänglich wurde. Die Berücksichtigung unbewußter psychischer Faktoren bei der Pathogenese von Erkrankungen scheint sich epidemieartig zu verbreiten. Der letzte, von mehreren hundert praktischen Ärzten besuchte psychotherapeutische Kongreß in Baden-Baden war ganz von psychoanalytischem Geist durchtränkt. Viele hervorragende Ärzte (ich erwähne bloß den Deutschen Georg Groddeck und den Wiener Felix Deutsch) beschäftigen sich intensiv mit der analytischen Therapie organischer Erkrankungen. Sicherlich sind dies bloß verheißungsvolle Anfänge, doch kann ihre künftige Bedeutung nicht in Abrede gestellt werden. Für die in so viele Spezialgebiete gespaltene Medizin war die Psychoanalyse ein Segen, denn sie mahnt daran, bei jeder Krankheitsform den Kranken sowohl wie die Krankheit zu behandeln. Das wurde als Prinzip stets anerkannt, doch mangels wirklichen psychologischen Wissens selten praktisch durchgeführt. Grob übertreibend könnte man sagen, daß die Medizin bisher handelte, als hätte der Patient nichts im Kopf und als ob die höchsten Verstandeskräfte, die wir die psychischen nennen, im Kampf der Organe gegen die Krankheit nicht eingriffen. Es ist sicherlich an der Zeit, den Ausdruck ›individuelle Behandlung des Patienten‹ ernst zu nehmen.
Der Einfluß der Psychoanalyse wurde von den verschiedenen Zweiggebieten der Medizin und der Geisteswissenschaften passiv aufgesaugt,

doch ist die Internationale Gesellschaft aktiv an der Arbeit, die Freudschen Ideen in die Breite und Tiefe zu entwickeln. Gleichzeitig bewahrt sie die Analyse vor Verfälschungen und Mißdeutungen. Auf dem Nürnberger Kongreß 1908 wurde die Internationale Psychoanalytische Vereinigung gegründet, die in allen Kulturzentren Zweiggesellschaften hat. Die offiziellen Organe dieser Organisation sind die *Internationale Zeitschrift für Psychoanalyse*, die *Imago* und *The International Journal of Psycho-Analysis*, London. In Berlin und Wien bestehen Kliniken und Lehrinstitute für Theorie und Praxis der Freudschen Psychotherapie, in London, Budapest und New York sind Institute gleicher Art in Gründung begriffen.

Separatistische Bestrebungen, wie sie im Gefolge aller großen Ideen auftreten, haben auch die Psychoanalyse nicht unberührt gelassen, doch ist es hier nicht am Platze, näher auf sie einzugehen. Es genüge die Feststellung, daß der Einfluß der einzelnen Schismatiker im Vergleich zu dem Freuds geringfügig ist. Es wäre unfair, ihre Namen mit dem seinen zusammen zu nennen, wie das in so vielen wissenschaftlichen Publikationen häufig geschieht. Die ganze Angelegenheit bringt mir den satirischen Ausspruch des originellen und gedankenreichen Wiener Pathologen Samuel Stricker in Erinnerung, der die Mitteilung seiner eigenen Entdeckungen durch die Bemerkung ergänzte: »Doch nun wollen wir uns dem Herrn Abänderer zuwenden.« Was übrigens nicht besagen will, daß in ihren Arbeiten nichts von Wert oder Interesse enthalten sei.

Alle ausschließlich der Psychoanalyse gewidmeten Einrichtungen verdanken ihre Entstehung privater Initiative und hatten gelegentlich die Gleichgültigkeit, ja Feindseligkeit offizieller Gruppen zu bekämpfen. Überall waren die Universitäten in ihrer Haltung am konservativsten. Nichts kennzeichnet diese Tatsache deutlicher als der Umstand, daß man an den Begründer der Psychoanalyse nie wegen Abhaltung eines offiziellen Lehrkurses herantrat, wiewohl ihm für seine Verdienste der Titel eines Professors verliehen worden war.

Göttliche Eingebung war es, die Freud bewog, seiner *Traumdeutung* den prophetischen Satz *Flectere si nequeo superos, Acheronta movebo* voranzustellen. Damit wollte er die wissenschaftliche Tatsache kennzeichnen, daß die wichtigsten Probleme des Menschengeistes nur von den Tiefen des Unbewußten her angegangen werden können. Doch kann das Motto auch in anderem Sinne gedeutet werden. Die Festungen der Wissenschaft setzen auch heute noch dem Eindringen eines psychoanalytischen Lehrkurses Widerstand entgegen. Es wird noch eine Weile

dauern, ehe das Anpochen der medizinischen Welt, das immer stärker ertönt, an den Pforten der Universitäten, zu denen es nur wie ein Grollen aus der Tiefe dringt, vernommen werden wird. Dann erst wird die Psychoanalyse den ihr gebührenden Platz im Studiengang einnehmen.
Vielleicht wird dieser Tag früher kommen als wir glauben. Geringer Prophetengabe bedarf es, vorauszusehen, daß einst zahlreiche Vorlesungen für die frühere Ächtung entschädigen werden. Die Nachfolger der zeitgenössischen Professoren werden der tatsächlichen Bedeutung Freuds Gerechtigkeit widerfahren lassen. Ich muß feststellen, daß bis zu Freuds Auftreten die Medizin als reine Naturwissenschaft gelehrt wurde. Man besuchte eine technische Gesundheitshochschule, von der man mit viel theoretischem und praktischem Wissen als Doktor abging, ohne jedoch irgend etwas von der menschlichen Seele zu erfahren. Draußen hingegen in der Welt der medizinischen Praxis ist der psychologische Faktor für die Therapie ebenso wichtig wie der objektive Organbefund. Wieviel Mühe und Kummer wäre vermieden worden, hätte man mir in meiner Studienzeit die Kunst beigebracht, mit *Übertragung* und *Widerstand* umzugehen. Ich beneide den Mediziner der nächsten Zeit, der das lernen wird. Die Humanisierung des Universitäts-Lehrganges wird zur unbedingten Notwendigkeit werden und sich schließlich durchsetzen.
Eine besondere Schwierigkeit beim Erlernen der Psychoanalyse bildet der Umstand, daß deren Methode, wie bereits erwähnt, dualistisch oder utraquistisch ist. Genaue Beobachtung der objektiven Haltung des Patienten, einschließlich des von ihm Mitgeteilten, des sogenannten ›Verhaltens‹ *(behaviour)* reicht nicht aus. Die Psychoanalyse fordert vom Arzt unermüdliche Empfänglichkeit für alle Ideenverbindungen, Gefühle und unbewußten Vorgänge im Innern des Patienten. Um dieser Forderung zu genügen, muß er selbst eine biegsame, plastische Seele besitzen, was nur erreicht werden kann, wenn er selbst analysiert ist. Wie der künftige Mediziner diese vertiefte Selbsterkenntnis erlangen soll, ist eine schwer zu beantwortende Frage. Die Ausbildung eines psychoanalytischen Spezialisten erfordert, abgesehen vom Studium der Theorie, eine Lehranalyse von zumindest einjähriger Dauer. Soviel ist von einem praktischen Arzt nicht zu verlangen, doch kann man ihm diesen manchmal schmerzhaften Vorgang nicht zur Gänze ersparen. Es ist eine alte wohlbekannte Erfahrung, daß zuckerkranke Ärzte die diabetischen Patienten besonders feinfühlig behandeln, und das gleiche gilt für den tuberkulösen Arzt. Der Wiener Internist Oser, der über Pathologie des Magens las, erzählte uns, daß ihn der Gegenstand seiner eige-

nen gastrischen Beschwerden wegen feßle. Wir können selbstverständlich vom zukünftigen Arzt nicht verlangen, daß er alle möglichen ansteckenden Krankheiten akquiriere, um an diesen Leiden Erkrankte besser verstehen und heilen zu können. Dennoch fordert die Psychoanalyse etwas dieser Art, wenn sie vom Arzt seelisches Einfühlungsvermögen in die Abnormitäten des Patienten erwartet. Der Unterschied zwischen dieser und der eben berührten Situation liegt indes in der Tatsache, daß gemäß den Feststellungen der Psychoanalyse jeder von uns aus seinem eigenen Unbewußten die Fähigkeit zu solchem Verständnis zu schöpfen vermag. Wir brauchen nur den erworbenen Widerstand gegen diese unbewußte Kraft wegzuräumen, um sie bewußt und so für das Verstehen des Patienten dienstbar zu machen. Ich bin überzeugt, daß Bemühungen nach dieser Richtung sich reichlich lohnen werden. Wissenschaftlich fundierte Kenntnis der Menschheit wird dem praktischen Arzt dazu verhelfen, die Autorität, die er als Berater des Einzelnen, der Familie, der Gesellschaft einbüßte, wiederzugewinnen, wenn diese sich in gefährlichen Lagen befinden. Ich hoffe, daß es unvergessen bleiben wird, wessen Lebenswerk seine Stellung und Würde wieder gehoben hat.

Noch ein paar Worte über die geographische Ausbreitung der Psychoanalyse oder, wie Herr Hoche sie genannt hat, der psychoanalytischen Pest. Völliges Mißverstehen der wesentlichen Grundzüge der Psychoanalyse bewog ein paar besonders bösartige Gegner Freuds zur Behauptung, daß die Psychoanalyse oder, wie sie sie nannten, die sexuelle Psychoanalyse, nur in der leichtfertigen liederlichen Wiener Atmosphäre entstehen konnte. In einem angelsächsischen Land wurde die Bemerkung geprägt, daß »man solche Dinge vielleicht in der österreichischen Hauptstadt träume, *unsere* Träume seien ehrbarer Art«. Die Psychoanalyse bezeichnet die Verdrängung libidinöser Neigungen als Ursache der Neurosen. Daher müßte, wenn Freuds Gegner recht hätten, eine solche Lehre in einem Land entstanden sein, wo Prüderie und Verdrängung zu Hause sind. In Wirklichkeit jedoch waren Länder, die sich nicht durch besondere Prüderie auszeichnen, ungeeignet zur Anerkennung der Psychoanalyse. Frankreich, Österreich und Italien sind Länder, in denen die Analyse auf stärkste Ablehnung stieß, während England und Amerika, Länder mit besonders strenger Geschlechtsmoral, sich viel aufnahmewilliger zeigten. Deutschland nimmt eine Zwischenstellung ein; nach heftiger Gegnerschaft beugte es sich dem Druck der Tatsachen.

Abschließend möchte ich hervorheben, daß Freud die scharfe Demarkationslinie zwischen Natur- und Geisteswissenschaft niedergerissen hat. Die Psychoanalyse hat nicht nur das gegenseitige Verständnis zwischen Arzt und Patient gefördert, sondern auch Natur- und Geisteswissenschaften, die sich fremd gegenüberstanden, einander nähergebracht. Um dieses Ziel zu erreichen, mußte Freud auf jene Selbstzufriedenheit verzichten, die den Arzt von einst kennzeichnete. Er fing an, sich den Ausspruch Schweningers, daß jeder Mensch Arzt und jeder Arzt Mensch sein müsse, zu eigen zu machen.

Freuds Einfluß auf die Medizin bedeutet eine formale Änderung, eine durchgreifende Anregung für die Entwicklung dieser Wissenschaft. Die Möglichkeit einer solchen Entwicklung mag vorher bestanden haben, zur tatsächlichen Durchführung bedurfte es des Erscheinens einer Persönlichkeit von Freuds Bedeutung.

Sprachverwirrung zwischen den Erwachsenen und dem Kind

Die Sprache der Zärtlichkeit und der Leidenschaft [1]

(1933)

Es war ein Irrtum, das allzu umfangreiche Thema der Exogeneität in der Charakter- und Neurosenformierung in einen Kongreßvortrag zwingen zu wollen.

Ich begnüge mich also mit einem kurzen Ausschnitt aus dem, was ich hierüber zu sagen hätte. Es ist vielleicht zweckmäßig, wenn ich Ihnen zunächst mitteile, wie ich zu der im Titel angedeuteten Problemstellung gekommen bin. In dem Vortrag, den ich zum 75. Geburtstag Professor Freuds in der Wiener Psychoanalytischen Vereinigung gehalten habe, berichtete ich über eine Regression in der Technik, zum Teil auch in der Theorie der Neurosen, zu der mich gewisse Mißerfolge oder unvollständige Erfolge gezwungen haben; ich meine die neuerliche stärkere Betonung des traumatischen Moments in der Pathogenese der Neurosen, die in letzterer Zeit unverdient vernachlässigt wurde. Die nicht genügend tiefe Erforschung des exogenen Moments führt die Gefahr mit sich, daß man vorzeitig zu Erklärungen mittels Disposition und Konstitution greift. Die – ich möchte sagen – imposanten Erscheinungen, die fast halluzinatorischen Wiederholungen traumatischer Erlebnisse, die sich in meiner Praxis zu häufen begannen, berechtigten mich zur Hoffnung, daß durch solches Abreagieren große Quantitäten verdrängter Affekte sich Geltung im bewußten Gefühlsleben verschaffen und der Symptombildung, insbesondere da der Überbau der Affekte durch die analytische Arbeit genügend gelockert war, bald ein Ende bereiten werden. Diese Hoffnung hat sich leider nur sehr unvollkommen erfüllt, und einige der Fälle brachten mich gar in große Verlegenheit. Die Wiederho-

---

[1] Vorgetragen am XII. Internationalen Psychoanalytischen Kongreß in Wiesbaden (September 1932). Der ursprüngliche Titel des angekündigten Vortrags war: ›Die Leidenschaften der Erwachsenen und deren Einfluß auf Charakter- und Sexualentwicklung der Kinder.‹

lung, zu der die Analyse die Patienten ermutigte, war *zu gut* gelungen. Allerdings war merkliche Besserung einzelner Symptome zu verzeichnen, aber statt dessen begannen diese Patienten an nächtlichen Angstzuständen, meistens sogar an schweren Alpträumen zu leiden und die Analysenstunde entartete immer und immer wieder zu einem angsthysterischen Anfall, und obzwar wir die oft gefahrdrohend scheinende Symptomatik dieser einer gewissenhaften Analyse unterzogen, was den Patienten anscheinend überzeugte und beruhigte: der erwartete Dauererfolg blieb aus und der nächste Morgen brachte dieselben Klagen über die schreckliche Nacht und die Analysenstunde wieder einmal die Wiederholung des Traumas. In dieser Verlegenheit begnügte ich mich eine ziemliche Weile in üblicher Weise mit der Auskunft, der Patient habe zu große Widerstände oder leide an Verdrängungen, deren Entladung und Bewußtmachung nur in Etappen erfolgen könne. Da sich aber auch nach längerer Zeit keine wesentliche Änderung einstellte, mußte ich wieder einmal die Selbstkritik walten lassen. Ich begann hinzuhorchen, wenn die Patienten mich in ihren Attacken gefühllos, kalt, ja roh und grausam nannten, wenn sie mir Selbstsucht, Herzlosigkeit, Eingebildetsein vorwarfen, wenn sie mich anschrien: »Helfen Sie mir doch! Rasch! Lassen Sie mich nicht hilflos zugrunde gehen!« und begann mein Gewissen zu prüfen, ob trotz bewußten guten Willens nicht etwas Wahrheit in diesen Anklagen steckte. Nebenbei gesagt, kamen solche Ärger- und Wutausbrüche nur in Ausnahmefällen; sehr oft endete die Stunde mit auffälliger, fast hilfloser Gefügigkeit und Willigkeit, unsere Deutungen anzunehmen. Die Flüchtigkeit dieses Eindrucks ließ mich aber ahnen, daß auch diese Gefügigen insgeheim Haß- und Wutregungen empfinden, und ich begann sie anzuspornen, mir gegenüber von jeder Schonung abzusehen. Auch diese Aufmunterung hatte wenig Erfolg; die meisten refüsierten energisch meine Zumutung, obzwar sie durch das analytische Material genügend gestützt war.

Allmählich kam ich dann zur Überzeugung, daß die Patienten ein überaus verfeinertes Gefühl für die Wünsche, Tendenzen, Launen, Sym- und Antipathien des Analytikers haben, mag dieses Gefühl auch dem Analytiker selbst ganz unbewußt sein. Anstatt dem Analytiker zu widersprechen, ihn gewisser Verfehlungen oder Mißgriffe zu zeihen, *identifizieren sie sich mit ihm;* nur in gewissen Ausnahmemomenten der hysteroiden Erregung, d. h. im beinahe bewußtlosen Zustande, raffen sie sich zu Protesten auf, für gewöhnlich erlauben sie sich keine Kritik an uns, ja solche Kritik fällt ihnen nicht einmal ein, es sei denn, wir geben

Sprachverwirrung zwischen den Erwachsenen und dem Kind

ihnen spezielle Erlaubnis dazu, ja muntern sie zu solcher Kritik direkt auf. Wir müssen also aus den Assoziationen der Kranken nicht nur unlustvolle Dinge aus der Vergangenheit erraten, sondern, mehr als bisher, verdrängte oder unterdrückte Kritik an uns.

Da aber stoßen wir auf nicht geringe Widerstände, diesmal Widerstände in uns und nicht im Patienten. Vor allem müssen wir gar zu gut und ›bis zum Grund‹ analysiert sein, alle unsere unliebsamen äußeren und inneren Charakterzüge kennen, damit wir so ziemlich auf alles gefaßt sind, was an verstecktem Haß und Geringschätzung in den Assoziationen der Patienten enthalten ist.

Das führt zum Seitenproblem des Analysiertseins des Analytikers, das mehr und mehr an Wichtigkeit gewinnt. Vergessen wir nicht, daß die tiefgreifende Analyse einer Neurose meist viele Jahre in Anspruch nimmt, während die üblichen Lehranalysen oft nur Monate oder ein bis anderthalb Jahre dauern. Das mag zur unmöglichen Situation führen, daß unsere Patienten allmählich besser analysiert sind als wir selber. Das heißt, sie zeigen Ansätze solcher Überlegenheit, sind aber unfähig, solche zu äußern, ja sie verfallen oft in extreme Unterwürfigkeit, offenbar infolge der Unfähigkeit oder der Angst, durch ihre Kritik Mißfallen in uns zu erregen.

Ein großer Teil der verdrängten Kritik unserer Patienten betrifft das, was die *Hypokrisie der Berufstätigkeit* genannt werden könnte. Wir begrüßen den Patienten, wenn er unser Zimmer betritt, höflich, fordern ihn auf, mit den Assoziationen zu beginnen und versprechen ihm damit, aufmerksam hinzuhorchen, unser ganzes Interesse seinem Wohlergehen und der Aufklärungsarbeit zu widmen. In Wirklichkeit aber mögen uns gewisse äußere oder innere Züge des Patienten schwer erträglich sein. Oder wir fühlen uns vielleicht durch die Arbeitsstunde in einer für uns wichtigeren beruflichen oder einer persönlichen, inneren Angelegenheit unliebsam gestört. Auch da sehe ich keinen anderen Ausweg als den, die Ursache der Störung in uns selber zu erraten und sie vor dem Patienten zur Sprache zu bringen, sie vielleicht nicht nur als Möglichkeit, sondern auch als Tatsache zu bekennen.

Merkwürdig ist nun, daß solcher Verzicht auf die bisher unvermeidlich geglaubte ›berufliche Hypokrisie‹, anstatt den Patienten zu verletzen, merkliche Erleichterung zur Folge hat. Die traumatisch-hysterische Attacke, wenn sie überhaupt kam, wurde viel milder, tragische Vorkommnisse der Vergangenheit konnten auf einmal in *Gedanken* reproduziert werden, ohne daß die Reproduktion wieder einmal zum Verlust des

seelischen Gleichgewichts geführt hätte; ja das ganze Niveau der Persönlichkeit des Patienten schien sich zu heben.
Was hat diese Sachlage herbeigeführt? Es bestand in der Beziehung zwischen Arzt und Patienten etwas Unausgesprochenes, Unaufrichtiges, und die Aussprache darüber löste sozusagen die Zunge des Kranken; das Einbekennen eines Irrtums des Analytikers brachte ihm das Vertrauen des Patienten ein. Das sieht beinahe so aus, als wäre es von Vorteil, gelegentlich Irrtümer zu begehen, um sie dann dem Patienten bekennen zu können, doch ist dieser Rat gewiß überflüssig; wir begehen Irrtümer ohnedies genug, und eine höchst intelligente Patientin empörte sich darüber mit Recht, indem sie mir sagte: »Noch besser wäre es gewesen, wenn Sie Irrtümer überhaupt vermieden hätten. Ihre Eitelkeit, Herr Doktor, will sogar aus den Verfehlungen Nutzen ziehen.«
Das Finden und Lösen dieses rein technischen Problems verschaffte mir den Zugang zu einem bisher versteckten oder wenig beachteten Material. Die analytische Situation: die reservierte Kühle, die berufliche Hypokrisie und die dahinter versteckte Antipathie gegen den Patienten, die dieser in allen Gliedern fühlte, war nicht wesentlich verschieden von jener Sachlage, die seinerzeit – ich meine in der Kindheit – krankmachend wirkte. Indem wir bei diesem Stande der analytischen Situation dem Patienten auch noch die Traumareproduktion nahelegten, schufen wir eine unerträgliche Sachlage; kein Wunder, daß sie nicht andere und bessere Folgen haben konnte als das Urtrauma selbst. Die Freimachung der Kritik, die Fähigkeit, eigene Fehler einzusehen und zu unterlassen, bringt uns aber das Vertrauen der Patienten. *Dieses Vertrauen ist jenes gewisse Etwas, das den Kontrast zwischen der Gegenwart und der unleidlichen, traumatogenen Vergangenheit statuiert,* den Kontrast also, der unerläßlich ist, damit man die Vergangenheit nicht mehr als halluzinatorische Reproduktion, sondern als objektive Erinnerung aufleben lassen kann. Die versteckte Kritik meiner Patienten z. B. entdeckte mit Scharfblick die aggressiven Züge in meiner ›aktiven Therapie‹, die berufliche Hypokrisie in der Forcierung der Relaxation und lehrte mich, Übertreibungen in beiden Hinsichten zu erkennen und zu beherrschen. Nicht minder dankbar bin ich aber auch jenen Patienten, die mich lehrten, daß wir viel zu sehr geneigt sind, auf gewissen theoretischen Konstruktionen zu beharren und Tatsachen oft unbeachtet zu lassen, die unsere Selbstsicherheit und Autorität lockern würden. Jedenfalls lernte ich, was die Ursache der Unfähigkeit war, die hysterischen Ausbrüche zu beeinflussen und was dann den schließlichen Erfolg er-

möglichte. Es erging mir wie jener geistvollen Dame, deren nervenkranke Freundin durch kein Rütteln und Anschreien aus ihrem narkoleptischen Zustand zu erwecken war. Plötzlich kam sie auf die Idee, ihr in kindisch-schelmischer Sprechweise zuzurufen: »Roll dich, toll dich, Baby«, woraufhin die Kranke alles zu tun begann, was man von ihr verlangte. Wir sprechen in der Analyse viel von Regression ins Kindische, glauben aber offenbar selber nicht, wie sehr wir damit im Recht sind; wir sprechen viel von Spaltung der Persönlichkeit, scheinen aber nicht genügend die Tiefe dieser Spaltung zu würdigen. Behalten wir unsere pädagogisch-kühle Einstellung auch einem opisthotonischen Patienten gegenüber, so zerreißen wir damit den letzten Faden der Verbindung mit ihm. Der ohnmächtige Patient ist eben in seiner Trance *wirklich* ein Kind, das auf intelligente Aufklärung nicht mehr, höchstens auf mütterliche Freundlichkeit reagiert; ohne diese fühlt er sich in höchster Not allein und verlassen, also gerade in derselben unerträglichen Lage, die irgendwann zur psychischen Spaltung und schließlich zur Erkrankung führte; kein Wunder, daß er auch nun nichts anderes tun kann als bei der Erkrankung selbst, d. h. die Symptombildung durch Erschütterung zu wiederholen.

Ich darf hier nicht verschweigen, daß die Patienten auf theatralische Mitleidsphrasen nicht reagieren, nur auf wirkliche Sympathie. Ob sie das am Klang unserer Stimme, an der Auswahl unserer Worte oder auf andere Art erkennen, weiß ich nicht. Jedenfalls verraten sie ein merkwürdiges, fast clairvoyantes Wissen um Gedanken und Emotionen, die im Analytiker vorgehen. Eine Täuschung des Kranken scheint hier kaum möglich, und wenn sie versucht wird, hat sie nur böse Folgen.

Lassen Sie mich nun von einigen Einsichten berichten, zu denen mir dieses intimere Verhältnis mit den Patienten verhalf.

Vor allem wurde meine schon vorher mitgeteilte Vermutung, daß das Trauma, speziell das Sexualtrauma, als krankmachendes Agens nicht hoch genug angeschlagen werden kann, von neuem bestätigt. Auch Kinder angesehener, von puritanischem Geist beseelter Familien fallen viel öfter, als man es zu ahnen wagte, wirklichen Vergewaltigungen zum Opfer. Entweder sind es die Eltern selbst, die für ihre Unbefriedigtheit auf diese pathologische Art Ersatz suchen, oder aber Vertrauenspersonen, wie Verwandte (Onkel, Tanten, Großeltern), Hauslehrer, Dienstpersonal, die Unwissenheit und Unschuld der Kinder mißbrauchen. Der naheliegende Einwand, es handle sich um Sexualphantasien des Kindes selbst, also um hysterische Lügen, wird leider entkräftet durch die Unzahl von Bekenntnissen dieser Art, von Sichvergehen an Kindern, seitens Patienten, die sich in Analyse befinden. Ich war also nicht mehr überrascht, als vor kurzem ein von philanthropischem Geiste beseelter Pädagoge mich in heller Verzweiflung aufsuchte und mir mitteilte, daß er nunmehr in der fünften Familie aus den höheren Kreisen die Entdeckung machen mußte, daß die Gouvernanten mit neun- bis elfjährigen Knaben ein regelrechtes Eheleben führen.

Eine typische Art, wie inzestuöse Verführungen zustande kommen, ist die folgende:

Ein Erwachsener und ein Kind lieben einander; das Kind hat die spielerische Phantasie, mit dem Erwachsenen die Mutterrolle zu spielen. Dieses Spiel mag auch erotische Formen annehmen, bleibt aber nach wie vor auf dem Zärtlichkeitsniveau. Nicht so bei pathologisch veranlagten Erwachsenen, besonders wenn sie durch sonstiges Unglück oder durch den Genuß betäubender Mittel in ihrem Gleichgewicht und ihrer Selbstkontrolle gestört sind. Sie verwechseln die Spielereien der Kinder mit den Wünschen einer sexuell reifen Person oder lassen sich, ohne Rücksicht auf die Folgen, zu Sexualakten hinreißen. Tatsächliche Vergewaltigungen von Mädchen, die kaum dem Säuglingsalter entwachsen sind, ähnliche Sexualakte erwachsener Frauen mit Knaben, aber auch forcierte Sexualakte homosexuellen Charakters gehören zur Tagesordnung.

Schwer zu erraten ist das Benehmen und das Fühlen von Kindern nach solcher Gewalttätigkeit. Ihr erster Impuls wäre: Ablehnung, Haß, Ekel, kraftvolle Abwehr. »Nein, nein, das will ich nicht, das ist mir zu stark, das tut mir weh. Laß mich«, dies oder ähnliches wäre die unmittelbare Reaktion, wäre sie nicht durch eine ungeheure Angst paralysiert. Die Kinder fühlen sich körperlich und moralisch hilflos, ihre Persönlichkeit ist noch zu wenig konsolidiert, um auch nur in Gedanken protestieren zu können, die überwältigende Kraft und Autorität des Erwachsenen macht sie stumm, ja beraubt sie oft der Sinne. *Doch dieselbe Angst, wenn sie einen Höhepunkt erreicht, zwingt sie automatisch, sich dem Willen des Angreifers unterzuordnen, jede seiner Wunschregungen zu erraten und zu befolgen, sich selbst ganz vergessend sich mit dem Angreifer vollauf zu identifizieren.* Durch die Identifizierung, sagen wir Introjektion des Angreifers, verschwindet dieser als äußere Realität und wird intrapsychisch, statt extra; das Intrapsychische aber unterliegt in einem traumhaften Zustand, wie die traumatische Trance einer ist, dem Primärvorgang, d. h. es kann, entsprechend dem Lustprinzip, gemodelt, positiv- und negativ-halluzinatorisch verwandelt werden. Jedenfalls

hört der Angriff als starre äußere Realität zu existieren auf, und in der traumatischen Trance gelingt es dem Kind, die frühere Zärtlichkeitssituation aufrechtzuerhalten.
Doch die bedeutsamste Wandlung, die die ängstliche Identifizierung mit dem erwachsenen Partner im Seelenleben des Kindes hervorruft, ist *die Introjektion des Schuldgefühls des Erwachsenen,* das ein bisher harmloses Spiel als strafwürdige Handlung erscheinen läßt.
Erholt sich das Kind nach solcher Attacke, so fühlt es sich ungeheuer konfus, eigentlich schon gespalten, schuldlos und schuldig zugleich, ja mit gebrochenem Vertrauen zur Aussage der eigenen Sinne. Dazu kommt das barsche Benehmen des nun von Gewissenspein noch mehr geplagten und verärgerten erwachsenen Partners, das das Kind noch tiefer schuldbewußt und beschämt macht. Fast immer benimmt sich der Täter, als ob nichts geschehen wäre, auch beruhigt er sich mit der Idee: »Ach, es ist ja nur ein Kind, es weiß noch nichts, es wird alles wieder vergessen.« Nicht selten wird der Verführer nach solchem Geschehnis übermoralisch oder religiös und trachtet, auch das Seelenheil des Kindes mittels solcher Strenge zu retten.
Gewöhnlich ist auch das Verhältnis zu einer zweiten Vertrauensperson, in dem gewählten Beispiel zur Mutter, nicht intim genug, um bei ihr Hilfe zu finden; kraftlose Versuche solcher Art werden von ihr als Unsinn zurückgewiesen. Das mißbrauchte Kind wird zu einem mechanisch-gehorsamen Wesen oder es wird trotzig, kann aber über die Ursache des Trotzes auch sich selber keine Rechenschaft mehr geben; sein Sexualleben bleibt unentwickelt oder nimmt perverse Formen an; von Neurosen und Psychosen, die da folgen können, will ich hier schweigen. Das wissenschaftlich Bedeutsame an dieser Beobachtung ist die Vermutung, daß *die noch zu schwach entwickelte Persönlichkeit auf plötzliche Unlust anstatt mit Abwehr, mit ängstlicher Identifizierung und Introjektion des Bedrohenden oder Angreifenden antwortet.* Nun erst verstehe ich, warum es die Patienten so hartnäckig ablehnten, mir zu folgen, wenn ich ihnen nahelegte, auf erlittene Unbill, wie ich es erwartet hätte, mit Unlust, etwa mit Haß und Abwehr, zu reagieren. Ein Teil ihrer Persönlichkeit, ja der Kern derselben, ist irgendwann auf einem Niveau steckengeblieben, auf dem man noch der *alloplastischen* Reaktionsweise unfähig ist und man *autoplastisch,* gleichsam mit einer Art Mimikry, reagiert. Wir gelangen so zu einer Persönlichkeitsform, die nur aus Es und Über-Ich besteht, der also die Fähigkeit, sich selbst auch in der Unlust zu behaupten, noch abgeht, gleichwie für das nicht ganz entwickelte

Kind das Alleinsein, ohne mütterlichen und sonstigen Schutz und ohne ein erhebliches Quantum von Zärtlichkeit, unerträglich ist. Wir müssen da auf Gedankengänge zurückgreifen, die Freud vor langer Zeit entwickelt hat, wies er doch damals schon darauf hin, daß der Fähigkeit zur Objektliebe ein Stadium der Identifizierung vorausgeht.
Ich möchte dieses Stadium als das der passiven Objektliebe oder der Zärtlichkeit bezeichnen. Spuren der Objektliebe zeigen sich auch hier schon, aber nur als Phantasien, in spielerischer Art. So spielen denn die Kinder auch, fast ausnahmslos, mit der Idee, die Stelle des gleichgeschlechtlichen Elternteils einzunehmen, um das Ehegemahl des gegengeschlechtlichen zu werden. Doch wohlgemerkt, bloß in der Phantasie; in der Realität möchten sie, ja können sie die Zärtlichkeit, insbesondere der Mutter, nicht missen. Wird Kindern in der Zärtlichkeitsphase *mehr Liebe* aufgezwungen oder Liebe anderer Art, als sie sich wünschen, so mag das ebenso pathogene Folgen nach sich ziehen, wie die bisher fast immer herangezogene *Liebesversagung*. Es würde zu weit führen, hier auf all die Neurosen und alle charakterologischen Folgen hinzuweisen, die die vorzeitige Aufpfropfung leidenschaftlicher und mit Schuldgefühlen gespickter Arten des Liebens auf ein noch unreifes, schuldloses Wesen nach sich zieht. Die Folge kann nur jene Sprachverwirrung sein, auf die ich im Titel dieses Vortrages anspiele.
Die Eltern und Erwachsenen müßten, gleichwie wir Analytiker in der Analyse, zu ertragen lernen, daß hinter Unterwürfigkeit, ja Anbetung, sowie hinter der Übertragungsliebe unserer Kinder, Patienten und Schüler der sehnliche Wunsch steckt, die sie beengende Liebe loszuwerden. Verhilft man dem Kind, dem Patienten oder dem Schüler dazu, die Identifizierungsreaktion aufzugeben und die ihnen lästigen Übertragungen abzuwehren, so kann man sagen, daß es gelungen ist, seine Persönlichkeit auf ein höheres Niveau zu heben.
Nur kurz möchte ich auf einige weitere Erkenntnisse hinweisen, zu denen diese Beobachtungsserie Zugang zu verschaffen verspricht. Es ist uns schon lange bekannt, daß nicht nur forcierte Liebe, sondern auch unerträgliche Strafmaßnahmen fixierend wirken. Das Verstehen dieser anscheinend sinnlosen Reaktion wird vielleicht durch das vorher Gesagte erleichtert. Die spielerischen Vergehungen des Kindes werden durch die leidenschaftlichen, oft wutschnaubenden Strafsanktionen erst zur Realität erhoben, mit all den depressiven Folgen für das bis dahin sich schuldlos fühlende Kind.
Die detailliertere Verfolgung der Vorgänge während der analytischen

Sprachverwirrung zwischen den Erwachsenen und dem Kind

Trance lehrt uns auch, daß es keinen Schock, keinen Schreck gibt ohne Andeutungen einer Persönlichkeitsspaltung. Daß ein Teil der Person in die vortraumatische Seligkeit regrediert und das Trauma ungeschehen zu machen sucht, wird keinen Psychoanalytiker überraschen. Merkwürdiger ist, daß man bei der Identifizierung einen zweiten Mechanismus am Werke sieht, von dessen Existenz ich wenigstens wenig wußte. Ich meine das plötzliche, überraschende, wie auf Zauberschlag erfolgende Aufblühen neuer Fähigkeiten nach Erschütterung. Man wird beinahe an die Zauberkünste der Fakire erinnert, die angeblich aus einem Samenkorn vor unseren Augen Stengel und Blüte emporwachsen lassen. Höchste Not, besonders Todesangst, scheint die Macht zu haben, latente Dispositionen, die, noch unbesetzt, in tiefer Ruhe auf das Heranreifen warteten, plötzlich zu erwecken und in Tätigkeit zu versetzen. Das sexuell angegriffene Kind kann die in ihm virtuell vorgebildeten zukünftigen Fähigkeiten, die zur Ehe, zur Mutterschaft, zum Vatersein gehören, und alle Empfindungen eines ausgereiften Menschen unter dem Druck der traumatischen Notwendigkeit plötzlich zur Entfaltung bringen. Man darf da getrost, im Gegensatz zur uns geläufigen Regression, von *traumatischer* (pathologischer) *Progression oder Frühreife* sprechen. Es liegt nahe, an das schnelle Reif- oder Süßwerden von Früchten zu denken, die der Schnabel eines Vogels verletzt hat, oder an die Frühreife wurmstichigen Obstes. Nicht nur emotionell, *auch intellektuell* kann der Schock einen Teil der Person plötzlich heranreifen lassen. Ich erinnere an den von mir vor so viel Jahren isolierten typischen ›Traum vom gelehrten Säugling‹[2], in dem ein neugeborenes oder Wiegenkind plötzlich zu reden anfängt, ja die ganze Familie Weisheit lehrt. Die Angst vor den hemmungslosen, also gleichsam verrückten Erwachsenen macht das Kind sozusagen zum Psychiater, und um das zu werden und sich vor den Gefahren seitens Personen ohne Selbstkontrolle zu schützen, muß es sich mit ihnen zunächst vollkommen zu identifizieren wissen. Es ist sicher unglaublich, wieviel wir von unseren gelehrten Kindern, den Neurotikern, wirklich lernen können.

Häufen sich im Leben des heranwachsenden Menschen die Erschütterungen, so wächst die Zahl und die Varietät der Abspaltungen, und bald wird es einem recht schwer gemacht, den Kontakt mit den Fragmenten, die sich alle wie gesonderte Persönlichkeiten betragen, einander aber meist gar nicht kennen, ohne Konfusion aufrechtzuerhalten. Schließlich

[2] [In diesem Band, S. 137.]

mag es zu einem Zustand kommen, den man, das Bild von der *Fragmentierung* fortsetzend, getrost *Atomisierung* nennen kann, und es gehört recht viel Optimismus dazu, den Mut auch diesem Zustandsbild gegenüber nicht sinken zu lassen; doch ich hoffe, daß sich auch noch hier Wege des Zusammenhangs finden werden. – Nebst leidenschaftlicher Liebe und leidenschaftlichem Strafen gibt es auch ein drittes Mittel, ein Kind an sich zu binden, und das ist: *der Terrorismus des Leidens.* Kinder haben den Zwang, alle Art Unordnung in der Familie zu schlichten, sozusagen die Last aller anderen auf ihre zarten Schultern zu bürden; natürlich zu guter Letzt nicht aus reiner Selbstlosigkeit, sondern um die verlorene Ruhe und die dazugehörige Zärtlichkeit wieder genießen zu können. Eine ihre Leiden klagende Mutter kann sich aus dem Kind eine lebenslängliche Pflegerin, also eigentlich einen Mutterersatz schaffen, die Eigeninteressen des Kindes gar nicht berücksichtigend.

Ich glaube nicht, daß – wenn sich all dies bewahrheitet – wir nicht bemüßigt sein werden, gewisse Kapitel der Sexual- und Genitaltheorie zu revidieren. Die Perversionen zum Beispiel sind vielleicht nur auf dem Zärtlichkeitsniveau infantil, wo sie leidenschaftlich und schuldbewußt werden, zeugen sie vielleicht schon von exogener Gereiztheit, sekundärer, neurotischer Übertreibung. Auch meine Genitaltheorie hat diesen Unterschied der Zärtlichkeits- und Leidenschaftsphase nicht berücksichtigt. Wieviel vom Sadomasochismus in der Sexualität unserer Zeit kulturbedingt ist (das heißt nur vom introjizierten Schuldgefühl herrührt), und wieviel autochthon und spontan als eigene Organisationsphase sich entwickelt, bleibt weiteren Untersuchungen vorbehalten.

Es würde mich freuen, wenn Sie sich die Mühe nehmen wollten, das hier Mitgeteilte praktisch und gedanklich nachzuprüfen und insbesondere meinem Rat zu folgen, etwas mehr als bisher die eigenartige, sehr versteckte, doch sehr kritische Denk- und Sprechweise Ihrer Kinder, Patienten und Schüler zu beachten und ihnen sozusagen die Zunge zu lösen. Sie werden manches Lehrreiche zu hören bekommen.

Nachtrag

Dieser Gedankengang weist nur deskriptiv auf das Zärtliche der kindlichen Erotik und das Leidenschaftliche in der Erotik der Erwachsenen hin, läßt aber die Frage nach dem Wesen des Unterschiedes zwischen beiden offen. Die Psychoanalyse kann der Cartesianischen Idee, daß Leidenschaften durch Leiden verursacht werden, beipflichten, wird aber vielleicht auch eine Antwort auf die Frage finden, was es sei, das in die spielerische Zärtlichkeitsbefriedigung das Element des Leidens und damit den Sadomasochismus einführt. Die obigen Ausführungen lassen es ahnen, daß es unter anderem das *Schuldgefühl* ist, das in der Erotik des Erwachsenen das Liebesobjekt zum Gegenstand liebender *und* hassender, also *ambivalenter* Gefühlsregungen macht, während der kindlichen Zärtlichkeit diese Zwiespältigkeit noch abgeht. Haß ist es, was das Kind beim Geliebtwerden von einem Erwachsenen traumatisch überrascht und erschreckt, und es aus einem spontan und harmlos spielenden Wesen zu einem den Erwachsenen ängstlich, sozusagen selbstvergessen imitierenden, schuldbewußten Liebesautomaten umgestaltet. Die eigenen Schuldgefühle und der Haß gegen den verführenden Partner gestalten den Liebesverkehr des Erwachsenen zu einem das Kind erschreckenden Kampf (Urszene), der mit dem Moment des Orgasmus endet, während die kindliche Erotik, bei Abwesenheit des ›Kampfes der Geschlechter‹, auf dem Vorlustniveau beharrt oder nur Befriedigungen im Sinne einer ›Sättigung‹ kennt, nicht aber die Vernichtungsgefühle des Orgasmus. Die ›Genitaltheorie‹[3], die den Kampf der Geschlechter phylogenetisch zu begründen sucht, wird diesen Unterschied zwischen kindlichen erotischen Befriedigungen und dem haßdurchtränkten Lieben bei der Begattung würdigen müssen.

[3] Siehe ›Versuch einer Genitaltheorie‹ [in diesem Band, S. 317 ff.].

Teil II

Versuch einer Genitaltheorie

(1924)

Einleitung

Im Herbst 1914 verbannte den Verfasser dieser Arbeit die Kriegsdienstpflicht aus seiner ärztlich-psychoanalytischen Tätigkeit in eine kleine Garnisonsstadt, wo die Agenden des Chefarztes einer Husaren-Eskadron den zur Gewohnheit gewordenen Tätigkeitsdrang nicht befriedigten. Die Mußestunden wurden darum mit der Übersetzung von Freuds ›Drei Abhandlungen zur Sexualtheorie‹ ausgefüllt, und es war beinahe unvermeidlich, die dabei angeregten Gedanken fortzuspinnen und sie, wenn auch nur aphoristisch, niederzuschreiben. Die Einfälle gruppierten sich um die nähere Erklärung der Begattungsfunktion, die zwar in den ›Abhandlungen‹ als Endphase der ganzen Sexualentwicklung aufgefaßt, aber in ihrer Entwicklung nicht eingehend dargestellt war. Allmählich kristallisierten sich diese Ideen zu einer onto- und phylogenetischen Theorie aus, die ich 1915 Prof. Freud, gelegentlich seines Besuches in meiner militärischen Station (Pápa) vortragen konnte. Den Vortrag wiederholte ich später (1919) vor ihm und einem engeren Kreise von Freunden und wurde beide Male zur Publikation aufgemuntert. Daß ich dieser Aufforderung so lange nicht nachkam, hatte außer den Widerständen, die die Eigentümlichkeit des Materials mit sich bringt, auch objektive Gründe. Meine naturwissenschaftliche Bildung überstieg in keiner Hinsicht die eines Arztes, der zwar die naturwissenschaftlichen Fächer seinerzeit fleißig und mit Vorliebe studiert, sich mit ihnen aber seit beinahe zwanzig Jahren nicht mehr eingehend beschäftigt hatte. Und doch handelte es sich in jener Theorie um hochwichtige, vielfach im Mittelpunkt der Diskussion stehende naturwissenschaftliche Tatsachen. Als Handbibliothek standen mir nur das schöne Tierbuch von Hesse und Doflein, je ein Werk von Lamarck, Darwin, Haeckel, Bölsche, Ll. Morgan, Godlewsky, R. Hertwig, Piéron und Trömner zur Verfügung, dagegen war mir der größte Teil der modernen, besonders der »entwicklungsmechanischen« Biologie unzugänglich.

In meinen genitaltheoretischen Spekulationen übertrug ich nun allerlei Vorgänge, deren Kenntnis ich der Psychoanalyse verdanke, ohne weiters auf die Tiere, ihre Organe, Organteile, Geweb-Elemente, und wenn ich mit Hilfe dieser Transposition auch neue Gesichtspunkte gewann, machte ich mich eines *Psychomorphismus* schuldig, der als methodologische Übertreibung der Arbeitsweise mein wissenschaftliches Gewissen drückte. Anderseits drängten mich die Gedankenverknüpfungen dazu, naturwissenschaftliche Beobachtungen bei Tieren, Tatsachen der Embryologie etc. als Erklärungsbehelfe psychischer Zustände, z. B. des Seelenzustandes bei der Begattung, im Schlaf usw. zu verwenden. Nach meiner damaligen Überzeugung war auch das unstatthaft, hatte ich doch in der Schule gelernt, es als ein Grundprinzip wissenschaftlicher Arbeit anzusehen, daß man die natur- und die geisteswissenschaftlichen Gesichtspunkte säuberlich voneinander zu sondern habe. Die Nichtbeobachtung dieser Regel in meiner Spekulation war eine der Ursachen, die mich abhielten, die Genitaltheorie zu veröffentlichen.

Nun wurde ich aber, indem ich mich in die ›Drei Abhandlungen‹ vertiefte, durch die Tatsache außerordentlich beeindruckt, daß Freud Erfahrungen, die auf dem Gebiet der Behandlung von Psychoneurosen, also auf psychischem Gebiet gesammelt waren, so verwerten konnte, daß er mit ihrer Hilfe ein ganzes Stück der Biologie, die Lehre von der Sexualentwicklung, zu rekonstruieren imstande war. Und in der Vorrede[1] zur Übersetzung feierte ich dies bereits als einen bedeutenden Fortschritt in der wissenschaftlichen Methodologie, als die Wiederaufrichtung eines nun allerdings nicht mehr antropomorphen Animismus.

Allmählich erstarkte in mir sogar die Überzeugung, daß ein solches Hineintragen naturwissenschaftlicher Begriffe in die Psychologie und psychologischer in die Naturwissenschaften unvermeidlich ist und außerordentlich förderlich sein kann. Solange man sich mit der Beschreibung begnügt, mag ja eine detaillierte Zusammenstellung der Einzelheiten eines Vorganges genügen, da kann man sich denn auch leicht auf das jeweilige eigene Wissensgebiet beschränken. Sobald man aber nebst der Beschreibung auch über den Sinn eines Vorganges etwas aussagen will, greift man unwillkürlich in wesensfremde Wissensstoffe nach Analogien. Der Physiker kann uns die Vorgänge seines Gebietes nicht anders begreiflich machen, als indem er sie mit »Kräften«, »Anziehungen«, »Ab-

---

[1] Diese Vorrede wurde auch in der Internat. Zeitschr. für Psychoanalyse (1915) unter dem Titel: ›Die wissenschaftliche Bedeutung von Freuds ‚Drei Abhandlungen zur Sexualtheorie'‹ abgedruckt [in Bd. I dieser Ausgabe, S. 206–209].

stoßungen«, mit »Widerstand«, »Trägheit« etc. vergleicht, lauter Dinge, von denen wir nur von der psychischen Seite her Kenntnis haben. Aber auch Freud mußte die Funktion der Psyche auf topische, dynamische, ökonomische, also rein physikalische Vorgänge reduzieren, anders konnte er sich ihrer letzten Erklärung nicht nähern. Schließlich sah ich ein, daß wir uns dieser gegenseitigen Analogisierung nicht zu schämen brauchen, ja sie als eine unvermeidliche und höchst nützliche Methode mit Nachdruck betreiben dürfen. In späteren Arbeiten scheute ich mich denn auch nicht mehr, diese Arbeitsweise, die ich eine *utraquistische* nannte, zu empfehlen und gab der Hoffnung Ausdruck, daß sie der Wissenschaft gestatten wird, auch Fragen zu beantworten, denen sie bisher hilflos gegenüberstand.

Ist es aber einmal gestattet, von den bisher verschmähten Analogien ausgiebigeren Gebrauch zu machen, so ist es nur zu natürlich, daß diese von einem möglichst entfernten Gebiet geholt werden sollen. Analogien, die von verwandten Gebieten herstammen, würden ja nur wie Tautologien wirken und hätten als solche keine Beweiskraft. In wissenschaftlichen Sätzen, die nicht analytische, sondern synthetische Urteile sein wollen, darf sich das Subjekt in der Aussage nicht wiederholen; dies ist auch die bekannte Grundregel jeder Definition. Oder um uns eines Gleichnisses zu bedienen: Materialien werden gewöhnlich mit artfremden Stoffen gemessen. So kommen wir unwillkürlich auch dazu, das Stoffliche am Nichtstofflichen zu messen und umgekehrt.

Die knappste Formulierung dieser Erkenntnis wäre die, daß alles Physikalische und Physiologische schließlich auch einer »meta«-physischen (psychologischen), und jede Psychologie einer meta-psychologischen (physikalischen) Erklärung bedarf.

Im Besitze dieser Einsicht wurde ich mutiger, und da die Ergebnisse, zu denen ich mit Hilfe dieser Methode gelangte, in den neuesten, ganz anders gerichteten Untersuchungen Ranks unerwartete Bestätigung fanden, entschloß ich mich zu ihrer Veröffentlichung.

Klobenstein am Ritten, August 1923

A. Ontogenetisches

I
Die Amphimixis der Erotismen im Ejakulationsakt [1]

Es blieb der Psychoanalyse vorbehalten, die Probleme der Sexualität aus dem Giftschrank der Wissenschaft, in dem sie seit Jahrhunderten staubbedeckt verschlossen waren, hervorzuholen. Eine gewisse, vielleicht gesetzmäßige Reihenfolge läßt sich aber selbst in der Auswahl ihrer Arbeitsaufgaben nicht verkennen. Gleichwie bei der Frage der Kinderaufklärung sogar die freieste Auffassung bei der Frage, wie das Kind in die Mutter gelangt, stecken bleibt, so beschäftigte sich bisher auch die Psychoanalyse verhältnismäßig viel mehr einerseits mit Schwangerschaft und Geburt, anderseits mit den vorbereitenden Akten der Begattung und den Perversionen, als mit dem Sinn und der Erklärung der Vorgänge beim Begattungsakt selbst. Auch ich muß bekennen, daß die Ideen, die ich jetzt wenigstens in großen Zügen mitteilen möchte, seit mehr als neun Jahren in meinem Schreibtisch lagen und vermute, daß das Zögern, sie bekanntzugeben (wenn man will, sie zur Welt zu bringen), nicht nur durch sachgemäße Ursachen, sondern auch durch Widerstände veranlaßt war.

Den Ausgangspunkt meiner Überlegungen über diesen Gegenstand bildeten gewisse Beobachtungen bei der Psychoanalyse der Impotenz des Mannes. Das klingt von vornherein verheißungsvoll; wissen wir doch, wie oft gerade die unter pathologischen Umständen zustande kommende Verzerrung imstande ist, gewisse in der Regel latente Faktoren einer physiologischen oder psychologischen Funktion zu entlarven und uns so den Hergang beim normalen Akt erst zu erklären. Abraham, ein besonders eifriger Forscher der sogenannten »prägenitalen Organisationen«, führte die vorzeitige Samenentleerung, die ejaculatio praecox, auf die allzu innige Verknüpfung der Genitalität mit der *Urethral-Erotik* zurück. Die Kranken, die daran leiden, behandeln ihren Samen mit derselben Sorglosigkeit, als wäre er Harn, also wertlose Ausscheidung des

---

[1] Die ersten zwei Kapitel wurden auszugsweise mitgeteilt auf dem VII. Internationalen Psychoanalytischen Kongreß in Berlin, September 1922.

Organismus. Als Gegenstück zu dieser Beobachtungsreihe konnte ich nun in recht zahlreichen Fällen feststellen, daß andere Kranke mit ihrem Samen in übertriebener Weise geizen, manche so weit, daß sie eigentlich nur an impotentia ejaculandi leiden, d. h. nur des Samenergusses unfähig sind, der Erektion und Immission aber nicht. Im unbewußten, zum Teil auch im bewußten Vorstellungsleben dieser Kranken spielt die Gleichstellung der Begattungsvorgänge mit dem Akt der Stuhlentleerung eine hervorragende Rolle. (Gleichsetzung der Vagina mit der Abortöffnung, des Samens mit dem Kot usw.) Nicht selten übertragen diese Kranken den Eigensinn und Trotz, mit dem sie sich als Kinder gegen den Zwang zu bestimmten von der Kultur erforderten Entleerungsregeln zur Wehr setzten, auf den Begattungsakt: sie sind impotent, wenn die Frau den Verkehr verlangt, bekommen nur dann Erektionen, wenn die Ausführung des Aktes aus irgendwelchen Gründen verboten oder unstatthaft ist (z. B. bei der Menstruation der Frau), bringen Haß- und Wutausbrüche hervor oder erkalten plötzlich, wenn das Weib mit der kleinsten Kleinigkeit ihren Eigenwillen stört. Es lag nahe, bei diesen Kranken eine ebenso innige Verknüpfung des *Analen* mit dem Begattungsakt anzunehmen, wie sie Abraham bei ejaculatio praecox bezüglich des Urethralen festgestellt hat, mit andern Worten: man mußte annehmen, daß es eine besondere *anale Technik* der männlichen Impotenz gibt.

Da fiel mir denn auf, daß minder ausgesprochene Störungen des Begattungsaktes durch den Stuhlgang auch sonst nicht ungewöhnlich sind. Sehr viele Männer haben den Zwang, vor der Ausführung des Koitus den Stuhl abzusetzen; auch schwere nervöse Darmstörungen können verschwinden, wenn psychische Hemmungen der Geschlechtlichkeit analytisch gelöst werden; bekannt ist auch die hartnäckige Stuhlverstopfung, die als Folge übertriebener Masturbation und Samenvergeudung aufzutreten pflegt. Unter den von mir beschriebenen »Charakterregressionen«[2] finde ich auch den Fall erwähnenswert, wo Männer, die sonst sehr freigebig sind, sich bei Geldausgaben für die Frau kleinlich, ja schmutzig erweisen.

Um Mißverständnissen vorzubeugen, muß ich gleich hier bemerken, daß bei der psychoanalytischen Heilung sowohl der analen wie auch der urethralen Impotenz die psychischen Beweggründe der Erkrankung nicht so tief im Biologischen gesucht werden mußten, sondern wie bei

---

[2] Vgl. ›Mischgebilde von erotischen und Charakterzügen‹ [in Bd. I dieser Ausgabe, S. 228 f.].

allen Übertragungsneurosen, im Ödipus- und dem damit verknüpften Kastrationskomplex. Die erwähnte Einteilung der Impotenz in anale und urethrale ergab sich mir nur als spekulatives Nebenprodukt, das uns die Wege zeigen soll, auf denen der psychische Beweggrund regressiv das Offenbarwerden des Symptoms erzwingt. Es muß auch gesagt werden, daß die beiden Impotenzmechanismen fast niemals jeder für sich allein beobachtet werden, daß vielmehr erfahrungsgemäß sehr häufig ein an ejaculatio praecox Leidender, also ein Urethraler, im Laufe der Analyse die Fähigkeit zur Erektion und Immission erlangt, dabei aber die potestas ejaculandi zeitweilig verliert, d. h. aspermatisch wird. Bei solchen Kranken scheint die anfängliche Urethralität im Laufe der Kur in die Analität umzuschlagen. Die Folge ist eine scheinbare Überpotenz, die aber nur für die Frau befriedigend ist. Erst die Fortsetzung und Beendigung der Kur bringt gleichsam die Ausgleichung beider gegensätzlichen Innervationsarten und die schließliche Herstellung der befriedigenden Potenz zustande.
Alle diese Beobachtungen erweckten in mir die Ahnung, daß *beim normalen Ejakulationsvorgang zweckmäßiges Ineinandergreifen analer und urethraler Innervationen unerläßlich und vielleicht nur durch gegenseitige Überdeckung beider unerkennbar ist, während bei der ejaculatio praecox die urethrale, bei der ejaculatio retardata die anale Komponente allein in Erscheinung tritt.*
Eine einfache Überlegung über die Art der geschlechtlichen Betätigung von der Immissio penis bis zur Ejakulation schien diese Annahme zu stützen. Der schließliche Endakt der Begattung, die Samenentleerung, ist zweifellos ein urethraler Vorgang, der mit der Harnentleerung nicht nur den Ausführungskanal, sondern auch die unter großem Druck erfolgende Ausspritzung einer Flüssigkeit gemein hat; hingegen scheinen sich während des Friktionsaktes hemmende, aller Wahrscheinlichkeit nach Sphinkter-Einflüsse geltend zu machen, deren unzweckmäßiges Überhandnehmen eben das völlige Ausbleiben der Ejakulation verursachen dürfte. Doch spricht alles dafür, daß die urethrale (Ejakulations-)Tendenz schon von vornherein, während der ganzen Reibungsarbeit am Werke ist, daß also ein unablässiger Kampf zwischen der Entleerungs- und der Hemmungs-, d. h. Behaltungsabsicht stattfindet, wobei schließlich die Urethralität siegt. Diese Doppelrichtung der Innervation könnte unter anderem auch in dem Hin und Her des Reibungsvorganges zum Ausdruck kommen, wobei das Eindringen der Ejakulationstendenz, das Zurückziehen der immer wieder einsetzenden

Hemmung entspräche. Natürlich müßte man auch der Reizsteigerung bei der länger andauernden Reibung eine Bedeutung zuschreiben und annehmen, daß die Steigerung dieses Reizes über ein gewisses Maß hinaus endlich den Sphinkterkrampf überwindet.
Diese Annahme setzt eine recht verwickelte, fein abgestufte Zusammenarbeit voraus, deren Störung eben jene ataktischen, gleichsam ausfahrenden Innervierungsarten zur Folge hätte, als welche man die vorzeitige und die gehemmte Entleerung beschreiben kann. Dabei drängt sich der Vergleich der genannten Unregelmäßigkeiten der Samenentleerung mit der unter dem Namen *Stottern* bekannten Sprachstörung auf. Auch hier wird der normale Redefluß durch die geschickte Koordination der zur Erzeugung von Vokalen und Konsonanten nötigen Innervation gewährleistet. Wird aber das Sprechen zeitweise durch unhemmbare Vokalisation oder durch Konsonantenkrampf gehindert, so kommt es zu jenen Arten von Stottern, die von Spezialisten der Sprachstörungen als Vokal- und Konsonantenstottern bezeichnet wurden. Es ist nicht schwer zu erraten, daß ich hier die zur Laut-Erzeugung nötige Innervation mit der Urethralität, die Unterbrechungen der Laute durch Konsonantengeräusche aber, die vielfach an Sphinkterwirkungen erinnern, mit der analen Hemmung vergleichen möchte. Daß aber dies kein bloßer Vergleich ist, sondern auf tiefere Wesensgleichheit beider krankhaften Zustände hinweist, dafür spricht die merkwürdige Tatsache, daß man die erwähnten Innervationsstörungen bei Stotterern psychoanalytisch in der Tat einesteils auf analerotische, andernteils auf urethral-erotische Quellen zurückführen mußte. Mit einem Wort: ich möchte den pathophysiologischen Mechanismus der Ejakulationsstörungen als eine Art *Genitalstottern* aufgefaßt wissen.
Nicht unerwähnt darf ich hier die embryologische Tatsache lassen, daß der Penis, an dem sich der letzte Akt der Begattung, die Samenentleerung abspielt, schon ab origine dazu geeignet ist, anale und urethrale Tendenzen in sich zu vereinigen; wächst er doch als ein recht später Erwerb der individuellen Entwicklungsgeschichte aus dem Darme, bei niederen Säugetieren aus der urogenitalen Kloake hervor.
Kehren wir aber nach dieser physiologischen Abschweifung zu unseren gutbegründeten psychoanalytischen Kenntnissen zurück und versuchen wir den beschriebenen Tatbestand mit Freuds Sexualtheorie in Verbindung zu bringen.
Die geschlechtliche Entwicklung des Einzelwesens gipfelt nach Freuds ›Drei Abhandlungen‹ darin, daß die bis dahin tätigen Autoerotismen

(Erregungen der sogenannten erogenen Zonen) und die vorläufigen Organisationen der Sexualität abgelöst werden durch das *Primat der Genitalzone,* wobei die überwundenen Erotismen und Organisationsstufen in der schließlichen Genitalorganisation als Vorlustmechanismen erhalten bleiben. Hier aber kommt es zur Fragestellung: gibt uns nicht die im Obigen versuchte Zerlegung des Ejakulationsaktes in seine Bestandteile ein Mittel an die Hand, die feineren Vorgänge beim Zustandekommen des Genitalprimats, wenn auch nur teilweise, zu erraten? Was ich nämlich mit einem physiologischen Kunstausdruck als *Koordination* urethraler und analer Innervation beschrieb, ließe sich mit dem Wortschatz der Sexualtheorie als Vereinigung analer und urethraler Erotismen zu einem Genitalerotismus darstellen. Es sei mir gestattet, diese neue Auffassung durch eine Namengebung hervorzuheben; nennen wir eine solche Vereinigung zweier oder mehrerer Erotismen zu einer höheren Einheit die *Amphimixis* der Erotismen oder der Partialtriebe.

Doch schon dieser erste Schritt zu einer psychoanalytischen Genitaltheorie stößt auf Schwierigkeiten, die ihre Wahrscheinlichkeit sehr in Frage zu stellen scheinen. Die eine erwächst daraus, daß uns die Physiologie kein Mittel an die Hand gibt, uns die Art, wie eine solche Amphimixis zustande kommen könnte, vorzustellen. Werden da wirklich Innervationsarten von einem Organ auf ein anderes oder gar von zwei Organen auf ein drittes übertragen, oder handelt es sich um chemische Vorgänge etwa nach Art der Ansammlung endokriner Ausscheidungsprodukte, die sich gegenseitig fördern oder hemmen? In allen diesen Dingen müssen wir unsere tiefe Unwissenheit bekennen; keinesfalls aber dürfte uns diese Schwierigkeit allein am weiteren Festhalten an diesem Erklärungsversuch irremachen. Die Erklärung eines Vorganges kann nämlich richtig und vom Standpunkt des Psychoanalytikers auch einleuchtend sein, ohne daß die physiologische Seite des Vorgangs derzeit voll verständlich wäre. Die ganze Sexualtheorie Freuds ist ja eine psychoanalytische; die biologischen Beweise ihrer Richtigkeit müssen die Physiologen erst nachträglich erbringen.

Viel ernsthafter klingt ein metapsychologischer Einwand gegen die Amphimixis-Theorie, da er vom eigensten Gebiet der Psychoanalytik herstammt. Die Metapsychologie arbeitete bisher mit der Hypostase von *Mechanismen,* die mit *Energie* besetzt und von denen Energie zurückgezogen wird. Die Unterschiede zwischen den Ablaufsarten dachte man sich als durch die Verschiedenheiten der Mechanismen verursacht, während bei der Energie nur die Menge und nicht die Qualität in Betracht kam.

Das Seelische stellten wir uns immer als eine Mannigfaltigkeit von Mechanismen vor, an denen eine und dieselbe Energie arbeitet, wobei sie wohl von einem System auf ein anderes verschoben werden kann, aber von einer *Verschiebung von Qualitäten*, überhaupt von Qualitätsdifferenzen der Energien selbst, wie es die Amphimixistheorie fordert, war nie ausdrücklich die Rede. Schauen wir aber aufmerksamer zu, so finden wir, daß eine solche Vorstellung, wenn auch unausgesprochen, gewissen psychoanalytischen Ansichten auch bisher zugrunde lag. Ich denke vor allem an die psychoanalytische Auffassung der hysterischen Konversions- und Materialisationsphänomene.[3] Wir mußten letztere als »heterotope Genitalfunktion«, als regressive Genitalisierung älterer Autoerotismen auslegen, mit anderen Worten als Vorgänge, bei denen typisch genitale Erotismen: Erektilität, Friktions- und Ejakulationstendenz, also ein qualitativ wohlgekennzeichnetes Syndrom, vom Genitale auf harmlose Körperteile verlegt werden. Diese »Verlegung von unten nach oben« ist aber wahrscheinlich nichts anderes als die Umkehrung jener amphimiktischen Abwärtswanderung der Erotismen zum Genitale, wodurch nach der hier vertretenen Theorie die Vorherrschaft der Genitalzone zustande kommt. Auch der metapsychologische Einwand gegen die Amphimixislehre braucht uns also nicht weiter zu kümmern, im Gegenteil, wir werden uns überlegen müssen, ob wir die wegen ihrer Einfachheit gewiß anziehende Annahme von der einen Energie und den vielen Mechanismen nicht mit der von einer Vielheit der Energieformen vertauschen müssen. Das taten wir übrigens schon unwillkürlich, als wir uns die psychischen Mechanismen bald von Ich-, bald von Sexualtendenzen besetzt vorstellten.

Wir machen uns also keiner Inkonsequenz schuldig, wenn wir mit verschiebbaren und miteinander verknüpfbaren, ihre qualitative Eigenart beibehaltenden Erotismen arbeiten.

Es fragt sich nunmehr, ob die beschriebene urethro-anale Amphimixis nicht auch durch andersartige Verknüpfungen dieser Erotismen erhärtet werden kann, und ob auch andere Einzelheiten des Begattungsvorganges auf ähnliche Vermischungen hinweisen, ferner ob sich diese mit der Sexualtheorie in Einklang bringen lassen.

Zwischen urethralem und analem Autoerotismus scheint es nun in der Tat schon vor der Ausbildung des Genitalprimats zu einer Gegenseitigkeit zu kommen. Das Kind hat die Neigung, sich von der Entleerung

---

[3] ›Hyst. Materialisationsphänomene‹ [in diesem Band, S. 11 ff.].

des Harnes und vom Zurückhalten des Stuhlgangs einen Lustnebengewinn zu holen, lernt aber auf einen Teil dieser Lust verzichten, um sich die Liebe der Pflegepersonen zu sichern. Woher nimmt es aber die Kraft, den Weisungen der Mutter und Amme nachzukommen und die Verschwendung mit dem Harn, den Geiz mit dem Kot zu überwinden? Ich denke, indem die ausübenden Organe der Urethralbetätigung vom Analen, die der Analbetätigung vom Urethralen entscheidend beeinflußt werden, wobei die Blase vom Mastdarm etwas Zurückhaltung, der Mastdarm von der Blase etwas Freigiebigkeit lernt, wissenschaftlicher gesprochen: durch eine Amphimixis beider Erotismen, bei der die Urethralerotik anale, die Analerotik urethrale Beimengungen bekommt. Ist dem so, so müßten wir dem Mischungsverhältnis und der feineren oder gröberen Verteilung der Bestandteile im Gemenge der Erotismen eine ungeheure Wichtigkeit für das Zustandekommen nicht nur der genitalen Normalität oder Eigenart, sondern auch besonders der Charakterbildung zusprechen, die doch – wie wir es von Freud lernten – zum großen Teil als der psychische Überbau und die psychische Überarbeitung dieser Erotismen anzusehen ist.

Doch davon abgesehen wird uns die Annahme von der urethro-analen Amphimixis im Begattungsakt durch diese *prägenitale Amphimixis* wesentlich erleichtert. Das Genitale wäre dann nicht mehr der unvergleichliche, einzigartige Zauberstab, dem Erotismen von allen Organen des Körpers zuströmen, sondern die genitale Amphimixis wäre nur ein Sonderfall unter vielen, in denen solche Verquickungen zustande kommen. Vom Standpunkt der individuellen Anpassung ist aber dieses Beispiel recht bedeutsam; wir sehen, mit welchen Mitteln überhaupt der Zwang der kulturellen Erziehung den Verzicht auf eine Lust und die Aneignung einer unlustvollen Betätigung zustande bringt: wohl nur durch geschickte Kombination von Lustmechanismen. Die Blase lernt die Harnverhaltung nur, indem sie eine andere Lustart, die der Zurückhaltung, zu Hilfe nimmt und der Darm verzichtet auf die Verstopfungslust, indem er etwas von der urethralen Entleerungslust ausborgt. Vielleicht ließe sich bei tief genug reichender Analyse auch die gelungenste Sublimierung, ja die anscheinend vollständige Entsagung in solche versteckte hedonistische Befriedigungselemente zerlegen, ohne die anscheinend kein Lebewesen zu irgend einer Änderung seiner Tätigkeit zu bewegen ist.[4]

---

[4] Eine ähnliche Aneinanderlehnung urethraler Verschwendungs- und analer Hemmungstendenz wiederholt sich, wie ich glaube, im Kampf um die Abgewöhnung der

Die Frage, ob es auch andere Vermengungen und Verlegungen von Erotismen gibt, kann man mit Bestimmtheit bejahen.[5] Die Kinderbeobachtung allein liefert zahllose Beweise für ihr Vorhandensein. Die Kinder lieben es, lustvolle Betätigungen verschiedenster Art zu einem Akt zu verschmelzen, besonders gerne vereinigen sie das Vergnügen des Essens mit dem der Stuhlentleerung; doch schon der Säugling liebt es, wie bereits der erste Beobachter dieser Vorgänge, Lindner, hervorhob, das Ludeln mit dem Reiben oder mit dem Zupfen verschiedener Hautstellen, der Ohrläppchen, der Finger, auch der Genitalien zu verbinden. Man kann in diesen Fällen sehr wohl von einer Vermischung oraler und analer oder oraler und Haut-Erotismen reden. Aber auch die bekannten Veranstaltungen der Perversen streben gewöhnlich einer solchen *Summation* von Erotismen zu, am auffälligsten wohl bei jenen Voyeurs, die nur vom gleichzeitigen Zuschauen beim Exkretionsakt, Riechen des Kotgeruchs oder Essen des Kotes befriedigt werden. Das charakteristischste Beispiel eines urethro-analamphimiktischen Spieles verdanke ich aber einem zweijährigen Knaben, der, auf dem Töpfchen sitzend, abwechselnd einige Tropfen Harn und zwischendurch etwas Kot oder Flatus entleerte, unter dem fortwährenden Ruf: »*egy csurr, egy pú – egy csurr, egy pú*«, was, in die deutsche Kindersprache übersetzt, etwa »einmal Pi, einmal Pup« heißen könnte.

Bei einigen Kranken gewann ich auch in die psychische Motivierung solcher Verquickungen Einsicht; so bekam ein wesentlich analimpotenter Patient nach jedem Stuhlabsetzen Depressionszustände, Verarmungsphantasien und Minderwertigkeitsgefühle, die bei der nächsten Mahlzeit während des Essens von maßlosem Größenwahn abgelöst wurden. Dieser Fall zeigt uns, daß die beliebte Verknüpfung der Anal- mit der Oralerotik, das Kotessen, den Schmerz des analen Verlustes durch die Lust der Oral-Einverleibung wettmachen möchte.

Als Beispiele für die Verschiebung erotischer Qualitäten erwähne ich

Onanie. Die onanistische Samenverschwendung kann man wohl als Wiederholung der enuretischen Periode ansehen, während die ängstlich-hypochondrischen Vorstellungen, die zur Abstellung der Onanie drängen, deutliche anale Züge verraten.

[5] Unter Umständen gebärden sich Darm und Blase, als hätten sie ihre Aufgaben vertauscht, was durch *übertriebene Beeinflussung von antagonistischer Seite* erklärlich wäre: bei der nervösen Diarrhoe wird der Darm von Urethralität überflutet, während bei der nervösen Harnverhaltung die Blase die vom Darm erlernte Hemmung übertreibt. In den Fällen, in denen ich in die Gründe solchen Verhaltens Einsicht bekam, handelte es sich um verkappte Äußerung des Trotzes. Es gelingt dem Kind und dem neurotischen Erwachsenen, mittels Übertreibung die Erziehungsmaßnahmen ad absurdum zu führen.

noch die von Freud beschriebene Verlegung der Klitoris-Erotik der Frau auf die Vagina, die Verlegung der Erektionstendenz auf Mamilla und Nasenmuschel, sowie die Neigung zum Erröten (Erektion des ganzen Kopfes) bei der die Genitalerregung verdrängenden Jungfrau.

Auch die sogenannten *Synästhesien*, bei denen die Erregung eines Sinnesorgans die illusionäre Miterregung eines anderen mit sich bringt *(audition colorée, vision acoustique, audition odorée etc.)*, legen nach den psychoanalytischen Erhebungen, wie wir sie u. a. Pfister und Hug-Hellmuth verdanken, Zeugenschaft für das Vorhandensein erotischer Triebvermengungen ab.

Alle diese zunächst zwanglos aneinandergereihten Beobachtungen bestärkten mich in der vorgefaßten Meinung, daß der Ejakulationsakt ein Akt der urethro-analen Amphimixis sei. Nun möchte ich aber versuchen, den Ablauf des ganzen Begattungsaktes samt den vorbereitenden und Vorlustbetätigungen von diesem Standpunkt aus zu betrachten.

II
Der Begattungsakt als amphimiktischer Vorgang

Wir wissen aus der »Sexualtheorie«, daß die infantilerotischen Betätigungen im Begattungsakt des Erwachsenen als Vorlustbetätigungen wiederkehren, daß aber beim Erwachsenen die eigentliche Abfuhr der Erregung erst im Augenblick der Ejakulation stattfindet. Während also dem Kind das Ludeln, das Schlagen und Geschlagenwerden, das Schauen und Geschautwerden volle Befriedigung gewähren kann, dient das Schauen, das Küssen, das Umarmen beim Erwachsenen nur dazu, den eigentlichen Genitalmechanismus in Gang zu bringen. Es ist, als ob hier keine dieser Erregungen zu Ende geführt, sondern bei einer gewissen Stärke der Erregung auf einen anderen Erotismus übergeleitet würde. Die genügend starke Erregung beim erotischen Schauen, Hören und Riechen drängt zur Umarmung und zum Kusse und erst bei einer gewissen Heftigkeit dieser Berührungsweisen kommt es zur Erektion und zum Immissions- und Friktionsdrang, der in dem beschriebenen amphimiktischen Ejakulationsvorgang gipfelt. Man könnte förmlich von einer kurzen Wiederholung der geschlechtlichen Entwicklung in jedem einzelnen Geschlechtsakt sprechen. Es ist, als ob die einzelnen erogenen Zonen glimmende Feuerherde wären, von einer Zündschnur miteinander verbunden, die schließlich zur Explosion der im Genitale aufgehäuften Triebenergiemengen führt.

Wahrscheinlicher aber ist die Annahme, daß solche amphimiktische Triebverlegung nach unten nicht nur während des Genitalaktes, sondern zeitlebens stattfindet; ja diese Annahme hat auch das heuristische Argument für sich, daß wir uns mit ihrer Hilfe eine deutlichere Vorstellung von dem Sinn und dem biologischen Zweck des Zustandekommens des Genitalprimats bilden können. Die Hauptetappen der Libidoentwicklung sind, wie wir wissen, die Entwicklungsphasen vom Autoerotismus über den Narzißmus zur genitalen Objektliebe. Im autoerotischen Stadium dieser Entwicklung lebt sich die Sexualität jedes einzelnen Körperorgans oder Partialtriebs anarchisch, ohne Rücksicht auf das Wohl und Wehe des übrigen Organismus aus. Es müßte einen bedeutenden Fortschritt für die Leistungsfähigkeit, namentlich für die Nützlichkeitsfunktion der einzelnen Organe bedeuten, wenn es gelänge, die Sexualerregungen von ihnen immer wieder wegzuleiten und in einem eigenen Behälter aufzustapeln, aus dem sie periodisch abgeführt werden. Gäbe es eine solche Sonderung der Lustbetätigungen nicht, so versenkte sich das Auge in erotisches Schauen, der Mund betätigte sich immerzu als oralerotisches Werkzeug, anstatt sich in den Dienst nützlicher Erhaltungstätigkeiten zu stellen; auch die Hautdecke wäre nicht die Schutzhülle, deren Empfindlichkeit uns vor Gefahren warnt, sondern nur die Stätte erotischer Gefühle; die Muskulatur wäre nicht das ausführende Werkzeug zweckmäßiger Willensbetätigung, sondern diente nur der Abfuhr sadistischer und sonstiger lustvoller motorischer Entladungen, usw. Durch die Säuberung des Organismus von sexuellen Abfuhrtendenzen und durch deren Anhäufung im Genitale wurde das Arbeitsniveau des Organismus bedeutend gesteigert und die Anpassung an schwierige Lagen, auch Katastrophen, ermöglicht. Man muß sich das Zustandekommen des Genitalzentrums gleichsam pangenetisch im Sinne Darwins vorstellen, das heißt: es gibt keinen Teil im Organismus, der nicht im Geschlechtsteil durch einen Beitrag vertreten wäre, so daß das Genitale, gleichsam als Prokurist, das Lustabfuhrgeschäft für den ganzen Organismus besorgt.

Die Entwicklung vom Autoerotismus zum Narzißmus wäre so der auch äußerlich erkennbar gewordene Erfolg der amphimiktischen Verlegung aller Erotismen nach unten. Wenn wir mit der hier versuchten Idee von der Pangenesis der Genitalfunktion Ernst machen wollen, dann getrauen wir uns das männliche Glied als Miniatur des ganzen Ich, als Verkörperung eines Lust-Ich zu bezeichnen und diese Verdoppelung des Ich als Grundbedingung der narzißtischen Ichliebe anzusprechen. Für dieses reduzierte kleinere Ich, das in Träumen und anderen Phantasieprodukten so häufig die ganze Person symbolisch vertritt, müssen dann im Begattungsakt Verhältnisse geschaffen werden, die seine Befriedigung einfach und sicher gewährleisten, und mit diesen Verhältnissen müssen wir uns jetzt, wenn auch nur kurz, befassen.

Unsere psychoanalytischen Erfahrungen beweisen, daß die Vorbereitungsakte des Koitus auch die Aufgabe haben, durch innige Berührungen und Umarmungen eine *Identifizierung der sich Begattenden* herbeizuführen. Das Küssen, Streicheln, Beißen, Umarmen dient dazu, die Grenze zwischen den beiden Ich der sich Begattenden zu verwischen, so daß dann z. B. der Mann während des Koitusaktes, da er doch auch die Organe des Weibes sozusagen introjiziert hat, nicht mehr die Empfindung haben muß, sein höchstgeschätztes Organ, den Vertreter seines Lust-Ichs, einer fremden, deshalb gefährlichen Umgebung anvertraut zu haben; er kann sich also den Luxus der Erektion ganz gut gestatten, da doch das wohlbehütete Glied infolge der stattgehabten Identifizierung gewiß nicht verlorengeht, es bleibt ja bei einem Wesen, mit dem sich das Ich identifizierte. So wird im Koitusakt ein gelungener Ausgleich zwischen Schenken- und Behaltenwollen, zwischen egoistischer und libidinöser Strebung hergestellt, ein Vorgang, dem wir schon bei der Doppelrichtung aller konversionshysterischen Symptome begegnet sind. Aber auch diese Analogie ist keine zufällige, da doch das hysterische Symptom, wie es uns unzählige psychoanalytische Beobachtungen beweisen, irgendwie immer der Genitalfunktion nachgebildet ist.

Ist erst die möglichst innige Verquickung zweier Individuen verschiedenen Geschlechts durch die *Brückenbildungen des Küssens, des Umarmens und des Eindringens des Penis* hergestellt, dann kommt es zu dem letzten, entscheidenden Kampf zwischen Schenken- und Behaltenwollen des Genitalsekrets selbst, den wir zu Beginn unserer Ausführungen als einen Kampf analer und urethraler Bestrebungen zu beschreiben versuchten. Zu guter Letzt wogt also der ganze Genitalkampf um das Hergeben und Nichthergebenwollen eines Ausscheidungsproduktes, dem dann die abschließende Ejakulation gestattet, sich vom männlichen Körper loszulösen, das heißt den Mann von der Sexualspannung zu befreien, doch in einer Weise, durch die zugleich für die Sicherheit und das Wohlergehen dieser Ausscheidungsprodukte im Innern des weiblichen Körpers gesorgt wird. Diese Sorgfalt ist es aber, die es uns nahelegt, auch zwischen *diesem Exkret und dem Ich* einen *Identifizierungsvorgang* anzunehmen, so daß wir nunmehr dreierlei Identifizierungsakte bei der Begattung hätten: Identifizierung des ganzen Organismus mit dem Genitale, Identifizierung mit dem Partner, und Identifizierung mit dem Genitalsekret.[1]

Überblicken wir aber nunmehr die Entwicklung der Geschlechtlichkeit

---

[1] Um einem naheliegenden Einwand zu begegnen, betone ich, daß diese Auseinandersetzungen ausschließlich die einfacheren Verhältnisse des männlichen Mitspielers behandeln. Ich muß es auf eine spätere Gelegenheit verschieben, die Anwendbarkeit dieser Auffassung auch auf die verwickelteren Verhältnisse beim weiblichen Geschlecht nachzuweisen.

vom Ludeln des Neugeborenen über die Selbstliebe bei der Genital-Onanie bis zum heterosexuellen Begattungsakt, und berücksichtigen wir die verwickelten Identifizierungsvorgänge des Ich mit dem Penis und dem Genitalexkret, so kommen wir zum Schluß, daß der Zweck dieser ganzen Entwicklung, also auch der Zweck des Begattungsaktes, nichts anderes sein kann als ein anfangs ungeschickt tappender, später immer zielbewußterer und schließlich zum Teil gelungener Versuch zur Wiederkehr des Ich in den Mutterleib, wo es die für das zur Welt gekommene Lebewesen so peinliche Entzweiung zwischen Ich und Umwelt noch nicht gab. Die Begattung erreicht aber diese zeitweilige Regression auf dreierlei Weise: der ganze Organismus erreicht dieses Ziel nur *halluzinatorisch*, ähnlich wie etwa im Schlaf; dem Penis, mit dem sich der ganze Organismus identifizierte, gelingt dies bereits partiell oder *symbolisch*, und nur das Genitalsekret hat das Vorrecht, in Vertretung des Ich und seines narzißtischen Doppelgängers, des Genitales, auch *real* die Mutterleibsituation zu erreichen.

In der Ausdrucksweise der Naturwissenschaften würden wir vom Geschlechtsakt zusammenfassend sagen müssen, daß er die gleichzeitige Befriedigungssituation des Somas und des Keimplasmas bezweckt und erreicht. Für das Soma bedeutet die Ejakulation die Befreiung von lästigen Ausscheidungsprodukten, für die Geschlechtszellen das Eindringen in das für sie günstigste Milieu. Die psychoanalytische Auffassung lehrt uns aber, daß dabei im Soma (infolge seiner stattgehabten »Identifizierung« mit dem Genitalexkret) nicht nur *ogoistische Entspannungs-Tendenzen* befriedigt werden, sondern auch ein Mit-Genießen der realen Befriedigung der Keimzellen als halluzinatorische und symbolische (partielle) Wiederkehr in den bei der Geburt nur ungern verlassenen Mutterleib erfolgt, das wir vom Standpunkt des Individuums als den *libidinösen* Anteil des Geschlechtsaktes ansprechen können.

Im Lichte dieser, wie ich sagen möchte »bioanalytischen« Auffassung der Genitalvorgänge wird es erst verständlich, warum der *Ödipuswunsch*, der Wunsch nach dem Geschlechtsverkehr mit der Mutter, so regelmäßig, in seiner Eintönigkeit beinahe ermüdend, bei der Analyse des Mannes als zentrale Strebung wiederkehrt. Der Ödipuswunsch ist eben der seelische Ausdruck einer viel allgemeineren biologischen Tendenz, die die Lebewesen zur Rückkehr in die vor der Geburt genossene Ruhelage lockt.

Eine der vornehmsten Aufgaben der Physiologie wäre der Nachweis jener organischen Vorgänge, die die Summation der Einzel-Erotismen zur Genitalerotik ermöglichen. Nach der im obigen angedeuteten Hypothese dürften jedesmal, wenn ein Organ nicht unmittelbar seinen Lusttendenzen frönt, sondern auf diese zugunsten des Gesamtinteresses des Organismus verzichtet, aus diesem Organ Stoffe ausgeschieden oder Innervationsqualitäten und -quantitäten auf andere Organe und schließlich aufs Genitale verschoben werden, dessen Aufgabe es ist, die frei schwebenden Lustspannungen aller Organe im Befriedigungsakt auszugleichen.

Der Biologie aber erwüchse aus dem Gesagten die nicht minder schwierige Aufgabe, die Wege zu weisen, auf denen die ursprünglich wohl voneinander unabhängigen Befriedigungstendenzen des Keimplasmas und des individuellen Somas im Genitalakt zur Vereinigung gelangen, oder sich gegenseitig beeinflussen. Sie müßte uns die onto- und phylogenetischen Ursachen nachweisen, die so viele Lebewesen zwingen, ihre höchste Befriedigung gerade im Kopulationsakt zu suchen, der nach den hier vorangestellten Erörterungen nichts anderes ist als die Äußerung der Tendenz, in den Mutterleib zurückzukehren.

III
Entwicklungsstufen des erotischen Realitätssinnes

In einer früheren Arbeit über den Entwicklungsgang des Wirklichkeitssinnes beim heranwachsenden Menschenkind[1] gelangten wir bereits zur Annahme, daß der Mensch vom Augenblick seiner Geburt an von einem unaufhörlichen regressiven Zug nach der Wiederherstellung der Mutterleibssituation beherrscht ist und diesen gleichsam magisch-halluzinatorisch mit Hilfe positiver und negativer Halluzinationen unentwegt festhält. Die volle Entwicklung des Wirklichkeitssinnes ist nach dieser Auffassung erst dann erreicht, wenn auf diese Regression endgültig verzichtet und für sie in der Realität Ersatz gefunden wird. Diese Entwicklung macht man aber nur mit einem Teil seiner Persönlichkeit durch; unser Schlaf- und Traumleben, unser sexuelles und Phantasieleben, bleiben an der Tendenz zur Erfüllung jener primordialen Wünsche hängen.

Im nachstehenden soll gleichsam zur Ergänzung dieser Gedankenreihe versucht werden, die Entwicklungsphasen der Sexualität, wie sie uns durch die Untersuchungen Freuds bekannt wurden, als unsichere und tappende, doch immer deutlicher werdende Versuche zur Wiederkehr in den Mutterleib zu beschreiben, die Endphase der ganzen Entwicklung aber, die Ausbildung der Genitalfunktion, als erotische Parallele zur Wirklichkeitsfunktion, als das Erreichen des »erotischen Wirklichkeitssinnes«. Wie im vorigen Kapitel angedeutet wurde, gelingt es nämlich im Geschlechtsakt, wenn auch nur partiell, *wirklich* in den Mutterleib zurückzukehren.

In der ersten, oralerotischen Organisationsphase der kindlichen Sexualität sorgen noch die Pflegepersonen dafür, daß dem Kind die Illusion der Mutterleibslage gewahrt bleibe; sie sorgen für die Wärme, die Dunkelheit, das Ungestörtsein, dessen es zu dieser Illusion bedarf. Die Ausscheidungsfunktionen sind einstweilen vollständig unbeherrscht, und die

---

[1] ›Entwicklungsstufen des Wirklichkeitssinnes‹ [in Bd. I dieser Ausgabe, S. 148–163].

aktive Tätigkeit des Neugeborenen beschränkt sich wesentlich auf das Saugen an der Mutterbrust. Doch selbst dieses erste Liebesobjekt wird dem Kind ursprünglich zunächst von der Mutter aufgedrängt, so daß man beim Kind von einer primären »passiven Objektliebe« sprechen könnte. Jedenfalls bleibt die Rhythmik des Saugens als wesentlicher Bestandteil jeder späteren erotischen Tätigkeit für immer festgehalten und wird, wie wir glauben amphimiktisch, in die Akte des Masturbierens und Koitierens eingeschmolzen. Die rein libidinöse Betätigung dieser Periode, das Ludeln oder Wonnesaugen (Lindner) ist auch das erste Problem der Erotik, das sich vor uns erhebt. Was drängt das Kind dazu, die Betätigung des Saugens auch nach erfolgter Sättigung fortzusetzen; was verschafft ihm bei dieser Betätigung die Lust? Doch sparen wir uns den Versuch, dieses Rätsel, und damit die Grundfrage der Psychologie der Erotik zu lösen, für später auf, bis wir auch andere Erotismen im Einzelnen betrachtet haben.

Das Brustkind ist im großen und ganzen ein Ektoparasit der Mutter, gleichwie es in der Fötalperiode endoparasitisch an ihr zehrte. Und so wie es sich im Mutterleib rücksichtslos breitmachte und die Mutter, den nährenden Wirt, schließlich zwang, den unbescheidenen Gast vor die Tür zu setzen, so gebärdet es sich auch der stillenden Mutter gegenüber immer aggressiver. Es tritt aus der Periode der harmlosen Oralerotik, des Saugens, in eine kannibalistische Phase über; es entwickelt in seinem Munde Beißwerkzeuge, mit deren Hilfe es die geliebte Mutter gleichsam auffressen möchte und diese schließlich zur Entwöhnung des Kindes zwingt. Nun meinen wir aber, daß dieser kannibalistische Zug nicht nur der Selbsterhaltungstendenz dient, wir vermuten vielmehr, daß die *Zähne* auch als Waffen im Dienste einer libidinösen Strebung wirken; sie sind *Werkzeuge, mit deren Hilfe sich das Kind in den Mutterleib einbohren möchte.*

Das einzige, für den Psychoanalytiker allerdings gewichtige Argument, das uns zu dieser kühnen Hypothese ermutigt, ist die Eindeutigkeit, mit der in Träumen und neurotischen Symptomen die sinnbildliche Identität des Penis und des Zahnes wiederkehrt. Nach unserer Auffassung ist also der Zahn eigentlich ein Urpenis, auf dessen libidinöse Rolle aber das entwöhnte Kind verzichten lernen muß[2]. Nicht der Zahn ist dem-

---

[2] Ein zweijähriges Kind sagte beim Beobachten des Stillens des neugeborenen Brüderchens: »Der Dani ißt Fleisch.« – Das strenge Verbot der Juden, »Fleischiges« und »Milchiges« gleichzeitig zu essen, ist vielleicht nur eine Einrichtung, die die Entwöhnung sichern soll.

nach das Symbol des Penis, sondern, paradox gesprochen, der sich später entwickelnde Penis das Symbol des ursprünglicheren Bohrwerkzeugs, des Zahnes. Das Paradoxe dieser Annahme mildert sich aber vielleicht, wenn wir berücksichtigen, daß jeder symbolischen Verknüpfung ein Stadium der Gleichsetzung vorangeht, in dem zwei Dinge einander vertreten können.

Der Kannibalismus enthält schon zum Teil jene aggressiven Elemente, die sich in der darauffolgenden sadistisch-analen Organisation so deutlich offenbaren. Die so auffällig intime Verknüpfung der Anallibido mit Äußerungen des Sadismus wäre im Sinne der früheren Ausführungen eine Verschiebung ursprünglich »kannibalischer« Aggressivität auf die Darmfunktion. Das Motiv zu dieser Verschiebung ist die Unlustreaktion, die beim Kind der Zwang zur Einhaltung gewisser von den Pflegepersonen geforderter Ausscheidungsregeln hervorruft. Auch die früher oralerotisch versuchte Mutterregression wird in dieser Periode nicht aufgegeben; sie kehrt hier als Identifizierung des Kotes mit einem Kind, d. h. mit dem eigenen Selbst wieder. Es ist, als ob sich das Kind nach der ziemlich erschütternden Abwehr der oralerotischen Aggression seitens der Mutter eine Art Introversion seiner Libido produzierte; indem es in eigener Person Mutterleib und Kind (Kot) ist, macht es sich von der Pflegeperson (Mutter) in libidinöser Hinsicht unabhängig. Dies ist vielleicht der letzte Grund jener trotzigen Charakterzüge, in die sich die sadistisch-anale Libido umzuwandeln pflegt.

Die Masturbationsperiode wäre als erste Etappe des beginnenden Primats der Genitalzone, also als eigene Entwicklungsphase der Libido, zu isolieren.[3] Unsere Analysen zeigen uns unzweideutig, daß sich mit der masturbatorischen Betätigung große Quantitäten analer und sadistischer Libido vergesellschaften, so daß wir nunmehr die Verschiebung der aggressiven Komponente von der oralen Phase über die anale bis zur genitalen verfolgen können. Bei der Masturbation wird aber auch die symbolische Identität Kind = Kot, von dem Symbol Kind = Penis abgelöst, wobei beim männlichen Kind die eigene Hohlhand die Rolle des mütterlichen Genitales spielt. Es fällt uns auf, daß das Kind in den letzten beiden Phasen durchgängig eine Doppelrolle agiert, die sicherlich mit der Tatsache der infantilen Bisexualität zusammenhängt. Jedenfalls ist aber auch für das Verständnis der Äußerungen der vollentwickelten Genitallibido ungemein wichtig, daß jeder Mensch, ob männlich oder

---

[3] Neuestens beschrieb auch Freud eine eigene »phallische« Organisationsetappe [›Die infantile Genitalorganisation‹] (1923).

weiblich, die Doppelrolle des Kindes und der Mutter mit dem eigenen Leib spielen kann und sie auch spielt.

Im letzten Entwicklungsschub der infantilen Libido kehrt das Kind nach den Perioden der passiven Objektliebe, nach der kannibalistischen Aggression und der Introversion zum ursprünglichen Objekt, zur Mutter zurück, doch diesmal mit einer geeigneteren Angriffswaffe ausgestattet. Der erektile Penis findet von selbst den Weg zur mütterlichen Vagina und würde dieses Ziel auch erreichen, würden nicht die Erziehungsverbote, vielleicht auch schon eine spezielle Abwehrtendenz oder Angst dieser frühreifen *Ödipusliebe* ein vorschnelles Ende bereiten.

Wir werden auf die Schilderung der nun folgenden Sexualperioden der Latenzzeit und der Pubertät verzichten, war ja die uns gestellte Aufgabe nur die, nachzuweisen, daß die Ontogenese der Sexualität an der Tendenz zur Wiederkehr in den Mutterleib unablässig festhalten will, und daß die Genitalorganisation, die diese Tendenz auch verwirklicht, einem Höhepunkt in der Entwicklung des erotischen Realitätssinnes entspricht. Nach dem ersten mißlungenen oralen Versuch, den Mutterleib wiederzugewinnen, folgen die sozusagen *autoplastischen* Perioden der Analität und der Masturbation, in denen für das verlorene Objekt am eigenen Körper phantastischer Ersatz gesucht wird; doch erst mit Hilfe des männlichen Begattungsorgans wird ernsthaft versucht, die Mutterleibstendenz wieder *alloplastisch*, zunächst an der Mutter selbst, dann an anderen weiblichen Personen der Umwelt, zu verwirklichen.

Der Aufgabe, den schließlichen Genitalprozeß als die amphimiktische Summation früherer Erotismen darzustellen, können wir nur andeutungsweise nachkommen. Die aggressiven Impulse äußern sich beim Geschlechtsakt in der Gewaltsamkeit der Bemächtigung des Sexualobjektes und des Eindringens selbst; über die Verwendung der Anal- und Oralerotik beim Aufbau der mit der Genitalität so innig verknüpften *Parentalerotik* versuchen wir aber erst in den nun folgenden, nicht mehr aufzuschiebenden Ausführungen über die Entwicklungswege der weiblichen Sexualität einige Aufklärung zu geben.

Die soeben kursorisch geschilderte Ausbildung der Genitalsexualität beim Manne erfährt beim weiblichen Wesen eine meist ziemlich unvermittelte Unterbrechung. Sie ist vor allem gekennzeichnet durch die Verlegung der Erogeneität von der Klitoris (dem weiblichen Penis) auf den Hohlraum der Vagina. Psychoanalytische Erfahrungen drängen uns aber die Annahme auf, daß bei der Frau nicht nur die Vagina, sondern auch andere Körperteile nach Art der Hysterie genitalisiert werden, so vor allem die Brustwarze und ihre Umgebung. Es ist wahrscheinlich, daß beim Stillen etwas von der verlorenen Immissions- und Ejakulationslust befriedigt wird, wie denn die Mamilla auch deutliche Erektilität zeigt. Es werden aber anscheinend beträchtliche Mengen oraler und analer Erotik auch auf die Vagina verschoben, deren glatte Muskulatur in ihren krampfhaften Kontraktionen wie in ihrer Peristaltik die orale Ingressions- und die anale Retentionslust nachzuahmen scheint. Überhaupt regrediert die beim Mann deutlich urethral betonte Leitzone der Genitalität beim Weibe wieder wesentlich ins Anale, indem beim Geschlechtsakt der Hauptakzent auf das Beherbergen des Penis, seines Sekretes, und der sich daraus entwickelnden Frucht verlegt wird *(Parentalerotik)*. Aber auch die zum Teil verlassene männliche Tendenz, selbst in den Mutterleib zurückzukehren, wird nicht ganz aufgegeben, allerdings nur im Psychischen nicht, wo sie sich als phantastische Identifizierung mit dem penisbesitzenden Mann beim Koitus, als Empfindung des Penisbesitzes an der Vagina selbst (»Hohlpenis«), wohl auch als Identifizierung des Weibes mit dem Kinde, das es im eigenen Leibe beherbergt, äußert. Die männliche Aggressivität schlägt in die passive Lust am Erleiden des Geschlechtsaktes (Masochismus) um, der einesteils mit Zuhilfenahme sehr archaischer Triebkräfte (der Todestriebe Freuds) erklärbar wird, andernteils durch den psychischen Mechanismus der Identifizierung mit dem sieghaften Mann. All diese sekundären Wiederbesetzungen räumlich entfernter und genetisch überholter Lustmechanismen beim weiblichen Geschlecht scheinen gleichsam zum Trost für den verlorenen Penisbesitz instituiert worden zu sein.

Vom Übergang der Frau von der (männlichen) Aktivität zur Passivität kann man sich im allgemeinen folgende Vorstellung machen: die Genitalität des weiblichen Penis zieht sich regressiv auf den ganzen Körper und das ganze Ich des Weibes zurück, aus dem sie ja – wie wir meinen – amphimiktisch entstanden ist, so daß die Frau einem sekundären Narzißmus anheimfällt, in erotischer Hinsicht also wieder mehr einem Kind ähnlich wird, das geliebt werden will, also einem Wesen, das noch an der Fiktion der *Mutterleibsexistenz in toto* festhält. Als solches kann sie sich dann leicht mit dem Kind im eigenen Leib (bzw. mit dem Penis, als dessen Symbol) identifizieren und vom transitiven Eindringen auf das Intransitive (Passive) übergehen. Die sekundäre Genitalisierung des weiblichen Körpers erklärt auch die größere Neigung desselben zur Konversionshysterie.[4]

[4] S. ›Hysterische Materialisationsphänomene‹ [in diesem Band, S. 11 ff.].

Beobachtet man die Genitalentwicklung der Frau, so gewinnt man den Eindruck, daß diese beim ersten Geschlechtsverkehr meist noch ganz unfertig ist. Die ersten Koitusversuche sind gleichsam nur Vergewaltigungsakte, bei denen sogar Blut fließen muß. Erst später lernt die Frau den Geschlechtsakt passiv zu ertragen, noch später lustvoll zu empfinden oder gar daran aktiv teilzunehmen. Doch auch im einzelnen Geschlechtsakt wiederholt sich die anfängliche Abwehr in Form eines Muskelwiderstandes der verengten Vagina, erst später wird die Scheide schlüpfrig und leicht zugänglich und nur zum Schluß kommt es zu Kontraktionen, die die Aspiration des Sekretes und die Einverleibung des Penis (wohl auch eine gegen ihn gerichtete Kastrationsabsicht) zum Ziele zu haben scheinen. Diese Beobachtungen sowie gewisse phylogenetische Überlegungen, mit denen wir uns später eingehender beschäftigen wollen, legten uns die Auffassung nahe, daß sich hierin eine Kampfphase der Geschlechter individuell wiederholt, in der die Frau den kürzeren zog, da sie ja das Vorrecht, wirklich in den Mutterleib einzudringen, dem Manne überließ, sich selbst aber mit phantasiemäßigen Ersatzprodukten und insbesondere mit dem Beherbergen des Kindes, dessen Glück sie mitgenießt, begnügte.[5] Allerdings kommen dem Weibe, nach den psychoanalytischen Beobachtungen Groddecks, auch beim Gebären, versteckt hinter den schmerzlichen Wehen, Lustquantitäten zu, die dem männlichen Geschlecht versagt sind.

Im Lichte dieser Betrachtungen erscheinen die Befriedigungsarten der Perversen und die Symptome der Psychoneurotiker in einem neuen Licht. Ihr Fixiertbleiben auf einer niedrigeren Stufe der Sexualentwicklung wäre so auch nur ein unvollkommenes Erreichen des Endzieles der erotischen Wirklichkeitsfunktion, der genitalen Wiederherstellung der Mutterleibssituation. Aber auch die aktualneurotischen Grundtypen, die Neurasthenie, die sich mit Ejaculatio praecox vergesellschaftet, und die Angstneurose, die mit einer Tendenz übertriebener Zurückhaltung einhergeht, lassen sich nunmehr durch das Überhandnehmen teils urethraler, teils analer Beimengungen zur Genitalität erklären, die daraus folgende Impotenz aber analytisch auf die Angst vor der Mutterleibssituation zurückführen. Die neuesten Untersuchungen Ranks bei Neurosenanalysen[6] möchte ich als Bestätigung und Erweiterung der hier vertretenen Genitaltheorie verwerten.

---

[5] Dies ist in Kürze die von mir versuchte Konstruktion, auf die sich Freud in seiner Arbeit über das ›Tabu der Virginität‹ bezieht.
[6] ›Das Trauma der Geburt‹ (1924).

Ich zweifle nicht, daß diese Gedankengänge in der Beobachtung des Geschlechtslebens der Tiere schlagende Bestätigungen finden werden, und bedauere nur, daß mir der Zugang zu diesem Wissensgebiet fehlt. Das Wenige, was mir darüber bekannt ist, scheint meine Auffassung von der Universalität des *maternalen Regressionszuges* und dessen deutliches Hervortreten beim Begattungsakt zu unterstützen. Ich verweise z. B. auf das schier endlose Verlängern des Geschlechtsaktes bei manchen Tieren, auf den Koitus bei den Spinnen, der 7 Stunden, bei den Fröschen, der vier Wochen dauern kann, dann auf die Dauervereinigung der Geschlechter bei gewissen Parasiten, unter denen es auch vorkommt, daß das Männchen sich zeitlebens im Schlunde oder im Uterus des Weibchens aufhält. Einen Höhepunkt erotischer Realitätsentwicklung erreichen wohl auch jene Parasiten, die fast die ganze Sorge um ihre Erhaltung dem Wirt überlassen und deren Organisation überwiegend der Geschlechtsfunktion dient.

IV
Deutung einzelner Vorgänge beim Geschlechtsakt

Nach diesen Betrachtungen wird es sich lohnen, auch die Einzelvorgänge des Geschlechtsaktes, von denen wir ja bisher eigentlich nur auf den Ejakulationsakt näher eingegangen sind, einer Analyse zu unterziehen, als wären sie neurotische Symptome.

Da ist vor allem der Vorgang der *Erektion*, für den sich aus der Mutterleibstheorie der Genitalität eine allerdings zunächst befremdende Erklärung darbietet. Ich nehme an, daß die *Dauer-Invaginierung* der Eichel in einer Schleimhautfalte (in der Vorhaut) selbst nichts anderes ist als eine Nachahmung der Mutterleibsexistenz im Kleinen. Indem bei Steigerung der im Genitale sich ansammelnden Sexualspannung der empfindlichste Teil des Penis (der ja, wie gesagt, als narzißtischer Repräsentant des ganzen Ich fungiert) aus dieser geschützten Ruhelage durch die Erektion hinausgestoßen, gleichsam geboren wird, wird die Unlustempfindung am Genitale plötzlich bedeutend gesteigert und auch der plötzliche Drang verständlich, die verlorene Situation durch Immission in eine Vagina zu ersetzen, d. h. die bisher autoerotisch genossene Ruhelage in der realen Außenwelt diesmal wirklich in einem weiblichen Körperinnern zu suchen.

Beim Genitalakt des Menschen geht aber der Ejakulation auch ein länger dauernder *Friktionsakt* voraus, zu dessen Verständnis ein weitausholender Gedankengang nötig ist.

Bei gewissen Tieren, so sagen uns die Tierbeobachter, findet sich die sonderbare Reaktionsweise der *Autotomie*, die darin besteht, daß Organe, die gereizt werden oder dem Tier sonstwie Unlust bereiten, mit Hilfe besonderer Muskelaktionen einfach vom übrigen Körper losgelöst, d. h. im wahren Sinne des Wortes »fallen gelassen« werden. Es soll z. B. Würmer geben, die imstande sind, unter solchen Umständen ihren ganzen Darm aus dem Körper auszustoßen, andere zerspringen im Ganzen in kleine Stücke. Allgemein bekannt ist auch die Leichtigkeit, mit der die

Eidechse ihren Schwanz in der Hand des Verfolgers zurückläßt, um ihn recht bald regenerieren zu lassen. Ich stehe nicht an, in dieser Reaktionsart eine Grundeigenschaft alles Lebenden zu suchen und anzunehmen, daß in ihr auch die *biologische Vorstufe der Verdrängung,* der Zurückziehung der psychischen Besetzung vom Unlustvollen liegt.

Nun sagten wir eingangs, daß alle Unlustqualitäten und -quantitäten, die während der Nützlichkeitsfunktion aller Organe unerledigt beiseite geschoben wurden, sich im Genitale ansammeln und an dieser Stelle abgeführt werden. Diese Abfuhr kann im Sinne der Autotomietendenz keine andere sein als das Wegwerfenwollen des gespannten Organs. Vom Ich-Standpunkt haben wir bereits die Ejakulation als ein solches Ausscheiden unlustbereitender Stoffe beschrieben; eine ähnliche Tendenz können wir aber auch im Erektions- und Friktionsvorgang annehmen. Auch die Erektion ist vielleicht nur eine unvollständig gelingende *Loslösungstendenz* des mit Unlustqualitäten beladenen Genitales vom übrigen Körper. Wie beim Ejakulationsakt, können wir auch hier einen Kampf zwischen den Tendenzen des Loslösen- und Behaltenwollens annehmen, der aber hier nicht mit dem Sieg der Loslösungstendenz endigt.[1] Oder man könnte meinen, daß der Geschlechtsakt als Tendenz zur vollen Loslösung des Genitales, also als eine Art *Selbstkastrationsakt* beginnt, dann aber sich mit der Loslösung des Sekretes begnügt. Die Mannigfaltigkeit in der Geschlechtsgebarung der Tiere gestattet es, die verschiedenen Ausgänge dieses Kampfes an extremen Beispielen zu beobachten. Das Gürteltier Dasypus senkt einen im Verhältnis zur Körpergröße ungeheuren Penis in das weibliche Organ; der Giraffenpenis dagegen verjüngt sich beim Eindringen nach Art eines Teleskops, um schließlich in einem fadenförmigen Fortsatz zu enden, durch den das Ejakulat direkt in den Uterus befördert wird.

Der Drang zur Genitalfriktion läßt vermuten, daß die vom ganzen Körper her angesammelte Unlust in der Form von Juckreizen am Genitale aufgestapelt ist, die dann durch eine Art Kratzen beseitigt werden. Nun ist aber der Kratzreflex selbst, wie wir vermuten, nur ein archaischer Rest der Autotomietendenz, d. h. ein Versuch, die juckende Körperpartie einfach mit den Nägeln wegzureißen; ein wirkliches Aufhören des Juckreizes kommt in der Tat meist nur durch ein Blutigkratzen der juckenden Körperpartie, also mittels wirklichem Wegreißen von Gewebteilen zustande. Vermutlich sind nun Erektion, Friktion und Eja-

---

[1] In der Autotomietendenz liegt auch die letzte Begründung der *Zahnreiß-Symbolik* für Samenverlust und für Geburt.

kulation ein vehement einsetzender, dann gemilderter Autotomievorgang, der mit dem Wegwerfenwollen des ganzen Organs beginnt, sich dann auf das Kratzen (Friktionieren) beschränkt, um sich schließlich mit dem Ausscheiden einer Flüssigkeit zu begnügen. Selbstverständlich ist aber damit nur die eine (Ich-, Soma-)Seite des Vorgangs gekennzeichnet; vom Standpunkt des Keimplasmas beziehungsweise der Libido ist dieser selbe Prozeß eine mit abnehmender Heftigkeit sich äußernde Bestrebung nach der Wiederkehr in den Mutterleib.

Auf die tieferen Beweggründe der genitalen Selbstkastrationstendenz wollen wir noch zurückkommen. Es sei hier nur noch bemerkt, daß im Tierreich zahllose Beispiele wirklicher Selbstkastration des Genitales vorkommen, wobei beim Akt nicht nur ein Sekret ausgeschieden wird, sondern auch der Penis abreißt. Auch kann man bei dieser Gelegenheit auf die Ringwulstbildung am Penis der Caniden hinweisen, die das »Hängen« der Männchen am weiblichen Genitale verursacht und in dem Beobachter die Idee des Abreißenkönnens hervorruft.

Die *Werbearbeit,* die der eigentlichen Paarung vorangeht, ist beim Menschen im Laufe der Kulturentwicklung derart abgeschwächt, vielfach ganz unkenntlich geworden, daß wir deren Sinn wiederum nur aus der Tierbeobachtung erkennen können. Wir erwähnten bereits, daß nach unserer Annahme die zentrale Tendenz der Wiederkehr in den Mutterleib beide Geschlechter gleicherweise beherrscht; die Werbetätigkeit kann demnach nichts anderes zum Ziel haben, als daß das weibliche Geschlecht unter Aufgeben oder Einschränken der eigenen realen Befriedigungsabsicht zum Erdulden des Geschlechtsaktes seitens des Männchens gefügig gemacht wird. Zwei Äußerungen des in dieser Frage gewiß maßgebenden Charles Darwin möchten wir zur Stütze dieser Behauptung anführen. »Das Weibchen nimmt« – sagt er gelegentlich – »wie die Erscheinungen uns manchmal zu glauben veranlassen, nicht das Männchen, das ihm am anziehendsten erscheint, sondern das ihm am wenigsten zuwider ist.« In dieser Auffassung drückt sich wohl auch die von uns vertretene bevorzugte Stellung des männlichen Geschlechts beim Geschlechtsakt aus. Anderen Ortes konstatiert Darwin, daß die sexuelle Variation im Sinne eines Geschlechtsdimorphismus stets beim männlichen Geschlecht beginnt, wenn sie auch dann später zum Teil auch vom Weibchen übernommen wird. All das stimmt übrigens ausgezeichnet zur Aussage Freuds, daß eigentlich alle Libido »männlich« ist, auch wenn sie (z. B. beim Weibe) passive Befriedigungsziele sucht.

Wir meinen, daß die *sekundären Geschlechtsmerkmale,* die also ur-

Versuch einer Genitaltheorie – A. Ontogenetisches

sprünglich nur dem Männchen zukommen, als Waffen in einem Kampf gebraucht werden, in dem es sich darum handelt, welcher von den Kämpfenden das geschlechtliche Eindringen in den Körper des Partners als Mutterleibsersatz erzwingt. Wenn wir nun diese Waffen auf ihre Wirkungsweise prüfen, sehen wir, daß sie alle danach angetan sind, das Weibchen mit *direkter Gewalt* gefügig zu machen oder mit Hilfe *hypnotischer Faszinierung* zu lähmen. Zur ersteren Art der Kampforgane gehören z. B. die sich zur Paarungszeit ausbildenden Daumenschwielen des Froschmännchens, die sich in die Achselhöhle des Weibchens einbohren; in diesem Sinne wirkt aber auch die größere Körperstärke des Mannes gegenüber der des Weibes, oder das Vorgehen gewisser Reptilienmännchen, die bei der Paarung durch Trommeln mit den Vorderextremitäten auf den Kopf des Weibchens sich dieses gefügig machen. Noch häufiger ist die Einschüchterung des Weibes durch Erschrecken, durch Aufblähen des Körpers oder einzelner Teile (Kröte, Chamäleon), durch Entfalten mächtiger Hautlappen, fleischiger Anhänge, Kröpfe (viele Vögel), plötzliche starke Verlängerung und Aufrichtung der Nase (Beobachtung beim See-Elefanten von Darwin). Bei einer Robbenart *(Cristophora cristata)* entwickelt das Männchen bei der Paarung eine Klappmütze, die größer ist als der Kopf. Bekannt ist das häufig vorkommende Gefügigmachen des Weibchens durch Anbrüllen und Anschreien (Katzen). In ähnlichem Sinne wirkt wohl die Handlungsweise des Männchens einer malaiischen Eidechsenart, das sich dem Weibchen zur Paarungszeit mit hochaufgerichtetem Vorderteil nähert, wobei auf den Kehltaschen, die stark aufgeblasen sind, je ein dunkler Fleck von dem gelbrötlichen Grund sich stark abhebt. Diese Werbungsart scheint aber nebst der Schreckwirkung bereits auch Elemente der Faszinierung mit Hilfe des Schönheitssinnes zu enthalten, wie sie in viel deutlicherer Weise in der Entfaltung von Farbenpracht, in der Betätigung klangerzeugender Instrumente, in der Lichterzeugung (beim Johanniskäfer), in den Balzhandlungen, Tänzen, Schwanzradschlagen, Singflügen und dem Lockgesang so vieler Vögel sich äußert.

Die nächste Analogie, die sich einem bei der Betrachtung dieser Vorgänge aufdrängt, ist, wie schon angedeutet, die mit der Hypnose. Auf Grund psychoanalytischer Beobachtungen mußten wir zweierlei Mittel, die zur Erzeugung hypnotischer Gefügigkeit geeignet sind, unterscheiden. Wir nannten sie *Vater- und Mutterhypnose*.[2] Die erstere lähmt ihr

---

[2] Vgl. ›Introjektion und Übertragung‹ [in Bd. I dieser Ausgabe, S. 12–47].

Opfer mit Hilfe der Einschüchterung, die letztere durch einschmeichelndes Verhalten. In beiden Fällen regrediert, so meinten wir, das hypnotisierte Individuum auf die Stufe eines eingeschüchterten Kindes; die eigentümlichen kataleptischen Haltungen der Hypnotisierten legen es aber nahe, anzunehmen, daß dabei auch eine tieferreichende Regression in den Mutterleib mit am Werke ist (Bjerre). Daß in den sekundären Geschlechtsmerkmalen und in deren Betätigung so oft das Männchen die von mir als weiblich hervorgehobenen Merkmale der Schönheit, die weibliche Funktion des Einlullens, des Einschläferns übernimmt, wird uns bei der allgemeinen Bisexualität der Individuen, die sich geschlechtlich fortpflanzen, weiter nicht überraschen. Wir vermuten also, daß das Weibchen bei der Werbearbeit durch eine hypnotische Mutterleibsregression betört und durch diese phantastische Glückssituation für das an sich unlustvolle Erdulden des Sexualaktes entschädigt wird. Wenn wir aber, wie es auch die Zoologen tun, alle körperlichen Sexualwerkzeuge, die nicht unmittelbar mit der Produktion der Geschlechtsdrüsen zu tun haben, als sekundäre Merkmale des Geschlechts betrachten, so müssen wir eigentlich auch die Begattungsorgane, den Penis und die Vagina, für solche halten. Und in der Tat kann man sich des Eindrucks nicht erwehren, daß die Ostentation der Geschlechtsorgane, die Entfaltung des Penis, das Zeigen der Vagina, an und für sich faszinierend wirken, d. h. im zuschauenden Partner die Phantasie der Mutterleibssituation erwecken können.

Besondere Hervorhebung verdienen unter den Veranstaltungen der Anlockung jene, die sich eigenartiger *Düfte* bedienen. Bekannt ist die Rolle des Baldriangeruches bei sich begattenden Katzen, die des Bock- und Moschusduftes, die anziehende Kraft des Schmetterlingsweibchens, das, wie beobachtet, die Männchen von der viele Kilometer entfernten Wiese in die Stadt locken konnte. Es unterliegt aber keinem Zweifel, daß auch auf die höheren Tiere und den Menschen der spezifische Geruch der weiblichen Genitalien sexuell erregend wirkt, wohl auch nur dadurch, daß dieser Geruch die Sehnsucht nach dem Mutterleib erweckt. Das Kaninchen z. B. wird impotent, wenn man seine Riechnerven durchschneidet. Wir dürfen nicht außer acht lassen, daß die allerersten und darum für das ganze Leben bedeutsamen Sinneseindrücke das Kind während der Geburt, also im Geburtskanal treffen (Groddeck).

Das allgemeine Verhalten der sich Begattenden während des Geschlechtsaktes selbst, die Emotionen, die sie dabei äußern, sind bis jetzt am wenigsten beachtet worden. Als ob in diesen Affekten der Mensch

Versuch einer Genitaltheorie – A. Ontogenetisches

seine tiefsten Geheimnisse bewahrte, hindert ein schier unüberwindliches Schamgefühl die Menschen, hierüber Auskunft zu geben. Selbst in der psychoanalytischen Exploration, wo der Analysierte über alle Regungen Mitteilung machen muß, lernt er es immer nur zuletzt, wenn nötig auch den subjektiven Erregungsablauf beim Geschlechtsakt zu beschreiben, nachdem er längst gewohnt war, dessen objektiven Hergang ohne Rückhalt anzugeben. Was ich darüber gelegentlich erfahren konnte, ist folgendes: Man ist vom Anfang bis zum Schluß von einem Zwang zur Attraktion an den Partner beherrscht; man fühlt sich dazu gedrängt, die räumliche Entfernung zwischen sich und dem Partner auf jede mögliche Art aufzuheben (siehe dazu die eingangs hervorgehobene Tendenz zu den »Brückenbildungen«: Küssen, Umarmen). Man kann nicht umhin, zu behaupten, daß die gegenseitige Attraktion nichts anderes ist als die Äußerung der phantastischen Tendenz, sich mit dem Körper des Partners förmlich zu verschmelzen, oder vielleicht sich in toto in ihn (als Mutterleibsersatz) einzubohren; die schließliche geschlechtliche Vereinigung ist nur die teilweise Verwirklichung dieser Absicht. Die Spannung, die die Partner dabei »in Atem hält«, ist an sich unlustvoll, und nur die Hoffnung auf die zu gewärtigende baldige Entspannung macht sie auch lustvoll. Die Art der Unlustspannung hat viel Ähnlichkeit mit der *Angst*, von der wir übrigens seit Freud wissen, daß sie immer die unlustvollen Sensationen bei der Erschütterung durch das Geborenwerden reproduziert.

Es scheint, daß wir uns mit der Idee von der *Überdeterminierung* eines und desselben Vorganges, wie sie uns bei psychischen Vorgängen die Psychoanalyse lehrt, auch bei der Erklärung physiologischer Vorgänge vertraut machen müssen. Je eingehender wir die Vorgänge beim Geschlechtsakt beobachten, um so augenscheinlicher wird es, daß er nicht nur ein lustbetonter Vorgang ist (d. h. die Darstellung der glücklichen Mutterleibssituation), sondern daß er auch unlustvolle Ereignisse reproduziert (wahrscheinlich die erste *ängstliche Emotion* beim Geborenwerden). Noch wahrscheinlicher ist, daß diese Affekte nicht regellos zur Äußerung gelangen, sondern in einer historisch bestimmten Reihenfolge. Die Steigerung der Unlustspannung und deren Kulminierung in der orgastischen Befriedigung wäre demnach die gleichzeitige Darstellung zweier Tendenzen von gegensätzlicher Richtung: die Wiederholung der unlustvollen Geburtssituation mit ihrem glücklichen Ausgang ins Geborenwerden und die Wiederherstellung der noch ganz ungestörten Mutterleibssituation durch Wiedereindringen in den Mutterleib.

Die auffälligsten körperlichen Begleiterscheinungen dieser Emotionen äußern sich an der Atmung und am Blutkreislauf der sich Begattenden. Die Atmung ist sichtlich dyspnoisch, die Pulsfrequenz gesteigert; erst im Orgasmus kommt es zu tieferem, vollbefriedigendem Aufatmen, und zur Beruhigung der Herztätigkeit. Es liegt nahe, in diesen Störungen die Rekapitulierung jener großen Anpassungsleistung zu erblicken, die die Umwandlung der foetalen Art der Sauerstoffversorgung in die extrauterine erforderte. Ob man mit der Analogisierung des Koitus und des Geburtsprozesses so weit gehen darf, daß man auch die Rhythmik der Begattung als die abgekürzte Wiederholung der periodischen Schwankungen in der Wehentätigkeit auffaßt, möchte ich dahingestellt sein lassen.[3]

Wir dürfen nicht unerwähnt lassen, daß der Koitus deutlich auch von aggressiven Affekten begleitet ist. Diese im Kapitel über »Entwicklungsstufen des erotischen Realitätssinnes« bis zur Genitalität verfolgte Komponente äußert sich während des Geschlechtsaktes in immer heftiger werdenden Muskelaktionen, die nicht nur das Festhalten des Liebesobjektes zum Ziel haben, sondern unzweideutig auch sadistische Züge aufweisen (Beißen, Kratzen). Auch die ersten Lebensäußerungen des Neugeborenen weisen darauf hin, daß die während des Geburtsaktes erlebte traumatische Erschütterung, insbesondere die Fesselung im Geburtskanal, nicht nur Angst, sondern auch Wut hervorruft, die dann im Koitusakt gleichfalls zur Wiederholung gelangen muß.[4]

Der Zustand der sich Begattenden bei und nach dem *Orgasmus* ist vor allem durch eine weitgehende Einschränkung oder auch volle Aufhebung des Bewußtseins (das normalerweise auch schon vorher auf die Tendenz zur Erreichung des Genitalziels eingeschränkt war) gekennzeichnet. Beispiele aus dem Tierreich zeigen uns allerdings diese Konzentrierung auf das Befriedigungsgefühl noch viel deutlicher, es kommt nämlich hier zur vollen Aufhebung auch der Schmerzempfindlichkeit. Es gibt Eidechsenarten, die sich in Stücke reißen lassen, aber den Genitalakt nicht unterbrechen, Lurche, die sich beim Begattungsakt durch Verstümmelungen nicht stören lassen. Die Kaninchen verfallen beim Orgasmus in

---

[3] Die nahe Verwandtschaft zwischen *Angst* und *Libido* ist eine der Grundlagen der Freudschen Lehre. Schon die ersten psychoanalytischen Publikationen Freuds weisen auf die Wesensgleichheit der Symptome der *Angstneurose* mit den Emotionen des Koitus hin.
[4] Möglicherweise ist das Gefühl der ohnmächtigen Wut überhaupt ein integrierender Bestandteil des Angstaffektes. – Siehe zu dieser Auffassung des »Sadismus« Rank: ›Das Trauma der Geburt‹ (Abschn.: Die sexuelle Befriedigung).

eine Art Katalepsie, fallen bewußtlos um und bleiben mit dem Penis in der Vagina längere Zeit an der Seite des Weibchens regungslos liegen. Wir sind nur folgerichtig, wenn wir diese Zustände und das sie begleitende Gefühl voller Befriedigung und Wunschlosigkeit als das unbewußt halluzinatorische Erreichen des Begattungsziels seitens des Individuums als Ganzes, der Mutterleibsexistenz, unter gleichzeitigem symbolischen und realen Erreichen dieses Zieles durch die Genitalien und Geschlechtszellen auslegen. Wahrscheinlich gelangt aber dabei auch die glückliche Überwindung des Geburtstraumas zur Darstellung. Über die beim Orgasmus vermuteten Besetzungsänderungen wollen wir uns bald etwas ausführlicher äußern und begnügen uns hier mit dieser Beschreibung.

Zum Schluß möchte ich nur noch darauf hinweisen, daß sowohl beim Menschen als auch bei vielen Tiergattungen eine innige Beziehung zwischen den Begattungsfunktionen und dem *Schlafen* besteht. Das entspricht gewiß unserer theoretischen Erwartung, da wir doch sowohl den Schlaf als auch den Genitalakt als Regressionen zum Intrauterinleben betrachten. Mit den Analogien und den Unterschieden beider wollen wir uns noch näher befassen, hier möchten wir nur feststellen, daß sehr viele Tiere, aber auch die Menschen, nach dem Koitus gerne in Schlaf verfallen. Nach den psychoanalytischen Erfahrungen sind die meisten Fälle von psychischer Schlaflosigkeit auf Störungen der Genitalfunktion zurückführbar und erst durch deren Beseitigung heilbar.

V
Die individuelle Genitalfunktion

Wir fragen uns nun, ob wir auf Grund dieser und ähnlicher Beobachtungen über den Ablauf und die ontogene Entwicklung der Begattungsfunktion in der Lage sind, endlich etwas über den Sinn dieses mit so merkwürdiger Einförmigkeit in einem großen Teil der Tierwelt periodisch wiederkehrenden Vorgangs auszusagen.
Rein physiologisch betrachtet erschien uns der Koitus als der periodisch einsetzende Schlußakt der Ausgleichung einer während des ganzen individuellen Lebens sich ansammelnden, jede nichterotische Organbetätigung begleitenden unlusterzeugenden Libidospannung, die von den einzelnen Organen auf »amphimiktischem« Wege aufs Genitale verlegt wurde. In den Vorgängen der Begattungsfunktion sind also sämtliche Mengen und Arten der unbefriedigten Libido aller Organe und besonders aller beim Erwachsenen aufgelassenen erogenen Zonen und Organisationsstufen vereinigt. Ohne über die Natur der hierbei sich abspielenden physiologischen Vorgänge auch nur eine Andeutung geben zu können, weisen wir auf die Analogie der Endprozesse des Begattungsaktes mit den Ausscheidungsfunktionen hin, und vermuten, daß im Erektions- und Ejakulationsvorgang (der bekanntlich auch beim Weibe angedeutet ist) alle jene Autotomietendenzen summiert sind, deren Ausführung während der »Nützlichkeitsfunktion« unterlassen wurde. Ein Lebewesen mit entwickelter Genitalfunktion ist also auch in bezug auf seine nichterotische Betätigung den Lebensaufgaben besser angepaßt, es kann die erotischen Befriedigungen *aufschieben,* bis sie die Erhaltungsfunktionen nicht mehr stören. Man kann also behaupten, daß das Genitale auch »nützliches« Organ ist, das die Zwecke der Wirklichkeitsfunktion fördert.
Wir können uns über die Besetzungsänderungen nach erfolgter Genitalbefriedigung nur äußerst unklare Vorstellungen bilden, und nur über

die psychologische Seite des orgastischen Prozesses möchten wir uns getrauen, eine etwas konkretere Ansicht zu äußern. Es hat den Anschein, als ob unter den Bedingungen der Begattung eine aufs höchste gesteigerte Spannung *unerwartet* und *ungemein leicht* zur Lösung käme, so daß eine große Menge von Besetzungsaufwand *plötzlich* überflüssig wird. Daher die ungeheuer starke Lustempfindung, die also auch hier, wie nach Freud bei der Witzeslust, auf ersparten Besetzungsaufwand zurückzuführen wäre.[1] Dieser Empfindung könnte aber irgend eine »genitofugale« Rückströmung der Libido in die Körperorgane parallel laufen, das Gegenstück jener »genitopetalen« Strömung, die in der Spannungsperiode die Erregungen von den Organen zum Genitale leitete. Im Moment dieser Rückströmung der Libido vom Genitale zum ganzen übrigen psychophysischen Organismus kommt es zu jenem »Glückseligkeitsgefühl«, in dem die Nützlichkeitsfunktion der Organe ihre Belohnung und zugleich den Ansporn zu erneuter Arbeitsleistung findet.[2]

Der Vorgang bei der Genitalbefriedigung ist gleichsam die eruptive *Genitalisierung des ganzen Organismus,* die mit Hilfe der Friktionsarbeit erreichte vollkommene Identifizierung des ganzen Organismus mit dem Exekutivorgan.

Mag uns aber diese Betrachtungsweise des Begattungsprozesses vom Standpunkt der psychisch-physischen Ökonomie noch so anziehend erscheinen, sie gibt uns immer noch keine Aufklärung darüber, warum die sexuelle Energieansammlung und Energieabfuhr in einem so großen Teil des Tierreichs *gerade diese Form* angenommen hat; ohne die Beantwortung dieser Frage können wir aber das Gefühl der zureichenden Determinierung nicht haben. Wir haben nun von der Psychoanalyse gelernt, daß solchem Mangel, wenigstens bei psychischen Vorgängen, abgeholfen werden kann, wenn man die rein ontologische (deskriptiv-ökonomische) Betrachtungsweise durch die historisch-genetische ergänzt. Demgemäß versuchten wir auch, die Triebäußerungen der Sexualität, wie früher schon die Äußerungsformen des Wirklichkeitssinnes, aus der Tendenz zur Wiederherstellung der antenatalen Situation abzuleiten, als ein Kompromiß zwischen dieser im Leben anscheinend ganz aufgegebenen, in Wahrheit nur beiseite geschobenen Strebung, und den Hindernissen,

---

[1] Auf solche Aufwandersparnis ist auch das wollüstige *Kitzelgefühl* zurückzuführen. Übrigens dürften die meisten »kitzligen« Körperpartien »genitalisiert« sein, besonders die Achselhöhle.
[2] Die Idee von der genitopetalen Libidoströmung und von deren Umkehr im *Orgasmus* wurde vom Verfasser bereits in der Wiener Diskussion ›Über Onanie‹ (1912) angedeutet.

die sich ihr in der Wirklichkeit in den Weg stellen. Uns erschienen also die von Freud beschriebenen Etappen der Sexualentwicklung als unablässig wiederholte Versuche zur Wiedererreichung jenes Zieles, die Genitalorganisation selbst aber als ein endliches, wenn auch nur teilweises Erreichen des vom Trieb Geforderten. Nun scheint es aber, daß diese Triebbefriedigung nicht geradenwegs auf ihr Ziel losgehen kann, sondern immer auch die Entstehungsgeschichte des Triebs selbst wiederholen muß, mithin auch den an sich unlustvollen Anpassungskampf, den das Individuum bei der Störung einer früheren Lustsituation zu bestehen hatte. Der erste und stärkste Anpassungskampf im Leben des Einzelwesens war das erschütternde Erlebnis des Geborenwerdens und die Anpassungsarbeit, zu der es von der neuen Existenzlage gezwungen wurde. Wir meinten denn auch, daß der Koitus nicht nur die zum Teil phantastische, zum Teil reale Wiederkehr in den Mutterleib bedeutet, sondern daß in seiner Symptomatik auch die Geburtsangst und deren Überwindung, das glückliche Geborenwerden, zur Darstellung gelangen. Allerdings sorgen bei der Begattung sinnreiche Einrichtungen dafür, daß die Angstgröße ein gewisses Maß nicht übersteigt, und eine noch viel reichlichere Vorsorge ist dafür getroffen, daß diese Angst durch die plötzliche, fast vollkommene Erreichung des Befriedigungsziels (des Frauenleibes) in eine ungeheure Lust verwandelt werde.

Wir können diese Hypothese mit jenen Beispielen in Beziehung bringen, die Freud zur Illustration des *Wiederholungszwanges* in seiner Arbeit »Jenseits des Lustprinzips« (1921) anführt. Der Wert dieser Analogie wird vielleicht noch gesteigert dadurch, daß sie auf Grund ganz anderer Voraussetzungen zu den nämlichen Ergebnissen gelangt.

Gewisse Symptome der *traumatischen Neurose* und gewisse merkwürdige Einzelheiten des *kindlichen Spieles* erklärt Freud aus dem Zwang, unerledigte und ob ihrer Intensität en bloc nicht zu erledigende Erregungsmengen, in unzähligen Wiederholungen, aber stets nur in kleinen Dosen, allmählich abzuführen. Auch wir betrachten nun den Koitus als solche partielle Abfuhr jener immer noch unerledigten Schockwirkung, die das Geburtstrauma hinterließ; zugleich erscheint er uns aber als ein Spiel, treffender gesagt: ein Erinnerungsfest, bei dem die glückliche Befreiung aus der Not gefeiert wird; schließlich stellt sie aber auch die negativ halluzinatorische Leugnung des Traumas überhaupt dar.

Auf die von Freud aufgeworfene Frage, ob die Wiederholung ein Zwang oder eine Lust sei, ob sie diesseits oder jenseits des Lustprinzips liege, könnten wir, wenigstens in bezug auf den Begattungstrieb, keine einheitliche Antwort geben. Wir glauben, daß sie, insofern sie jene Schockwirkung allmählich ausgleicht, ein Zwang ist, d. h. eine von äußerer Störung erzwungene Anpassungsreaktion. Insofern aber dabei die erfolgte Störung negativ halluzinatorisch geleugnet oder die Erinnerung an deren Überwindung gefeiert wird, haben wir es dabei mit reinen Lustmechanismen zu tun.

Manches weist darauf hin, daß die Triebenergien zwischen Soma und Keimplasma ungleich verteilt sind; es ist, als ob der größte Teil der unerledigten Triebe im Keimplasma aufgestapelt wäre, also größtenteils von ihm der traumatische Wiederholungszwang ausginge, der bei jeder Wiederholung (jeder Begattung) sich eines Teiles der Unlust entledigt. Man ist versucht, die sich beim Genitalakt äußernden Selbstkastrationstendenzen auf das Bestreben zurückzuführen, die unlusterzeugende Sexualmaterie im ganzen oder partienweise aus dem Körper auszustoßen. Gleichzeitig ist aber beim Koitus auch für die Eigenbefriedigung des individuellen Somas gesorgt, d. h. für die nachträgliche Erledigung der im Leben erlittenen kleineren Traumata in der Form einer spielend leichten Bewältigung.

In diesem Spielerischen sehen wir das rein lustvolle Element der genitalen Befriedigung, und mit ihrer Hilfe glauben wir endlich in der Lage zu sein, etwas Allgemeines über die *Psychologie der Erotik* auszusagen.

Die meisten Triebbetätigungen werden bekanntlich bei Störungen, die den Organismus von außen treffen, oder bei gleichfalls unlustvollen Veränderungen im Körperinneren in Gang gesetzt. Bei den Spieltrieben aber, zu denen wir also in gewissem Sinne auch die erotischen rechnen möchten, schafft der Trieb selbst eine Unlust, um dann die Lust bei deren Beseitigung zu genießen.[3] Das Spielerische und das Erotische sind also dadurch charakterisiert, daß dabei, im Gegensatz zur sonst unerwartet eintreffenden Unlustsituation, erstens die Unlust nur in einer bekannten und mäßigen Dosierung zugelassen wird, zweitens für die Beseitigungsmöglichkeit von vornherein, oft sogar in überreicher Weise gesorgt ist. In diesem Sinne möchte ich z. B. den Hunger für einen einfachen Trieb zur Beseitigung einer körperlichen Entbehrungsunlust ansehen, den Appetit aber als die erotische Parallele dazu, da doch beim Appetit die sichere Erwartung ausreichender Befriedigung jene kleine Entbehrung sogar als Vorlust genießen läßt. Wir meinen nun, daß auch die Einrichtungen der Sexualität, speziell auch die der Begattungsfunktion, in

---

[3] Siehe auch Rank, *Der Künstler*, 1907.

kunstvoller Weise so angeordnet sind, daß auf die Befriedigung mit Sicherheit gerechnet werden kann. Auch die Sexualität *spielt* also nur mit der Gefahr. Nach unserer Beschreibung wird bei der Genitalsexualität *die ganze Sexualspannung des Organismus in eine Art Juckreiz der Genitalien konvertiert*[4], der ungemein leicht beseitigt werden kann, gleichzeitig wird aber auch die Mutterleibsregressionstendenz des ganzen Organismus auf einen Körperteil, das Genitale, übergeleitet, an dem sie ohne Schwierigkeit zu verwirklichen ist.

Der Begattungsakt erinnert also an jene »Schauspiele«, in denen sich zwar auch Gewitterwolken zusammenballen, wie in einer wirklichen Tragödie, man aber immer die Empfindung hat, daß die Sache »gut ausgehen« wird.[5]

Wir können uns als Motiv solcher spielerischen Wiederholung nur die Erinnerung an die einmal glücklich erlebte Befreiung von Unlust vorstellen, wie sie auch von Freud als eines der Motive der Kinderspiele angegeben wird. Die Tatsache, daß es dem Menschen gelingt, die große Gefahrsituation bei der Geburt zu überleben und die Lust, die Existenzmöglichkeit auch außerhalb des Mutterleibes gefunden zu haben, bleiben unauslöschlich in der Erinnerung eingeprägt und drängen zur periodischen Wiederherstellung einer ähnlichen, allerdings abgeschwächten Gefahr, nur damit man die Lust bei deren Beseitigung wieder genießen könne. Es ist möglich, daß die im Begattungsakt erlebte zeitweilige Wiederkehr in den Mutterleib und die gleichzeitige spielerische Wiederholung und Bewältigung aller Gefahren, die die Geburts- und Anpassungskämpfe des Lebens mit sich brachten, in demselben Sinne erfrischend wirkt, wie die allnächtliche Schlafregression. Die periodisch zugelassene Herrschaft des Lustprinzips mag dem schwer kämpfenden Lebewesen zum Trost gereichen und ihm die Kraft zu weiterer Arbeit verleihen.

Wir müssen gestehen, daß wir die Beharrlichkeit, am zentralen Gedanken des maternalen Regressionszuges trotz aller Denkschwierigkeiten festzuhalten, hauptsächlich einer psychoanalytischen Erfahrung verdanken. Es ist zu auffällig, mit welcher Konsequenz und in welch verschiedenartigen psychischen Gebilden (Traum, Neurose, Mythus, Folk-

---

[4] Die Umkehrung dieses Prozesses wäre die hysterische Konversion, die Umwandlung der Genitalerregung in anderweitige Körperinnervation.
[5] Es freute mich, im jüngst erschienenen schönen Werk Ossipows: *Tolstois Kindheitserinnerungen* (1923) diese Auffassung über die Erotik wiedergefunden zu haben. Auch er vergleicht die sexuelle ängstliche Lust mit dem Appetit, im Gegensatz zu ernsthaften Entbehrungen, z. B. dem Hunger.

lore usw.), Koitus und Geburt mit dem gleichen Symbol der *Rettung aus einer Gefahr*, insbesondere aus dem *Wasser (Fruchtwasser)* dargestellt ist;[6] wie die Sensationen des *Schwimmens, Schwebens, Fliegens* gleicherweise die Empfindungen beim Koitus, wie auch die der Mutterleibsexistenz ausdrücken und schließlich wie das *Genitale* so vielfach mit dem *Kind* symbolisch gleichgesetzt wird.[7] Damit glauben wir aber, den ganzen Sinn des im Orgasmus endigenden Genitalaktes erfaßt zu haben. Indem die gewöhnlich nur aufs Genitale beschränkte Libidospannung plötzlich auf den ganzen Organismus ausstrahlt, wird der Organismus für einen Augenblick nicht nur zum Mitgenießer der Genitalien, sondern auch zum Wiedergenießer der intrauterinen Glückseligkeit.

Nach der hier dargestellten Auffassung faßt also die Begattungsfunktion eine ganze Reihe von Lust- und Angstmomenten in einen Akt zusammen: die Lust der Befreiung von störenden Triebreizen, die Lust der Wiederkehr in den Mutterleib, die Lust der glücklich beendigten Geburt; anderseits die Angst, die man beim Geburtsakt erfahren hat und jene, die man bei der (phantasierten) Wiederkehr empfinden müßte. Indem die *reale* Wiederkehr auf das Genitale und dessen Sekret beschränkt wird, während sich der übrige Körper unversehrt erhalten kann (und die Regression »halluzinatorisch« mitmacht), gelingt es im Orgasmus jedes Angstmoment auszuschalten und den Begattungsakt mit dem Gefühle voller Befriedigung zu beenden.

Ein unklarer Punkt in unserer Beweisführung bleibt unleugbar die merkwürdige Vereinigung der Befriedigungslust und der Arterhaltungsfunktion im Begattungsakt. Wir müssen zugeben, daß hierfür die Ontogenese der Individuen keine zureichende Erklärung gibt, und wollen nun sehen, ob nicht der Versuch der bisher vorsichtig gemiedenen phylogenetischen Parallele einen Schritt weiterhilft.

---

[6] Siehe Rank, *Der Mythus von der Geburt des Helden*, 1909, und ›Die Symbolschichtung im Wecktraum‹, 1912.
[7] Sollte sich unsere Hypothese einmal bewahrheiten, so würde sie ihrerseits klärend auf die Entstehungsweise der *Symbole* überhaupt rückwirken. Den echten Symbolen käme dann *der Wert historischer Denkmäler* zu, sie wären geschichtliche *Vorläufer* aktueller Betätigungsarten und *Erinnerungsreste*, zu denen man physisch und psychisch zu regredieren geneigt bleibt.

B. Phylogenetisches

VI
Die phylogenetische Parallele

Um uns das nachträgliche Geständnis zu ersparen und die Entschuldigung für das gewagte Unternehmen, auf ein fremdes Wissensgebiet einzudringen, vorwegzunehmen, möchten wir gleich hier betonen, daß die Idee, zu der individuellen Katastrophe der Geburt und ihrer Wiederholung im Begattungsakt eine Art geschichtliche Parallele zu suchen, uns nicht etwa durch naturwissenschaftliche Tatsachen aufgedrängt wurde, sondern wieder nur durch die psychoanalytische Erfahrung, im Besonderen durch Erfahrungen auf dem Gebiet der Symbolik. Ist man einmal im Vorurteil, daß in den symbolischen oder indirekten Äußerungsformen der Seele und des Körpers ganze Stücke untergegangener und auf andere Art unzugänglicher Geschichte – nach Art hieroglyphischer Inschriften aus einer Urzeit – konserviert sind, durch hundertfältige Beobachtung bestärkt, und hat sich einem diese Schriftzeichenentzifferung in der Geschichte des Individuums so vielfach bewährt, so ist es vielleicht verständlich und verzeihlich, wenn man es wagt, sich dieser Chiffriermethode auch bei den großen Geheimnissen der Artentwicklungsgeschichte zu bedienen. Wie unser Lehrmeister Freud bei ähnlichen Versuchen zu wiederholen pflegt, ist es ja keine Schande, wenn man sich bei solchen Ausflügen ins Unbekannte verirrt. Schlimmstenfalls wird dann auf dem Weg, den wir gegangen sind, eine Warnungstafel angebracht, die dann anderen erspart, in die Irre zu gehen.

Der Ausgangspunkt aller nun folgenden Spekulationen war also, um es gleich zu sagen, die außerordentliche Häufigkeit, mit der in den verschiedensten normalen und pathologischen psychischen Gebilden, in Produkten der individuellen und der Massenseele das *Fischsymbol*, d. h. das Bild eines im Wasser schwebenden oder schwimmenden Fisches, sowohl den Begattungsakt als auch die Mutterleibssituation ausdrückt. Es geschah nun bei einer besonders eindrucksvollen Beobachtung dieser Art, daß uns die phantastische Idee durch den Kopf schoß, ob diese Symbolik nebst der rein äußerlichen Ähnlichkeit der Situation des Gliedes in der Scheide, des Kindes im Mutterleib und des Fisches im Wasser, nicht auch ein Stück phylogenetisches Wissen um unsere Herkunft von wasserbewohnenden Wirbeltieren ausdrückt. Der Mensch stammt ja, wie es uns die Universitätslehrer einprägten, wirklich vom Fisch ab, und der berühmte *Amphyoxus lanceolatus* wird als Stammvater aller Wirbeltiere, also auch des Menschen geehrt.

Nachdem aber einmal dieser Gedanke auftauchte, meldeten sich zu seiner Stütze von allen Seiten – allerdings immer noch recht abenteuerliche – Argumente. Wie denn, dachten wir uns, wenn *die ganze Mutterleibsexistenz der höheren Säugetiere nur eine Wiederholung der Existenzform jener Fischzeit wäre und die Geburt selbst nichts anderes, als die individuelle Rekapitulation der großen Katastrophe, die so viele Tiere und ganz sicher auch unsere tierischen Vorfahren beim Eintrocknen der Meere zwang, sich dem Landleben anzupassen, vor allem auf die Atmung durch Kiemen zu verzichten und sich Luftatmungsorgane zuzulegen.* Und wenn Altmeister Haeckel den Mut hatte, das biogenetische Grundgesetz von der kursorischen Wiederholung der Artgeschichte in der Embryonalentwicklung *(Palingenese)* aufzustellen, warum sollte man nicht weitergehen und annehmen, daß auch in *der Entwicklung der Schutzmaßnahmen für den Embryo (Coenogenese) ein Stück Artgeschichte, die Geschichte der Veränderungen der Milieus erhalten ist, in denen die embryogenetisch angedeuteten Vorfahren wohnten.* Als wir dann anfingen, in den Büchern von der tierischen Entwicklung zu blättern, fanden wir denn auch bald, daß ein ähnlicher Gedanke auch schon vom Naturphilosophen Oken, dem Zeitgenossen Goethes, ausgesprochen, von seinen gelehrteren Nachfolgern, insbesondere von Haeckel selbst aber energisch verworfen worden war. Nach Haeckel kommt nur den Entwicklungsphasen des Embryonalkörpers selbst der Wert von Geschichtsdokumenten zu, nicht aber den doch gleichfalls eine fortschreitende Entwicklung aufweisenden Veränderungen des Keimschutzes. Nur in den phantasiereichen und geistvollen Beschreibungen des als Populärschriftsteller so bekannten, als origineller Denker noch unterschätzten Bölsche kehren Ansichten, wie die hier dargelegte, allerdings nur in poetischen Vergleichen und Bildern, immer wieder. Da wir aber, wie es vor längerer Zeit in einer kleinen psychoanalytischen Abhandlung[1] dargelegt wurde, der Ansicht sind, daß solche Gleichnisse aus

---

[1] ›Analyse von Gleichnissen‹ [in Bd. I dieser Ausgabe, S. 210–219].

der Tiefe unbewußten Wissens schöpfen, mußten wir annehmen, daß hierin Bölsche, sonst ein unentwegter Anhänger und Apostel Haeckels, mit seinem Meister nicht ganz übereinstimme. Vom männlichen Begattungsglied sprechend, sagt er gelegentlich: »Es liegt auch Vergangenheit in diesem Gliede. Es ist ein Melusinenglied. Der Mensch lenkt hier hinab an den Fisch, von dem er in purpurnen Tagen gekommen.« Allerdings hält er an diesem Gleichnis nicht lange fest und bezeichnet die Frage nach dem Ursprung dieses Anhängsels nur als eine »Anhängselsache«, worin wir mit ihm durchaus nicht übereinstimmen. An anderer Stelle, wo er davon spricht, daß der Molch zu den ersten Tieren gehört, die ihre Embryonalzeit im Mutterleib durchmachen, sagt er wiederum: »der Mutterleib wurde Wassertümpel des Molches, er macht sein Kiemenstadium vollständig im Mutterleibe durch«, das heißt aber wohl nichts weniger, als das Zugeben der von uns postulierten *coenogenetischen Ergänzung des biogenetischen Gesetzes,* d. h. auch der Analogie der Schutzeinrichtungen des Embryos mit der Existenzform des Fisches im Wasser.

Einzelheiten aus der Traum- und Neurosensymbolik weisen auf eine tiefreichende sinnbildliche Identifizierung des mütterlichen Körpers einerseits mit dem Seewasser, dem Meer, anderseits mit der nährenden »Mutter Erde«. Es könnte sich nun in dieser Symbolik nicht nur die Tatsache einen Ausdruck verschafft haben, daß man als Individuum vor der Geburt als wasserbewohnender Endoparasit, nach der Geburt aber längere Zeit als luftatmender Ektoparasit an der Mutter zehrt, sondern auch die, daß See und Erde in der Artentwicklung wirklich die Vorläufer der Mutter waren, die Stelle der spät erworbenen mütterlichen Schutzeinrichtungen noch allein vertraten, indem sie jene tierischen Vorfahren beschützten und ernährten. In diesem Sinne käme der See-Symbolik der Mutter ein archaischerer, primitiverer Charakter zu, während die Erdsymbolik jene spätere Periode imitierte, in der der bei der See-Eintrocknung ans Land gesetzte Fisch auf die aus dem Erdinneren sickernden Feuchtigkeitsquellen als Ersatz für das verlorene Seewasser (das ihm zugleich auch die Nahrung zuführte) angewiesen war, und in einem solch günstigen Milieu gleichsam parasitisch vegetieren durfte, bis seine Umwandlung in ein Amphibium gelungen war. Wir denken hier an einen *Bedeutungswandel der Symbolik,* in dem, wie im Wortbedeutungswandel der Philologen, ein Stück Geschichte, hier sogar ein wichtiges Stück Artgeschichte enthalten ist. Hinter der Pflugsymbolik z. B., die die Psychoanalyse als den Niederschlag alter kulturgeschichtlicher

Erfahrungen ansieht, hinter der Symbolik des Astabbrechens und Fruchtabreißens (z. B. in der Genesis) ist überall auch die Gleichsetzung der mit dem Pflug bearbeiteten fruchtbringenden Erde mit der Mutter versteckt. Viele primitive Weltentstehungsmythen, die die Erde aus der See emportauchen lassen, enthalten Züge, die diese Kosmogonie als symbolische Darstellung der Geburt deuten lassen; in Ranks *Inzestmotiv* (1912) ist das mit zahlreichen Beispielen belegt und auch Róheim konnte mir aus seinem ethnologischen Material zahllose Beispiele dafür angeben. Doch auch die tägliche psychoanalytische Erfahrung bringt einem krasse Beispiele der Regression zur Muttersymbolik der Erde oder des Wassers. In zahlreichen Kleinkindergeschichten kommt es vor, daß die infolge des Ödipuskomplexes versagte Mutterliebe direkt auf die Erde übertragen wird, Koitushandlungen an in die Erde gebohrten Löchern ausgeführt oder durch Verkriechen in ein Erdloch gleichsam die Totalregression versucht wird. Unvergeßlich bleibt mir auch das Beispiel jenes unlöslich an die Mutter fixierten jungen Homosexuellen, der noch als Jüngling stundenlang am Boden der mit warmem Wasser gefüllten Badewanne lag und um in dieser archaischen Wasserexistenz oder Embryonalsituation verharren zu können, durch ein langes, aus dem Wasser herausragendes Rohr atmete, das er sich in den Mund steckte.

Die in einem der vorigen Kapitel gegebene, in der Psychoanalyse übrigens gebräuchliche Deutung der Wasserrettung oder des Schwimmens im Wasser als Geburtsdarstellung und als Darstellung des Koitus erfordern also auch eine phylogenetische Überdeutung; der Sturz ins Wasser wäre wieder das archaischere Symbol, das der Wiederkehr in den Mutterleib, während in der Rettung aus dem Wasser der Moment des Geboren- oder Anslandgesetztwerdens betont zu sein scheint. Man fühlt sich versucht, auch die *Sintflutsagen* als eine nach psychoanalytischer Erfahrung nicht ungewöhnliche Umkehrung des wirklichen Sachverhaltes auszulegen. Die erste große Gefahr, die die Lebewesen, die ursprünglich alle Wasserbewohner waren, traf, war nicht das Überflutetwerden, sondern die Eintrocknungsgefahr. Das Emportauchen des Berges Ararat aus den Fluten wäre also nicht nur, wie in der Bibel erzählt wird, die Rettung, sondern auch die ursprüngliche Katastrophe, die erst später im Sinne der Landbewohner umgedichtet worden sein mag. Dem Psychoanalytiker ist es natürlich nicht schwer, den Ararat, die Erde, in einer tieferen Schicht seiner Symbolik nur als Doublette der Arche Noahs und beide als symbolische Darstellungen des Mutterleibes zu erkennen, aus dem alle höheren Tiere ihren Ursprung nehmen; hier wäre

nur noch hinzuzufügen, daß auch diese mythischen Stoffe einer Überdeutung in phylogenetischem Sinne bedürfen.[2]
Eine solche Überdeutung möchten wir aber nunmehr auch für jene Erklärungen fordern, die in den vorigen Kapiteln gegeben wurden, die die Vorgänge bei der Begattung als symbolische Handlungen auffaßten, in denen das Individuum die Lust der Mutterleibsexistenz, die Angst der Geburt und die neuerliche Lust des glücklichen Überstehens dieser Gefahr wiedererlebt. Indem sich das Individuum mit dem in die Vagina eindringenden Glied und mit den in die Leibeshöhle des Weibes hineinschwärmenden Spermatozoen identifiziert, wiederholt es symbolisch auch die Todesgefahr, die seine Vorfahren in der Tierreihe bei der geologischen Katastrophe der Meereseintrocknung, durch Milieuumstände begünstigt, siegreich überwunden haben.

Zunächst beruht diese Annahme nur auf einer einfachen symbolischen Schlußfolgerung. Bedeutet der im Wasser schwimmende Fisch, wie in so vielen Fruchtbarkeitszaubern, das Kind im Mutterleib und sind wir bei so vielen Träumen gezwungen, das Kind als Penissymbol zu deuten, so wird uns einerseits die Penisbedeutung des Fisches selbstverständlicher, anderseits aber auch die Fischbedeutung des Penis, d. h. die Vorstellung, daß im Begattungsakt der Penis nicht nur *die natale und antenatale Existenzart des Menschen* agiert, sondern auch *die Kämpfe jenes Urtieres* unter den Vorfahren, das die *große Eintrocknungskatastrophe* mitmachte.

Zwei starke Argumente für diese zunächst gewiß gewagt erscheinende Hypothese liefern uns die Embryologie und die vergleichende Zoologie. Die eine besagt, daß *Fruchtwasser enthaltende Schutzorgane (Amnien) für den Embryo nur bei landbewohnenden Tierarten gebildet werden;* die andere, daß bei den Tierarten, deren Embryonen *ohne Amnien* heranwachsen (Anamnien), *keine eigentliche Begattung stattfindet,* sondern die Besamung seitens des Männchens und die Entwicklung des befruchteten Samens außerhalb des mütterlichen Leibes, meist frei im Wasser, erfolgt. Demgemäß sehen wir Ansätze zur Bildung eines Begattungsorganes zuerst nur bei den Amphibien, und erst bei den Reptilien erreichen sie ihre für das Säugetier charakteristische Erektilität. Der Besitz von Begattungsorganen, die Entwicklung im Mutterleib und das

---

[2] Siehe auch die Rettung der Israeliten, die trockenen Fußes durch das Rote Meer schritten. Übrigens ist die Geburtsbedeutung der Wasserrettung im Mythus seit Ranks Untersuchung über den *Mythus von der Geburt des Helden* (1909) Gemeingut der Psychoanalyse.

Überstandenhaben der großen Eintrocknungsgefahr bilden so eine unzerreißbare biologische Einheit, die auch die letzte Ursache der symbolischen Identität des Mutterleibes mit der See und der Erde einerseits, des männlichen Gliedes mit dem Kinde und dem Fisch anderseits sein muß.
Auf den naheliegenden darwinistischen Einwand, daß sich eben nur die Arten erhalten konnten, die sich an das Landleben organisch anpassen konnten und daß die Ausbildung des embryonalen Schutzes der natürlichen Zuchtwahl, dem Überleben der tüchtigeren Varietät zuzuschreiben ist, können wir gleich hier erwidern, daß dem Psychoanalytiker die psychologischere Denkungsart Lamarcks, die Strebungen und Triebregungen auch in der Artentwicklung eine Rolle einräumt, genehmer ist, als die des großen englischen Naturbeobachters, der alles nur auf Variation, in letzter Linie also auf den Zufall zurückführen will. Auch gibt die darwinistische Auffassung keine Erklärung für die in der Natur überall nachweisbare Wiederkehr alter Formen und Funktionsweisen im neuen Entwicklungsprodukt, sie würde die Tatsache der Regression, ohne die einmal die Psychoanalyse nicht auskommen kann, wahrscheinlich negieren. Lassen wir uns also durch sie nicht beirren und halten wir bei der Annahme aus, daß in der Genitalität nebst der ontogenen auch phylogene Katastrophen zum Ausdruck, vielleicht gar zur nachträglichen Abreagierung gelangen.

VII
Material zum »thalassalen Regressionszug«

Wir wollen uns die Sache denn doch nicht zu leicht machen und möchten in loser Aufeinanderfolge Argumente aufzählen, die, wie wir glauben, für die Idee vom »thalassalen Regressionszuge«, dem Streben nach der in der Urzeit verlassenen See-Existenz sprechen, insbesondere aber jene, die das Fortwirken dieser Trieb- oder besser gesagt Zugkraft in der Genitalität wahrscheinlich machen.[1]
Gehen wir gleich vom Parallelismus aus, der zwischen der Art der Begattung und der Ausbildung der Genitalien einerseits – der Existenzform in der See, dann im Erden-, Luftmilieu andererseits besteht. »Bei den niederen Tieren« – so steht es im schönen Tierbuch von Hesse und Doflein[*] – „bei denen Eier und Samen einfach ins Wasser entleert werden, wo sich dann die Befruchtung vollzieht, kennen wir keine besonderen Handlungen der Individuen, welche der Ausstoßung vorangehen.« Je höher wir aber in der Entwicklungsstufe steigen, d. h. nach unserer Auffassung: auf je kompliziertere Schicksale die Artgeschichte zurückzuschauen hat, um so sorgfältigere Einrichtungen sind zur sicheren Unterbringung der Keimzellen in einem günstigen Milieu getroffen. Jedenfalls setzt aber die Entwicklung der äußeren Genitalien ganz plötzlich mit der Entwicklungskatastrophe bei den Amphibien ein. Allerdings haben letztere noch keine eigentlichen Begattungsorgane, diese beginnen erst beim Reptil (Eidechse, Schildkröte, Schlange, Krokodil), aber eine Art coitus per cloacam, ein Herandrängen oder Einführen der männlichen Kloake in die weibliche, kommt bereits bei den

---

[1] Das Wort »Trieb« will mehr den Anpassungsmoment, das Zweckmäßige in der Organbetätigung, der Ausdruck »Zug« mehr das Regressive hervorheben. Selbstverständlich bin ich aber mit Freud der Ansicht, daß auch das anscheinend nach »vorwärts« treibende im Grunde aus der Zugkraft der Vergangenheit seine Energie bezieht.
[*] [*Tierbau und Tierleben*, 1910.]

Fröschen vor. Entsprechend ihrem Doppelleben im Wasser und zu Lande, haben diese Tiere noch die Alternative der äußeren und inneren Besamung, d. h. der Befruchtung der Eier im freien Wasser oder im Mutterleib. Auch kommt es hier zum ersten Mal zur Ausbildung auffälliger äußerer Geschlechtsmerkmale, so beim männlichen Frosch jener Schwielenbildung an der vorderen Extremität, die ihn zur Umklammerung des Weibchens befähigt. Ein aus der Kloake hervorwachsendes Bohrwerkzeug, einen Penisfortsatz, der noch undurchbohrt ist, entdeckt man zuerst bei den Eidechsen, die ersten Spuren der Erektilität, wie schon erwähnt, beim Krokodil.

Doch schon beim männlichen Molch beginnt sich eine innige Beziehung zwischen Urethralausscheidung und Ejakulation auszubilden, die ihren höchsten Grad erst bei einem primitiven Säugetier, dem Känguruh erreicht, bei dem endlich die Kloake in Darm und Harnröhre getrennt ist und der gemeinsame Abfuhrkanal für Sperma und Urin nach Menschenart den erektilen Penisfortsatz durchbohrt.

Diese Entwicklungsreihe zeigt uns eine gewisse Analogie mit den individuellen Entwicklungsphasen des erotischen Realitätssinnes, wie wir sie eingangs zu beschreiben versuchten. Der anfänglich nur tappende Versuch des Tiermännchens, einen Teil seines Körpers sowie seine Geschlechtsprodukte in den Mutterleib einzuführen, erinnert uns an die anfangs ungeschickten, dann immer energischeren Versuche des Kindes, die Wiederkehr in den Mutterleib mit Hilfe seiner erotischen Triebeinrichtungen zu erzwingen und das Geborensein wenigstens partiell und symbolisch wieder zu erleben bzw. rückgängig zu machen. Diese Ansicht entspricht auch der Auffassung Freuds, nach dessen Ausspruch wir in den sonderbaren Veranstaltungen der Begattung in der Tierwelt die biologischen Vorbilder für die infantilen Äußerungsformen der Sexualität wie auch für die Veranstaltungen der Perversen sehen können.

Hier aber müssen wir wieder unsere Phantasie spielen lassen, um eine, wenn auch nur vorläufige Antwort auf die noch ungelöste Frage zu bekommen, welche Motive die Amphibien und Reptilien bewogen haben können, sich einen Penis zuzulegen (denn nach unserer lamarckistischen Auffassung gibt es keine Entwicklung ohne solches Motiv, keine Veränderung, die nicht Anpassung an eine äußere Störung wäre). Dieses Motiv kann sehr wohl die Strebung nach Wiederherstellung der verlorenen Lebensform in einem feuchten Milieu, das zugleich Nährstoffe enthält, d. h. *die Wiederherstellung der See-Existenz im feuchten, nahrungsreichen Körperinneren der Mutter* sein. Nach der bereits einige-

Versuch einer Genitaltheorie – B. Phylogenetisches

male notwendig gewordenen »Umkehrung der Symbolik« erschiene so eigentlich die *Mutter als ein Symbol oder partieller Ersatz des Meeres und nicht umgekehrt.* Wie angedeutet, denken wir uns ja, daß, gleichwie die Keimzellen höherer Tiere ohne Brutschutz, ja auch die schon zur Welt gebrachten Nachkommen ohne mütterlichen Schutz zugrunde gingen, so wären alle Tierarten, wie so viele tatsächlich, bei der Eintrocknungskatastrophe untergegangen, hätten nicht zufällige günstige Umstände und die Regressionsbestrebung für ihre ekto- und endoparasitische Existenz, für ihre Erhaltung während der Anpassung an das Landleben gesorgt. Den höheren Wirbeltieren gelang es dann endlich in der Institution der inneren Befruchtung und des Heranwachsens im Mutterleib diese parasitische Existenzart mit dem thalassalen Regressionszug aufs gelungenste zu verknüpfen.

Eine andere Analogie zwischen dem Fötus im Mutterleib und den Wassertieren zeigt sich in der Art ihrer Sauerstoff- und Nahrungsversorgung. Die Leibesfrucht deckt ihren Sauerstoffbedarf, indem sie ihre Chorionzotten frei in den Bluträumen der placenta maternalis schwimmen läßt und den respiratorischen Gaswechsel auf osmotischem Wege bewerkstelligt. *Nicht die stets funktionslosen Kiemenanlagen des Embryos selbst, sondern diese Chorionzotten möchten wir als Reproduktion der Kiemenatmungsorgane der Wassertiere ansehen,* die ja ihr Oxygen gleichfalls auf osmotischem Wege aus einer Flüssigkeit, und nicht wie die Landtiere, aus der Luft beziehen. In der Plazenta besitzt also die Leibesfrucht ein parasitisches, die Kiemenatmung nachahmendes Saugorgan, das für die Sauerstoffversorgung (und die Ernährung) sorgt, bis die Organe den Embryo selbst zum Leben außerhalb des Mutterleibes, gleichsam als Landtiere, befähigen. Wollen wir mit der »coenogenetischen Parallele« Ernst machen, so müssen wir tierische Vorfahren in der Übergangszeit zwischen See- und Landleben postulieren, bei denen für die Kiemenatmung so lange vorgesorgt war, bis sich bei ihnen funktionstüchtige Lungen entwickelten. Solche Tiere sind nun, wie uns Haeckel ausführlich erzählt, bis auf den heutigen Tag erhalten geblieben. »Zwischen den echten Fischen und den Amphibien mitten innen«, so steht es bei ihm geschrieben, »steht die merkwürdige Klasse der Lurchfische oder Molchfische (Dipneusta, Protopteri). Davon leben heute nur noch wenige Repräsentanten, nämlich der amerikanische Molchfisch (Lepidosiren paradoxa) im Gebiet des Amazonenstromes, und der afrikanische Molchfisch (Protopterus annectens) in verschiedenen Gegenden Afrikas. Während der trockenen Jahreszeit im Sommer vergraben sich diese seltsamen Tiere in dem eintrocknenden Schlamm in ein Nest von Blättern und atmen dann Luft durch Lungen, wie die Amphibien. Während der nassen Jahreszeit im Winter leben sie in Flüssen und Sümpfen und atmen Wasser durch Kiemen, gleich den Fischen.« Wir erfahren dann von Haeckel, daß ein Gegenstand ewigen Streites zwischen den Zoologen ist, ob die Lurchfische eigentlich Fische oder Amphibien seien. Er selbst vertritt die Ansicht, daß sie eine besondere Wirbeltierklasse bilden, welche den Übergang beider vermittelt.

Der weitere Fortschritt in der Anpassung ans Landleben der Amphibien ist allgemein bekannt. Die Frösche haben eine kiemenatmende Jugendform, in der sie noch als Kaulquappen fischartig im Wasser herumschwimmen, während das ausgewachsene Tier luftatmender Landbewohner ist.

Wir brauchen nur anzunehmen, daß bei den *höheren Wirbeltieren* (Reptilien, Vögeln, Säugern) die *plazentale Kiemenatmung* auf die *Embryonalzeit* beschränkt ist, so haben wir eine fortlaufende Entwicklungsreihe vom Fisch über das Amphibium bis zum Menschen, in der die Strebung nach der See-Existenz niemals voll aufgegeben wird, wenn sie auch bei den letzteren auf die Entwicklungszeit im Mutterleib reduziert ist. Wir müßten nur noch hinzufügen, daß dieser thalassale Regressionszug auch nach dem Geborenwerden nicht rastet und in den Äußerungen der Erotik (insbesondere der Begattung), sowie, wie wir ergänzend bemerken und noch des weiteren ausführen wollen, in den Schlafzuständen sich kundgibt.

Wir können es nun keinesfalls für eine zufällige Variation erklären, daß ein fruchtwasserhaltiger Amnionsack als Schutzorgan des zarten Embryos gerade bei jenen Tierklassen zur Ausbildung gelangt, bei denen zu keiner Zeit des extrauterinen Lebens mit Kiemen geatmet wird (Reptilien, Vögel, Säugetiere). Dem psychoanalytischen Sinn für die Determiniertheit und Motiviertheit aller biologischen und seelischen Vorgänge entspricht vielmehr die Annahme, daß *das Fruchtwasser ein in den Leib der Mutter gleichsam »introjiziertes« Meer* darstellt, in dem, wie der Embryologe R. Hertwig sagt, »der zarte, leichtverletzliche Embryo wie der *Fisch im Wasser* schwimmt und Bewegungen ausführt.«[2]

Anschließend an diese Gedanken will ich noch auf einige merkwürdige

---

[2] Wir erinnern auch daran, daß sich die Emotion bei der Begattung in so auffälligen Veränderungen der Atmung Abfuhr verschafft, was wir mit der Dyspnoe bei der Geburt in Zusammenhang brachten, was wir aber nunmehr auch auf den archaischen Kampf um das Oxygen beziehen möchten.

Tatsachen hinweisen und es dem Urteil des Lesers überlassen, ob wir sie als unbedeutende Sonderbarkeiten ansehen oder zu den Argumenten unserer Anschauungsweise zählen dürfen. Von der Entwicklung des Hühnchenembryos, speziell seines Amnionsackes, berichtend, sagt R. Hertwig folgendes: »Am Anfang seiner Entwicklung ist der Amnionsack klein, vergrößert sich aber allmählich, indem er mit dem Wachstum des Embryos Schritt hält und eine große Menge Flüssigkeit einschließt. Gleichzeitig wird seine Wandung kontraktil. In seinem Hautfaserblatt bilden sich einzelne Zellen zu kontraktilen Fasern um, die beim Hühnchen vom fünften Tag der Bebrütung an rhythmische Bewegungen veranlassen. Man kann die Bewegungen bei unverletzter Eischale beobachten, wenn man die Eier gegen eine helle Lichtquelle hält und sich dabei des von Preyer konstruierten Ooskops bedient. Es läßt sich dabei konstatieren, daß das Amnion in der Minute etwa 10 Zusammenziehungen ausführt, welche von einem Pol beginnend, zum entgegengesetzten Ende nach der Art fortschreiten, wie sich ein Wurmkörper zusammenzieht. Dadurch wird die Amnionflüssigkeit in Bewegung gesetzt und der Embryo in regelmäßiger Weise von einem Ende zum anderen geschaukelt und gewiegt.« Zu bemerken ist, daß diese Bewegungen bis zum achten Tag der Bebrütung zu-, dann abnehmen, gleichwie die Fruchtwassermenge bei allen Amnioten nach anfänglicher rapider Zunahme allmählich abnimmt.

Es würde mich wundern, wenn diese Einrichtung des rhythmischen Wiegens nicht schon von einem oder dem anderen Naturforscher poetisch mit dem Wogen des Meeres verglichen worden wäre, am Ende ist aber das mehr als ein Gleichnis![3]

---

[3] Nur nebenbei beziehe ich mich auch auf die Merkwürdigkeit, daß das Genitalsekret der Weibchen bei höheren Säugetieren und beim Menschen, das, wie wir sagten, seine erotisch reizende Wirkung auf infantile Reminiszenzen zurückführen dürfte, nach der Beschreibung aller Physiologien einen ausgesprochenen Fischgeruch (Geruch der Heringslake) hat; dieser Geruch der Vagina rührt von demselben Stoff (Trimethylamin) her, der sich auch bei der Fischverwesung bildet.
Auch jene könnten schließlich recht behalten, die da behaupten, daß die 28tägige Periodizität der weiblichen Menses auf den Einfluß des Mondwechsels (also in direkter Weise wohl auf den Einfluß der Ebbe und Flut auf die seebewohnenden Vorfahren) zurückzuführen ist.
Ich möchte es nicht versäumen, hier auch auf das merkwürdige Verhalten jener Säugetiere bei der Begattung hinzuweisen, die nach der Landanpassung wieder Wassertiere wurden (Wale, Robben, Seehunde). Von diesen wird berichtet, daß sie zur Begattung ans Land gehen, d. h. von einem »geotropen« Regressionszug beherrscht sind, der sie zwingt, die von ihnen zuletzt überwundene Situation für ihre Nachkommen wiederherzustellen. Bekannt ist übrigens auch das Verhalten gewisser Seefische, die zur Laichzeit unter ungeheuren Schwierigkeiten über große Felstreppen jene Gebirgsflüsse hin-

Selbst wenn wir uns der Gefahr aussetzen, diese kleine Schrift mit Hypothesen zu überladen, können wir die Anschauung nicht unterdrücken, die wir uns als phylogenetische Parallele zur Entwicklung der männlichen Geschlechtscharaktere und Geschlechtsorgane in ihrem gegenseitigen Verhältnis zurechtmachten. Wir sprachen im ontogenetischen Teil von einer ursprünglich gleichsinnigen Strebung des Männchens wie des Weibchens, in den Leib des Partners einzudringen, also von einem Kampf der Geschlechter, der mit dem Sieg des Männchens und mit der Schaffung von Trosteinrichtungen für das Weibchen endigte.

Nun gilt es nachzutragen, daß dieser Kampf wahrscheinlich auch ein artentwicklungsgeschichtliches Vorbild hatte. Wir hörten, daß schon bei den Amphibien, die noch sehr rudimentäre Begattungsorgane haben, das Männchen bereits eigene Umklammerungsorgane besitzt. In immer steigender Mannigfaltigkeit entwickeln sich bei den höheren Wirbeltieren jene Faszinierungs- und Bemächtigungswerkzeuge des Männchens, mit deren Hilfe es sich das Weibchen gefügig macht. Wenn man insbesondere die fortschreitende Entwicklung des männlichen Bohrwerkzeugs bei den höheren Tierklassen in Betracht zieht (während, wie gesagt, solche Organe bei den wasserbewohnenden Vorfahren nur ganz ausnahmsweise vorhanden sind), so darf man vermuten, daß nach der Eintrocknungsgefahr, wo zum ersten Mal die Nötigung entstand, für die verlorene See-Existenz einen Ersatz zu suchen, auch zum ersten Mal der Drang sich äußerte, in einen fremden Tierleib einzudringen, d. h. sich mit ihm zu begatten. Ursprünglich mag es ein Kampf aller gegen alle gewesen sein, schließlich aber gelang es dem stärkeren (und wie noch auszuführen ist, zu dieser Rolle von vornherein disponierten) Männchen, in die Kloake des Gegners einzudringen, am Ende gar sich eine eigene Begattungsröhre zu bohren, eine Situation, in die sich das Weibchen dann auch in seiner Organisation fügte.

Diese besondere Verstärkung des Geschlechtsdimorphismus der Tiere gerade bei den Landtieren, also nach der Eintrocknungskatastrophe, besagt aber vielleicht, daß der Kampf bei den ersten Begattungsversuchen eigentlich ein Kampf um Wasser, um Feuchtigkeit war, und daß im sadistischen Anteil des Koitusaktes diese Kampfperiode, wenn auch nur symbolisch und spielerisch, auch bei den entfernten Nachkommen jener Urtiere, den Menschen, zur Wiederholung gelangt.

*auf*schwimmen, aus denen sie eigentlich herstammen. (Vgl. dazu auch die Treppe als Koitus-Symbol.)

Versuch einer Genitaltheorie – B. Phylogenetisches

Die gefahrdrohenden, fürchterlichen Eigenschaften des väterlichen Phallus, der ja ursprünglich nur das Kind im Mutterleib darstellt, könnten aus dieser Kampfperiode stammen. [4]

[4] Das Erzwingen des coitus per cloacam durch das Männchen wäre so die Ur-Ursache dessen, daß die ursprünglich gleichfalls phallische Erotik des Weibchens von einer kloakalen Höhlenerotik (Jekels, Federn) abgelöst wurde, wobei die Penisrolle auf Kot und Kind überging. Die Behinderung der Exkretion beim Verstopftsein der Kloake durch den Penis und deren Freiwerden nach der Beendigung des Koitus, also eine Art »Analnot« und ihr plötzliches Aufhören mögen Lustempfindungen hervorgerufen haben, in denen das Weibchen Trost und Ersatz finden konnte.

VIII
Begattung und Befruchtung

Wenn nach unserer Hypothese der Begattungsakt nichts anderes ist als Befreiung des Individuums von lästiger Spannung unter gleichzeitiger Befriedigung des Triebes nach Regression in den Mutterleib und in das Meer, das Vorbild aller Mütterlichkeit, so ist zunächst nicht einzusehen, warum und auf welche Art diese Befriedigungstendenz, die anscheinend von der Tendenz zur Arterhaltung und Befruchtung ganz unabhängig ist, mit letzteren zu einer Einheit verschmilzt und in der Genitalität der höheren Tiere gleichzeitig zur Äußerung gelangt. Das Einzige, was wir bisher als Erklärung dieses Tatbestandes anführen konnten, war die Identifizierung des ganzen Individuums mit dem Genitalsekret. Demnach wäre der sorgfältige Schutz, den die Individuen ihrem Genitalsekret angedeihen lassen, nicht merkwürdiger als ähnliche Schutzmaßnahmen, die so viele Tiere auch auf ihre sonstigen Exkrete verwenden. Diese Exkrete bilden nach der Empfindung der Individuen Bestandteile ihres eigenen Selbst und ihre Ausstoßung geht mit einem Gefühl des Verlustes einher, wobei das Bedauern über den Verlust fester Stoffe (Kot) stärker zu sein scheint als der nach der Ausscheidung von Exkreten dünnerer Konsistenz.

Diese Erklärung erscheint einem aber von vornherein recht ärmlich und unbefriedigend, besonders wenn man bedenkt, daß mit dem Genitalakt nicht nur die Unterbringung der Genitalsekrete an einem gesicherten Ort, sondern auch der Befruchtungsprozeß, die Vereinigung der geschlechtsdifferenten Keimzellen zu einer Einheit und der Beginn der Embryonalentwicklung zeitlich und räumlich vereinigt ist. Wir müssen zugeben, daß uns der Befruchtungsakt Rätsel ganz anderer Art aufgibt als die, um deren Lösung wir uns beim Begattungsakt bemühten. Ist doch die Befruchtung ein viel archaischerer Vorgang als die temporäre Vereinigung des Männchens und Weibchens im Geschlechtsakt. Wir sahen ja, daß die Entwicklung der Genitalität und ihrer Exekutivorgane

Versuch einer Genitaltheorie – B. Phylogenetisches

erst bei den Amphibien beginnt, die Fortpflanzung durch Befruchtung aber schon bei den niedersten einzelligen Wesen, bei den Amöben. Dies mahnt uns daran, den bisher verfolgten Gedanken einmal umzukehren, und zu untersuchen, ob nicht doch die Zoologen im Recht sind, die behaupten, daß der ganze Begattungsakt ein gleichsam nur von den Geschlechtszellen induzierter Zwang ist, der die Individuen dazu drängt, die Keimzellen in möglichst gesicherter Lage aneinander zu bringen. Die vielfachen Vorsichtsmaßregeln, die im Tierreich auch vor der Entwicklung der Begattungsfunktion zu diesem Zweck getroffen werden, sprechen entschieden für diese Annahme und es fragt sich, ob diese nicht danach angetan ist, unsere ganze Hypothese von der Mutterleibs- und Meeresregression über den Haufen zu werfen.

Die einzige Rettung aus dieser Schwierigkeit zeigt uns die konsequente Fortführung des Gedankens vom coenogenetischen Parallelismus. Wenn die Lebensumstände der Lebewesen im Lauf der Ontogenese wirklich die Reproduktion uralter Existenzformen sind, wie wir dies für die Existenz des Embryos im Fruchtwasser der Mutter annahmen, so *muß auch dem Befruchtungsvorgang, ja auch der Keimzellenentwicklung (der Spermato- und Oogenese) etwas in der Phylogenese entsprechen.* Dieses Etwas könnte nichts anderes sein als die einzellige Existenz in der Urzeit und ihre Störung durch eine urzeitliche Katastrophe, die diese einzelligen Wesen zur Verschmelzung zu einer Einheit zwang. Dies ist auch die Hypothese, die uns Freud in seiner Arbeit ›Jenseits des Lustprinzips‹ in Anlehnung an die poetische Phantasie in Platos Symposion gegeben hat. Eine große Katastrophe, heißt es bei ihm, zerriß die Materie in zwei Hälften und hinterließ in ihr die Bestrebung nach Wiedervereinigung, womit erst das organische Leben begonnen hätte. Es wäre nur eine nicht sehr wesentliche Modifikation, wenn wir auch an die Möglichkeit dächten, daß auch in der Zeitfolge der Keimzellenentwicklung und der Befruchtung ein urgeschichtliches Nacheinander sich wiederholt, daß also die Lebewesen sich zunächst isoliert aus der unorganischen Materie entwickelt hätten und erst durch eine neue Katastrophe zur Vereinigung gezwungen worden seien. Es gibt auch unter den Einzelligen Übergangswesen, die, wie die Amphibien zwischen den Wasser- und Landbewohnern, eine Stelle zwischen den konjugierenden und nichtkonjugierenden Lebewesen einnehmen. So lesen wir in der Naturgeschichte, daß bei gewissen dieser primitiven Wesen unter ungünstigen Lebensbedingungen, z. B. *bei Eintrocknungsgefahr*, eine Konjugationsepidemie auftritt und die Tierchen anfangen, sich geschlechtlich zu vereinigen.[1] Nun sagt uns aber schon der phantasievolle Bölsche, daß eine solche Vereinigung eigentlich nichts anderes ist, als eine verfeinerte Form des gegenseitigen Auffressens. Am Ende kam also die erste Zellenkonjugation ganz ähnlich zustande, wie wir uns die erste Begattung vorstellten. Bei den ersten Begattungsversuchen der Fische nach der Eintrocknung handelte es sich um einen Versuch, die verlorene feuchte Nahrungsstätte des Meeres in einem tierischen Leib wiederzufinden. Eine ähnliche aber noch archaischere Katastrophe mochte aber auch die einzelligen Lebewesen gezwungen haben, sich gegenseitig aufzufressen, wobei es keinem der Kämpfenden gelang, den Gegner zu vernichten. So mag dann eine kompromissuelle Vereinigung, *eine Art Symbiose* zustande gekommen sein, die nach einer gewissen Dauer des Zusammenlebens immer wieder zur Urform regredierte, indem aus der befruchteten Zelle wieder »Urzellen« (die ersten Keimzellen), ausgeschieden wurden. Damit wäre das ewige Wechselspiel der Keimzellenvereinigung (Befruchtung) und Keimzellenausscheidung (Spermato- und Oogenese) in Gang gesetzt. – Der einzige Unterschied zwischen dieser und der von Freud bevorzugten Möglichkeit ist der, daß unsere die Entstehung des Lebens aus dem Unorganischen und die Entstehung des Befruchtungsprozesses zeitlich auseinander hält, während sie nach Freud gleichzeitig infolge derselben Urkatastrophe entstanden sein konnten.

Ist aber so auch der Befruchtungsprozeß nichts anderes als die Wiederholung einer ähnlichen Urkatastrophe, wie jene, die wir für die Entstehung der Begattungsfunktion im Tierreich verantwortlich machten, so brauchen wir vielleicht unsere Genitaltheorie doch nicht aufzugeben und können es versuchen, sie mit den unleugbaren Tatsachen der »prägenitalen« Biologie in Einklang zu bringen. Es genügt dazu, anzunehmen, daß im Begattungsakt und im gleichzeitigen Befruchtungsakt nicht nur die *individuelle (Geburts-) und die letzte Art-Katastrophe (Eintrocknung)*, sondern auch *alle früheren Katastrophen seit Entstehung des Lebens zu einer Einheit* verschmolzen sind, so daß im Gefühl des Orgasmus nicht nur die *Ruhe im Mutterleib*, die ruhige Existenz in einem freundlicheren Milieu, sondern auch die *Ruhe vor der Entstehung des Lebens*, d. h. auch *die Todesruhe der anorganischen Existenz* dargestellt ist. Die Erledigungsart der früheren Katastrophe, die Befruchtung, kann ja als Vorbild gedient und dazu beigetragen haben, daß sich die zunächst

---

[1] Wir wissen, daß solche Konjugationsepidemien gelegentlich auch bei *Überfülle* der Nahrung etc. auftreten.

unabhängigen Triebe der Befruchtung und der Begattung in Eins verschmolzen haben. Dieses *vorbildliche Einwirken der Befruchtung auf die Reaktionsweise des Individuums* auf aktuelle Störungen schließt aber die Annahme nicht aus, daß vom Standpunkt des Individuums die Spannungsreste sowohl der aktuellen, als auch der ontogenen und der phylogenen Katastrophen nur lästige Unlustprodukte sind und als solche nach den Gesetzen der Autotomie zur Ausscheidung gelangen.[2]

Das Mystische an dem Zusammentreffen der Begattungs- und Zeugungsfunktion in einem Akt schwindet also, wenn wir das Entstehen der Begattungsfunktion bei den Amphibien als *Regression auf dieselbe Erledigungsart (Vereinigung mit einem anderen Lebewesen)* auffassen, *die sich bei einer früheren Katastrophe als nützlich erwiesen hatte.* Bei der überall im Psychischen, aber offenbar auch im Organischen herrschenden *Unifizierungstendenz,* der Tendenz zur Vereinigung gleichsinniger Prozesse zu einem Akt, ist es aber auch nicht zu verwundern, daß es (nach einigen ungeschickten Versuchen bei den niederen Wirbeltieren) endlich zur Vereinigung der Ausscheidung der aktuellen Störungsstoffe (Urin, Kot), der am Genitale angesammelten erotischen Spannung, und auch des *säkularen Unlustmaterials* kommt, das wir uns im Keimplasma aufgespeichert denken.

Allerdings wird dieser letztere Stoff viel sorgfältiger behandelt als irgendein anderes Ausscheidungsprodukt. Es ist aber auch möglich, daß ein großer Teil der Brutschutzeinrichtungen nicht einfach Vorsorgen seitens des mütterlichen Organismus sind, sondern, wenigstens zum Teil vielleicht Produkte der eigenen Vitalität der Keimzellen selbst, gleichwie gewisse in den Tierkörper gelangende Parasiten die zunächst gewiß nur abwehrenden Reaktionen im Körper des Wirtes (entzündliche Demarkation mit Flüssigkeitsausscheidung) dazu benützen können, sich eine geschützte Wohnstätte, gewöhnlich eine mit Flüssigkeit gefüllte Blase, zu bauen. – Anderseits brauchen wir auch die andere Möglichkeit nicht zu leugnen, die nämlich, daß das Individuum diese Stoffe wirklich mit mehr Sorgfalt als andere behandelt, nur muß diese Sorgfalt nicht unbedingt ausschließlich eine Sorgfalt aus Liebe sein. Wenn unsere Ver-

---

[2] Ohne auf die hier versuchte genetische Verknüpfung näher einzugehen, gibt Freud in seiner letzten Arbeit ›Das Ich und das Es‹ (1923) demselben Gedanken folgende Fassung: »Die Abstoßung der Sexualstoffe im Sexualakt entspricht gewissermaßen der Trennung von Soma und Keimplasma. Daher die Ähnlichkeit des Zustandes nach der vollen Sexualbefriedigung mit dem Sterben, bei niederen Tieren das Zusammenfallen des Todes mit dem Zeugungsakt.« [G. W., XIII, S. 276.]

mutungen richtig sind, so sind im Keimplasma die gefährlichsten Triebenergien in höchster Konzentration enthalten, die, solange sie im Organismus selbst enthalten sind, gewiß mit Hilfe eigener Einrichtungen vom übrigen Organismus, vom Soma getrennt, gleichsam abgekapselt sind, damit sich ihre gefährlichen Kräfte nicht gegen den eigenen Körper wenden können. Die Sorgfalt also, mit der sie geschützt sind, ist vielleicht mehr *eine Sorgfalt aus Angst*. Und gleichwie es nicht verwunderlich wäre, wenn jemand einen gefährlichen Explosivstoff, den er vorsichtig in der Tasche getragen hat, auch dann noch vorsichtig behandelt, wenn er ihn irgend anderswo weglegt, ebenso könnte die Angst vor den Störungen des Keimplasmas dazu beitragen, die Keimstoffe auch nach ihrer Entfernung aus dem Körper sorgfältig zu schützen. Natürlich braucht darum die bisher einzig berücksichtigte Erklärung des Brutschutzes mit der Liebe, d. h. mit der Identifizierung, nicht fallengelassen zu werden, und wir haben sie auch bereits entsprechend gewürdigt. Jede Trennung, welchen Stoffes immer, vom Körperganzen, ist immer auch ein Schmerz, und wie wir das an dem Ejakulationsakt exemplifizierten, muß die Unlust-Spannung hohe Grade erreichen, bis der Organismus sich dazu entschließt, sich eines Stoffes zu begeben.

Stellt man sich einmal die Art vor, wie sich Männchen und Weibchen begatten und wie gleichzeitig (oder nach geringem Zeitintervall, worauf es nicht ankommt) der Spermafaden das Ei befruchtet, so bekommt man in der Tat den Eindruck, *als ahmten die Somata der Gatten die Tätigkeit der Keimzellen bis auf kleine Einzelheiten nach.* Das Spermatozoon dringt in die Mikropyle des Eichens ein, wie der Penis in die Vagina; man wäre versucht (wenigstens im Moment der Begattung) den Körper des Männchens einfach ein *Megasperma,* den des Weibchens ein *Megaloon* zu nennen.[3] Anderseits lernt man auch die doch so abfällig beurteilte Auffassung der »Animalculisten« verstehen, die Sperma und Ovulum als eigene Lebewesen, kleine Tierchen betrachteten. Auch wir glauben, daß sie es in einem gewissen Sinne sind: sie sind Revenants der ersten Urzellen, die sich begatteten.

Es hat also den Anschein, daß das Soma, das zunächst nur die Aufgabe hatte, das Keimplasma zu schützen, nachdem es diese erste Aufgabe gelöst hat und damit den Forderungen des Realitätsprinzips entsprach,

---

[3] Das Platzen des Graafschen Follikels wäre dem Geburtsakt zu vergleichen, sozusagen das keimplasmatische Vorbild des Geborenwerdens. Es ist übrigens bekannt, daß zwischen Corpus luteum und Gebärmutter zeitlebens innige (hormonale?) Beziehungen nachweisbar sind.

es sich schließlich nicht nehmen ließ, die Vereinigung der Keimzellen mitzugenießen und Begattungsorgane entwickelte. Wir werden ja im biologischen Appendix zu dieser Arbeit darauf hinweisen müssen, daß auch sonst *jede Entwicklung* diesen Weg geht: zunächst *Anpassung an eine aktuelle Aufgabe, später möglichste Wiederherstellung der notgedrungen verlassenen Ausgangssituation.*
Man muß sich also vielleicht mit der Idee befreunden, daß, gleichwie die unerledigten Störungsmomente des individuellen Lebens im Genitale gesammelt und dort abgeführt werden, sich die mnemischen Spuren aller phylogenen Entwicklungskatastrophen im Keimplasma ansammeln. Von dort aus wirken sie in demselben Sinne wie nach Freud die unerledigten Störungsreize der traumatischen Neurosen: sie zwingen zur fortwährenden Wiederholung der peinlichen Situation, allerdings vorsichtigerweise in qualitativ wie quantitativ außerordentlich gemilderter Form, und erreichen bei jeder einzelnen Wiederholung die Lösung eines kleinen Teilchens der großen Unlustspannung. Was wir *Vererbung* nennen, ist also vielleicht nur das *Hinausschieben des größten Teiles der traumatischen Unlusterledigungen auf die Nachkommenschaft,* das Keimplasma aber, als Erbmasse, ist die Summe der von den Ahnen überlieferten und von den Individuen weitergeschobenen traumatischen Eindrücke; das wäre also die Bedeutung der von den Biologen angenommenen »Engramme«. Halten wir uns an die von Freud präzisierte Ansicht von der Tendenz zur Reizlosigkeit und schließlich zur anorganischen Ruhe, die alle Lebewesen beherrscht (Todestrieb), so können wir hinzufügen, daß im Laufe der unausgesetzten Abgabe der traumatischen Störungsreizstoffe von einer Generation an die andere der Störungsreiz selbst in jedem Individualleben, eben durch das *Erleben* selbst, abreagiert wird, um, wenn keine neuen Störungen oder gar Katastrophen hinzukommen, allmählich ganz abgebaut zu werden, was mit dem Aussterben der betreffenden Gattung gleichbedeutend wäre.[4]

---

[4] Diesen Gedankengang erzählte ich einmal (1919) dem ob seiner geschlechtsumstimmenden Tierexperimente bekannten Prof. Steinach in Wien und übergab ihm ein kurzes Memorandum, in dem ich die Gründe anführte, die die Experimentatoren berechtigen würde, Verjüngungsversuche anzustellen. Ich führte darin aus, daß wenn, wie ich meine, die Verödung des Keimplasmas das Sterben des Soma beschleunigt, die Einpflanzung frischen Gonadenmaterials die Lebensgeister des Soma zu neuer Arbeit anfachen, d. h. das Leben verlängern müßte. Prof. Steinach teilte mir dann mit, daß er die Idee der Verjüngung mittels Hoden- und Eierstockgewebes bereits realisiert und zeigte mir auch die Photographien verjüngter Ratten. Aus den bald darauf erschienenen Veröffentlichungen Steinachs wurde aber klar, daß er nicht die Keimzellen selbst, sondern das interzelluläre Gewebe als die zum Leben reizende Substanz ansieht.

Die Unlustnatur der bei der Befruchtung sich entladenden Spannung wäre, wie gesagt, die letzte Ursache der Vereinigung des Genitales mit den Ausscheidungsorganen; wir wiesen auch bereits darauf hin, daß die so allgemein verbreitete Tendenz zur Kastration, wie sie sich bei Psychosen mit großer Vehemenz äußert, in letzter Linie durch die Unerträglichkeit dieser Unlust verursacht ist. Als phylogenetischer Beitrag zu dieser Auffassung könnte uns vielleicht das Auftreten des Descensus testiculorum und des Descensus ovarii bei den höheren Säugetieren dienen. Die Keimdrüsen befinden sich bei niederen Tieren zeitlebens, bei höheren bis zum Ende der Fötalzeit tief im retroperitonalen Gewebe versteckt und senken sich, bei Letzteren erst später, das Bauchfell vor sich herstülpend, in die Beckenhöhle, die Hoden sogar unter die Haut des Hodensackes nach außen. Es gibt Tierarten (die Talpiden), bei denen dieser Abstieg nur zur Brunstzeit erfolgt und dann rückgängig gemacht wird; es soll auch Tiere geben, deren Keimdrüsen nur beim Begattungsakt selbst descendieren. Nebst der Tendenz zur räumlichen Annäherung an die Ausscheidungsorgane, könnte sich im Descensus auch die Neigung ausdrücken, sich der Keimdrüsen en bloc zu entledigen, um sich aber schließlich mit der Ausscheidung der Drüsensekrete zu begnügen, gleichwie wir bei der Analyse des Koitusaktes die Erektion als Andeutung einer Tendenz zum totalen Abstoßen des Genitales deuteten, die sich am Ende auf die Ausstoßung des Ejakulates beschränkt.

Da wir die die Befruchtungsvorgänge anregenden Motive nur nach Analogie der entsprechenden Motive der Begattung erraten wollten, die für uns auch psychologisch zugänglich sind, können wir kaum etwas darüber aussagen, ob auch hier nebst den Unlustmomenten, die zur Befruchtung drängen, auch »lustvolle« Wiederholungstendenzen solcher Natur mitwirken, wie wir sie als erotische Triebe, als Triebe, die Spannung anhäufen, um ihre Lösung zu genießen, von den übrigen Trieben gesondert haben. Wir haben aber gar keinen Grund, diese Möglichkeit außer acht zu lassen. Haben wir uns einmal getraut, anzunehmen, daß im physiologischen Prozeß der Begattung rein traumatischer Zwang und erotischer Drang sich kompromissuellen Ausdruck verschaffen, und scheuten wir uns nicht, dem Keimplasma und deren zelligen Elementen die Tendenz zur Verschmelzung (aus Unlustmotiven) zuzuschreiben, so dürfen wir uns getrost vorstellen, daß bei dieser Vereinigung in ähnlicher Weise auch Lusterwerbsmotive mitwirken können, wie beim Prozeß der Begattung, die nach der hier dargelegten Anschauung nicht nur unerledigte traumatische Erschütterungen auszugleichen hilft, sondern auch Feste der Errettung aus großer Not feiert.

Wir sprachen von einer gegenseitigen Beeinflussung zwischen Soma und Keimplasma, sprachen aber noch nicht davon, wie wir uns etwa die *Beeinflussung des Keimplasmas durch das Soma* denken. Niemand wird wohl von uns erwarten, die vielumstrittenen Fragen der Vererbung erworbener Eigenschaften hier aufzurollen. Was die Psychoanalyse darüber sagen kann, hat Freud in seiner biologischen Synthese bereits mitgeteilt. Zu den Argumenten, die er gegen die Weismannsche Behauptung von der Unbeeinflußbarkeit der Nachkommen durch die Erlebnisse der Vorfahren anführt, könnten wir höchstens noch die gerade in Freuds Sexualtheorie hervorgehobene psychoanalytische Erfahrung anführen, wonach nichts im Organismus vorgeht, was nicht auch die Sexualität in Miterregung brächte. Wenn nun diese sexuelle Erregung immer auch auf das Keimplasma einwirkte und wenn wir dieses Keimplasma für geeignet hielten, solche Spuren zu registrieren, so könnten wir uns ein Bild davon formen, wie etwa solche Beeinflussung entstehen kann und konnte. Zum Unterschied von der »pangenetischen« Entstehung der Keimsubstanz, die uns Darwin lehrte, meinen wir allerdings, daß die Keimzellen nicht einfach als die Abbilder des Somas aus dessen Abspaltungen sich zusammensetzen, sondern ihren Stammbaum auf viel ältere Zeiten zurückführen, als das Soma selbst. Allerdings werden sie aber dann, und zwar wirklich pangenetisch, oder um das neugeprägte Wort anzuwenden: amphimiktisch, auch von den späteren Schicksalen des Somas entscheidend beeinflußt, wie denn umgekehrt auch das Soma nicht nur von den Reizen der Außenwelt und den eigenen Antrieben, sondern auch von den Tendenzen des Keimplasmas Triebreize zu bekommen scheint. Erinnern wir uns, daß wir uns all diese verschlungenen Vorstellungen über das Verhältnis von Soma und Keimplasma nur darum bilden mußten, um die Analogie (und Homologie) zwischen den Befruchtungs- und den Begattungsorganen und -vorgängen verständlicher zu machen. Vielleicht ist es uns bis zu einem gewissen Grade auch gelungen.

Zur Erleichterung der Übersicht über das Gesagte möchten wir zum Schluß die von uns befürwortete »coenogenetische Parallele« in einer synoptischen Tabelle zusammenfassen:

	Phylogenese	*Ontogenese*
I. Katastrophe	Entstehung organischen Lebens	Reifung der Geschlechtszellen
II. Katastrophe	Entstehung individueller einzelliger Wesen	›Geburt‹ d. reifen Keimzellen aus d. Keimdrüse
III. Katastrophe	Beginn der geschlechtlichen Fortpflanzung	Befruchtung
	Artentwicklung im Meer	Embryonalentwicklung im Mutterleib
IV. Katastrophe	See-Eintrocknung, Anpassung ans Landleben	Geburt
	Entwicklung v. Tierarten mit Begattungsorganen	Entwicklung des Primats der Genitalzone
V. Katastrophe	Eiszeiten, Menschwerdung	Latenzzeit

Zwei Rubriken dieses Schemas bedürfen einer Erläuterung. Indem wir die Entstehung organischen Lebens von dem individueller einzelliger Wesen auseinander halten, postulieren wir eigentlich eine Verdoppelung der von Freud bei der Belebung der Materie vorausgesetzten kosmischen Katastrophe. Die erste hätte nur die Entstehung organischer, d. h. nach einem gewissen Organisationsplan konstruierter *Materie,* die zweite die Loslösung isolierter, mit Autonomie und Autarkie begabter *Individuen* aus dieser Materie zur Folge gehabt. Wie schon der Doppelsinn des Wortes »Materie« besagt, die ja wörtlich Muttersubstanz heißt, möchten wir den zweiten Prozeß als die allererste Geburt, das Vorbild aller späteren Geburten ansehen. In diesem Sinne müßten wir also doch zur Annahme Freuds zurückkehren, wonach das Entstehen des Lebens (zumindest des Individuellen) in einer Zerreißung des Stoffes bestand. Am Ende war dies ein erstes Beispiel für die Autotomie: äußere Veränderungen mögen den Stoffelementen das Zusammengesetztsein zu einem großen Komplex unerträglich gemacht und die Umgruppierung zu kleineren Einheiten veranlaßt haben. Analoge Kräfte können ja auch beim Entstehen des ersten Kristallindividuums aus einem kristallinischen Stoff, beziehungsweise aus der »Mutterlauge«, und zwar wieder durch »Eintrocknung« am Werk gewesen sein.[5]

---

[5] Die naiv animistische Denkart dieser Auffassung soll im Späteren noch gerechtfertigt werden.

Versuch einer Genitaltheorie – B. Phylogenetisches

Die andere Rubrik, die einer Erläuterung bedarf, ist die Einstellung der Eiszeiten als letzter Katastrophe, die die menschlichen Vorfahren getroffen hat. In der Studie über die Entwicklungsstufen des Wirklichkeitssinnes versuchte ich die Kulturentwicklung als Reaktion auf diese Katastrophe hinzustellen.[6] Nun müssen wir dem hinzufügen, daß durch die Eiszeiten auch die bereits erreichte genitale Entwicklungsstufe des *erotischen* Wirklichkeitssinnes eine nachträgliche Einschränkung erfuhr und die als solche unverwendeten Genitaltriebe zur Verstärkung »höherer« intellektueller, moralischer Leistungen verwendet wurden.

Wir hatten schon einigemale Gelegenheit, die Genitalbildung selbst, wie auch die durch sie ermöglichte Entlastung des übrigen Organismus von Sexualtrieben als einen wesentlichen Fortschritt in der Arbeitsteilung und als Faktor bei der Entwicklung des Realitätssinnes hinzustellen. Nachzutragen wäre, daß hierfür auch phylogenetische Parallelen vorhanden sind. Bei den amnioten Wirbeltieren, die, wie wir hörten, zum ersten Mal Begattungsorgane entwickeln, beginnt auch die Krümmung des bis dahin gradgestreckten Gehirns; es steht auch geschrieben, daß bei den plazentalen Tieren zum ersten Mal das corpus callosum, und damit die assoziative Verknüpfung beider Hirnhälften, wohl ein bedeutender Fortschritt in der intellektuellen Leistungsfähigkeit, zur Entwicklung gelangt. Die menschliche Kulturentwicklung in der Latenzzeit wäre also nur eine allerdings wesentlich modifizierte Äußerung der uralten, innigen Verknüpfung zwischen Genitaltrieb und Intellektualität.

Ist aber einmal von Hirnentwicklung die Rede, so wollen wir einen andern Gedanken mitteilen, der auf die Beziehung zwischen Genitalität und Intellektualität einiges Licht wirft, zugleich aber auch auf *ein organisches Vorbild* der Funktionsart *des Denkorgans* hinweist. Wir sprachen davon, eine welch bedeutsame Rolle der *Geruchssinn* in der Sexualität spielt. Wir wissen anderseits, daß in der Entwicklung des Gehirns die Bedeutsamkeit des Riechhirns (und damit auch die Rolle des Geruchs bei der Sexualität) immer mehr zurück – und die anatomische und funktionelle Erstarkung der Großhirnhemisphären in den Vordergrund tritt. Für ein Wesen mit aufrechtem Gang wird schließlich statt der Nase das Auge zur Leitzone, auch im erotischen Sinne; Menschenaffe und Mensch sind eben »Augentiere« im Sinne des Tierbeobachters Th. Zell. Wir meinen nun, daß zwischen der Tätigkeit des

---

[6] [In Bd. I dieser Ausgabe, S. 162.]

Geruchsorgans und dem Denken eine so weitgehende Analogie besteht, daß *das Riechen förmlich als biologisches Vorbild des Denkens* betrachtet werden kann. Beim Riechen »kostet«, »schmeckt« das Tier minimale Spuren des Nahrungsstoffes, indem es an dessen gasförmigen Emanationen schnüffelt, bevor es sich entschließt, ihn als Speise zu verzehren; ebenso schnüffelt der Hund am Genitale des Weibchens, bevor er ihm seinen Penis anvertraut. Was aber ist, nach Freud, die Funktion des Denkorgans? Eine Probehandlung mit kleinsten Energiequantitäten. Und die Aufmerksamkeit? Ein intentionelles periodisches Absuchen der Umwelt mit Hilfe der Sinnesorgane, wobei nur kleine Kostproben der Reize zur Wahrnehmung zugelassen werden. – Denkorgan und Geruchssinn: beide stehen im Dienste der Realitätsfunktion, und zwar sowohl der egoistischen wie auch der erotischen.

Wir sind von unserem Thema, dem Verhältnis der Begattung zur Befruchtung etwas abgeschweift, es ist aber nicht leicht, der Verführung zu widerstehen, hie und da auch die Perspektiven zu betrachten, die sich vor einem bei der Beschäftigung mit dem zentralen biologischen Problem der Arterhaltung eröffnen. Wir glauben auch nicht, eine vollgültige Begattungstheorie gegeben zu haben, aber immerhin eine, die sich in Ermangelung eines Besseren bewähren kann. Sagte doch auch Goethe, eine schlechte Theorie sei besser als gar keine und wir können uns auch auf Ernst Haeckel berufen, der in seiner *Natürlichen Schöpfungsgeschichte* den Satz ausspricht: »Wir müssen zur Erklärung der Erscheinungen jede mit den wirklichen Tatsachen vereinbare, wenn auch schwach begründete Theorie so lange annehmen und beibehalten, bis sie durch eine bessere ersetzt wird.«

C. Anhang und Ausblicke

IX
Coitus und Schlaf

»Schlaf ist Schale, wirf sie fort!«
Goethe, Faust, II. T.

Wir haben zu oft und zu eindringlich auf die weitgehende Analogie zwischen den Tendenzen, die in der Begattung und im Schlaf realisiert sind, hingewiesen, als daß wir uns der Aufgabe entziehen könnten, diese zwei biologisch so bedeutsamen Einrichtungen auf ihre Ähnlichkeiten und Unterschiede etwas näher zu prüfen. In den ›Entwicklungsstufen des Wirklichkeitssinnes‹ war der erste Schlaf des Neugeborenen, zu dem ihn die sorgfältige Isolierung, Einhüllung, Erwärmung seitens der Pflegepersonen verhilft, als eine Nachahmung der Existenz im Mutterleib beschrieben.[1] Das durch das Geburtstrauma erschütterte, ängstlich schreiende Kind beruhigt sich bald in dieser Situation, die ihm einerseits real, anderseits auf psychisch-halluzinatorischem Wege, d. h. illusionär, die Empfindung verschafft, als hätte die große Erschütterung gar nicht stattgefunden. Freud[2] sagt denn auch, daß der Mensch eigentlich nicht vollkommen geboren werde, sondern die Hälfte seiner Lebenszeit gleichsam im Mutterschoß verbringe, indem er sich zur Nachtruhe begibt.

Wenn wir aber einerseits den Schlaf, anderseits die Begattung mit der Mutterleibssituation gleichsetzen mußten, so müssen wir logischerweise Schlaf und Begattung auch miteinander im Wesen gleichsetzen. Wir meinen auch in der Tat, daß in beiden Vorgängen dasselbe Regressionsziel, wenn auch mit ganz verschiedenen Mitteln und in verschiedenem Maße erreicht wird. Der Schlafende, indem er die ganze störende Umwelt negativ-halluzinatorisch ableugnet, die psychische und physiologische Interessen- und Aufmerksamkeitbesetzung auf den Wunsch des

---
[1] [In Bd. I dieser Ausgabe, S. 152.]
[2] ›Vorlesungen zur Einführung in die Psychoanalyse‹ [*G. W.*, XI, S. 85].

Ruhens konzentriert, erreicht das Regressionsziel fast ausschließlich auf irreal-phantastischem Wege, während wir von der Begattung behaupten mußten, daß sie dieses Ziel, wenn auch zum Teil gleichfalls nur illusionär, so doch zu einem anderen Teil auch real erreicht: das Begattungsglied und das Genitalsekret dringen ja wirklich in den Mutterleib ein. Schlaf und Begattung sind also gleichsam Anfang und Ende der bisher durchgemachten Entwicklung zur »erotischen Realität«. Der Schlafende ist Autoerotiker, er stellt *in toto* ein Kind dar, das die Ruhe im Leibesinneren der Mutter genießt und sich um die sonstige Außenwelt in seiner absolut narzißtischen Verschlossenheit überhaupt nicht kümmert. Der sich Begattende muß viel umständlichere Vorbereitungen treffen, vor allem sich eines zur Befriedigung geeigneten *Objektes* bemächtigen, also einen viel höheren Grad von Realitätssinn betätigen, bevor er sich im Orgasmus auch in toto die schlafähnliche Glücksillusion gönnt; ihm werden also viel schwierigere Bedingungen gestellt, die erfüllt sein müssen, soll der Wunschvorstellung die Wahrnehmungsidentität (Freud) folgen. Man könnte auch sagen, daß der Schlaf sich autoplastischer, die Begattung alloplastischer Mittel bedient, daß der Schlaf mit Projektions-, der Coitus mit Introjektionsmechanismen arbeitet. Aber auch bei der Begattung ist vorsichtigerweise dafür gesorgt, daß die erotische Regression nicht die Grenze übersteigt, die die übrige Existenz gefährden könnte; nur ein Teil des Körpers (das Genitale) ist für die Realbefriedigung bestimmt, während der übrige Körper sich am Akt nur als Hilfsorgan betätigt, ohne die aktuell erforderlichen Anpassungsleistungen ganz einzustellen (Atmung etc.).

Für beide Prozesse ist die Ausschaltung der Außenreize, das Aufgeben des »Beziehungslebens« (um den Ausdruck Liébeaults zu gebrauchen) charakteristisch: die Herabsetzung der Reizempfindlichkeit, das Aufgeben jeder Zielhandlung mit Ausnahme jener, die der Wunscherfüllung dienen. In diesem Charakter ahmen allerdings beide, und zwar mit merkwürdiger Genauigkeit, die intrauterine Existenzform nach. Da wir dieses bezüglich der Begattung bereits ausführlich auseinandersetzten, möchten wir nur noch die Charakterisierung des Schlafzustandes in der Beschreibung Piérons anführen. Als »*caractères du sommeil*« nennt er: »*... inactivité, immobilité, relâchement du tonus musculaire, position compatible avec le relâchement, absence générale de reactivité induite, persistance de réactions réflexes, manque de réactions volontaires*«, und im allgemeinen: »*disparition de la plupart des rapports sensitivo-moteurs avec le milieu*«.

Sowohl der Schlaf als auch die Begattung, besonders aber der erstere sind durch Körperhaltungen charakterisiert, die auch von ganz unvoreingenommenen Beobachtern als »fötale Schlafstellung« beschrieben wurden. Die Extremitäten sind an den Leib gezogen, so daß der ganze Körper gleichsam die Kugelform annimmt, wie sie bei den Raumverhältnissen in utero naturnotwendig ist. Weitgehende Analogien lassen sich zwischen Schlaf und Embryonalzustand in bezug auf die Ernährungsfunktion feststellen. Die Tiere sind tagsüber mit der Beschaffung und der Verdauung der Nahrungsstoffe beschäftigt, die eigentliche Resorption, d. h. die Aufnahme der Nahrung in die Gewebe, findet nach der Aussage der Physiologen mehr in der Nacht statt. (»*Qui dort dîne.*«) Demgemäß gibt der Schlaf die Illusion einer mühelosen Nahrungszufuhr, die jener in utero ähnlich ist. Es wird auch vielfach behauptet, daß Wachstum und Regeneration überwiegend während des Schlafens vor sich gehen, Wachstum ist aber auch sozusagen die einzige Tätigkeit der Frucht im Mutterleib.

Die Atmung, von deren Veränderungen beim Begattungsakt wir bereits berichteten, ist während des Schlafens bedeutend vertieft. Es ist möglich, daß durch die verlängerten Atempausen die Sauerstoffversorgung des Schlafenden dem apnoetischen Zustand des Fötus angenähert wird. Im Wasser lebende Säugetiere, z. B. Seehunde, blähen im Schlaf ihre Lungen auf und halten sich unter Wasser auf, um nach längerer Pause zum Atemholen wieder emporzutauchen. Auch vom Chamäleon heißt es, daß es im Schlaf seine Lungen ungeheuerlich aufblähe.

Vom Fußsohlenreflex des Schlafenden wird geschrieben, daß er mit dem sogenannten Babinskischen Zeichen behaftet ist; dasselbe wird von Beobachtern, die das Verhalten des Neugeborenen unmittelbar nach der Geburt prüften, von dem Letzteren behauptet. Dieses Zeichen ist ein Symptom der noch nicht entwickelten Hemmungseinrichtungen des Gehirns, insbesondere der mangelhaften Hemmung der Rückenmarksreflexe. Aber auch der Schlafende hat nach der Aussage eines berühmten Physiologen nur eine »Rückenmarksseele«. Dieser Ausspruch stimmt sehr gut mit unseren Ausführungen über phylogenetische Regressionen überein; die Mitwirkung eines archaischen Regressionszuges können wir auch beim Schlafzustand annehmen. (Der Begattungsakt brächte zu diesem Stadium nur in der Endphase, im Orgasmus eine Analogie.)

Merkwürdig ist die Innervation der Augenmuskeln im Schlafen; die Augen sind nach außen und oben rotiert; die Physiologen sagen geradezu, daß dies ein Rückfall zu einer Augenstellung sei, die für Tiere ohne binoculäres Sehen (z. B. Fische) charakteristisch sei. Die Augenlider sind im Schlaf nicht etwa ptotisch[3], sondern durch gewollte Zusammenziehung der Lidmuskeln, geschlossen.

Auch die Veränderungen der Wärmeregulierung, die beim Schlafenden zu beobachten sind, müssen hier erwähnt werden. Es ist bekannt, um wie viel leichter man im Schlaf abkühlt und wie viel besser für den Wärmeschutz des Schlafenden gesorgt werden muß. Auch dies wäre ein Rückfall ins Embryonale, wo doch auch das mütterliche Milieu für die Wärme sorgt. Aber vielleicht handelt es sich hier auch um eine tiefergreifende Regression zur Poikilothermie[4] der Fische und Amphibien.

Es gibt, um die Analogie mit der Begattung zu steigern, auch »soziale Schlafgewohnheiten«, wobei sich zwei (oder mehrere) Tiere zum Erreichen des gegenseitigen Wärmeschutzes im Schlaf aneinander legen. Doflein beschreibt, wie fliegende Hunde, Rebhühner zusammengeballt schlafen, letztere einen Kreis bildend, mit den Köpfen nach außen angeordnet. Manche Vögel bilden im Schlaf dichte Ballen, indem sie aufeinander sitzen und sich aneinander anklammern; gewisse südamerikanische Affen halten Schlafversammlungen ab.

Es besteht eine gewisse Reziprozität zwischen Genitalität und Schlaf auch insofern, als die Schlafdauer beim Heranreifen ab-, die Sexualtätigkeit dagegen zunimmt. »*C'est par le sommeil que commence notre existence, le fétus dort presque continuellement*«, sagt Buffon. Das zur Welt gekommene Kind schläft nur mehr zwanzig Stunden täglich, dafür beginnt es sich autoerotisch zu befriedigen. Beim Erwachsenen stört, wie wir hörten, die unbefriedigte Genitalität den Schlaf oft außerordentlich: Schlaflosigkeit ist meist Beischlaflosigkeit, sagt die Psychoanalyse. Im Greisenalter hört sowohl der Schlaf- als auch der Genitaltrieb allmählich auf, wahrscheinlich um den weiter zurückgreifenden Destruktionstrieben den Platz einzuräumen.

Für den genetischen Zusammenhang zwischen Schlaf und Genitalität spricht das häufige Auftreten autoerotischer, masturbatorischer und pollutionärer Akte im Schlaf, sie ist vielleicht auch eine der Ursachen der Enuresis nocturna[5]. Hingegen herrscht bei gewissen nördlichen Volksstämmen, z. B. den Samojeden, zur Zeit der lichtlosen Wintermonate, eine Art Winterschlaf, während dessen die Frauen nicht menstruieren.

---

[3] [Von Ptosis – Herabsinken des (gelähmten) Oberlides.]
[4] [Wechselhafte Wärme der Körpertemperatur.]
[5] [Bettnässen.]

Bekannt sind die engen Beziehungen zwischen Schlaf und Hypnose; anderseits mußte die Psychoanalyse auf die Wesensgleichheit sexueller und hypnotischer Beziehungen hinweisen.[6] Praktische Psychotherapeuten benützen oft den normalen Schläfrigkeitszustand dazu, um ihre Medien gefügig zu machen; übrigens hat auch der elterliche Befehl: Geh schlafen! deutlich hypnotisierende Wirkung auf das Kind. Fortgesetzte absichtliche Störung des natürlichen Schlafbedürfnisses trägt bei vielen religiösen Sekten dazu bei, den Eigenwillen des neuen Adepten zu brechen, gleichwie der Falkenjäger nur mit Hilfe unausgesetzter Verhinderung am Einschlafen den Raubvogel zu einer Gehorsamkeit erzieht, die ihn zum willenlosen Diener seines Herrn macht. Offenbar ist der Wunsch zu schlafen, sich vor der ermüdenden Wirklichkeit halluzinatorisch in die Mutterleibs- und in eine noch archaischere Ruhe zu begeben, ein so intensiver, daß ihm zuliebe alle geistigen und körperlichen Kräfte auch in ungewohnter Weise angestrengt werden (hypnotische Mehrleistungen). Es ist aber damit nicht anders als mit der hypnotischen Gefügigkeit überhaupt, die wir ja gleichfalls auf Liebes- und Angstgefühle zu den Eltern zurückführen mußten (»Vater- und Mutter-Hypnose«). Wir sahen übrigens, daß es auch die Genitalität nicht verschmäht, sich hypnoseähnlicher Wirkungen zu bedienen, wenn es sich darum handelt, der Liebesobjekte habhaft zu werden (Sekundäre Geschlechtsmerkmale). Die kataleptische Starre der Hypnotisierten erinnert, worauf zuerst Bjerre hinwies, lebhaft an die fötale Körpersituation.[7] Die vielfach aufgeworfene Frage, ob die Liebe eine Hypnose und die von uns vertretene Anschauung, daß die Hypnose eigentlich Liebe ist, findet also nunmehr in der gemeinsamen Beziehung beider zur Mutter-Kind-Situation ihre einheitliche Lösung, die nur noch durch den Hinweis auf phylogenetisch viel ältere Antezedentien (Sich-tot-Stellen der Tiere, Mimikry) zu ergänzen ist.

Der Seelenzustand im Schlaf, den wir mit dem des Orgasmus gleichsetzten, entspricht also dem des vollen, wunschlosen Befriedigtseins, den ein höheres Lebewesen nicht anders als durch Wiederherstellung der intrauterinen Ruhe reproduzieren kann. Insofern aber Störungsreize (»Tagesreste«) diese Ruhe hindern wollen, werden sie durch halluzinatorische Umdeutung (Traumarbeit) in Wunscherfüllungen, in Träume,

---

[6] ›Introjektion und Übertragung‹ [Bd. I dieser Ausgabe, S. 31].
[7] Der anderen Behauptung Bjerres, auch die Suggestion sei eine Regression aufs Pränatale, konnte ich nicht folgen, sondern mußte diese psychische Reaktionsweise auf elterliche Einflüsse des Extrauterinlebens zurückführen.

umgewandelt, und die tiefste Deutung sexueller Träume nach den Regeln der Freudschen Traumlehre ergibt einerseits den Sexualverkehr im Sinne der Ödipusphantasie, anderseits die Existenz im Mutterleib oder die Wiederkehr dorthin als Traumerklärung. Naturwissenschaftliche und psychoanalytische Erfahrungen [8] zwingen uns also, die wunscherfüllende Natur der Träume nur als ein psychisches Pendant zur allgemeinen Mutterregressionstendenz anzusehen, wie sie sich im Biologischen offenbart. [9]

Die Analogie zwischen Schlaf und Begattung wird durch die Periodizität beider nur noch gesteigert. Die Ansammlung der Ermüdungsstoffe, die die Schläfrigkeit einleitet, erinnert uns lebhaft an die Art, wie wir uns die amphimiktische Sammlung und Abfuhr der Sexualspannungen vorstellen mußten. (Siehe dazu Claparèdes biologische Schlaftheorie [10]: *»Nous dormons pour ne pas être fatigués.«*) Und auch die erfrischende Wirkung des Schlafs mag vieles mit der gesteigerten Leistungsfähigkeit nach normaler Sexualbefriedigung gemeinsam haben. Doch auch hier müssen wir uns auf die intrauterine Existenz als tertium comparationis beziehen: die vorübergehende Krafterneuerung [11] verdankt der Mensch im Sexuellen sowie im Schlaf dem passagèren Untertauchen in jene paradiesische Existenz, in der es noch keine Kämpfe gab, sondern nur ein Wachsen und Gedeihen ohne jede Anstrengung. Man behauptet, daß die Heilungsvorgänge bei Krankheiten hauptsächlich im Schlaf vor sich gehen, man spricht auch, wie wir glauben mit Recht, von wunderbaren Heilwirkungen der Liebe; in beiden Fällen scheint ja die Natur auf uralte generative Kräfte zurückzugreifen, um sie in den Dienst der Regeneration zu stellen.

Wir möchten es nicht versäumen, auch hier auf Sprüche der Volksweisheit und auf Aussagen intuitiver Geister hinzuweisen, die unsere Auffassung zu bestätigen scheinen. Einer, der sich gut ausgeschlafen hat, fühlt sich »wie neugeboren«. Der Schlaf ist nach Shakespeare:

»... der Müden Bad,
Der zweite Gang am Tische der Natur,
Des Tages schöner Tod.« [12]

---

[8] Rank geht in seiner Arbeit ›Das Trauma der Geburt‹ von dieser Bedeutung der analytischen Träume aus.
[9] Die Regression des Schlafenden in eine archaische Existenzform ist mit der Halluzination im Schlaf vergleichbar und könnte als Beispiel einer »*organischen Halluzination*« genannt werden.
[10] [›La fonction du sommeil‹, S. 151.]
[11] S. auch C. G. Jung: ›Wandlungen und Symbole der Libido‹, 1912.
[12] *Macbeth*, II, 2.

Versuch einer Genitaltheorie – C. Anhang und Ausblicke

Ein Kenner der Physiologie des Schlafs, Trömner, schreibt in der Einleitung zu seinem kleinen Buch über den Schlaf [13] Sätze, die von Gleichnissen strotzen, welche wir viel ernsthafter nehmen als wohl der Verfasser selbst. Von dem Erwachen aus dem Schlaf sagt er dort: »... So ersteht Licht und Leben aus dem *Schoße* von Nacht und Nichts. Aber die Nacht entläßt ihre Geschöpfe nicht dauernd, sie hält sie fest, sie zwingt sie *periodisch zurück in ihren schweigenden Schoß* ... Wir müssen täglich wieder zurück zum *Schoße der allernährenden* Nacht. In seinem Dunkel wohnen die wahren *Mütter* des Daseins.« [14]

Wir zitieren auch Hufeland (nach Trömner):
»Schlaf ist des Menschen Pflanzenzeit,
Wo Nahrung, Wachstum baß gedeiht,
Wo selbst die Seel' vom Tag verwirrt,
Hier gleichsam neu geboren wird.«

Der Schlafzustand repräsentiert aber gleichwie der Seelenzustand bei der Begattung und die Existenz im Mutterleib auch die Wiederholung längst überwundener Formen der Existenz, ja auch der Existenz vor der Entstehung des Lebens. Der Schlaf ist nach einem alten lateinischen Spruch der Bruder des Todes. Beim Aufwachen aber, dieser täglichen Wiedergeburt, wirken noch immer auch jene traumatischen Kräfte fort, die die Materie zum Leben »erweckt« hat. Jede notgedrungene Weiterentwicklung ist ja ein solches Erwecktwerden aus relativer Ruhe. »*Le végétal est un animal qui dort*«, sagt Buffon. Aber auch die Embryogenese ist wie ein Schlaf, der nur durch die palingenetische Wiederholung der Artgeschichte, wie durch einen biographischen Traum gestört ist.

Der Hauptunterschied zwischen Schlaf und Coitus dürfte aber der sein, daß im Schlaf nur die glückliche Mutterleibsexistenz, im Coitus dagegen auch die Kämpfe dargestellt sind, die sich bei der »Vertreibung aus dem Paradiese« (kosmische Katastrophen, Geburt, Entwöhnungs- und Angewöhnungskämpfe) abspielten.

---

[13] [*Das Problem des Schlafes, biologisch und psychophysiologisch betrachtet*, 1912.]
[14] Die Hervorhebungen v. S. F.

X
Bioanalytische Konsequenzen

Es ist unvermeidlich, daß wir, am Ende des Gedankengangs angelangt, der uns, wenn auch nur vorläufig, über den Sinn des Genitalvorgangs und seiner Äußerungsformen aufklären sollte, auf den Weg zurückblicken, den wir gegangen sind, und uns Rechenschaft geben von der Methode, deren wir uns beim eifrigen Bau unseres Hypothesengebäudes bedienten. Unseren harmlosen Ausgangspunkt bildete eine beinahe noch physiologisch zu nennende Analyse des Ejakulationsvorgangs. Doch schon bei der näheren Erklärung *dieses* Prozesses verwendeten wir skrupellos Erkenntnisse, die wir auf einem ganz anderen Wissensgebiet, dem psychologischen, gewonnen haben. Ob und inwiefern solches Vorgehen wissenschaftlich überhaupt zu rechtfertigen ist, soll an dieser Stelle nicht wieder untersucht werden. Begnügen wir uns hier mit der Feststellung der Tatsache, daß sich diese Verquickung psychologischer und biologischer Kenntnisse bei manchen schwierigen Fragen der Genitalität und der Fortpflanzung als heuristisch wertvoll erwies und uns Ausblicke verschaffte, die uns die regelrechte Wissenschaft nicht ahnen ließ.

Die Behauptung von der Anwendbarkeit psychologischer Erkenntnisse bei der Lösung biologischer Probleme bedarf aber der Richtigstellung. Nicht das banal psychologische, sondern einzig und allein das *psychoanalytische* Wissen war uns bei unseren Problemlösungen behilflich, wie wir das im folgenden an Beispielen beweisen wollen. Zunächst wollen wir aber nur allgemein betonen, daß die Anwendbarkeit der Begriffe und Methoden der Psychoanalyse auf andere Erkenntnisgebiete für uns ein neuerlicher Beweis dafür ist, daß die Lehre Freuds ein wesentliches Stück bisher unbekannter Wirklichkeit unserem Wissen zugänglich machte.

Gleich zu Beginn, bei Besprechung der amphimiktischen Vermengung analer und urethraler Triebqualitäten im Ejakulationsvorgang, verwendeten wir die uns aus der Seelenanalyse bekannten Begriffe der

Verschiebung und *Verdichtung*. Die Loslösung qualitativ und quantitativ bestimmter Energien von ihrem Objekt, ihre Verlegung auf andere Objekte oder die Ansammlung mehrerer Energiearten und Mengen an einem und demselben Objekt war uns bisher nur in der Seelenanalyse geläufig, wir nannten sie die Verschiebung der Energiebesetzung von einer Vorstellung auf eine andere und die Verdichtung heterogener Energien an einer bestimmten Vorstellung; die biologische Naturwissenschaft lehrte uns bisher von solchen Verlegungsmechanismen nichts. Als Übergang zu unserer Annahme von der *organischen Verschiebung und Verdichtung* diente die psychoanalytische Hysterielehre, die Verschiebung von Vorstellungsenergie auf organische Betätigung (Konversion) und ihre Rückverlegung ins Psychische (analytische Therapie). Es heißt nur einen Schritt weiter gehen, wenn man annimmt, daß solcher Energieaustausch auch im rein organischen Haushalt, also in der Wechselbeziehung der Organe selbst gang und gäbe – und einer Analyse zugänglich ist. Damit wäre aber auch der erste Stein zur Grundlegung einer neuen *bioanalytischen* Wissenschaft gegeben, die die psychoanalytischen Kenntnisse und Arbeitsweisen methodisch auf die Naturwissenschaften überträgt. Einige weitere »Grundsteine« mögen hier folgen.

Das Zusammenarbeiten der Organe und Organteile ist nach der Konstruktion der ›Genitaltheorie‹ nicht einfach die automatische Summierung nützlicher Arbeitskräfte zu einer Gesamtleistung. Jedes Organ hat eine gewisse »Individualität«, in jedem einzelnen wiederholt sich der Konflikt zwischen Ich- und Libidointeressen, der uns bisher gleichfalls nur bei der Analyse der *psychischen Individualitäten* entgegentrat. Besonders die bisherige Physiologie scheint aber die Bedeutsamkeit libidinöser Energien bei der normalen wie der pathologischen Organbetätigung unterschätzt zu haben, so daß die bisherige *Nutzphysiologie* und *-pathologie*, wenn sich nur ein Teil der genitaltheoretischen Annahmen bewahrheitet, einer *lustbiologischen* Ergänzung bedarf. Schon jetzt ließen sich die Grundlinien dieser neuen Disziplin skizzieren.

Indem wir an einer anderen Stelle die *Autotomie-Tendenz* mit der *Verdrängung* in Parallele brachten, wandten wir uns wieder um eine Anleihe an die Psychoanalyse. Die Zurückziehung der Besetzung von unlustbetonten Vorstellungen, worin das Wesen des Verdrängungsprozesses liegt, hat offenbar organische Vorbilder; es ist aber kaum abzusehen, welch ungeahnte Vertiefung der naturwissenschaftlichen Einsicht daraus erwüchse, wenn es gelänge, durch Übertragung psychoanalytischer Denkweise die feinere Motivierung aller jener merkwürdigen Lebenserscheinungen zu erfassen, die auf solcher *organischen Verdrängung* beruhen.

Die begriffliche Sonderung der *erotischen Triebe*, die nur dem Lusterwerb dienen, von den übrigen *nützlichen* wäre ein weiteres für das Verständnis organischen Wesens überhaupt wichtiges Resultat dieser Untersuchung. Noch viel größere Bedeutsamkeit käme aber (wie dies bereits Freud in seiner Trieblehre feststellte) der sowohl das psychische wie auch das organische Leben beherrschenden *Regressionstendenz* zu. Es hat den Anschein, daß hinter der Fassade, die uns die naturwissenschaftliche Deskription gibt, gleichsam als das *biologische Unbewußte*, die Arbeitsweise und die Organisation scheinbar längst überholter Phasen der Individual- und Artentwicklung fortleben; sie fungieren nicht nur als geheime Lenker auch der manifesten Organbetätigung, sondern überwältigen in gewissen Ausnahmezuständen (Schlaf, Genitalität, organische Krankheit) mit ihren archaischen Tendenzen die oberflächlichen Lebensbetätigungen ebenso, wie in den Neurosen und Psychosen das normale Bewußtsein von psychologischen Archaismen überflutet wird. Es genügt, wenn wir hier auf die Beispiele des Schlafs und des Begattungsaktes nochmals hinweisen; in beiden Zuständen regrediert das ganze psychische, zum Teil aber auch das organische Wesen auf die antenatale und wahrscheinlich auch auf eine phylogenetisch alte Lebensform. In ganz gleicher Weise wird man aber auch die Symptome der Entzündung, des Fiebers, der Geschwulstbildung, ja auch die banalsten pathologischen Reaktionen als die Wiederkehr embryonaler und noch älterer Tätigkeitsformen auffassen müssen.

Ist dem aber so, und ist der *Sinn* der manifesten Symptome des normalen und des organischen Lebens in einer bisher ungeahnten Tiefendimension versteckt, dann ist die Analogie mit den Annahmen der Psychoanalyse eine noch auffälligere und wir sind erst recht gezwungen, die bisherige mehr flächenhafte Wissenschaft vom Leben durch eine *Tiefenbiologie* zu ergänzen. Damit hängt ein Punkt zusammen, auf den wir im Text bereits hingewiesen haben. Die Flächenhaftigkeit der Ansichten brachte es mit sich, daß man sich in der Naturwissenschaft meist mit einer eindeutigen Auffassung der Lebenserscheinungen begnügte. Auch die Psychoanalyse war noch vor nicht langer Zeit der Ansicht, daß es ein Vorrecht des Psychischen sei, daß seine Elemente, und zwar ein und dasselbe Element, *gleichzeitig* in mehrere genetisch verschiedene Kausalreihen eingeschaltet sein können. Die Analyse bezeichnete diesen Tatbestand mit dem Begriff der *Überdeterminierung* jedes psychischen

Aktes, als direkte Konsequenz der Mehrdimensionalität des Psychischen. Gleichwie zur Bestimmung eines Punktes im Raume mindestens drei Koordinaten notwendig sind, ist also auch die Erklärung einer psychischen und, wie wir nun meinen, auch einer naturwissenschaftlichen Tatsache durch die Einreihung in eine linienförmige *Verkettung* oder in eine flächenhafte *Verflechtung* nicht genügend determiniert, wenn nicht auch seine Beziehungen zu einer *dritten Dimension* festgestellt sind. Eine merkwürdige und bisher nur im Psychischen beobachtete Tatsache ist nun, daß dasselbe Element gleichzeitig in eine *aktuelle* und in eine *Erinnerungsreihe* eingeschaltet sein und analytisch lokalisiert werden kann, womit auch die »Zeitlosigkeit« unbewußter Erinnerungsspuren ausgesagt ist. Indem wir diese im Psychischen gewonnenen Einsichten auch auf die Biologie übertrugen, konnten wir den Begattungsakt und den Schlaf gleichzeitig als Abfuhr aktueller Störungsreize und als Äußerung der Reproduktionstendenz der anscheinend längst überwundenen Mutterleibs- und Seewassersituation darstellen, ja in ihnen die Wiederkehr noch viel archaischerer und primitiverer Ruhetendenzen (Trieb zum Anorganischen, Todestrieb) vermuten. In ähnlicher Weise müßte aber die bioanalytische Untersuchung aller Lebensprozesse hinter der manifesten Oberfläche das *biologische Unbewußte* aufdecken. Es würde sich zeigen, daß damit alle müßigen Fragen nach Sinn und Zweck der Entwicklung sich von selbst in die Frage nach den *Motiven* umwandeln würden, die alle in der Vergangenheit wurzeln.

Es sei hier gestattet, auf einige Prozesse hinzuweisen, auf die diese Gesichtspunkte schon jetzt mit Erfolg anwendbar wären. Nehmen wir die *Ernährung* des Säuglings, die doch durch die Beschreibung des Saugaktes, durch die Verdauungsvorgänge, die Verteilung des Nährmaterials in den Geweben, durch die Einreihung in die chemisch-physikalische Ökonomie des Organismus (die Berechnung der Kalorienmengen etc.) scheinbar so gut charakterisiert ist. Dem Bioanalytiker wird nebst alledem noch auffallen, daß das erste Nährmaterial des Säuglings eigentlich der Körper der Mutter (resp. ihre in der Milch suspendierten Geweb-Elemente) sind. Nach Analogie des genitalen und embryonalen Parasitismus wird er sich denken, daß der Mensch, indem er Muttermilch und andere tierische Produkte verzehrt, eigentlich zeitlebens ein Parasit ist, der den Körper seiner menschlichen und tierischen Vorfahren einverleibt, die Darstellung dieser Nahrungsstoffe selbst aber seinen Wirten (Mutter, Tier) überläßt. In Fortsetzung dieses Gedankengangs wird er aber dann auch zum Schluß kommen, daß dieser Prozeß, den man *Ah-*

nenfraß (Phylophagie) nennen könnte, überall im Lebendigen vorherrscht. Das omnivore oder fleischfressende Tier verzehrt die pflanzenfressenden, und überläßt die Sorge um den Aufbau der Stoffe aus dem Pflanzlichen den Letzteren. Der Pflanzenfresser nährt sich von Pflanzen, und läßt diese für ihn arbeiten, den Pflanzenkörper aus Mineralien aufbauen. In der Ernährung mit Muttermilch ist also nach der bioanalytischen Auffassung irgendwie die ganze Artgeschichte der Ernährung versteckt, zugleich aber auch in fast unkenntlicher Form dargestellt.[1] Ist aber einmal die Aufmerksamkeit auf diesen Umstand hingelenkt, so wird es gewiß gelingen, in gewissen Ausnahmezuständen der Ernährung, z. B. in deren Pathologie, das deutlichere Aktivwerden gewöhnlich versteckter Regressionstendenzen zu erkennen. In ähnlicher Weise würde man etwa hinter dem Symptom des *Erbrechens* nicht nur die manifest wirkenden Ursachen sehen, sondern auch Regressionstendenzen zu einer embryonalen und phylogenen Urzeit, wo Peristaltik und Antiperistaltik von derselben Verdauungsröhre geleistet wurde (Urmund).

Die *Entzündungsvorgänge* haben schon Cohnheim und Stricker nicht nur als aktuelle Reaktionen auf Reize, sondern als eine Art Gewebsregression zum Embryonalen beschrieben; aber auch sonstige pathologische Veränderungen werden wir, wie ich glaube, viel besser verstehen, wenn wir sowohl in ihren Zerfalls- als auch in ihren Heilungsvorgängen die Wirksamkeit von Regressionstendenzen erkennen und beschreiben werden.

Die bioanalytischen Untersuchungen der Vorgänge bei *organischer Erkrankung* werden uns, wie wir glauben, zeigen, daß die meisten ihrer Symptome auf eine neuartige Verteilung der »Organlibido« zurückführbar sind. Die Organe leisten ihre Nützlichkeitsfunktion nur, solange der Gesamtorganismus auch für ihre Libidobefriedigung sorgt. (Siehe die Libidoleistung des Genitales für den Gesamtkörper.) Hört das auf, so mag die Neigung zur Selbstbefriedigung in den Organen wieder aufleben, zum Schaden der Gesamtfunktion, gleichwie ein schlecht behandeltes Kind gerne zur Selbstbefriedigung greift. (Vgl. damit das Aufgeben der Nützlichkeitsfunktion bei der hysterischen Blindheit [Freud].) Aber auch lokale Schädigungen dürften zur Einstellung der altruistischen Leistung und zur Entfachung »autoerotischer« Vorgänge in den Geweben führen. Wenn psychische Ursachen eine organische Erkrankung

---

[1] Aus der chemischen Konstitution des tierischen Eiweiß-Moleküls könnte also die vegetabile und mineralische Vergangenheit rekonstruiert werden. Damit wäre die Analogie zwischen psychischer und chemischer Analyse wesentlich vertieft.

hervorrufen (Groddeck, Deutsch), so geschieht es mit Hilfe der Übertragung psychischer Libidoquantitäten auf eine bereits vorgebildete organ-libidinöse Einrichtung. Die vasomotorisch-trophischen Störungen liegen an der Grenze der (doch nur künstlich voneinander getrennten) Gebiete neurotischer und organischer Erkrankung. Die Ohnmacht z. B. ist bei oberflächlicher Betrachtung nur die Folge der Anämie des Gehirns; die bioanalytische Auffassung muß dem hinzufügen, daß dabei auch eine Regression der Blutdruckverhältnisse auf die Zeit vor dem aufrechten Gang stattfindet, wo die Blutversorgung des Gehirns noch keine so gesteigerte Splanchnicus[2]-Wirkung erforderte. Bei psychogener Ohnmacht wird diese Regression in den Dienst neurotischer Verdrängung gestellt.

Als Vorbilder der bioanalytischen Mechanismen werden, wie ich glaube, immer die uns am besten bekannten Strukturen der Neurosen und Psychosen dienen. In letzter Linie wird also ein unerschrocken animistischer Geist die physiologischen wie die Krankheitsvorgänge sozusagen als *Psychologie* und *Psychiatrie des Lebendigen* darstellen müssen, stets eingedenk der ahnungsvollen Zeilen Goethes:

»Alle Glieder bilden sich aus nach ew'gen Gesetzen,
Und die seltsamste Form bewahrt im Geheimen das Urbild.«[3]

Eine nicht minder bedeutsame, zunächst aber gewiß sehr befremdende methodologische Neuheit, die wir uns in dieser Arbeit gestatteten, war die Verwertung der *Symbolik als naturwissenschaftliche Erkenntnisquelle*. Indem wir die in gewissen Seeleninhalten analytisch als solche erkannten »Symbole« nicht als wahllos-spielerische Äußerung der Phantasietätigkeit, sondern als historisch bedeutsame Spuren »verdrängter« biologischer Tatbestände auffaßten, gelangten wir zu wesentlich neuen und vielleicht nicht ganz unrichtigen Annahmen über den Sinn der Genitalität im allgemeinen und vieler ihrer Einzelerscheinungen. Es ist kaum abzusehen, welcher Entwicklungen diese Betrachtungsweise noch fähig ist und wieviel unbewußtes Wissen in den naiven Überlieferungen der Folklore, der Märchen und Mythen und insbesondere in der üppig wuchernden Symbolik der Träume noch versteckt ist.

So förderlich der einseitige Nützlichkeitsstandpunkt, der jetzt die ganze Naturwissenschaft beherrscht, für gewisse Disziplinen war (Technik), so

---

[2] [Eingeweidenerv.]
[3] Ortvay [›Eine biologische Parallele zu dem Verdrängungsvorgang‹] wies darauf hin, daß die psychoanalytische Verdrängungslehre im Stande sei, die Mendelschen Prozesse der »Dominanz« und »Latenz« der Erbeinheiten zu erklären.

sehr hinderte er den Zugang zur Erkenntnis tieferer biologischer Einsichten, zu der nun einmal kein Weg führt, der neben den mechanischen nicht auch die verschiedenen Lustmechanismen, deren eine Äußerung die Symbolik sein kann, berücksichtigt.

Bei der Analyse der Genitalvorgänge mußten wir uns naturgemäß sehr viel mit den Fragen der *organischen Entwicklung und Rückbildung* beschäftigen, ja wir getrauten uns, eine neuartige Entwicklungstheorie einzuschmuggeln, in der wir psychoanalytische Erfahrungen und Annahmen über die Entwicklungsprozesse im Seelischen einfach ins Biologische übertrugen.[4] Wir können nicht umhin, diesen Versuch wenigstens in den Grundzügen zu skizzieren.

Entsprechend unseren früheren Folgerungen aus einer Untersuchung des »Wirklichkeitssinnes« und den eingehenden Untersuchungen Freuds über das Triebleben gingen wir auch bei der Genitalentwicklung vom Standpunkt aus, daß immer nur ein äußerer Reiz, eine Not oder eine Katastrophe die Lebewesen zu einer Änderung ihrer Tätigkeitsformen und ihrer Organisation gezwungen haben kann. Am ausführlichsten beschäftigten wir uns mit der Anpassungsleistung der Lebewesen nach einer der letzten geologischen Katastrophen, der Eintrocknung der Meere. Wir sagten, daß diese Wesen sich der neuen Situation allerdings anpaßten, aber sozusagen mit dem Hintergedanken, die alte Ruhesituation auch im neuen Milieu so bald als möglich und so oft als möglich wiederherzustellen.

Der Schlaf, die Begattung, aber auch schon die Entwicklung fruchtwasserhaltiger Amnien und überhaupt die innere Befruchtung und intrauterine Entwicklung sind nach unserer Annahme lauter Einrichtungen zur Wiederaufrichtung jener anscheinend überwundenen Entwicklungsperiode.[5] Welchem Analytiker kommt da nicht sofort die Ähnlichkeit dieses Prozesses mit der psychischen *Verdrängung* und mit der *Wiederkehr des Verdrängten* in den Sinn. Diese Ähnlichkeit ist so groß, daß wir zugeben müssen, daß wir eigentlich diesen bei den Neurosen erlernten Dynamismus unbewußt zur Erklärung von Entwicklungsschüben verwendet haben. Anstatt uns aber hierfür zu entschuldigen, schlagen wir vor, dies als eine legitime, wissenschaftlich zu rechtfertigende

---

[4] Vgl. dazu die Arbeit des Schweizer Biologen Brun über ›Selektionstheorie und Lustprinzip‹, der am Beispiel einer Ameisenart die Wirksamkeit des Lustprinzips bei der Entwicklung schön aufzeigt.
[5] Daß ausnahmsweise auch Anamnien vorkommen, die sich begatten, ist allerdings ein Schönheitsfehler der ganzen ›Genitaltheorie‹.

Versuch einer Genitaltheorie – C. Anhang und Ausblicke

Methode anzunehmen, in der Überzeugung, daß die konsequente Festhaltung dieses Gesichtspunkts die Entwicklungslehre nur bereichern kann. Wir glauben also, daß der Wunsch nach Wiederherstellung einer notgedrungen verlassenen Gleichgewichtssituation niemals vollkommen aufhört, sondern nur temporär beiseite geschafft, von einer *biologischen Zensur,* die von den aktuellen Ich-Interessen geschaffen wird, an der Realisierung gehindert wird.[6] Es gibt also auch im Biologischen eine Modifikation des Lustprinzips, die wir auch hier Realitätsprinzip nennen könnten, und es wird wohl auch hier so zugehen, wie wir das im Psychischen zu sehen gewohnt sind: dieselbe Kraft, die zur Regression drängt, wirkt, wenn sie daran von einer Zensurinstanz gehindert wird, progressiv – im Sinne der Anpassung und der Komplikation.

Die erste Wirkung jeder äußeren Erschütterung wird wohl schlummernde Autotomietendenzen der Organismen (Todestrieb) entfachen; die Elemente des Organischen wollen ja gewiß die Gelegenheit zum Sterben, die sich ihnen darbietet, nicht unbenützt lassen. Wenn aber die Störung allzu stürmisch, also traumatisch und nicht im allmählichen Tempo des seinerzeitigen Aufbaus erfolgt, so kommt es zu einer unvollkommenen »Entmischung« (Freud) des Organischen und die Elemente der beginnenden Auflösung werden zu Bausteinen einer Fortentwicklung, gleichwie die von Jacques Loeb mit Hilfe hypotonischen Seewassers künstlich befruchteten Seeigeleier an der Peripherie absterben, der Cytolyse[7] verfallen, dann aber aus den abgestorbenen Zellteilen eine Membran bilden, die vor weiterem Zerfall schützt, während unter der Fortwirkung des erhaltenen Stoßes das Zellinnere sich zu entfalten beginnt.[8] Die Frage der Philosophen, wie wir uns solche Regeneration und Fortentwicklung vorzustellen haben, läßt sich auch ohne Zuhilfenahme mystischer Vorstellungen beantworten. Es mag sein, daß der darin sich äußernde »Altruismus« nur die geschickte Kombination von Elementaregoismen ist; es ist aber auch sehr gut möglich, daß der bereits erreicht gewesene Grad der Komplikation auf die Zerfallsprodukte im Sinne einer Regression wirkt oder wenigstens dazu beiträgt, daß es die Orga-

---

[6] Ein schönes Beispiel der »organischen Zensur« liefert das Verhalten gewisser winterschlafender Tiere. Ihr Körper kühlt beim Sinken der äußeren Temperatur immer mehr ab. Sinkt aber die Körpertemperatur unter eine gewisse Grenze, so kommt es zu plötzlicher Wärmeproduktion, die Regression zur Poikilothermie wird rückgängig gemacht und das Tier erwacht: aus dem Rückenmarktier wird wieder ein Gehirntier.
[7] [Auflösung der Zelle.]
[8] Die Einwirkung des Spermium auf das Ei dürfte gleichfalls mit einer Zerstörung beginnen, deren regressive Richtung dann ins »Progressive« umschlägt.

nismen mit dem Absterben nicht so eilig haben, sondern aus ihrem eigenen Detritus[9] sich selbst wieder aufbauen, ja die vis a tergo[10], die sie bei der partiellen Zerstörung erhielten, zur Weiterentwicklung verwerten.

Wie dem auch sei, die bioanalytische Auffassung der Entwicklungsvorgänge sieht überall nur *Wünsche* nach *Wiederherstellung früherer Lebens- oder Todeszustände* am Werk. Sie lernte von der psychoanalytischen Beobachtung der Hysterie, daß die psychische Macht des Wunsches auch im Organischen wirksam sei, daß ein Wunsch sich im Körper »materialisieren«, den Körper nach seinem Vorstellungsbild ummodeln kann. Wir haben keinen Grund auszuschließen, daß solche Wunschtendenzen auch außerhalb des Psychischen, also im biologischen Unbewußten wirken, ja wir sind geneigt, anzunehmen und können uns dabei der Übereinstimmung mit Freud rühmen, daß erst die Zuhilfenahme des Wunsches als Entwicklungsfaktor die Lamarcksche Anpassungstheorie verständlich macht.

Um auf den Grundgedanken zurückzukommen: in der biologischen Schichtung der Organismen werden alle früheren Etappen irgendwie erhalten und durch Zensurwiderstände auseinander gehalten, so daß es auch beim lebenden Organismus mit Hilfe einer analytischen Untersuchung gelingen müßte, aus dem aktuellen Verhalten und aktuellen Funktionsweisen die entferntesten Vergangenheiten zu rekonstruieren.

Jedenfalls mußten wir es aber aufgeben, allzu komplexe Vorgänge als letzte Erklärungen der Entwicklung hinzunehmen. Wenn z. B. Lamarck den Gebrauch oder Nichtgebrauch der Organe für die Fort- oder Rückbildung verantwortlich macht, so übersieht er, daß er das eigentliche Problem umgeht, die Frage nämlich, warum im Lebendigen der Gebrauch eines Organs nicht wie bei der anorganischen Maschine zur Abnützung, sondern zur Erstarkung führt. Erst die Beobachtungen, die wir bei der Hysterie und den Pathoneurosen[11] machten, zeigen uns, wie unter dem Einfluß des Wunsches nach Wiederherstellung des gestörten Gleichgewichts, unter Einziehung anderer Besetzungen, eine überstarke Gegenbesetzung an der gestörten Körperpartie aufgerichtet wird, die einerseits als Schutz des übrigen Organismus vor der einwirkenden Schädlichkeit, andererseits als Kraftquelle zur Heilung und Regeneration sich betätigt. Auch bei chronisch störenden Einwirkungen auf die

---

[9] [Gewebstrümmer; zerfallende Zellen.]
[10] [Von rückwärts herwirkende Kraft.]
[11] S. *Hysterie und Pathoneurosen*, 1919.

Organfunktionen könnte es so zugehen und wir hätten so in der hysterischen und pathoneurotischen Reaktionsweise ein Vorbild für die Energieverschiebungen bei jeder Anpassungs- und Entwicklungsleistung.

Es sei nur nebenbei bemerkt, daß bei der von uns postulierten Wiederkehr der verdrängten Lust in den notgedrungen angenommenen, ja zu Triebenergien introjizierten Unlustmomenten vielleicht die eigentliche Erklärung der nach Spencer die Entwicklung beherrschenden Alternative der *Differenzierung* und der *Integrierung* liegt. Die Not zwingt die Organismen zu Variationen; die verdrängte Lust läßt sie immer wieder zur verlassenen Situation regredieren und letztere gleichsam »redintegrieren«.

Wahrscheinlich bemächtigt sich der Regressionstrieb bei der notgedrungenen Anpassung an eine neue Situation zunächst jener Organe und Funktionen, die durch die Entwicklung »beschäftigungslos« geworden sind. Es ist z. B. auffällig, daß bei allen geschwänzten Tieren (Hunden, Katzen etc.) die Schwanzwirbelsäule, die einstmals als Stützorgan seither untergegangener Körpersegmente diente, zu einem Organ der Ausdrucksbewegungen wurde, von denen wir seit Darwin und Freud wissen, daß sie eigentlich als Regressionen zu archaischen Reaktionsweisen aufzufassen sind. In solchen und ähnlichen Schlupfwinkeln mag sich die regressive Tendenz zu Zeiten angestrengter Anpassung verstecken, um dann nach dem Überstehen der ärgsten Gefahren als formbildender Faktor neuerlich in Aktion zu treten. Andererseits ist auch dafür gesorgt, daß selbst die strengste Anpassungstätigkeit durch Intervalle der Ruhe periodisch unterbrochen wird, in denen der ganze Organismus vorübergehend der Regression anheimfällt und seine Leistung sozusagen eine Ausdrucksbewegung wird (Schlaf, Begattung).[12]

---

[12] Einige weitere »bioanalytische« Gesichtspunkte zur organischen Entwicklung seien hier kurz aneinander gereiht. Die Anpassung kann eine autoplastische oder eine alloplastische sein, im ersteren Fall wird die eigene Körperorganisation den veränderten Umständen angepaßt, im letzteren trachtet der Organismus die Außenwelt so zu verändern, daß die Körperangleichung überflüssig wird. Die alloplastische Entwicklungsart ist die »intelligentere«, sie ist die spezifisch »menschliche«, ist aber auch im Tierreich sehr verbreitet (Nestbau!). Die Veränderung der Außenwelt ist eine viel raschere als die der eigenen Organisation; bei den Tierarten, die sich dazu aufschwingen, vermuten wir also bereits einen gewissen »Zeitsinn«. Die Autoplastik kann rein regressiv sein (Einschränkung der Bedürfnisse, Rückfall auf primitivere Stufen), aber auch progressiv (Entfaltung neuer Organe). Die Entwicklung der Motilität (das Aufsuchen eines besseren Milieus) bringt Ersparnis an autoplastischer Anpassungsleistung mit sich. (Döderleinsches Prinzip: Parallelismus zwischen »Sessilität« [Festgewurzeltsein] und Variabilität einer-, »Vagilität« und geringerer Variabilität andererseits.)
Die Anpassung kann in der Entwöhnung von Befriedigungsobjekten oder in der An-

Die Bioanalyse, die analytische Wissenschaft vom Leben, wird sich auch der Aufgabe nicht verschließen können, zur Frage vom Anfang und vom Ende des Lebens Stellung zu nehmen. Die Genitaltheorie war ja, wie wir sahen, gezwungen, beim Forschen nach den letzten Gründen der sexuellen Attraktion über die Grenze des Lebendigen hinaus zu gehen und auch Freud sieht in den Äußerungen der chemisch-physikalischen Attraktion Analoga desselben platonischen *Eros*, der alles Lebendige zusammenhält. Und in der Tat erzählen uns die Physiker, daß in der scheinbar »toten« Materie intensive Bewegung, also immerhin ein wenn auch minder labiles »Leben« herrscht. Von einem wirklichen Tode, von absoluter Ruhe, sprechen die Physiker höchstens theoretisch, indem sie sagen, daß alle Energie der Welt auf Grund des Zweiten thermodynamischen Gesetzes zum Tode durch Zerstreuung verurteilt ist. Doch schon finden sich Naturforscher[13], die uns sagen, daß die zerstreuten Energien, wenn auch nach langen, langen Zeiträumen, sich wieder zusammenballen müssen. Diese Auffassung ist etwa dem Selektionsprinzip Darwins an die Seite zu stellen, nach dem alle Änderung nur dem Zufall zugeschrieben und immanenten Tendenzen sozusagen gar nichts zugetraut wird.[14] Für uns aber, die wir ja, wie gesagt, dem mehr animisti-

---

gewöhnung neuer bestehen, d. h. in der Umwandlung der (zunächst immer unlustvollen) Störung in eine Befriedigung. Dies geschieht durch Identifizierung mit dem Störungsreiz und Introjektion desselben; so wird aus einer Störung gleichsam ein Teil des Ich (ein Trieb) und so wird die Innenwelt (Mikrokosmos) ein Spiegelbild der Umwelt und ihrer Katastrophen.

Die neugeschaffenen Organe resp. Organfunktionen überlagern nur die alten, ohne sie zu zerstören; auch wenn sie ihre Materie verwerten, bleibt die anscheinend verlassene Organisation resp. Funktion »virtuell«, »biologisch unbewußt« erhalten und kann unter Umständen wieder aktiv werden. Solche Überlagerungen sind Hemmungsvorrichtungen vergleichbar; die primitive allgemeine »Irritabilität« z. B. wird durch die bereits gerichtete Reflexerregbarkeit und diese durch die psychische Wahlreaktion überlagert; in pathologischen oder sonstigen Ausnahmezuständen (Tiefhypnose, Fakirleistungen) stellt aber die Psyche ihre Funktion ein und der Organismus regrediert auf die Stufe der Reflexerregbarkeit oder gar auf die der Irritabilität.

[13] Nernst, *Das Weltgebäude im Lichte der neueren Forschung*, 1921.

[14] Entschließt man sich einmal dazu, anzunehmen, daß schon in den anorganischen Einheiten jene »Erregbarkeit« irgendwie vorgebildet ist, die wir als Eigenschaft des Lebenden kennen, so kann man sich eine Vorstellung davon machen, was die Attraktion dieser Elemente motivieren könnte. Die Vereinigung zweier Elemente zu einer Einheit hätte allenfalls den Vorteil, daß die so aneinander gelehnten Teile der feindlichen Außenwelt eine viel kleinere Oberfläche zuwendeten, als solange sie isoliert waren, womit eine »Ersparnis an Aufwand« und die erste »Lust« gegeben wäre. Etwas davon könnte auch noch bei der Begattung (*l'animal à deux dos*) zum Ausdruck kommen. Auch Bölsche vergleicht gelegentlich die Attraktion zwischen Sonne und Erde mit der sexuellen Anziehung.

schen Entwicklungsgedanken Lamarcks zuneigen, ist es plausibler anzunehmen, daß es eine *vollkommene* Entmischung der Lebens- und Todestriebe überhaupt nicht gibt, daß es selbst in der sogenannten »toten« Materie, also im Anorganischen, noch »Lebenskeime« gibt und damit auch Regressionstendenzen zu jener höheren Komplikation, aus deren Zerfall sie entstanden sind. Daß es ein absolutes Leben ohne Beimengung von Symptomen des Sterbens nicht gibt, hat ja die Naturwissenschaft schon lange behauptet, und erst vor kurzem hat Freud die Wirksamkeit der Todestriebe bei allem Lebendigen nachgewiesen. *»Das Ziel alles Lebens ist der Tod«*, denn *»das Leblose war früher da als das Lebende.«* [15] Wie denn aber, wenn das »Sterben« kein Absolutes wäre, wenn sich Lebenskeime und Regressionstendenzen auch noch im Anorganischen versteckten oder wenn gar auch Nietzsche recht hätte, der da sagt: *»Alle unorganische Materie ist aus organischer entstanden, es ist tote organische Materie. Leichnam und Mensch.«* [16] Dann müßten wir die Frage nach Anfang und Ende des Lebens endgültig fallen lassen und uns die ganze anorganische und organische Welt als ein stetes Hin- und Herwogen zwischen Leben- und Sterbenwollen vorstellen, in dem es niemals zur Alleinherrschaft, weder des Lebens noch des Sterbens, kommt.

Uns Ärzten zeigt die »Agonie«, wie schon der Name besagt, sozusagen niemals ein friedliches Antlitz. Auch der des Lebens kaum mehr fähige Organismus endigt gewöhnlich mit einem Todeskampf; vielleicht gibt es einen »natürlichen«, sanften Tod, eine ungestörte Äußerung des Todestriebes nur in unseren vom Todestrieb beherrschten Wunschvorstellungen, in der Wirklichkeit scheint das Leben immer katastrophal enden zu müssen, wie es mit einer Katastrophe, der Geburt, seinen Anfang nahm. Es hat sogar den Anschein, als ob in den Symptomen des Todeskampfes regressive Züge zu entdecken wären, die das Sterben zu einer Nachbildung des Geborenwerdens und dadurch weniger qualvoll gestalten möchten. [17] Erst unmittelbar vor den letzten Atemzügen, manchmal allerdings schon etwas früher, kommt es zu einer vollen Resignation, ja zu Äußerungen der Befriedigung, die das endliche Erreichen der vollen Ruhesituation, etwa wie im Orgasmus nach der geschlechtlichen

---

[15] [›Jenseits des Lustprinzips‹, *G. W.*, XIII, S. 40.]
[16] Nietzsche, *Die Philosophie im tragischen Zeitalter der Griechen* (Entwürfe zur Fortsetzung [Anfang 1873], V), S. 94.
[17] Die Verknüpfung der Todesangst mit Genitalerregung ist bekannt. (Vgl. die Ejakulation Gehenkter, die »Angstlust« v. Hattingbergs, den Galgenhumor, der sich in so vielen Anekdoten äußert usw.)

Kampfhandlung, ankündigen. Der Tod weist ähnliche Züge der Mutterleibsregression auf wie der Schlaf und die Begattung. Nicht umsonst bestatten viele Primitive ihre Toten in der embryonal-hockenden Stellung und auch das Zusammenfallen der Todes- und der Geburtssymbolik in Träumen und Mythen können wir nicht für einen Zufall halten.

Wir sind damit zu unserem Ausgangspunkt zurückgekehrt, zur zentralen Bedeutung der Mutterleibsregression für die Genitaltheorie, und wie wir nun hinzufügen möchten, für die Biologie überhaupt.

Anhang

Liste der Abkürzungen

Al. d. Psa. *Almanach der Psychoanalyse*

AJP *American Journal of Psychology*

B. I—IV Ferenczi, *Bausteine zur Psychoanalyse*, Int. Psa. Vlg., Leipzig—Wien—Zürich 1927—1938 [Bd. I—II: 1927; Bd. III—IV: 1938]. Unveränderter Nachdruck: Hans Huber, Bern 1964.

B. J. *British Journal of Medical Psychology*, Cambridge University Press, London.

C. Ferenczi, *Contributions to Psycho-Analysis*, R. G. Badger, Boston 1916. Neuauflage unter dem Titel *Sex and Psychoanalysis; Contributions to Psychoanalysis*, R. G. Badger, Boston 1922; Basic Books, New York 1950.

F. C. Ferenczi, *Further Contributions to the Theory and Technique of Psycho-Analysis*, Hogarth Press, London 1.1926, 2.1950; Boni & Liveright, New York 1927; Basic Books, New York 1952.

Fin. Ferenczi, *Final Contributions to the Problems and Methods of Psychoanalysis*, Basic Books, New York 1955.

G. W. Freud, *Gesammelte Werke*, 18 Bde., Imago Publishing Co., Ltd., London 1940—1952; seit 1960 S. Fischer Verlag, Frankfurt/Main.

Gy *Gyógyászat*.

I. J. *The International Journal of Psycho-Analysis*, Baillière, Tindall & Cox, London.

Imago *Imago*, Zeitschrift für Anwendung der Psychoanalyse auf die Geisteswissenschaften, Int. Psa. Vlg., Wien.

Int. Psa. Vlg. Internationaler Psychoanalytischer Verlag, Leipzig—Wien—Zürich.

Anhang

I. Z.	*Internationale Zeitschrift für (ärztliche) Psychoanalyse*, Int. Psa. Vlg., Wien.
J.	*Jahrbuch der Psychoanalyse (Jahrbuch für psychoanalytische und psychopathologische Forschungen)*
O. C.	Ferenczi, *Oeuvres Complètes*, Bd. I–IV, Editions Payot, Paris; Bd. I: 1968; Bd. II: 1970; Bd. III und IV: in Vorbereitung.
O. H.	*Orvosi Hetilap*
Out. Psa.	J. S. van Teslaar (Hrsg.), *An Outline of Psychoanalysis*, Boni & Liveright, New York 1923.
P.	*Zeitschrift für psychoanalytische Pädagogik*, Int. Psa. Vlg., Wien.
PNW	*Psychiatrisch-neurologische Wochenschrift*
Psa.	*American Journal of Psychoanalysis*
P. V.	Ferenczi, *Populäre Vorträge über Psychoanalyse*, Int. Psa. Vlg., Wien 1922.
Q.	*The Psychoanalytic Quarterly*, New York.
R.	*The Psychoanalytic Review*, New York und Washington.
Rev. Psicoanál.	*Revista de Psicoanálisis*, Buenos Aires.
R. F.	*Revue Française de Psychanalyse*, Denoël & Steele, Paris.
Rf	*Referate und Kritiken*
S. I–II	Ferenczi, *Schriften zur Psychoanalyse. Auswahl in zwei Bänden*. Herausgegeben und eingeleitet von Michael Balint. Reihe ›Conditio humana‹, S. Fischer Verlag, Frankfurt/Main 1970/72.
Z.	*Zentralblatt für Nervenheilkunde und Psychiatrie*
Zb.	*Zentralblatt für Psychoanalyse*
Zus.	*Zusammenfassung; Bericht über*

Literaturverzeichnis

Abraham, K., S. Ferenczi, S. Freud, E. Jones u. E. Simmel	*Zur Psychoanalyse der Kriegsneurosen*, Int. Psa. Bibl., Nr. 1, Internationaler Psychoanalytischer Verlag, Wien 1919.
Alexander, Franz	›Metapsychologische Betrachtungen‹, in: *I. Z.*, VII, 1921, S. 270—285.
Bernheim, Hippolyte	*Hypnotisme, Suggestion, Psychothérapie;* deutsch: *Neue Studien über Hypnotismus, Suggestion und Psychotherapie*, Wien 1892.
Bleuler, Eugen	*Lehrbuch der Psychiatrie*, Springer-Verlag, Berlin 1.1916, 8.1949.
Breuer, Josef u. Sigmund Freud	*Studien über Hysterie*, Internationaler Psychoanalytischer Verlag, Leipzig-Wien-Zürich 1.1895, 3.1916; ohne die nur von J. Breuer herrührenden Arbeiten ›Frl. Anna O...‹ und ›Theoretisches‹, in: *G. W.*, I, S. 75—312.
Brun, Rudolph	›Selektionstheorie und Lustprinzip‹, in: *I. Z.*, IX, 1923, S. 183—200.
Claparède, Edouard	›La fonction du sommeil‹, in: *Rivista di Scienza*, II, 1908, S. 141—158.
Forsyth, David	›The rudiments of character. A study in infant behavior‹, in: *R.*, XIII, 1921, S. 117—143.
Freud, Sigmund	›Drei Abhandlungen zur Sexualtheorie‹, in: *G. W.*, V, S. 27—145.
	›Analyse der Phobie eines fünfjährigen Knaben‹, in: *G. W.*, VII, S. 241—377.
	›Einige Bemerkungen über den Begriff des Unbewußten in der Psychoanalyse‹, in: *G. W.*, VIII, S. 429—439.

Freud, S. (Forts.) ›Zur Einführung des Narzißmus‹, in: *G. W.*, X, S. 137–170.

›Aus der Geschichte einer infantilen Neurose‹, in: *G. W.*, XII, S. 27–41.

›Das Ich und das Es‹, in: *G. W.*, XIII, S. 235 bis 289.

›Die infantile Genitalorganisation (Eine Einschaltung in die Sexualtheorie)‹, in: *G. W.*, XIII, S. 291–298.

›Jenseits des Lustprinzips‹, in: *G. W.*, XIII, S. 1 bis 69.

›Massenpsychologie und Ich-Analyse‹, in: *G. W.*, XIII, S. 71–161.

›Metapsychologische Ergänzung zur Traumlehre‹, in: *G. W.*, X, S. 411–426.

›Das ökonomische Problem des Masochismus‹, in: *G. W.*, XIII, S. 369–383.

›Zur Psychopathologie des Alltagslebens‹, in: *G. W.*, IV, S. 1–310.

›Quelques considérations pour une étude comparative des paralysies motrices organiques et hystériques‹, in: *G. W.*, I, S. 37–55.

›Das Tabu der Virginität‹ (Teil III der ›Beiträge zur Psychologie des Liebeslebens‹), in: *G. W.*, XII, S. 159–180.

›Trauer und Melancholie‹, in: *G. W.*, X, S. 427 bis 446.

›Die Traumdeutung‹, in: *G. W.*, II/III, S. 1–642.

›Triebe und Triebschicksale‹, in: *G. W.*, X, S. 209 bis 232.

›Das Unbewußte‹, in: *G. W.*, X, S. 263–303.

›Die Verdrängung‹, in: *G. W.*, X, S. 247–261.

›Die Verneinung‹, in: *G. W.*, XIV, S. 9–15.

›Vorlesungen zur Einführung in die Psychoanalyse‹, in: *G. W.*, XI, S. 1–482.

›Wege der psychoanalytischen Therapie‹, in: *G. W.*, XII, S. 181–194.

Literaturverzeichnis

Freud, S., S. Ferenczi u. a.	*Über Onanie. Diskussionen der Wiener Psychoanalytischen Vereinigung*, Bd. II, J. F. Bergmann, Wiesbaden 1912.
Grasset, Joseph	*Les actualités médicales: Anatomie clinique des centres nerveux*, Paris 1900. ›Un cas de maladie des tics et un cas de tremblement singulier de la tête et des membres gauches‹, in: *Leçons de clinique médicale*, Paris 1891.
Groddeck, Georg W.	*Der Seelensucher. Ein psychoanalytischer Roman.* Internationaler Psychoanalytischer Verlag, Leipzig-Wien 1921.
Haeckel, Ernst	*Natürliche Schöpfungsgeschichte. Gemeinverständliche wissenschaftliche Vorträge über die Entwicklungslehre im Allgemeinen und diejenige von Darwin, Goethe und Lamarck im Besonderen*, G. Reimer, Berlin [2.]1870.
Hesse, Richard, u. F. Doflein	*Tierbau und Tierleben*, B. G. Teubner, Leipzig 1910.
Jones, Ernest	›Kälte, Krankheit und Geburt‹, in: *I. Z.*, IX, 1923, S. 260—265. ›Die Theorie der Symbolik‹, in: *I. Z.*, V, 1919, S. 244—273.
Jung, C. G.	*Wandlungen und Symbole der Libido. Beiträge zur Entwicklungsgeschichte des Denkens*, Deuticke, Leipzig-Wien 1912, [3.]1938.
Kraepelin, E.	*Psychiatrie. Ein Lehrbuch*, 2 Bde., Leipzig 1898.
Meige, Henry u. E. Feindel	*Der Tic. Sein Wesen und seine Behandlung*, Deuticke, Leipzig-Wien 1903.
Nernst, Walter	*Das Weltgebäude im Lichte der neueren Forschung*, Springer, Berlin 1921.
Nietzsche, Friedrich	*Die Philosophie im tragischen Zeitalter der Griechen. Entwürfe zur Fortsetzung* [Anfang 1873], Verlag der Nietzsche-Gesellschaft, München 1923.
Nunberg, Herman	›Über den katatonischen Anfall‹, in: *I. Z.*, VI, 1920, S. 25—49.
Ortvay, Rudolf	›Eine biologische Parallele zu dem Verdrängungsvorgang‹, in: *I. Z.*, II, 1914, S. 25–26.

Ossipow, N.	*Tolstois Kindheitserinnerungen. Ein Beitrag zu Freuds Libidotheorie*, Int. Psa. Vlg., Leipzig-Wien-Zürich 1923.
Pfeifer, Sigmund	›Musikpsychologische Probleme‹, in: *Imago*, IX, 1923, S. 453—462.
Rank, Otto	*Das Inzest-Motiv in Dichtung und Sage; Grundzüge einer Psychologie des dichterischen Schaffens*, Deuticke, Leipzig-Wien 1912.
	Der Künstler; Ansätze zu einer Sexualpsychologie, Heller, Wien 1907.
	›Die Lohengrinsage. Ein Beitrag zu ihrer Motivgestaltung und Deutung‹, in: *Schriften zur angewandten Seelenkunde*, Heft XIII, Franz Deuticke, Leipzig-Wien 1911.
	Der Mythus von der Geburt des Helden; Versuch einer psychologischen Mythendeutung, Deuticke, Leipzig-Wien 1909.
	›Perversion und Neurose‹, in: *I. Z.*, VIII, 1922, S. 397—420.
	›Die Symbolschichtung im Wecktraum und ihre Wiederkehr im mythischen Denken‹, in: *J.*, IV, 1912, S. 51—115.
	›Das Trauma der Geburt‹, in: *Int. Psa. Bibl.*, Bd. XIV, Internationaler Psychoanalytischer Verlag, Wien 1924.
Rank, O. u. S. Ferenczi	›Entwicklungsziele der Psychoanalyse; Zur Wechselbeziehung von Theorie und Praxis‹, in: *Neue Arbeiten zur ärztlichen Psychoanalyse*, Nr. 1, Internationaler Psychoanalytischer Verlag, Wien-Leipzig-Zürich 1924.
Reich, Wilhelm	›Die therapeutische Bedeutung der genitalen Libido‹. Kongreßvortrag, Salzburg 1924; abgedruckt unter dem Titel ›The Therapeutic Significance of the Genital Libido‹, in: *I. J.*, V, 1924, S. 398—399.
Sadger, Isidor	›Ein Beitrag zum Verständnis des Tic‹, in: *I. Z.*, II, 1914, S. 354—366.
Simmel, Ernst	›Zur Psychoanalyse der Kriegsneurosen‹, in: *Int. Psa. Bibl.*, Bd. 1, Internationaler Psychoanalytischer Verlag, Wien 1919.

Literaturverzeichnis

Sokolnicka, Eugenia	›Analyse einer infantilen Zwangsneurose‹, in: *I. Z.*, VI, 1920, S. 228—241.
Spielrein, Sabina	›Die Destruktion als Ursache des Werdens‹, in: *J.*, IV, 1912, S. 465—503.
Stärcke, August	›Der Kastrationskomplex‹, in: *I. Z.*, VII, 1921, S. 9—32. *Psychoanalyse und Psychiatrie*, Int. Psa. Vlg., Leipzig-Wien 1921 (Beiheft 4 der *I. Z.*).
Tausk, Viktor	›Entwertung des Verdrängungsmotivs durch Rekompense‹, in: *I. Z.*, I, 1913, S. 230—239.
Tourette, Gilles de la	›Etudes sur une affection nerveuse, caractérisée par l'incoordination motrice, et accompagnée d'écholalie et de coprolalie‹, in: *Arch. de Neurologie*, 1885.
Trömner, Ernst	*Das Problem des Schlafes, biologisch und psychophysiologisch betrachtet*, Bergmann, Wiesbaden 1912 (?).

Bibliographie

Unter Berücksichtigung des ›Verzeichnisses der wissenschaftlichen Veröffentlichungen von Dr. Sándor Ferenczi‹ neu überarbeitet von Godula Faupel*

1899

1 ›Hypospadiasis ritkább esete‹ [Ein seltener Fall von Hypospadiasis], in: *O. H.*, 1899, Nr. 20.
2 ›Spiritismus‹, in: *Gy*, 1899, Nr. 30.
3 ›Pemphigus esete‹ [Ein Fall von Pemphigus], in: *O. H.*, 1899, Nr. 35.
4 ›Uterus didelphys. Terhesség az egyik uterusban‹ [Uterus didelphys. Gravidität in einem Uterus], in: *Gy*, 1899, Nr. 37.
5 ›Strictura recti esete‹ [Ein Fall von strictura recti.], in: *O. H.*, 1899, Nr. 51.
6 ›Furunculus gyógyítása‹ [Therapie der Furunkulose], in: *Gy*, 1899.

1900

7 ›Hyperdactylia esete‹ [Ein Fall von Hyperdaktylie], in: *O. H.*, 1900, Nr. 7. — ›Hyperdaktylie‹, in: *Pester med.-chir. Presse*, 1900, Nr. 7.
8 ›Öntudat, fejlödés‹ [Bewußtsein, Entwicklung], in: *Gy*, 1900, Nr. 13.
9 ›Bradycardia senilis‹, in: *Gy*, 1900, Nr. 25.
10 ›A menstruatio magyarázatának újabb kísérlete‹ [Ein neuer Erklärungsversuch der Menstruation], in: *Gy*, 1900, Nr. 32.
11 ›Két téves kórisme‹ [Zwei Fehldiagnosen], in: *Gy*, 1900, Nr. 38.
12 ›A morphium alkalmazása öreg embereknél‹ [Die Anwendung des Morphins bei älteren Personen], in: *Gy*, 1900, Nr. 51.

1901

13 ›Olvasmány és egészség‹ [Lektüre und Gesundheit], in: *Egészségügyi lapok*, 1901, Nr. 2.

---

* Die Arbeiten sind fortlaufend numeriert (arabische Ziffern am linken Rand), wobei die Numerierung mit derjenigen übereinstimmt, die Dr. Michael Balint in seinem ›Verzeichnis der wissenschaftlichen Veröffentlichungen von Dr. Sándor Ferenczi‹ (*Bausteine zur Psychoanalyse*, Bd. IV) eingeführt hat. – Arabische Ziffern in eckigen Klammern innerhalb der bibliographischen Angaben beziehen sich auf die fortlaufenden Nummern dieser Bibliographie.

Anhang

14 ›A szerelem a tudományban‹ [Die Liebe in der Wissenschaft], in: *Gy*, 1901, Nr. 12.
15 ›A jobboldali agyfélteke gócmegbetegedése. Agytályog‹ [Herderkrankung der rechten Hemisphäre. Hirnabszeß], in: *O. H.*, 1901, Nr. 19.
16 ›Coordinált és assimilált elmebetegségekröl‹ [Über koordinierte und assimilierte Geisteskrankheiten. Vortrag in d. neurol. Sekt. d. königl. Ärztevereines in Budapest, 1901], in: *Gy*, 1901, Nr. 18, 19.
17 ›A térdtünet viselkedéséröl epileptikus rohamok alatt‹ [Das Verhalten des Kniephänomens im epileptischen Anfall], in: *O. H.*, 1901, Nr. 23.
18 ›Apoplexiás roham sikeres gyógykezelése‹ [Erfolgreiche Therapie eines apoplektischen Anfalles], in: *Gy*, 1901, Nr. 40.

1902

19 ›Homosexualitas feminina‹, in: *Gy*, 1902, Nr. 11.
20 ›Az agykéreg érzö területéröl‹ [Über die sensorische Region der Gehirnrinde], in: *O. H.*, 1902, Nr. 25, 26.
21 ›Tébolyodottságról‹ [Über Paranoia], in: *Gy*, 1902, Nr. 26. — ›Beitrag zur Ätiologie der Paranoia‹, in: *Wiener Med. Wochenschrift*, 1903, Nr. 22.
22 ›Megfigyelések agyvérzések és gyógyításuk körül‹ [Beobachtungen über Gehirnblutungen und über deren Therapie], in: *Gy*, 1902, Nr. 42.
23 ›Csigolyalob idegszövödményei‹ [Nervenkomplikationen bei einer Wirbelentzündung], in: *Gy*, 1902, Nr. 52.

1903

24 ›Izomhüdésekkel szövödött tabes‹ [Muskellähmungen im Verlaufe einer Tabes], in: *O. H.*, 1903, Nr. 6.
25 ›Cretinismus két esete‹ [Zwei Fälle von Kretinismus], in: *O. H.*, 1903, Nr. 6.
26 ›Neuritissel szövödött tabes‹ [Tabes dorsalis mit Neuritiskomplikation], in: *Gy*, 1903, Nr. 7.
27 ›A kórházi segédorvosi intézményröl‹ [Über die Organisation des assistenzärztlichen Dienstes in den Spitälern], in: *Gy*, 1903, Nr. 18.
28 ›Facialis bénulás infectiosus alapon‹ [Parese des Facialis auf infektiöser Grundlage], in: *O. H.*, 1903, Nr. 21.
29 ›Paralysis et lues conjugalis‹, in: *O. H.*, 1903, Nr. 21.
30 ›Szoptatástól kiváltott thyreogen tetania‹ [Thyreogene Tetanie, ausgelöst durch Stillen], in: *O. H.*, 1903, Nr. 50.
31 ›Encephalopathia saturnina‹, in: *O. H.*, 1903, Nr. 50.
32 ›Bromismus és arsenicismus‹ [Bromismus und Arsenizismus], in: *Gy*, 1903, Nr. 52.

1904

33 ›A villamosság mint gyógyszer‹ [Die Elektrizität als Heilfaktor], in: *Gy*, 1904, Nr. 2.
34 ›Adat a Trousseau-tünet újabb magyarázatához‹ [Beitrag zur neuen Erklärung des Trousseau-Symptoms], in: *O. H.*, 1904, Nr. 3.
35 ›A tápkészítmények diaetetikus értékéröl [Über den diätetischen Wert von Nährpräparaten], in: *Budapesti Orvosi Ujság*, 1904, Nr. 4.
36 ›Tetania-esetek‹ [Tetanie-Fälle], in: *O. H.*, 1904, Nr. 9.
37 ›Lázas betegséghez társult labyrinth-bántalom‹ [Fiebererkrankung mit anschließender Labyrinth-Affektion], in: *Gy*, 1904, Nr. 38.
38 ›A hypnósis gyógyító értékéröl‹ [Über den therapeutischen Wert der Hypnose], in: *Gy*, 1904, Nr. 52.
39 ›Ataxia hereditaria‹, in: *O. H.*, 1904, Nr. 48.

1905

40 ›Az arteriosclerosis okozta ideges zavarokról‹ [Durch Arteriosklerose verursachte nervöse Störungen], in: *O. H.*, 1905, Nr. 41.
41 ›Agyalapi törés ideghüdéssel és arcgörccsel‹ [Fraktur der Schädelbasis mit Nervenlähmungen und Gesichtskrampf], in: *O. H.*, 1905, Nr. 1.
42 Hozzászólás Schaffer Károly: ›Az agyi érzészavarokról klinikai és anatomiai szempontból‹ c. elöadásához [Diskussionsbeitrag zu K. Schaffers Vortrag über ›Cerebrale Parästhesien in klinischer und anatomischer Hinsicht‹], in: *O. H.*, 1905, Nr. 1.
43 ›Egy anya és hároméves gyermekének tetania-tünetei‹ [Symptome der Tetanie bei einer Mutter und deren dreijährigem Kinde], in: *O. H.*, 1905, Nr. 2.
44 ›A neurastheniáról‹ [Über Neurasthenie], in: *Gy*, 1905, Nr. 11.
45 ›Részegség megállapítása hullából‹ [Konstatierung der Trunkenheit an der Leiche], in: *Gy*, 1905, Nr. 27.
46 ›Nothnagel‹ (Nekrolog), in: *Gy*, 1905, Nr. 29.
47 ›A korai arteriosclerosisról‹ [Über die frühzeitige Arteriosklerose], in: *Gy*, 1905, Nr. 33.
48 ›Az arteriosclerosis kísérö ideges tünetekröl‹ [Über die nervösen Begleitsymptome der Arteriosklerose], in: *Gy*, 1905, Nr. 33.

1906

49 ›Polyneuritis ritkább esete‹ [Ein seltenerer Fall von Polyneuritis], in: *O. H.*, 1906, Nr. 48.
50 Jegyzetek Dr. Dunas (Ledignan): »Levelek az orvosi pályára készülö ifjúhoz« címen a Gyógyászatban megjelent cikkekhez‹ [Notizen zu Dr.

Anhang

Dunas (Ledignan): »Briefe an einen Jüngling, der Medizin studieren will«], in: *Gy*, 1906, Nr. 4—10.

51 ›Sexualis átmeneti fokozatokról‹ [Über sexuelle Zwischenstufen], in: *Gy*, 1906, Nr. 19.

52 ›Gyógyítás hypnotikus suggestióval‹ [Behandlung mit hypnotischer Suggestion], in: *Gy*, 1906, Nr. 30.

53 ›Conjugált szembénulást utánzó szemizomhüdések‹ [Conjugierte Augenlähmung nachahmende Augenmuskelparesen], in: *O. H.*, 1906, Nr. 48.

54 ›Az idegorvoslás recepturájához‹ [Zur Rezeptur der Nervenheilkunde], in: *Gy*, 1906, Nr. 51.

1907

55 ›Balesetbiztosítási tapasztalatok‹ [Erfahrungen bei Unfallversicherungen], in: *Gy*, 1907, Nr. 20—22.

1908

56 ›Polyneuritikus sorvadás (felkar és alszár izmainak)‹ [Polyneuritische Atrophie in den Muskeln des Oberarmes und des Unterschenkels], in: *O. H.*, 1908, Nr. 1—2.

57 ›Az ejaculatio praecox jelentöségéröl‹, in: *Budapesti Orvosi Ujság*, 1908, Nr. 4; *Urologia*, 1908, S. 74—80; [70]. — ›Über die Bedeutung der Ejaculatio praecox‹. Autoreferat, in: *Zb.*, I, 1910—11, S. 75—76. — ›Wirkung der Potenzverkürzung des Mannes auf das Weib‹, in: *B.*, II, S. 287—291 [279]. — ›The effect on women of premature ejaculation in men‹, in: *Fin.*, S. 291—294 [311]. — ›De la portée de l'éjaculation précoce‹, in: *O. C.*, I, S. 17—19 [312].

58 ›A mániás-depressiv elmezavar subjektiv világításban‹, in: *Gy*, 1908, Nr. 5. — ›Das manisch-depressive Irresein in subjektiver Beleuchtung‹. Autoreferat, in: *Zb.*, I, 1910—11, S. 74—75.

59 ›A sexualis paedagogia‹ [Über sexuelle Pädagogik], in: *Budapesti Orvosi Ujság*, 1908, Nr. 4.

60 ›A neurosisok Freud tanának megvilágításában és a psychoanalysis‹, in: *Gy*, 1908, Nr. 15—16; [70]. — ›Über Aktual- und Psychoneurosen im Lichte Freudscher Forschungen und über die Psychoanalyse‹, in: *Wiener Klinische Rundschau*, 1908, Nr. 48—51; *P. V.*, S. 1—24 [240]. Autoreferat unter dem Titel: ›Über Psychoneurosen‹, in *Zb.*, I, 1910—11, S. 76—77. — ›Actual- and psycho-neuroses in the light of Freud's investigations and psycho-analysis‹, in: *F. C.*, S. 30 [276]. — ›Les névroses à la lumière de l'enseignement de Freud et la psychanalyse‹, in: *O. C.*, I, S. 20—37 [312].

61 ›A psychosexuális impotentia analytikai értelmezése és gyógyítása‹, in: *Gy*, 1908, Nr. 50; [70]. — ›Analytische Deutung und Behandlung der psychosexuellen Impotenz des Mannes‹, in: *PNW*, X, 1908, S. 298 bis 301, 305—309; *B.*, II, S. 203—221 [279]. — ›Analytical interpretation and treatment of psychosexual impotence in men‹, in: *C.*, S. 11—34 [186]. — ›Interprétation et traitement psychanalytiques de l'impuissance psycho-sexuelle (chez l'homme)‹, in: *R. F.*, IV, 1930—31, S. 230 bis 244; *O. C.*, I, S. 38—50 [312].

62 ›Baleseti sérülés okozhat-e progressiv paralysist‹ [Kann Unfallbeschädigung eine progressive Paralyse verursachen?], in: *Gy*, 1908, Nr. 28.

63 ›Psychoanalysis és paedagógia‹, in: *Gy*, 1908, Nr. 43; [70]. — ›Psychoanalyse und Pädagogik‹, Vortrag am Salzburger Kongreß (1908), in: *B.*, III, S. 9—22 [309]; *S.*, I, S. 1—11 [313]. — ›Psychoanalysis and education‹, in *I. J.*, XXX, 1949, S. 220—224; *Fin.*, S. 280—290 [311]. — ›Psychanalyse et pédagogie‹, in: *O. C.*, I, S. 51—56 [312].

1909

64 ›A balesetbiztosítási intézmény kilátásairól és a baleseti idegbántalmakról‹ [Über die Aussichten der Unfallversicherungskasse und über Nervenleiden nach Unfällen], in: *O. H.*, 1909, Nr. 7.

65 ›A psychoneurosisokról‹, in: *Gy*, 1909, Nr. 22—23; [70]. — ›Zur analytischen Auffassung der Psychoneurosen‹. Aus einem 1909 im Budapester Ärzteverein gehaltenen Vortragszyklus, in: *P. V.*, S. 25—40 [240]. — Autoreferat, in: *Zb.*, I, 1910—11, S. 76—77. — ›The analytic conception of psycho-neuroses‹, in: *F. C.*, S. 15—30 [276]. — ›Des psychonévroses‹, in: *O. C.*, I, S. 57—72 [312].

66 ›Az álom psychoanalysise és annak kórtani jelentösége‹, in: *O. H.*, 1909, Nr. 44—45; [70]. — ›Die psychologische Analyse der Träume‹, in: *PNW*, XII, 1910, S. 102—107, 114—117, 125—127. — Unter dem Titel ›Die Psychoanalyse der Träume‹, in: *P. V.*, S. 41—65 [240]. — ›On the Psychological Analysis of Dreams‹, in: *AJP*, XXI, 1910, S. 309—328; *C.*, S. 94—132 [186]. — ›L'interprétation scientifique des rêves‹, in: *O. C.*, I, S. 73—92 [312].

67 ›Introjektion und Übertragung. Eine psychoanalytische Studie‹. 1. ›Die Introjektion in der Neurose‹. 2. ›Die Rolle der Übertragung bei der Hypnose und bei der Suggestion‹, in: *J.*, I, 1909, S. 422—457; Franz Deuticke, Wien 1910; *B.*, I, S. 9—57 [279]; *S.*, I, S. 12—47 [313]. — ›Indulatáttétel és magábavetités‹, in: *Gy*, 1910, Nr. 19—20; [98]. — ›A hypnosis és suggestio psychoanalysise‹ (identisch mit Teil 2 von ›Introjektion und Übertragung‹), in: *Gy*, 1910, Nr. 45 [98]. — ›Introjection and Transference‹, in: *C.*, S. 35—93 [186]; Zus. v. Leonard Blumgart in: *R.*, III, 1916, S. 107—111. — ›Introyección y transferen-

cia‹, in: *Rev. Psicoanál.*, VI, 1949, S. 701—742. — ›Transfert et introjection‹, in: O. C., I, S. 93—125 [312].

67a ›Sorozatos elöadások az ideg- es elmekórtan köreböl‹ [Eine Vorlesungsreihe über nervöse und Geisteskrankheiten in der Budapester Medizinischen Gesellschaft], in: *Gy*, 1909, Nr. 49.

68 Rf ›Kenyeres Balázs dr.: Törvényszéki Orvostan‹ [Dr. B. Kenyeres, ›Forensische Medizin‹], in: *Gy*, 1909, Nr. 52.

1910

69 ›Referat über die Notwendigkeit eines engeren Zusammenschlusses der Anhänger der Freudschen Lehre und Vorschläge zur Gründung einer ständigen internationalen Organisation‹. Gehalten auf dem II. Int. Psa. Kongreß, Nürnberg 1910. Notiz in: *Zb.*, I, 1910—11, S. 131; ausführlich: s. [79].

69a Kurzes Referat über einen Vortrag am Salzburger Kongreß (1908): ›Psychoanalyse und Pädagogik‹ [63], in: *Zb.*, I, 1910—11, S. 129.

70 *Lélekelemzés. Értekezések a pszichoanalizis köréböl* [Psychoanalyse. Abhandlungen aus dem Gebiete der Psychoanalyse]. (Gesammelte Aufsätze, Bd. I). Manó Dick, Budapest $^{1.}$1910, $^{2.}$1914, $^{3.}$1918; enthält [57, 60, 61, 63, 65, 66].

71 Rf ›Farkas, Dr. M.: Über die Kombination von Hydro- und Psychotherapie‹, in: *Zb.*, I, 1910—11, S. 77—78.

72 Rf ›Jendrassik, Dr. E.: Über den Begriff der Neurasthenie‹, in: *Zb.*, I, 1910—11, S. 114—115.

73 Rf ›Stein, Dr. Ph.: Tatbestandsdiagnostische Versuche bei Untersuchungsgefangenen‹, in: *Zb.*, I, 1910—11, S. 183.

74 Rf ›Hitschmann, Dr. E.: Freuds Neurosenlehre‹, in: *Zb.*, I, 1910—11, S. 601; *Gy*, 1910, Nr. 50.

74a Rf ›Hollós, J. u. K. Eisenstein: Tuberkulose und Menstruation‹, in: *Zb.*, I, 1910—11, S. 74.

74b Rf ›Inselt, A.: Züchtung der sexuellen Neurasthenie‹, in: *Zb.*, I, 1910 bis 1911, S. 74.

74c Rf ›Salgó, J.: Über Zwangsvorstellungen und Wahnideen‹, in: *Zb.*, I, 1910—11, S. 74.

74d Rf ›Zsakó, J.: Über graphologische Diagnose‹, in: *Zb.*, I, 1910—11, S. 75.

74e Rf ›Donath, J.: Über hysterische lethargische Zustände‹, in: *Zb.*, I, 1910—11, S. 75.

74f Rf ›Hollós, J.: Über psychische Kompensation‹, in: *Zb.*, I, 1910—11, S. 77.

74g Rf ›Dósay-Révész: Assoziations-Studien an Geisteskranken‹, in: *Zb.*, I, 1910—11, S. 521—522.

74h Rf ›Moravcsik: Über das psychogalvanische Phänomen‹, in: *Zb.*, I, 1910—11, S. 521—522.

1911

75 ›Über obszöne Worte. Beitrag zur Psychologie der Latenzzeit‹, in: *Zb.*, I, 1910—11, S. 390—399; *B.*, I, S. 171—188 [279]; *Al. d. Psa.*, 1928, S. 123—138; *S.*, I, S. 59—72 [313]. — ›A tragar szavakrol‹, in: [98]. — ›On obscene words. Contribution to the psychology of the latent period‹, in: *C., S.* 132—153 [186]. — ›Mots obscènes‹, in: *O. C.*, I, S. 126—137 [312].

76 ›Anatole France als Analytiker‹, in: *Zb.*, I, 1910—11, S. 461—467; *P. V.*, S. 159—168 [240]; *Al. d. Psa.*, 1929, S. 177—186. — ›Anatole France mint analitikus‹, in: [98]. — ›Anatole France as an analyst‹, Zus. v. Charles R. Payne in: *R.*, IV, 1917, S. 344. — ›Anatole France, psychanalyste‹, in: *O. C.*, I, S. 138—145 [312].

77 ›Reizung der analen erogenen Zone als auslösende Ursache der Paranoia. Beitrag zum Thema: Homosexualität und Paranoia‹, in: *Zb.*, I, 1910 bis 11, S. 557—559; *B.*, II, S. 281—286 [279]. — ›Az analis zona izgalma mint tebolyodottsagot kivalto ok‹, in: [149]. — ›Stimulation of the anal erotogenic zone as a precipitating factor in paranoia. Contribution to the subject of homosexuality and paranoia‹, in: *Fin.*, S. 295—298 [311]. — ›Un cas de paranoïa déclenchée par excitation de la zone anale‹, in: *O. C.*, I, S. 146—149 [312].

78 ›Az élc és komikum lélektana‹, in: *Gy*, 1911, Nr. 5—7; [98]. — ›Die Psychoanalyse des Witzes und des Komischen‹, in: *P. V.*, S. 89—102 [240]. — ›The psychoanalysis of wit and the comical‹, in: *F. C.*, S. 332—344 [276]. — ›Psychologie du mot d'esprit et du comique‹, in: *O. C.*, I, S. 150—161 [312].

79 ›A psychoanalytikusok szervezkedése‹, in: *Gy*, 1911, Nr. 31; [98]. — ›Zur Organisation der psychoanalytischen Bewegung‹, in: *B.*, I, S. 275 bis 289 [279]; *S.*, I, S. 48—58 [313]. — ›On the organization of the psycho-analytic movement‹, in: *Fin.*, S. 299—307 [311]. — ›De l'histoire du mouvement psychanalytique‹, in: *O. C.*, I, S. 162—171 [312].

80 ›Über die Rolle der Homosexualität in der Pathogenese der Paranoia‹, in: *J.*, III, 1911, S. 101—119; *B.*, S. 120—144 [279]; *S.*, I, S. 73—91 [313]. — ›A homosexualitás szerepe a paranoia pathogenesisében‹, in: *Gy*, 1911, Nr. 37—38; [98]. — ›On the part played by homosexuality in the pathogenesis of paranoia‹, in: *C.*, S. 154—186 [186]; Zus. v. Leonard Blumgart in: *R.*, VII, 1920, S. 86—88. — ›Le rôle de l'homosexualité dans la pathogénie de la paranoïa‹, in: *O. C.*, I, S. 172—188 [312].

81 ›Alkohol und Neurosen. Antwort auf eine Kritik des Herrn Professor

Anhang

E. Bleuler‹, in: *J.*, III, 1911, S. 853—857; *B.*, I, S. 145—151 [279]; *S.*, I, S. 92—96 [313]. — ›Az alkohol és neurosisok‹, in: *Gy*, 1912, Nr. 27; [149]. — ›L'alcool et les névroses‹, in: *O. C.*, I, S. 189—193 [312].

81a ›A tudattalan megismerése‹, in: *Szabad Gondolat*, 1911; [98]. — ›Zur Erkenntnis des Unbewußten‹, in: *B.*, III, S. 26—32 [309]. — ›Exploring the unconscious‹, in: *Fin.*, S. 308—312 [311]. — ›La connaissance de l'inconscient‹, in: *O. C.*, I, S. 244—248 [312].

82 Rf ›Dornblüth, Dr. O.: Die Psychoneurosen‹, in: *Zb.*, II, 1911—12, S. 281—282.

1912

83 ›Über lenkbare Träume‹, in: *Zb.*, II, 1912, S. 31—32; *B.*, II, S. 137—140 [279]; *S.*, I, S. 97—99 [313]. — ›Kormanyozhato almok‹, in: [149]. — ›Dirigible Dreams‹, in: *Fin.*, S. 313—315 [311]. — ›Rêves orientables‹, in: *O. C.*, I, S. 194—195 [312].

84 ›Zur Begriffsbestimmung der Introjektion‹, in: *Zb.*, II, 1912, S. 198 bis 200; *B.*, I, S. 58—60 [279]; *S.*, I, S. 100—102 [313]. — ›Az introjekcio fogalmi meghatarozasa‹, in: [149]. — ›On the definition of introjection‹, in: *Fin.*, S. 316—318 [311]. — ›Le concept d'introjection‹, in: *O. C.*, I, S. 196—198 [312].

85 ›Über passagère Symptombildungen während der Analyse. Passagère Konversion, Substitution, Illusion, Halluzination, ‚Charakterregression' und ‚Ausdrucksverschiebungen'‹, in: *Zb.*, II, 1912, S. 588—596; *B.*, II, S. 9—25 [279]; *S.*, I, S. 103—114 [313]. — ›Muló symptomaképzödés a psychoanalysis folyamán‹, in: *Gy*, 1913, Nr. 11; [149]. — ›On transitory symptom-constructions during the analysis‹, in: *C.*, S. 193 bis 212 [186]; Zus. v. Charles R. Payne in: *R.*, I, 1913, S. 349. — ›Symptômes transitoires au cours d'une psychanalyse‹, in: *O. C.*, I, S. 199 bis 209 [312].

86 ›Ein Fall von ‚déjà vu'‹, in: *Zb.*, II, 1912, S. 648; *B.*, II, S. 161—163 [279]. — ›A remles (déjà vu) egy esete‹, in: [149]. — ›A case of ‚déjà vu'‹, in: *Fin.*, S. 319—320 [311]. — ›Un cas de ‚déjà vu'‹, in: *O. C.*, I, S. 210—212 [312].

87 ›Zur Genealogie des ‚Feigenblattes'‹, in: *Zb.*, II, 1912, S. 678; *B.*, III, S. 40 [309]. — ›On the genealogy of the ‚fig leaf'‹, in: *Fin.*, S. 321 [311]. — ›La généalogie de la ‚feuille de figuier'‹, in: *O. C.*, I, S. 213 [312].

88 ›Metaphysik = Metapsychologie‹, in: *Zb.*, II, 1912, S. 678; *B.*, III, S. 40 [309]. — ›Metaphysics = metapsychology‹, in: *Fin.*, S. 322 [311]. — ›Métaphysique = métapsychologie‹, in: *O. C.*, I, S. 213 [312].

89 ›Paracelsus an die Ärzte‹, in: *Zb.*, II, 1912, S. 678; *B.*, III, S. 41 [309]. — ›Paracelsus to the physicians‹, in: *Fin.*, S. 323 [311]. — ›Paracelse aux médecins‹ in: *O. C.*, I, S. 213 [312].

90 ›Goethe über den Realitätswert der Phantasie beim Dichter‹, in: *Zb.*, II, 1912, S. 679; *B.*, III, S. 41 [309]. — ›Goethe on the reality value of the poet's fantasy‹, in: *Fin.*, S. 324 [311]. — ›Goethe, de la réalité dans la fantaisie des poètes‹, in: *O. C.*, I, S. 213 [312].

91 ›Dr. S. Lindner‹, in: *Zb.*, II, 1912, S. 162; unter dem Titel ›Ein Vorläufer Freuds in der Sexualtheorie‹, in: *B.*, IV, S. 11 [309]; *S.*, I, S. 115 [313]. — ›A forerunner of Freud in the theory of sex‹, in: *Fin.*, S. 325 [311]. — ›Un précurseur de Freud pour la théorie de la sexualité‹, in: *O. C.*, I, S. 214. [312].

92 ›Symbolische Darstellung des Lust- und Realitätsprinzips im Oedipus-Mythos‹, in: *Imago*, I, 1912, S. 276—284; *P. V.*, S. 142—153 [240]. — Ungarische Fassung in: [149]. — ›Symbolical representation of the pleasure and reality principles in the Oedipus myth‹, in: *C.*, S. 253—269 [186]; Zus. v. James S. van Teslaar in: *R.:* II, 1915, S. 116. — ›La representación simbólica de los principos del placer y de la realidad en el mito de Edipo‹, in: *Rev. Psicoanál.*, V, 1948, S. 1019—1035. — ›La figuration symbolique des principes de plaisir et de réalité dans le mythe d'Oedipe‹, in: *O. C.*, I, S. 215—224 [312].

93 ›Philosophie und Psychoanalyse. Bemerkungen zu einem Aufsatz des H. Professors Dr. James J. Putnam von der Harvard Universität‹, in: *Imago*, I, 1912, S. 519—526; *P. V.*, S. 118—129 [240]; *S.*, I, S. 116—124 [313]. — ›Filozofia és psychoanalisis‹, in: [149]. — ›Philosophy and psychoanalysis (comments on a paper of James J. Putnam of Harvard)‹, in: *Fin.*, S. 326—334 [311]. — ›Philosophie et psychanalyse‹, in: *O. C.*, I, S. 225—232 [312].

94 ›Suggestion und Psychoanalyse‹. Vortrag, gehalten in der ‚Freien Schule der Sozialen Wissenschaften' in Budapest. In: *P. V.*, S. 70—83 [240]. — Suggestio és psychoanalysis‹, in: *Gy*, 51, 1911, S. 242—246; [98]. — ›Suggestion and psychoanalysis‹, in: *F. C.*, S. 55—68 [276]. — Unter dem Titel ›The psycho-analysis of suggestion and hypnosis‹, in: *Trans. Psycho-Med. Society*, London, III, 1912 (4). — ›Suggestion et psychanalyse‹, in: *O. C.*, I, S. 233—242 [312].

95 ›Ein treffendes Bild des ‚Unbewußten'‹, in: *Zb.*, III, 1912, S. 52; *B.*, III, S. 41 [309]. — ›A striking picture of the unconscious‹, in: *F. C.*, S. 350 [276]. — ›Une représentation frappante de l'inconscient‹, in: *O. C.*, I, S. 243 [312].

96 ›Deutung unbewußter Inzestphantasien aus einer Fehlleistung (von Brantôme)‹, in: *Zb.*, III, 1912, S. 53; *B.*, III, S. 42 [309]. — ›The interpretation of unconscious incest phantasies from a parapraxis (Brantôme)‹, in: *Fin.*, S. 335 [311]. — ›Mise en évidence d'un fantasme d'inceste inconscient dans un acte manqué (rapporté par Brantôme)‹, in: *O. C.*, I, S. 243 [312].

97 s. 81a

Anhang

98 *Lelki problémák a pszichoanalizis megvilágitásában* [Psychische Probleme im Lichte der Psychoanalyse]. (Gesammelte Aufsätze, Bd. II). Manó Dick, Budapest ¹·1912, ²·1919, ³·1922; enthält [67, 75, 76, 78, 79, 80, 81 a, 94].

99 Vorwort zu: S. Freud, *Pszichoanalizis* [Über Psychoanalyse. Fünf Vorlesungen gehalten zur 20jährigen Gründungsfeier der Clark University in Worcester, Mass., Sept. 1909]. Manó Dick, Budapest ¹·1912, ²·1915, ³·1919.

100 ›Über Onanie‹. Referat, gehalten im Rahmen einer Diskussion der ‚Wiener Psychoanalytischen Vereinigung', Wien, im Sommer 1912. Abgedruckt in: *Die Onanie. Vierzehn Beiträge zu einer Diskussion der Wiener Psychoanalytischen Vereinigung*, J. F. Bergmann, Wiesbaden 1912; *B.*, III, S. 33—39 [309]; *S.*, I, S. 125—129 [313]. — ›Az Onániarol‹, in: [149]. — ›On onanism. A contribution to fourteen contributions to a discussion of the Vienna Psychoanalytic Society‹, in: *C.*, S. 187—192 [186]. — ›Contribution à l'étude de l'onanisme‹, in: *O. C.*, I, S. 249 bis 253 [312].

101 Rf ›Brenner, Dr. J. (Csáth Géza): Az elmebetegségek psychikus mechanismusa‹ [Der psychische Mechanismus der Geisteskrankheiten], in: *Gy*, 1912, Nr. 24.

102 Rf ›Bossi, Prof. Dr. L. M.: Die gynäkologische Prophylaxe bei Wahnsinn‹, in: *Zb.*, III, 1912—13, S. 87.

1913

103 ›A psychoanalysisröl és annak jogi és társadalmi jelentöségéröl‹ [Über die Psychoanalyse und deren juridische und soziologische Bedeutung], in: *Gy*, 1914, Nr. 6; [149]. — ›Ein Vortrag für Richter und Staatsanwälte. Gehalten im Oktober 1913 im Reichsverein der Richter und Staatsanwälte in Budapest‹, in: *P. V.*, S. 103—113 [240]. — ›On psychoanalysis and its judicial and sociological significance. A lecture for judges and barristers‹, in: *F. C.*, S. 424—434 [276]. — ›Importance de la psychanalyse dans la justice et dans la société‹, in: *O. C.*, II, S. 17—26 [312].

104 ›Zähmung eines wilden Pferdes‹, in: *Zb.*, III, 1913, S. 83—86; *P. V.*, S. 169—174 [240]; *S.*, I, S. 130—134 [313]. — ›Vad lo megszeliditese‹, in: [149]. — ›Taming of a wild horse‹, in: *Fin.*, S. 336—340 [311]. — ›Dressage d'un cheval sauvage‹, in: *O. C.*, II, S. 27—31 [312].

105 ›Wem erzählt man seine Träume?‹, in: *Zb.*, III, 1913, S. 258; *B.*, III, S. 47 [309]. — ›Kinek meseljük el az almainkat‹, in [225]. — ›To whom does one relate one's dreams?‹, in: *F. C.*, S. 349 [276]. — ›A qui raconte-t-on ses rêves‹, in: *O. C.*, II, S. 32 [312].

106 ›Zur Genese der ‚jus primae noctis'‹, in: *Zb.*, III, 1913, S. 258; *B.*, III,

S. 47—48 [309]. — ›A jus primae noctis genezisenez‹, in: [225]. — ›On the genesis of the ‚jus primae noctis'‹, in: *Fin.*, S. 341 [311]. — ›La genèse du ‚jus primae noctis'‹, in: O. C., II, S. 33 [312].

107 ›Liébault über die Rolle des Unbewußten bei psychischen Krankheitszuständen‹, in: *Zb.*, III, 1913, S. 260; *B.*, III, S. 42 [309]. — ›Liébault, sur le rôle de l'inconscient dans les états psychiques morbides‹, in: O. C., II, S. 34 [312].

108 ›Aus der ‚Psychologie' von Hermann Lotze‹, in: *Imago*, II, 1913, S. 238—241; *B.*, I, S. 269—274 [279]. — ›Reszlet Lotze ‚Psychologia' jabol‹, in: [149]. — Zus. v. Louise Brink, in: *R.*, IV, 1917, S. 121. — ›Extraits de la ‚Psychologie' de Hermann Lotze‹, in: O. C., II, S. 35—38 [312].

109 ›Glaube, Unglaube und Überzeugung‹. Vortrag, gehalten auf dem Kongreß der Internationalen Psychoanalytischen Vereinigung in München 1913, in: *P.V.*, S. 175—188 [240]; *S.*, I, S. 135—147 [313]. — ›A hit, a hitetlenseg és a meggyözödes az orvosi lelektan vilagitasaban‹, in: [225]. — ›Belief, disbelief and conviction‹, in: *F.C.*, S. 437—450 [276]. — ›Foi, incrédulité et conviction sous l'angle de la psychologie médicale‹, in: O. C., II, S. 39—50 [312].

110 ›Az idegkortanban értékesithetö nehany megfigyeles a szemen‹ [Neurologisch verwertbare Beobachtungen am Auge], in: *O. H.*, 1913, Nr. 42.

111 ›Entwicklungsstufen des Wirklichkeitssinnes‹, in: *I.Z.*, I, 1913, S. 124 bis 138; *B.*, I, S. 62—83 [279]; *S.*, I, S. 148—163 [313]. ›Aus ‚Entwicklungsstufen des Wirklichkeitssinnes'‹ (Auszüge), in: *P.*, VII, 1933, S. 282 bis 288. — ›A valosagerzek fejlödesfokai‹, in: *Gy*, 1913, Nr. 46, 47; [149]. — ›Stages in the development of the sense of reality‹, in: *C.*, S. 213—239 [186]; *Out. Psa.*, S. 108—127; Zus. v. L. E. Emerson in: *R.*, I, 1913—14, S. 223—225. — ›Estados en el desarollo del sentido de la realidad‹, in: *Rev. Psicoanál.*, V, 1948, S. 807—823. — ›Le développement du sens de réalité et ses stades‹, in: O. C., II, S. 51—65 [312].

112 ›Zur Augensymbolik‹, in: *I. Z.*, I, 1913, S. 161—164; *B.*, II, S. 264—269 [279]. — ›A szem-szimbolikarol‹, in: [149]. — ›On eye symbolism‹, in: *C.*, S. 270—276 [186]. — ›Le symbolisme des yeux‹, in: O. C., II, S. 66—69 [312].

113 ›Zum Thema: ‚Großvaterkomplex'‹, in: *I.Z.*, I, 1913, S. 228—229; *B.*, I, S. 106—108 [279]. — ›A nagyapakomplexum‹, in: [149]. — ›The ‚grandfather complex'‹, in: *F.C.*, S. 323—324 [276]; Zus. v. L. E. Emerson in: *R.*, I, 1913, S. 341. — ›Le ‚complexe du grand-père'‹, in: O. C., II, S. 70—71 [312].

114 ›Ein kleiner Hahnemann‹, in: *I.Z.*, I, 1913, S. 240—246; *B.*, II, S. 185 bis 195 [279]; *P.*, VII, 1933, S. 169—175; *S.*, I, S. 164—171 [313]. — ›Egy kakasimado fiu‹, in: [149]. — ›A little chanticleer‹, in: *C.*, S. 240

Anhang

bis 252 [186]; Zus. v. L. E. Emerson in: *R.*, I, 1913, S. 344—347; v. Melitta Schmideberg in: *I. J.*, XV, 1934, S. 79. — ›Un petit hommecoq‹, in: *O. C.*, II, S. 72—78 [312].

115 ›Ein ‚passagères' Symptom. Position während der Kur‹, in: *I. Z.*, I, 1913, S. 378; *B.*, II, S. 36 [279]. — ›Mulo tünetkepzödes: a beteg pozituraja a kura közben‹, in: [225]. — ›A transitory symptom. The position during treatment‹, in: *F. C.*, S. 242 [276]. — ›Un symptôme transitoire: la position du malade durant la cure‹, in: *O. C.*, II, S. 79 [312].

116 ›Zwanghaftes Etymologisieren‹, in: *I. Z.*, I, 1913, S. 378; *B.*, II, S. 37 [279]. — Ung. in: [225]. — ›Obsessional etymologising‹, in: *F. C.*, S. 318 [276]. — ›Recherche compulsive d'étymologie‹, in: *O.C.*, II, S. 80 [312].

117 ›Symbolik der Bettwäsche‹, in: *I. Z.*, I, 1913, S. 378; *B.*, II, S. 250 [279]. — ›A'gynemü-szimbólika‹, in: [225]. — ›The symbolism of bedlinen‹, in: *F. C.*, S. 359 [276]. — ›Symbolisme des draps‹, in: *O. C.*, II, S. 81 [312].

118 ›Der Drachenflieger als Erektionssymbol‹, in: *I. Z.*, I, 1913, S. 379; *B.*, II, S. 250—251 [279]. — ›A sarkany, mint erekcios-szimbolum‹, in: [225]. — ›The kite as a symbol of erection‹, in: *F. C.*, S. 359—360 [276]. — ›Le cerf-volant, symbole d'érection‹, in: *O. C.*, II, S. 82 [312].

119 ›Parästhesien der Genitalgegend bei Impotenz‹, in: *I. Z.*, I, 1913, S. 379; B., II, S. 26 [279]. — ›A genitalis tajek pareszteziaja impotencianal‹, in: [225]. — ›Paraesthesia of the genital region in impotence‹, in: *F. C.*, S. 312—313 [276]. — ›Paresthésies de la région génitale dans certains cas d'impuissance‹, in: *O. C.*, II, S. 83 [312].

120 ›Der Flatus, ein Vorrecht der Erwachsenen‹, in: *I. Z.*, I, 1913, S. 380; *B.*, II, S. 27 [279]. — ›A flatus, a felnöttek privilegiuma‹, in: [225]. — ›Flatus as an adult prerogative‹, in: *F. C.*, S. 325 [276]. — ›Les gaz intestinaux: privilège des adultes‹, in: *O. C.*, II, S. 84 [312].

121 ›Infantile Vorstellungen über das weibliche Genitalorgan‹, in: *I. Z.*, I, 1913, S. 381; *B.*, II, S. 251—252 [279]. — ›Infantilis felfogas a noi nemi szervekröl‹, in: [225]. — ›Infantile ideas about the female genital organs‹, in: *F. C.*, S. 314—315 [276]. — ›Représentations infantiles de l'organe génital féminin‹, in: *O. C.*, II, S. 85 [312].

122 ›Kindliche Vorstellungen von der Verdauung‹, in: *I. Z.*, I, 1913, S. 381; *B.*, II, S. 252 [279]. — ›Gyermekek felfogasa az emesztesröl‹, in: [225]. — ›Childish ideas of digestion‹, in: *F. C.*, S. 325 [276]. — ›Conception infantile de la digestion‹, in: *O. C.*, II, S. 86 [312].

123 ›Ursache der Verschlossenheit bei einem Kinde‹, in: *I.Z.*, I, 1913, S. 382; *B.*, III, S. 48 [309]. — ›Egy gyermek zarkozottsaganak az oka‹, in: [225]. — ›The cause of reserve in a child‹, in: *F. C.*, S. 327 [276]. — ›Cause de l'attitude renfermée d'un enfant‹, in: *O. C.*, II, S. 87 [312].

124 ›C. G. Jung, *Wandlungen und Symbole der Libido*‹, in: *I. Z.*, I, 1913, S. 391—403; unter dem Titel ›Kritik der Jungschen *Wandlungen und*

Symbole der Libido‹, in: *B.*, I, S. 243—268 [279]. — ›Jung libidoelmeletenek a biralata‹, in: [149]. — ›Critique de ‚Métamorphoses et symboles de la libido', de Jung‹, in: *O. C.*, II, S. 88—104 [312].

125 ›Zur Ontogenese der Symbole‹, in: *I. Z.*, I, 1913, S. 436—438; *B.*, I, S. 101—105 [279]; *S.*, I, S. 172—175 [313]. — › A szimbolumok ontogenezise‹, in: [149]. — ›The ontogenesis of symbols‹, in: *C.*, S. 276—281 [186]. Zus. v. L. E. Emerson in: *R.*, II, 1915, S. 109; v. Wilhelm Stekel in: *Zb.*, IV, 1913, S. 182—183. — ›Ontogenèse des symboles‹, in: *O. C.*, II, S. 105—108 [312].

125a ›Goethe über Verdrängung und Abreagieren‹, in: *I. Z.*, I, 1913, S. 607.

126 Rf ›Jones, E.: Papers on Psycho-Analysis‹, in: *I. Z.*, I, 1913, S. 93; *B.*, IV, S. 49—51 [309]. — Ungarisch in: [225].

127 Rf ›Maeder, A.: Sur le mouvement psychanalytique‹, in: *I. Z.*, I, 1913, S. 93—94; *B.*, IV, S. 51—52 [309]. — Ungarisch in: [225].

128 Rf ›Brill, A. A.: Freud's Theory of Compulsion Neurosis‹, in: *I. Z.*, I, 1913, S. 180.

129 Rf ›Brill, A. A.: Psychological Mechanism of Paranoia‹, in: *I. Z.*, I, 1913, S. 180.

130 Rf ›Brill, A. A.: Hysterical Dreamy States, their Psychological Mechanism‹, in: *I. Z.*, I, 1913, S. 180.

131 Rf ›Brill, A. A.: A few Remarks on the Technique of Psycho-Analysis‹, in: *I. Z.*, I, 1913, S. 180.

132 Rf ›Brill, A. A.: The only or favourite child in adult life‹, in: *I. Z.*, I, 1913, S. 180—181; *B.*, IV, S. 53—54 [309]. — Ungarisch in: [225].

133 Rf ›Brill, A. A.: Anal eroticism and character‹, in: *I. Z.*, I, 1913, S. 181; *B.*, IV, S. 52—53 [309].

134 Rf ›Prince, Morton: The meaning of ideas as determined by unconscious settings‹, in: *I. Z.*, I, 1913, S. 185—186.

134a Rf ›Frink, H. W.: Dreams and their analysis in reference to psychotherapy‹, in: *I. Z.*, I, 1913, S. 182.

134b Rf ›Frink, H. W.: Psychoanalysis of Mixed Neurosis‹, in: *I. Z.*, I, 1913, S. 182—183.

134c Rf ›Frink, H. W.: Report of a case of psychogenetic convulsions simulating epilepsy‹, in: *I. Z.*, I, 1913, S. 183.

1914

135 ›Einige klinische Beobachtungen bei der Paranoia und Paraphrenie. Beitrag zur Psychologie der ‚Systembildung'‹, in: *I. Z.*, II, 1914, S. 11—17; *B.*, II, S. 270—280 [279]; *S.*, I, S. 176—183 [313]. — ›Néhàny klinikai megfigyelés paranoiàs és parafréniàs betegeken‹, in: [149]. — ›Some clinical observations on paranoia and paraphrenia. Contribution to the psychology of ‚system-constructions'‹, in: *C.*, S. 282—295 [186]. —

›Quelques observations cliniques des cas de paranoïa et de paraphrénie‹, in: R. F., V, 1932, S. 97—105; unter dem Titel ›Quelques observations cliniques de malades paranoïaques et paraphréniques‹, in: O. C., II, S. 109—116 [312].

136 ›Zur Nosologie der männlichen Homosexualität (homoerotik)‹, in: I. Z., II, S. 131—142; B., I, S. 152—170 [279]; S., I, S. 184—197 [313]. — ›A férfiak homoszexualitàsa‹, in: [149]. — ›On the nosology of male homosexuality (homo-eroticism)‹, in: C., S. 296—318 [186]; Zus. v. L. E. Emerson in: R., II, 1914, S. 461—462. — ›L'homoérotisme: nosologie de l'homosexualité masculine‹, in: O. C., II, S. 117—129 [312].

137 ›Zwangsneurose und Frömmigkeit‹, in: I. Z., II, 1914, S. 272; B., II, S. 32 [279]. — ›Obsessional neuroses and piety‹, in: F. C., S. 450 [276]. — ›Névrose obsessionnelle et piété‹, in: O. C., II, S. 130 [312].

138 ›Schwindelempfindung nach Schluß der Analysenstunde (Beiträge zur Erklärung psychogener Körpersymptome)‹, in: I. Z., II, 1914, S. 272 bis 274; B., II, S. 29—30 [279]. — ›Szédülés érzete az analizis óra végén‹, in: [225]. — ›On the feeling of giddiness at the end of the analytical session (A contribution to the explanation of bodily symptoms of psychological origin)‹, in: F. C., S. 239—241 [276]. — ›Sensation de vertige en fin de séance analytique‹, in: O. C., II, S. 131—133 [312].

139 ›Einschlafen des Patienten während der Analyse‹, in: I. Z., II, 1914, S. 274; B., II, S. 31 [279]. — ›Ha paciens analizis közben elalszik‹, in: [225]. — ›Falling asleep during the analysis‹, in: F. C., S. 249—250 [276]. — ›Quand le patient s'endort pendant la séance d'analyse‹, in: O. C., II, S. 134 [312].

140 ›Zur psychischen Wirkung des Sonnenbades‹, in: I. Z., II, 1914, S. 378; B., III, S. 49 [309]. — ›The psychic effect of the sunbath‹, in: F. C., S. 365 [276]. — ›Effets psychiques des bains de soleil‹, in: O. C., II, S. 135 [312].

141 ›Über verschämte Hände‹, in: I. Z., II, 1914, S. 378; B., II, S. 33—34 [279]. — ›Szégyenlös kezek‹, in: [225]. — ›On embarrassed hands‹, in: F. C., S. 315—316 [276]. — ›Mains honteuses‹, in: O. C., II, S. 136—137 [312].

142 ›Reiben der Augen ein Onanieersatz‹, in: I. Z., II, 1914, S. 379; B., II, S. 35 [279]. — ›Szemdörzsölés: onània‹, in: [225]. — ›Rubbing the eyes as a substitute for onanism‹, in: F. C., S. 317 [276]. — ›Se frotter les yeux: substitut de l'onanisme‹, in: O. C., II, S. 138 [312].

143 ›Ungeziefer als Symbol der Schwangerschaft‹, in: I. Z., II, 1914, S. 381; B., II, S. 261 [279]. — ›Elösködök mint terhességi szimbólumok‹, in: [225]. — ›Vermin as a symbol of pregnancy‹, in: F. C., S. 361 [276]. — ›La vermine: symbole de grossesse‹, in: O. C., II, S. 139 [312].

144 ›Angst vor Zigarren- und Zigarettenrauchen‹, in: I. Z., II, 1914, S. 383; B., III, S. 49 [309]. — ›Félelem a szivarozàstol‹, in: [225]. — ›Dread

of cigar and cigarette smoking‹, in: *F. C.*, S. 318 [276]. — ›L'horreur de fumer des cigares et des cigarettes‹, in: *O. C.*, II, S. 140 [312].

145 ›Das ‚Vergessen' eines Symptoms und seine Aufklärung im Traume‹, in: *I. Z.*, II, 1914, S. 384; *B.*, II, S. 36 [279]. — ›Egy tünet ‚elfelejtése'‹, in: [225]. — ›The forgetting of a symptom and its explanation in a dream‹, in: *F. C.*, S. 412—413 [276]. — ›‚L'oubli' d'un symptôme‹, in: *O. C.*, II, S. 141 [312].

146 ›Zur Ontogenie des Geldinteresses‹, in: *I. Z.*, II, 1914, S. 506—513; *B.*, I, S. 109—119 [279]; *S.*, I, S. 198—205 [313]. — ›A pénz iràant valo érdeklödés lelki gyökerei‹, in: [149]. — ›The ontogenesis of the interest in money‹, in: *C.*, S. 319—332 [186]; Zus. v. L. E. Emerson in: *R.*, III, 1916, S. 474. — ›La ontogenia del interes por el dinero‹, in: *Rev. Psicoanál.*, II, 1944, S. 265—273. — ›Ontogenèse de l'intérêt pour l'argent‹, in: *O. C.*, II, S. 142—149 [312].

147 ›Diskontinuierliche Analysen‹, in: *I. Z.*, II, 1914, S. 514; *B.*, II, S. 55—57 [279]. — ›Frakcionàlt analizisek‹, in: [225]. — ›Discontinuous analysis‹, in: *F. C.*, S. 233—235 [276]. — ›Analyse discontinue‹, in: *O. C.*, II, S. 150—151 [312].

148 ›Allgemeine Neurosenlehre‹, in: *J.*, VI, 1914, S. 317—328. — ›A neurózisok pszichoanalitikus tanànak haladàsa‹, in: *Gy*, 1916, Nr. 1; [225]. — ›Progrès de la théorie psychanalytique des névroses (1907—1913)‹, in: *O. C.*, II, S. 152—162 [312].

148a ›Büntények lélekelemzése [Psychoanalyse von Verbrechen]‹, in: *Szabad Gondolat*, 1914, Nr. 1. — ›La psychanalyse du crime‹, in: *O. C.*, II, S. 163—164 [312].

149 *Ideges tünetek keletkezése és eltünése és egyéb értekezések a pszichoanalizis köréböl* [Entstehung und Vergehen nervöser Symptome und andere Abhandlungen aus dem Gebiete der Psychoanalyse]. (Gesammelte Aufsätze, Bd. III). Manó Dick, Budapest [1.]1914, [2.]1919, [3.]1922; enthält [77, 81, 83, 84, 85, 86, 92, 93, 100, 103, 104, 108, 111, 112, 113, 114, 124, 125, 135, 136, 146].

150 Rf ›Prof. E. Bleuler. „Kritik der Freudschen Theorien"‹, in: *I. Z.*, II, 1914, S. 62—66; *B.*, IV, S. 54—64 [309]. — ›Bleuler ujabb kritikàja a pszichoanalizisröl‹, in: [225].

151 Rf ›Jung, C. G.: Contribution à l'étude des types psychologiques‹, in: *I. Z.*, II, 1914, S. 86—87; *B.*, IV, S. 64—66 [309]. — ›A lélektani tipusokról (Jung)‹, in: [225]. — ›Contribution à l'étude des types psychologiques (Jung)‹, in: *O. C.*, II, S. 165—166 [312].

152 Rf ›Steiner, Maxim: Die psychischen Störungen der männlichen Potenz, ihre Tragweite und ihre Behandlung‹, in: *I. Z.*, II, 1914, S. 87—88; *B.*, IV, S. 66—67 [309]. — ›Az impotencia coecundi analitikus gyógyitása (Steiner)‹, in: [225].

153 Rf ›Flournoy, H.: Epilepsie émotionelle‹, in: *I. Z.*, II, 1914, S. 175.

154 Rf ›Weber, R.: Rêverie et images‹, in: *I.Z.*, II, 1914, S. 175; *B.*, IV, S. 68—69 [309].
155 Rf ›Bjerre, P.: Das Wesen der Hypnose‹, in: *I.Z.*, II, 1914, S. 471; *B.*, IV, S. 69—70 [309]. — ›A hipnózis lényege (Bjerre)‹, in: [225].
156 Rf ›Berguer, G.: Note sur le langage du rêve‹, in: *I.Z.*, II, 1914, S. 529—530; *B.*, IV, S. 70—71 [309]. — ›Az álomnyelvröl (Berguer)‹, in: [225].
157 Rf ›Partos, E.: Analyse d'une erreur scientifique‹, in: *I.Z.*, II, 1914, S. 529. — ›Egy tudományos tévedés (Pàrtos)‹, in: [225].
158 Rf ›Meggendorfer, F.: Über Syphilis in der Aszendenz von Dementia praecox-Kranken‹, in: *I.Z.*, II, 1914, S. 530—531; *B.*, IV, S. 71—72 [309].
158a Rf ›Hitschmann, E.: Freuds psychoanalytische Behandlungsmethode‹, in: *I.Z.*, II, 1914, S. 88.

1915

159 ›Psychogene Anomalien der Stimmlage‹, in: *I.Z.*, III, 1915, S. 25—28; *B.*, II, S. 227—232 [279]. — ›A hangképzés pszichogén anomáliái‹, in: [225]. — ›Psychogenic anomalies of voice production‹, in: *F.C.*, S. 105 bis 109 [276]; Zus. v. L. E. Emerson in: *R.*, IV, 1916, S. 453. — ›Anomalies psychogènes de la phonation‹, in: *O.C.*, II, S. 167—170 [312].
160 ›Der Traum vom Okklusivpessar‹, in: *I.Z.*, III, 1915, S. 29—33; *B.*, II, S. 143—151 [279]. — ›Egy szexuálszimbólikus álom‹, in: [225]. — ›The dream of the occlusive pessary‹, in: *F.C.*, S. 304—311 [276]. — ›Le rêve du pessaire occlusif‹, in: *O.C.*, II, S. 171—176 [312].
161 ›Die wissenschaftliche Bedeutung von Freuds ,Drei Abhandlungen zur Sexualtheorie'‹, in: *I.Z.*, III, 1915, S. 227—229; *P.V.*, S. 84—88 [240]; *B.*, I, S. 237—242 [279]; *S.*, I, S. 206—209 [313]. — ›A szexualitás elméletéröl‹, in: *Gy*, 1915, Nr. 32; als Vorwort zu Freud, *Három Ertekezés a Szexualitás Elméletéröl* [Drei Abhandlungen zur Sexualtheorie], Manó Dick, Budapest 1·1915, 2·1919. — ›The scientific significance of Freud's *Three Contributions to the Theory of Sexuality*‹, in: *F.C.*, S. 253—256 [276]. — ›L'importance scientifique des ,Trois essais sur la sexualité' de Freud‹, in: *O.C.*, II, S. 177—180 [312].
162 ›Nonum prematur in annum‹, in: *I.Z.*, III, 1915, S. 229—230; *B.*, II, S. 253 [279]. — Englisch in: *F.C.*, S. 419—421 [276]. — Französisch in: *O.C.*, II, S. 181—182 [312].
163 ›Hebbels Erklärung des ,déjà vu'‹, in: *I.Z.*, III, 1915, S. 250—251; *B.*, III, S. 43 [309]. — ›Hebbel's explanation of ,déjà vu'‹, in: *F.C.*, S. 422 [276]. — ›Une explication du ,déjà vu' par Hebbel‹, in: *O.C.*, II, S. 183 bis 184 [312].
164 ›Analyse von Gleichnissen‹, in: *I.Z.*, III, 1915, S. 270—278; *B.*, II,

S. 164—177 [279]; *Al. d. Psa.*, 1928, S. 144—154; *S.*, I, S. 210—219 [313]. — ›Hasonlatok analysise‹, in: *Gy*, 1916, Nr. 34 u. 35; [225]. — ›The analysis of comparisons‹, in: *F. C.*, S. 397—407 [276]; Zus. v. Clara Willard in: *R.*, IX, 1922, S. 454. — ›Analyse des comparaisons‹, in: *O. C.*, II, S. 185—193 [312].

165 ›Zwei typische Kopro- und Pädosymbole‹, in: *I. Z.*, III, 1915, S. 292 bis 293; *B.*, II, S. 261—263 [279]. — ›Két tipikus kopro- és paedoszimbólum‹, in: [225]. — ›Two typical faecal and anal symbols‹, in: *F. C.*, S. 327—328 [276]. — ›Deux symboles typiques fécaux et infantiles‹, in: *O. C.*, II, S. 194—195 [312].

166 ›Spektrophobie‹, in: *I. Z.*, III, 1915, S. 293; *B.*, III, S. 51 [309]. — ›Spektrofóbia‹, in: [225]. — ›Spectrophobia‹, in: *F. C.*, S. 365 [276]. — ›Spectrophobie‹, in: *O. C.*, II, S. 196 [312].

167 ›Pompadourphantasien‹, in: *I. Z.*, III, 1915, S. 294; *B.*, III, S. 49 [309]. — ›Pompadour-fantáziák‹, in: [225]. — ›Pompadour phantasies‹, in: *F. C.*, S. 351 [276]. — ›Fantasmes de Pompadour‹, in: *O. C.*, II, S. 197 [312].

168 ›Geschwätzigkeit‹, in: *I. Z.*, III, 1915, S. 294; *B.*, II, S. 36 [279]. — ›Fecsegés‹, in: [225]. — ›Talkativeness‹, in: *F. C.*, S. 252 [276]. — ›Bavardage‹, in: *O. C.*, II, S. 198 [312].

169 ›Der Fächer als Genitalsymbol‹, in: *I. Z.*, III, 1915, S. 294; *B.*, III, S. 50 [309]. — ›A legyezö mint genitálszimbólum‹, in: [225]. — ›The fan as a genital symbol‹, in: *F. C.*, S. 361 [276]. — ›L'éventail comme symbole génital‹, in: *O. C.*, II, S. 199 [312].

170 ›Polykratismus‹, in: *I. Z.*, III, 1915, S. 294; *B.*, III, S. 50 [309]. — ›Polykratizmus‹, in: [225]. — ›Polycratism‹, in: *F. C.*, S. 423 [276]. — ›Polycratisme‹, in: *O. C.*, II, S. 200 [312].

171 ›Unruhe gegen das Ende der Analysenstunde‹, in: *I. Z.*, III, 1915, S. 294 bis 295; *B.*, II, S. 28 [279]; *S.*, I, S. 220 [313]. — ›Restlessness towards the end of the hour of analysis‹, in: *F. C.*, S. 238—239 [276]. — ›Agitation en fin de séance d'analyse‹, in: *O. C.*, II, S. 201 [312].

172 ›Urinieren als Beruhigungsmittel‹, in: *I. Z.*, III, 1915, S. 295; *B.*, II, S. 35 [279]. — ›Micturition as a sedative‹, in: *F. C.*, S. 317 [276]. — ›La miction, moyen d'apaisement‹, in: *O. C.*, II, S. 202 [312].

173 ›Ein analerotisches Sprichwort‹, in: *I. Z.*, III, 1915, S. 295; *B.*, III, S. 50 [309]. — ›An anal-erotic proverb‹, in: *F. C.*, S. 365 [276]. — ›Un proverbe érotique anal‹, in: *O. C.*, II, S. 203 [312].

174 ›Über vermeintliche Fehlhandlungen‹, in: *I. Z.*, III, 1915, S. 338—342; *B.*, II, S. 129—136 [279]; *S.*, I, S. 221—226 [313]. — ›Vélt tévcselekmények‹, in: [225]. — ›On supposed mistakes‹, in: *F. C.*, S. 407—412 [276]; Zus. v. Clara Willard in: *R.*, X, 1923, S. 100. — ›Erreurs supposées‹, in: *O. C.*, II, S. 204—208 [312].

175 ›Die psychiatrische Schule von Bordeaux über die Psychoanalyse‹, in:

I. Z., III, 1915, S. 352—369; *B.*, IV, S. 12—45 [309]. — ›A bordeaux-i pszichiátriai iskola a lélekelemzésről‹, in: [225]. — ›La psychanalyse vue par l'école psychiatrique de Bordeaux‹, in: O. C., II, S. 209—231 [312].

176 ›A veszedelmek jégkorszaka‹ [Die Eiszeit der Gefahren], in: *Gy*, 1915, Heft Aug.-Sept. — ›L'ère glaciaire des périls‹, in: O. C., II, S. 232 [312].

177 Vorwort zu Freud, *Az Álomról* [Über den Traum], Manó Dick, Budapest 1·1915, 2·1919. — ›Préface à l'ouvrage de Freud: ‚Du rêve'‹, in: O. C., II, S. 233—234 [312].

178 ›A 43—50 évesek sorozása‹ [Assentierung der 43—50jährigen], in: *Gy*, 1915, Nr. 36.

179 ›Agysérüléses katonák utókezelése‹ [Über die Nachbehandlung gehirnverletzter Soldaten], in: *Gy*, 1915, Nr. 43.

180 Rf ›Kollarits, Dr. J.: Observations de psychologie quotidienne‹, in: *I. Z.*, III, 1915, S. 46; *B.*, IV, S. 72—78 [309]. — ›Mindennapi pszichopathológia‹, in: [225].

181 Rf ›Kollarits, Dr. J.: Contribution à l'étude des rêves‹, in: *I. Z.*, III, 1915, S. 49; *B.*, IV, S. 78—85 [309]. — ›Adalék az álomtanhoz (Kollarits)‹, in [225].

182 Rf ›Schilder, P., u. Weidner, H.: Zur Kenntnis symbolähnlicher Bildungen im Rahmen der Schizophrenie‹, in: *I. Z.*, III, 1915, S. 59; *B.*, IV, S. 86—88 [309].

183 Rf ›Buchner, Lothar (Pseud.): Klinischer Beitrag zur Lehre vom Verhältnisblödsinn‹, in: *I. Z.*, III, 1915, S. 60; *B.*, IV, S. 88—90 [309].

184 Rf ›Jung, Dr. C. G.: Psychologische Abhandlungen‹, in: *I. Z.*, III, 1915, S. 162; *B.*, IV, S. 91—99 [309]. — ›A zürichi iskola dolgozatairól‹, in: [225].

185 Rf ›Claparède, Ed.: De la représentation des personnes et des lapsus linguae‹, in: *I. Z.*, III, 1915, S. 123; *B.*, IV, S. 90—91 [309]. — ›A propos de ‚La représentation des personnes inconnues et des lapsus linguae' (Claparède)‹, in: O. C., II, S. 235 [312].

1916

186 *Contributions to Psychoanalysis*, R. G. Badger, Boston 1916. Neuauflagen unter dem Titel *Sex and Psychoanalysis; Contributions to Psychoanalysis:* R. G. Badger, Boston 1922; Basic Books, New York 1950. Enthält Nr. [61, 66, 67, 75, 80, 85, 92, 100, 111, 112, 114, 125, 135, 136, 146].

187 ›Affektvertauschung im Traume‹, in: *I. Z.*, IV, 1916—17, S. 112; *B.*, II, S. 141—142 [279]; *S.*, I, S. 227 [313]. — ›Indulatcsere az álomban‹, in:

[225]. — ›Interchange of affect in dreams‹, in: *F. C.*, S. 345 [276]. — ›Inversion d'affects en rêve‹, in: *O. C.*, II, S. 236 [312].

188 ›Sinnreiche Variante des Schuhsymbols der Vagina‹, in: *I. Z.*, IV, 1916 bis 1917, S. 112—113; *B.*, II, S. 249 [279]. — ›A vagina cipöszimbólumának variánsa‹, in: [225]. — ›Significant variation of the shoe as a vagina symbol‹, in: *F. C.*, S. 358 [276]. — ›Une variante du symbole ‚chaussure' pour représenter le vagin‹, in: *O. C.*, II, S. 237 [312].

189 ›Über zwei Typen der Kriegsneurose‹, in: *I. Z.*, IV, 1916—17, S. 131 bis 145; unter dem Titel ›Über zwei Typen der Kriegshysterie‹, in: [223]; *B.*, III, S. 58—79 [309]. — ›Elözetes megjegyzések a háborus neurózis némely tipusárol‹ [Vorläufige Bemerkungen über einige Typen der Kriegsneurose], in: *Gy*, 1916, 56, S. 11—18; unter dem Titel ›A háborus neurózisok két tipusa (hysztéria)‹, in: [223, ung. Ausgabe]. — ›Two types of war neuroses‹, in: *F. C.*, S. 124—141 [276]; Zus. v. Clara Willard in: *R.*, X, 1923, S. 215—217. — ›Deux types de névrose de guerre (hystérie)‹, in: *O. C.*, II, S. 238—252 [312].

190 ›Mischgebilde von erotischen und Charakterzügen‹, in: *I. Z.*, IV, 1916 bis 1917, S. 146—147; *B.*, II, S. 233—235 [279]; *S.*, I, S. 228—229 [313]. — ›Erótikus és jellembeli vonások keveredése‹, in: [225]. — ›Composite forms of erotic and character traits‹, in: *F. C.*, S. 257—259 [276]; Zus. v. Clara Willard in: *R.*, X, 1923, S. 217. — ›Formations composites de traits érotiques et de traits de caractère‹, in: *O. C.*, II, S. 253—254 [312].

191 ›Schweigen ist Gold‹, in: *I. Z.*, IV, 1916—17, S. 155—156; *B.*, II, S. 255 bis 257 [279]; *S.*, I, S. 230—231 [313]. — ›Hallgarni- arany‹, in: [225]. — ›Silence is golden‹, in: *F. C.*, S. 250—251 [276]. — ›Le silence est d'or‹, in: *O. C.*, II, S. 255—256 [312].

1917

192 ›Ostwald über die Psychoanalyse‹, in: *I. Z.*, IV, 1916—17, S. 169; *B.*, IV, S. 46—48 [309]. — ›Ostwald a pszichoanalizisröl‹, in: [225]. — ›Ostwald, sur la psychanalyse‹, in: *O. C.*, II, S. 257—258 [312].

193 ›Pollution ohne orgastischen Traum und Orgasmus im Traume ohne Pollution‹, in: *I. Z.*, IV, 1916—17, S. 187—192; *B.*, II, S. 152—160 [279]; *S.*, I, S. 232—238 [313]. — ›Pollució orgasztikus álom nélkül és álombeli orgazmus pollució nélkül‹, in: [225]. — ›Pollution without dream orgasm and dream orgasm without pollution‹, in: *F. C.*, S. 297 bis 304 [276]; Zus. v. Clara Willard in: *R.*, X, 1923, S. 331. — ›Pollution sans rêve orgastique et orgasme en rêve sans pollution‹, in: *O. C.*, II, S. 259—264 [312].

194 ›Träume der Ahnungslosen‹, in: *I. Z.*, IV, 1916—17, S. 208—210; *P. V.*,

Anhang

S. 66—69 [240]; S., I, S. 239—241 [313]. — ›Avatatlanok álmai‹, in: [225]. — ›Dreams of the unsuspecting‹, in: F. C., S. 346—348 [276]. — ›Rêves de non-initiés‹, in: O. C., II, S. 265—267 [312].

195 ›Von Krankheits- oder Pathoneurosen‹, in: *I. Z.*, IV, 1916—17, S. 219 bis 228; S., I, S. 242—252 [313]; unter dem Titel ›Über Pathoneurosen‹, in: *Hysterie und Pathoneurosen* [223]; B., III, S. 80—94 [309]. — ›Pathoneurosisok‹ [Pathoneurosen], in: *Gy*, 1918, Nr. 20; [223, ung. Ausgabe]. — ›Disease- or patho-neuroses‹, in: F. C., S. 78—94 [276]; Zus. v. Clara Willard in: *R.*, X, 1923, S. 332—333. — ›Les pathonévroses‹, in: O. C., II, S. 268—277 [312].

196 ›Die psychischen Folgen einer ‚Kastration' im Kindesalter‹, in: *I. Z.*, IV, 1916—17, S. 263—266; B., II, S. 196—202 [279]. — ›Gyermekkori ‚kasztráció' lelki következményei‹, in: [225]. — ›On the psychical consequences of ‚castration' in infancy‹, in: F. C., S. 244—249 [276]. — ›Conséquences psychiques d'une ‚castration' dans l'enfance‹, in: O. C., II, S. 278—282 [312].

197 ›Symmetrischer Berührungszwang‹, in: *I. Z.*, IV, 1916—17, S. 266—267; B., II, S. 236—237 [279]; S., I, S. 253—254 [313]. — ›A test szimetrikus éritésének kényszere‹, in: [225]. — ›The compulsion to symmetrical touching‹, in: F. C., S. 242—243 [276]. — ›Compulsion de l'attouchement symétrique du corps‹, in: O. C., II, S. 283—284 [312].

198 ›Pecunia — olet‹, in: *I. Z.*, IV, 1916—17, S. 327; B., II, S. 257—260 [279]; S., I, S. 255—257 [313]. — Ungarische Fassung in: [225]. — Englisch in: F. C., S. 362—364 [276]. — Französisch in: O. C., II, S. 285 bis 287 [312].

199 ›Barátságom Schächter Miksával‹ [Meine Freundschaft mit Max Schächter], in: *Gy*, 1917, Nr. 52. — ›Mon amitié avec Miksa Schächter‹, in: O. C., II, S. 288—292 [312].

200 Rf ›Décsi, Dr. Imre: ‚Ember, mért vagy ideges?'‹ [Mensch, warum bist du nervös?], in: *Gy*, 1917, Nr. 31.

201 Rf ›Adler, A., und Furtmüller, K.: Heilen und Bilden‹, in: *I. Z.*, IV, 1916—17, S. 115—119; B., IV, S. 99—107 [309]. — ›Az Adler-féle irányzat kritikája‹, in: [225]. — ›Critique de la conception d'Adler‹, in: O. C., II, S. 293—298 [312].

202 Rf ›Bleuler, E.: Physisch und Psychisch in der Pathologie‹, in: *I. Z.*, IV, 1916—17, S. 119—120; B., IV, S. 108—109 [309]. — ›Pszichikum és fizikum a pathológiában (Bleuler)‹, in: [225].

203 Rf ›Kaplan, L.: Psychoanalytische Probleme‹, in: *I. Z.*, IV, 1916—17, S. 120—122; B., IV, S. 109—114 [309]. — ›Pszichoanalitikus problémak (Kaplan)‹, in: [225].

204 Rf ›Putnam, J. J.: The work of Alfred Adler, considered with especial reference to that of Freud‹, in: *I. Z.*, 1916—17, IV, S. 161—163; B., IV, S. 114—118 [309]. ›Putnam professzor birálata Adler-röl‹, in: [225].

205 Rf ›Schultz, J. H.: S. Freuds Sexualpsychoanalyse‹, in: *I. Z.*, IV, 1916 bis 1917, S. 270—272; *B.*, IV, S. 118—122 [309].
206 Rf ›Groddeck, Dr. Georg: Die psychische Bedingtheit und psychoanalytische Behandlung organischer Leiden‹, in: *I. Z.*, IV, 1916—17, S. 346 bis 347; *B.*, IV, S. 123—125 [309]; *S.*, I, S. 258—259 [313]. — ›Organikus állapotok pszichoanalizise (Groddeck)‹, in: [225]. — ›Review of Groddeck, G.‹, in: *Fin.*, S. 342—343 [311]. — ›La psychanalyse des états organiques (Groddeck)‹, in: *O. C.*, II, S. 299—300 [312].
207 Rf ›Claparède, Ed.: Rêve satisfaisant un désir organique‹, in: *I. Z.*, IV, 1916—17, S. 345—346; *B.*, IV, S. 122—123 [309]. — ›A propos d'»Un rêve satisfaisant un désir organique« de Claparède‹, in: *O. C.*, II, S. 301 [312].

1918

208 ›A mese lélektanáról (Válasz Lesznai A. cikkére)‹ [Über die Psychologie des Märchens], in: *Nyugat*, 1918, Nr. 17. — ›La psychologie du conte‹, in: *O. C.*, II, S. 302—303 [312].
209 ›A »friss levegö« és a »jó levegö« üditö és gyógyító hatása‹ [Die erfrischende und heilende Wirkung von ›frischer Luft‹ und ›guter Luft‹], in: *Gy*, 1918; unter dem Titel ›Kellemes érzetek hatása a lélekzésre‹, in: [225]. — ›Effet vivifiant et effet curatif de l'»air frais« et du »bon air«‹, in: *O. C.*, II, S. 304—307 [312].

1919

210 ›Technische Schwierigkeiten einer Hysterieanalyse (Zugleich Beobachtungen über larvierte Onanie und ‚Onanie-Äquivalente')‹, in: *I. Z.*, V, 1919, S. 34—40; *Hysterie und Pathoneurosen* [223]; *B.*, III, S. 119 bis 128 [309]; *S.*, II, S. 3—10 [313]. — ›Technical difficulties in an analysis of hysteria (including observations on larval forms of onanism and ‚onanistic equivalents')‹, in: *R.*, XI, 1924, S. 193—195; *F. C.*, S. 189 bis 197 [276].
211 ›Sonntagsneurosen‹, in: *I. Z.*, V, 1919, S. 46—48; *B.*, II, S. 178—184 [279]; *Al. d. Psa.*, 1928, S. 138—143; *S.*, I, S. 260—264 [313]. — ›Vasárnapi neurózisok‹, in: [225]. — ›Sunday neuroses‹, in: *F. C.*, S. 174—177 [276]; die in dieser Übersetzung fehlenden beiden letzten Abschnitte der Originalfassung sind enthalten in: Robert Fliess (Hrsg.), *The Psychoanalytic Reader*, International Universities Press, New York 1948, Bd. I, S. 350. — ›Névroses du dimanche‹, in: *O. C.*, II, S. 314—318 [312].
212 ›Denken und Muskelinnervation‹, in: *I. Z.*, V, 1919, S. 102; *B.*, I, S. 189 bis 192 [279]; *S.*, I, S. 265—267 [313]. — ›Gondolkodás és izombeideg-

zés‹, in: [225]. — ›Thinking and muscle innervation‹, in: *F. C.*, S. 230 bis 232 [276]. — ›Pensée et innervation musculaire‹, in: *O. C.*, II, S. 319—321 [312].

213 ›Ekel vor dem Frühstück‹, in: *I. Z.*, V, 1919, S. 117; *B.*, II, S. 247—248 [279]; *S.*, I, S. 268 [313]. — ›Undorodás a reggelitöl‹, in: [225]. — ›Disgust for breakfast‹, in: *F. C.*, S. 326 [276]. — ›Dégoût pour le petit déjeuner‹, in: *O. C.*, II, S. 322 [312].

214 ›Cornelia, die Mutter der Gracchen‹, in: *I. Z.*, V, 1919, S. 117—120; *P. V.*, S. 154—158 [240]. — ›Cornélia a Gracchusok anyja‹, in: [225]. — ›Cornelia, the mother of the Gracchi‹, in: *F. C.*, S. 318—322 [276]. — ›Cornelia, la mère des Gracques‹, in: *O. C.*, II, S. 323—326 [312].

215 ›Zur Frage der Beeinflussung des Patienten in der Psychoanalyse‹, in: *I. Z.*, V, 1919, S. 140—141; *B.*, II, S. 58—61 [279]; *S.*, I, S. 269—271 [313]. — Ungarisch in: [225]. — ›On influencing the patient in analysis‹, in: *F. C.*, S. 235—237 [276].

216 ›Zur psychoanalytischen Technik‹. Vortrag, gehalten in der Ungarländischen Psychoanalytischen Vereinigung, Budapest 1918, in: *I. Z.*, V, 1919, S. 181—192; *B.*, II, S. 38—54 [279]; *S.*, I, S. 272—283 [313]. — ›A pszichoanalyzis technikájáról‹, in: [225]. — ›On the technique of psychoanalysis‹, in: *F. C.*, S. 177—189 [276]; Zus. v. Clara Willard in: *R.*, XI, 1924, S. 467. — ›Sur la technique psychanalytique‹, in: *R. F.*, III, 1929, S. 617—630; unter dem Titel ›La technique psychanalytique‹, in: *O. C.*, II, S. 327—337 [312].

217 ›Die Nacktheit als Schreckmittel‹, in: *I. Z.*, V, 1919, S. 303—305; *B.*, II, S. 222—226 [279]; *S.*, I, S. 284—287 [313]. — ›Nakedness as a means of inspiring terror‹, in: *F. C.*, S. 329—332 [276]. — ›La nudité comme moyen d'intimidation‹, in: *O. C.*, II, S. 338—340 [312].

218 ›Die Psychoanalyse der Kriegsneurosen‹. Diskussionsreferat, gehalten auf dem V. Internationalen Psychoanalytischen Kongreß in Budapest, Sept. 1918, in: *Zur Psychoanalyse der Kriegsneurosen*, Int. Psa. Vlg., Wien 1919; *B.*, III, S. 95—118 [309]. — (Contribution to) *Psychoanalysis and the War Neuroses* (Introduction by Sigmund Freud. Discussion held at the 5th Int. Psa. Congress at Budapest, 28.—29. Sept. 1918), Int. Psa. Library Nr. 2, Int. Psa. Press, London, Wien, New York 1921, S. 5—21.

219 ›Zur Psychogenese der Mechanik. Kritische Bemerkungen über eine Studie von Ernst Mach‹, in: *Imago*, V, 1919, S. 394—401; *P. V.*, S. 128 bis 137 [240]; *S.*, I, S. 288—296 [313]. — Ungarisch in: *Nyugat*, 1918, 2. Halbjahr; [225]. — ›On the psychogenesis of mechanism. Critical remarks on a study of Ernst Mach: Culture and Mechanics‹, in: *F. C.*, S. 383—393 [276].

220 ›Hysterische Materialisationsphänomene; Gedanken zur Auffassung der hysterischen Konversion und Symbolik‹, in: *Hysterie und Pathoneu-*

rosen [223]; *B.*, III, S. 129—147 [309]; *S.*, II, S. 11—24 [313]. — ›The phenomena of hysterical materialization‹, in: *F. C.*, S. 89—104 [276].
221 ›Erklärungsversuch einiger hysterischer Stigmata‹, in: *Hysterie und Pathoneurosen* [223]; *B.*, III, S. 148—158 [309]; *S.*, II, S. 25—32 [313]. — ›An attempted explanation of some hysterical stigmata‹, in: *F. C.*, S. 110—117 [276].
222 ›Die Psychoanalyse eines Falles von hysterischer Hypochondrie‹, in: *Hysterie und Pathoneurosen* [223]; *B.*, III, S. 159—167 [309]; *S.*, II, S. 33—38 [313]. — ›The psycho-analysis of a case of hysterical hypochondria‹, in: *F. C.*, S. 118—124 [276].
223 *Hysterie und Pathoneurosen*, Int. Psa. Vlg., Leipzig-Wien 1919, 78 S.; enthält: [189, 195, 210, 220, 221, 222]; alle enthalten in: *B.*, III, S. 8off. [309]. — *A hisztéria és a pathoneurózisok* (Gesammelte Aufsätze, Bd. IV), Manó Dick, Budapest 1920, 90 S.
224 ›Psychoanalyse und Kriminologie‹, in: *P. V.*, S. 114—117 [240]; *S.*, I, S. 297—299 [313]. — ›Pszichoanalizis és kriminológia‹, in: *Az Uj Forradalom*, 1919; [225]. — ›Psychoanalysis and criminology‹, in: *F. C.*, S. 434—436 [276]. (Nicht identisch mit [283 a].)
225 *A pszichoanalizis haladása* [Der Fortschritt der Psychoanalyse], Manó Dick, Budapest ¹·1919, ²·1920; enthält [105, 109, 115, 116, 117, 118, 119, 120, 121, 122, 123, 126, 127, 132, 138, 139, 141, 142, 143, 144, 145, 147, 148, 150, 151, 152, 155, 156, 157, 159, 160, 164, 165, 166, 167, 168, 169, 170, 174, 175, 180, 181, 184, 187, 188, 190, 191, 192, 193, 194, 196, 197, 198, 201, 202, 203, 204, 206, 209, 211, 212, 213, 214, 215, 216, 219, 224].
225a Offener Brief (datiert: Budapest 1919), in: *I. J.*, I, 1920, S. 1—2.

1920

226 ›Nachtrag zur ‚Psychogenese der Mechanik'‹, in: *Imago*, VI, 1920, S. 384 bis 386; *P. V.*, S. 138—141 [240]; *S.*, I, S. 300—303 [313]. — ›Supplement to ‚Psychogenesis of mechanism'‹, in: *F. C.*, S. 393—396 [267].
227 Rf ›Dr. Julius Schaxel, *Abhandlungen zur theoretischen Biologie*‹. Heft 1: ›Über die Darstellung allgemeiner Biologie‹ v. J. Schaxel. Heft 2: ›Das Problem der historischen Biologie‹ v. Richard Kroner, in: *I. Z.*, VI, 1920, S. 82—84; *B.*, IV, S. 126—130 [309].
228 Rf ›Lipschütz, A.: Die Pubertätsdrüse und ihre Wirkungen‹, in: *I. Z.*, VI, 1920, S. 84—89; *I. J.*, II, 1921, S. 143—148; *B.*, IV, S. 130—139 [309].
229 Rf ›Landau, Prof. E.: Naturwissenschaft und Lebensauffassung‹, in: *I. Z.*, VI, 1920, S. 182—183.

230 Rf ›Strasser, H.: Fragen der Entwicklungsmechanik‹, in: *I. Z.*, VI, 1920, S. 183.

231 Rf ›Gross, Otto: Drei Aufsätze über den inneren Konflikt‹, in: *I. Z.*, VI, 1920, S. 364—368; *B.*, IV, S. 140—147 [309].

1921

232 ›Psychoanalytische Betrachtungen über den Tic‹, in: *I. Z.*, VII, 1921, S. 33—62; *B.*, I, S. 193—234 [279]; *S.*, II, S. 39—69 [313]. — ›Psychoanalytical observations on tic‹, in: *I. J.*, II, 1921, S. 1—30; *F. C.*, S. 142 bis 174 [276]. Zus. v. Louise Brink in: *R.*, X, 1923, S. 225—226.

233 ›Die Symbolik der Brücke‹, in: *I. Z.*, VII, 1921, S. 211—213; *B.*, II, S. 238—243 [279]; *S.*, II, S. 70—73 [313]. — ›The symbolism of the bridge‹, in: *I. J.*, III, 1922, S. 163—166; *F. C.*, S. 352—356 [279]. Zus. v. Smith Ely Jelliffe in: *R.*, XI, 1924, S. 211—213.

234 ›Weiterer Ausbau der ‚aktiven Technik' in der Psychoanalyse‹ (Vortrag, gehalten auf dem VI. Int. Psychoanalytischen Kongreß, Den Haag, 8.—11. Sept. 1920), in: *I. Z.*, VII, 1921, S. 233—251; *B.*, II, S. 62—86 [279]; *S.*, II, S. 74—91 [313]. — Autoreferat in: *I. Z.*, VI, 1920, S. 398. — ›The further development of the active therapy in psycho-analysis‹, in: *F. C.*, S. 198—217 [276]. — ›Perfeccionamentos de la ‚tecnica activa' en el psichoanalisis‹, in: *Rev. Psicoanál.*, III, 1946, S. 814—832.

235 ›Tic-Diskussion‹, in: *I. Z.*, VII, 1921, S. 395—396; *B.*, III, S. 168—169 [309]; *S.*, II, S. 92—93 [313]. — ›Discussion on tic‹, in: *I. J.*, II, 1921, S. 481; *Fin.*, S. 349—350 [311].

236 ›Allgemeine Neurosenlehre‹. Sammelreferat in: *Bericht über die Fortschritte der Psychoanalyse in den Jahren 1914—1919*. Int. Psa. Vlg., Wien 1921. — ›General theory of the neuroses‹, in: *I. J.*, I, 1920, S. 294 bis 315.

237 Rf ›Freud, S.: Drei Abhandlungen zur Sexualtheorie‹, in: *I. Z.*, VII, 1921, S. 496—497; *B.*, IV, S. 147—149.

238 Rf ›Groddeck, G.: Der Seelensucher‹, in: *Imago*, VII, 1921, S. 356—359; *B.*, IV, S. 149—155 [309]; *S.*, II, S. 94—98 [313]. — Englisch in: *Fin.*, S. 344—345 [311].

1922

239 (und Stefan Hollós), *Zur Psychoanalyse der paralytischen Geistesstörung*, Int. Psa. Vlg., Leipzig-Wien-Zürich 1922. Teil I stammt von beiden Autoren, Teil II von Hollós, Teil III von Ferenczi. Teil III mit dem Untertitel ›Theoretisches‹ auch in: *B.*, III, S. 189—212 [309]; *S.*, II, S. 99—115 [313]. — *Psychoanalysis and the Psychic Disorders of General Paresis*, Nervous and Mental Disease Publishing Company, New York-

Washington 1925; außerdem in: *R.*, XII, 1925, S. 88—107 u. 205—233. Teil III: ›Psycho-analysis and the mental disorders of general paralysis of the insane‹, in: *Fin.*, S. 351—370 [311]. — Zus. v. John Rickman in: *British Journal of Medical Psychology,* V, 1924—25, S. 120—126.

240 *Populäre Vorträge über Psychoanalyse,* Int. Psa. Vlg., Leipzig-Wien 1922. 188 Seiten. Enthält [60, 65, 66, 76, 78, 92, 93, 94, 103, 104, 109, 161, 194, 214, 219, 224, 226].

241 ›A pszichoanalizis és a társadalompolitika‹ [Die Psychoanalyse und die Sozialpolitik], in: *Nyugat,* 1922, Nr. 8.

242 ›Die Brückensymbolik und die Don Juan-Legende‹, in: *I. Z.*, VIII, 1922, S. 77; *B.*, II, S. 244—246; *S.*, II, S. 116—117 [313]. — ›Bridge symbolism and the Don Juan legend‹ in: *I. J.*, III, 1922, S. 167—168; *F. C.*, S. 356 bis 358 [276].

243 ›Die Psyche ein Hemmungsorgan‹, in: *I. Z.*, VIII, 1922, S. 203—205; *B.*, III, S. 213—217; *S.*, II, S. 118—121 [313]. — ›The psyche as an inhibiting organ‹, in: *F. C.*, S. 379—383 [276].

244 ›Freuds ‚Massenpsychologie und Ich-Analyse'. Der individualpsychologische Fortschritt‹, in: *I. Z.*, VIII, 1922, S. 206—209; *B.*, IV, S. 161—167 [309]; *S.*, II, S. 122—126 [313]. — ›Freud metapszichologiája‹, in: *Gy,* 1922, Nr. 25, S. 360—363; [297]. — ›Freud's ‚Group Psychology and the Analysis of the Ego'. Progress in individual psychology‹, in: *Fin.*, S. 371 bis 376 [311].

245 ›Soziale Gesichtspunkte bei Psychoanalysen. 1. Der ‚Familienroman der Erniedrigung'. 2. Psychische Erkrankungen als Folge des sozialen Aufstiegs‹, in: *I. Z.*, VIII, 1922, S. 326—328; *B.*, II, S. 292—297 [279]; *S.*, II, S. 127—131 [313]. — ›Social considerations in some analyses; the ‚family romance' of a lowered social position; mental disturbances as a result of social advancement‹, in: *I. J.*, IV, 1923, S. 475—478; *F. C.*, S. 413—418 [276].

246 ›Versuch einer Genitaltheorie‹. Referat, gehalten auf dem VII. Internationalen Psychoanalytischen Kongreß, Berlin, 1922. Autoreferat in: *I. Z.*, VIII, 1922, S. 478—479. Zus. in: *I. J.*, IV, 1923, S. 359—360 (*s. a.* [268]).

247 Rf ›Abraham, Karl: Klinische Beiträge zur Psychoanalyse‹, in: *I. Z.*, VIII, 1922, S. 352—353; *B.*, IV, S. 155—157 [309].

248 Rf ›de Saussure, R.: La méthode psychanalytique‹, in: *I. Z.*, VIII, 1922, S. 379; *B.*, IV, S. 158—160 [309].

1923

249 ›Ptyalismus bei Oralerotik‹, in: *I. Z.*, IX, 1923, S. 67; *B.*, III, S. 51 [309]. — ›Ptyalism in an oral-erotic‹, in: *F. C.*, S. 315 [276].

250 ›Die Söhne der ‚Schneider'‹, in: *I. Z.*, IX, 1923, S. 67—68; *B.*, III, S. 51

Anhang

bis 52 [309]; *S.*, II, S. 132 [313]. — ›The sons of the ›tailor‹‹, in: *F. C.*, S. 418—419 [276].

251 ›Die ›Materialisation‹ beim Globus hystericus‹, in: *I. Z.*, IX, 1923, S. 68; *B.*, III, S. 52—53 [309]; *S.*, II, S. 132—133 [313].—›,Materialization‹ in Globus hystericus‹, in: *F. C.*, S. 104—105 [276].

252 ›Aufmerken bei der Traumerzählung‹, in: *I. Z.*, IX, 1923, S. 68; *B.*, III, S. 53 [309]; *S.*, II, S. 133 [313]. — ›Attention during the narration of dreams‹, in: *F. C.*, S. 238 [276].

253 ›Das Grausen beim Kratzen an Glas usw.‹, in: *I. Z.*, IX, 1923, S. 68—69; *B.*, III, S. 53—54 [309]; *S.*, II, S. 133—134 [313]. — ›Shuddering at scratching on glass, etc.‹, in: *F. C.*, S. 313—314 [276].

254 ›Zur Symbolik des Medusenhauptes‹, in: *I. Z.*, IX, 1923, S. 69; *B.*, III, S. 54—55 [309]; *S.* II, S. 134 [313]. — ›The symbolism of the head of Medusa‹, in: *F. C.*, S. 360 [276].

255 ›Lampenfieber und narzißtische Selbstbeobachtung‹, in: *I. Z.*, IX, 1923, S. 69; *B.*, III, S. 55 [309]; *S.*, II, S. 134—135 [313]. — ›Stage fright and narcissistic self-observation‹, in: *F. C.*, S. 421—422 [276].

256 ›Ein ›analer Hohlpenis‹ bei der Frau‹, in: *I. Z.*, IX, 1923, S. 70; *B.*, III, S. 56 [309]; *S.*, II, S. 135 [313]. — ›An ›anal hollow-penis‹ in woman‹, in: *F. C.*, S. 317 [276].

257 ›Der Traum vom ›gelehrten Säugling‹‹, in: *I. Z.*, IX, 1923, S. 70; *B.*, III, S. 218—219 [309]; *S.*, II, S. 137 [313]. — ›The dream of the ›clever baby‹‹, in: *F. C.*, S. 349—350 [276].

258 ›Waschzwang und Masturbation‹, in: *I. Z.*, IX, 1923, S. 70—71; *B.*, III, S. 56—57 [309]; *S.*, II, S. 135—136 [313]. — ›Washing compulsion and masturbation‹, in: *F. C.*, S. 311—312 [276].

259 ›A psychoanalysis a gyakorló orvos szolgálatában‹ [Die Psychoanalyse im Dienste des praktizierenden Arztes], in: *Gy*, 1923, Nr. 23—24.

260 ›Verzeichnis der wissenschaftlichen Arbeiten‹, in: *I. Z.*, IX, 1923, S. 428 bis 434. ›Verzeichnis der wissenschaftlichen Veröffentlichungen von Dr. Sándor Ferenczi‹, in: *B.*, IV, S. 295—327 [309].

261 ›Ferenczi-Festschrift der *Internationalen Zeitschrift für Psychoanalyse*‹, in: *I. Z.*, IX, 1923, Heft 3.

262 Vorwort zu Freuds *A Mindennapi Elet Pszichopathológiája* [Zur Psychopathologie des Alltagslebens]. A ›Világirodalom‹ Könyvk., Budapest 1923.

263 Vorwort zu Freuds *A Halálösztön és az Eletösztönök* [Jenseits des Lustprinzips]. A ›Világirodalom‹ Könyvk., Budapest 1923.

263a Vorwort zu: T. K. Slade, *Our Phantastic Emotions*. Kegan Paul & Co., London 1923.

263b Rf ›S. Freud: *Group Psychology and the Analysis of the Ego*. I. The advance in individual psychology‹, in: *I. J.*, IV, 1923, S. 183—187.

1924

264 (und O. Rank), *Entwicklungsziele der Psychoanalyse. Zur Wechselbeziehung von Theorie und Praxis.* (Neue Arbeiten zur ärztlichen Psychoanalyse, Nr. 1). (Kap. 1, 3, 5 von Ferenczi, Kap. 2 von Rank; gemeinsam überarbeitet.) Int. Psa. Vlg., Wien-Leipzig-Zürich 1924. 67 Seiten. Zum Teil in: *B.*, III, S. 220—244 [309]. — *The Development of Psychoanalysis*, Nervous and Mental Disease Publishing Co., New York-Washington 1925.

265 ›Über forcierte Phantasien. Aktivität in der Assoziationstechnik‹, in: *I. Z.*, X, 1924, S. 6—16; *B.*, II, S. 87—98 [279]; *S.*, II, S. 138—146 [313]. — ›On forced phantasies‹, in: *F. C.*, S. 68—77 [276]. Zus. v. Montague David Eder in: *I. J.*, VI, 1925, S. 465.

266 ›Altató és ébresztö tudomány‹ [Einschläfernde und erweckende Wissenschaft], in: *Nyugat*, 1924, Nr. 1.

267 ›Ignotus, a megértö‹ [Ignotus, der Verständnisvolle], in: *Nyugat*, 23, 1924.

268 *Versuch einer Genitaltheorie*, Int. Psa. Vlg., Leipzig-Wien 1924. 128 Seiten; enthalten in: *S.*, II, S. 317—400 [313]. — Teilabdruck daraus: ›Begattung und Befruchtung‹, in: *Al. d. Psa.*, 1926, S. 161—171. — *Katasztrófák a nemi müködés fejlödésében*, Pantheon-kiadás, Budapest 1929. — ›Thalassa; Theory of Genitality‹, in: *Q.*, II, 1933, S. 361—403; *Q.*, III, 1934, S. 1—29, 200—222; *Q.*, V, 1936, S. 249—260; als Einzelpublikation erschienen bei: The Psychoanalytic Quart. Inc., Albany, N. Y. 1938. 110 Seiten. — *Thalassa: Psychanlayse des origines de la vie sexuelle*, Petite Bibliothèque Payot, Paris 1962. 186 Seiten.

1925

269 ›Zur Psychoanalyse von Sexualgewohnheiten (mit Beiträgen zur therapeutischen Technik)‹, in: *I. Z.*, XI, 1925, S. 6—39. Als Einzelpublikation: Int. Psa. Vlg., Leipzig-Wien-Zürich 1925. 41 Seiten. Außerdem in: *B.*, III, S. 245—293 [309]; *S.*, II, S. 147—181 [313]. — ›Psychoanalysis of sexual habits (with contributions about therapeutic technique)‹, in: *I. J.*, VI, 1925, S. 372—404; *F. C.*, S. 259—297 [276]; Zus. v. John Rickman in: *British Journal of Medical Psychology*, V, 1924—25, S. 133—138.

270 ›Charcot‹ (Zu seinem 100. Geburtstag), in: *I. Z.*, XI, 1925, S. 257—260; *B.*, IV, S. 168—173 [309].

1926

271 ›Kontraindikationen der aktiven psychoanalytischen Technik‹ (Vortrag, gehalten auf dem IX. Internationalen Psychoanalytischen Kongreß, Bad Homburg, Sept. 1925), in: *I. Z.*, XII, 1926, S. 3—14; *B.*, II, S. 99—115

[279]; *S.*, II, S. 182—193 [313]. — Autoreferat in: *I.Z.*, XI, 1925, S. 509. — ›Contraindications to the active psychoanalytical technique‹, in: *F. C.*, S. 217—230 [276]; Zus. v. Smith Ely Jelliffe in: *R.*, XIII, 1926, S. 222.

272 ›Organneurosen und ihre Behandlung‹, in: *Das Psychoanalytische Volksbuch*, Hippokrates-Verlag, Stuttgart 1926, S. 364—371; 1928, S. 92 bis 100; 1939, S. 490—497; *B.*, III, S. 294—301 [309]. — ›Organ neurosis and its treatment‹, in: *Medical Review of Reviews*, XXXVI, 1926, S. 376—382; *Fin.*, S. 22—28 [311].

273 ›Zum 70. Geburtstage Sigmund Freuds. Eine Begrüßung‹, in: *I. Z.*, XII, 1926, S. 235—240; *B.*, I, S. 290—298 [279]; *S.*, II, S. 194—199 [313]. — ›To Sigmund Freud on his 70th birthday‹, in: *I. J.*, VII, 1926, S. 297 bis 302; *Fin.*, S. 11—17 [311]. — ›Sigmund Freud 70. születésnapjára‹, in: *Gy*, 1926, Nr. 19.

274 ›Freud's importance for the mental hygiene movement‹, in: *Mental Hygiene*, X, 1926, S. 673—676; *Fin.*, S. 18—21 [311]. — ›Die Bedeutung Freuds für die Mental Hygiene-Bewegung‹, in: *B.*, III, S. 302 bis 306 [309].

275 ›Das Problem der Unlustbejahung; Fortschritte in der Erkenntnis des Wirklichkeitssinnes‹, in: *I. Z.*, XII, 1926, S. 241—252; *B.*, I, S. 84—100 [279]; *S.*, II, S. 200—211 [313]. — ›The problem of the acceptance of unpleasant ideas; advances in knowledge of the sense of reality‹, in: *I. J.*, VII, 1926, S. 312—323; *F. C.*, S. 366—379 [276]. Zus. in: *Archives of Psychoanalysis*, I, 1926, S. 190—192.

276 *Further Contributions to the Theory and Technique of Psycho-Analysis.* Zusammengestellt von John Rickman. Hogarth Press, London 1.1926, 2.1950; Boni & Liveright, New York 1927; Basic Books, New York 1952. Enthält: [60, 65, 78, 94, 95, 103, 105, 109, 113, 115, 116, 117, 118, 119, 120, 121, 122, 123, 137, 138, 139, 140, 141, 142, 143, 144, 145, 147, 159, 160, 161, 162, 163, 164, 165, 166, 167, 168, 169, 170, 171, 172, 173, 174, 187, 188, 189, 190, 191, 193, 194, 195, 196, 197, 198, 210, 211, 212, 213, 214, 215, 216, 217, 219, 220, 221, 222, 224, 226, 232, 233, 234, 242, 245, 249, 250, 251, 252, 253, 254, 255, 256, 257, 258, 265, 269, 271, 275].

1927

277 ›O. Rank: *Technik der Psychoanalyse. I. Die analytische Situation*‹, in: *I. Z.*, XIII, 1927, S. 1—9; unter dem Titel ›Zur Kritik der Rankschen Technik der Psychoanalyse‹, in: *B.*, II, S. 116—128 [279]. — Englisch in: *I. J.*, VIII, 1927, S. 93—100.

278 ›Present-day problems in psychoanalysis‹ (Delivered before the midwinter meeting of the American Psychoanalytic Association, 28. Dez.

1927), in: *Archives of Psychoanalysis*, I, 1927, S. 522—530; *Fin.*, S. 29 bis 40 [311]. — ›Aktuelle Probleme der Psychoanalyse‹, in: *B.*, III, S. 332—346 [309].

279 *Bausteine zur Psychoanalyse*. Bd. I: *Theorie*, Int. Psa. Vlg., Leipzig-Wien 1927. 298 Seiten. Unveränderter Nachdruck: Hans Huber, Bern 1964. Enthält: [67, 75, 79, 80, 81, 84, 108, 111, 113, 124, 125, 136, 146, 161, 212, 232, 273, 275].
Bd. II: *Praxis*. Int. Psa. Vlg., Leipzig-Wien 1927. 315 Seiten. Unveränderter Nachdruck: Hans Huber, Bern 1964. Enthält: [57, 61, 77, 83, 85, 86, 112, 114, 115, 116, 117, 118, 119, 120, 121, 122, 135, 137, 138, 139, 141, 142, 143, 145, 147, 159, 160, 162, 164, 165, 168, 171, 172, 174, 187, 188, 190, 191, 193, 196, 197, 198, 211, 213, 215, 216, 217, 233, 234, 242, 245, 265, 271, 277].

280 ›Gulliver-Phantasien‹ (Vortrag, gehalten auf der Jahressitzung der New York Society for Clinical Psychiatry am 9. Dez. 1926), in: *I. Z.*, XIII, 1927, S. 379—396; *Al. d. Psa.*, 1929, S. 117—137; *B.*, III, S. 307 bis 331 [309]. — ›Gulliver phantasies‹, in: *I. J.*, IX, 1928, S. 283—300; *Fin.*, S. 41—60 [311]. Zus. in: *R.*, XIX, 1932, S. 227—229.

280a Vorwort zu Freuds *Inhibition, Symptom, and Anxiety* [Hemmung, Symptom und Angst], The Psychoanalytic Institute, Stamford, Conn. 1927.

280b Vorwort zu Freuds *The Problem of Lay-Analyses* [Die Frage der Laienanalyse], Brentano, New York 1927.

1928

281 ›Die Anpassung der Familie an das Kind‹ (Vortrag, gehalten am 13. Juni 1927 in London auf der gemeinsamen Tagung der medizinischen und pädagogischen Sektionen der British Psychological Society), in: *P.*, II, 1927—28, S. 239—251; *B.*, III, S. 347—366; *S.*, II, S. 212—226 [313]. — ›The adaptation of the family to the child‹, in: *B. J.*, VIII, 1928, S. 1 bis 13; *Fin.*, S. 61—76 [311].

282 ›Das Problem der Beendigung der Analysen‹ (Vortrag, gehalten auf dem 10. Internationalen Psychoanalytischen Kongreß, Innsbruck, Sept. 1927), in: *I. Z.*, XIV, 1928, S. 1—10; *B.*, III, S. 367—379 [309]; *S.*, II, S. 227—236 [313]. — ›The problem of the termination of the analysis‹, in: *Fin.*, S. 77—86 [311].

283 ›Die Elastizität der psychoanalytischen Technik‹ (Vortrag, gehalten in der Ungarländischen Psychoanalytischen Vereinigung, Zyklus 1927/28), in: *I. Z.*, XIV, 1928, S. 197—209; *B.*, III, S. 380—398 [309]; *S.*, II, S. 237—250 [313]. — ›L'élasticité de la technique psychanalytique‹, in: *R. F.*, II, 1928, S. 228—238. — ›The elasticity of psycho-analytic technique‹, in: *Fin.*, S. 87—101 [311].

283a ›Psychoanalyse und Kriminologie‹. Vortrag, gehalten im ,Verein f. angewandte Psychopathologie' in Wien am 30. April 1928 (Nicht identisch mit [224]), in: *B.*, III, S. 399—421 [309]; *Al. d. Psa.*, 1938, S. 96 bis 102. — ›A pszichoanalizis és a kriminalitás‹, in: *Századunk*, III, 1928, S. 272—281. — ›Psichoanálisis y criminología‹, in: *Rev. med. de Barcelona*, XI, 1929, S. 318—330.

1929

284 ›Psychoanalysis és constitutio; észrevételek az 1929. 3. számban megjelent vezércikkre‹ [Psychoanalyse und Konstitution], in: *Gy*, 1929, Nr. 4.
285 ›Psychoanalysis és constitutio‹ [Psychoanalyse und Konstitution], in: *Gy*, 1929, Nr. 5.
286 ›Männlich und Weiblich. Psychoanalytische Betrachtungen über die ,Genitaltheorie' sowie über sekundäre und tertiäre Geschlechtsunterschiede‹ (Exzerpt aus einem Vortrag, gehalten in der Ungarländischen Psychoanalytischen Vereinigung), in: *Psychoanalytische Bewegung*, I, 1929, S. 41—50; *B.*, III, S. 453—467 [309]. — ›Male and female: psychoanalytic reflections on the ,Theory of Genitality' and on secondary and tertiary sex differences‹, in: *Q.*, V, 1936, S. 249—260 (= Kap. 11 von *Thalassa* [268], S. 96—107). — ›Masculine and Feminine‹, in: *R.*, XVII, 1930, S. 105—113.
287 ›Das unwillkommene Kind und sein Todestrieb‹, in: *I. Z.*, XV, 1929, S. 149—153; *B.*, III, S. 446—457 [309]; *S.*, II, S. 251—256 [313]. — ›The unwelcome child and his death-instinct‹, in: *I. J.*, X, 1929, S. 125—129; *Fin.*, S. 102—107 [311].
287a ›Fortschritte der analytischen Technik‹ [Autoreferat], in: *I. Z.*, XV, 1929, S. 515.
288 ›Vorbericht und Schlußbemerkungen zu *Aus der Kindheit eines Proletariermädchens. Aufzeichnungen einer 19jährigen Selbstmörderin über ihre ersten zehn Lebensjahre*‹, in: *P.*, III, 1929, S. 141—172.

1930

289 ›A ,psychoanalysis' név illetéktelen használata‹ [Über den unerlaubten Gebrauch der Bezeichnung ,Psychoanalyse'], in: *Gy*, 1930, Nr. 1.
290 ›,Viszonválasz' Dr. Feldmann válaszárá‹ [Replik auf die Antwort Dr. Feldmanns], in: *Gy*, 1930, Nr. 2.
291 ›Relaxationsprinzip und Neokatharsis‹, in: *I. Z.*, XVI, 1930, S. 149 bis 164; *B.*, III, S. 468—489 [309]; *S.*, II, S. 257—273 [313]. — ›The principle of relaxation and neocatharsis‹, in: *I. J.*, XI, 1930, S. 428—443; *Fin.*,

S. 108—125 [311]. — ›A relaxatio elve és a neokatharsis‹, in: *Gy*, 1931, Nr. 18.

1931

292 ›Kinderanalysen mit Erwachsenen‹, in: *I. Z.*, XVII, 1931, S. 161—175; *Al. d. Psa.*, 1932, S. 95—112; *B.*, III, S. 490—510 [309]; *S.*, II, S. 274 bis 289 [313]. — ›Child analysis in the analysis of adults‹, in: *I. J.*, XII, 1931, S. 468—482; *Fin.*, S. 126—142 [311]. — ›Felnöttek ‚gyermekanalysise'‹, in: *Gy*, 1932, Nr. 42.

292a ›Dr. Max Eitingon 50 Jahre‹, in: *I. Z.*, XVII, 1931, S. 283—284.

1933

293 ›Freuds Einfluß auf die Medizin‹, in: *Psychoanalytische Bewegung*, V, 1933, S. 217—229; *B.*, III, S. 526—543 [309]; *S.*, II, S. 290—302 [313]. — ›Freud's influence on medicine‹, in: Sándor Lorand (Hrsg.), *Psychoanalysis Today*, Covici-Friede-Publishers, New York 1933, S. 3—17; International Universities Press, New York 1944, S. 1—11; *Fin.*, S. 143 bis 155 [311].

294 ›Sprachverwirrung zwischen den Erwachsenen und dem Kind. Die Sprache der Zärtlichkeit und der Leidenschaft‹ (1932), in: *I. Z.*, XIX, 1933, S. 5—15; *B.*, III, S. 511—525 [309]; *Psyche*, XXI, 1967, S. 256 bis 265; *S.*, II, S. 303—313 [313]. — ›Confusion of tongues between adults and the child‹, in: *I. J.*, XXX, 1949, S. 225—230; *Fin.*, S. 156—167 [311]. Zus. v. Fanny Hann-Kende in: *Q.*, XX, 1951, S. 641—642.

295 ›Lélekelemzési tanulmányok‹ [Psychoanalytische Arbeiten] mit einem Vorwort von S. Freud. Festschrift geplant zum 60. Geburtstag von S. Ferenczi. Béla Somló, Budapest 1933.

Aus dem Nachlaß

296 ›Gedanken über das Trauma. I. Zur Psychologie der Erschütterung, II. Zur Revision der Traumdeutung, III. Das Trauma in der Relaxationstechnik‹, in: *I. Z.*, XX, 1934, S. 5—12; in der Originalform als fragmentarische Aufzeichnungen in: *B.*, IV, S. 256—257, 261—262, 291 bis 292, 242—248, 239—242 [309]. Vgl. [308^{17}, 308^{18}, 308^{23}, 308^{26}, 308^{54}]. — Ungarisch in: *Gy*, 1934, Nr. 20.

297 *A Pszichoanalizis Rövid Ismertetése* [Kurze Zusammenfassung der Psychoanalyse], Pantheon Kiadás, Budapest 1936; enthält außerdem [244, 306, 307].

298 ›Weiteres über Homosexualität‹ (etwa 1909), in: *B.*, IV, S. 177—184 [309]. — ›More about homosexuality‹, in: *Fin.*, S. 168—174 [311].

299 ›Zur Deutung einfallender Melodien‹ (etwa 1909), in: *B.*, III, S. 23—25 [309]. — ›On the interpretation of tunes that come into one's head‹, in: *Fin.*, 175—176 [311].

300 ›Lachen‹ (etwa 1913), in: *B.*, IV, S. 185—191 [309]. — ›Laughter‹, in: *Fin.*, S. 177—182 [311].

301 ›Mathematik‹ (etwa 1920), in: *B.*, IV, S. 192—208 [309]. — ›Mathematics‹, in: *Fin.*, S. 183—196 [311].

302 ›Über den Anfall der Epileptiker. Beobachtungen und Überlegungen‹ (etwa 1921), in: *B.*, III, S. 170—179 [309]. — ›On epileptic fits. Observations and reflections‹, in: *Fin.*, S. 197—204 [311].

303 ›Beitrag zum Verständnis der Psychoneurosen des Rückbildungsalters‹ (etwa 1921—1922), in: *B.*, III, S. 180—188 [309]. — ›A contribution to the understanding of the psychoneuroses of the age of involution‹, in: *Fin.*, S. 205—211 [311].

304 ›Paranoia‹ (etwa 1922), in: *B.*, IV, S. 209—213 [309]. — ›Paranoia‹, in: *Fin.*, S. 212—215 [311].

305 s. 283 a

306 ›Über den Lehrgang des Psychoanalytikers‹ (Vortrag in Madrid, 1928), in: *B.*, III, S. 422—431 [309]. — Ungarisch in: [297].

307 ›Zur psychoanalytischen Therapie des Charakters‹ (Vortrag in Madrid, 1928), in: *B.*, III, S. 432—445 [309]. — Ungarisch in: [297].

308 Fragmente und Notizen aus den Jahren 1920 und 1930—1933 [308[1] bis 308[58]], in: *B.*, IV, S. 214—294 [309]; *Fin.*, S. 216—279 [311]:

308[1] ›Pollution, Onanie und Koitus‹ (1920), in: *B.*, IV, S. 214—215 [309]. — ›Nocturnal emission, masturbation, and coitus‹, in: *Fin.*, S. 216—217 [311].

308[2] ›Zuhälter und Femme entretenante‹ (1920), in: *B.*, IV, S. 215 [309]. — ›‚Zuhälter' and ‚Femme entretenante'‹, in: *Fin.*, S. 217 [311].

308[3] ›Angst und frei flottierende Libido‹ (1920), in: *B.*, IV, S. 216 [309]. — ›Anxiety and free floating libido‹, in: *Fin.*, S. 218 [311].

308[4] ›Zur Affekthysterie‹ (1920), in: *B.*, IV, S. 216—217 [309]. — ›On affect hysteria‹, in: *Fin.*, S. 218 [311].

308[5] ›Die Oralerotik in der Kindererziehung‹ (1930), in: *B.*, IV, S. 218—219 [309]. — ›Oral eroticism in education‹, in: *I. J.*, XXX, 1949, S. 231; *Fin.*, S. 219 [311].

308[6] ›Jeder Anpassung geht ein gehemmter Zersplitterungsversuch voraus‹ (1930), in: *B.*, IV, S. 219—220 [309]. — ›Each adaptation is preceded by an inhibiting attempt at splitting‹, in: *I. J.*, XXX, 1949, S. 231—232; *Fin.*, S. 220 [311].

308[7] ›Autoplastik und Alloplastik‹ (1930), in: *B.*, IV, S. 220 [309]. — ›Autoplastic and alloplastic adaptation‹, in: *I. J.*, XXX, 1949, S. 232;

Fin., S. 211 [311].

308⁸ ›Autosymbolismus und historische Darstellung‹ (1930), in: *B.*, IV, S. 221 [309]. — ›Autosymbolism and historical representation‹, in: *Fin.*, S. 221 [311].

308⁹ ›Zur analytischen Konstruktion seelischer Mechanismen‹ (1930), in: *B.*, IV, S. 222—223 [309]. — ›On the analytical construction of mental mechanisms‹, in: *Fin.*, S. 221—223 [311].

308¹⁰ ›Zum Thema Neokatharsis‹ (1930), in: *B.*, IV, S. 224—225 [309]. — ›On the theme of neo-catharsis‹, in: *Fin.*, S. 223—224 [311].

308¹¹ ›Gedanken über ‚Lust an Passivität'‹ (1930), in: *B.*, IV, S. 225—228 [309]. — ›Thoughts on ‚pleasure in passivity'‹, in: *I. J.*, XXX, 1949, S. 232—233; *Fin.*, S. 224—227 [311].

308¹² ›Grundlegende traumatische Wirkung des Mutterhasses oder der Lieblosigkeit‹ (1930), in: *B.*, IV, S. 228—229 [309]. — ›Fundamental traumatic effect of maternal hatred or of the lack of affection‹, in: *I. J.*, XXX, 1949, S. 233; *Fin.*, S. 227 [311].

308¹³ ›Phantasien über ein biologisches Vorbild der Über-Ich-Bildung‹ (1930), in: *B.*, IV, S. 229—232 [309]. — ›Fantasies on a biological model of super-ego formation‹, in: *Fin.*, S. 227—230 [311].

308¹⁴ ›Trauma und Heilbestreben‹ (1930), in: *B.*, IV, S. 232—233 [309]. — ›Trauma and striving for health‹, in: *Fin.*, S. 230—231 [311].

308¹⁵ ›Zusammenfassungs-Versuch‹ (1931), in: *B.*, IV, S. 234—237 [309]. — ›Attempt at a summary‹, in: *Fin.*, S. 232—233 [311].

308¹⁶ ›Über die Initiative des Patienten‹ (1931), in: *B.*, IV, S. 238—239 [309]. — ›On the patient's initiative‹, in: *Fin.*, S. 235 [311].

308¹⁷ ›Relaxation und Erziehung‹ (1931), in: *B.*, IV, S. 239—242 [309]; unter dem Titel ›Das Trauma in der Relaxationstechnik‹, in: [296, Teil III]. — ›Relaxation and education‹, in: *Indian Journal of Psychology*, IX, 1934, S. 29—33; *I. J.*, XXX, 1949, S. 233—234; *Fin.*, S. 236—238 [311].

308¹⁸ ›Zur Revision der Traumdeutung‹ (1931), in: [296, Teil II]; *B.*, IV, S. 242—248 [309]. — ›On the revision of the interpretation of dreams‹, in: *Indian Journal of Psychology*, IX, 1934, S. 34—38; *I. J.*, XXX, 1949, S. 235—237; *Fin.*, S. 238—243 [311].

308¹⁹ ›Aphoristisches zum Thema Totsein—Weibsein‹ (1931), in: *B.*, IV, S. 248 bis 249 [309]. — ›Aphoristic remarks on the theme of being dead—being a woman‹, in: *I. J.*, XXX, 1949, S. 237; *Fin.*, S. 243—244 [311].

308²⁰ ›Geburt des Intellekts‹ (1931), in: *B.*, IV, S. 250—252 [309]. — ›The birth of the intellect‹, in: *Fin.*, S. 244—246 [311].

308²¹ ›Fluktuation des Widerstandes‹ (1931), in: *B.*, IV, S. 252—254 [309]. — ›Fluctuation of resistance‹, in: *Fin.*, S. 246—248 [311].

308²² ›Über masochistischen Orgasmus‹ (1931), in: *B.*, IV, S. 254—255 [309]. — ›On masochistic orgasm‹, in: *Fin.*, S. 248—249 [311].

Anhang

308[23] ›Trauma und Angst‹ (1931), in: *B.*, IV, S. 256—257 [309]; z.T. erschienen in: [296, Teil I]. — ›Trauma and anxiety‹, in: *Fin.*, S. 249—250 [311].

308[24] ›Fakirismus‹ (1932), in: *B.*, IV, S. 258—259 [309]. — ›Fakirism‹, in: *Fin.*, S. 251 [311].

308[25] ›Die drei Hauptprinzipien‹ (1932), in: *B.*, IV, S. 259—261 [309]. — ›The three main principles‹, in: *I. J.*, XXX, 1949, S. 237—238; *Fin.*, S. 252—253 [311].

308[26] ›Über Erschütterung‹ (1932), in: [296, Teil I]; *B.*, IV, S. 261—262 [309]. — ›On shock‹, in: *Fin.*, S. 253—254 [311].

308[27] ›Suggestion — Aktion ohne Wollen‹ (1932), in: *B.*, IV, S. 263—264 [309]. — ›Suggestion — action without one's own will‹, in: *I. J.*, XXX, 1949, S. 238—239; *Fin.*, S. 254—255 [311].

308[28] ›Verdrängung‹ (1932), in: *B.*, IV, S. 264—265 [309]. — ›Repression‹, in: *Fin.*, S. 255—256 [311].

308[29] ›Organisationsschema‹ (1932), in: *B.*, IV, S. 265—266 [309]. — ›Scheme of organizations‹, in: *Fin.*, S. 256—257 [311].

308[30] ›Accumulatio libidinis‹ (1932), in: *B.*, IV, S. 266 [309]. — Englisch in: *Fin.*, S. 257 [311].

308[31] ›Quantum-Theorie und Individualismus‹ (1932), in: *B.*, IV, S. 267 [309]. — ›Quantum theory and individualism‹, in: *Fin.*, S. 257—258 [311].

308[32] ›Technik des Schweigens‹ (1932), in: *B.*, IV, S. 267—268 [309]. — ›The technique of silence‹, in: *Fin.*, S. 258 [311].

308[33] ›Nochmals über Schweige-Technik‹ (1932), in: *B.*, IV, S. 268—269 [309]. — ›Once again on the technique of silence‹, in: *Fin.*, S. 258—260 [311].

308[34] ›Das therapeutische Argument‹ (1932), in: *B.*, IV, S. 270 [309]. — ›The therapeutic argument‹, in: *I. J.*, XXX, 1949, S. 239; *Fin.*, S. 260 [311].

308[35] ›Psychischer Infantilismus = Hysterie‹ (1932), in: *B.*, IV, S. 271—272 [309]. — ›Psychic infantilism = hysteria‹, in: *Fin.*, S. 260—261 [311].

308[36] ›Einstellung des Analytikers zum Patienten‹ (1932), in: *B.*, IV, S. 272 bis 273 [309]. — ›The analyst's attitude to his patient‹, in: *Fin.*, S. 261 bis 262 [311].

308[37] ›Die Vulnerabilität der traumatisch-progressiven Fähigkeiten‹ (1932), in: *B.*, IV, S. 273—274 [309]. — ›The vulnerability of traumatically acquired progressive faculties (also of infant prodigies)‹, in: *I. J.*, XXX, 1949, S. 239—240; *Fin.*, S. 262—263 [311].

308[38] ›Die zwei Extreme: Glaubensseligkeit und Skeptizismus‹ (1932), in: *B.*, IV, S. 275—276 [309]. — ›The two extremes: credulity and scepticism‹, in: *I. J.*, XXX, 1949, S. 240; *Fin.*, S. 263—264 [311].

308[39] ›Infantilismus infolge Angst vor realen Aufgaben‹ (1932), in: *B.*, IV, S. 276—277 [309]. — ›Infantility resulting from anxiety concerning real tasks‹, in: *I. J.*, XXX, 1949, S. 240—241; *Fin.*, S. 264—265 [311].

308⁴⁰ ›Die Sprache des Ubw‹ (1932), in: *B.*, IV, S. 277—279 [309]. — ›The language of the unconscious‹, in: *Fin.*, S. 265—267 [311].

308⁴¹ ›Verdrängen der Idee des ‚Grotesken'‹ (1932), in: *B.*, IV, S. 279—280 [309]. — ›Suppression of the idea of the ‚grotesque'‹, in: *Fin.*, S. 267 bis 268 [311].

308⁴² ›Repetition in analysis worse than original trauma‹ (1932) (Original in engl. Sprache), in: *B.*, IV, S. 280—281 [309]; *Fin.*, S. 268 [311].

308⁴³ ›Vergangenheitszug (Mutterleibs-, Todestrieb) und Gegenwartsflucht‹ (1932), in: *B.*, IV, S. 281—282 [309]. — ›Pull of the past (mother's womb, death instinct) and flight from the present‹, in: *Fin.*, S. 268—269 [311].

308⁴⁴ ›Suggestion in (nach) der Analyse‹ (1932), in: *B.*, IV, S. 282—283 [309]. — ›Suggestion in (after) analysis‹, in: *I. J.*, XXX, 1949, S. 241; *Fin.*, S. 269—270 [311].

308⁴⁵ ›Integration and Splitting‹ (1932), in: *B.*, IV, S. 283—284 [309]. — Englisch in: *I. J.*, XXX, 1949, S. 241—242; *Fin.*, S. 270—271 [311].

308⁴⁶ ›Indiscretion of the Analyst in Analysis — helpful‹ (1932), in: *B.*, IV, S. 284 [309]. — Englisch in: *Fin.*, S. 271 [311].

308⁴⁷ ›Exaggerated sex impulse und seine Folgen‹ (1932), in: *B.*, IV, S. 285 bis 286 [309]. — ›Exaggerated sex impulse and its consequences‹, in: *Fin.*, S. 271—272 [311].

308⁴⁸ ›Theoretical doubt in place of personal one‹ (1932), in: *B.*, IV, S. 286 bis 287 [309]. — Englisch in: *Fin.*, S. 272—273 [311].

308⁴⁹ ›Chiromantie‹ (1932), in: *B.*, IV, S. 288 [309]. — ›Chiromancy‹, in: *Fin.*, S. 274 [311].

308⁵⁰ ›Ubw Lamaismus und Yoghi‹ (1932), in: *B.*, IV, S. 288—289 [309]. — ›On Lamaism and Yoga‹, in: *Fin.*, S. 274 [311].

308⁵¹ ›Abstraktion und Detail-Gedächtnis‹ (1932), in: *B.*, IV, S. 289 [309]. — ›Abstraction and memory for details‹, in: *Fin.*, S. 275 [311].

308⁵² ›Abstraktion und Detail-Wahrnehmung‹ (1932), in: *B.*, IV, S. 290 [309]. — ›Abstraction and perception of details‹, in: *Fin.*, S. 275 [311].

308⁵³ ›Yoghi-Disziplin‹ (1932), in: *B.*, IV, S. 290—291 [309]. — ›Yoga-discipline‹, in: *Fin.*, S. 276 [311].

308⁵⁴ ›Das Psychotrauma‹ (1932), in: [296, Teil I]; *B.*, IV, S. 291—292 [309]. — ›Psychotrauma‹, in: *Fin.*, S. 276—277 [311].

308⁵⁵ ›Cure finishing‹, in: *B.*, IV, S. 292—293 [309] (in dt. Sprache). — Englisch in: *Fin.*, S. 277—278 [311].

308⁵⁶ ›Schlangen — hiss‹, in: *B.*, IV, S. 293 [309]. — ›Snake — hiss‹, in: *Fin.*, S. 278 [311].

308⁵⁷ ›Trauma-Analyse und Sympathie‹, in: *B.*, IV, S. 293—294 [309]. — ›Trauma-analysis and sympathy‹, in: *Fin.*, S. 278 [311].

308⁵⁸ ›Amnesie‹, in: *B.*, IV, S. 294 [309]. — ›Amnesia‹, in: *Fin.*, S. 278—279 [311].

309 *Bausteine zur Psychoanalyse.* Bd. III. *Arbeiten aus den Jahren 1908 bis 1933.* Int. Psa. Vlg., Leipzig-Wien 1938. 543 Seiten. Unveränderter Nachdruck: Huber, Bern 1964. Enthält: [63, 81a, 87, 88, 89, 90, 95, 96, 100, 105, 106, 107, 123, 140, 144, 163, 166, 167, 169, 170, 173, 189, 195, 210, 218, 220, 221, 222, 223, 235, 239, 243, 249, 250, 251, 252, 253, 254, 255, 256, 257, 258, 264, 269, 272, 274, 278, 280, 281, 282, 283, 283a, 286, 287, 291, 292, 293, 294, 299, 302, 303, 306, 307].
Bausteine zur Psychoanalyse. Bd. IV. *Gedenkartikel, Kritiken und Referate, Fragmente, Bibliographie, Sachregister.* Int. Psa. Vlg., Leipzig-Wien 1938. 411 Seiten. Unveränderter Nachdruck: Huber, Bern 1964. Enthält: [91, 126, 127, 132, 133, 150, 151, 152, 154, 155, 156, 158, 175, 180, 181, 182, 183, 184, 185, 192, 201, 202, 203, 204, 205, 206, 207, 227, 228, 231, 237, 238, 244, 247, 248, 270, 296, 298, 300, 301, 304, 308$^{1-58}$].

310 ›Ten letters to Freud‹, in: *I. J.*, XXX, 1949, S. 243—250. Zus. v. Fanny Hann-Kende in: Q., XX, 1951, S. 646.

311 *Final Contributions to the Problems and Methods of Psycho-Analysis.* Herausgegeben von Michael Balint; mit einer Einleitung von Clara Thompson. The Hogarth Press, London 1955, und Basic Books, New York 1955. 447 Seiten. Enthält: [57, 63, 77, 79, 81a, 83, 84, 86, 87, 88, 89, 90, 91, 93, 96, 104, 106, 206, 235, 238, 239, 244, 272, 273, 274, 278, 280, 281, 282, 283, 287, 291, 292, 293, 294, 298, 299, 300, 301, 302, 303, 304, 308$^{1-58}$].

312 *Oeuvres Complètes.* Bd. *I (1908—1912). Psychanalyse I.* Mit einem Vorwort von Michael Balint. Payot, Paris 1968. 265 Seiten. Enthält: [57, 60, 61, 63, 65, 66, 67, 75, 76, 77, 78, 79, 80, 81, 81a, 83, 84, 85, 86, 87, 88, 89, 90, 91, 92, 93, 94, 95, 96, 100].
Oeuvres Complètes. Bd. *II (1913—1919). Psychanalyse II.* Mit einem Vorwort von Michael Balint. Payot, Paris 1970. 357 Seiten. Enthält: [103, 104, 105, 106, 107, 108, 109, 111, 112, 113, 114, 115, 116, 117, 118, 119, 120, 121, 122, 123, 124, 125, 135, 136, 137, 138, 139, 140, 141, 142, 143, 144, 145, 146, 147, 148, 148a, 151, 159, 160, 161, 162, 163, 164, 165, 166, 167, 168, 169, 170, 171, 172, 173, 174, 175, 176, 177, 185, 187, 188, 189, 190, 191, 192, 193, 194, 195, 196, 197, 198, 199, 201, 206, 207, 208, 209, 211, 212, 213, 214, 216, 217].
Oeuvres Complètes. Bd. *III* und *IV.* In Vorbereitung.

313 *Schriften zur Psychoanalyse.* Auswahl in zwei Bänden. Herausgegeben und eingeleitet von Michael Balint. Reihe ‚Conditio humana'. S. Fischer, Frankfurt/Main 1970/72 (Bd. I: 1970; Bd. II: 1972).
Bd. *I. (1908—1920).* XXII + 336 Seiten. Enthält: [63, 67, 75, 79, 80, 81, 83, 84, 85, 91, 93, 100, 104, 109, 111, 114, 125, 135, 136, 146, 161, 164, 171, 174, 187, 190, 191, 193, 194, 195, 197, 198, 206, 211, 212, 213, 215, 216, 217, 219, 224, 226].

Bibliographie — Aus dem Nachlaß

Bd. II (1919—1933). XXII + 494 Seiten. Enthält: [210, 220, 221, 222, 232, 233, 234, 235, 238, 239, 242, 243, 244, 245, 250, 251, 252, 253, 254, 255, 256, 257, 258, 260, 265, 268, 269, 271, 273, 275, 281, 282, 283, 287, 291, 292, 293, 294].

Namen- und Sachregister

Zusammengestellt von Godula Faupel und Günther Scheuerer

Abfuhr(-) (*s. a.* Affekt)
 u. Aktivität 173
 i. Koitus 352
 Libido- 5
 methode b. Psychosen 188
 i. d. Motilität 6, 54, 61, 331
 motorische 17, 56 f.
 Neigung zu – b. Tic-Kranken 49
 u. Versagung 173
Abmagerung 104
Abraham, Karl xv, 67, 92, 100, 219, 321 f.
Abreagieren
 d. Affekte 22, 303
 u. Aktivität 147 f.
 d. Katastrophen 362
Abstammung d. Menschen v. Fisch 358 f.
Abstinenz(-) (*s. a.* Askese; Psychoanalytische Technik, aktive) 4, 7, 173
 maßnahmen 159, 163 f.
 regel/-prinzip xi, xiv, xx f., 163
 sexuelle – während d. Kur 158 bis 163, 165
Abwehr
 bei Hysterie 20
 Identifizierung statt – 309
 gegen Libidostauungen 43
 bei Tic 54
Adler, Alfred 88 f.
Adoption d. Patienten 272
Affekt(-)
 abfuhr 140
 Abreagieren d. 22, 303

Affekt(-) (Forts.)
 reaktion u. Reminiszenz 91
 Reihenfolge d. – beim Geschlechtsakt 347
 Überbau d. 303
 übertragung 259
 Unterdrücken v. 140
Aggression(en)/Aggressions- (*s. a.* Destruktion; Haß; Sadismus; Wendung gegen die eigene Person; Wut)
 b. Abstinenzmaßnahmen 164
 u. Anpassung 209
 gegen d. eigene Person 209, 284
 u. Koitus 348
 masochistische 209
 phantasien 142, 164 f.
 sexuelle – gegenüber Kindern 308
Aggressivität
 u. Geschlechtsakt 348
 d. Mannes 339
 sexuelle 130
Agonie (*s. a.* Aussterben; Sterben; Tod) 285, 399
Agoraphobie 186
Ahnenfraß (*s. a.* Kannibalismus; Oralerotik) 391 f.
Aichhorn, August 276
Aktion(s-) (*s. a.* Psychoanalyse; Psychoanalytische Technik, aktive)
 u. Hemmung 119
 i. Kinderspiel 279
 material u. Erinnerung 279
Aktivität *s.* Psychoanalytische Technik, aktive

Namen- und Sachregister

Aktualneurose 102, 340
  u. erotische Realität 340
  narzißtische 102
Aktualpsychose 103, 106
Alexander, Franz 118–121, 189, 251
Algolagnie (*s. a.* Masochismus; Sadismus) 166
Alkoholismus 27 f., 49, 65, 253
Allmacht(s-) (*s. a.* Magie) 93, 106, 110, 205, 225
  Aufgeben d. 206
  gefühle 200
  d. Kindes 200
  u. magische Gebärden 91, 205 f.
  phantasien 106, 108
  u. Welterkenntnis 206
Alloplastik (*s. a.* Anpassung; Realität) 18, 59, 309, 338, 397
Alptraum (*s. a.* Angsttraum) 27, 304
Altruismus 395
Ambivalenz 205, 287
  u. Heilung 192
  i. d. Liebe d. Erwachsenen 313
  u. Objektivität 205
  u. Schuldgefühl 313
  als Schutzvorrichtung 205
Amnesie/Kindheitsamnesie 213, 221, 269
  neurotische 269
  u. Trauma 285
Amphibien
  Begattungsfunktion d. 373
  Begattungsvorgang, Genese d. 364, 368, 370 f.
Amphimixis(-) XVIII, 67, 321 f., 330, 350
  b. d. Entstehung d. Keimzellen 377
  d. Erotismen
    i. Ejakulationsakt 151, 321, 325, 388
    i. Genitalprozeß 338
  prägenitale 327
  u. Schlaf 386
  theorie d. Genitalität 151
    metapsychologische Einwände gegen d. 325 f.
  u. Triebverlegung (*s. a.* Verlegung; Verschiebung) 326, 330 f.

Amphimixis(-) (Forts.)
  urethro-anale 326 ff.
  u. Charakterbildung 327
Anal (e, er)
  Hohlpenis 135
  Identifizierung 154
  Symptome u. Honorarzahlen 15
  Technik d. männl. Impotenz 322
Anal-
  charakter 153 f.
  erotik (*s. a.* Entleerung; Exkremente; Kot; Stuhl) 37, 67, 152, 154, 166, 338
    u. Abführmittel 150
    u. Charakteranalysen 150
    u. Darm 14 f.
    u. Oralerotik 328
    u. Tic 92
    u. Trotz 328
    verdrängte 150
    weibliche 339
  not 369
  orgasmus 157
Analgesie 28
Analität u. Urethralität 150 f., 325 f.
Analyse s. Psychoanalyse
Anästhesie (*s. a.* Hyperästhesie) 11 f., 238
  Halbseiten- 26–30
  hysterische 12, 19, 26–29, 31
  d. Rachens 13
  sexuelle (*s. a.* Frigidität) 81
Anatomie, pathologische 114
Angewöhnung
  u. Abgewöhnung, Topik d. 171
  u. Introjektion 172
Angreifer (*s. a.* Aggression; Verführung)
  Identifizierung mit d. 308 f.
  Introjektion d. 308 f.
Angst(-) 33, 115
  b. Abstinenzmaßnahmen 163 ff.
  u. Befriedigungslust 165
  Bewegungs- 57
  Brücken- 71 ff.
  u. Entleerungsgewohnheiten 148, 152
  erscheinungen, hysterische 217

Angst(-) (Forts.)
Gebär- 155, 165, 187
Geburts- 155, 165, 352, 361
hysterie (s. a. Hysterie) 9, 26, 29, 71, 76, 163, 235
Ich-, hypochondrische 162
infantile 26
Kastrations- 71, 132, 155 ff., 160, 165, 187, 191 f.
Überwindung d. 154, 234
u. Koitus 165 f., 355
Kontraktion d. Analöffnung bei 155
u. Libido 348
neurose 162 f., 340
u. Koitus 348
reflex b. Mäusen 215
Sorgfalt aus – 374
u. Tic 56
Todes- 33, 71
u. Kastration 117
traum als Heilungsversuch 303 f.
u. Unlust 347
Animismus 318, 398 f.
Anna O. (Krankengeschichte d.) 68
Anoia 115
Anpassung(s-) (*s. a.* Alloplastik; Autoplastik; Realität) xvii f., 17
alloplastische 18, 59, 397
autoplastische xiii, 18, 59, 397
Bedeutung d. – i. d. Evolution 375
u. Erziehung 213, 217, 223
fähigkeit
d. Ich 222
mangelhafte 254
d. Familie an d. Kind 212, 215, 219
kampf 154, 352
leistung 171, 207 ff., 394
Energieverschiebung bei 397
bei d. Geburt 348, 352, 354
physiologische Erklärung 213
psychologische Erklärung 214
an d. Realität 172, 207 f., 240, 255, 264
u. Regression 397
u. Relaxationsprinzip 271
schwierigkeiten 222
statistische Erklärung 213

Antipathie gegenüber d. Patienten 245
Antisemitismus, Erklärung d. 192
Aphasie 62
Appetit 353
Appetitlosigkeit/Eßunlust 14, 104, 150, 252
Aprosexie 49
Arterhaltung (*s. a.* Selektionsprinzip) 362
u. Befriedigung 355, 370
Arzt (*s. a.* Psychoanalytiker) psychisches Verhältnis z. 196
Askese (*s. a.* Abstinenz) 164
sexuelle 160
Assoziation(en, s-) (*s. a.* Assoziation, freie) xi ff.
analyse 267
experiment 142, 259
Fluß d. xii ff.
freiheit
Mißbrauch d. 82, 138
Steigerung d. 276, 285
Störung d. 276 f.
gebot 139
Stagnation d. xi f.
technik 260
passive 173
verbot 138
Assoziation, freie 229, 276
Analyse d. 237
Methode d. 292
Mißbrauch d. 138
u. Relaxationsprinzip 264
Ästhetik 105
psychologisch begründete 197
Asthma
bronchiale 252
nervöses 260
Ätiologie (*s. a.* Erblichkeit; Konstitution; Körperliches Entgegenkommen) 218
Atmung(s-)
u. Herztätigkeit i. Orgasmus 348
b. Koitus 348, 366, 383
organe, Entwicklung d. 358, 365 f.
Physiologie d. 155
u. Schlaf 366, 383
Störung d., nervöse 252

Namen- und Sachregister

Aufmerksamkeit (s. a. Konzentration) 119, 380
u. Hemmung 119
Augenstellung im Schlaf 383 f.
Ausdrucksbewegung(en) (s. a. Gebärden; Grimasse; Motilität) 17, 140, 235, 276, 280, 287
u. hysterische Symptome 287
als Materialisation 17
als Regression 397
Außenreize, Introjektion d. 172
Außenwelt s. Realität
Aussterben (s. a. Sterben; Tod) 375
Autoerotik/Autoerotismus/Autoerotismen 22, 67, 81, 324 f., 330
Amphimixis d. 67
Entwicklung v. – zum Narzißmus 331
Genitalisierung d. 67
mit Genitalqualitäten 68
infantile 219
u. Perversion 68
u. Schlaf 382
Überwindung d. 162
Autohypnose 267, 281
Automatismus, Befehls- 13, 59
Autoplastik (s. a. Anpassung) 18, 59, 309, 338, 397
Autorität(s-)
d. Erwachsenen gegenüber d. Kind 308
u. Erziehung 225
glaube d. Kindes 221
infantiler Kampf gegen d. 266
u. Vertrauen 278
Autosymbolik 52, 72, 282
Autotomie(-) (s. a. Selbstverstümmelung) 56, 208, 342 f.
archaisches Vorbild d. 378
Gesetze d. 373
u. Kratzreflex 56
u. Masochismus 56
tendenz b. Menschen 343, 350
Ursachen d. 395
u. Todestrieb 395
u. Verdrängung 343, 389
vorgang b. Geschlechtsakt 344

Babinski, J. F. F. 32, 383
Balint, Michael ix f., xii, xiv, xix
Balzac, Honoré de 96
Bayle 102
Beendigung d. Psychoanalyse s. Psychoanalyse (als Methode), Beendigung d.; Termingebung
Befehl s. Automatismus; Hypnose; Psychoanalytische Technik, aktive; Suggestion
Befriedigung(s-) / Triebbefriedigung (s. a. Autoerotik; Lust; Onanie; Orgasmus) xii f., xxi, 118, 120
u. Anpassungskampf 352
arten b. Perversion 340
u. Arterhaltung 355, 370
Aufschieben d. 154, 271, 350
u. Ausgleich d. Spannung 162, 334
autoerotische 4
elemente, hedonistische 327
Ersatz- d. Frau 340
Gleichsetzung mit Sterben 373
an harmlosen Körperstellen 5
infantile 7, 158, 219, 313
u. Erziehung 158
kastrationsfreie 166
lust 355
u. Angst 165
objekt u. Anpassung 397
pathogene -arten 162
u. Sexualspannung während d. Kur 158 f.
sexuelle xiv, 6, 19
ziele, passive 344
Befruchtung(s-)
u. Begattung 370
prozeß 370 f.
b. Amöben 371 f.
Entstehung d. 372
u. Geschlechtsakt 374
als Wiederholung d. Urkatastrophe 372
versuche (*Loeb*) 395
Begattung(s-) (s. a. Befruchtung; Geschlechtsakt)
funktion 349
d. Amphibien 373

Begattung(s-) (Forts.)
    Erklärung d. 317
    organe, Genese d. 361, 363 f.
        b. Amphibien u. Reptilien 364, 368, 370 f.
        b. höheren Wirbeltieren 368
Behaviourismus 214
Beischlaflosigkeit als Ursache von Schlaflosigkeit 384
Bergson, Henri 121
Bernhardt, [M.] 66
Bernheim, Hippolyte 123, 133
Beschäftigungskrämpfe u. Tic 65
Beschneidung s. Kastration
Besetzung(s-) (s. a. Libido-; Objekt-)
    änderung nach d. Genitalbefriedigung 350 f.
    Gegen- 103, 106, 114
    libidinöse XII
    vorbewußte 9
Bettnässen s. Enuresis
Bewegung(s-) (s. a. Motilität)
    angst 57
    drang b. Paralyse 114
    lähmung s. Paralyse
    lust 67, 69
    stereotypie(n) (s. a. Tic) 39 ff., 43, 47, 50, 59 f., 65, 69
        Differentialdiagnose d. 69
    störungen 46, 61
    unterdrückung 61
Bewußte (Das) 119, 207
    Abtrennung d. – vom Unbewußten 293
Bewußtsein
    Einschränkung d. – i. Orgasmus 348
    u. Motilität 118
    als Sinnesorgan 118
    System Bw 118, 120
Bioanalyse 157, 208, 388 f., 398
Bioanalytisch(e)
    Auffassung d. Evolution 396
    Mechanismen u. Neurose 393
    Untersuchung organischer Erkrankungen 392
Biogenetisches Grundgesetz 207, 259
    coenogenetische Ergänzung d. 358 f.

Biologie
    Bedeutung d. Koitus f. d. 23
    d. Genitalerotik 334
    Lust- 389
    prägenitale 372
    u. Sexualtheorie 122
    Tiefen- 390
Bisexualität (s. a. Geschlecht) 346
    infantile 337
Bjerre, Paul 88 f., 346, 385
Blase u. Darm, Vertauschung v. 151, 328
Bleuler, Eugen 114, 171
Bölsche, Wilhelm 317, 358 f., 372, 398
Brechreiz (s. a. Erbrechen)
    b. Schwangerschaft 14, 16, 21
Breuer, Josef 30, 45, 49, 51, 68, 75, 258, 267, 290 ff.
Brissaud 47, 61
Brücken-
    angst 71 ff.
    bildung i. Koitus 332, 347
    symbolik 70 ff., 116 f.
    träume 70 f.
Brun, Rudolph 394
Brutschutzeinrichtungen 373 f.
Buffon, [George Louis] 384, 387

Cerebrale (s. a. Gehirn)
    Pathoneurose 100
Charakter(-)
    analysen 86, 150, 177, 231, 250
    u. Anpassung 217
    bildung 230, 288
        u. Amphimixis 327
        u. Beschneidung 192
        Exogeneität d. 303
        u. Infantiltrauma 288
        Motive d. 234
    eigenschaften 172 f., 177
    entwicklung, Analyse d. 261
    entwicklung d. Patienten 176
    regression 322
    Verlust d. 231
    züge
        anale 67, 153 f.
        narzißtische 48
        Oral- 157

Charakter(-) (Forts.)
züge (Forts.)
prägenitale XVII
Revision d. 153
d. Tic-Kranken 49
urethrale 67
Charcot, Jean Martin 47 ff., 217 f.
Chirurgie 238
Chorea 57
Claparède, Edouard 386
Coenogenese 358 f.
Coenogenetischer Parallelismus 359, 363, 365, 371, 377 f.
Cohnheim 392

Daly, C. D. 270
Darm u. Blase, Vertauschg. v. 151, 328
Darwin, Charles (s. a. Arterhaltung; Selektionsprinzip) 213, 317, 331, 344 f., 362, 377, 397 f.
Demenz 43, 112 f.
bei d. Paralyse 102, 111
terminale 102
u. Tic 43, 60
Denk-
gewohnheiten, Kampf gegen 170
lähmung, traumatische 285
vorgänge, Psychologie d. 201
Denken
u. Riechen 154, 203
Riechen als biologisches Vorbild d. 380
Depression (s. a. Melancholie) XV
melancholische 108
u. Paralyse 102 f.
bei Stuhlabsetzen 328
Destruktion(s-) (s. a. Aggression)
produkte u. Erinnerungsspuren 209 f.
trieb 207, 209
u. Eros 209 f.
Deutsch, Felix 298, 393
Deutungsfanatismus 245
Disposition (s. a. Erblichkeit; Konstitution; Körperliches Entgegenkommen) 11, 303
u. Entwicklungsstufen d. Wirklichkeitssinnes 11 f.

Döderlein, Albert 397
Doflein, F. 317, 363
Don Juan-Legende 116 f.
Dora (Krankengeschichte d.) 68
Dualismus 206, 294
Dubois, Paul 55, 76
Durcharbeiten (s. a. Psychoanalyse als Methode) 176, 184, 186, 232, 246 f.
Dysarthrie (s. a. Redestörung) 104, 190
u. ataktische Samenentleerung 324
Dyspraxie 53

Echokinesie 61
Echolalie 43, 53, 60 f.
Echopraxie 43, 58, 60
Egoismus 333, 395
Eigenschaften, Vererbung d. (s. a. Erblichkeit) 172 f., 217 f.
Eitingon, Max 193
Ejaculatio praecox 163, 321 ff.
bei Neurasthenie 340
Ejaculatio retardata 71, 163, 323
Ejakulation(s-) (s. a. Geschlechtsakt; Onanie; Pollution; Potenz)
akt 321, 325
Amphimixis d. Erotismen b. 151, 321 f.
Störung d. 163, 324
u. Urethralausscheidung 364
vorgang
anale u. urethrale Komponente d. 323, 343
Analyse d. 388
u. Autotomietendenz 350
Elektrotherapie 291
Ellis, Havelock 291
Eltern-Kind-Beziehung 219, 282
Embryologie 318, 324, 357 f., 370
Embryonal-
entwicklung
Beginn d. 370
Wiederholung d. Artgeschichte i. d. 358, 387
zustand u. Schlaf, Analogie zw. 383

Anhang

Embryonale Regression
i. Schlaf 383, 386 f.
b. pathologischen Vorgängen 392
Engramme 375
Entleerung(s-) (s. a. Exkremente)
gewohnheiten 149
trieb 154
vorgänge, Lust u. Unlust bei 152, 155, 325
Entmischung d. Triebe 204, 209, 211, 251 f., 395, 399
Entwicklung(s-) (s. a. Sexualentwicklung; Sexualität, Entwicklungsstufen d.)
u. Anpassung 375, 397
u. Energieverschiebung 397
d. erotischen Wirklichkeitssinnes 335
nach Erschütterung 395
katastrophe (s. a. Katastrophe) 371
bei d. Amphibien 363
Spuren d. – im Keimplasma 375
d. Motilität 397
perioden u. Verdrängung 394
phasen
kannibalistische 124
d. Kindes 215
sadistisch-anale 112, 124
Entwöhnung u. Trauma 216
Enuresis (s. a. Harndrang) 66, 149, 328
nocturna 384
Epaminondas 224
Epilepsie 251 f.
Epilektiker, Diensttauglichkeit d. 252
Erblichkeit (s. a. Disposition; Konstitution; Körperliches Entgegenkommen) 172, 217 f., 375, 377
Erbrechen (s. a. Brechreiz) 21, 392
als Regressionszustand 392
b. Schwangerschaft 14
Erdsymbolik 359
Erektion(s-)
u. Autotomietendenz 343 f.
Beeinflussung d. 151, 156
Erklärung d. 342
d. Körpers anstelle d. Penis 156

Erektion(s-) (Forts.)
Loslösungstendenz d. Genitale i. d. 343
u. Medusenhaupt 134
schwierigkeiten 167
Wassersteife 151 f.
Erinnerung(en)/Erinnerungs-
u. Affektreaktion 91
u. Aktionsmaterial 279
infantile 80 f., 87
material 139
traumatisches 268
Wort- 142
u. Relaxation 271 f.
Schmerz- 54
spuren 209 f.
symbole, körperliche 267
systeme 51 f., 54, 56, 68, 72
u. Triebbildung 172
unbewußte – u. Spiel 278
u. Wiederholung 272
Erkältungskrankheiten, Neigung zu 251, 253
Erklärungskuren (*Dubois*) 76
Erkrankungen (s. a. Organ-)
d. Gehirns s. Gehirn
organische
bioanalytische Untersuchung d. 392
u. neurotische, Grenze zw. 393
Erkrankungstypen, neurotische 254
Ernährung
Artgeschichte d. 392
d. Säuglings 391
Erogene Zonen 22, 110
Verletzung d. 54, 100
Eros s. Lebenstrieb
Erotik (s. a. Anal-; Auto-; Genital-; Oral-; Organ-; Urethral-)
infantile 98
Wiederkehr d. – beim Begattungsakt 330
Klitoris- 191
kloakale Höhlen- 369
Leidenschaft i. d. 312
Parental- 338 f.
phallische 369
Psychologie d. 353

Erotik (Forts.)
u. Schuldgefühle 309, 313
Vorhaut- 191
Erotismen (*s. a.* Amphimixis d. –)
Amphimixis d. 321, 325, 328
Summation d. 333 f., 338
bei Perversion 328
Verlegung d. 329 f.
Erröten u. Genitalerregung 329
Erschütterung 101, 311
Erziehung(s-) (*s. a.* Ich-; Koedukation) 107, 169
u. Anpassung 213, 217, 223
arbeit i. d. Analyse 158
u. Autorität 225
Ideale, antisexuelle 146
Idealergebnis einer psychoanalytischen – 177
u. infantile Amnesie d. Erwachsenen 213, 221
u. infantile Sexualbefriedigung 158
Kinder- 13, 153, 281 f., 286
Kultur- 108
u. Lustverzicht 327
methoden 176, 197
v. Organfunktionen 13
u. Phantasie 145
prägenitale 152
u. psychische Impotenz 145
u. Psychoanalyse 158, 212 f., 220, 225
z. Reinlichkeit 216 f., 337
Sexual- 86, 148 f., 160 f., 220
Es (Das) (*s. a.* Triebe) 222
Entwicklungsgeschichte d. 273
Essen u. Größenwahn 328
Eßlust (*s. a.* Freßsucht) 151
Eßunlust / Appetitlosigkeit 14, 104, 150, 252
Euphorie, reaktive 103 ff., 110
Evolution (*s. a.* Katastrophe)
Anpassung als Faktor d. 375
bioanalytische Auffassung d. 396
ontogenetische XVIII
phylogenetische XVIII
Störungen/Katastrophen als Faktor d. 375, 394
Tabelle 378

Evolution (Forts.)
Wirksamkeit d. Lustprinzips bei d. 394
Exhibition(s-) 37, 110
lust 80
Exkremente/Exkrete (*s. a.* Entleerung; Harn; Kot; Stuhl)
als Bestandteile d. eigenen Selbst 218, 370
Interesse f. – bei Kindern 218
Kinderrolle d. 153
Exkretionsvorschriften (*s. a.* Psychoanalytische Technik, aktive) 149
Exogeneität 303
Experimentalpsychologie 9

Familie, Anpassung d. – an d. Kind 212, 215, 219
Familienroman d. Erniedrigung 129
Federn, Paul 44, 369
Fehlbarkeit d. Psychoanalytikers 180, 233, 243 f.
Fehlhandlungen/-leistungen 294
analyse d. 237
Feindel, E. XV, 45–50, 52 f., 55–58, 60, 62 f., 65 f.
Fellationswunsch 16
Ferenczi, Sándor IX–XXII, 100, 176, 179, 274
Fisch(-)
Abstammung d. Menschen v. 358 f.
symbol 357 ff., 361
Fixierung 11, 37, 112, 202
durch forcierte Liebe 310
d. Libido an Organe 42
narzißtische 43
durch Strafmaßnahmen 310
durch verdrängten Haß 271
Fleischfresser 392
Flexibilitas cerea 58 f., 105
Fliess, Wilhelm 21
Folklore 70
Forsyth, David 152, 155, 225
Fortpflanzungstrieb 120
Freßsucht (*s. a.* Eßlust) 109
Freud, Anna 220, 255, 270, 275
Freud, Sigmund IX ff., XIV, XVI ff.,

Freud, Sigmund (Forts.)
 XXI, 3, 8–11, 14–22, 24, 26–30, 39 f., 42, 45, 51–54, 60 f., 68 f., 72–77, 81, 83 f., 86 f., 91, 93 f., 99 f., 102–111, 113 ff., 117–120, 122–127, 136, 139, 144 f., 148, 152 f., 156, 158, 160, 162, 164, 166, 170–174, 178–181, 184, 187 f., 191–204, 206, 209, 211, 214 f., 217 f., 222, 224, 228 f., 231 f., 235, 237 f., 247 f., 251, 254, 256–264, 267, 274 f., 279, 284, 290–303, 310, 317 ff., 324, 327, 329, 335, 337, 339 f., 344, 347 f., 351 f., 354, 357, 363 f., 371 ff., 375, 377 f., 380, 382, 386, 388, 390, 392, 394–399
Frigidität 81, 149, 190, 253
Friktionsakt, Erklärung d. 323 f., 342
Fruchtbarkeitszauber 361
Frühreife 311

Ganser 82
Gansersches Symptom 82, 170
Gargantua 98
Gebärden(-) (*s. a.* Ausdrucksbewegungen) 206
 magische – u. Allmacht 91, 205 f.
 sprache, hysterische 12
Gebot (*s. a.* Psychoanalytische Technik, aktive; Verbot) 80 f., 91, 139, 144, 153, 164, 173, 183, 185, 246
Geburt(s-)
 angst 155, 165, 352, 361
 Gefahrsituation bei d. 354
 Überstehen d. 361
 phantasien 181, 187
 symbolik 117, 343, 355, 360, 400
 szene 71 f.
 trauma 73, 165, 181, 187, 215, 348, 381
 u. Koitus 352
 Überwindung d. 349
 Urprozeß d. 378
 vorgang 215
 ängstliche Emotionen b. 347

Geburt(s-) (Forts.)
 vorgang (Forts.)
 u. Koitus, Analogie 348, 352
 Lustgewinn d. Frau beim 340
 Sinneseindrücke beim 346
Gedächtnisstörung u. Lügenhaftigkeit 228
Gedanken (*s. a.* Denken), forcierte 82
Gefallsucht 79
Gegenübertragung (*s. a.* Psychoanalytiker; Psychoanalytische Situation; Übertragung) XIII, XIX, XXI, 189, 272
 u. Aktionsfreiheit 188
Gehirn(-)
 affektion, luetische 101
 anatomie 214
 Entwicklung d. 379
 Erkrankung d. 104
 u. Libido 100 f.
 paralytische s. Geistesstörung
 Funktion d. 380
 Hemmungseinrichtungen d. 383
 als Zentralorgan d. Ichfunktionen 101
Gehstörungen (*s. a.* Motilität) 28
Geistesstörung (*s. a.* Gehirnerkrankung; Schizophrenie)
 paralytische 99, 103, 107
 Symptome d. 100
Geldfragen i. d. Psychoanalyse 15, 242, 262
›Gelehrter Säugling‹ 137, 283, 311
Genital-
 empfindungen, erotische 4
 erotik 152, 156
 bei Kindern 269
 erregung u. Erröten 329
 funktion
 bioanalytische Zerlegung d. 157
 heterotope 22, 326
 hysterisches Symptom u. – 332
 Pangenesis d. 331
 u. Schlaflosigkeit 349
 libido (*s. a.* Libido) 39
 b. Paralyse 102
 mechanismus 330
 onanie (*s. a.* Onanie) 333

Genital- (Forts.)
phantasien 6, 21, 31
prozeß als amphimiktische Summation d. Erotismen 338
sexualität xv, 20, 22, 66 f., 337
spiele, infantile 80
stottern 324
symbolik 117, 134, 355, 360
trauma 81
trieb 10
vorgänge, Analyse d. 394
zentrum, Zustandekommen d. 311
zone (s. a. Penis; Vagina) 5
 Primat d. 11, 22, 66, 101, 112, 325, 337
 Zustandekommen d. 326, 330
Genitale (s. a. Penis; Vagina)
 Anhäufung sexueller Abfuhrtendenzen i. 331
 Entwicklung d. 363 f.
 Störung d. 11
 als erotisches Zentralorgan 19, 101
 Identifizierung d. Ich mit d. 167, 332
 libidinöse Funktion d. 220 f.
 Nützlichkeitsfunktion d. 350
 Personifikation d. eigenen 117
Genitalisierung 22
 d. Autoerotismen 67 f.
 d. ganzen Organismus bei d. Genitalbefriedigung 351
 u. Konversionshysterie 11, 339
 v. Körperteilen xv, 338 f.
 d. Schleimhaut 13
 sekundäre – d. weibl. Körpers 339
Genitalität xiii, 21 f.
 u. Hysterie 22
 u. Schlaf, genetischer Zusammenhang zw. 384
 Störungen d. 151
 Theorie d. xviii
 u. Urethralerotik 321
Geruchssinn (s. a. Riechen) 380
 Rolle d. – i. d. Sexualität 379 f.
Geschlechter (s. a. Bisexualität)
 artentwicklungsgeschichtliches Vorbild d. 368
 Kampf d. 313, 340, 368

Geschlechts- (s. a. Sexual-)
akt/Begattungsakt (s. a. Begattung; Befruchtung; Koitus; Sexualakt)
 als Abfuhr aktueller Störungsreize 391
 als amphimiktischer Vorgang 330
 Atmung u. Pulsfrequenz beim 348, 366, 383
 Autotomievorgang beim 344
 Befriedigungslust u. Arterhaltungsfunktion d. 355, 370
 als Befriedigungssituation d. Somas u. d. Keimplasmas 333
 u. Befruchtungsprozeß, Parallelen zw. 374
 Erklärung d. 321
 Funktion d. 355
 lustvolle Wiederholungstendenzen beim 376
 als Selbstkastration 343 f.
 u. Stuhlentleerung 322
 subjektiver Erregungsablauf b. 347
 Symbolik d. 357
 Unlustempfindung b. 347
 Vorlustbetätigung als infantilerotische Betätigung 330
 als Wiederholung d. Urkampfes zw. Mann u. Frau 340, 368
dimorphismus d. Tiere 368
leben d. Tiere 341, 343 f.
 Besamung, innere u. äußere 363 f.
 Gefügigmachen d. Weibchen 345, 368
 bei Katastrophen 371
 Werbetätigkeit vor d. Paarung 344 ff.
 Düfte bei d. 346, 367
merkmale, sekundäre 344, 385
 Bildung d. 364
 Penis u. Vagina als 346
 Sinn d. 345
 weibliche – beim Männchen 346
 als Waffen 345
verkehr (s. a. Koitus) 142
Geschwätzigkeit, krankhafte 138
Gewährung s. Psychoanalytische Technik

Gewissen (s. a. Über-Ich) 113, 126
Gewohnheit(en)
  Denk- 170
  Entleerungs- 148 f.
  u. Es 171
  infantile – u. neurotisches Körpersymptom 169
  Kampf gegen 170, 173
  Metapsychologie d. XVII, 170
  Reaktion auf Störung d. 149
  schlechte – u. Autoerotik 219
  Symptom- 167
  Topik d. 171
  u. Trieb 171 f.
  urethro-anale 148
  u. Wiederholungszwang 171
Gleichnisse 358 f.
Globus hystericus 13 f., 16, 21, 25, 31, 132 f., 155
Glottiskrampf als Selbstmordversuch 252
Godlewsky 317
Gowers 66
Goethe, J. W. v. 358, 380 f., 393
Graaf, Reinier d. 374
Graafsches Follikel 374
Graphologie 231
Grasset, Joseph 46, 62
Gravidität s. Schwangerschaft
Grimasse (s. a. Ausdrucksbewegungen; Motorik; Tic) 43, 168 f., 280
Groddeck, Georg 94 ff., 110, 150, 189, 208, 234, 270, 298, 340, 346, 393
Größenwahn
  u. Essen 328
  manischer 105, 108
  paralytischer 106, 109
  schizophrener 108
Grübelsucht 143, 177 f., 253
Grundregel d. Psychoanalyse (s. a. Assoziationen, freie; Psychoanalytische Technik)
  Einhaltung d. 84
  erste 34, 74, 76 f., 82 f., 138, 170, 292
  u. Lügenhaftigkeit 227, 229
  Verfehlung gegen d. 262 f.
  zweite 238 f., 248, 272

Haeckel, Ernst 317, 358 f., 365 f., 380
Halbseitenanästhesie s. Anästhesie
Hall, Stanley 224
Halluzination(en) (s. a. Illusion) 16, 20, 109, 111
  Angst b. 115
  Entrücktheit i. d. Analyse (s. a. Trance) 278
  Gesichts- 178
  u. Konversionssymptom 16
  psychotische 19
  u. Schlaf 385 f.
  Traum- 17 f., 26
Harn(-) (s. a. Exkremente; Urethral-)
  drang (s. a. Enuresis) 5, 148 f.
  entleerung, Lustnebengewinn b. 327
  verhaltungsmaßregel 160
Haß (s. a. Aggression) 313, 322
  i. Eheleben 161
  u. Identifizierung 111
  Objekt- 204 f.
  verdrängter 271
  u. Wutregungen gegen d. Analytiker 304
Haut(-)
  empfindlichkeit s. Sensibilität
  erotismen 328
  als Sexualorgan 23
Heilung(s-) (s. a. Selbstheilung; Unheilbarkeit) 322
  u. Abbau d. Über-Ich 247
  u. Ambivalenz 192
  b. Hypochondrie 38
  organische – u. Libido 208
  durch passagère Psychose 236
  u. theoretische Einsicht 78
  u. unbewußte Lügenhaftigkeit 229
  u. Unlustbejahung 202 f.
  vorgänge 392
  u. analytisches Über-Ich 394
  Mechanismus d. 266
  im Schlaf 386
Heldenmythen (s. a. Mythologie) 129
Hemmung(s-)
  u. Aktion 119
  anale 323 f., 327 f.
  u. Aufmerksamkeitsakt 119

Hemmung(s-) (Forts.)
  organ 118
  vorrichtungen 398
Hertwig, Richard 317, 366 f.
Hesse, Richard 317, 363
Heuchelei (s. a. Hypokrisie; Moral) 230
Hoche, [Alfred Erich] 301
Hollós, István (Stefan) 85, 103, 109
Homosexualität 81, 110, 125
  forcierte 308
  unbewußte 15 f.
Homosexuelle Träume 166
Hufeland, Christoph Wilhelm 387
Hug-Hellmuth, Hermine v. 275, 329
Hunger u. Appetit 353 f.
Hydrocele-Operation als Trauma 260
Hyperästhesie (s. a. Anästhesie) 11, 42 ff.
  d. Glans penis 191
  d. Haut 26
  narzißtische 49
  Onycho- 65
  Rachen- 31, 34
  bei Tic 42
Hypertrophie i. Gehirn 61 f.
Hypnose (s. a. Suggestion) 12, 58 f., 123, 188, 281, 292, 296, 398
  u. Aktivität 188
  Auto- 267, 281
  i. d. Beziehung z. Kindern 282
  u. Flexibilitas cerea 58
  u. Hysterie 12
  u. Liebe 385
  Mutter- 59, 345, 385
  u. Regression 346
  u. Schlaf 385
  u. Suggestion 12, 281
  Tief- 398
  Überleistungen b. 12 f.
  Vater- 59, 345, 385
  vorübergehende Erfolge d. 291
  i. d. Werbetätigkeit d. Tiere vor d. Paarung 346
Hypochondrie XIV, 38, 103
  Heilbarkeit d. 38
  hysterische 33 f.
  Körpersensationen b. 33 f., 37, 102

Hypochondrie (Forts.)
  neurotische 103
  organische Grundlagen d. 38
  u. Paralyse 102
  pathoneurotische 105
  als Widerstand 149 f.
Hypokrisie (s. a. Moral) 230, 280
  berufliche 305 f.
Hysterie (s. a. Angst-; Konversions-; Phobie; Sensibilität; Stigmata, hysterische) XIII f., 3, 10, 12, 14, 16 ff., 20, 22, 24 ff., 68, 92 f.
  Analyse d. 3, 40, 266
  Gebärdensprache d. 278
  Ich- 68
  u. Katharsis 258
  körperliche Symptome d. 235, 266
  Kriegs- 85
  u. Kunst/Künstler 13, 23 f.
  lehre 389
  als Negativ d. Perversion 219
  Reaktionsweise d. 397
  Seelenkonflikt b. 51
  Symbolik d. 21
  Symptomdeutung d. 19
  Ursachen d. 145
  Vergewaltigungsphantasie b. 128
  u. Zwangsneurose 135
Hysterisch(e, er)
  Anfall u. Aktivität 84
  Blindheit 392
  Phantasien 85, 269
  Stigmata 19, 25 ff., 29–32

Iatrophilosophie 197
Ich(-) (s. a. Über-Ich)
  analyse 261
  Angst, hypochondrische 162
  Anpassungsfähigkeit d. 222
  Aufteilung d. – in Ich, Über-Ich u. Es 171
  u. Außenwelt 200, 206, 222 ff., 272
  Energiebesetzung d. 287
  entwicklung 112, 124 f.
  Idealbildung b. 107
  Regression auf frühere Stufen d. 106, 108
Entwicklungsgeschichte d. 273

Ich(-) (Forts.)
    Entwicklungsstufen d. 11, 124
    erziehung 76
    funktionen, Gehirn als Zentralorgan d. 101
    Herrschaft XIII
    ideal (s. a. Über-Ich) 60, 111, 124, 230
        u. Paranoia 125
        Tyrannei d. 126
        Verlust d. 104
    Identifizierung d. – mit d. Genitalsekret 370
    interesse u. Libidointeresse 389
    kern 107, 113 ff.
    psychologie 60, 109, 197, 267
        Anfänge d. 297
    regression 93
    Rückkehr d. – i. d. Mutterleib 333 f.
    triebe 101, 118
    veränderung 76
    vergrößerung 105, 110
    verletzung 104, 109
Ideal-
    bildung 107
    Introjektion 111
Identifizierung/Identifikation(s-) 36, 124 f., 192
    statt Abwehr 309
    anale u. urethrale 154
    m. d. Analytiker (s. a. Übertragung) 202, 304
    m. d. Angreifer 308 f.
    Aufgabe d. 310
    beim Begattungsakt 331 f.
        m. d. Genitalsekret 332 f.
        m. d. Partner 332, 339
    d. Frau m. d. eigenen Kind 339
    Haßregung gegen 111
    hysterische 126
    d. Ichs m. d. Genitale 167, 332 f.
    d. Kindes m. d. Erwachsenen 311
    d. ganzen Körpers m. d. Genitale 156
    u. Objektliebe 124
    soziale 125
    tendenz 60
    m. d. Vater 37, 144, 223

Idiosynkrasie 133 f., 245
Illusion (s. a. Halluzination) 16, 19
Imagines 129
Imitations- (s. a. Echokinesie; Echolalie)
    neigung 60
    sucht 53
Impotentia ejaculandi 322
Impotenz (s. a. Frigidität; Pollution; Potenz) 109, 151, 190
    u. Aktivität 149
    anale, Heilung d. 322
    aus Angst vor d. Mutterleibssituation 340
    Behandlung d. 86
    Einteilung d. – in anale u. urethrale 323
    psychische 15
    Psychoanalyse d. 321
    sexuelle 71, 130
    u. Stuhlbeschwerden 149, 151
    urethrale 322
    urologische Maßnahmen b. 160
Individualpsyche 114 f.
Individuum (s. a. Persönlichkeit) 378
Infantil(e, es)/Infantil-
    Ähnlichkeit d. – Situation m. d. psychoanalytischen 233, 255, 271 f.
    Genitalerotik 269
    neurose 217
    Perversionen 269, 312
    Sexualbefriedigung 158
    Sexualerleben 145
    Sexualität 130, 146, 255, 364
    traumen 258, 268 f., 286, 288
Infantilismus
    emotioneller 253
    u. Tic 48 f.
Initiationsbeschwerden, Fehlen d. 143
Innervation
    Einzel- 12 f.
    d. Ejakulationsvorganges 151, 323, 332
    en bloc- 15
    Hemmung d. 119
    b. Hysterie 12

Intellekt 120, 208
  u. Genitalität 379
  u. Triebleben 201
Intelligenz u. Überzeugung 192 f.
Internationale Psychoanalytische Vereinigung, Gründung d. 299
Intrauterin s. Embryonal-; Mutterleib
Introjektion(s-)
  u. Angewöhnung 172
  d. Angreifers 308 f.
  d. Außenreize 172
  Ideal- 111
  mechanismen d. Koitus 382
  periode 206
Introspektion 214 f.
Introversion u. Musikalität 210
Inzest(-) 107, 308
  motiv 360
  neigung 107, 110, 269
  träume 163
Isaacs, Susan 225

Janet, Pierre 26, 31
Jekels, Ludwig 369
Jones, Ernest 73, 100, 224 f., 251, 253
Juckreiz 156
  u. Genitalfriktion 343
  u. Sexualspannung 354
Jung, C. G. 88 f., 259, 386

Kannibalismus (s. a. Ahnenfraß; Oralerotik) 124, 336 ff.
Kastration(s-) 192
  absicht d. Frau beim Koitus 340
  als ›aktive Therapie‹ der Primitiven 192
  angst 71, 132, 155 ff., 160, 165, 187, 191
    Überwindung d. 154, 234
  drohung 270
  komplex 323
  phantasie 134
  Selbst-
    Geschlechtsakt als 343
  tendenz, genitale 344, 353
  symbolik 65

Kastration(s-) (Forts.)
  tendenz b. Psychosen 376
  u. Todesangst 117
Kataklonie 44, 57, 61
Katalepsie 59
  d. Kaninchen b. Orgasmus 348 f.
Katastrophe(n)/Katastrophen-
  Eintrocknungs- 358, 361 f., 365, 368, 371 f., 378
  Entwicklungs- 375
    als Faktor d. Evolution 375, 394
  Geburts- 357
  u. Genitalität 362
  Kulturentwicklung als Reaktion auf 379
  ontogene u. phylogene 373
  theorie d. Koitus 165
  Ur- u. Befruchtungsprozeß 372
  Tabelle d. 378
Katatonie (s. a. Schizophrenie) xv, 43, 57, 59, 61, 65, 67 f., 85, 92, 105
  Negativismus b. 54, 59
  Selbstverstümmelungstendenz b. 56
  Symptome d. 44
  u. Tic 58, 92
Katharsis (s. a. Psychoanalytische Technik, aktive) 45, 75, 88 f., 91, 260, 267, 287
  Affektabfuhr d. 89
  Entdeckung d. 290
  u. Hysterie 258
  Neo- 267 ff., 272 f.
  u. Relaxationsprinzip 257
  Paläo- 267
Kathartische Therapie 258, 260, 290
Keimplasma 333 f.
  Angst vor d. Störungen d. 374
  Beeinflussung d. – durch d. Soma 377
  Soma als Schutz d. 374
  Triebenergie d. 353
Keimsubstanz, pangenetische Entstehung d. 377
Keimzellenentwicklung 371
Kind(-)/Kinder(-) (s. a. Anpassung; Entwicklung; Erziehung; Infantil)

Kind(-)/Kinder(-) (Forts.)
Allmacht d. 200, 225
analyse 219 f., 222, 255, 276, 279, 283 f.
u. Analyse d. Erwachsenen 270 f., 275, 277–280, 283
m. Erwachsenen 276–280, 286
u. Kinderspiel 275, 277 f.
Probleme b. 276
Vorbehandlung i. d. 255, 270
Anpassung d. Familie an d. 212, 215, 219
Ausdrucksbewegungen d. 287
als Ausscheidungsprodukt 153
u. Autoritätsglaube 221, 308
Befriedigung d. s. Befriedigung, infantile; Onanie
Eltern-Beziehung 219, 282
Entwicklungsstadien d. (s. a. Entwicklung) 215
Entwöhnung 216
erziehung 13, 281 f., 286
Gleichsetzung v. Penis u. – 337, 361 f.
Gut u. Schlecht b. 200, 223
Identifizierung d. – mit d. Kot 337
Mutter-Verhältnis 280, 337 f., 385
neurosen 85
Perversion d. 269
Reinlichkeit 216 ff.
u. Sexualakt d. Eltern 216 f., 220 f.
Spiel
Motive d. 354
u. Wiederholungszwang 352
Symbole als Sprache d. 226
unwillkommene 251, 252
Verführung v. 307 ff.
Kindheits-
amnesie s. Amnesie
traumen 216
Klaustrophobie 117
Klavierspiel u. Onaniephantasie 80
Klein, Melanie 219, 225, 275
Klitoriserotik 81, 191, 338
Koedukation (s. a. Erziehung) 224
Koitus(-) (s. a. Begattung; Befruchtung; Geschlechtsakt; Sexualakt)
aggressive Affekte beim 348

Koitus(-) (Forts.)
Akt d. 165, 339
Angst vor 165 f.
Bedeutung d. – für d. Biologie 23
u. Geburtstrauma 352
u. Geburtsvorgang, Analogie 348, 352
handlungen in Erdlöchern 360
Introjektionsmechanismus d. 382
›Katastrophentheorie‹ d. 165
u. Lustmechanismen 353, 355
u. Lustmordphantasie 166
u. Regression 397
Rhythmik b. Saugen u. b. – 336
u. Schlaf
Analogie zw. 381 f., 386, 390
Hauptunterschied zw. 387
u. Stuhlabsetzen 322
symbolik 355, 360
träume 166
Unlust b. 161
Wiederholung archaischer Kämpfe b. 387
Koma (s. a. Ohnmacht) 286
Konjugationsepidemie 371 f.
Konstitution(s-) (s. a. Disposition; Erblichkeit; Körperliches Entgegenkommen) 303
lehre 231
u. Narzißmus 42, 50, 66
u. Neurosenwahl 218 f.
Konversion(s-) (s. a. Hysterie; Materialisation) xiii, 19, 389
u. autoerotische Symbolisierung 51
u. Autoplastik 18
genitale Triebquellen d. 19
u. Halluzination 16
hysterie 11, 20 f., 38, 67 f., 73, 84, 163, 235, 339
hysterische xv, 11, 22, 326, 354
u. Illusion 16
symptom 11, 19, 22
Konvulsion, hysterische 12
Konzentration (s. a. Aufmerksamkeit) 59
Koprolalie 8, 39, 43, 49, 53, 61, 66, 190

Koprophagische Phantasien 13
Körper(-)
 hälften (Rolle v. Rechts u. Links) 26 f.
 haltung 231, 384
 symptome, Genese d. 169
 teile als Vertreter d. ganzen Person 282, 286
 temperatur s. Wärmeregulierung
Körperliches Entgegenkommen (s. a. Disposition; Konstitution) 38, 68, 286
 b. Hysterie 30 f., 68
Kot(-) (s. a. Analerotik; Darm; Exkremente; Stuhl)
 brechen 150
 u. Kind, Identifizierung v. 337
 u. Samen 322
 schmieren 109
Kovacs (Professor) 65
Kovács, V. 157
Kraepelin, Emil 59
Krafft-Ebing, Richard Freiherr v. 291
Krankheitsnarzißmus 42
Kränklichkeit, angeborene 255
Kreislaufstörung 252
Kriegshysterie 85
Kriegsneurose(n) 29, 52, 93, 100
Kulturentwicklung, menschliche 112, 379
Kunst/Künstler 13, 23 f., 122, 237
 u. Hysterie 13, 23 f.
 u. Psychoanalyse 237

Lähmung s. Paralyse
Lamarck, Jean Baptiste 213, 317, 362, 396, 399
Lampenfieber 78, 134
Latenzzeit 126
 Bedeutung d. 131
 Kulturentwicklung i. d. 379
 sexuelle 130, 338
 Tic i. d. 57
Leben, Frage nach Anfang u. Ende d. 398 f.
Lebenstrieb xviii, 118, 120 f., 171, 198, 201, 251, 398
 u. Destruktionstrieb 209 f.

Lebenstrieb (Forts.)
 u. Triebentmischung 211
 i. verschiedenen Lebensaltern 254
Lehranalyse xiii, 233, 288, 300, 305
 u. Aktivität 184
Leiden(s-)
 bedürfnis 166
 Ökonomie d. 266
 Terrorismus d. 312
Leidenschaft 303, 312
 i. d. Erotik 312
Libido(-) xii, 6
 abfuhr 5
 u. Angst, Verwandtschaft zw. 348
 besetzung xv, 50, 66, 126
 entwicklung 11, 124 f., 142
  Hauptetappen d. 330
 entzug b. Paralyse 102, 104 f.
 u. Erkrankung d. Gehirns 100 f.
 Fixierung d. – an Organe 42
 Genital- 39, 102
 Hauptreservoir d. xv
 haushalt, narzißtischer 101, 110
 interesse u. Ichinteresse 389
 u. Lues 110
 ›männliche‹ 344
 narzißtische 103
 Organ- 38, 42, 44, 392
 regression 93, 104
 spannung u. Befriedigung 162
 stauung 38, 42 f., 162
 steigerung 44, 56, 103
 störung
  b. körperl. Verletzungen 29
 u. Orgasmus 351
 theorie 68
 übertragung 76
 verdrängte 8
 versagung 76, 109
 verschiebung 44, 60
 zuwachs i. Organ 109
Liébeault, A. 382
Liebe(s-) (s. a. Objekt-; Übertragungs-; Verliebtheit)
 u. Erziehung 176, 264
 forcierte, Folgen d. 310
 u. Hypnose, Gleichsetzung v. 385
 übertragung 176

Liebe(s-) (Forts.)
u. Überzeugung 192
versagung 310
Liebesleben (s. a. Geschlechtsakt; Geschlechtsverkehr; Orgasmus; Sexualität) 126, 221
inzestuöses 129
Störungen d. 160
Lindner, S. 66, 328, 336
Links u. Rechts, Bedeutung v. 27 f.
Loeb, Jacques 209, 395
Logik 210
Lorenz, Konrad XVII
Low, Barbara 225
Ludeln (s. a. Oralerotik; Saugen) 66, 328, 330, 333, 336
Lues 110
Lüge/pathologische Lüge
u. Moral 228, 230
Not- 229
u. Phantasie 228 f.
psychische Realität d. 229, 259
i. d. Psychoanalyse 227 f.
u. Realitätsprinzip 228
Lügenhaftigkeit
i. d. Analyse 227 ff.
u. Erinnerungslücke 228
u. Simulation 228
als Symptom d. Spaltung 228
unbewußte – u. Heilung 229
Lust(-) (s. a. Befriedigung; Lustprinzip; Orgasmus; Unlust; Vorlust)
Befriedigungs- 165, 355
b. Beseitigung v. Gefahr 354
betätigungen i. d. Phantasie 234
biologie 389
empfindung u. Besetzungsaufwand 351
erste 398
Exkretions- 326
funktion d. Sphinkter 154 f.
gewinnung, erotische 154
Ich 331
ohne Kastrationsangst 165
mechanismen 339
u. Erziehung 327
u. Koitus 353, 355
mordphantasie u. Koitus 166

Lust(-) (Forts.)
nebengewinn 8, 152
u. Nutzfunktion 23, 155, 389, 392
d. Organe 331
physiologie 23
spannung u. Befriedigung 334
u. Unlust
b. Begattungsakt 376
b. d. Entleerungsvorgängen 152, 155
versagung aus Furcht 152
verzicht u. Erziehung 327
Wirkungsweise d. 397
Lustprinzip 19, 23, 48, 83, 200, 202, 211
u. aktive Technik 88
u. Begattungstrieb 352 f.
Modifikation d. – im Biologischen 395
periodisch zugelassene Herrschaft d. 354
u. Wiederholung 352
Wirksamkeit d. 394

Magen-Darm-Trakt (s. a. Darm), hysterische Symptome am 13
›Magenkind‹ 14
Magie (s. a. Allmacht; Gebärden; Transzendentale Fähigkeiten)
halluzinatorische 109
Makropsie 68
Maladie des tics s. Tic
Maniakalische Erregung 102
Manie 109, 113, 125
b. Größenwahn 105, 108
u. Paralyse 110 ff.
psychogene 106, 110
Manisch-depressives Irresein 125
Manisch-halluzinatorischer Zustand
b. Paralyse 109
Mann (s. a. Geschlechter; Geschlechts-; Homosexualität; Sexualität)
Aggressivität d. 339
Genitalentwicklung d. 332 f.
Männlichkeitskomplex 81, 234
Märchenkunde 70

Masochismus (*s. a.* Algolagnie; Perversion; Sado-Masochismus; Sadismus) 56, 166 f., 287
  b. Geschlechtsakt 339
  i. d. Psychoanalyse 249
Massenbildung zu Zweien 158
Massenpsyche 114 f., 122, 124
  Dynamik d. 125
  Regression zur 158
Massenpsychologie u. Ichanalyse 110, 122
Masturbation *s.* Onanie
Materialisation (*s. a.* Konversion) 17, 19 f.
  b. Globus hystericus 31, 132
  hysterische 24, 132 f.
  Kraftquellen d. 19
  d. Ödipusphantasie 29
Materialisationsphänomene 17 f., 23
  hysterische 11, 67, 150, 326
Materie 378
Maternelle Regression *s.* Mutterleibsregression
Mathematik 203, 210 f., 225
Medium *s.* Hypnose
Mehrleistung (*s. a.* Transzendentale Fähigkeiten; Überleistung)
  u. hysterische Symptombildung 13
Meige, Henry xv, 45–50, 52 f., 55 bis 58, 60, 62 f., 65 f.
Melancholie (*s. a.* Depression; Zyklothymie) 113
  akute 159
  Identifizierungs- 104
  Libidoregression bei 104
  u. Paralyse 111
  paralytische 104, 106, 108, 111 f.
  psychogene 104, 111
  Psychologie d. 125
Menon 225
Menschenkenntnis 237
Menschheitsentwicklung (*s. a.* Entwicklung) 206
Menstruation(s-)
  beschwerden 155
  Einfluß d. Mondwechsels auf – 367
  als Trauma 270

Metapsychologie 207, 248, 267, 292 f., 325
  d. Analytischen Technik 247
  d. Gewohnheiten 170 ff.
  d. Spaltungsvorgänge 282
Mikromanie 105, 111
Mikroskopie u. Psychoanalyse 214
Milieuwechsel u. Narzißmus 131
Mimikry 59, 309, 385
Mißtrauen (*s. a.* Psychoanalytische Situation; Unglaube; Zweifel) 253, 277
Mnemen, organisch-physische 172
Monasterismus 66
Money-Kyrle, [Roger Ernie] 225
Monismus (*s. a.* Philosophie) 121, 200, 294
Moral (*s. a.* Hypokrisie) 105, 154, 228
  u. Lüge 228, 230
  Sexual- 107
  Sphinkter- 154 f.
  theologie 230
  wissenschaftliche 228
Morbiditätskurve u. Lebenstrieb 254
Mordimpuls (*s. a.* Aggression) 166
Mordlust, sadistische 164, 167
Morgan, Ll. 317
Mortalitätskurve u. Lebenstrieb 254
Moses 129
Motilität (*s. a.* Ausdrucksbewegung; Gebärde; Grimasse; Muskel; Tic) 17, 57, 172, 210
  Abfuhr i. d. 6, 17, 54, 56 f., 331
  Bewegungsstereotypien u. Symptomhandlungen 39
  u. Bewußtsein 118
  Dyspraxie 53
  Echokinesie 61
  Echopraxie 43, 58, 60
  Entwicklung d. 397
  Lähmung d. 285 f.
  Opisthotonus 285
  u. Redestörungen 43, 53, 61
  Unterdrückung d. 5
  Verhalten d. – während d. Analyse 167
  u. d. Vorbewußte 120
  Zappeln i. d. Analyse 82

Motorisch(e)
  Abfuhr 57
  Anpassungsreaktion 59
  Äußerungen d. Tic 67
Musikalität u. Introversion 210
Muskel(-) (s. a. Motilität; Sphinkter)
  erotik 67
Mut u. Sexualität 156
Mutazismus s. Schweigesucht
Mutter(-)
  als Ersatz d. Meeres 364
  fixierung u. Homosexualität 360
  hypnose 59, 345, 385
  Kind-Verhältnis 280, 337 f., 385
  symbolik 359 f.
Mutterleib(s-)
  existenz s. Mutterleibssituation
  Identität d.
    m. d. Erde 362
    m. d. Meer 357 f., 362, 364 ff., 370
  Nahrungsversorgung i. 365
  phantasien 156, 181
  regression 338, 346, 354, 364, 370, 386
    halluzinatorische u. symbolische 333, 341, 344
    i. Begattungsakt 333
    u. Hypnose 345 f.
    u. Orgasmus 355
    oralerotische 337
    u. Perversion 364
    u. Tod 400
  sehnsucht 117
  situation/existenz 333, 335, 361
    Angst vor 340
    Ersatz f. d. 345, 347, 360
    Festhalten an d. 339
    u. Schlaf 381, 387
    Wiederherstellung d. 335, 340, 347, 349, 355, 381 f.
    Tendenz z. 351, 354, 386, 391
  symbolik 357, 359 f.
  theorie 342
    Infragestellung d. 371
Mythen v. d. Weltentstehung 360
Mythenbildung 122
Mythologie (s. a. Heldenmythen)
  u. Symbolik 70

Nachgiebigkeit i. d. Psychoanalyse 175, 263
Nahrung s. Ernährung
Narzißmus 22, 36 ff., 41, 66, 69, 86, 99, 330
  Entwicklung v. Autoerotismus zum 331
  hypochondrischer 47
  u. Katatonie 105
  konstitutioneller 42, 50, 52, 66
  Krankheits- 42
  u. Milieuwechsel 131
  u. Objektliebe 209
  d. Patienten 87
  Primär- 60
  Sekundär- 339
  u. Selbstheilung 235
  u. Tic 41, 44, 66
  u. Übertragungsliebe 87
  u. Unheilbarkeit 276
Narzißtisch(e)
  Aktualneurose 102
  Ichliebe, Grundbedingung d. 331
  Neurose 67, 92
  u. Tic 169
  Psychose 100, 104
  Selbstspaltung 282 f.
Nase als Genitalsymbol 21
Negativismus 59, 201
Neokatharsis s. Katharsis
Nernst, Walter 398
Nervosität 45
Neurasthenie 7, 102, 162 f.
  Ursache d. 162
Neurologie vor u. nach Freud 196
Neurose(n-) (s. a. Angst-; Patho-; Übertragungs-; Zwangs-)
  Aktual- 102, 340
  analyse 40
  bildung 124
    Exogeneität d. 303
  hysterische 11 f.
  Infantil- 217
  Kinder- 85
  Kriegs- 29, 52, 93, 100
  u. medizinische Wissenschaft 293
  narzißtische 67, 92, 168 f.
  als Negativ d. Perversion 202

Neurose(n-) (Forts.)
organische 45
Pathogenese d. 111, 303
Pathologie d. 156
Psycho- 40
sexuelle Infantiltraumen als Ursache v. 258
symbolik 359
Symptomatik d. 235, 255
Therapie 123
traumatische xv, 52, 92, 102
Ursache d. 100
u. unbewußte Lügenhaftigkeit 229
Versagungs- 254
wahl 11, 112, 178, 218 f.
Neuropsychosen, narzißtische 124
Neurotiker
Genuß- u. Leistungsfähigkeit d. 164
kindlicher Charakter d. xiv
Sexualleben d. 159 f.
Nietzsche, Friedrich 11, 399
Noir 48
Nunberg, Herman 44, 68
Nutz-/Nützlichkeitsfunktion 350
u. Lustfunktion 23, 155
d. Organe 331, 350 f., 392
pathologie 389
physiologie 23, 389

Objekt(-)
besetzung 103
haß 204
liebe 22, 204 f., 209
analytische 248
Fähigkeit z. 310
genitale 330
u. Identifizierung 124 f., 310
passive 284, 310, 336, 338
vorstellung 204
wahrnehmung 204
Objektivität 205
Obszöne Worte 127, 190
Forcierung v. 142
u. Orgasmus 190
f. Penis 142
u. Tic 190
u. Zwangsneurose 190

Ödipus(-) 129
komplex 142, 157, 269, 323, 360
konflikt 154, 181, 222, 253, 256
liebe 176, 338
phantasie 27, 117, 386
Materialisierung d. 29
relation 161
wunsch 333
Ohnmacht(-) (*s. a.* Koma) 84 f., 269
ähnliche Zustände i. d. Analyse 285
als Regression 393
Oken, Lorenz 358
Okkultismus 17
Onanie(-)/Masturbation(s-) (*s. a.*
Autoerotik) 4, 6 ff., 41, 66, 86,
135 f., 162, 191, 328
Abreiß-Symbolik d. 162
i. d. Analysenstunde 81
äquivalent(e) (*s. a.* Tic) 5–9, 39,
65, 168
gelüste während der Kur 188
Genital- 333
infantile 155, 219
larvierte 4–7
Mastdarm- 156
Not- 7
i. d. Organen, Neigung zu 392
periode, infantile 6
phantasie 7, 21, 79, 86, 141, 144,
163
Rhythmik b. Saugen u. b. − 336
u. Stuhlverstopfung 322
symbolik 65, 162
u. Tic 56, 67
unbewußte 7 f., 80
unterdrückte 65
vikariierende 7
Ontogenese u. Phylogenese 378 f.
Oogenese 371 f.
Operation (Hydrokele-) als Trauma 260
Ophuijsen, J. H. W. van xv, 92
Opisthotonus (*s. a.* Motilität) 285
Oppenheim, H. 66
Oralerotik (*s. a.* Kannibalismus; Ludeln) 104, 112, 154, 336, 338
u. Analerotik 328
weibliche 339

Anhang

Organ(e)/Organ-
Beeinflußbarkeit d. 13
Denk- 19, 379
erinnerungssystem 54, 56
erkrankungen, Pathologie d. 156
erotismus 67
funktionen, Störungen d. 397
Funktionsweise d. 389
libido u. organische Erkrankung 392
minderwertigkeit 198
Nützlichkeitsfunktion d. 23, 331, 350 f., 392
psychiatrie xvi
›sprache‹ 61
Zentral- d. Ichfunktionen 101
Organismus, sexuelle Abfuhrtendenzen d. 331
Orgasmus (s. a. Geschlechtsakt) 5, 8, 39, 347 f., 351
Anal- 157
Atmung u. Herztätigkeit i. 348
Aufhebung d. Schmerzempfindlichkeit b. 348
Ausschaltung d. Angst b. 355
genitaler – u. Stuhlentleerung 157
u. obszöne Worte 190
u. Schlaf 385
Vernichtungsgefühle b. 313
Ortfay, Rudolf 393
Oser 300
Ossipow, N. 354
Ovarie 25

Pädagogik (s. a. Erziehung) 123
u. Psychoanalyse 87, 197
Panik (s. a. Angst) 115
Pantagruel 98
Paralyse/paralytische Geistesstörung
Ablaufsarten d. 111
u. Aktualpsychose 103, 106
u. Depression 102 f.
›galoppierende‹ Form d. 113 f.
hypochondrische Körpersensationen b. 102
hysterische 11 f., 29, 68
manische 111
u. Melancholie 104

Paralyse (Forts.)
melancholische 111
psychische Symptome d. xv
Stadien d. 102 f., 111
traumatische 285
Paranoia 43
Pathogenese d. 125
u. Wahnbildung 102
Parasitismus 391
Parästhesie (s. a. Sensibilität) 12 f., 15, 28, 133, 266
hypochondrische 38
hysterische 266
Zahn- 21
Parentalerotik 338 f.
Partialtriebe (s. a. bei den einzelnen Trieben) 22
Passagère Psychose 236, 269
Passagère Symptome 148, 167 f., 181, 276
Harndrang als 148
Pathologie, organische 208
Pathoneurose(n) (s. a. Neurose) xv, 101, 103
Entstehung d. 42
u. Hypochondrie 103, 105
u. Hysterie 396
Krankheitsbild d. 99 f.
u. Libidosteigerung 44, 103
Reaktionsweise d. 397
u. Tic 50, 66
zerebrale 100
Patient(en) (s. a. Psychoanalytiker u. Patient i. d. psychoanalytischen Situation; Psychoanalytische Situation)
Beziehung zw. – und Psychoanalytiker xx f., 87, 189, 243, 295, 304 ff.
Kritik d. – am Analytiker 304 ff.
i. d. psychoanalytischen Situation 76
Aktionsfreiheit d. 164, 188
Milieu d. 175
Passivität d. 75 f.
Überzeugung d. 192
Verhalten d. – am Ende d. Kur 179

Patient(en) (Forts.)
  Wunsch d. – nach Gegenübertragung 188
  Verzärtelung d. 264, 284
  Wutausbrüche d. – i. d. Analyse 304
  Zweifel d. – a. d. Verläßlichkeit d. Analytikers 233, 242
Pavor nocturnus 26
Pawlow, Iwan P. 14
Pedanterie 65
Penis(-) (s. a. Erektion; Genitale) 142
  als Äquivalent d. ganzen Individuums 351
  u. Brückensymbolik 71
  Einschnürung d. 157
  ersatz b. d. Frau 339
  Gleichsetzung v. Kind u. – 337
  neid 37, 79
  Spannungssteigerung i. 342
  symbolik 65, 116 f., 331, 337, 361
  Ur- 336
  als Verkörperung d. Lust-Ich 331
  als Waffe 165
  weiblicher Hohl- 339
  Zahn u. –, Gleichsetzung v. 336 f.
Personifikation 114, 117
Persönlichkeit(s-) (s. a. Individuum)
  Einheit d. 114
  spaltung 228, 267, 269, 282, 307
  u. Schock 311
  Veränderung d. 223
Perversion(en) (s. a. Masochismus; Sadismus; Sado-Masochismus; Voyeur) 22, 107, 190, 280, 312
  Befriedigungsarten bei 340
  biologische Vorbilder d. 364
  Hysterie als Negativ d. 219
  infantile 312
  bei Kindern 269
  u. Summation v. Erotismen 328
  u. Wiederkehr i. d. Mutterleib 364
  auf d. Zärtlichkeitsniveau 312
Pessimismus 253 f.
Pfeifer, Sigmund 155, 165, 210
Pfister, Oskar 329
Pflanzenfresser 392
Pflugsymbolik 359 f.

Phantasie(-) XII
  Aggressions- 142, 164 f.
  Allmachts- 106, 108
  cunnilinguistische 13
  erlebnisse 140
  erotische 7 f.
  fellatorische 13
  forcierte (s. a. Psychoanalytische Technik, aktive) XVI, 82, 85, 140–144
  freiheit 225
  Geburts- 181, 187
  Genital- 6, 21, 31
  homosexuelle 16
  hysterische 85, 269
  infantile Erinnerungs- 141
  Kastrations- 134
  koprophagische 13
  leben 145
  Liebes- 4
  u. Lüge 228 f.
  Mutterleibs- 156, 181
  neurotische 268
  Ödipus- 27, 29 117, 386
  Onanie- 7, 21, 79, 86, 141, 144, 163
  pathogene 6
  Prostitutions- 135
  u. Realität 229, 231
  sadistische 164
  Schlage- 142
  Sexual- 307
  spiel 281
  Straf- 117
  tätigkeit 138
  Übertragungs- 34, 141
  unbewußte 5, 11
  unbewußt-libidinöse 30 f.
  verdrängte 8
  Vergewaltigungs- 128
Philosophie
  Animismus 318, 398 f.
  Dualismus 206, 294, 300
  Logik 210
  Monismus 121, 200, 294
  Positivismus 193
  Solipsismus 192, 207
  u. Infantilismus 206
  Utraquismus 122, 206, 294, 300, 319

Phobie (s. a. Angsthysterie) XII, XIV, 84 f.
Agora- 186
kindliche 217
Klaustro- 117
Phylogenese u. Ontogenese 378 f.
Phylophagie s. Ahnenfraß
Physik d. psychischen Erscheinungen 293
Physiognomik 231
Physiologie
d. Genitalerotik 333 f.
Lust- u. Nutz- 23, 155, 331, 389, 392
d. psychischen Erscheinungen 293
Piéron, Henry 317, 382
Pinel, Philippe 296
Pithiatismen 32
Plato 371
Pollution(s-) (s. a. Ejakulation; Erektion; Onanie) 162 f., 166
vorgang, Mehrleistung b. 23
Polygame Anwandlungen, zwanghafte 161
Positivismus 193
Potenz (s. a. Impotenz) 8, 117
u. Onanie 8
orgastische 269
psychische, Vorbedingungen d. 145
Störungen d. 66, 102, 132, 155, 191, 253
›Über-‹ 149, 152, 160, 323
Prägenital(e)
Abstinenzmaßnahmen 163
Aktivitäten XVII
Amphimixis 327
Biologie 372
Charakterzüge XVII
Erotik u. Genitalität 152
Erziehung 152
Organisation 321
Struktur d. Impotenz 151
Preyer, [Wilhelm Thierry] 367
Primärvorgang 308
u. Sekundärvorgang 202, 208
Progression (s. a. Regression)
u. Regression 395
traumatische 311

Projektion 206
Prostatorrhoe 8
Prostitutionsphantasie 135
›Protopsyche‹ XIII, 18
Psychiatrie
deskriptive 99
vor u. nach Freud 196
Psychisch(e, er)
Apparat 19 f.
Instanzen 10
Systeme, Aufbau d. 51
Psychoanalyse (als Bewegung u. Wissenschaft)
u. (nicht-analytische) Ärzte 196 f.
u. Behaviourismus 214
u. Chemotherapie 214
geographische Ausbreitung d. 301
u. Neurologen 196
u. Psychiatrie 196
u. Psychologie 197, 215
Stellung d. Universitäten z. 299 f.
u. Suggestion 244
u. Synthese 230
Wissenschaftlichkeit d. 214, 225
Psychoanalyse (als Methode) (s. a. Psychoanalytische Technik) 2
Ablehnung d. 298
Ablösungsprozeß i. d. 235
Abreagieren s. dort
Aktivität (s. a. Psychoanalytische Technik, aktive) 74 ff.
Anerkennung d. 298
Aufgaben d. 238
Beendigung d. 83, 232 ff., 266
als Befriedigungsmöglichkeit 235
Deutung i. d. 9, 75, 133, 139, 189, 245
Doppelrichtung d. 174
Durcharbeiten i. d. 176, 184, 186, 232, 246 f.
Endzweck d. 148
Entbehrung i. d. 148
Entdeckung d. 291, 297
Entwicklung d. 268
als Entwicklungsprozeß 240
Entwöhnungsperiode 178 f.
Erlernen d. 295, 300
u. Erziehung (s. a. Erziehung) 87

Psychoanalyse (als Methode) (Forts.)
197, 212, 220, 225
forcierte Phantasien i. d. 140 f.
Fortschritt u. Rückschritt i. d. 257,
261 f.
Gegenübertragung s. dort
Geldfragen i. d. 242, 262
Gewährung i. d. 181, 263
als Gewohnheit 178
Grundregel d. s. Assoziation, freie;
Grundregel d. Psychoanalyse
u. Introspektion 214 f.
Katharsis s. dort
Kinderanalyse s. dort
u. Konstitution 231
u. Künstler 237
Lehranalyse 233, 288, 300, 305
u. Aktivität 184
Lüge i. d. 227 f.
u. Mikroskopie 214
u. Nacherziehung 152, 158, 164, 230, 260
Nachgiebigkeit i. d. 175, 263
Neuregelung d. ehelichen Sexualbeziehungen 160
›von oben‹ u. ›von unten‹ 173 f., 178
Passivität i. d. 9, 75
Phasen d. 75 f.
u. Physiognomik 231
u. Psychologie 197
Relaxation s. dort
Resultat d. 177
Revision d. Materials b. neuer Einsicht 246 f.
Sanatoriumsbehandlung 272
soziale Gesichtspunkte b. d. 127
u. Spielanalyse 278
u. Suggestion (s. a. Suggestion) 9, 281
u. Symbolik 97
Symptomanalyse 230
Termingebung s. dort
Terminlosigkeit 232, 236
Übertragung s. dort
Unheilbarkeit 276
Verkürzung d. 85, 287
Versagung i. d. s. dort

Psychoanalyse (als Methode) (Forts.)
Vorbereitung auf d. 240–242
Widerstand s. dort
Wiederholung s. dort
Wilde Analyse 83, 183, 248
Wirkungsweise d. 295 f.
wissenschaftliche Entwicklung d. 291
Wissenschaftlichkeit d. 214, 225
Psychoanalyse (von verschiedenen Krankheiten bzw. Symptomen) (s. a. Psychoanalytische Technik, aktive, und bei den einzelnen Krankheiten)
Agieren i. d. 76, 90, 278 f.
d. Angstneurose 163
v. Asthma, nervösem 260
Brechreiz während d. Kur 82
Charakteranalyse 86, 150, 177, 230
u. Über-Ich 250
d. Denkgewohnheiten 170
halluzinatorische Entrücktheit i. d. (s. a. Trance) 278, 283
d. Hysterie 3, 40, 266
v. Idiosynkrasien 133
d. Impotenz 86, 149, 321
Ironisierung d. 137
u. Konstitution 231
Lüge i. d. 227 f.
Motilität während d. 4 f., 167
b. nervösen Charaktertypen 266
ohnmachtsähnlicher Zustand i. d. 285
organischer Krankheiten 298
d. Paralyse 99 ff.
v. passagèren Symptomen 276
d. Psychosen 85, 99, 109, 178, 297
Vorbeireden i. d. 82, 170
b. Zwangsneurose 266, 287
Psychoanalytiker
Analysiertsein d. 238, 245, 249, 272, 300, 305
Aufmerksamkeit d. – während d. Analyse 75
Aufrichtigkeit d. 87, 244, 265
autoritatives Auftreten d. 225, 243
Ausbildung d. 233

Psychoanalytiker (Forts.)
Beobachtungsstellung d. 264
Bescheidenheit d. 244
Einfühlungsvermögen d. 239, 241, 244
Einstellung zum Patienten 244
Elastizität d. 185, 237 ff., 244
Elternrolle d. 158
Fehlbarkeit d. 180, 233, 243 f., 278, 306
freie Beweglichkeit d. Libido d. 248
als ›Geburtshelfer d. Gedanken‹ 75
Gefühlskälte d. 276 f.
Güte d. 240
Hygiene d. 248
Irrtümer, Einbekennen v. 233, 244, 306
Kritik d. Patienten am – 304 f.
Metapsychologie d. Seelenvorgänge d. 248
Nachgiebigkeit d. 175, 263
Narzißmus d. 244, 248
Objektivität d. 175, 233, 265
u. Patient, Beziehung zw. xx f., 87, 189, 243, 295, 304 ff.
u. Patient i. d. psychoanalytischen Situation (s. a. Patient)
Adoption d. Patienten 272
Identifizierung m. d. Analytiker 202, 304
Schüler-Lehrer-Verhältnis 261, 302
Übertragungserfolge 247
Verständnis zw. 302
Persönlichkeit d. 238 f.
Sadismus d. 249
Selbstkontrolle d. 244 f., 248
Selbstkritik d. 304
Takt d. 239, 248 f.
als ›Watschenmann‹ 243
u. Zärtlichkeitsbedürfnis d. Patienten 176, 284
Zweifel d. Patienten a. d. Verläßlichkeit d. 233, 242
Psychoanalytische Situation (s. a. Patient; Psychoanalytiker u. Patient i. d. psychoanalytischen Situation) xii f., xix, xxi, 153,

Psychoanalytische Situation (Forts.)
159, 175 f., 178, 189, 192, 233, 235, 253, 259, 266 f., 279, 283 f., 304, 306
Ähnlichkeit d. – m. d. infantilen 178, 185, 233, 235, 255, 271 f., 279, 284
Ödipuskomplex u. 142
psychologische Atmosphäre d. 265
Schüler-Lehrer-Verhältnis i. d. 261, 302
Übertragung s. dort
Wiederholung d. Kindheitssituation 233, 235, 279, 284
Psychoanalytische Technik (s. a. Abstinenzregel; Durcharbeiten; Grundregel; Katharsis; Psychoanalytische Technik, aktive; Relaxation; Toleranz; Versagung; Verwöhnung) x, xx, 175, 262
Änderungen an d. 275 f.
Dynamik d. 247
z. Einleitung d. Behandlung 240
Elastizität d. 237 f., 244, 248 f., 255, 261
Entwicklung d. 259
Gewährung, Prinzip d. 181, 255, 263 f., 266
klassische xxi
Metapsychologie d. 247
orthodoxe 234
Regression i. d. 303
zwei Phasen d. Therapie 75 f.
Psychoanalytische Technik, aktive (s. a. Abstinenz; Gebot; Phantasien, forcierte; Psychoanalytische Technik; Termingebung; Verbot) xi–xiv, xvi f., xix, 3 f., 9, 35, 74 ff., 87, 99 ff., 147 f., 175, 177, 234, 246, 261
Abkürzung d. Kur durch 85, 145, 287
i. d. Ablösungsperiode 144
Abstinenzmaßnahmen 159, 163 ff.
u. aggressive Regungen d. Patienten 164
u. Aggressivität d. Analytikers 306

Psychoanalytische Technik, aktive (Forts.)
u. Aktionsfreiheit d. Patienten 164, 188
am Anfang d. Kur 183
Anfänger (Psychoanalytiker) u. 186
b. Angst 163
vor Geschlechtsverkehr 165 f.
b. Angsthysterie 76, 163
Anwendung d. XIV, 35
u. Assoziationsablauf 82, 138
Ausbau d. 74
u. Autoerotismus 162
u. Beeinflussung d. Sexualbetätigung 86, 158 ff.
u. andere Behandlungsmethoden 89
b. Charakteranalysen 86, 150, 153 f.
Deutung als 75
Einschränkung d. 186
Einwände gegen 88 f., 182
b. Ejakulationsstörungen 86, 151, 156, 160, 163
b. Entleerungsvorgängen 148 ff., 152–157, 160, 167
Entspannungsübungen (s. a. Relaxation) 190
Erfolg d. 77, 79, 90
u. Erziehung (s. a. dort) 87
Eß- u. Trinkverbote 157
Exabertation d. Symptome 90
b. Frigidität 149
Grenzen d. 147
b. Hysterie 84 f., 177
b. Impotenz 86, 149
Indikationen d. 82–87, 177, 183 f., 246
u. Katharsis (s. a. dort) 75, 88 f., 287
b. Kinderneurosen 85
Kontraindikationen d. XIV, XVII, 83, 184, 193
b. Kriegshysterie 85
u. Lehranalyse 184
u. Lustprinzip 88
metapsychologische Aspekte d. XVI
Mißverständnis d. 187
b. Neurasthenie 162

Psychoanalytische Technik, aktive (Forts.)
b. Neurosen 84
b. Onanie 6 f., 80, 86, 162
u. Passivität (d. Analytikers) 75, 176
u. Phantasien 82, 138 f., 144
Phasen d. 80 f.
b. Phobie 77, 178
u. psychische Ökonomie 90
b. Psychosen 176 f.
Reaktion d. Patienten 80
u. Relaxation (s. a. dort) 190, 265, 287
b. Schizophrenie 178
Soziale Seite d. 90
u. Spannungssteigerung 90, 165, 183
u. Suggestion 88, 188
Termingebung s. dort
theoretische Begründung d. 89 f.
u. Übertragung 83 f., 175 f., 183
Übertreibung d. 261
u. Versagung (s. a. dort) 81, 144, 148, 174, 183
u. Vorschläge d. Patienten 174
u. Widerstand (s. a. dort) 90, 183
u. Wiedererleben (s. a. Wiederholung) 91
b. Zwangsneurose 178, 185
Psychologie
Entstehung d. modernen 292
d. Erotik 353
Ich- 60, 109, 197, 267, 297
Individual- 70, 111
Massen- 70, 122
d. Melancholie 125
u. Psychoanalyse 197, 209
Sozial- 111
Tiefen- 276
Psychomorphismus 318
Psychoneurose (s. a. Neurosen) 40
Psychose(n) XVI, 57, 393
Abfuhrmethode b. 188
Aktual-, paralytische 103
u. Bioanalyse 393
›funktionale‹ 115
Kastrationstendenz b. 376

Psychose(n) (Forts.)
  narzißtische 43, 61, 100, 104
  Neuro-, narzißtische 124
  paralytische 108
  passagère 236, 269
  Privat- 86
  Psychoanalyse d. 85, 109
  u. psychologische Archaismen 390
  Puerperal- 100
  u. Tic 43
  Wunsch- 105
Psychosomatische Medizin xv
›Psychotechnik‹ 238
Psychotrauma s. Trauma
Pubertät(s-) 219
  riten 192
  Sexualperiode d. 338

Rabelais, François 96, 98
Racheimpuls gegen d. Analytiker 141, 164
Rank, Otto ix f., 71, 129, 155, 160, 165, 176, 179 ff., 185, 187, 189, 251, 319, 340, 348, 353, 355, 360 f., 386
Realität(s-)/Außenwelt (s. a. Umwelt; Wirklichkeit) 200, 206, 272
  Anerkennung d. 205, 207
  Anpassung an d. 12, 207 ff., 240, 255, 264
  äußere – u. Denk- 205
  Erforschung d. 298
  Erkenntnis d. 211
  u. Ich 200, 206
  Introjektion d. 209, 308
  u. Phantasie 229, 231
  prinzip 107, 173, 200, 228 f.
  prüfung 19, 107 f., 124
  psychische 229, 294
  psychologische – d. Lügens 259
sinn/Wirklichkeitssinn
  u. Allmachtsgefühl 106 f.
  Entwicklung d. 12, 93, 335
  erotischer 335, 341, 348, 364, 379
  u. Rechenmaschine 210
  Verneinung d. 201

Rechts u. links, Rolle v. 27 f.
Rede(-) (s. a. Sprache)
  störung (s. a. Dysarthrie) 43, 61, 324
  ›Vorbeireden‹ 82, 138, 170
  zwang 61, 67
Reflexvorgang 18
Regression(s-) (s. a. Progression) XIII, XIX, XXI, 17, 22, 104, 108, 124 f., 397
  u. Anpassung 397
  u. Begattung 397
  Charakter- 322
  fötale 111
  Grenze d. erotischen 382
  halluzinatorische 109
  u. Hysterie 22
  Ich- 93
  d. Ichentwicklung 106, 108
  ins Infantile 307
  im Koitus 333, 381 f.
  Mutterleibs- s. dort
  u. Progression 395
  zur Protopsyche 18
  u. Schlaf 381, 383, 397
  tendenz(en) 390, 392, 399
  topische 17
  Total- 360
  trieb u. Anpassung 397
  zug
    ›geotroper‹ 367
    maternaler 341
    thalassaler 363, 365 f.
Reich, Wilhelm 151, 162, 269
Reinlichkeit, Erziehung z. 216 ff., 337
›Rekompense‹ 109, 202 f., 209
Relaxation(s-) (s. a. Psychoanalytische Technik, aktive) 190, 263 f., 276, 279
  Anwendung d. 265
  u. Erinnerung 271
  Forcierung d. 306
  Grenzen d. 279
  kindliche 278 f.
  prinzip xi, xx, 264 ff., 268, 270, 272, 287
  u. Anpassung 271
  u. freie Assoziation 264

Namen- und Sachregister

Relaxation(s-) (Forts.)
prinzip (Forts.)
u. Neokatharsis 257
u. Ökonomie d. Leidens 266
u. Prinzip d. Gewährung 264
u. Versagung 279
Religion 122
Reproduktion s. Wiederholung
Repräsentanz
Organ- 51
Triebs- XII
Retentionsübungen (s. a. Psychoanalytische Technik, aktive)
b. Entleerungsvorgängen 155, 160
Rettung aus d. Wasser 355, 360
Rickman, John 285
Riechen 346
u. Denken 154, 203, 380
Róheim, Géza 192, 360
Romulus u. Remus 129

Sadger, Isidor 39, 67
Sadismus (s. a. Aggressivität; Sado-Masochismus; Perversion) 56, 104, 112, 164, 185, 190, 337, 348
u. Masochismus 167
i. d. Psychoanalyse 249
Sado-Masochismus (Algolagnie) 110, 166, 312 f.
Samen(-)
entleerung u. Stottern 324
u. Kot 322
raub (s. a. Kastration) 165
Sanatorium, analytische Behandlung i. 272
Saugen (s. a. Ludeln) 336
›Säugling, gelehrter‹ 137, 283, 311
Schamgefühl 80, 126
Schaulust (s. a. Voyeur) 110
Schizophrenie (s. a. Geistesstörung; Katatonie) 43, 167, 178
u. Größenwahn 108
Negativismus b. 50
Symptome d. 60
Schlaf(-)
u. Amphimixis 386
Atmung während d. 383
Autoerotik u. 382

Schlaf(-) (Forts.)
u. Begattungsfunktion 349
u. Embryonalzustand, Analogie zw. 383
u. Genitalität 384
gewohnheiten, soziale 384
u. Halluzination 385 f.
Heilungsvorgänge i. 386
u. Hypnose 385
u. Koitus
Analogie zw. 381 f., 386, 390
Hauptunterschied zw. 387
u. Mutterleibssituation 381
u. Orgasmus 385
Projektionsmechanismen d. 382
Regression u. 397
stellung, fötale 383
Veränderung d. Wärmeregulierung i. 384
Wachstum während d. 383
als Wiederholung pränataler Existenz 387
zustand, Charakterisierung d. 382 f
Schlaflosigkeit 28, 104
Beischlaflosigkeit als Ursache v. 384
u. Störung d. Genitalfunktion 349
Schlagephantasien (s. a. Sado-Masochismus) 142
Schließmuskelschwäche 104
Schmerzerinnerung 54
Schock(-) (s. a. Erschütterung; Trauma)
artige Zustände 284
infantile -wirkung 272
Psychose als passagère Reaktion auf – 269
u. Persönlichkeitsspaltung 311
Schopenhauer, Arthur 101, 164
Schuldgefühle XXI, 312
Schwangerschaft(s-)
eingebildete 14
hysterische 16
komplex 37
sehnsucht, nach oben verlegte 37
symbolik 21
Schweigesucht 61, 177
Schweninger 94, 302

Sekundärvorgang 202, 208
Selbstbefriedigung s. Autoerotik; Onanie
Selbstbeherrschung
  Erziehung z. 226, 279
  bei Tic-Kranken, Unfähigkeit z. 42, 49
  u. Verdrängung 226
Selbstbeobachtung 134
Selbstbestrafungstendenz 129
Selbstbewußtsein, irrationelles 101
Selbsterhaltungstrieb 19
Selbstheilung(s-) (s. a. Heilung)
  u. Narzißmus 235
  periode b. Paralyse 108
Selbsthypnose s. Hypnose, Auto-
Selbstkastration (s. a. Kastration) 343 f.
Selbstkritik 108
Selbstmord(-) 33
  gefahr 159
  neigung 104, 252 f.
  Versuch u. Glottiskrampf 252
Selbstverstümmelungstendenzen (s. a. Autotomie) 55 f.
Selbstvertrauen u. Unlustertragen 154
Selbstwahrnehmung (s. a. Wahrnehmung) 105, 108, 113
  u. Mathematik 210
Selbstzerstörung(s-) (s. a. Masochismus) 209
  Tendenz z. 251 f.
  trieb 209
Selektionsprinzip (Darwin) (s. a. Arterhaltung) 398
Sensibilitätsstörungen (s. a. Analgesie; Anästhesie; Gehstörungen; Hyperästhesie; Parästhesie) 26 bis 29, 31, 53
  Verdrängung d. Sensibilität 29
Sequestrierung 114
  u. Autotomie 207
  b. Katatonie 106
  b. Paralyse 109
  Prozeß d. 111
  u. Verdrängung 109, 207
Severn, Elisabeth 269, 281

Sexual- (s. a. Geschlechts-)
  akt (s. a. Geschlechtsakt; Koitus)
    Bedeutung d. xviii
    als Urszene 313
  befriedigung s. Befriedigung
  beziehungen, eheliche 160 f.
  charakter 112
  entwicklung 66, 222, 317, 332 f.
    Lehre v. d. 318
  erleben, infantiles 145
  erziehung 86, 160, 165, 219 ff.
  funktion u. Denkfähigkeit 19, 22
  gewohnheiten 147 ff.
    urethro-anale 148
  moral 107
  phantasien 307
  sklaverei 161
  symbolik 20, 117, 199
  theorie(n) 101
    u. Biologie 122
    Freuds 324 f., 377
    infantile 14, 109
  trauma (s. a. Trauma)
    infantiles 145, 283
    als Krankheitsursache 307
  träume, Deutung d. 386
  triebe 94, 118
    Entwicklungsphasen d. 124
    zielgehemmte 158
Sexualität
  abnorme Abflußwege d. 5
  Bi- 337, 346
  Entwicklung d. 21 f., 219, 332, 335
  Entwicklungsstufen d. (s. a. Entwicklungsphasen) xviii, 335, 352
    anale 337
    genitale 337
    kannibalistische 124, 336 ff.
    orale 335 f.
    phallische 337
    sadistisch-anale 337
  u. Geldliebe 322
  genitale xv, 20, 22, 66 f., 337
  Homosexualität s. dort
  u. Ich, Konflikt zw. 131
  infantile 130, 146, 255
    biologische Vorbilder d. 364
    ›Pan-‹ 298

Sexualität (Forts.)
u. ›schlechte Gewohnheiten‹ 219
Umkehrung d. 125
vorläufige Organisationsstufen d.
 325
weibliche 338 ff.
als Zentrum d. Symbolwelt 97
Sexuell(e)
Anästhesie s. Frigidität
Anagogie 161
Askese 159 f.
Aufklärung d. Kinder 321
Überleistung 160, 164
Shakespeare, William 386
Sichtotstellen 59
Silberer, Herbert 52, 72
Simmel, Ernst 85, 100, 272
Simulation i. d. Psychoanalyse 228
Singer 15
Sintflutsage 360
Skeptizismus (s. a. Mißtrauen; Unglaube; Zweifel) 253
Sokolnicka, Eugenia 85
Solipsismus (s. a. Philosophie) 192, 206 f.
Soma 333 f.
u. Keimplasma 373 f., 377
Triebenergie d. 353
Sozial(e; er)
Aufstieg 130
Identifizierung u. Paranoia 125
Spaltung s. Persönlichkeitsspaltung; Sequestrierung
Spannung(en)/Spannungs-
Abfuhr v. 154
u. Entspannungsgefühl 155
Erledigung d. 168
Ertragen starker – 165
u. Koitus 165
Sexual- 354
steigerung XII, 154 f., 168, 173, 183, 190, 263 f.
u. aktive Maßnahmen 148, 153
Methode d. 177
i. Penis 342, 354
Verschiebung d. 156
Unlust- 374
Spencer, Herbert 397

Spermatogenese 371 f.
Sphinkter(-)
u. Ejakulation 323
erotische Wichtigkeit d. 155
Funktionen d. 150
kontrolle, Wegfall d. 155
lokalisierte Kontraktionen 15
Lust- u. Nutzfunktion d. 155
moral 154 f.
parese 104
spannung 82, 155
wirkung u. Sprachstörung 324
Spiel(e)/Spiel-
analyse 278
Genital-, infantile 80
gespräch u. unbewußte Erinnerungen 277 f.
in d. Analyse 277 f.
Kinder- 279
u. Kinderanalyse 275, 277 f.
Phantasie- 281
verderber 277, 279
trieb u. Erotik 353
Sprache/Sprach- (s. a. Rede)
Gebärden-, hysterische 12
d. Leidenschaft 303 ff.
Organ- 61
störung 324
symbolik, Denken in 210
symbolische Sonder- 20
verständnis, Entwicklung d. 91
verwirrung zw. d. Erwachsenen u. dem Kind 303 ff.
Stärcke, August 110, 117, 251
Steinach, Eugen 375
Sterben (s. a. Agonie; Aussterben; Tod) 286, 373, 399
Gefühl d. Vergehens u. – 285
Stereotypie (s. a. Bewegungs-)
u. Tic 41 f., 82
Stigmata
hemianästhetische 30
hysterische 19, 25, 27, 29–32
Stottern s. Dysarthrie; Genitalstottern
Strafe 224
Strafphantasien 117
Stricker, Samuel 66, 299, 392

Stuhl(-) (*s. a.* Analerotik; Darm; Exkremente; Harn; Kot)
absetzen
  u. Depression 328
  Gebärbedeutung d. 156
  u. Koitus 322
  i. Traum 21
beschwerden 148 f., 151
  u. Geldkomplex 322
entleerung u. Begattungsakt 322
pedanten 149
verstopfung u. Masturbation 322
zurückhaltung, Lustnebengewinn b. 327
Sublimierung 218
Suggestibilität (*s. a.* Hypnose) 139
Suggestion(s-) (*s. a.* Hypnose) 9, 12, 75, 89, 188, 281, 292
  u. Hysterie 32
  u. Icherziehung 76
  u. Massenerscheinungen 123
  u. Psychoanalyse 9, 76
  u. psychoanalytische Technik, aktive 88, 188
verfahren 139
vorübergehende Erfolge d. 291
Swift, Jonathan 96
Symbolbildung 73
Symbole
  Abreißen 162
  Arche Noah 360
  Brücke 116 f.
  Erde 359 f.
  Fisch 357 ff., 361
  Fruchtabreißen (Genesis) 360
  körperliche Erinnerungs- 267
  Nase 21
  Pflug 359 f.
  See 359
  Treppe 368
  Wasser 360
  Zahnreiß- 343
  Zigarrenanzünden 117
Symbolik (*s. a.* Autosymbolik)
  Bedeutungswandel d. 359
  Brücken- 116
  Entstehungsweise d. 355
  Erd- 359

Symbolik (Forts.)
  Geburts- 117, 343, 355, 360, 400
  Genital- 21, 117, 134, 355, 360
  d. Geschlechtsaktes 357
  Kastrations- 65
  Koitus- 355, 360
  Mutter- 359 f.
  Mutterleibs- 360
  als naturwissenschaftliche Erkenntnisquelle 393
  Neurosen- 359
  Onanie- 65, 162
  Penis- 65, 116 f., 331, 337, 361
  u. Psychoanalyse 97
  Rettungs- 360
  Schwangerschafts- 21
  Sexual- 20, 117, 199
  u. Sprache d. Kinder 226
  Todes- 117, 400
  Traum- 21, 359
  ›Umkehrung‹ d. 365
Symbolische Sondersprache 20
Symptom(e)/Symptomanalyse 230
  bildung 10, 19 f., 86, 303
    hysterische 11 ff., 16, 68
    u. infantile Versagungssituationen 235
    Mechanismus d. 246
    neurotische 75, 169
    bei Tic 52
    durch Versagung 77
    Wiederholung d. 307
  Erbrechen als 392
  Gansersches 82, 170
  ›gewohnheiten‹ 167, 169
  handlungen 5, 8, 39 f.
    als Onanieäquivalent 5
  heilung, vorübergehende Erfolge d. 260
  hysterische 23, 38
    u. Genitalfunktion 332
  Körper- 169, 235, 270
  konversionshysterische 11 f., 16, 51 f.
  material 169
  neurotische, Ursachen d. 292
  d. paralytisch. Geistesstörung 100 f.
  passagère 81, 148, 167 f., 276

Symptom(e)/Symptom- (Forts.)
wandlung 235 f.
Synästhesie (s. a. Anästhesie) 329
Syphilis 110
System(e) (s. a. Bewußte (Das); Bewußtsein)
Bw. 118, 120
psychische, Aufbau d. 51

Tagträume (s. a. Träume) 139
Takt (s. a. Psychoanalytiker)
i. d. Psychoanalyse 239 f., 248 f., 285
Talionstrafe 133
Tausk, Viktor 65, 109, 202
Termingebung (s. a. Psychoanalyse [als Methode], Beendigung d.) 3, 179 ff., 185 f., 261
u. Dauer d. Psychoanalyse 187
Schwierigkeiten d. 186 f.
u. Übertragung 181
als Übertreibung d. aktiven Technik 261
verfrühte 180, 186
u. Widerstand 187
Terminlosigkeit, Mißbrauch d. 232
Terrorismus d. Leidens 312
Thalassale Regression (s. a. Mutterleibsregression) 363, 365 f.
u. Koitus 366
Therapie (nicht-analytische)
Elektro- 291
Hypnose s. dort
i. Sanatorium 272
Suggestion s. dort
Überredungskur (*Dubois*) 76
Thermodynamische Gesetze 398
Tic(s)/Tic- xv, 169
Ablenkung v. 53
u. Angst 56
Beschreibung d. (*Trousseau*) 46
convulsif 8, 39, 130, 168, 190
Definition (*Meige u. Feindel*) 62
als Degenerationssymptom 43
Entstehung d. xv, 47, 50 f., 62
als Fluchtreflex 54
Genese d. 92
Gesichtsmuskel- 157

Tic(s)/Tic- (Forts.)
Haltungs- 57 f., 63 f.
u. Hysterie 92
u. Ichhysterie 68
u. Katatonie 58, 92 f.
b. Kindern 57, 60
u. Koprolalie 39
Kranker
Charakterzüge d. 49
Infantilität d. 48 f.
›maladie des tics‹ 43 f.
als Masturbationsäquivalent xv
motorischer 53, 61
u. obszöne Worte 190
u. Onanie 56, 67
Orgasmus b. 66
passagère 40
pathoneurotische 50, 52, 54, 66, 93
›phonatorische‹ 67
als Produkt einer Psychose 48
psychischer 49
sekundärer 47
Selbstverstümmelung b. 55
Symptome d. 44, 53
traumatischer 63
Übungsbehandlung d. 44 f.
Verschiebung d. 46
u. Zwangsneurose 65, 92
Tiefenbiologie 390
Tiefenpsychologie 276
Tod (s. a. Agonie; Aussterben; Sterben) 399
u. Mutterleibsregression 400
Todes-
angst 33, 71
u. Genitalerregung 399
u. Kastration 117
symbolik 117, 400
trieb(e) xviii, 118, 120, 171, 198, 201, 251 f., 375, 391
u. Autotomietendenz 395
b. allem Lebendigen 399
u. unwillkommene Kinder 251
Wirksamkeit d. 254
Wirkung d. – u. Geschl.akt 339
Toleranztechnik (s. a. Psychoanalytische Technik) xi, xx
Tourette, Gilles de la 43 f., 57, 93

Torticollis 57
Trance
  u. Psychoanalyse 281, 311
  traumatische 308
  u. Wiedererleben d. Vergangenheit 267
›Transzendent‹ 193
Transzendentale Fähigkeiten (s. a. Magie)
  Fakirismus 59, 311, 398
  Okkultismus 17
  Tiefhypnose 398
  Yoga 190
Trauer(-) 104, 106, 111 f., 235
  arbeit 105
Traum, Träume/Traum-
  aktiv-homosexuelle 166
  Alp- 27, 304
  Analyse d. 237
  Angst- 304
  arbeit 385
  Brückensymbolik i. 70 f., 73
  deutung 70
  erzählung 133
  v. ›gelehrten Säugling‹ 137, 283, 311
  u. Halluzinationen 17 f., 26, 385
  homosexuelle 166
  Inzest- 163
  Koitus- 166
  lehre (Freud) 386
  u. Mutterleibsregression 385
  Pollutions- 163
  Sexual-, Deutung d. 386
  symbolik 21, 359
  Tag- 139
  als Wunscherfüllung 289
  Zahnreiz- 21
  zensur 124
Trauma (s. a. Erschütterung; Schock) xv, 30, 42, 268, 285 ff., 307
  u. Charakterformung 145, 288
  d. Entwöhnung 216
  d. Erwachsenwerdens 216
  u. Erziehung z. Reinlichkeit 216
  u. Frühreife 311
  Geburts- s. dort
  Genital- 81

Trauma (Forts.)
  infantile 286, 288
  Kindheits- 81, 145, 216, 283, 288, 307
  Menstruation als 270
  u. narzißtische Selbstspaltung 283
  Operation als 260
  organisches 51
  physisches 47
  psychisches 38
  Reproduktion(s-) von (infantilen) – 284–287, 304, 306
  tendenz 51
  Sexual-
    infantile 145, 258, 268 f., 283
    als Krankheitsursache 307
  Ur- 73, 306
Traumatisch(e)
  Hemianästhesie 29
  Neurose 52, 92, 102, 352
  Progression 311
  Trance 308
  Urverdrängung 269
  Wiederholungszwang 353
Traumatogenese 270, 284
Trieb(-) (im allgemeinen)
  befriedigung s. Befriedigung
  besetzung 110
  betätigung, Lust u. Unlust b. 353
  bildung 172
  u. Charakter 150
  energie 20, 330, 353
  entmischung 204, 209, 211, 251 f., 395, 399
  Entstehung d. 54
  entwicklung 118
  u. Gewohnheiten xvii, 171 f.
  lehre 197, 209, 390
  leben 297
    u. Intellektualität 201
  quelle d. Hysterie, genitale 19
  regungen
    erotische u. egoistische 11
    genitale 20
    Verleugnung d. 230
  repräsentanzen xii
  u. Tic 54
  unbewußte 173

Trieb(-) (im allgemeinen) (Forts.)
Verdrängung s. Verdrängung
Verlegung s. Verlegung
vermengung 205
  erotische s. Amphimixis
verzicht u. Heuchelei 230
Trieb(e) (einzelne) (s. a. Lebens-;
  Todes-)
  Begattungs- 352
  Destruktions- 207, 209
  Entleerungs- 154
  Fortpflanzungs- 120
  Genital- 10
  Ich- 101, 118
  Regressions- 397
  Sexual- 94, 118, 124, 158
  Spiel- 353
Trömner, Ernst 317, 387
Trotter, [W.] 251
Trotz 150, 322, 337
  u. Analerotik 328
Trousseau, Armand 46

Überdeterminierung
  b. Geschlechtsakt 347
  psychischer Akte 390 f.
Über-Ich (s. a. Ich-Ideal) 230, 250
  Abbau d. – u. Heilung 247
  b. An- und Abgewöhnen 171 f.
  analytisches 247
  Bildung d. 223
  u. Charakteranalyse 250
  Energiebesetzung d. 287
  Entstehung d. 224
  Entwicklungsgeschichte d. 273
  mehrere 228
  physiologische Vorstufe d. 154
  vorbewußtes 250
Überleistung/Mehrleistung 12, 18
  sexuelle (s. a. Potenz) 160, 164
›Überpotenz‹ s. Potenz
Übertragung(s-) (s. a. Gegenübertragung; Psychoanalytiker; Psychoanalytische Technik, aktive)
  XIII, XIX ff., 3, 9, 34 f., 76, 83,
  183, 189, 192 f., 300
  Affekt- u. affektiver Widerstand
  259

Übertragung(s-) (Forts.)
  b. Aktivität 183 f.
  beziehung XII, XX
  u. Deutung 189
  erfolg 247
  krise XII
  u. Libido 76
  liebe 3 f., 36, 87, 176, 183, 310
  u. Verneinung 202
  Liebes- 176
  neurose 38, 40, 51, 68, 93, 109,
    124, 177, 323
    Symptome d. 41
  optimale 202
  phantasie 34, 141
  reaktion XIII
  situation (s. a. psychoanalytische
    Situation) 152, 178, 235
  Technik d. 175, 260
  u. Termingebung 181
  u. Überzeugung 193
  u. Versagung (s. a. Versagung) 183
  u. Widerstand 179, 183, 189, 259
  Zustandekommen d. 158
Überzeugung 192 f.
Umwelt (s. a. Realität)
  u. Ich 200, 206, 222 f.
Unarten/schlechte Gewohnheiten 280
  infantile 90, 145, 219
  als Onanieäquivalente 168
  u. Vergeudung d. Sexualität 5, 219
Unbewußte (Das) 207, 294
  biologische 390 f.
  Dialog von zwei – 295
  Erforschung d. 195
  Zeitlosigkeit d. 391
Unglaube (s. a. Mißtrauen; Skeptizismus; Zweifel) 243
Unheilbarkeit (s. a. Heilung; Selbst-)
  276
Unifizierungstendenz 115, 373
Universitäten, Stellung d. – zur Psychoanalyse 299 f.
Unlust(-) (s. a. Lust)
  u. Angst 347
  b. Begattungsakt 376
  bejahung XVIII, 201 ff., 211, 230
  u. Heilung 202

Unlust(-) (Forts.)
empfinden
  i. Genitale b. d. Erektion 342
  b. Geschlechtsakt 347
  b. Entleerung 152, 155
Ertragen von – u. erotischer Lustgewinn 154
fluchttendenz 200
spannung 374
u. orgastische Befriedigung 347
Unwillkommene Kinder 251 f.
  u. Mißtrauen 253
  u. Pessimismus 253 f.
  Potenzstörung b. 253
Urethral- / urethral(e)
anale Zurückhaltungsübung 160
erotik 67, 152, 154
  u. Analerotik (s. a. Amphimixis) 151, 326
  u. Charakter 67, 153
  u. Ejaculatio praecox (s. a. dort) 321, 323
  u. Genitalität 321
  Gewohnheiten 148
  u. Urethralverbot 149
Identifizierung 153 f.
Verschwendung 323 f., 327 f.
Urhorde, Vater d. 123
Urkatastrophe (s. a. Katastrophe) 372
Urpenis (s. a. Penis) 336
Urszene 313
Urtrauma (s. a. Trauma) 73, 306
Urverdrängung (s. a. Verdrängung) 145, 278
traumatische 269
Utraquismus 122, 206, 294, 300, 319
Utraquistische Methode XVI, XVIII, 206, 319

Vagina
  u. Abortöffnung 322
  dentata 165
  Erogeneität d. 338
  u. Klitoriserotik 191, 329, 338
  u. Vorhaut 191
  Wortvorstellungen beim Gedanken an 142

Vater(-) (s. a. Idealbildung; Imagines)
hypnose 59, 345, 385
ideal 132
Identifizierung m. d. 37
Phallus d. 369
Verblödung s. Demenz
Verbot (s. a. Gebot; Psychoanalytische Technik, aktive) 80 f., 91, 138, 144, 153, 164, 173, 183, 185, 246
  Urethral- 149, 151
Verdichtung u. (organische) Verschiebung 389
Verdrängung(s-) XII, 22, 29, 35, 142, 394
  u. Agieren 90
  Aufhebung d. 159
  u. Autotomie 208, 389
  biologische Vorstufe d. 343
  mechanismen 109
  organische 390
  Prozeß d. 394
  v. psychischem Material 140
  u. Selbstbeherrschung 226
  d. Sensibilität 29
  u. Symbolbildung 73
  Ur- 145, 278
  traumatische 269
Vererbung (s. a. Disposition; Erblichkeit; Konstitution; Körperliches Entgegenkommen) 172, 217 f., 375, 377
Verfolgungswahn s. Paranoia
Verführung von Kindern 142, 307 f.
Vergangenheit, traumatogene 306
Verjüngungsversuche 375
Verlegung / Triebverlegung (s. a. Verschiebung)
  d. Innervationsquantitäten 155
  d. Kastrationsdrohung 157
  nach oben 14, 22, 31, 66, 326
  nach unten 67, 330 f.
Verleugnung d. Triebregung 230
Verliebtheit (s. a. Liebe; Objektliebe) 159
Verneinung(s-) 201, 206, 211
arbeit 208

Verneinung(s-) (Forts.)
  Stadien d. 207
  u. Übertragung 202
  d. Wirklichkeit 201 f.
Verrücktwerden, Zwangsgedanke d. 135
Versagung(s-) (s. a. Psychoanalytische Technik, aktive) XIX, 77, 81, 144, 148, 158, 173–176, 181, 183, 235, 264, 279, 284
  Effekt d. 4
  Ertragen d. 206
  Libido- 76, 109
  Liebes- 310
  u. Nachgiebigkeit 175
  neurose 254
  Prinzip d. 181
  psychische Situation d. 148
  regel / -prinzip XI, XIV, XX f., 181, 261, 263, 266, 271
    Anwendung d. 4
    Einseitigkeit d. 265
  u. Relaxation 279
  situation 235, 284
  u. Spannungssteigerung 263 f., 272
  u. Übertragung 183
  Übertreibung d. 264
  Verhältnis d. Ichs zur – 183
Verschiebung (s. a. Verlegung) 389
  v. Erotismen 328 f.
  d. Kontraktionen 155
  d. Leidens auf einen Körperteil 286
  von oben nach unten 22, 67
  v. Qualitäten 326
  u. Tic 43 f.
  von unten nach oben 14, 21 f., 27, 31, 66 f., 326
  u. Verdichtung 389
Verschwendung, urethrale 323 f., 327 f.
Vertrauen
  analytisch erworbenes 266, 271, 278, 306
  u. Autorität 278
  u. traumatogene Vergangenheit 306
Vervollkommnungsdrang 120
Verwöhnung (s. a. Verzärtelung) XI, XX

Verzärtelung
  Gefahren d. 264
  d. Patienten 284 f.
Vomitus (s. a. Brechreiz; Erbrechen) gravidarum 14
Vorbeidenken 82
Vorbeireden 82, 138, 170
Vorbewußte (Das) 119 f., 207, 250
  u. Motilität 120
Vorhaut u. Vagina 191
Vorlust-
  betätigung 234, 330
  mechanismen 325
  niveau d. kindlichen Erotik 313
Voyeur, Befriedigungsarten d. 328

Wachstum während d. Schlafs 383
Wahnbildung, paranoische 102
Wahrnehmung (s. a. Selbstwahrnehmung)
  bewußte 119
  passive 118 f.
Walden School 220 f.
Wärmeregulierung i. Schlaf 384, 395
Waschzwang 135
Washington, George 224
Wassersteife (s. a. Erektion) 151 f.
Watson, [J. B.] 214
Weismann, [August] 377
Weib (s. a. Frigidität; Geschlechter; Geschlechts-; Schwangerschaft)
  Anästhesie, sexuelle s. Frigidität
  Genitalentwicklung 338, 340
  Klitoris-Erotik 81, 191, 338
  Menstruation s. dort
  Onanie b. Frauen u. Mädchen (s. a. Onanie) 4, 8
  Passivität d. 339
  Vagina s. dort
Welterkenntnis u. Allmacht 206
Weltuntergang u. Depression 108
Wendung gegen d. eigene Person (s. a. Aggression; Autotomie) 55, 284
Widerstand(s-) XIII, 86, 89, 183, 187, 189, 232, 239, 300
  affektiver 259
  u. Aktivität 90, 183

Widerstand(s-) (Forts.)
  analyse 267, 270
  gegen Beendigung d. Kur 37
  Hypochondrie als 149 f.
  periode, Verlängerung d. 243
  Provozieren d. 266
  i. d. Psychoanalyse 239
  gegen Psychoanalyse 207
  Steigerung d. – durch die aktive Technik 89 f.
  stufenweises Abtragen d. 232
  technik 260
  u. Termingebung 187
  bei Tic-Kranken 49
  Übertragungs- 179
  Überwindung d. 77
  u. Unheilbarkeit 276
Wiedererleben s. Wiederholung
Wiederholung(s-) / Reproduktion / Wiedererleben (i. d. Psychoanalyse) 76, 81, 91, 185, 188, 232, 235, 263, 273, 280, 284, 287, 303, 305
  d. Geburtstraumas 165
  d. geschlechtlichen Entwicklung i. Geschlechtsakt 330
  i. d. Psychoanalyse 303 f.
  tendenz 235, 277
    u. Aktivität 193
    u. Anpassungskämpfe 154
    lustvolle 376
    u. Relaxation 271
    traumatischer Ereignisse 263, 271 f., 278, 303 ff.
    d. Urkampfes zw. Mann u. Frau s. Geschlechter, Kampf d.
  zwang XIX, 171, 352
    u. Gewohnheit 171
Willen(s-)
  akt 119
  freiheit 171
  handlung, Motive d. 172
Wirklichkeit (s. a. Realität)
  Anerkennung d. – durch d. Säugling 203
  Verneinung d. 201 f.
Wirklichkeitssinn(es) 12
  Entstehung d. XVIII

Wirklichkeitssinn(es) (Forts.)
  Entwicklung d. 206, 211, 379
  Erkenntnis d. 200
  Erreichen d. erotischen (s. a. Sexualität, Entwicklungsstufen d.) 335, 338, 341, 364, 379, 382
Wissenschaft
  u. Erfahrung 225
  utraquistische Arbeitsweise i. d. 206, 319
Wordsworth, William 110
Wort(-)
  ›brücke‹ 72
  erinnerungsmaterial 142
  erinnerungsreste 8
Wunsch(-) 396
  psychose 105
  Traum als -erfüllung 289
Wut (s. a. Aggressivität; Haß) 141, 204, 304, 322, 348
  u. Angstaffekt 140, 348
  u. Geschlechtsakt 348

Zahn(-) (s. a. Oralerotik)
  u. Penis, Identität v. 336 f.
  reiztraum 21
Zappeln s. Motilität
Zärtlichkeit(s-)
  i. Eheleben 161
  u. Erotik 313
  u. Inzestneigung 269
  kindliche 310, 312 f.
  u. Leidenschaftlichkeit 269
  phase 310, 312
  Sehnsucht nach 253
  Verlangen d. Kindes nach 308, 310
Zell, Th. 379
Zensur(-) 107, 120
  biologisch-organische 395
  widerstand 9
Zentralorgan d. Ichfunktionen 101
Zielhemmung als eigentlicher Motor d. Aktion 120
Zigarrenanzünden als Symbol 117
Zivilisation, die Leistungen d. 218
Zwang(s-) 161
  ›Analysier-‹ 248
  gedanken 69, 135

Zwang(s-) (Forts.)
  handlung(en) 46, 69, 81, 136
  ideen 78
  neurose xv, 5, 65, 92 f., 177 f., 185, 190, 235
    Analyse d. 40, 266
    Gebot u. Verbot b. 185
    u. Hysterie 135, 235
    mit normaler Übertragung 159
    Regression b. 93
    Symptomwandlung b. 235
    u. Tic 65

Zwang(s-) (Forts.)
  Rede- 61
  symptom u. Charakter 217
  Wasch- 135
  zeremoniell, Wurzeln d. 170
Zweifel(-) (s. a. Mißtrauen; Skeptizismus; Unglaube) 192
  sucht 143
  Symptom d. inneren - 135
  an d. Verläßlichkeit d. Psychoanalytikers 232
Zyklothymie 125

Inhalt von Band I

der ›Schriften zur Psychoanalyse‹ von Sándor Ferenczi

Sándor Ferenczi · Einleitung des Herausgebers
Psychoanalyse und Pädagogik (1908)
Introjektion und Übertragung (1909)
Zur Organisation der psychoanalytischen Bewegung (1910)
Über obszöne Worte (1911)
Über die Rolle der Homosexualität in der Pathogenese der Paranoia (1911)
Alkohol und Neurosen (1911)
Über lenkbare Träume (1912)
Zur Begriffsbestimmung der Introjektion (1912)
Über passagère Symptombildungen während der Analyse (1912)
Ein Vorläufer Freuds in der Sexualtheorie (1912)
Philosophie und Psychoanalyse (1912)
Beitrag zur Diskussion über Onanie (1912)
Zähmung eines wilden Pferdes (1913)
Glaube, Unglaube und Überzeugung (1913)
Entwicklungsstufen des Wirklichkeitssinnes (1913)
Ein kleiner Hahnemann (1913)
Zur Ontogenese der Symbole (1913)
Einige klinische Beobachtungen bei der Paranoia und Paraphrenie (1914)
Zur Nosologie der männlichen Homosexualität (Homoerotik) (1914)
Zur Ontogenie des Geldinteresses (1914)
Die wissenschaftliche Bedeutung von Freuds ›Drei Abhandlungen zur Sexualtheorie‹ (1915)
Analyse von Gleichnissen (1915)
Unruhe gegen das Ende der Analysenstunde (1915)
Über vermeintliche Fehlhandlungen (1915)
Affektvertauschung im Traume (1916)
Mischgebilde von erotischen und Charakterzügen (1916)
Schweigen ist Gold (1916)
Pollution ohne orgastischen Traum und Orgasmus im Traume ohne Pollution (1917)

Inhalt von Band I

Träume der Ahnungslosen (1917)
Von Krankheits- oder Pathoneurosen (1917)
Symmetrischer Berührungszwang (1917)
Pecunia – olet (1917)
Dr. med. Georg Groddeck: *Die psychische Bedingtheit und psychoanalytische Behandlung organischer Leiden* (1917)
Sonntagsneurosen (1919)
Denken und Muskelinnervation (1919)
Ekel vor dem Frühstück (1919)
Zur Frage der Beeinflussung des Patienten in der Psychoanalyse (1919)
Zur psychoanalytischen Technik (1919)
Die Nacktheit als Schreckmittel (1919)
Zur Psychogenese der Mechanik (1919)
Psychoanalyse und Kriminologie (1919)
Nachtrag zur ›Psychogenese der Mechanik‹ (1920)

Notiz über den Herausgeber

Michael Balint, geboren 1896 in Budapest, studierte zunächst Chemie, Physik und Mathematik. 1914 wandte er sich der Medizin zu, wurde aber schon ein Jahr später eingezogen. 1920 wurde er von der medizinischen Fakultät in Budapest promoviert.
In den frühen zwanziger Jahren übersiedelte Balint wegen der unter dem Horthy-Regime herrschenden Rassendiskriminierung nach Berlin, wo er als Chemiker und Biologe zunächst in einem Forschungslaboratorium, später am Kaiser-Wilhelm-Institut für Biochemie arbeitete. Außerdem immatrikulierte er sich an der Berliner Universität; dort erwarb er 1924 einen philosophischen Doktorgrad. Damals begann Balint seine psychoanalytische Ausbildung. Außerdem arbeitete er im Stab der Ersten Medizinischen Universitätsklinik. Hier praktizierte er erstmals eine Art psychosomatischer Klinik, vielleicht überhaupt die erste ihrer Art. Und hier zeigte sich wohl auch erstmals Balints fortdauerndes Interesse an der Anwendung psychoanalytischer Funde auf die Probleme der praktischen Medizin.
Nach seiner Promotion beendete Balint 1924 seine Analyse bei Hanns Sachs und kehrte nach Budapest zurück, um sich dort von Sándor Ferenczi analysieren zu lassen. Person und Werk Ferenczis haben auf Michael Balint einen tiefen und lebenslang wirksamen Einfluß gehabt.
Am Aufbau der 1930 eröffneten Budapester Psychoanalytischen Klinik hatte Balint entscheidenden Anteil. Zunächst war er ihr stellvertretender Direktor, nach Ferenczis Tod leitete er sie. Bereits zu dieser Zeit veranstaltete er Forschungs- und Ausbildungsseminare mit praktischen Ärzten, mußte jedoch diese Tätigkeit aus politischen Gründen bald einstellen. 1939 emigrierte er mit seiner Familie nach Manchester, wo seine Frau und Mitarbeiterin, Alice Balint, wenig später starb.
Er setzte seine analytische Tätigkeit fort und arbeitete u. a. als Honorary Consultant Psychiatrist am Manchester Northern Hospital. Gleichzeitig absolvierte er die für die Zulassung in England erforderlichen medizinischen Prüfungen und schrieb eine Arbeit über ›Individual

Differences in Early Infancy‹, für die er von der Universität Manchester den Titel eines MSc für Psychologie erhielt. Hier zeigte sich erstmals Balints Interesse für die Bedeutung der frühesten Phasen in der Mutter-Kind-Beziehung, ein Thema, das er bis zum Ende seines Lebens weiterverfolgte.

1945 zog Balint nach London. 1948 wurde er psychiatrischer Gutachter an der Tavistock Clinic. Zusammen mit seiner zweiten Frau, Enid Balint, leistete er umfangreiche Forschungsarbeiten für die Schulung von Sozialarbeitern und praktischen Ärzten im Hinblick auf die emotionalen Probleme, mit denen diese Berufsgruppen in ihrer täglichen Arbeit konfrontiert sind.

Balint hat sein Hauptinteresse an Theorie und Praxis der Psychoanalyse niemals vernachlässigt. Trotz seiner Arbeit an der Tavistock Clinic und, nach seinem fünfundsechzigsten Lebensjahr, am University College Hospital, wo er Studenten und praktische Ärzte unterrichtete, hat er täglich mindestens sechs Stunden Einzelanalysen durchgeführt. Er galt als bedeutender Lehranalytiker des British Institute of Psychoanalysis. Von 1968 bis zu seinem Tode im Dezember 1970 war er Vorsitzender der British Psychoanalytic Society.

Um aus der langen Liste der Balintschen Werke nur einige, auch auf dem deutschen Markt zugängliche Bücher zu nennen: *Primary Love and Psychoanalytic Technique,* Hogarth Press, London 1952; dt.: *Die Urformen der Liebe und die Technik der Psychoanalyse,* Gemeinschaftsverlag Ernst Klett / Hans Huber, Stuttgart und Bern 1966 (Taschenbuchausgabe: Fischer Taschenbuch Verlag, Frankfurt am Main, Bd. 1035); *The Doctor, His Patient and the Illness,* Pitman Medical Publishing Co., London 1957; dt.: *Der Arzt, sein Patient und die Krankheit,* Ernst Klett Verlag, Stuttgart [1.]1957, [3.]1965 (Taschenbuchausgabe: Fischer Taschenbuch Verlag, Frankfurt am Main, Bd. 6005); *Thrills and Regressions,* Hogarth Press, London 1959; dt.: *Angstlust und Regression,* Ernst Klett Verlag, Stuttgart 1960; *The Basic Fault; Therapeutic Aspects of Regression,* Tavistock Publications, London 1968; dt.: *Therapeutische Aspekte der Regression; Die Theorie der Grundstörung,* Ernst Klett Verlag, Stuttgart 1970; zus. mit Enid Balint: *Psychotherapeutic Techniques in Medicine,* Tavistock Publications, London 1961; dt.: *Psychotherapeutische Techniken in der Medizin,* Gemeinschaftsverlag Ernst Klett / Hans Huber, Stuttgart und Bern 1962 (Taschenbuchausgabe: Kindler Taschenbücher, München, Bd. 2069/70).

Conditio humana
Ergebnisse aus den Wissenschaften
vom Menschen

Der Mensch ist von alters her das rätselhafteste und komplizierteste Forschungsthema. Der gewaltige Aufschwung von Naturwissenschaft und Technik hat den Brennpunkt des Interesses eine Zeitlang von ihm abgelenkt — ein Vorgang, der durch die extreme Spezialisierung der Einzeldisziplinen beschleunigt wurde. Seit die Menschheit im geschichtlichen Augenblick einer fast totalen Naturbeherrschung jedoch im Besitz katastrophaler, ihr Überleben als Spezies bedrohender Zerstörungsmittel ist, stellt sich die alte anthropologische Frage: Was ist der Mensch? neu und dringlicher als je zuvor. Sie wird durch die Unsicherheit herausgefordert, wessen eine Gattung fähig sei, deren eigentümliche biologische Ausstattung sie hinfällig macht, andererseits aber durch die Fähigkeit zur Schaffung kultureller Umweltbedingungen allen anderen Lebewesen überlegen sein läßt.

Die Antwort ist längst nicht mehr allein von der Philosophie zu erwarten; normative Theorien und spekulative Menschenbilder haben an Überzeugungskraft verloren. Sie muß heute in der disparaten Mannigfaltigkeit einzelwissenschaftlicher Forschung gesucht werden, in all jenen geistes- wie naturwissenschaftlichen Disziplinen, die sich mit den verschiedenen Aspekten der Conditio humana beschäftigen.

Die Reihe ›Conditio humana‹ stellt solche anthropologischen Materialien vor. Sie will die interdisziplinäre Verständigung zwischen den einzelnen Wissenschaften vom Menschen fördern helfen, gibt aber keine vereinheitlichende Interpretation.

Dies sind ihre wichtigsten Themengebiete:
- Molekularbiologie, Humangenetik, Abstammungslehre, Biologische Anthropologie, Ökologie, Verhaltensforschung;
- Psychosomatische Medizin, Psychoanalyse, Psychologie;
- Sozialpsychologie, Soziologie, Kulturanthropologie, Linguistik;
- Sprachphilosophie, Philosophische Anthropologie.

Die Reihe richtet sich vor allem an die Studenten aus den humanwissenschaftlichen Einzeldisziplinen, aber auch an den Nicht-Fachmann.

S. Fischer

Conditio humana
Ergebnisse aus den Wissenschaften vom Menschen

Eine Titelauswahl:

Karl Abraham
Psychoanalytische Studien
Gesammelte Werke in zwei Bänden.
Herausgegeben von Johannes Cremerius.

Joseph Church
Sprache und die Entdeckung der Wirklichkeit
Über den Spracherwerb des Kleinkindes.

Franco Fornari
Psychoanalyse des ersten Lebensjahres

Anna Freud, Dorothy Burlingham und Mitarbeiter
Heimatlose Kinder
Zur Anwendung psychoanalytischen Wissens
auf die Kindererziehung.

Helmut Gipper
Gibt es ein sprachliches Relativitätsprinzip?
Untersuchungen zur Sapir-Whorf-Hypothese.

Gemma Jappe
Über Wort und Sprache in der Psychoanalyse

Wolfgang Loch
Zur Theorie, Technik und Therapie der Psychoanalyse

Theodore Lidz
Familie und psychosoziale Entwicklung

Philip E. Slater
Mikrokosmos: Eine Studie über Gruppendynamik

Erwin Stengel
Selbstmord und Selbstmordversuch

Lew Semjonowitsch Wygotski
Denken und Sprechen
Eingeleitet von Thomas Luckmann.

Der Reihe angegliedert:

Sigmund Freud   Studienausgabe in zehn Bänden
Die erste kommentierte deutsche Edition.
Herausgegeben von Alexander Mitscherlich,
Angela Richards, James Strachey †.

SÁNDOR FERENCZI

BAUSTEINE ZUR PSYCHOANALYSE

Mit einem Vorwort von Dr. med. Michael Balint

2., unveränderte Auflage
4 Bände. 1964, zusammen 1567 Seiten, Leinen
Bände I–IV komplett Fr./DM 94.–
Einzelbände: Band I Fr./DM 24.–, Band II Fr./DM 24.–
Band III Fr./DM 38.–, Band IV Fr./DM 30.–

Ferenczi ist nach Freud zweifellos der Bedeutendste unter den Psychoanalytikern. Er war der Autor zahlreicher klassischer Arbeiten, die seit ihrem Erscheinen immer wieder zitiert werden. Andere Schriften von ihm waren und sind heute noch Quellen immer neuer, heftiger Auseinandersetzungen. Obwohl Ferenczi seine Aufsätze und Bücher in deutscher Sprache schrieb, waren sie für den deutschsprachigen Leser für mehr als zwanzig Jahre nicht greifbar. Wenn immer jemand die Originalarbeiten konsultieren wollte, mußte er entweder eines der wenigen Exemplare finden oder die englischen Übersetzungen benutzen. Diese hatten den Nachteil, nur einen kleinen Teil der Arbeiten zu umfassen.

Die vorliegende Veröffentlichung ist ein Nachdruck des Originalwerkes in vier Bänden. Band 1 und 2 wurden im Jahre 1927 von Ferenczi selbst, die Bände 3 und 4 von den Schülern des Autors nach dessen Tode im Jahre 1938 zusammengestellt. Der letzte Band enthält Anmerkungen und Fragmente, welche die besonderen Leistungen dieses großen Psychoanalytikers hervorheben.

Inhalt der Bände

Band 1: Vorwort von M. Balint, Theorie
Band 2: Praxis
Band 3: Arbeiten aus den Jahren 1908–1933
Band 4: Gedenkartikel, Kritiken und Referate, Fragmente,
Bibliographie, Sachregister

VERLAG HANS HUBER
BERN STUTTGART WIEN